首次披露咏春拳不传之秘·内家拳发力训练绝版典藏

《咏春发力秘笈》第一部

小念头—朝形发力

WING TSUN FIGHTING POWER METHOD

李东滨 著

经济管理出版社
ECONOMY & MANAGEMENT PUBLISHING HOUSE

图书在版编目(CIP)数据

小念头:朝形发力/李东滨著．—北京:经济管理出版社,2011.5

(咏春发力秘笈:第一部)

ISBN 978-7-5096-1415-0

Ⅰ.①小… Ⅱ.①李… Ⅲ.①南拳-基本知识 Ⅳ.①G852.13

中国版本图书馆 CIP 数据核字(2011)第 080263 号

出版发行:经济管理出版社

北京市海淀区北蜂窝 8 号中雅大厦 11 层

电话:(010)51915602 邮编:100038

印刷:保定金石印刷有限公司 经销:新华书店

组稿编辑:郝光明 责任编辑:王 琼

责任印制:黄 铄 责任校对:陈 颖

787mm×1092mm/16 11.5 印张 176 千字

2011 年 6 月第 1 版 2014 年 7 月第 3 次印刷

定价:27.00 元

书号:ISBN 978-7-5096-1415-0

北京十家顶级拳馆联名推荐

披露咏春内劲训练不传之秘

粘连黏随　过无不及　随曲就直　借力巧打

以静制动　以轻驭重　圆中求直　三角发力

自序

武谚有云："北有太极，南有咏春。"

作为当今世界最知名的两大拳术之一——咏春拳，数十年来在欧美发达国家和中国南方闽粤一带，向世人展示着中国传统武术的风采；自功夫电影《叶问》系列上映以来，咏春之花更是以"核裂变"式的惊人速度开遍祖国大地。

一时间，习练咏春拳成为时下人们最青睐、最时尚的运动。

咏春拳承载了数千年的中国传统文化，有其深厚的武学理念与哲学内涵。一直以来，咏春名师们都十分注重个人层面的文化和哲学修为，这也是内家拳与外家拳和西洋拳的本质区别。尽管如此，武术运动最终极的表现形式只有两个字——发力。也正是由于内家拳一击制敌放人于丈外的超强发力技术，才令众多的武术爱好者崇拜不已，更令众多功夫高手含蓄内敛、深藏不露。而以小搏大、以柔克刚、以打为消、劲发于寸等内劲心法口诀，更是咏春拳有别于其他拳术的独特魅力所在。

咏春拳流派甚多，即便是一脉相承，同一位师傅教出的数名弟子，由于天赋、身高、体重、练武习惯的不同，对发力技术的掌握和应用也不尽相同。有人擅长刚劲，交手时硬桥硬马劲力十足，令对手难以抵挡，仓皇退避；有人擅长柔劲，出手时柔若柳条却暗藏玄机，令对手如巨蟒缠身，避无所避；也有人刚柔并重，出手劲力忽强忽弱忽明忽暗，令对手察觉不到力点变化，茫然受挫而四顾不暇。

总而言之，不分你我他，咏春是一家。流派的不同并不影响咏春门人的自我修炼，内家拳发力注重的是共性技术的个性自由发挥，纵然心法口诀、招式名称有细微差别，但最终的训练目的并无不同，都是为了练出内劲、练出真功。

“江山代有人才出，各领风骚数百年”。两百多年来，通过咏春门人前赴后继的传承发展与改良创新，咏春拳已经变得简化、易学、实用。于是，逐渐形成了咏春拳独有的讲手切磋礼仪，形成了搏击拳坛以武会友的优良传统。一众咏春门人于讲手切磋之中，尽显武者儒侠风范；于竞技格斗之时，尽显对抗发力的博弈之美。

古语云：“见与师齐，减师半德；见过于师，方堪传授。”当下，习练咏春拳者虽多如牛毛，然真正能获得师傅们垂青而得以传授其真谛者，却少于麟角。何谓真谛？很简单，即咏春拳内劲训练的核心方法。

为什么会出现如此现状？原因有三：

其一，在儒以文乱法、侠以武犯禁的中国古代，内家拳的传播注重传承，对继承人的选择非常严格。千百年来，中国内家拳的传承一直是口传心授、不立文字的，且一线单传，秘而不宣；师傅们一身惊世骇俗的功夫学来不易，练成更不易，也不会轻易传于弟子。单凭“技传有缘人”五个字，对习武者而言，已是大浪淘沙的漫长过程。

其二，古往今来，中国内家拳内劲技法的传授一直使用隐语。即采用晦涩难懂的文言文及武学专用词汇，如“来留去送，甩手直冲”，“出手如锉，回手如钩”，“桥来桥上过，脚起脚下消”；又如“劲发六合，力从地起，圆中求直，三角发力”；再如“顶位定位，得不追手；拳入三关，任我行走”。单这些技法口诀就需要长期的双人对练，方能心领神会，更不用说高层次的发力技术。诸如藤条劲、寸劲、沉劲、刚劲、柔劲、化劲等内劲训练方法，师傅们手把手教，许多弟子尚且不能完全领会，即使有个别悟性高者几经周折练出真功，亦敝技自珍，逢人只讲技法、手法训练，不愿多谈发力。这对于大多数习武者而言，无异于天书难测，只能惊叹于前辈长者们举手投足间放人于丈外的神功绝技，而自己只能在套路、招式、技法层面徘徊不前。

其三，师傅传徒弟真功夫，须长久考验徒弟的悟性、人品、学识、毅力等诸多因素。内家拳传承中，师傅对弟子悟性和品德的要求非常高，若弟子悟性不够，不足以将武学发扬光大；若仅武功底子好而人品差，同样不能继承师学。因此，内家拳传承一旦确定，必行拜师仪式。弟子须向师傅递帖子，三拜九叩首，行拜师大礼，方能获得核心发力技术的传授。

现代社会虽然开放开明，内家拳门派也广收门徒，各门各派的武学教材更如恒河沙数，俯拾皆是；然拿到教材不等于会学功夫，学到招式不等于学会发力。核心发力技术仍掌握在得到真传的极少数人手中，寻常练武之人实难窥其门径，更不用说登堂入室开枝散叶了。

总之一句话，学拳容易得劲难。内家拳发力之妙非嫡传弟子莫知，非师傅言传身教不能。

既然发力技术属于内家拳的核心，属于不传之秘，那么对于众多咏春拳习练者而言，如何迅速进入咏春的核心训练体系，减少弯路，阶段性地提升整体发力水平？

众所周知，广为流传的咏春拳有小念头、寻桥和标指三套拳，再加上六点半棍、八斩刀和木人桩，共计六套技术；而核心发力之秘就隐藏在这六套技术中，按照训练进度分为朝形发力、追形发力和败形发力三个阶段。

在撰写本书之初，笔者斟酌再三，考虑现今市面上流传的武学典籍中，多是针对咏春拳套路、技法和黐手训练的讲授，并未将内劲发力的核心训练方法真正披露，尤其是在朝形发力、追形发力、败形发力、黐手发力、咏春内劲桩功训练和六点半棍的内劲训练等方面，几乎未有书籍涉及。

鉴于此，为了更好地传承内家拳术，使更多的武术爱好者学到核心的内劲训练方法，笔者多番努力，与国内外咏春拳实战派的资深专家和朋友多次交涉，最终得以达成一致意见：把一众内家拳前辈长者、咏春名师的内劲训练心得，以及笔者个人多年来习拳教拳的一些粗浅见解，以言简意赅的语言文字整理、汇总成书，命名为《咏春发力秘笈》，以求抛砖引玉，期待有缘者能感悟内家拳发力之妙，将尚武精神发扬光大。

书中披露了许多发力训练的核心方法与技术，希望习练者能惜之慎之，将武学用于正途；也请咏春拳界的前辈与同道不吝指点赐教。

值得一提的是，在本书的最后一个部分中，笔者特将李小龙以咏春拳理念为指导，融合各派武术、综合格斗术及地面缠斗技法而自成一派的核心发力技术一并披露。其内容主要包括“近身发力、蝴蝶步法、截击迎击、缠斗擒锁”等九个至关重要的核心法则。希望更多的截拳道爱好者，能深刻体会李小龙宗师创拳的本意，因为截拳道是深深植根于咏春拳中的，截拳道本源就在中国。

本书有幸请到北京叶问系咏春拳实战名师王斐先生做技术示范，在此表示诚挚的谢意！

本书的撰写得到笔者的学生吴加毅、贾成旺、徐博等人的大力协助和支持，在此一并表示感谢。

是为序。

李东滨

庚寅年八月于北京

前言　小念头——朝形发力

传说清朝时南少林五老之一的五枚师太，因见“蛇鹤相斗”（也有传说为狐鹤相斗）而感悟拳理。于是，世间多了一门与传统长桥大马发力的少林拳大相径庭的拳法，以此拳法来惩戒少林叛徒。因此拳法以五枚师太唯一女弟子严咏春之名传世，故而称为“咏春拳”。

咏春拳讲究“象形取意”，拳法中有大量以蛇鹤为形的身形、手法与步法。咏春拳以蛇的柔若无骨、迅捷无声、缠绕有力和白鹤的凌厉双翅、锋锐双爪及尖喙啄击为仿生对象，将武术中攻防搏击之道诠释得淋漓尽致。因此，咏春拳手法快如闪电、连环密集，对敌搏斗之时，手法之防御可谓风雨不透。

以小搏大、以弱胜强、劲发于寸的内劲威力，可令身形瘦弱矮小之人，在贴身搏斗的瞬息之间，击倒人高马大的壮汉。如此不可思议的力量，其实源自于咏春拳的入门第一套拳法：小念头。

顾名思义，小念头即要求习拳者要正心、正念和正行。

咏春拳并不神秘，它十分科学，是注重“结构发力”的内家拳术。其要求习拳者在入门之初应时刻保持良好的心态、正确的姿势和严谨的法度，这是练好内功、获得结构发力的前提。

咏春拳小念头是内劲训练的源泉。所谓朝形发力，指的是朝向对手身体中线的薄弱环节，如眼睛、咽喉、心窝、腹裆等处，科学地发放周身劲力，快、准、稳、整、透、狠，一击制敌。

咏春拳的发劲技术，要求习拳者颈椎、双肩、双肘、双腕、腰椎、双股、双膝、双脚腕，共十四个关节同时作用发力。在发劲的瞬间，全身十四个关节同时旋转，连同身形向前弹射，借助地面强大的反作用力，力从地起，拳由心发，劲往一处使，力往一点聚。如此强大的螺旋爆发力与弹射力叠加，就是咏春拳不依赖距离击人于一丈开外的原理。

本书的五个章节，从科学的角度阐述结构发力的原理，详细披露小念头拳中蕴涵的内劲训练方法与防身自卫之术：

如用二字钳羊马练出上肢卸力反弹的肘底力与藤条劲；

如用日字冲拳练出腰马合一的劲力，把身体的重量层层叠加在拳头上；

如运用科学的训练方法，练出一秒中连发六拳的连环冲拳速度；

如运用试力训练，在一寸到三寸的距离内爆发重击，击破木板，击倒对手；

如运用对马冲拳训练，将人体前臂尺骨训练成百炼钢刀一样的硬度、韧性与锋锐，临敌之时以刀劲强攻直取，一击奏效；

如运用来留去送、甩手直冲的心法要诀，进行双手双臂的触觉感应与条件反射训练，形成遇险自救本能防御的习惯；

如运用小念头拳谱中的十几种技击手法，实施自卫反击实战克敌。

《咏春发力秘笈》第一部

海纳百川　万流归宗

贵在中和　不争之争

目　录

CONTENTS

第一章

小念头拳　力之源泉

立念行拳

小念头是咏春拳习练者入门的第一套拳法，也是习拳者百日筑基练出寸劲的首要训练内容。

相信许多咏春门人都听过“立念”这个词。咏春拳前辈祖师说：练咏春拳须先立一正念，小念头不正，终身不正。由此可见，练小念头的首要关键在于“立念”二字。小念头全套拳法的训练，始终围绕“立念”二字展开，旨在培养习练者在“放松、呼吸、念力、结构”四大层面合而为一的条件反射习惯。久而久之，通过科学的训练，逐渐化掉习拳者后天的拙力与僵劲，从而将人为刻意的拳脚发力，由后天转为先天、从刻意转为自然、由散劲发力过渡到整劲发力。

因此，小念头拳法的训练要求习拳者要正心、正念和正行。

正心指的是习拳者应有良好的心态和容人的心量。心态不正，练出的拳架结构就难以端正；心量不大，就无法准确地接纳师者及同行的见解，起不到海纳百川、为我所用的效果。

正念指的是习拳时念头要纯正单一，唯有放弃后天思维的杂念，才能用拳法将人体先天的智慧唤醒。

正行指的是行拳操练时，应通晓拳理，拳架姿势要合乎法度，初学者唯有放弃后天的僵化笨拙之力，才能练出先天本能的寸劲与藤条劲。

咏春拳理

咏春拳的攻防理论十分符合力学原理，历来咏春前辈们在授徒之始，都十分注重对咏春拳理论的讲解，以免弟子不明拳理，习拳之时偏离法度，难以练出真正的内劲发力。

咏春子弟皆知，咏春拳有十大理论。它包括守中用中、朝面追形、攻守同期、不“追手”、不“冲身”、不借助位置发力、来留去送、甩手直冲、轻桥去手、重桥留中。

一、守中用中

守中用中指的是临敌之际攻守之间，应守住自身中线不被攻击，集中攻击敌人中线的要害部位。

中线指的是人体的子午线，即由人体头顶至尾闾（尾龙骨）之间的连线。中线涵盖人体各大要穴与要害，击打中线不仅节省时间和距离，同时可以用最少的力量获得最大的击打效果，一击制敌；况且人体中线更是人体的重心线，中线部位遭受重击，无异于重心被击中，受力者易失重倾斜，难以卸力还击。

守中，首先可以保护身体中线的重要部位不受打击；其次可以实现最短距离的防守。用中，指的是攻守抢中线，实现最短距离和最重攻击的效果。

咏春所有的手法，都是由自身中线部位发出去的，守中用中是咏春习练者攻防格斗时必守的第一法则。

二、朝面追形

与对手面对面平行站立，为“朝面”。若对手面向其他方向，不能“朝面”相对，则我方以迅捷的身法步法，快速贴近对手中线，如影随形般黏住对方，控制其重心，进而制伏对手，为“追形”。

习拳者运用咏春拳法对敌时，应尽可能正面朝向对手。不论对手环绕着我方走向任何方向，我方必定朝面追形向着对手。其优势如下：

进攻方面：便于使用整劲打人，较易击中目标且对手受力较重。

防守方面：简化对手向我方进攻的来向。因为正面受到攻击时，对手向我方进攻的方向只限于九路。九路者即左上、左中、左下、中上、中中、中下、右上、右中、右下。因此我方对对手来势较易拦截反击。

速度方面：出手快而动作小，双手能同时击中对手，且出手时几乎不用转动肩头，因此出手之影（先兆）会很小，左右手很容易互相兼顾，立体攻防。

咏春三套拳中，第一套拳“小念头”专门修炼面对面的发力技术，称为“朝形发力”；而第二套拳“寻桥”则专门修炼不同距离、不同站位下的移动发力技术，称为“追形发力”；第三套拳“标指”专门修炼敌我条件悬殊下的发力技术，称为“败形发力”。

三、攻守同期

运用咏春理念格斗时，没有所谓的先招架再还招之说，更没有所谓的“纯防守”动作。因为咏春所有手法的应用，都是攻守合一且攻守同期的。

所谓攻守同期指的是当我方一只手化解对方进攻的同时，另一只手已经在攻击对方了。

咏春门人往往都擅长“双手互搏”和“一心两用”的特殊技能。其实不足为奇，习咏春手法至纯熟境地，可以在同一时间内，双手做出不同的攻防动作，且动作转换流畅自如、天衣无缝。这本质上是“攻守同期”理论的应用。

四、不“追手”

“追手”指的是临敌之际，执著于追着对方的“桥手”做相应的攻防动作，而忽略了攻击对方中线的薄弱环节。

所谓桥手指的是敌我双方攻防搏斗时，互相接触之手臂。咏春将敌我双方手臂的接触变化，称为桥手相接；寓意为感受彼此力点的变化，以期控制击倒对手。

咏春拳擅长于训练桥手相接后，敌对双方对力点的感觉和反应。所以初学咏春拳者很容易下意识地犯“追手”的毛病。若对方桥手不在我方的防守范围内，完全没必要追着去接触对方桥手，反而应趁机攻向对手中线位置，追身不追手，追形不追影，速战速决。

五、不“冲身”

不冲身指的是临敌攻防之际，无论发力或受力多么强大，始终保持腰马稳健和马步进退有度，重心不失。

咏春拳所有手法、腿法的攻防应用，都以马步进退和重心的平衡为第一原则，搏击之时，尽量减少被对方借力而导致自身失去平衡的机会。

六、不借助位置发力

咏春拳的“攻”与“守”，皆以能修炼到从任何位置都可以发力为原则。换言之，无论手在何处，受制与否，处于何种角度，皆不必收手或撤身蓄力，而能随时运用身体各个部位发力击人。

七、来留去送

“来留”指的是当对手向我方击来手或脚时，我方除了化解攻击外，最好尽可能将对手的手或脚留在攻来的当下位置上，以便利用咏春桥手相接的感觉将其牢牢控制住，令对手来力用尽、新力不生。

“去送”指的是当对手以极其强猛的力道，实施拳脚攻击时，我方运用咏春手法的牵引，把对手击来的力的方向改变，令其攻击落空；同时，在对方击出的力量之上，再加上一个力，顺其势借其力，向改变后的方向送去，令对手失势、失重，或招式用老，无法变招攻击。

八、甩手直冲

“甩手”指的是当敌我双方手臂相接时，对手突然将与我方相接触的手臂撤去（不论撤向任何角度）。每当对方“甩手”时，我方迅速以第一时间、第一距离发招，从对手撤手处直攻入其中线要害，为“直冲”。“来留去送”和“甩手直冲”心法，是从长期的黐手训练中获得的本能发力反应。

九、轻桥去手

轻桥去手指的是当敌我双方桥手触碰相接时，从接触点感觉到对方发力轻或无时，我方用截击或迎击的方式从来力处击出，直冲对方重心。

轻桥去手全凭皮肤感应发力，重在灵活运用，应感而发。

十、重桥留中

重桥留中指的是当敌我双方桥手触碰相接时，从接触点感觉对方发力强猛，仅凭己方桥手之力难以抵挡化解；此时，运用步法和身法的迅捷移动，来卸掉对方的力，以保护自身的中线要害及保持平衡，同时牵引对方重心，令其失重。

第一节　小念头的隐藏力量

内劲之源

小念头练习的首要关键在于“立念”二字。立念包括“放松、呼吸、念力、结构”四大层面的科学内涵，此为咏春拳法在内功训练方面的独到之处。

人在精神紧张不放松的情况下搏击，每一出拳或踢腿，容易发出僵硬的局部力量，费时费力且难以产生良好的击打效果，并且往往是身高体壮之人胜过瘦弱矮小之人，这样的发力对抗，咏春拳称为僵劲、拙力与散劲（指局部力量）。

真正的咏春拳发力训练，注重整劲（指周身筋骨合一的整体力量），发挥周身筋骨合一的整体之力，作用于一点，瞬间爆发，力道强劲突然，令对手无法防范抵挡。因此咏春整劲的训练强调拳由心发，力从地起，以念成形，以形合意。

简言之，出拳的动作均由心窝处发出，配合缓慢的呼吸，来促进人体肌肉筋腱的放松拉长，使习拳者的拳架筋骨结构更加稳固、更加富有弹性；久而久之，每一发拳、每一踢脚，表面看似乎软柔、没用力，内在却感觉有一种无形而又坚实的力量充斥周身，随着拳架动作的自然运行，将人的意识念头变为一种可以掌控的流动的力量，这种力量咏春拳称为“念力”，也有人称为“气功”或“内功”。

人体本身就是一个蕴涵潜在力量的巨大宝库，“念力”训练则是开启潜在力量的索引。只是未经强化训练的普通人，在日常攻防中动作十分拙劣、僵化，且意识难以高度集中，无法将“念头”变为“念力”而已。训练有素的咏春门人，都可以成功地将“念力”灌注于举手投足的微小动作中，使极其微小的发拳或踢脚动作，在极短促的瞬间，产生强大的爆发力，这就是咏春寸劲产生的源头。

小念头中“念力”训练最具代表性的动作，为小念头拳谱中“一摊三伏”手法的训练。训练之时，习练者以二字钳羊马的马步站立，精神高度集中，心如静湖之水不起波澜，用念力配合呼吸，缓缓驱动摊手（图001）、圈手、护手、伏手的循环变化，动作与呼吸极其缓慢柔和，慢慢以神意舒展四肢，日积月累，筋长骨健内劲自生，自然获得肘底力与周身筋骨拉长之后的弹抖之力。此为小念头中内劲训练的不传之秘。

因此，小念头拳法练习之初，一切动作练习的关键在于松柔、不用力。因为越想用力，获得的反而只是后天蛮力。只须意识放松了、动作柔顺了、结构合理了，日久天长，自然化僵去拙、练柔成刚，周身整体劲力不期然而自动获得。

五枚大师在创立咏春拳之初，以其超凡的智慧，科学地设定了二字钳羊马的拱形蓄力结构，这是获得咏春内劲的先决条件。在双人黐手的练习中，两人以二字钳羊马的姿势站立，四臂粘连，运用膀手、摊手、伏手三大手法，以圆球状做螺旋翻滚式的循环旋转变化（图 002），这就是拱形卸力、劲发于寸的藤条劲训练。此时，人体变为五张拉开的“大弓”——双手臂的拱形架构为两张“臂弓”，双腿的拱形架构为两张“腿弓”，而整个上体脊柱腰背又形成一张“身弓”；这五张弓合在一起，配合咏春手法和腿法的应用，临敌之时就可以做到本能反应、圆转卸力、周身发劲了。所谓一身备五弓，就是小念头中所隐藏的内劲训练方法。

图 001

图 002

总之，小念头中的发力训练，以二字钳羊马的力学结构，作为入门训练的拳架定型结构；以日字冲拳的扯空拳练习，训练出拳速度与人体耐力；以进退马步法结合对马冲拳练习，训练前臂尺骨硬度、瞬间冲刺的整体劲力与抗击打能力；以小念头拳谱中"一摊三伏"的练习，训练念力呼吸与内功；以双人黐手的螺旋翻滚练习，训练寸劲、藤条劲的发力；以标手、圈手、伏手、膀手、捆手、拦手、耕手、摊手等手法的应用，获得防身自卫能力的招式技法。此外，百余年来秘而不宣的咏春"桩功"修炼，则是咏春弟子迅速增长功力的不二法门；更是众多咏春前辈和长者们多年训练之心血结晶，今将之一一披露。

第二节　二字钳羊马的力学结构

结构发力

"马"指古代战场中驰骋沙场的骑兵的战马。在冷兵器时代，古骑兵作战靠的是速战速决，骑士们手持长枪大刀临阵杀敌，都须借助于胯下战马的冲刺之力，方能达到冲锋陷阵、一击必杀的目的，因此，马的优劣直接决定骑兵作战的速度与效果。

同样，武术中"扎马"的优劣，也决定了武者搏击能力的高低。所谓扎马就是保持坐马的姿势来行功炼劲。大部分的武术扎马都是臀部下坐，大腿与地面几乎呈平行状态，双膝向内钳紧如坐真马一般，姿势较低。尤其北派拳法中的扎马动作，往往采取四平八稳的矮架四平马进行训练。扎马或坐马若是长久不动时又名为"站桩"，站桩更是内家拳内劲修炼的重要法门。

咏春派扎马的姿势比别派武术的马步姿势要高一些，咏春前辈们曾做过这样的实验，在扎马之后双膝内钳的稳定状态下，即便胯下骑的是一只愤怒挣扎的公羊，其也难以挣脱扎马者的腰马内钳控制。故而咏春马步称为"二字钳羊马"，寓意为习练咏春拳应做到腰马稳健、腿法轻固。

咏春拳强调"力从地起，腰马合一"，马步的优劣决定了习拳者发力的强弱。常人若无咏春扎马的训练，即便是身强力壮之人，在平时运动状态中，也实难发出咏春拳要求的整劲，大多情况下，人们运用的都是散劲。

如何有效地区分整劲与散劲?

很简单，当人们做弓步屈膝推车、推重物时，所展现出来的力量较接近于整劲，只是未经训练的周身筋骨的力量还不够凝聚集中。如人推墙时（图 003），基本上采取的步法姿势，不自觉中暗合了武术中要求的弓箭步，此时较容易调动周身四肢百骸的力量作用于墙面，且人体形成了一个拱形的结构，这样便于从地面借力发力前推，同时双手感受到从墙面回传来的力量，通过身体连通的结构，自脚底回到地面。这样，每次用力前推时，感受最明显的四个支撑点为手腕、肩膀、腰胯及后脚；在这四个大关节瞬间一起作用的情况下，发出的力量相对较大。只是，人们一旦恢复直立姿势，挥拳或踢脚时往往用到的只是局部力量，很难发挥腰马合一整体力量。因此，二字钳羊马长期训练的意义在于，令人体获得科学的发力结构，令周身筋长骨健，无论何时何地遭遇人为袭击，均可本能地运用腰马的力量，灵活地卸力、发力，化险为夷。

二字钳羊马的拱形蓄力结构，是获得咏春内劲发力的先决条件。

咏春拳历经近百年来的改良与发展，二字钳羊马的姿势已经融合了众多咏春高手的智慧，在力学结构上对人体筋骨的锻炼，堪称经典与完美。

二字钳羊马的标准扎马方法如下：

（1）自然站立，双脚并拢，双手下垂置于体侧，全身放松，双目平视前方（图 004）。

（2）双膝微曲，双手迅速上提至胸前轻握拳，并拉至两肋旁停住；保持双拳上提、拳心朝上、双肘后拉的姿势（图 005）。

（3）双脚掌以双脚跟为轴，同时向两侧旋转分开，呈一字形（图 006）。

（4）双脚跟以双脚掌为轴，同时向两侧旋转分开，呈八字形（图 007）；站定后双脚十趾抓地，足心含空；双膝内扣，略有上提之意；同时，腰胯前挺上提，收臀提肛，盆骨与股骨拉成一直线；含胸拔背，双肩放松下沉，颈部竖直，下巴微内收，头顶略有上提之意；整个身体的重心落于双足足心连线的中心点上。二字钳羊马素有“马开步半”的讲法，即开马后两足尖分隔约一足半的长度。“二字”是指坐马时两足尖连线与两足跟连线呈平行状，形成一个中文的“二”字，即双足尖的距离比双足跟的距离略短。

（5）右拳贴着右肋骨向内摩擦旋转，至心窝处停住，呈拳眼朝上、拳面朝前状；右拳拳腕离心窝约一拳的距离（图 008）。

图 003

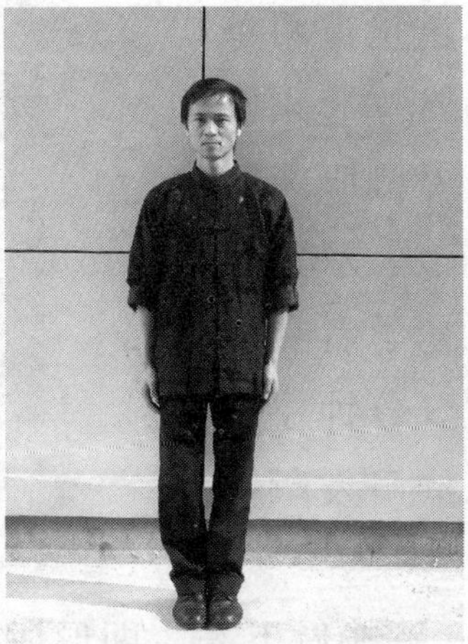
图 004

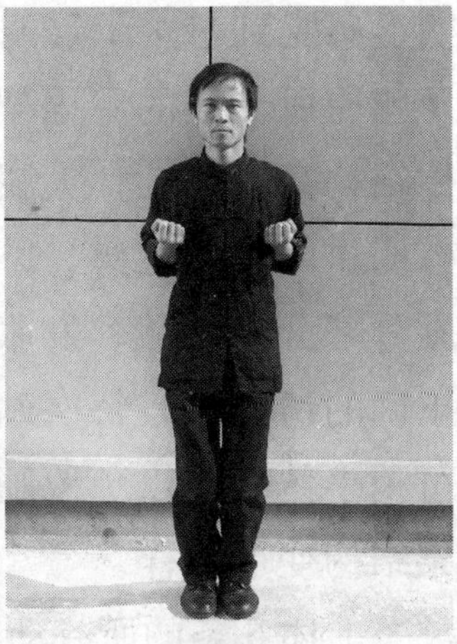
图 005

图 006

图 007

图 008

（6）双肩放松下沉不动，纯粹以右肘之力催动右拳，自心窝处呈 45 度角斜向上向正前方打出，臂不完全打直，右肘关节呈微曲状；左拳贴着左肋骨向内摩擦旋转，至心窝处停住，呈拳眼朝上、拳面朝前状；左拳置于胸部正前方略高于右肘弯处停住；身体的重心落于双足足跟连线的中心点上（图 009）。整个身体的间架结构呈现出一个倒放的“S”状，此为咏春拳独有的拱形蓄力结构。

图 009

上述 6 条中，前 4 条是二字钳羊马的标准扎马动作。如果动作做对了，会明显感觉到整个上肢身体重量被两条腿及腰胯所形成的坚固架构支撑起来，整体结构富有弹性；大腿内外侧肌肉筋腱有明显的紧绷之感，膝关节、双臂及肩胛骨部分易发酸、发胀。初学者在动作正确的情况下，每次站立 3 分钟左右即可稍事休息，以免双腿及周身发颤，拳架结构变形走样。

上述 6 条的所有动作，顺畅做下来，即形成以日字冲拳（俗称“扯空拳”）的标准起始动作。初学者须时刻注意体会的是，当足心含空足尖略内扣时，足跟将小腿向上撑起来的感觉；双膝关节内扣上提时，小腿将大腿向上撑起来的感觉；腰胯前挺上提时，大腿将腰胯向上撑起来的感觉；胸部略内含背部撑圆时，整个腰胯及双腿将上身向上撑起来的感觉；颈椎竖直头顶略上提时，肩背部将头颈向上撑起来的感觉。若每次扎马后 10 秒钟内，能明显体会到此五点感觉合而为一，则说明二字钳羊马的蓄力结构形成了。

对于初学者而言，如何检验自身站立的二字钳羊马是否达标合格？现提供两种检验方法：

其一，采用墙壁试力的方式。离墙约一步之遥，面对墙壁，以二字钳羊马姿势站立，保持右手日字冲拳的形状，使右拳面突起的骨节刚好抵住墙面；在保证二字钳羊马整体姿势不变形的情况下，以腰胯带动周身，通过拳头向墙面突然发力前冲。如能明确感受到，墙面回传的反作用力通过右拳、右肘、双肩、腰胯、双膝，回到脚底，则说明二字钳羊马的动作成型了（图 010）。初学者在扎马无法确定是否达标的情况下，也可以用此种方式寻找整体发力的感觉，从而逐渐将扎马动作规范定型。

其二，采用配手拍拳试力的方式。以二字钳羊马姿势站立，保持左手日字冲拳的形状（图 011）；令一配手旁边随意站立，抬起右掌以短促轻快的动作，轻拍扎马者前伸的左拳面，如扎马者在整体动作结构不散乱的情况下，能明显感受到配手拍击时的力量瞬间传到脚底，且配手也能感受到一股反作用力自扎马者脚底回传至拳面，作用于己手（图 012）。如此连续拍击试验，如每次都能清晰感受到力的传递，则证明二字钳羊马的动作成型了。

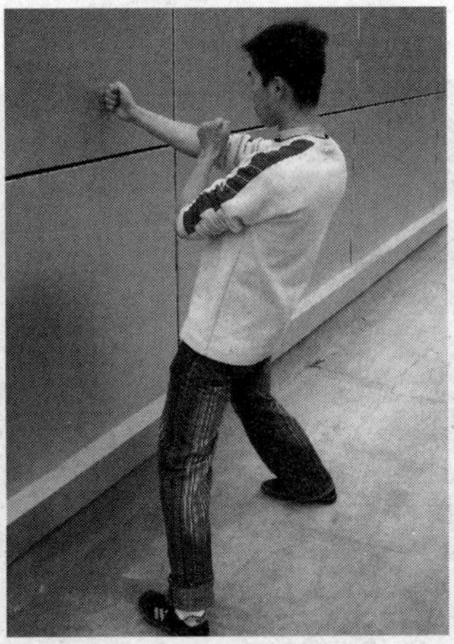

图 010

图 011

图 012

一般而言，只须潜心揣摩与勤加练习，常人每天一次扎马 15 分钟的训练，两周左右，身体会自动适应动作，身体的协调性与稳定性会大幅度提高，周身关节筋腱会初步形成静态条件下的整劲连接结构。接下来，可进入日字冲拳劲发于寸的训练阶段。

通过二字钳羊马的长期扎马练习，可将人体的整体力量有效地凝聚于一点，锻炼正面朝向目标时的结构用力方法。因此朝形发力，也是指通过二字钳羊马的扎马练习，调动周身的力量，配合身形步法的移动，击打对手身体中线的薄弱环节，爆发整劲于一点，达到一击克敌的目的。

第三节　肘底力与藤条劲

肘底力

什么是肘底力？

很简单，即用肘部关节的沉肘归中定位法，打通肩关节和肘关节，练出人体周身的整劲与藤条劲。

所谓沉肘归中定位法，指的是习练者以二字钳羊马姿势站定，双肩放松下沉后，双肘及两前臂于胸前相合放松下沉，在身体中心线上的心窝位置并住不动。同时将并住的双肘、双臂尽量向前伸展（图 013）。为了方便练习，初学者可以在双肘之间夹上一支笔，来检验自身动作的规范性与持久性。

图 013

事实上，肘底力是抽象的，尤其初学者往往不容易理解它。沉肘很容易做到，肩部放松下沉后，肘部自然放松下沉；归中也很容易做到，难的是双肘及两臂并住前伸，此时肩膀和大臂肌肉容易发酸发紧，不易坚持，此时切记不可耸肩，应始终保持肩部放松下沉的状态。同时，体会双肘的合并前伸与双膝的内嵌上提之间的联系，体会周身浑然一体向前上方用力的感觉。初学者每次训练 3 分钟即可稍事休息，以免过于疲惫导致动作变形，失去训练效果。

对于初学者而言，如何快速地感应到肘底力的存在？现提供一种感受它的方法：

以二字钳羊马姿势站立，保持右肘归中定位的摊手形状（图 014）；令一配手右侧站立，抬起右掌以短促轻快的动作，向下方轻拍扎马者前伸之右前臂（图 015），如扎马者在肘部归中定位不动且整体动作结构不散乱的情况下，能明显感受到自身前臂随配手下拍之力稍向下沉（图 016），当配手下拍之力消失之际，下沉的前臂迅速自动弹回中线位置（图 017）；且配手也能感受到自身拍击之力如同击打在一根极具弹性的藤条之上，这便是沉肘归中定位后所产生的藤条劲。如肘底力练到较高境界，即使配手用双掌按在扎马者伸出的前臂上，倾尽全身的力量猛力下按，扎马者手肘也不会离开中线，马步更不会有少许动摇，这便是日久功深后，肘底力藏劲卸力的奥妙。

图 014

图 015

图 016

图 017

沉肘归中定位法的作用在于，迅速打通人体双肩关节，获得周身的整劲爆发力与藤条劲。

百余年来，咏春门人肘底力训练最经典的方法，是采用小念头拳谱中的“一摊三伏”手法，以纯粹放松与柔和的动作配合呼吸，来感受肘部驱动手臂缓缓前伸后移的运动之力，从而将念力与肘力合二为一，日积月累，自然达到“意走肘劲留，力发肘劲含”的境界。

肘底力的修炼需要一段时间方可体会，初学者每天采用沉肘归中定位法训练 15 分钟，然后打 9 遍小念头，一般在 4～8 周可以深刻体会到肘底力的作用。此后，随着功力的增加以及对咏春拳内涵理解的加深，会逐渐了解到，咏春拳手法的每一个动作应用，无论是长桥发力还是短桥发力，其实都是肘底力的延伸，因为通过肘部的定位训练，使上肢肩、肘、腕三个大关节都打开了，上肢力量的传递自然畅通了，双手发力时不费劲儿，每一个松柔的动作都沉重有力且富有弹性。

藤条劲

什么是藤条劲？

顾名思义，藤条劲指的是通过咏春内劲发力的长期训练，令人体周身肩、肘、腕、胯、膝、足等部位获得如同藤条一样遇力卸力、借力反弹的本能发力习惯。

对于初习咏春拳者而言，最初练成的往往是手臂上的藤条劲。由于二字钳羊马的力学架构和肘关节的归中定位，令整条手臂形成以肘部为支点，前臂遇力反弹变化的各种动作形态，于是就产生了手臂的藤条劲。

手臂藤条劲的发力原理如下：

其一，藤条试力训练（注：下图深色上衣为甲方，浅色上衣为乙方）。

（1）甲方手持一段弹性较好的树枝或藤条，指向乙方头面部位；乙方出右拳攻向甲方头面，乙方右拳拳腕部分与树枝前端相接触（图 018）。

（2）甲方感应到树枝前端受乙方拳劲冲击，树枝受力被压弯变形（图 019）。

（3）树枝被乙方拳劲压弯后，甲方感应到乙方拳劲仍然直冲自己身体，于是将身体和所持的树枝向左侧转了一个角度，借此卸掉乙方拳劲（图

020)。

（4）乙方拳劲滑落甲方体侧，而被压弯的树枝瞬间反弹起来，击中乙方右侧脸颊部位（图 021）。

图 018

图 019

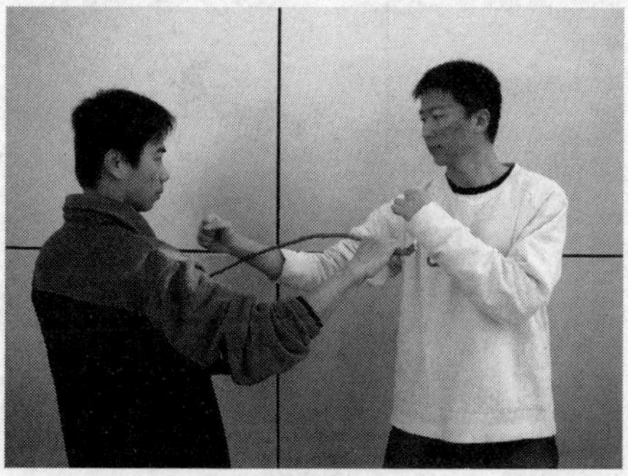

图 020

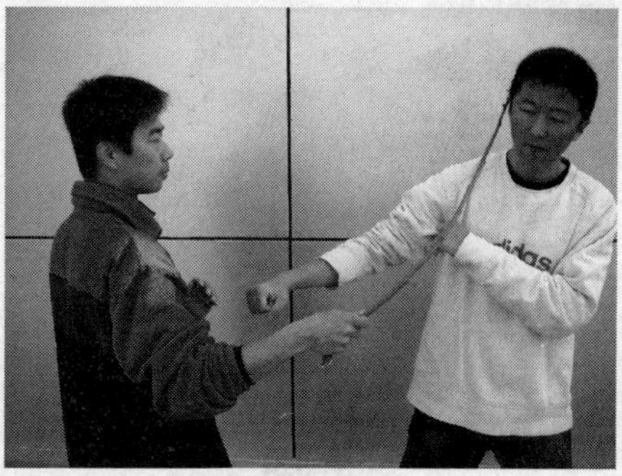

图 021

通过藤条试力训练，不难发现树枝遇阻力变形弯曲的过程就是卸力的过程；树枝卸力之后恢复原状的过程就是借力反弹的过程。藤条卸力反击的原理，完全可以通过咏春手法训练来实现。

其二，借力反弹训练（注：下图为甲乙双方实战模拟演练）。

（1）甲方出右拳攻向乙方头面，乙方也出右拳攻甲方头面，双臂尺骨相交，两股力量相抗衡（图 022）。

（2）乙方感受到甲方拳劲猛烈难以抵挡，随即以右肘为支点，将前臂放松弯曲以求卸力，同时身体左转 45 度角，左手置于下巴处，护住头面（图 023）。

（3）甲方拳劲滑落乙方体侧，攻击落空，身体收不住前冲半步（图

024）。

（4）与此同时，乙方弯曲之右臂如同藤条一样迅速弹起，右拳击中甲方右侧面门（图 025）。

图 022

图 023

图 024

图 025

上述借力反弹的训练，实际上是咏春拳手法中，膀手反击直拳的应用案例。习练者若要达到在咫尺之间借力打力反败为胜，前提是必须将二字钳羊马的基本功练扎实，练出肘底力，方能有藤条劲的产生。

第四节　中线发力　三节合一

中线发力

什么是中线？

中线又称子午线，指的是人体由头顶百会穴经眉心、口鼻、咽喉、心窝、肚脐、下阴、尾椎、命门、脊柱至脑后玉枕穴之间的中心线连线。连线部分形成一个环形的通道，此通道正面为人体经络的任脉，背面为人体经络的督脉；任督二脉的环形通道中，汇集了人体各大致命要穴，因此，临敌之时击打对手中线要害部位，很容易一击制胜。

什么是中线发力?

所谓中线发力指的是由自身心窝处发出的拳劲和掌劲，承载了自身身体的重量，连环出拳时力量大且速度快，令对手避无可避。

两点之间直线最短。在对抗搏击时，咏春拳强调在第一时间和第一距离内，己方用最小的力气、最少的时间和最短的距离去攻击对手，以求瞬间结束战斗。搏击中敌我双方面对面对垒时，彼此身体中线之间的平行距离，恰恰是最短的距离，此时可以发挥咏春拳贴身短打的优势，且击中对手后，对方因中线部位受创而无法卸力，必然落败。

中线发力的原理如下：

其一，中线试力训练。

（1）我方以右掌轻轻推向配手右胸部位（图 026），配手向右侧稍转体即卸掉推力（图 027），且配手重心不失，身形步法不散乱。

（2）我方以右掌轻轻推向配手中线心窝部位（图 028），配手无法卸力，整个身体重心向后方倒去（图 029）。

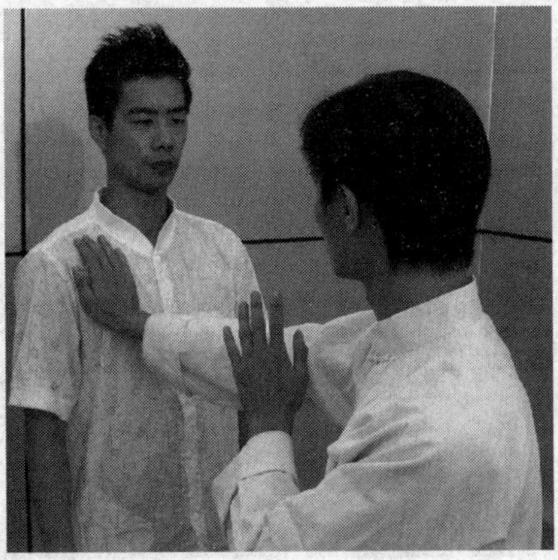

图 026

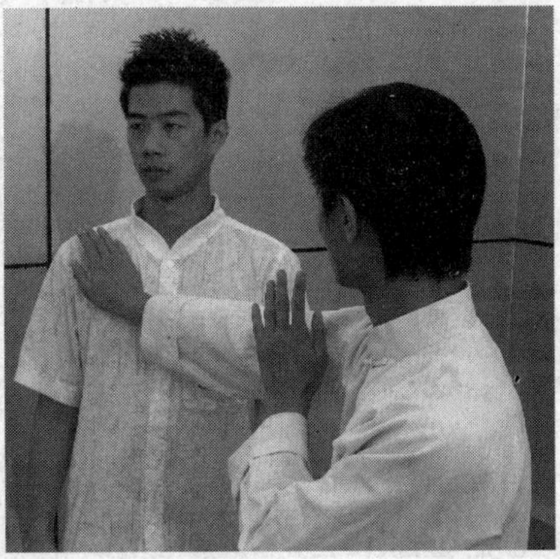

图 027

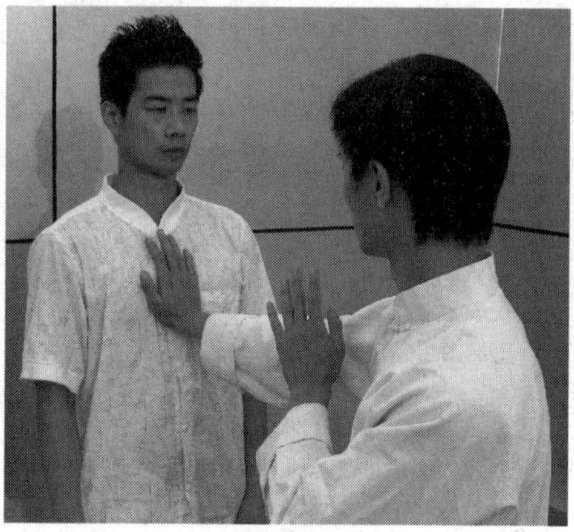

图 028

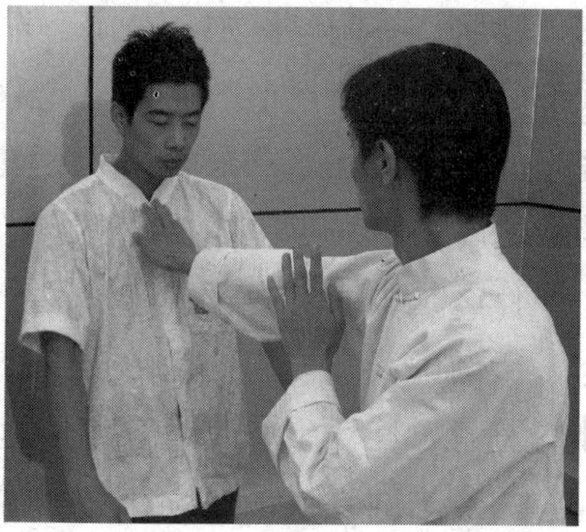

图 029

其二，守中用中训练（下图长发为甲方，短发为乙方）。

（1）甲乙双方均以二字钳羊马姿势面对面站定，甲方以左手摊手置心口中线，乙方以右手伏手至心口中线；双方臂弯处相接触，感应对方的力点（图 030）。

（2）乙方伏手突然离开甲方左臂，向上直击甲方面门（图 031）。

（3）甲方感受到乙方攻击却并不理会，左手摊手变直拳，于第一时间、第一距离抢先击中乙方心窝要害（图 032）。

（4）甲乙双方仍旧以摊手伏手相接触，感应对方力点（图 033）。

（5）乙方伏手突然离开甲方左臂，向下直击甲方腹部（图 034）。

（6）甲方不理会乙方攻击，反而抢先击中乙方心窝要害（图 035）。

图 030

图 031

图 032

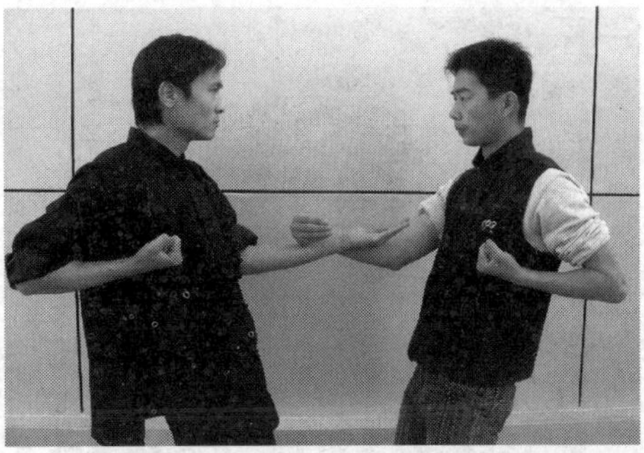
图 033

图 034

图 035

从上述训练不难发现，乙方的两次攻击虽然并未离开中线位置，但是发拳路线走得并不是最近的距离，故而以微弱的距离差输给甲方。

一指半步，分寸必争。咏春中线发力实际上是以小搏大、速战速决的不二法门，更是以己方重心去击打对手重心的法门。因此，临敌之时，攻防之间，敌我双方是否能以最短的时间和距离抢占中线位置，守中用中，是搏击制胜的关键因素。

简言之，中线发力的作用如下：

一是临敌时攻守抢中线（图 036），路线最短，速战速决。

二是击打对手中线要害，令其难以卸力，一击制敌。

三是打通人体肩、肘、腕三大关节，令周身筋长骨健（图 037），练出三节合一的整劲儿，出手时力大无穷。

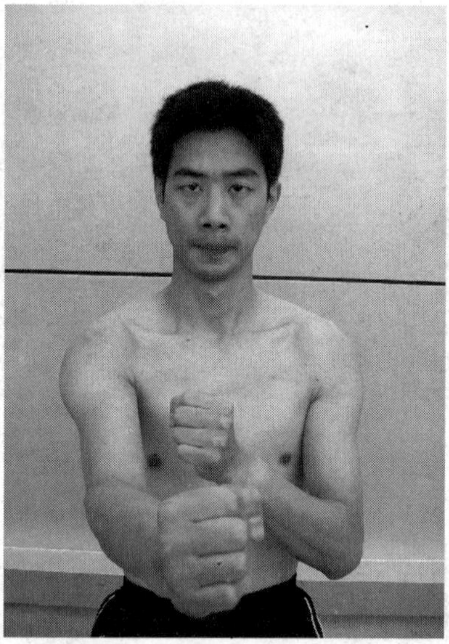

图 036

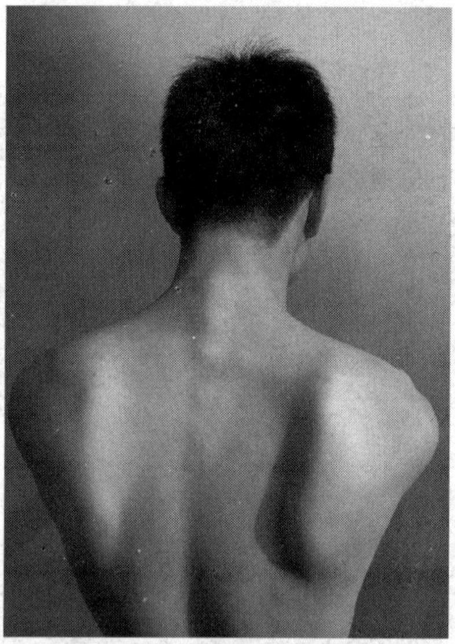

图 037

三节合一

什么是三节合一？

武谚有云：拳打三节不见形，见了形影不为能；又云：三节齐，泰山移。寓意为通过武术发力的练习，使人体上、中、下三节整合，达到力大无穷。

什么是三节？

对于人体整体而言，手臂为梢节，腰胯为中节，腿足为根节。梢节起，中节随，根节追；三节合一，充分调动人体筋骨之力，力整劲足，沛然莫之能御。

对于上肢而言，三节是腕、肘、肩；腕为梢节，肘为中节，肩为根节。

对于躯干而言，三节是胸膛、心窝、丹田；胸膛为梢节，心窝为中节，丹田（肚脐下约一寸处）为根节。

对于下肢而言，三节是脚腕、膝盖、大腿根；脚腕为梢节，膝盖为中节，大腿根为根节。

所谓三节不明，周身是空。人体上、中、下三节总要分明，上节不明手多僵硬，下节不明力无支撑，中节不明浑身是空。

如何练成三节合一的整体劲力？通常咏春有开肩法、开肘法、开腕法等训练方法。如十二路藤圈手专门用来习练各种手法，同时练习腕、肘、肩三个关节的柔韧性与协调性；又如日字冲拳的扯空拳训练，专门用来松开肩关节，促使上肢劲力三节合一。所谓“根节开，劲自来”，指的是根节打通后，周身劲力传递得顺畅无阻。

在实战格斗中，全身三节的各部位都可以用来击打对手。头、肩、肘、手、胯、膝、足，处处皆可发力，处处皆可打人。但是，究竟用什么部位击打，却不能显露在外形上，不能露出发力痕迹，而要虚虚实实，使对手难以捉摸和防御。看似起脚，实则进马；看似直踢，实则手击；看似肩打，实则肘撞。所谓“拳打三节不见形”，即要求攻防之间应具有“蛇行无声，鹤行莫测”的特点。这也是五枚大师当年创立咏春拳时，观“蛇鹤相斗”而悟出的深奥拳理。

总之，三节合一指的是通过中线发力的科学训练，使手臂三节相合、身体躯干三节相合和腿脚三节相合，使人体四肢百骸始终充斥一种无形的整体劲力，令举手投足的瞬间，周身各处皆可发力，且发力极具穿透性、突发性、隐蔽性与多变性。

第五节　咏春八手　四门攻守

咏春八手

咏春拳流派甚多，应用手法更多，但百余年来流传最广、最为经典的莫过于“咏春八手”。此八种手法在实战搏击中应用最广、也最见实效。

咏春八手包括标指手、圈手、伏手、膀手、捆手、拦手、耕手、摊手，简称为标、圈、伏、膀、捆、拦、耕、摊（也有流派称耕、拦、摊、膀、捆、问、伏、圈，叫法不一，大体相同）。除此八手外，因流派不同，也有缠、撞、挂、漏、粘、摸、荡、捋等手法，但这些手法已经不单纯为单手手法，而需要双手配合使用，同时还需配以身法，如耕拦手、膀摊手等，因原理相通，此处不多赘述。

八种手法形态各异，临敌之际应用不同。其中，标手以攻为守，圈手以圆化直，伏手以轻御重，膀手拱形卸力，捆手擒拿锁扣，拦手以横破直，耕手消解腿法，摊手攻防兼备。

八种手法形式与应用虽不相同，本质却并无不同，都是为了练出本能的发力反应，以适应瞬息万变的搏击环境。习练咏春八手，不仅可以练出不同位置、不同角度下的寸劲发力，而且临敌之时更可以攻守随心妙用无穷。

咏春八手的标准手型与攻防内涵如下：

一、标指手

标指手，顾名思义手臂如标枪一般具备穿透力和弹抖力（图 038）。标指手是在整条手臂完全打直的情况下，仍旧可以发出上、下、左、右、前、后六个方向弹抖力量的攻击型手法（图 039）。标指手是咏春发力应用的最高技术，没有经过小念头（朝形发力）和寻桥（追形发力）技术的长期锻炼，实难进入标指发力的阶段。

图 038

图 039

标指手训练的目的：常用在敌我实力悬殊情况下的一击搏命技术与群战技术。具体修炼与应用的法门，在《标指——败形发力》一书中有详细讲解，在此不赘述。

二、圈手

圈手是手掌以腕部为轴所做的360度圆弧形旋转动作（如图040～图043，是以摊手为起始动作，圈手为过程动作，握拳为结束动作的示范）。

图 040

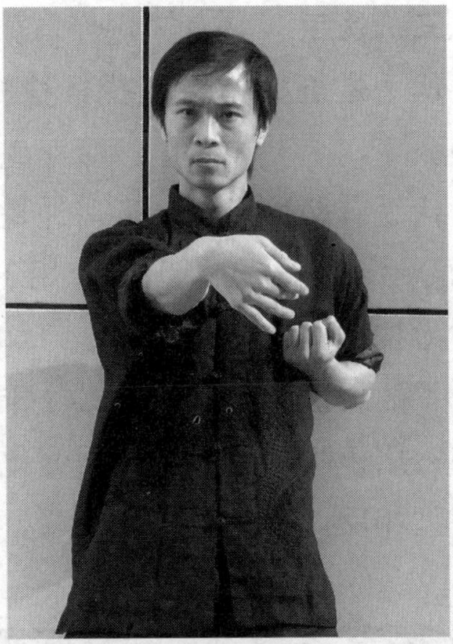
图 041

图 042

图 043

搏击之时，无论用拳法还是掌法打人，在击中目标的瞬间，己方之手腕要承受很强的反作用力。圈手的作用在于保护己方手腕不受反作用力的挫伤，同时改变对手力的方向，用最短的时间、最小的力量化解攻击。

圈手训练的目的：主要锻炼腕部的柔韧性与灵活性，使之更富有弹性。临敌之际，可用于消解锁扣擒拿手，化解出拳反震力。

三、伏手

伏手是五指指尖合拢，往腕部内侧回勾，掌心空含的一种手型（图044）。

伏手有两种形态：第一种是五指尖合拢曲腕部回勾状；常用在双人对练的黐手训练中（图045），用于感受彼此力点的变化，练习圆中求直的拱形发力技术；多与其他手法（如摊手、圈手、枕手等）配合使用，用于消解对手的攻击。第二种是掌背向天，掌心贴在对手桥手之上的形状（图046）；用于听劲化力，进而变化出各种攻击手法。第二种伏手手型与摊手的手型相反，有相生相克之意。

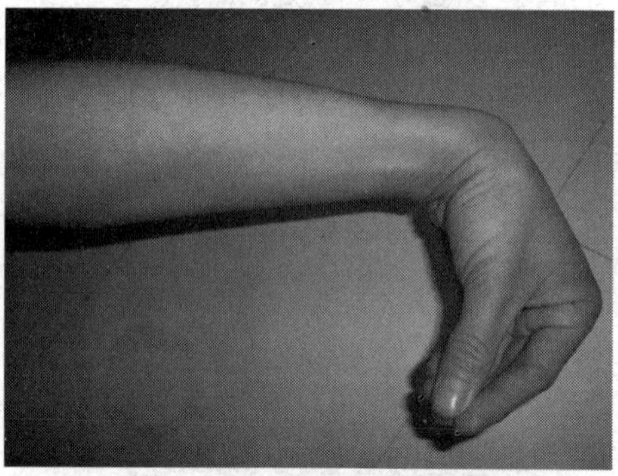

图 044

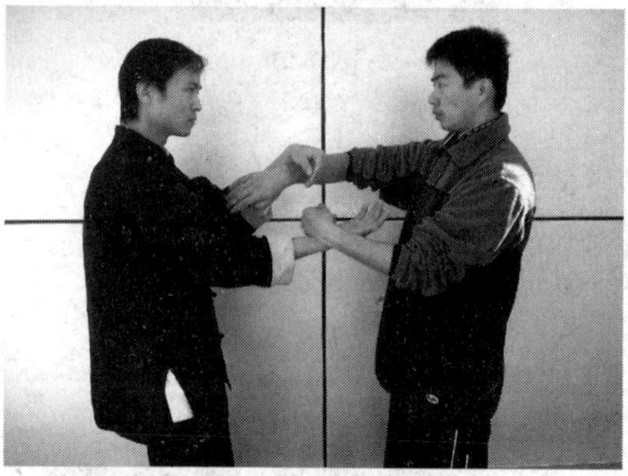

图 045

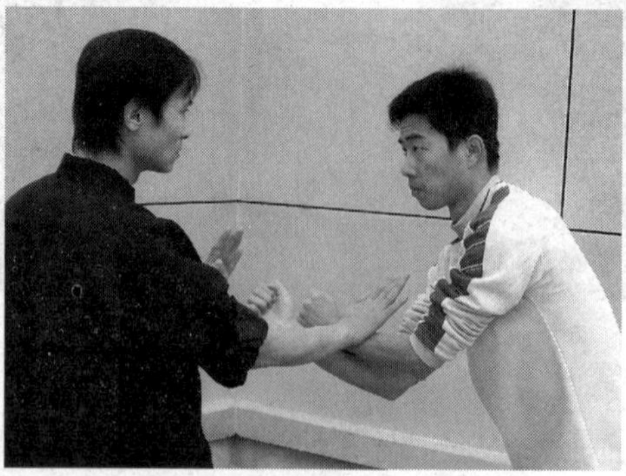

图 046

伏手训练的目的：用于锻炼腕力，感应对手力点的变化，练习圆转发力技术。

四、膀手

膀手，顾名思义是运用臂膀的弹抖力量去卸力反击。膀手动作的运行轨迹，是以肘部为发力点，肘部自下而上拱形画圆将整条手臂弹起，肘部上翻成拱形状，腕部略下沉，前伸的五指在身体中线位置指向正前方。此时腰脊正直，含胸拔背，精神贯注，全身上下皆有向前聚力之意（图 047）。

膀手动作如果做对了，会感觉到整条手臂自下而上像弓弩般瞬间弹射出去一样，弹射到极处，肩、肘、腕三个关节“嗒”的一下合在一起，成拱形状前指，这便是三节合一的藤条劲发力了。

咏春拳法中，膀手的使用频率排在诸多手法的首位，它是藤条劲卸力运用中最常见、最实用的手法；可用于消解上路及中路的多种强劲力量攻击。

将膀手前伸的手掌变为拳头，则是膀手技法中秘而不宣的以打为消的技术，可用在化解敌方拳劲攻击的同时，以拱形拳直击对方心窝要害（图 048）。

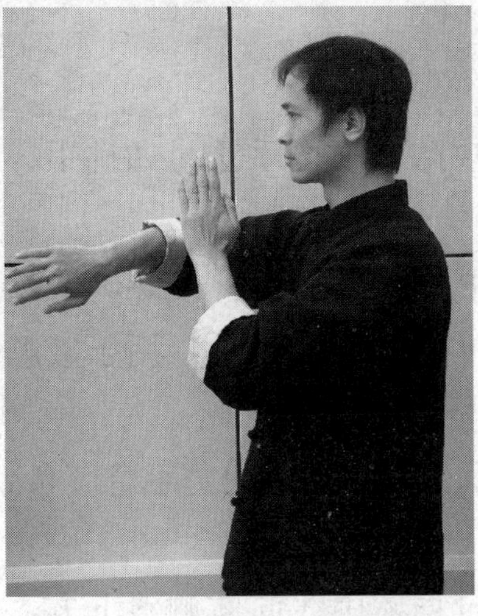

图 047

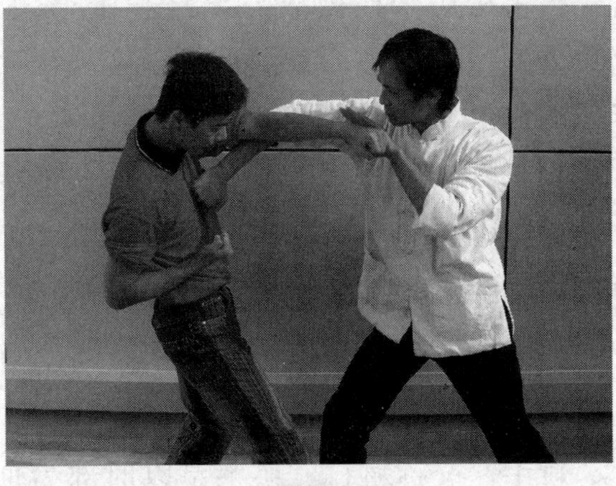

图 048

膀手训练的目的：练习肘底力与圆中求直的藤条劲发力技术。膀手常配合护手一起使用，不仅可用于防守卸力，也可以用作反击、抢攻。

五、捆手

捆手是以擒抓手法自前上方至后下方，呈斜45度角瞬间发出肘底力，捆拉对方小臂，令对手身体失重突然前倾的一种手法。

捆手并非死死地抓住对方的臂腕不放手，而是富有弹性和变化的捆拉手法。捆手使用的前提是肘底力的灵活运用；否则就变成两人斗力捆拉的局面，仍是大力打小力，人高马大之人将占尽优势。

捆手多与日字冲拳结合起来使用，又称捆手冲拳（图049）。捆手练得好，可凭借瞬间捆拉之力，令对手突然失重，前冲数步甚至失重摔倒。

捆手训练的目的：练习肘底力与腕力，平衡自身重心，练出腰马合一的发力。

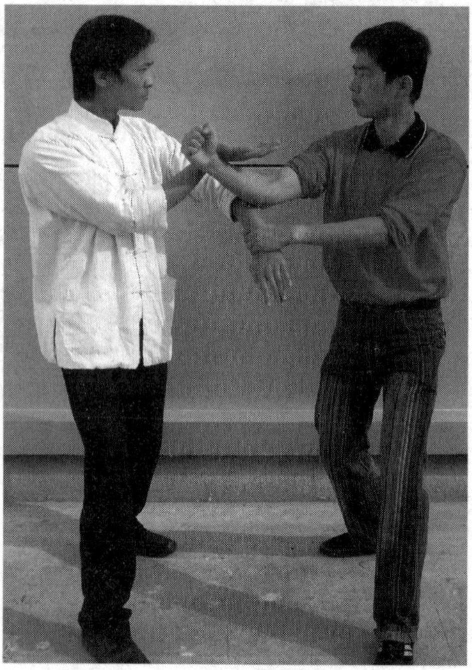

图 049

六、拦手

拦手是用来拦截敌方上路和中路攻击的一种手法。由拦手可以变换出多种攻防转换的手法，如拂手、枕手、标指手等。

拦手有两种形态：第一种是小念头拳谱中的双拦手动作（图050），用于练习一气贯通的循环招式变化；第二种是单拦手（图051），用于破解近身抓腕锁臂的擒拿手法。

拦手训练的目的：练习变招换劲发力技术，增强肘底力与手臂藤条劲。

七、耕手

耕手，又称耕打。耕手是以肘部为轴，自身体中线向体侧斜下方，呈半弧形切削出的手法（图052）。耕手的发力原理是，运用大小臂之间的整体支点轴承式旋转之力，来化解攻击，这样以我之整体力量应对敌手之局部力量，对手很难克服。

耕手时常和日字冲拳配合使用，称为耕手冲拳；多用于消解中路攻击的腿法和拳法。耕手冲拳是一种防守反击性的手法，在街头打斗中用之最广，多用于反击敌方攻来的正蹬腿（图 053）。

图 050

图 051

图 052

图 053

耕手训练的目的：提高大小臂之间的整体协调性，养成防守反击的本能反应。

八、摊手

摊手是手肘归于身体中线心窝处，以肘底力催动手臂缓缓前伸的动作。摊手摊尽停住后的手型是：手心向天，手背向下，指向正前方（图 054）。

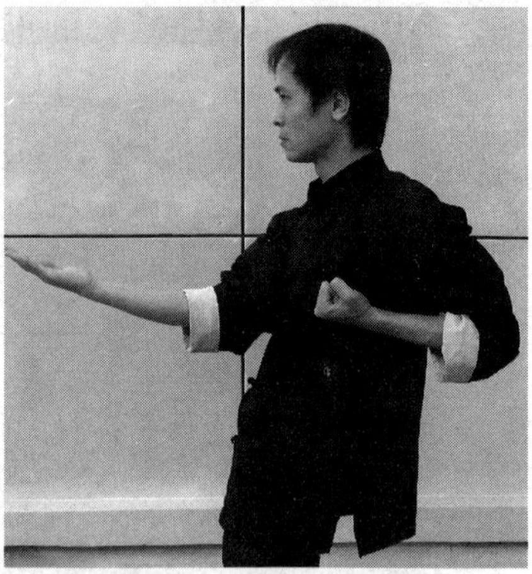

图 054

摊手是小念头拳谱中日字冲拳后的第一个手法，也是咏春拳中配合使用最多的手法。摊手多与日字冲拳配合使用，称为摊手冲拳。

从攻守同期与攻守合一的实战意义上讲，摊手是指摊开对方攻击的拳脚的同时，另一只手已经攻向对方中线要害部位。摊手是顺应对方的攻击而变的，所以在咏春拳中摊手多属被动手法，而不是主动的。

摊手化劲测验：受测者做出标准合格的摊手动作。测试者对受测者的摊手施加上提下压、左右横推、前拉后推。受测者必须随时保持手肘归于中线，无论如何受力或被推拉，腰马无任何倾斜动摇。无论外来劲力如何强大，受测者绝对不可以仅用手臂的力量去对抗，而应将劲力回收到腰胯部，以腰胯带动周身之力来支撑化劲。当然，如果对手突然撤消施加的力量，受测者不可以有失衡冲身的跟进动作，而应摊手与马步基本不晃动，仍处于原位置。

摊手训练的目的：提高肘底力、念力以及手肘与身体之间的整体劲力。

除了咏春八手标、圈、伏、膀、捆、拦、耕、摊之外，咏春拳尚有一个最经典的起始动作——问手。

有人认为，问手不过是一个起式而已，不具备攻击效果。殊不知，咏春拳历来有问手原理的讲法。所谓问手原理，指的是在实战中，根据对方的进攻招式变化，来感应对方的重心所在，感应对方的力角、力度、方向及轻重变化。

问手的标准动作是：一手在前，一手在后，放在人体的中轴线上（图 055），前手称为“前锋手”，后手称为“护手”，是一个攻防兼备的起式。问手源于木人桩法的第一式动作“对桩手”。

咏春拳历来有“讲手”的礼仪，讲手指的是同门之间或者和别派高手之间切磋武术。比武切磋开始之初，双方对峙时，咏春门人往往使用问手的起式（图 056），既表示以武会友，点到为止；又可以将平时通过黐手训练获得的灵敏肌肤感应力，通过问手发挥出来，随时变招，或直冲对方重心，以攻制攻，或牵引对方来力，后发制人。

图 055

图 056

咏春拳除了标、圈、伏、膀、捆、拦、耕、摊八手之外，还有问手、侧掌、正掌、按掌（又称禁手、桐掌）、抹手、弹手、拂手、枕手、窒手、横掌、底掌、昂掌、脱手、擒拿手、攀颈手、抱排掌、杀颈手、铲手、打眼手、圈割手等。因咏春流派分支较多，也有沿用古传招式名称的手法，如三品掌、扑翼掌、半摊膀、双飞掌、破排掌、穿心掌、阴阳掌、内帘手、外帘手、蝴蝶掌、锁喉指等。各派招法名称虽异，但红花绿叶本是一家，修炼内涵相同。

本书为行文方便，书中所用各种手法及招式名称，皆沿用叶问系咏春的叫法，因比较简化，便于统一传播。同时，本书将咏春许多流派中多年来未曾公开的各种秘技与内劲训练方法，首度公之于众，望习练者惜之慎之。

咏春拳虽然手法众多，用法各异，但其历来讲究“有定式而无定招”。不同的手法都在攻防转换中瞬息万变，没有固定的位置限制。因此，不能单凭某招式的名称和某种手法出手位置的高低，来评断某人的行拳动作是否规范，是否是正宗传人；只须行拳严守法度，发力刚柔分明，动静有法，深明咏春要义，便是咏春同道。

四门攻守

凡咏春门人，在实战搏击中，必遵循四门原理与攻守合一的法则。

什么是四门原理?

根据咏春拳的拳理，将身体的正面划出一个四方形的面积，在此四方形面积内，再十字切分为四块面积均等的方形区域，作为实战搏击时的防护依据。这四块方形区域分布在人身体的左上方（左侧头部、左胸）、右上方（右侧头部及右胸）、左下方（左肋及左膝胯）和右下方（右肋及右膝胯）。因此，产生了咏春拳理中的高外侧门、高内侧门、低外侧门和低内侧门防护，此为“守四方”。

咏春四门原理讲求与敌搏击之时，应采用“桥来桥上过，脚起脚下消”的攻守法则。即是说当对方用手来攻时，我方以手臂防御卸力，同时手法反击；当对方用脚法来攻时，我方以腿法化劲防御，同时腿法反击。总之，只须将对方攻来之拳脚，封在己方四门之外，严守己方中线，即可护住身体不受伤害。

因此，门虽分四门，在实际应用之时，只须牢记手法中的内门和外门即可运用得当。腿法的应用在《寻桥——败形发力》一书中有详细讲述。

内门指对方攻来之手在我方手肘内侧。外门指对方攻来之手在我方手肘外侧。

四门原理的实战应用如下：

其一，内门攻守战例（注：下图长发为甲方，短发为乙方）。

（1）乙方出右拳攻击甲方头面，甲方以左手摊手配合右手日字冲拳反击乙方，将乙方右拳封于左手之外；同时，甲方右拳冲进乙方中线直击其面门，乙方左手防护不力，未能将甲方攻击拍挡出门外（图 057）。此例中甲方双手皆攻入乙方内门中。

（2）甲方右拳直击乙方头面，乙方出右臂向内侧格挡甲方拳头（图 058）。此例中，甲乙双方右拳均进入对方内门中，但甲方左手护手易起到第二重防护作用。而乙方左拳未能起到真正防护作用，易被击中面门；即使第一拳不被击中，也容易陷入被动防御的局面。

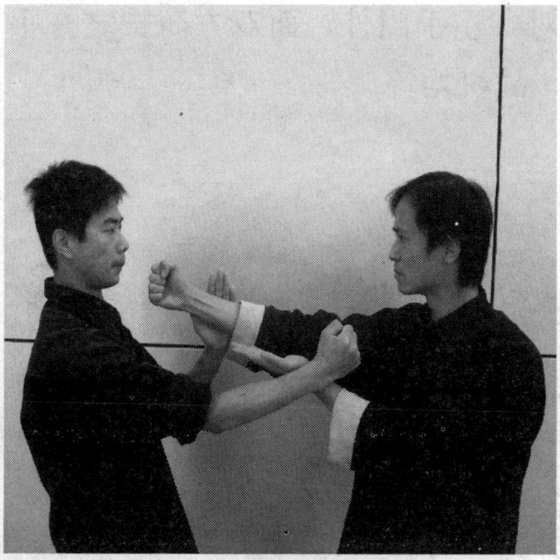

图 057

图 058

其二，外门攻守战例。

（1）甲方出右拳攻乙方头面，乙方也同时出右拳击甲方头面，双拳接触点均为右臂外侧尺骨部位，且双方后手均防护有度，暂时难以分出胜负（图 059）。此例中，甲乙双方右拳均在对方的外门，均未攻入对方中线，攻守机会均等；而训练有素的咏春门人，在此种情况下，却可以凭借常年修炼获得的肘底力，在敌我双方双臂相交的瞬间，弹开对方手臂，由对方外门直冲入内门，击中对方中线要害部位，此为日字冲拳中的藤条劲发力。

（2）乙方出右拳直击甲方心窝部位，甲方以右手摊手将乙方右拳力量卸开，同时出左拳攻乙方面门，乙方迅速以左手护手将甲方左拳拍开，卸掉攻势（图 060）。此例中，乙方右拳未能由外门攻入甲方中线，而甲方左拳也未攻入乙方中线，双方攻守有度，战机均等。

（3）乙方突然起右腿鞭腿踢击甲方胸肋部位，甲方以左手摊手与右手膀手所形成的拱形卸力结构，弹开乙方右腿攻势（图 061）。此例中，甲方已形成整体卸力防御架构，乙方未能攻入；而甲方膀摊手的位置已接近乙方右腿膝盖部位，卸力之后很容易令乙方失去重心，甲方膀摊手动作看似卸力，实则是发力反击。

其三，内外门同时攻守战例。

乙方出右拳攻甲方胸膛，甲方以左手摊手将乙方右拳力量卸开，同时出左拳攻乙方面门，乙方迅速以左手护手将甲方左拳封住，卸掉拳劲（图062）。此例中，甲乙双方右拳均在对方左手门外，而双方防护之左手均在对方右臂内侧门内，双方攻防有度，战机均等。

图 059

图 060

图 061

图 062

从以上四门原理的攻守战例中不难发现，咏春拳手法的攻防都是遵循“连消带打”的理念展开的，卸开对方攻击的同时攻击对手，没有所谓的先防守后攻击的做法。

事实上，咏春拳所有的手法都是攻守同期、攻守合一的；训练有素的咏春门人可以轻易运用“不招而打”的高级技法截击、迎击对手。

第六节　三关九节劲

武谚有云：宁练筋长一寸，不练肉厚三分。

这说的是内家拳高手与外家拳高手在体型上的差别。练外家拳的拳手大多肌肉发达，棱角分明，特别是有些拳手挺胸收腹时，胸肌凸起，八块腹肌如同搓板，十分健壮美观（也有个别体型不同的）。但是，反观内家拳的拳手，却含胸溜肩，背部圆鼓鼓的，即使是身材最好的，也有两个明显的特征：一是放松时胳膊上的肌肉不带棱角，好像有一层水膘，这是经常放松身体肌肉所致；二是不管多瘦的内家拳拳手，腹部总是前凸，不易看到腹肌，这是经常气沉丹田所致。

一句话，内家拳高手多鹤形、龟背、溜肩、小腹微鼓、皮肤柔韧。因内家拳高手善于运用放松呼吸的法门炼气、炼劲，内气饱满，故而背部或后臀略似龟背。龟背形成的原因是，当人体脊柱舒展到最佳状态时，就会类似猫科动物的脊柱一样是耷拉着的。尤其像猫在蹲着的时候，背是圆的。世人往往误以为是驼背，其实这正是传统内家拳拳术中要求习练者必须达到的含胸拔背。而溜肩是发力顺畅的一种最佳状态，是人体通过拳法训练后，后天返先天而导致生理改造上的一个重要标志。皮肤柔韧则触觉灵敏，筋长且富有弹性，有听劲化劲之能。小腹微鼓说明丹田气充盈，气息绵长，平时用于养生，战时爆发为汹涌澎湃的内力，寻常一击即可将人弹出数尺之外。

当一拳打在外家拳拳手的肚子上时，会感到如同打在一块钢板上，震得手生痛。而当一拳击中内家拳拳手的肚子时，却如同打在皮球上，会将人弹飞。此外，外家拳高手的外形多见棱角，如同楷书；而内家拳高手行拳时的外形如同行云流水，似行书或草书。外家拳行拳时对身形的要求多为挺胸塌腰，发力刚猛迅捷；内家拳则崇尚含胸拔背，柔韧连绵，劲力内敛，锋芒不露。

由此可见，内家拳发力训练强调的是“行气炼劲、抻筋拔骨”。一切内家拳修炼的法门，均是针对人体内在气息、筋骨的训练，而非外在肌肉的训练。

咏春拳的发力技术，要求习拳者颈椎、双肩、双肘、双腕、腰椎、双股、双膝、双脚腕共十四个关节同时作用发力，这样发出的力量作用于对手时才够整、够透、够劲；可以在一寸到三寸的距离内发力，将人穿透性地击倒或者弹飞。

因此，在咏春拳的内劲修习过程中，对于人体周身十四个关节的柔韧性及协调性要求很高；尤其对于上肢三个大关节腕关节、肘关节、肩关节，身体三个大关节颈椎、脊椎、尾椎，以及下肢三个大关节腰胯、膝关节、踝关节九个关节的训练要求极高。九个关节一旦松开，则周身协调性大增，身体各条大筋变粗拉长，骨头变得坚实而有弹性，皮肤面积与韧性加大，周身各个部位皆可发力攻击敌人。所以，咏春高层次的发力又称为三关九节劲。

然而，如何用“行气炼劲、抻筋拔骨”的方法练出三关九节劲？

咏春秘传三关九节劲的训练方法，是通过“秘传桩功”的修炼获得的。但两百余年来，咏春拳内劲训练的法门始终秘而不宣，仅限于在一线单传的弟子中秘密传授。

第二章 长桥寸劲 日字冲拳

寸劲原理

众所周知，咏春拳是一种典型的贴身近战拳术，它提倡以短、快、脆、狠的动作，于瞬间重创或击倒对手。咏春拳这种特殊的发力方式，叫做寸劲发力。

所谓寸劲，是指距离攻击目标很近（一般指一寸到三寸或零距离），或攻击动作即将完成的瞬间，才突然加速收缩肌肉发出的短促爆发力。寸，即指发劲距离之短促。截拳道一代宗师李小龙就是以超强的“寸劲拳”而闻名于世的。

寸劲拳因为动作短且快，所以出招迅速而突然，所用的时间极短，因此对手极难防御。试想一下，一种从50厘米以外攻来的拳法和一种从20厘米（指咏春短距发力）内攻来的拳法相比，是不是前者更容易防守一些？因为它的运动轨迹较长，所以人们有足够的时间对此做出有效的反应。由此不难理解，咏春拳一切“短小”、“短快”的手法招式的存在，在创拳之初，就是为了让对手难以防御而精心设计的。

有人因此提出质疑，距离如此之短，发出的拳法力道是不是就会相对小一些？之所以会有这个问题的产生，是因为很多人对咏春拳发力还不够了解。因为武术中的发力大体上可分为两种：一种是快速精彩的短劲，也就是发出前后时间短、速度快、穿透力极强、类似于压缩的弹簧突然弹出时的劲力，这种劲启动的时间短，预动相当小，故对手极难发觉，也不容易防范；另一种则是以腰、腿、胯、肩节相推顺势涌出的劲力，这种劲启动运行的距离较长，分量也很重，叫“长劲”。而咏春拳所主张运用的，是前面的那种“能入里透内”的“震荡力”极强的短劲。同时，在实战中运用“寸劲”还有一大优点，那就是一旦攻击落空时不易影响自身的重心平衡。

寸劲发力的关键，在于把握动作加速度的时机，这个时机是在拳头放松出击，直至拳头黏贴对方皮肤（衣服）时，才突然加速爆发最大劲力，俗称沾衣发力。咏春门中高手能够运用“短桥手寸劲”在近战中占据主动，敌我双方一旦接手，咏春高手几乎不用蓄势就能发动连续紧凑的攻击，粘连黏随，在一寸至三寸的距离，甚至贴身状态，就可以发力将对方击倒。此种寸劲发力在心意六合拳、八极拳、太极拳等传统内家拳法中都能找到类似的技术结构，可以说寸劲发力实际上是中国传统武术中，通过内外兼修，使意念力、呼吸力与筋骨力集中爆发的一种武术劲力表现方式，看似简单平淡的一击，却足以产生致命的杀伤力。

咏春有长桥发力和短桥发力之别，长桥与短桥包含了长短两种不同距离下的发力技术。长劲发力的距离是指人体手臂从肘部到拳面的出拳距离，约 20 厘米左右；而短劲发力的距离，一般是指距离对手一寸到三寸或零距离，俗称寸劲发力。

咏春寸劲源于长、短桥发力的训练。初习咏春者应先从长劲发力练起，熟练掌握长劲发力技术后，慢慢过渡到寸劲发力。

长劲发力最典型的练习方法是通过咏春日字冲拳的扯空拳练习和击靶练习获得。灵活掌握日字冲拳的长劲发力，就可以进入寸劲的试力与击破练习了。

第一节　日字冲拳　寸劲之源

扯空拳

日字冲拳因拳形似“日”字而得名，因拳头从人体中线心窝处连环发出，又称为子午捶或穿心捶（图 001）。日字冲拳出拳时连环而密集，短小而急促，快如流星闪过一样，故而也称为三星捶。

武谚有云："中平枪，枪中王，当胸一枪最难防"。日字冲拳称得上是咏春拳法的中平枪，强调力从地起，拳由心发，拳要守中，肘要归中（图002），日冲千拳，百日功成。

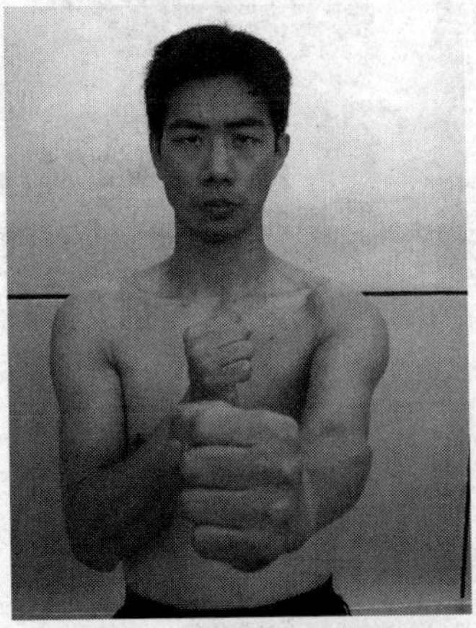

图 001

图 002

日字冲拳在单人空击拳练习时，又名扯空拳。扯空拳分为正身马扯空拳和转马扯空拳两种练习方法，习练者可用于练习拳速、拳劲、耐力与马步稳健度。

扯空拳的两种练习方法如下：

一、正身马扯空拳（俗称子午捶或穿心捶）

（1）以二字钳羊马马步站立，右拳自心口击出，臂不打直；左拳置于右肘上方，双拳拳面均以斜向上 45 度角指向正前方（图 003）。

（2）双肩不动，左肘催左拳，自右肘上方摩擦右臂向正前方，以 45 度角击出；左拳击出之际，右拳同时回收（图 004）。

（3）左拳击出力尽之时，右拳同时自左臂尺骨下收回，置于左肘上方停住（图 005）。

（4）双肩不动，右肘催右拳，自左肘上方摩擦左臂向正前方，以 45 度角击出；右拳击出之际，左拳同时收回（图 006）。

（5）右拳击出力尽之时，左拳同时自右臂尺骨下收回，置于右肘上方停住（图 007）。

图 003

图 004

图 005

图 006

图 007

以上为日字冲拳的正身马扯空拳练习的标准动作，应注意连环冲拳时，应时刻遵循以下五点要义：

（1）保持意识和全身肌肉的充分放松，腰马不晃动，沉肩坠肘，含胸拔背，头颈竖直，下巴微收，目视前方。

（2）拳头轻轻地握着，纯粹以肘底之力将手臂催出；两条手臂松柔不用力，像两个软鞭一样交替抖出去。

（3）两个拳头交替打在身体中线前方一个虚拟的点上。

（4）一只手击出的同时，另一只手收回；收回的手要尽力往后抽，两只手臂一出一入均匀发劲，形成对拉状。

（5）出拳时绝不可以出现像拳击、散打那样有送肩的动作，双肩要尽量放松下沉不动，保持腰马的中正平稳。

初学者每天一早一晚各练习一次正身马扯空拳，每次一口气冲拳一千遍（若体力有限，可稍事休息，分三次完成；但间隔时间不宜过长）。一般而言，习练者若能每天定时定量练习，两周左右会感觉到放松打出去的拳头变得沉实有力，肘底力不期然而自动获得；月余左右，出拳速度明显加快，肩关节松开，拳劲、耐力和体能整体提升；三个月到半年以后，出拳时肩、肘、腕三节合一，弹抖劲力初成形，连环快速冲拳三百拳内，拳速可以达到每秒 4～6 拳不等。

基本功是枯燥的，但它却是实实在在的。初练正身马扯空拳时，会觉得气息不够用，大脑缺氧，肩部酸困难当，手臂乏力，冲拳不过三五百拳就浑身颤抖，汗如雨下，难以坚持。殊不知，此时正是身体适应动作的过程，是通过结构发力给人体重新定型的过程，更是培养武者坚毅品格的过程；坚持下去，将会开启人体潜能的宝库，将会看到一个脱胎换骨的自己。因为人的身心都有一种记忆功能、一种习惯，刚开始都是勉强去做，一旦养成习惯，会在不知不觉中就进入状态，醉心其中乐此不疲。如此反复不停的冲拳练习，日久功深，自然能练就似流星般的出拳速度，在遭遇敌人袭击时，可以使用连环冲拳，像机关枪那样连续不断地攻击对手头面部位，不给对方任何喘息之机，这便是扯空拳练就的威力。

二、转马扯空拳（俗称“偏身捶”）

（1）以二字钳羊马马步站立，左拳自心口击出，臂不打直；右拳置于左肘上方，双拳拳面均以斜向上 45 度角指向正前方（图 008）。

（2）右肘催右拳，自左肘上方摩擦左臂向正前方，以 45 度角击出；右拳击出之际，左拳收回（图 009）；同时，双肩、双胯、双膝以双脚跟为轴，向左侧旋转 45 度角；右拳击出力尽之时，左拳同时自右臂尺骨下收回，置于右肘上方停住（图 010）。

（3）左肘催左拳，自右肘上方摩擦右臂向正前方，以 45 度角击出；左拳击出之际，右拳收回（图 011）；同时，双肩、双胯、双膝以双脚跟为轴，向右侧旋转 45 度角；左拳击出力尽之时，右拳同时自左臂尺骨下收回，置于左肘上方停住（图 012）。

图 008

图 009

图 010

图 011

图 012

以上为日字冲拳的转马扯空拳练习标准动作，转马扯空拳与正身马扯空拳唯一不同之处在于，转马出拳时加入了双脚、双膝、双肩和腰胯的配合转动，以加大出拳的力度，提高周身各个关节的协调性与柔韧性。

转马出拳时，除了应遵循正身马扯空拳的前四点要义外，首先，应注意的是肩、胯、膝、脚的转动和出拳是一个整体，不应出现脚先转而肩后动，或拳先出而胯后转等断开的动作；其次，在未练到标指的柔劲发力前，连环冲拳时手臂是不能完全打直的，因为打直很危险，临敌之时很容易被对手反关节，而且完全打直的手臂会失去弹性，速度也会减弱，无法练出肘底力；再次，刚开始练习时，应采用慢练的方式，体会转马和出拳之间的关系，待熟练以后再将速度适当加快。

转马冲拳的发力训练方法仍是日冲千拳，早晚各一次，日久见真功。

转马冲拳的意义在于，当对方并非正面朝向我方攻击时，我方可以通过腰马的转动来调节攻防距离，既避开对方攻击，同时攻击对方；因转马加大了攻击力度，故击中对方时破坏力提高；转马冲拳配合正身马冲拳，有机地将出拳角度、速度和力度完美地合而为一。

扯空拳是咏春拳所有功法训练的基础，更是咏春拳整劲发力的源泉。对于初学者来说，没有三五万次以上的扯空拳训练，肩关节是不容易松开的，肩关节不开，根节劲力就无法很好地释放出来，上肢三节就无法合一，发出的拳劲就是散劲，而非整劲，难以发挥一击破敌的威力。

第二节　长劲发力　打靶训练

百日筑基

通常在武术运动中，习武者凡发拳出掌，力的传递路线是起点在脚，支撑在腿，主宰在腰，顺劲在肩，催劲在肘，发力于腕，作用于一点爆发。发力时，唯有下盘的双脚和双腿的支撑足够有力时，方能将地面之力顺畅地传递到腰胯，然后通过腰胯的扭转抖动传递到肩膀，同时肩催肘，肘催手，沉腕发力；这样发出的强劲力道称为“长劲”。

然而在力的传递过程中，腿膝无力、腰马不稳或任何一个传递环节的脱节，都会导致传递受损失调，最终作用于一点时力量不能凝聚，无法产生武术中要求的长劲和短劲。

咏春拳发力包含了长劲和短劲两种相结合的发力模式。

虽然长劲发力的距离较远，但也不过是从一条手臂的拳面到肘部大约20厘米左右的距离。习拳者通过扯空拳的训练后，人体逐渐适应了二字钳羊马结构定型下的发力方式，周身发力结构发生了显著变化，初步产生了“肘底力”与前臂的“弹抖劲”。接下来，应在空击拳训练的同时，加入打拳靶训练（或打沙包训练），体验有目标物作为接触点时的“触点发力”，以此提升中线发拳的穿透性、准确度与持久力。

长劲发力打靶训练有以下三种方式：

一、正身马打靶训练（动作与正身马扯空拳动作相同）

（1）以二字钳羊马马步站立，右拳自心口击出，臂不打直；左拳置于右肘上方，双拳拳面均以斜向上45度角前指，右拳接触点为配手手持的拳靶（图013）。

（2）双肩不动，左肘催左拳，自右肘上方向正前方以45度角击出；左拳击出之际，右拳同时收回（图014）。

（3）左拳击中拳靶时，右拳同时自左臂尺骨下收回，置于左肘上方停住（图015）。

（4）双肩不动，右肘催右拳，自左肘上方向正前方以45度角击出；右拳击出之际，左拳同时收回（图016）。

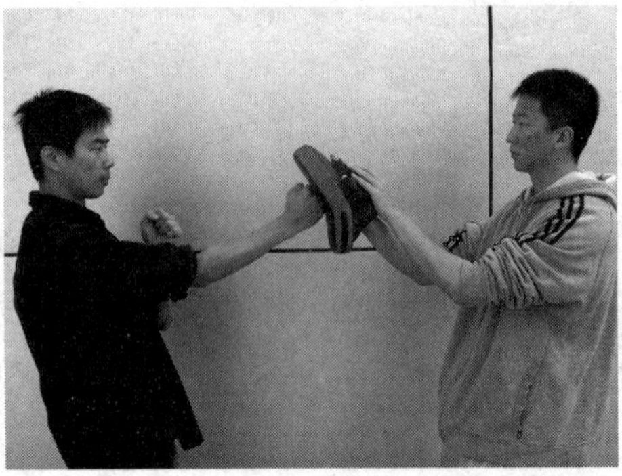

图013

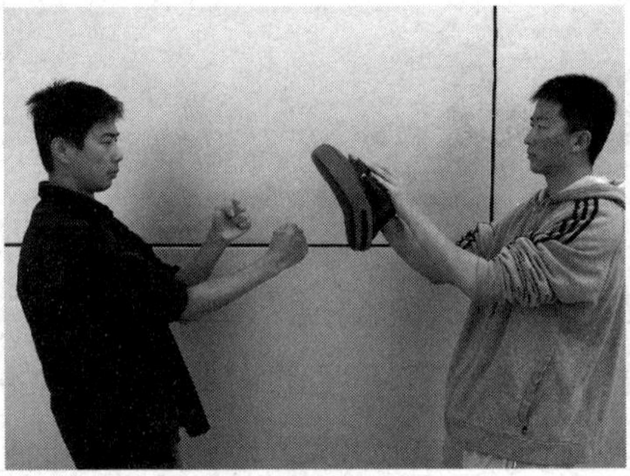

图014

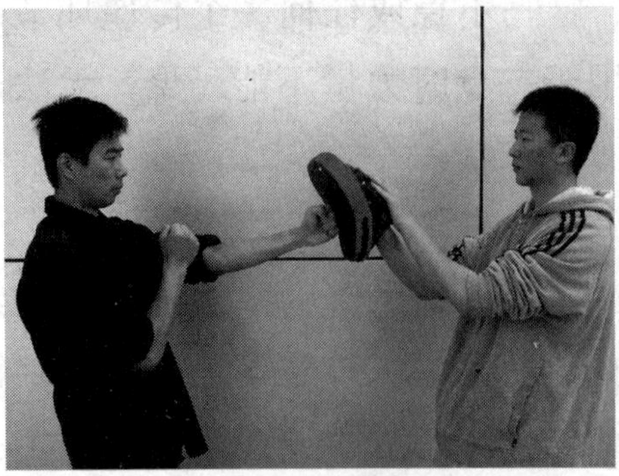

图015

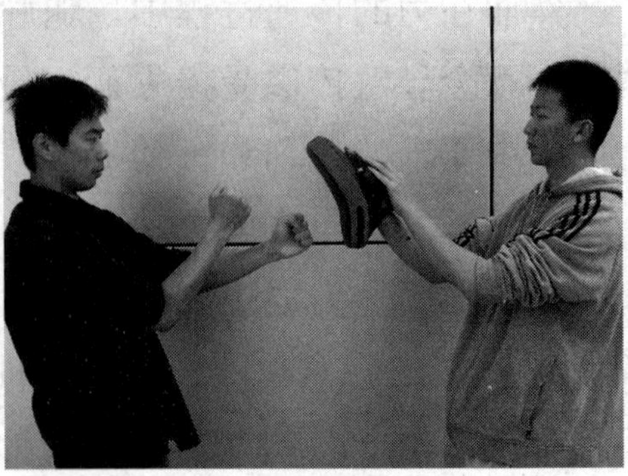

图016

（5）右拳击中拳靶时，左拳同时自右臂尺骨下收回，置于右肘上方停住（图 017）。

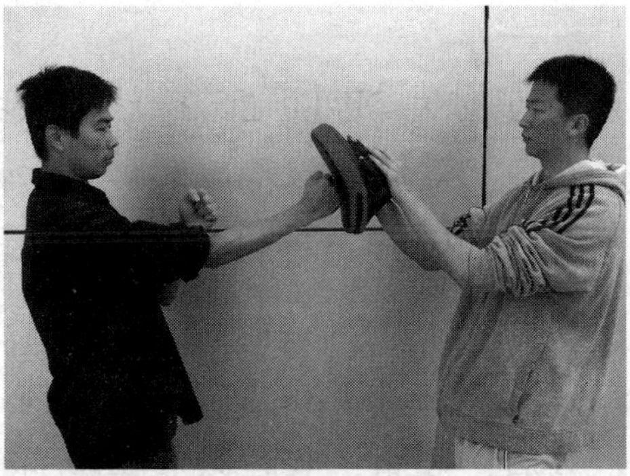

图 017

以上为日字冲拳正身马打靶练习的标准动作，注意连环冲拳时，配手手持拳靶是静止不动的，而练习者应时刻遵循正身马扯空拳中所讲的五点要义：意识与肌肉放松、含胸拔背沉肘发力、一拳打靶一拳收回呈对拉状、双拳交替打在一个点上、腰马沉稳不送肩。

初习者刚开始训练时，容易出现的问题是发不上力或越想发力越发不出，甚至拳头击打在靶上没有穿透性，仅仅一臂之力作用在靶上，如同隔靴搔痒。初学者刚开始练习时，往往出现的状况是，击打数十拳甚至上百拳都无穿透力，而有时不经意间的某一拳却打得很重很透；此时，持拳靶的配手感应到拳劲应及时给予提醒，令习练者记住发出此重拳时的感觉，久而久之，当这种感觉重复多次出现时，慢慢就成为一种习惯，功夫就上身了。

刚开始打靶时发拳不易快，应一拳一拳地练，慢慢体验，直至感受到每发一拳都击中拳靶，周身有劲力贯入拳靶以及配手能清晰感受到持拳靶的手瞬间被一股力量穿透时，才说明长劲发力的穿透性趋于稳定了。之后，再进入连环快拳打靶的训练，体验动作加快后速度和力度的融合感。

二、转马打靶训练（动作与转马扯空拳动作相同）

转马打靶与正身马打靶的训练方式几乎相同，唯一不同的是，转马出拳时加入了双脚、双膝、双肩和腰胯的配合转动（转体时左右旋转的角度都是 45 度），以加大出拳的力度，提高周身各个关节的协调性与爆发力。

转马打靶的注意事项参照正身马打靶，具体动作如下：

（1）以二字钳羊马马步站立，左拳自心口击出，臂不完全打直；右拳置于左肘上方，双拳拳面均以斜向上 45 度角指向正前方（图 018）配手手持的拳靶。

（2）右肘催右拳，自左肘上方向正前方以 45 度角击出；右拳击出之际，左拳收回；同时，双肩、双胯、双膝以双脚跟为轴，向左侧旋转 45 度角；右拳击中拳靶时，左拳同时自右臂尺骨下收回，置于右肘上方停住（图 019）。

（3）左肘催左拳，自右肘上方向正前方以 45 度角击出；左拳击出之际，右拳收回；同时，双肩、双胯、双膝以双脚跟为轴，向右侧旋转 45 度角；左拳击中拳靶时，右拳同时自左臂尺骨下收回，置于左肘上方停住（图 020）。

图 018

图 019

图 020

三、条件反射打靶训练

条件反射打靶训练是将正身马打靶与转马打靶融合在一起，来测试习拳者反应速度与拳劲力量的训练，属于实战反应的一种模拟训练。

训练时，被测者以二字钳羊马的姿势站立，双手一前一后成日字冲拳的起始动作，然后以脚跟为轴身体向右侧转体 90 度，变为右脚在前左脚在后，身体正面朝前的前进马姿势。令一配手与被测者面对面以扎马站立，配手双手各持一拳靶，两拳靶一前一后交错放置于胸腹前（图 021）。

测试时，配手向自己身体前方的左、右、上、下等方位交替不规则地送出拳靶，脚步在原位不移动；被测者根据配手送出靶的时间和位置及时反应，准确出拳击中靶心。如配手送右拳靶，被测者击右拳靶（图 022），如配手送左拳靶，则被测者击左拳靶（图 023）；如配手送靶速度快，则被测者打靶速度亦快，反之亦慢。同时，也可加入口令来测验被测者的出拳速度与节奏感，每次训练 3 分钟即可稍事休息，每天训练的次数根据被测者的体能状况灵活调节。此种训练的好处是模拟了实战的反应速度与力度，比纯粹击打壁挂式沙袋更具实战意义。

值得注意的是，无论是日字冲拳的扯空拳训练，还是打靶训练，在练习 100 天以后，习练者若明显感觉到拳速加快、拳劲大增，且一口气冲拳 1000 次尚有余力时，不妨脱去自己的上衣，对着镜子光着上身做日字冲拳的扯空拳动作。看一看镜中的自己在出拳时，是否拳头往前击出的同时，肩胛骨向后抻；如明显感觉到每发一拳，拳头与肩胛骨形成一前一后的瞬间对拉，且后背肩胛骨明显向后凸起，肩部浑圆有力（如图 024），则证明肩关节已经松开，上肢根节力已通，在艰苦漫长的发力练习中，已经迈出具有阶段性意义的一步，算是入门了。

俗话说：拳打万遍，身法自然；百日筑基，始入门槛。说的是初习武术者在习拳练劲的第一个百日内，应不畏艰难勇猛精进，勤修苦练，磨练身心，打好拳法入门的基础，切记不可半途而废；待意志力如钢铁般坚固时，一切习拳的困境皆迎刃而解，从此步入武学神圣的殿堂，成为真正的武者。

图 021

图 022

图 023

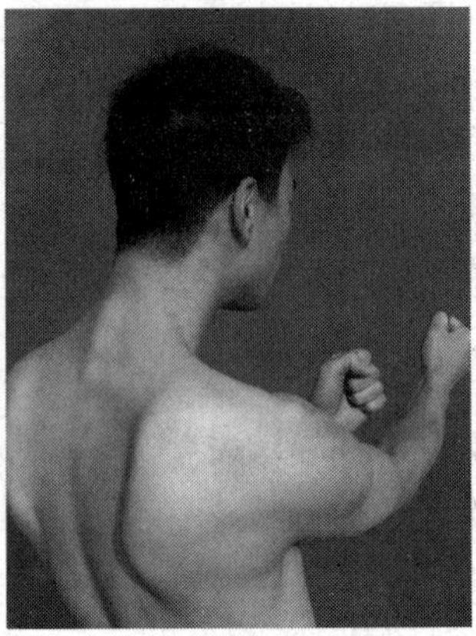

图 024

第三节　寸劲手型　力达拳尖

拳有三尖

古人说：真传一句话，假传万卷书。

多年来，关于寸劲练习的法门可谓纷繁芜杂、鱼目混珠。其实，对于咏春寸劲而言，练习的方式十分简单。几乎不需要借助任何外界器械，如杠铃、哑铃、拉力器、臂力器等器具的辅助，即可练出寸劲。因为通过杠铃、哑铃及负重冲拳等训练后，虽然人体的肌纤维变粗，身形肌肉变得粗壮魁梧，但是却走入外家拳训练的路子；同时，很轻易地将辛辛苦苦百日筑基练得的长劲发力毁于一旦。

内家拳与外家拳的训练法门有着本质的不同，内家拳注重对人体“筋骨开合”与“三节合一”的锻炼，日字冲拳的扯空拳、击拳靶及打沙袋练习达标以后，已经有机地将人体的发力结构重新塑造。此时，习拳者的手臂肌肉呈现细小的条形状，上肢筋腱拉长且弹性十足，肩开之后肩背厚实浑圆，中线发拳的弹抖力强劲，已经完全具备了发放寸劲的基础；因此，咏春寸劲的修习不需要走外家拳的路线，只须按部就班，就可以事半功倍。

咏春寸劲的标准手型如下：

（1）习拳者面对墙壁站立，右手指向墙壁，手腕放松上提，手掌稍下垂，虎口略松开，其他四指放松并拢，五指指尖轻轻触碰墙壁（图 025）。

（2）右手除拇指外，其他四指稍弯曲，呈握拳状，食指第二骨节凸起处指向墙面（图 026）。

（3）拇指向内轻轻合拢，以腕部和手指非常放松的状态轻握拳头，食指第二骨节凸起处仍指向墙面（图 027）。

（4）右手由上提腕状突然变为向下沉腕状，拳头以斜向上 45 度角接触墙面（图 028），接触点为小指、无名指及中指根部这三节突起的骨节（图 029）。

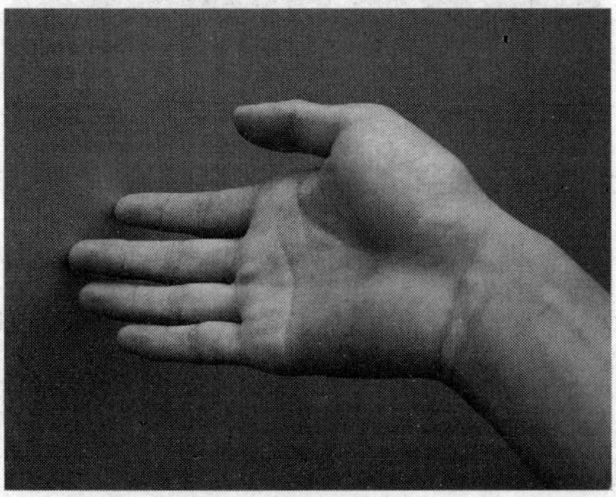

图 025

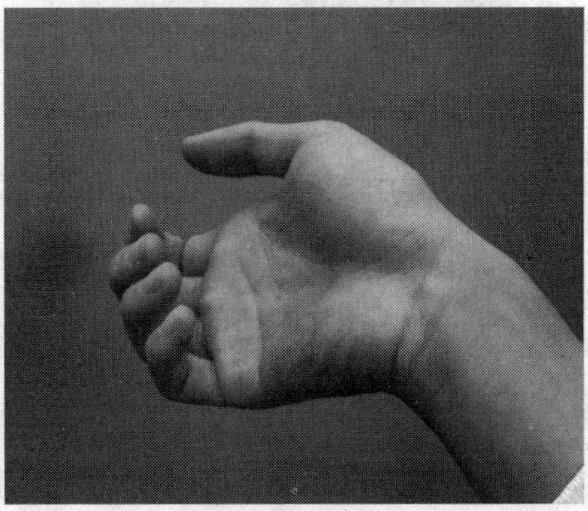

图 026

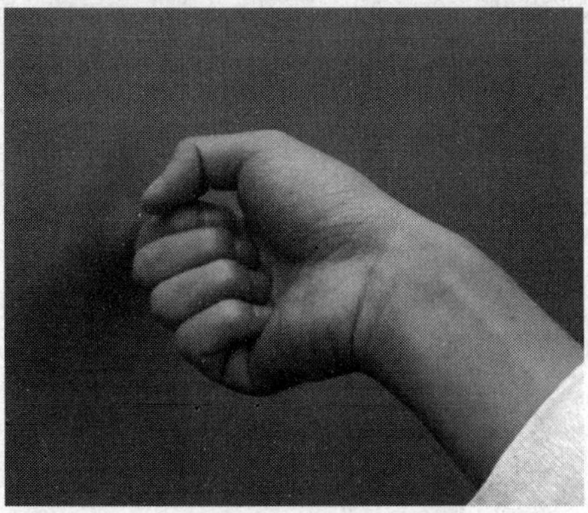

图 027

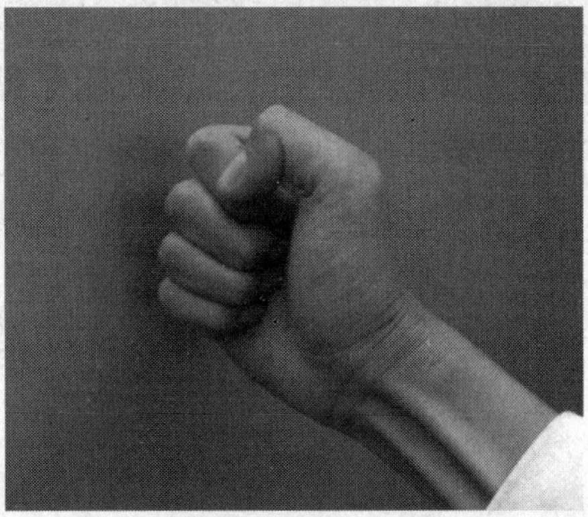

图 028

咏春寸劲的具体训练方法十分简单，当熟练掌握咏春寸劲的标准手型以后，就可以尝试面对墙壁上的“壁挂式方形沙包”（或壁挂式拳靶，如图

030）做“瞬间沉腕发力”的练习。发力前以正身马或侧身马姿势站立均可，但须牢记“含胸拔背、松肩沉肘、放松提腕”三要诀；发力时须牢记“沉肩送肘、沉腕发力、腰马合一”三要诀。

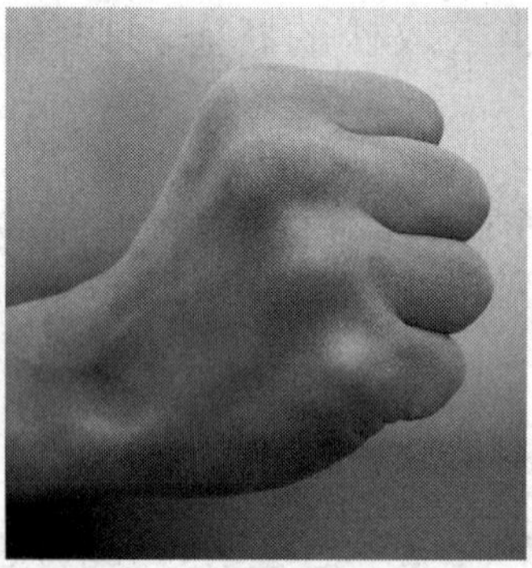

图 029

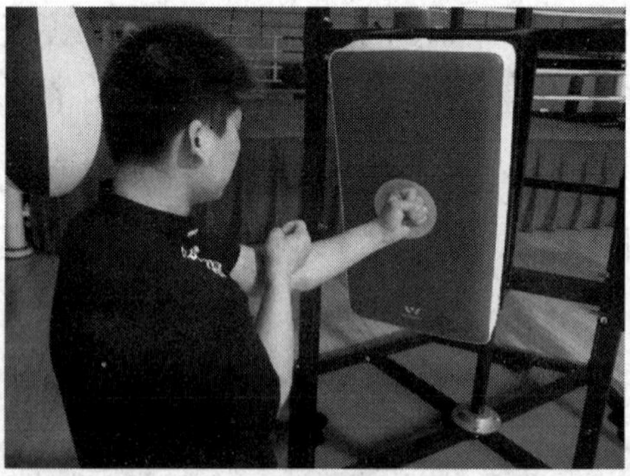

图 030

习拳者初练时，尤其应注意的是，在发力接触沙包的瞬间，拳头应适度握紧，接触点为拳头小指、无名指及中指根部这三节突起的骨节处。咏春拳历来有“拳有三尖”的讲法，即指以此三节骨节为着力点，击打对手时受力面积小而穿透力大，此亦为咏春“力达拳尖”的密练方法。久练之后，习拳者必可练出拳劲的锋锐与强度。

一开始时，习练者极易发出手臂的局部之力，此时拳头击打在墙壁沙包上多无回音传出；多加练习后慢慢会体验到，每发一拳时，腰、胯、腿、膝之力在沉腕的瞬间已经作用于墙壁上，此时击打在墙壁上四周传出的是“砰砰”的沉闷回音，说明寸劲的穿透力已经成型。

第四节　寸拳击靶　试力训练

贴身发力

历来，在咏春派日字冲拳的“试力”训练中，无论是正身马冲拳还是转马冲拳，咏春子弟皆习惯采取击打“壁挂式方形沙包”的练法，当习惯了每发一拳，墙壁“砰”然大震时，说明劲力已经具备穿透性。此时，由长劲发力过渡到寸劲发力实是轻而易举之事。

咏春寸劲击靶试力有两种方法：第一种是寸劲拳击靶试力；第二种是正掌击靶试力。无论是寸劲拳击靶还是正掌击靶，发力时可以转马也可以不转马，但对于初练者而言，转马发出的力量更大。

寸劲击靶试力训练如下：

一、寸劲拳击靶试力

（1）令一配手手持长方形厚实拳靶以弓箭步站立，将拳靶于其右胸前贴身放置；测试者以右侧身站立，以右手寸劲拳手型接触拳靶（图 031）。

（2）配手贴身持靶不动，测试者轻提腕握拳，在一寸至三寸的距离内准备发力击靶（图 032）。

（3）沉肩送肘，同时向左转马 45 度角沉腕发力，击中靶心（图 033）。

图 031

图 032

图 033

须注意，击中靶心时，如配手向后退开几步，且右胸受力部位只是一震，则说明此拳没有穿透性和杀伤力，仅仅是将配手推开而已。如发力具备穿透性，则配手脚步基本不动，拳劲穿过拳靶击中的虽然是其右胸部，然而力量却传递到配手心窝腹部，此时配手因心窝受到劲力冲击而身形猝然向下坐，而不是向后退开。此原理好比子弹将靶心击穿时，靶是不动的。

二、正掌击靶试力

（1）令一配手手持长方形厚实拳靶以弓箭步站立，将拳靶于其右胸前贴身放置；测试者以右侧身站立，右手上提腕，掌心向下，手掌自然下垂，指尖略接触拳靶（图 034）。

（2）配手贴身持靶不动，测试者猝然沉腕坐掌，同时向左转马 45 度角，以掌跟处击中靶心（图 035）。

图 034

图 035

以上动作便是咏春正掌击靶的寸劲试力。须注意，与寸劲拳击靶试力不同之处在于，正掌触靶发力点为掌跟。咏春历来有“宁挨一拳，不挨一掌”之说，若正掌发力练出穿透性，则力量比寸劲拳大很多。

第五节　击破试力　劲发于寸

寸劲击破

咏春寸劲发力的目的并不是为了致力于击破木板或石板，更非为了临敌之际将对手重创以显示自身力量的强悍，而是以武学的修炼来开启习拳者的智慧，从而令武者的目光无限延伸，修养与日俱增。

尽管如此，仍然有许多咏春门人喜欢选择用寸劲击破木板（或石板），来检验自身功力的深浅，却也不失为一种锻炼的手段。

寸劲击破试力有三种方式：第一种是双人配合击破；第二种是一人单独击破；第三种则是穿透性连续击破。

咏春寸劲击破试力训练如下：

一、双人配合击破

（1）令一配手双手持一块大理石板当胸而立，测试者以右侧身站立，以寸劲拳手型接触大理石板面（图 036）。

（2）配手持石板不动，测试者右手向上提手腕轻握拳（图 037）。

（3）猝然沉腕发力，拳面上扬 45 度角，着力点为右拳之三尖处（图 038 和图 039）。

图 036

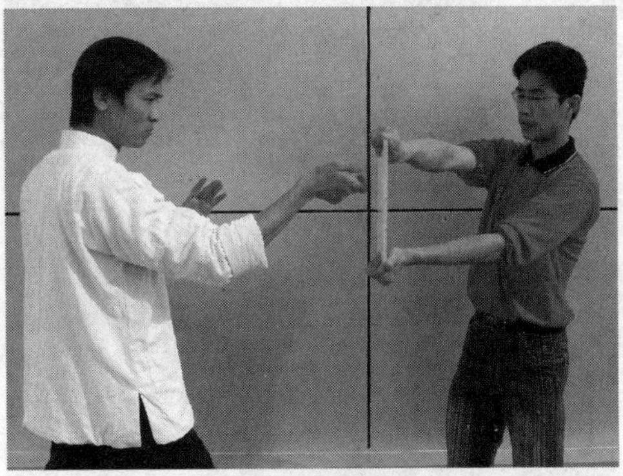

图 037

图 038

图 039

以上为双人配合击破的标准动作，倘若周身力量发于拳尖骨节处，则石板必应手而破，且拳头不受反作用力挫伤；若无法击破，则说明力量未穿透石板，易伤手腕和拳头骨节。因此，建议初次发力时，也可选用木板来尝试，逐渐过渡到石板。

二、一人单独击破

（1）测试者左手持大理石板，右手以寸劲拳手型接触板面（图 040）。

（2）测试者左手持石板不动，右手向上提手腕轻握拳（图 041）。

（3）测试者猝然沉腕发力，拳面上扬 45 度角，以右拳之三尖击破石板（图 042 和图 043）。

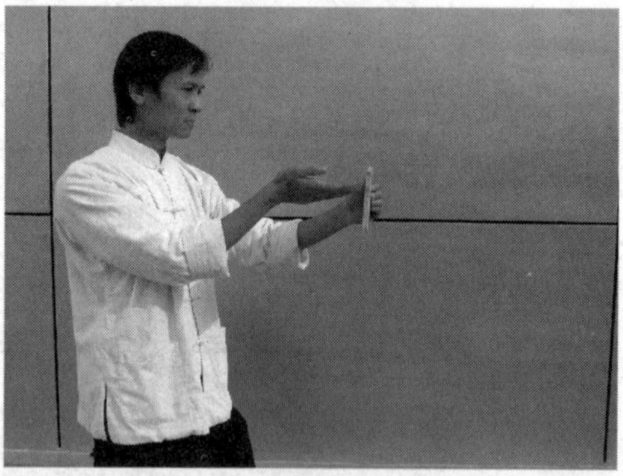

图 040

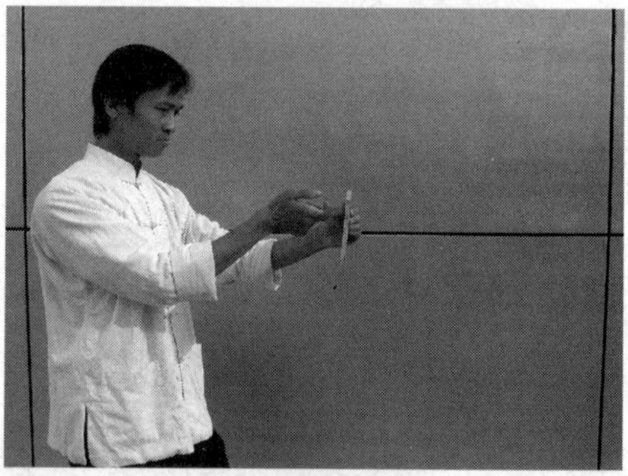

图 041

图 042

图 043

三、穿透性连续击破

（1）令一配手持石棉瓦板（或木板）侧面站立，测试者左手持一张白纸，右手以标指手型指向白纸；此时，石棉瓦板、白纸与测试者标指之间为一条线，间距各为五寸左右（图044）。

（2）测试者右手向前标出，在穿破白纸后，手指击破石棉瓦板（图045）。

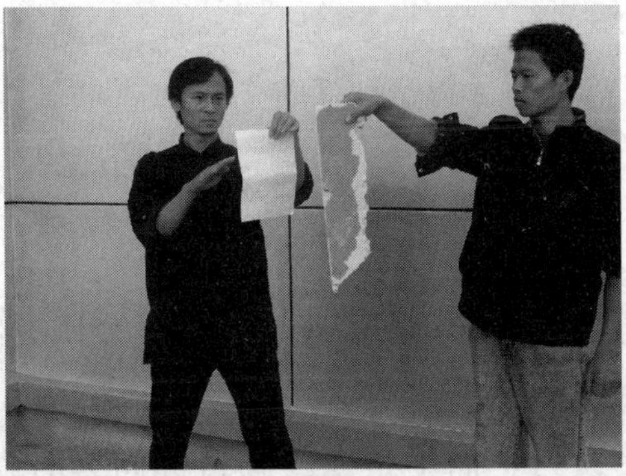

图 044

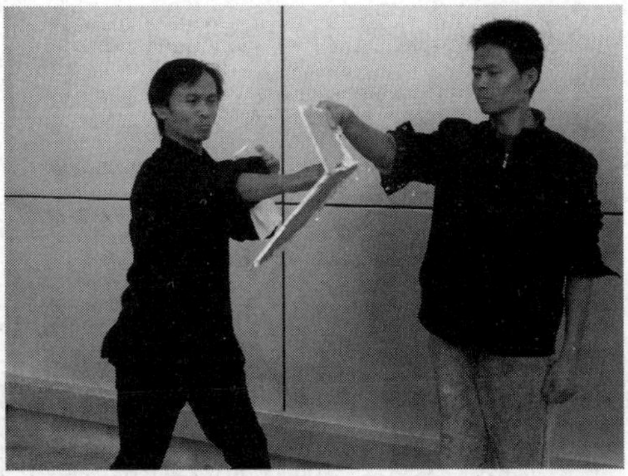

图 045

穿透性连续击破的难度较大，不易掌握。尤其初练者手指韧性与寸劲练习不达标时，易挫伤手指。因此，建议在训练之初，练习者尝试在身前一尺外挂一张白纸，若能用指力击破，则慢慢过渡到连续击破的练习。

第六节　习拳发力　五宜五忌

习拳宜忌

咏春拳是一种注重内外兼修的内家拳术。日字冲拳的练习过程即是习拳者百日筑基的过程，也是普通人从僵化拙劣的散劲发力转入灵动自然的整劲发力的过程。此时，习拳者的思想、心灵、筋骨、气息、反应、体能等方面皆发生质的飞跃。

在咏春拳法的练习过程中，日字冲拳是开启武者内劲发力的钥匙，一旦日字冲拳劲力练通，则咏春拳其他诸般劲力（如藤条劲、沉劲、柔劲等），随习拳进度，日久自可触类旁通。

因此，作为一名咏春拳习练者，为求合理的练习，早出真功。在习拳发劲时（不仅指日字冲拳，也指其他咏春拳手法），若时刻严守以下练习要点，则易事半功倍。

一、发力练习五宜

（1）松而不懈，紧而不僵。

（2）触点发力，松握紧发。

（3）勇猛精进，定时定量。

（4）动静兼修，快慢有度。

（5）立足实战，练打合一。

以上发力练习五宜中，“松而不懈”指发力时身体肌肉放松而精神不懈怠，“紧而不僵”指动作间架紧凑而不僵化。

“触点发力”指接触目标的瞬间方始发力，而不是在距离目标尚远时就暴露发力痕迹，更忌讳远距离大抡大劈；“松握紧发”指未接触目标前拳头、手臂与周身都是放松的，只有在接触目标的瞬间拳头才适度握紧。

“勇猛精进”指百日筑基时应不畏酷暑严寒，挑战人体极限，超越自我，培养武者坚毅的品格；“定时定量”指每日按部就班，严格按照训练计划练拳，这样才能固化习惯，功夫上身快。一般而言在“子、午、卯、酉”四个时辰练功，若能长期坚持，则功夫增长非常快。子时指晚上 11 点至凌晨 1 点，此时适宜练静功，如小念头；午时指中午 11 点至下午 1 点，此时天地阴阳二气交接，适宜练桩功及清净归元功（详见《标指——败形发力》一书的内容）；卯时指早晨 5 点至 7 点，此时宜动功与静功结合练习；酉时指下午 5 点至 7 点，此时宜动功与静功结合练习。

“动静兼修，快慢有度”指的是动功与静功相结合的训练方法。动功多指动作较快、运动较剧烈的功法，如日字冲拳；静功多指柔和缓慢的功法，如桩功、小念头等。动功与静功结合训练，有助于内外兼修，培养元气，融养生与技击于一体。

“立足实战”指无论何种招式，均应从实战应用的角度出发，这样便于练出真功；“练打合一”指自我修炼与实战训练相结合，这样练出的招式在临敌之际才有威力。咏春拳有练法和打法两种，具体的训练方式是不一样的，须通过练打合一的方式逐渐融合。

二、发力练习五忌

（1）立念不正，拳架走形。

（2）饱腹练拳，一曝十寒。

（3）过度疲惫，练拳无度。

（4）多练少思，蛮练伤身。

（5）好勇斗狠，出手伤人。

所谓学拳容易得劲难，内劲发力练习是咏春拳修炼的根本。其实，所有功夫的根都取决于心态，习拳者若“立念”不正、品德不端或习拳法度不严，无论如何勤学苦练，也是无法得到拳法真谛的。望习拳者铭记于心。

第三章

尺骨如刀　力成三角

刀劲原理

咏春拳典型的格斗预备姿势是：膝前钳、肛上提、腹下收、胸微含、背后拔、头居中、手前问，此时身如弓、手如箭、腿如簧，整体形状如待发之弓箭，这便是咏春门人施展问手时的临敌状态，又称“问手原理”（图 001）。

整个姿势中，双肩到前锋手之间构成了一个圆中求直、三角发力的弹射结构（图 002），如此结构下，一遇外力来袭，立即反弹前冲；在发劲的瞬间，全身十四关节同时旋转，连同身型向前弹射，借助地面强大的反作用力，劲往手臂聚，瞬间将敌人攻势瓦解，这便是咏春发力的奥秘。

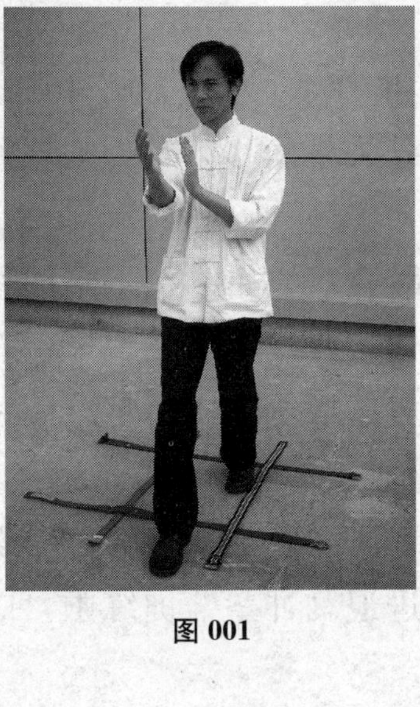

图 001

图 002

除此之外，咏春门人无论以何种咏春手法对敌，均善于运用手臂尺骨部位与对手相接，此时敌我桥手相撞，咏春门人可以轻易运用长期“对马冲拳”练得的“刀劲”，自尺骨（图 003）处发力，将对手之力弹开，或如长刀（图 004）挥出般势如破竹直斩对手脖颈要害，胜得轻易，犹如闲庭信步。

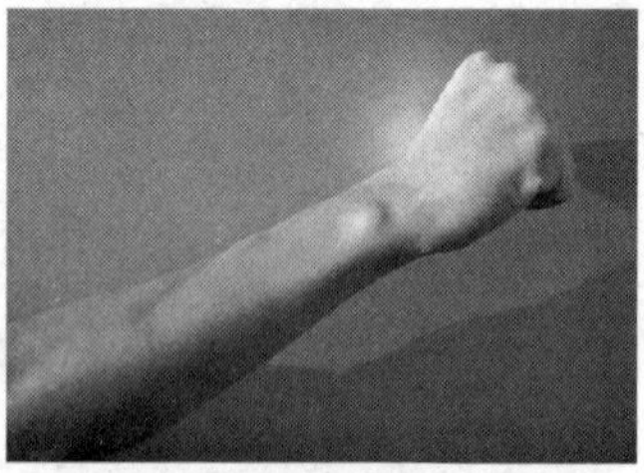

图 003

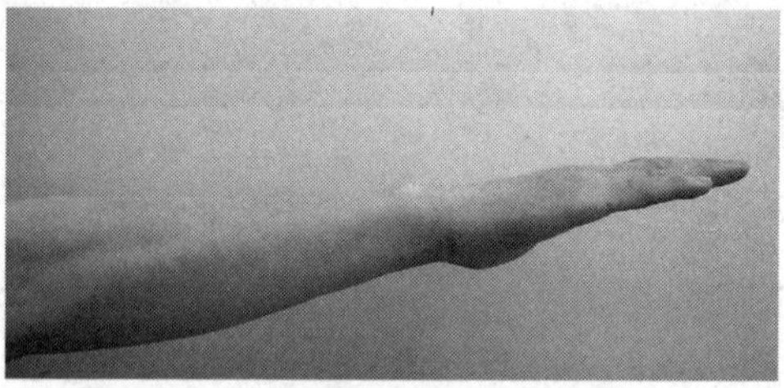

图 004

因此，习拳者对敌之时马步的进退速度与稳健程度，是获得强大发力的原动力；而与敌人桥手冲撞时，手臂尺骨的硬度与韧性，则是能否承受外力并瞬间破敌的关键因素。

第一节　马分进退　力有整散

进退马冲拳

在咏春拳法的训练中，有“定势发力”和“移动发力”两种形式。定势发力培养习拳者在静止状态下的整体发拳劲力，而移动发力则培养习拳者在动态环境下的整体发拳劲力。

往往移动发力更接近实战的环境，因为敌我双方始终在不断的移动状态下。而许多习拳者在站定不动的情况下虽然可以发出整劲，可一旦迅速移动起来，却只能发出一臂一腿之力，又变成了散劲，实不足以应付训练有素者连续的攻击和冲撞之力。

因此，习拳者在通过二字钳羊马的扎马练习与日字冲拳的定势发力练习后，应从静态定势的马步转入到动态的“进退马冲拳”训练中，以提高移动发力时的整体劲力与前冲力。

“进退马冲拳”的训练分为进马冲拳和退马冲拳两种练法。具体训练方法如下：

一、进马冲拳

（1）以二字钳羊马姿势站立，右脚置于图中井字格中央，左脚置于井字格外侧格中；右拳在前，左拳置于右肘处，成日字冲拳状（图 005）。

（2）以双脚跟为轴，同时向右侧转马旋转约 90 度角，成双脚一前一后、膝前钳的正身马姿势，双拳以斜 45 度角向上指向正前方（图 006）；此时，身体重量按照前四后六的分布方式，前腿承受身体约 40％的重量，而后腿作为主支撑腿承受身体约 60％的重量。

（3）右脚轻抬向前进步，自井字格中央踏入正前方格中（图 007）；同时，左脚迅速上步跟上，踏入井字格中央，左拳向前冲出，右拳回到左肘上方停住（图 008）。

以上为进马冲拳的标准动作，具体训练时，习练者无论右脚在前或者左脚在前，均可以不断地向前进马发拳，以体验前冲之力慢慢上拳头的感觉。从一开始的每进一步发一拳的缓慢有序训练，逐渐过渡到脚下只管进马前冲，拳头密集发拳的快速无序状态。此种训练有助于临敌之际，瞬间进马冲入对手身体中线中，将对手冲得人仰马翻，同时拳头雨点般落在对手脸上，这是咏春拳独特的速战速决法门。

图 005

图 006

图 007

图 008

二、退马冲拳

（1）接图 008 进马冲拳的动作，左脚自井字格中央迅速后撤到后方格中；同时右拳自左肘上方穿出冲向前方，左拳自右拳下回拉到右肘上方（图 009）。

（2）上动不停，右脚迅速后撤至井字格中央站定（图 010）。

图 009

图 010

退马冲拳的意义在于，临敌之际既可以通过退马的动作，避开对手的凶猛袭击，又可以连环发拳击打对手的要害部位。退马冲拳的训练同样分为有序退马发拳和无序退马发拳两种，习练者须循序渐进，不可一蹴而就。

须注意，无论进马冲拳还是退马冲拳，刚开始习练时应采取慢练的方式，每进一步发一拳，细细体会身体重量上拳头的感觉，久之则拳架定型，发拳力大而劲整。尤其注意的是，习练者无论进退马动作多快，身形不可以上下或左右起伏过大，更不可以有蹦跳与跺脚的动作，身体重量始终保持前四后六的分布落于前后腿上，整体的步法进退应如风行水面般平稳快捷。

习练者在熟练掌握进、退马冲拳动作后，可以将进马冲拳和退马冲拳结合起来练习，或进一步发两拳，或退三步发一拳，或随意进退发拳，最终练到进退有度、拳发连环、流畅自然方可达标。

第二节　对马冲拳　刀劲训练

尺骨如刀

咏春历来有“尺骨如刀，力成三角”的讲法，说的是通过“对马冲拳”的合理训练，将人体双臂尺骨练成好像百炼钢刀一样的硬度与韧性，以此“刀劲”对敌，可以起到无坚不摧的破坏力。

“对马冲拳”的训练分为“定势对马冲拳”和“进退马对马冲拳”两种练法。训练之时需要两个人互相配合练习。具体训练方法如下：

一、定势对马冲拳（下图长发为甲方，短发为乙方）

（1）甲乙两人身体相对而立，均以二字钳羊马姿势站定，两人同时以日字冲拳手型冲出右拳，左拳回拉至右肘处，两人右臂接触点为尺骨（图011）。

（2）马步不动，两人同时发左拳前冲对方面门，右拳回拉至左肘处，两人左臂尺骨相交（图012）。

（3）上动不停，乙方收左拳，准备换右拳前冲；甲方左拳不收，置于双方中线位置（图013）；待乙方右拳冲来时，甲方左拳自下而上穿出，此时，甲方左臂桡骨与乙方右臂尺骨相交（图014）。

（4）马步不动，同一时刻，甲方发右拳，乙方发左拳，冲对方面门；甲乙两人双臂相交，接触点为甲方右臂桡骨与乙方左臂尺骨（图 015）。

图 011

图 012

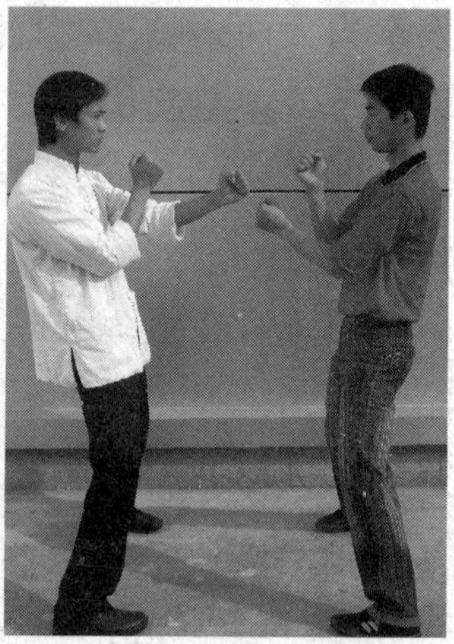

图 013

图 014

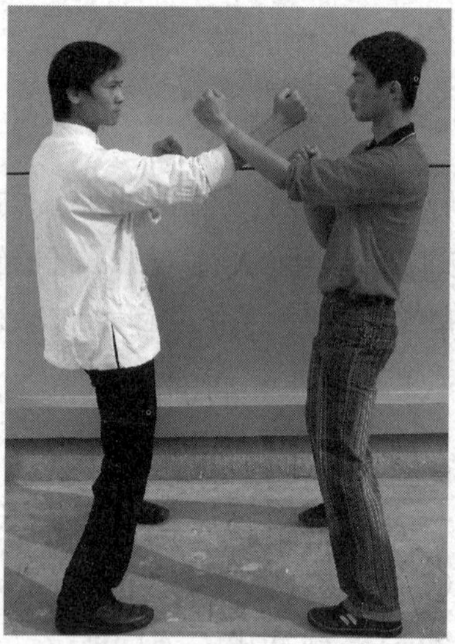

图 015

以上动作中，图 011 和图 012 训练的是双方前臂尺骨部位的触点发力。值得注意的是，双方击出日字冲拳时，其手臂不是完全用力碰撞（也有通过全力碰撞来锻炼尺骨硬度的），而是用弹抖的方式以 45 度角向前上方发力，双方擦臂而上，就像两个楔子同时楔入那样用力，以此训练人体尺骨的硬度与韧性，更重要的是锻炼腰马合一的整劲发力与手臂尺骨的弹抖发力。

以上动作中，图 013～图 015 训练的是甲方桡骨与乙方尺骨部位的触点发力。值得注意的是，图 011 和图 012 中属于外门冲拳的双人对练，而图 013～图 015 中，甲方手臂则从乙方外门进入其内门，锻炼内门发拳对冲时桡骨的发力。实际运用中，敌人的手臂极有可能不定向变化，或在我外门或在我内门，因此，桡骨部位的发力训练同样重要，不可忽视。

二、进退马对马冲拳（须两人配合练习）

（1）训练时，两人以进退马冲拳姿势相对而立，同时以日字冲拳手型冲右拳，击对方面门，左拳回拉右肘处，两人右臂尺骨相交（图 016）。

（2）一人迅速向前进马（指向前进一步），同时出左拳冲对方面门；另一人及时反应退马（指向后退一步），同时出左拳封住对方左拳攻击，此时两人左臂尺骨相交（图 017）。

图 016

图 017

如此，一人进马冲拳，另一人退马冲拳；或两人同时进马同时退马，以有序或无序的进退马发拳来训练彼此实战的反应、速度、力度与距离感。此种训练基本模拟了实战状态的反应，且更好地锻炼了习拳者的腰马力量与尺骨弹抖发力，有助于克服临敌时的恐惧心理，有积极的实战意义。

第三节　硬桥硬马　贴身短打

一胆二力三功夫

几乎所有的武术门派中都有“硬碰硬”的打法，尤其是外家拳拳手更擅长用拳脚击打铁块、石板等硬物，以此训练周身骨骼的硬度，提高实战对敌时的抗击打力与攻击力。

咏春拳的训练，却并非依赖撞击硬物来提高抗打能力，而是通过长期“对马冲拳”的两人对练，将手臂（指尺骨和桡骨）练得利如斩刀、柔似藤鞭。由于这种练法是通过和人的对抗训练产生的，因此被称为“活性抗打”，与一般通过击打坚硬物获得的抗击打力相比，咏春抗打多了一份弹性和韧性，且功夫一旦上身，即便一段时间不练习，功力也不会减退。

俗话说得好，一胆二力三功夫。初学技击者与训练有素者的差别往往在于胆量与信心。许多习拳者刚开始实战时都有恐惧的心理，需要用大量的实战模拟训练来攻克心理关。尤其在对马冲拳训练一段时间后，习拳者慢慢找到了冲拳时放松出拳的感觉，此时可以模拟真实的打斗来强化技术，同时培养习拳者的勇气与信心。

咏春拳是一种贴身近战的拳术，因此要求临敌之际越能快速贴近对手，越能发挥腰马的冲力和劲发于寸的瞬间穿透力，有时宁可挨对手一拳也要近身，在咫尺内发挥贴身短打的优势。

事实上，许多身经百战的拳手，都是通过一开始“硬碰硬”的强悍打法来提高心理素质与格斗技术，从而取得必胜的信心的。随着日久功深，习拳者可以从“硬桥硬马”的打法，逐渐过渡到“听劲卸力”和“以打为消”的高技巧打法。以下是贴身近战的两种战例：

一、硬桥硬马贴身战法（下图长发为我方，短发为对手）

（1）当敌我双方处于远距离对峙状态时，我方以右脚在前的前进马姿势站立，以右手问手姿势对敌（图 018）。

（2）我方迅速进马接近对手，右手标向对方咽喉；对手见机甚快，迅速出右拳攻我方面门，左手挡开我方右手攻击；与此同时，我方左手护手向外拍开对方右拳，双方呈近身互制状（图019）。

（3）我方继续进马，贴身沉肘发力，以右臂尺骨震开对方左手，冲散对手重心，同时右肘击中对方心窝部位（图020）。

图 018

图 019

图 020

二、以打为消迎击战法（下图长发为我方，短发为对方）

（1）当敌我双方处于远距离对峙状态时，我方以左脚在前的前进马站立，以问手姿势对敌（图021）。

（2）对手上步近身，作势以右拳攻我方头面，我方仍以问手姿势应对（图022）。

（3）对手发劲迅猛，从我方左臂外门攻入，我方右手护手迅速向外拍开对手右拳，同时前手问手迅速变为日字冲拳，击中对手面门（图 023）。

以上是贴身短打的两种打法：第一种是用对马冲拳练得的尺骨硬度与弹性破开对方中路取胜；第二种则是以打为消的迎击战法。相比之下，第二种对习拳者临敌反应速度与技法的要求更高。

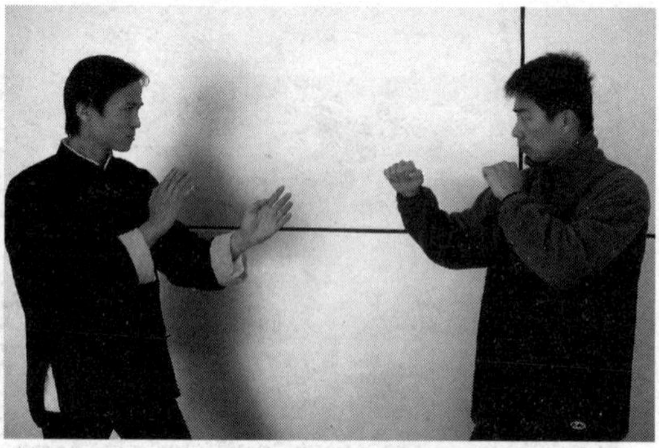
图 021

图 022

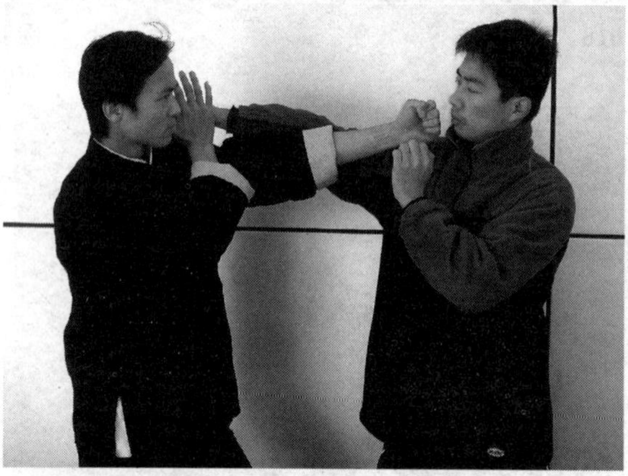
图 023

第四节　门分内外　拍手化拳

拍手化拳

咏春拳讲求以四门原理对敌，这是咏春拳不同于其他拳法的主要特点。

运用四门原理格斗时，往往强调严守中线，以最小的动作、最短的时间和最近的距离，封住对手攻击，御敌于门外。

那么，如何在格斗中迅速封住对手攻来的拳？很简单，咏春拳练习初期，习练者往往都是通过练习拍手化拳来提高实战防御能力的。

咏春拳有外门拍手和内门拍手的用法，专门用来消解对手直线或斜线攻来的拳。初习咏春者应先习练外门拍手的用法，然后过渡到内门拍手的训练。

一、外门拍手化拳

外门拍手应对连环冲拳的训练方法如下：

（1）两人皆以二字钳羊马的正身前进马姿势站立，一人以日字冲拳手型迅速进马（指向前进一步），左拳冲对手面门；另一人以右侧问手姿势迎敌，迅速向后退马（指向后退一步），同时向前拍出右掌，拍在冲拳者左臂尺骨部位，化解拳劲（图 024）。

（2）接上动作，冲拳者再次向前迅速进马逼近拍掌者，同时出右拳攻其面门，左拳回拉至右肘上方；拍掌者感应到攻势，立即向后退马一步，同时左掌拍在冲拳者右臂尺骨部位，化解其冲拳之力（图 025）。

图 024

图 025

如此，两人一进一退、一攻一守，培养拳掌相交时彼此的身体发力与进退马之间的实战距离感，此为外门拍手消解连环冲拳的训练方法。应注意的是，外门拍手应用得当时，不仅可以用来封住对手冲拳，也可以用在进马前冲中将对手攻来之拳拍贴在对手胸膛上，使其无法变招，同时我方之掌劲直透对手身体，此为拍手的寸劲应用法门，须久练苦练方能生效。

二、内门拍手化拳

熟练掌握外门拍手的劲力后，可尝试内门拍手的应用之法。以下是内门拍手化拳的实战模拟训练（下图长发为甲方，短发为乙方）：

（1）甲乙两人均以正身前进马姿势站立，右脚在前，以右手问手迎敌（图 026）。

（2）乙方冲右拳击甲方心窝，甲方即时反应以前手向前方侧向拍出，将乙方右拳拍离自身中线，消解此拳攻势（图 027）。

（3）乙方见机甚快，迅速出左拳直攻甲方面门；同一时刻，甲方右拳自乙方右臂之上向前穿出，以弹抖劲弹开乙方左拳的同时，击中乙方面门（图 028）。

图 026

图 027

图 028

以上战例中，甲方所用手法为内门拍手化拳接内门冲拳迎击对手。此战例属于贴身近战，对于手臂弹抖寸劲的要求较高，习练者在平素训练时，应与配手多加配合练习，直至彼此手法的反应、速度、劲力配合到位为止。以此种手法训练，可以培养习拳者在实战临敌之际，方寸之间的手法转换与发劲反应。事实上，咏春拳有“拍手三式”的攻防之法，虽然仅有三式，但格斗内涵十分深邃，具体应用方法在《寻桥——追形发力》一书中有详细叙述。

第四章 拳谱技法 内功心法

正心正念

咏春子弟皆知“小念头”不正，则终身不正。寓意为学咏春之初，习拳者应该存一点小小的念头，将武学用于正途。这是启蒙习拳者应具有良好的心态、规范的行拳法度与美好的武德操守。事实上，习武与做人皆以“正心”为上，心不正者习拳亦难正，各行各业的道理莫不如此。

由此可见，五枚大师在创立咏春拳之初，以“小念头”命名第一套入门拳法，确实是用心良苦。

“小念头”拳法是咏春子弟打好武学基础的必修课。小念头中的所有手法都是有定式而无定招的，手法的转换应用，完全取决于临敌时敌我双方的角度与位置。若无小念头训练的坚实基础，是谈不上学“寻桥”和“标指”的。

“小念头”俗称“三拜佛”，主要是由于小念头拳谱中“一摊三伏”手法的运动形状犹如拜佛而得名的。事实上，“一摊三伏”是小念头整个套路的重中之重。习练“一摊三伏”手法，要求习拳者通过“放松、呼吸、念力、结构”四大内涵合而为一的训练，将人体潜藏的内在力量爆发出来，同时运用小念头拳谱中的所有基本手法，进行攻防反应的模拟训练，以期达到实战中防身自卫与短距制敌的目的。

咏春拳注重“柔化刚发、借力巧打”，然而习拳者若不懂得“舍力”之法，实难明了“卸力与发力”之道。故而练小念头之初，应采取放松柔和的方式来化掉人体后天的“僵劲”，以念力驱动上肢做各种手法。当习练者放松身体、集中精神，用意念驱动手法柔和缓慢运动时，心念、呼吸与动作逐渐合而为一，自然产生无穷奥妙并乐此不疲。

事实上，从咏春结构发力的角度科学分析，不难发现，唯有当人的心态放松了，呼吸才能柔和绵长；呼吸绵长了，身体肌肉才能放松；肌肉放松了，周身关节才能合理定位；关节定位了，才能促使身体肌肉和筋骨拉长，从而将“念头”变为“念力”；随着日久功深，则心念所至，周身筋骨开合运动，内劲自生。这便是咏春拳“以念成形、以形合意”的念力修炼法门。

因此，小念头拳法是咏春内劲发力之源，入门之基石，须长年修习，方能得其精髓。

第一节　小念头拳谱

拳谱详解

小念头拳谱的所有动作，都是以二字钳羊马的定势马步为支撑完成的。除了预备式开马和收式动作需要移动脚步外，整个拳谱所有手法的变化过程中，扎马姿势始终固定不动，以此练习马步的稳定性与手法变化时的腰马合一劲力。

须注意的是，小念头拳的训练与常规武学训练有很大不同。首先，因为常人的习惯是善用右手发力做各种动作，而左手的灵活性偏弱，因此小念头拳的所有手法动作演练，都是先练习左手，然后再练习右手，以此来培养习拳者左右手均衡发力的习惯；其次，小念头拳中的许多手法如双窒手、双弹手、双按掌、双枕手等，练习时都是双手一起练，但实战时却并非双手一起用，而是各种手法配合使用，以求用最合理的角度、最短时间和最近距离攻击对手。习者久练之后必有深刻体会。

小念头拳谱的标准动作分解如下：

一、预备式（图 001）

全身放松，双脚并拢站立，双臂自然下垂置于两腿侧，舌顶上颚，目

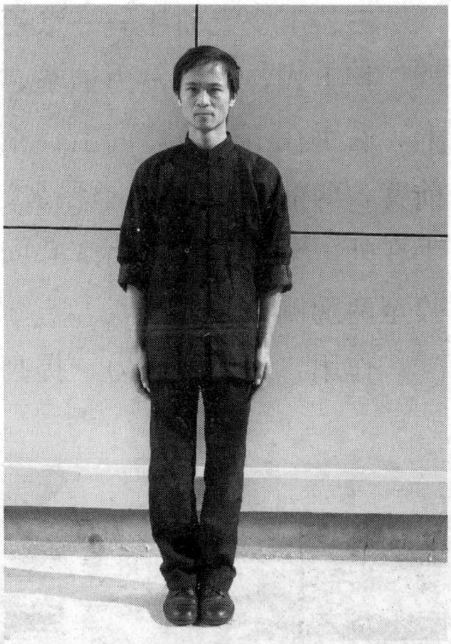

图 001

视前方，呼吸自然。

作用：以平和的心态、放松的肢体与柔和的呼吸来调动人体先天的机能。

二、二字钳羊马（图 002～图 004）

双膝微曲，双手握拳尽量上提至两胸侧，双肘向身后拉双拳，至拉不动时双拳贴身定住；双脚以脚跟为轴向两侧外开，旋转成“一”字形，然后双脚以双脚掌为轴向两侧外开，旋转成“八”字形；双膝内嵌上提，含胸拔背，沉肩竖颈，下颌微收，臀部勿外凸，身体重心落于两脚脚中心连线上。从身体侧面看，整个身形略似一个倒放的“S”状。

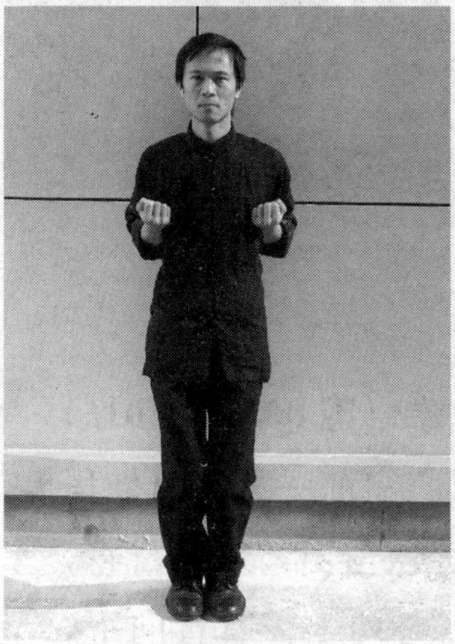

图 002

图 003

图 004

作用：通过二字钳羊马的结构定型，锻炼腿部的力量与支撑，提高周身关节、筋骨与肌肉的协调性。

三、下交叉耕手——滚手——上交叉摊手——收拳（图 005～图 007）

接上式，双肘发力催拳，双拳自胸前变掌向前下方交叉下插，左手在上，右手在下，掌背向上，掌心向下，成交叉耕手；双肘继续发力上提两前臂，两前臂自下而上保持交叉之势，向前上方滚动前撑；左手在内，右手在外，掌背向外，而掌心向内，成交叉摊手；随后，双肘迅速回拉双拳，收至两胸侧。

作用：锻炼肘底力，提高手臂在上下两个方向的弹性支撑力。

图 005

图 006

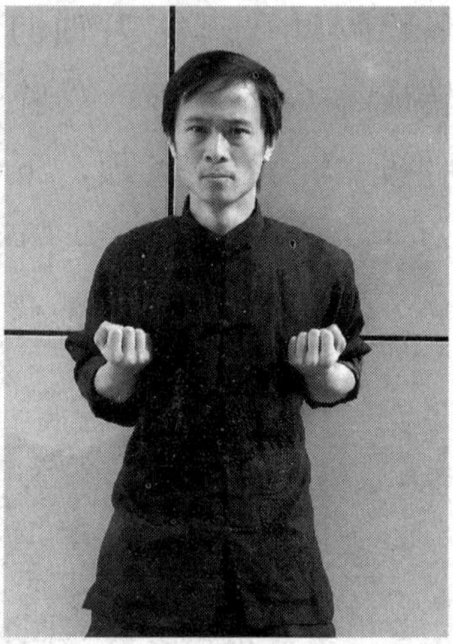
图 007

四、左日字冲拳——左摊手——左圈手——收拳（图 008～图 016）

接上式，左臂贴左肋向内摩擦旋转，催左拳至心窝前一拳距离处稍停，肘底发力将左拳自心窝中线处，向前上方 45 度角轻快击出，左臂打直，呈左日字冲拳状；左臂伸尽之时，左拳变掌前伸，掌心向上，掌背向下，呈摊手状；动作不停，左掌以手腕为轴，由内向外回勾绕圈，至手掌绕腕部旋转一周后握拳，左肘发力收拳。

作用：提高中线发拳力量，抻拉左侧肩关节，同时提高左腕腕部的柔韧性。

图 008

图 009

图 010

图 011

图 012

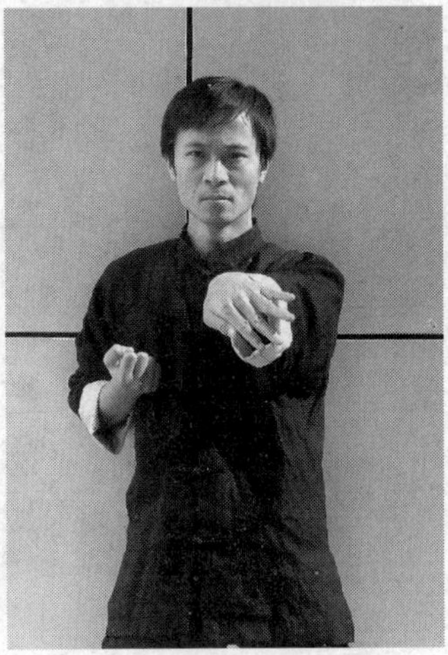

图 013

图 014

图 015

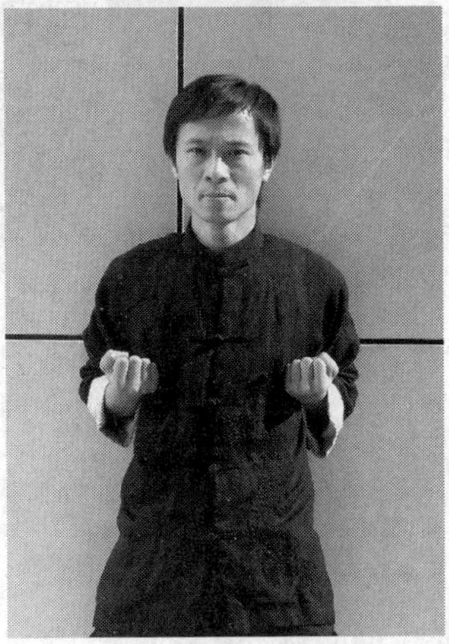

图 016

五、右日字冲拳——右摊手——右圈手——收拳（图 017～图 024）

依循上式，右臂贴右肋向内摩擦旋转，催右拳至心窝前一拳距离处稍停，肘底发力将右拳自心窝中线处，向前上方 45 度角轻快击出，右臂打直，呈右日字冲拳状；右臂伸尽之时，右拳变掌前伸，掌心向上，掌背向下，呈摊手状；动作不停，右掌以手腕为轴，由内向外回勾绕圈，至手掌绕腕部旋转一周后握拳，右肘发力收拳。

作用：提高中线发拳力量，抻拉右侧肩关节，同时提高右腕腕部的柔韧性。

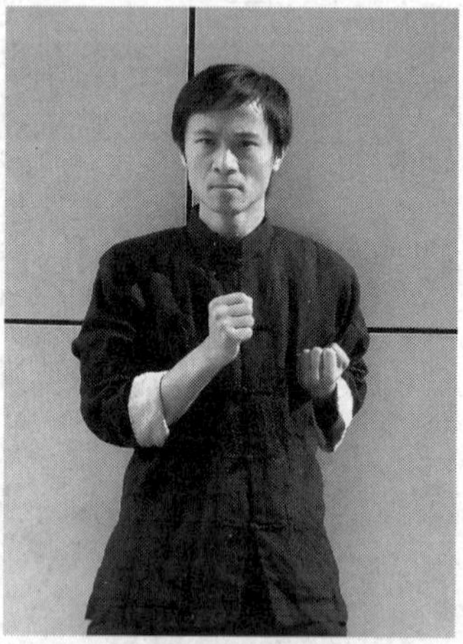
图 017

图 018

图 019

图 020

图 021

图 022

图 023

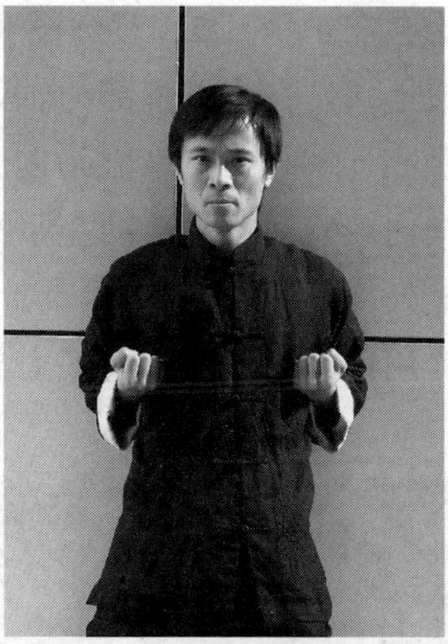

图 024

六、左摊手（图 025 和图 026）

接上式，左拳变掌，手腕放松，掌心向上，以肘底力缓缓催动左臂贴胸肋摩擦前伸；当手臂沿身体中线缓慢前伸，伸至肘部离胸口一个拳头距离时稍停。

作用：以意念驱动手肘归中做缓慢运动，促使周身形成圆中求直三角发力的弹性支撑结构。

图 025

图 026

七、左护手（图 027～图 031）

接上式，左掌以腕部为轴，由内向外回勾绕圈，圈至手掌向上时，立腕竖掌成拜佛状，左掌五指向天，掌心向右，成左护手；动作不停，以肘底力向内缓慢回拉，牵动左掌沿身体中线向内缓缓移动，移至胸前一个拳头距离处停住。

作用：强化念力、肘底力与腕力。

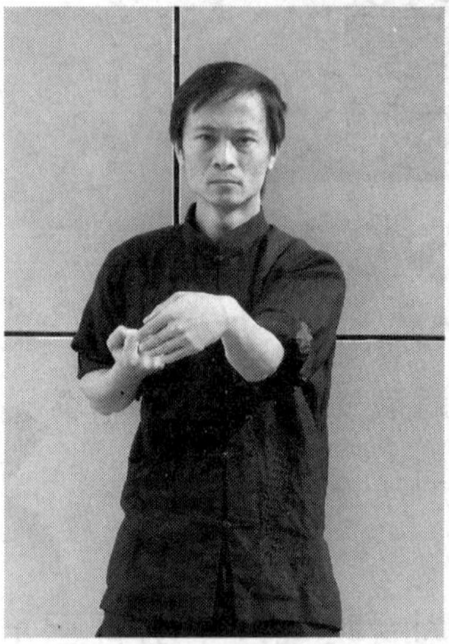
图 027

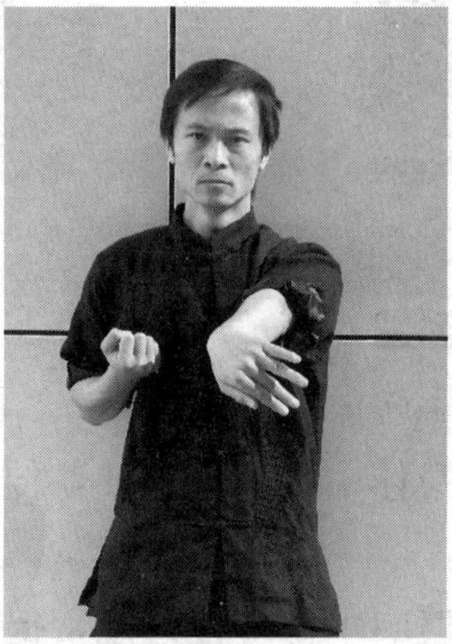
图 028

图 029

图 030

图 031

八、左三伏手（图 032～图 047）

接上式，左护手移至胸前，手腕放松，手掌自然下垂合拢成伏手，手背向前，掌指向右；继续以肘底发力，沿中线缓缓催动伏手前伸，伸至肘部离胸口一个拳头距离时稍停；动作不停，左伏手以腕为轴，由内向外回勾绕圈成左护手，以肘底力缓缓将左护手回收至胸前一拳处停住。如此左手连续重复上述动作，做出三次伏手动作和三次护手动作后，将左护手拉至胸前。

作用：促使人体放松、呼吸、念力与结构四大训练的合而为一，全面调动周身整体劲力。

图 032

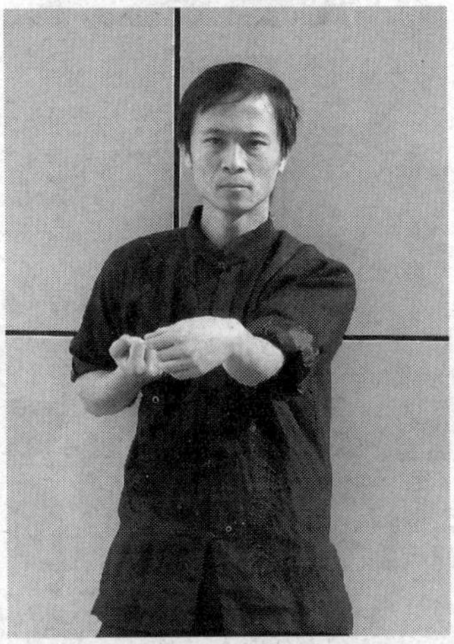

图 033

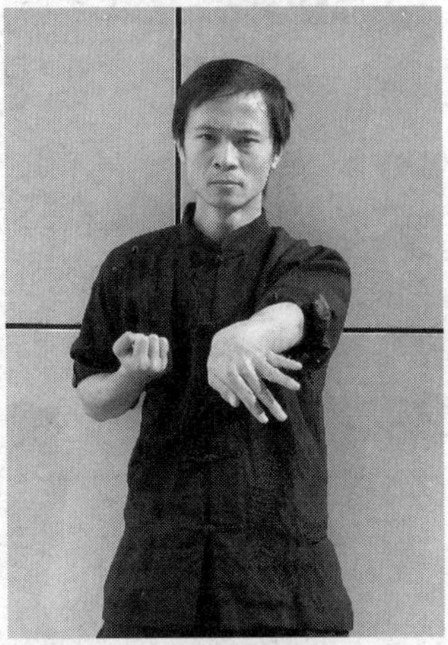

图 034

图 035

图 036

图 037

图 038

图 039

图 040

图 041

图 042

图 043

图 044

图 045

图 046

图 047

（注：图 025～图 047 所示连续动作，为小念头拳谱中“一摊三伏”之手法变化，是整个拳谱的重点，须长期反复练习，并潜心揣摩。）

九、左侧掌——左正掌——左摊手——左圈手收拳（图 048～图 055）

接上式，当左护手拉至胸前后，肘底催力，左掌向右侧推出，推至与右肩侧齐平，成左侧掌；左肘回拉左掌至胸前中线处，成掌心向前，五指向天状，后左正掌沿中线向前推出；正掌力尽之时，手腕上翻变为左摊手前直；随即以左圈手收拳。

作用：锻炼侧面与正面两个角度的掌劲发力，加大腕部与手臂弹抖力。

图 048

图 049

图 050

图 051

图 052

图 053

图 054

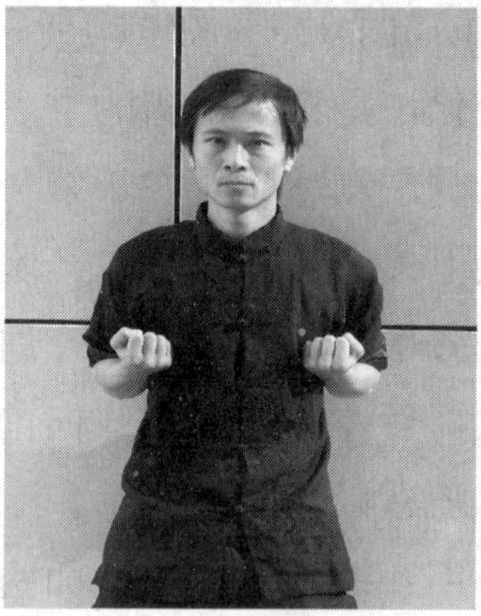

图 055

十、右摊手——右护手——右三伏手（图 056～图 076）

具体动作变化参照左手“一摊三伏”动作来做。

作用：“一摊三伏”训练是小念头拳之重心，应着重强化练习。练习时，应以念力配合绵长的呼吸驱动手臂做极其细微、缓慢的运动。正因为是以念力驱动手臂做极细微的运动，故而旁人以肉眼观察若不仔细，是难以察觉手臂在运动的。

一般而言，每只手做“一摊三伏”的时间约 15 分钟，两只手共计用 30 分钟完成动作；习练者若能每天在每次千遍的日字冲拳结束后，坚持训练 30 分钟的“一摊三伏”，月余则筋腱拉长、骨节强韧，周身弹抖劲力大增，功力必然会突飞猛进。

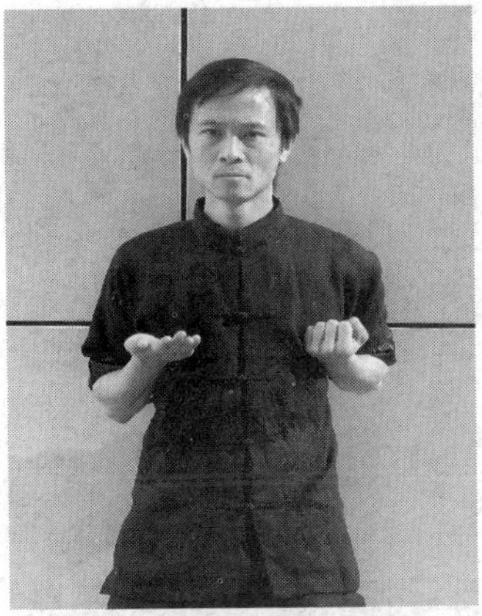

图 056

图 057

图 058

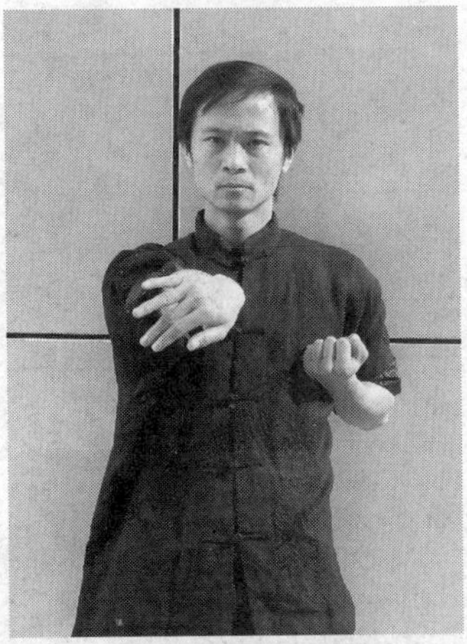

图 059

图 060

图 061

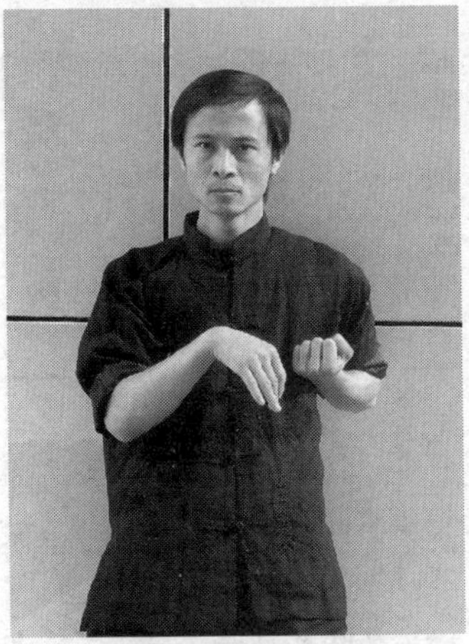

图 062

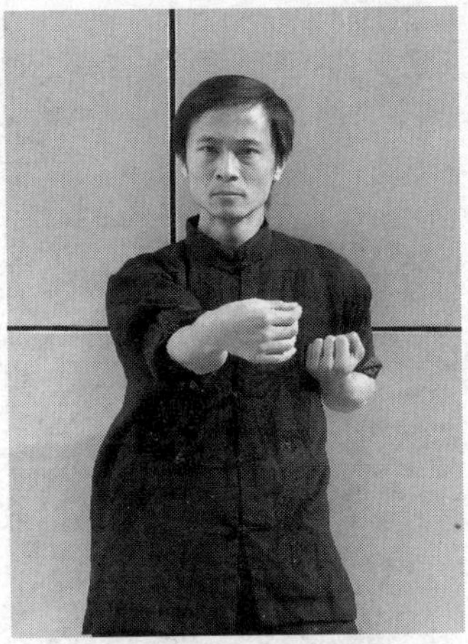

图 063

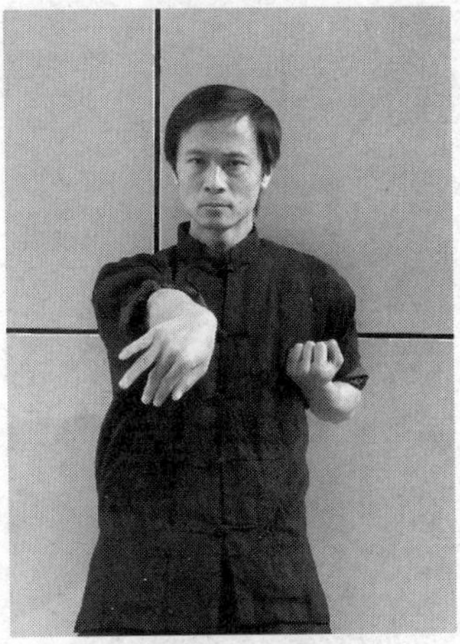

图 064

图 065

图 066

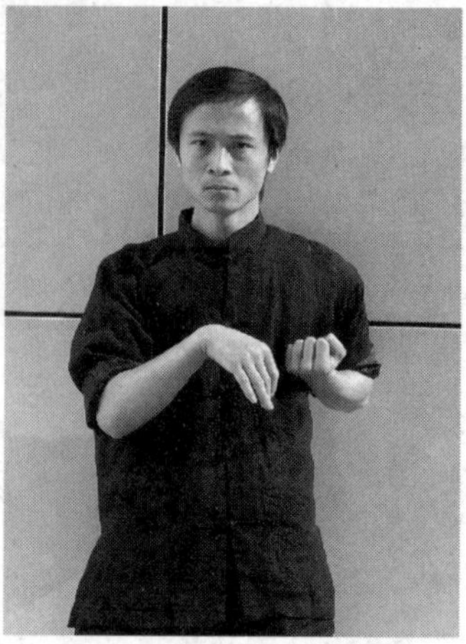

图 067

图 068

图 069

图 070

图 071

图 072

图 073

图 074

图 075

图 076

十一、右侧掌——右正掌——右摊手——右圈手收拳（图 077～图 084）

图 077

图 078

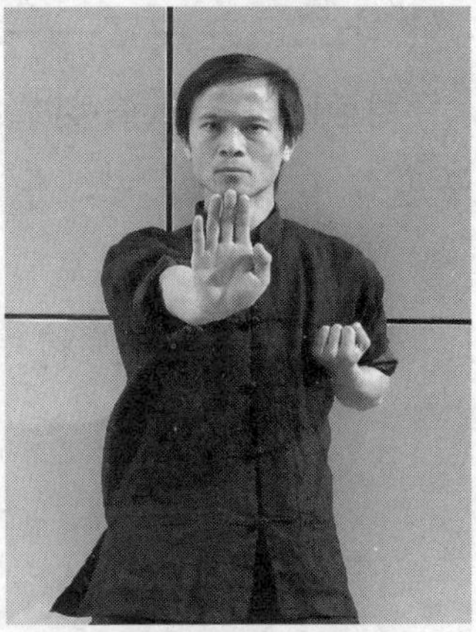
图 079

图 080

图 081

图 082

图 083

图 084

具体动作参照左手动作重复一遍。

十二、左按掌——右按掌（图 085 和图 086）

接上式，左拳变掌沿身侧下按，掌心向地；左掌按下后停住不动，右拳变掌沿身侧下按，掌心向地。

作用：拉拔肩关节，提高肩部、背部与腕部配合向下发力的协调性。

（注：也有流派将按掌称作桐掌或禁手，名称虽异，原理相同。）

图 085

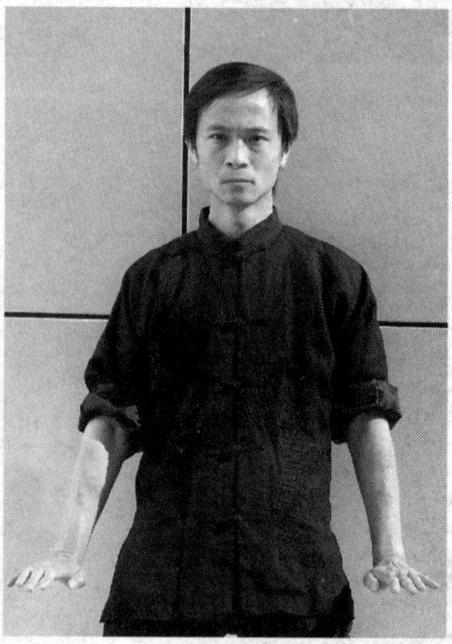

图 086

十三、后按掌——前按掌（图 087～图 093）

接上式，双掌同时上提至腰后，掌背贴在腰后，肘底发力催掌根斜向地面按出，双臂打直，成后按掌；动作不停，双掌背仍贴回腰后，沿后腰部环绕至腹部前，肘底发力催掌根斜向地面按出，双臂打直，成前按掌。

作用：调动后侧与前侧的防御机能，提高肩、肘、腕三个关节的韧性与力量。

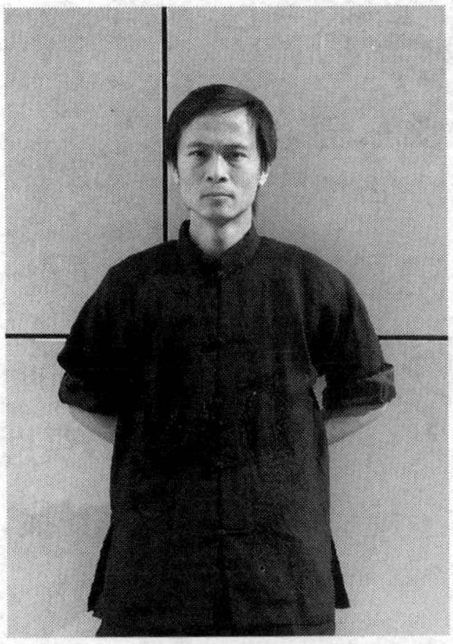

图 087

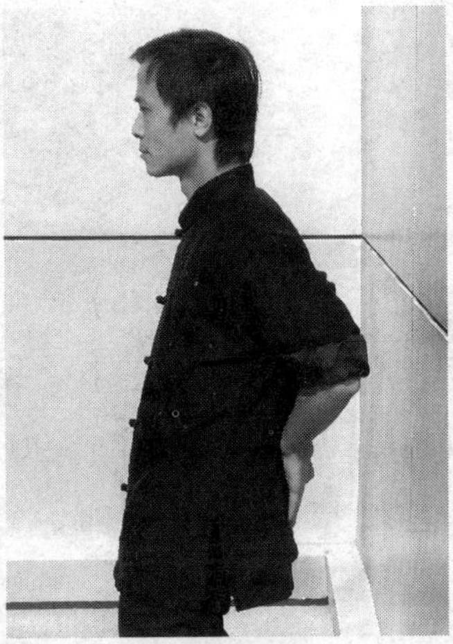

图 088

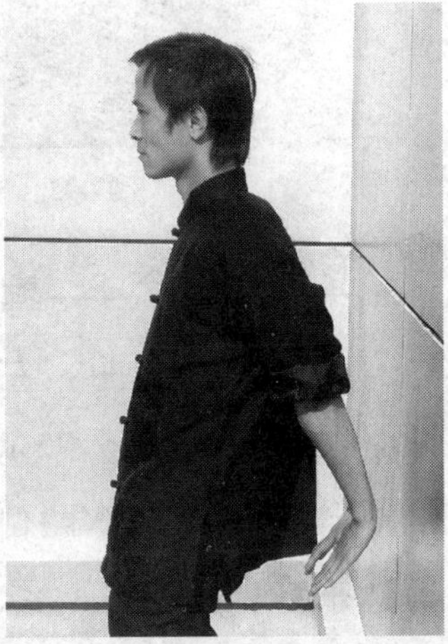

图 089

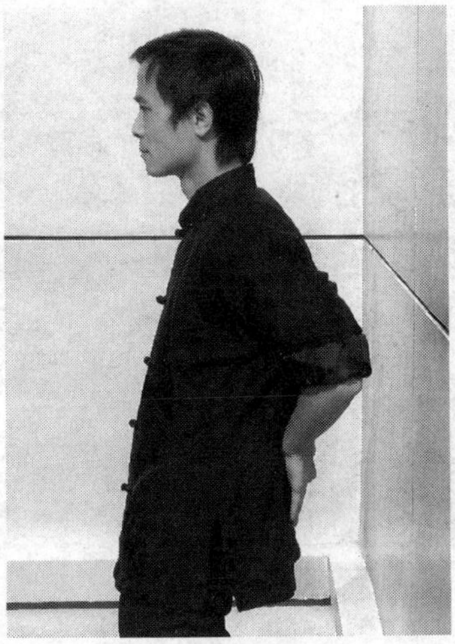

图 090

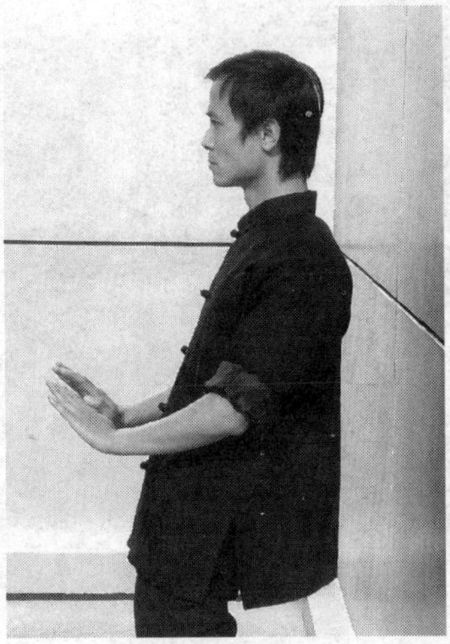

图 091

图 092

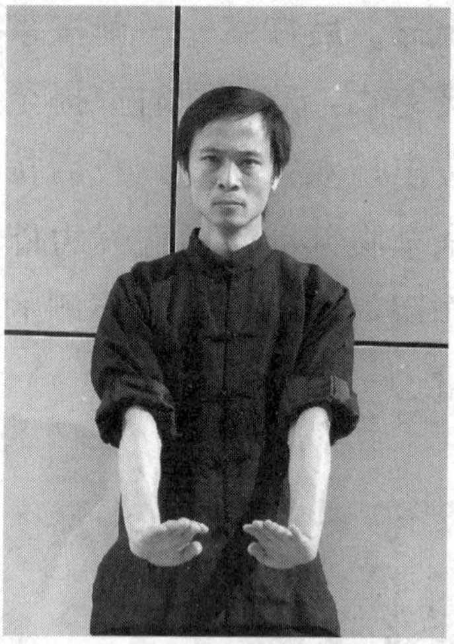

图 093

十四、拦手——拂手（图 094 和图 095）

双臂上提内曲，左前臂在上右前臂在下，双臂并不紧贴，置于胸前；此时前臂与大臂成 90 度夹角，身体与大臂成 90 度夹角。动作不停，双肘带双臂迅速向身体两侧展开伸尽，掌心向地，身体与双臂呈“一”字状，力达掌缘。

作用：强化肩背部韧性，训练肢体瞬间收缩开合时的弹性爆发力。

图 094

图 095

十五、拦手——双枕手（图 096～图 098）

接上式，双臂迅速回收成拦手，此时右前臂在上左前臂在下，双臂并不紧贴，置于胸前；接上式，双臂以肘部为轴，自下而上旋转外翻，两前臂自上而下如同斩刀般向前方斩出，成双枕手。此时，双掌掌心相对，约一拳之隔，五指指向前方。

作用：锻炼肩部、肘部的灵活性与支撑力，增加背部肌肉弹性。

图 096

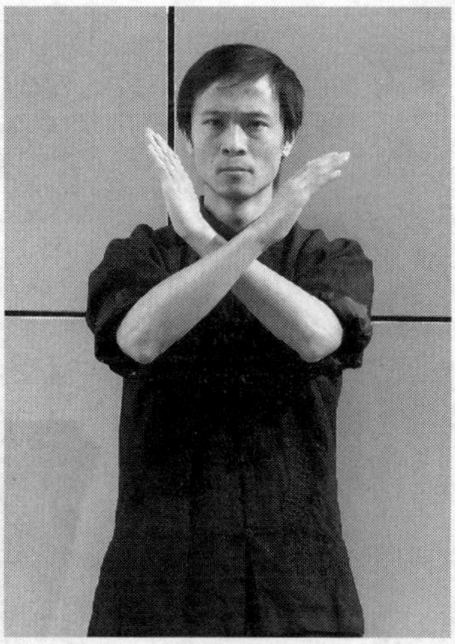

图 097

图 098

十六、双摊手——双窒手——标指手（图 099～图 102）

接上式，双掌以腕部为轴，由内向外旋转，成双摊手，掌心向上；动作不停，双掌以腕部为轴，由外向内旋转成掌心向下，此时，肘部突然略下沉，稍稍回带前臂，成双窒手；动作不停，肘部突然发力，将双手向前方标出，双臂打直，掌心向下，成标指手。

作用：练习在小角度与短距离时的手法变化发力，锻炼寸劲。

十七、抹手——弹手——收拳（图 103～图 106）

接上式，双臂伸直，以肩、膊之力催动双掌掌根，自上而下抹至小腹前，掌心向下成抹手；动作不停，双臂伸直，以肩、膊之力催动双掌，自下而上弹起至口鼻高，同时双手曲腕向天，放松掌指下垂；肘部回带收拳。

作用：练习长桥发力技术，提高肩部、腕部的弹力。

（注：也有流派将抹手称作禁手，将弹手称作双提手，名称虽异，原理相同。）

图 099

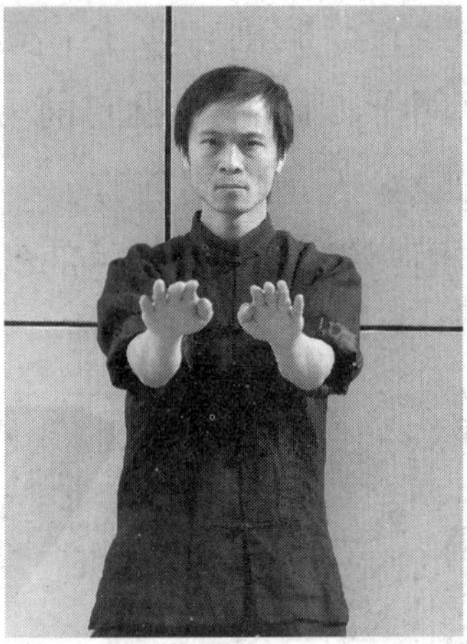

图 100

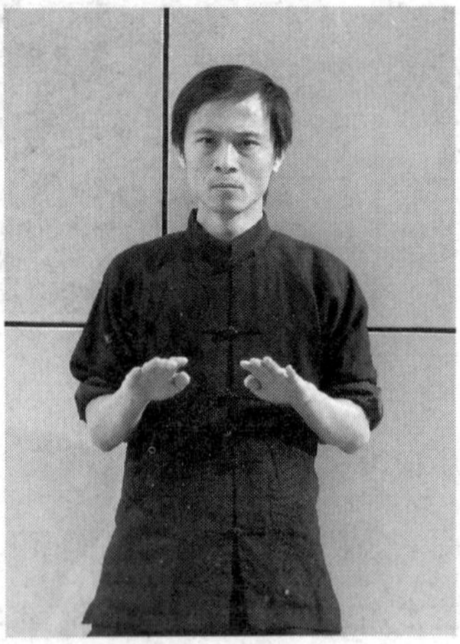

图 101

图 102

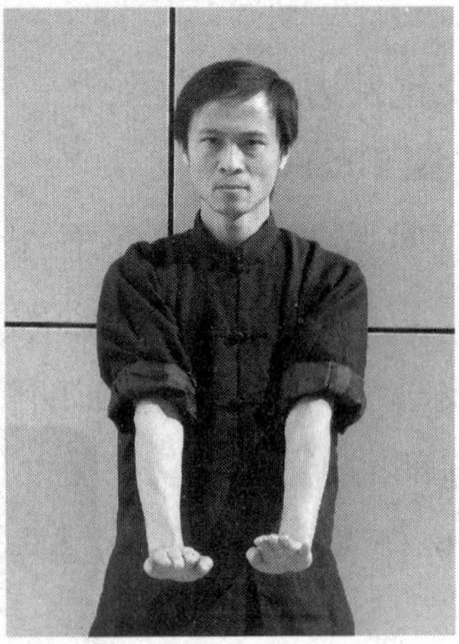

图 103

图 104

图 105

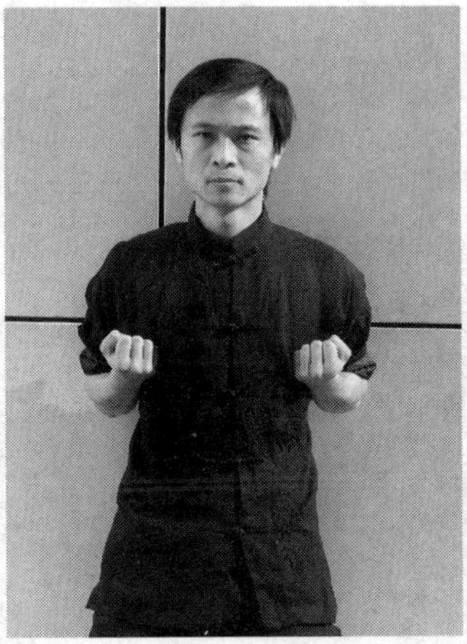

图 106

十八、左侧掌——左横掌——摊手、圈手、收拳（图 107～图 115）

接上式，左拳在左胸侧立腕变掌，向右侧推至与右肩侧齐，掌心向右；随即以肘带臂回拉至左胸侧，掌指向左变横掌，肘底发力向正前方中线处出掌，手臂打直，力达掌根；动作不停，横掌变为摊手，以内圈手收拳。

作用：锻炼两个侧面与正面三个角度的掌劲发力，加大腕部与手臂弹抖力。

十九、右侧掌——右横掌——摊手、圈手、收拳（图 116～图 124）

图 107

图 108

图 109

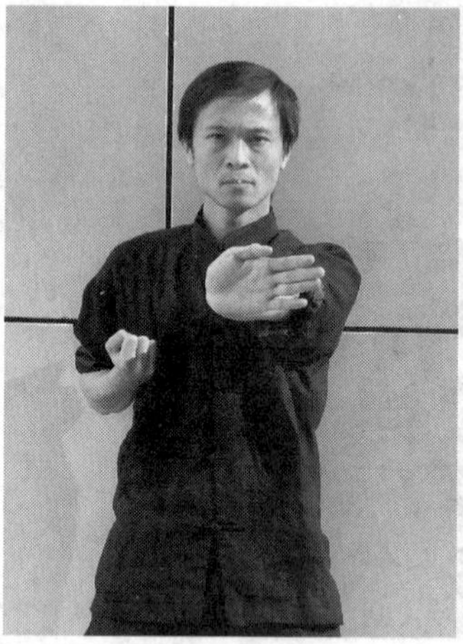
图 110

图 111

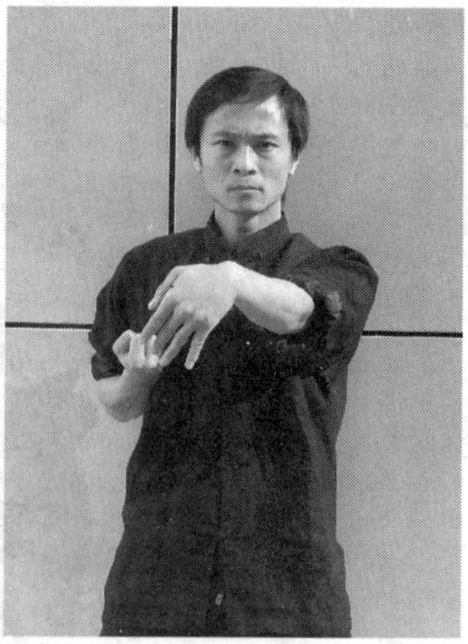
图 112

图 113

图 114

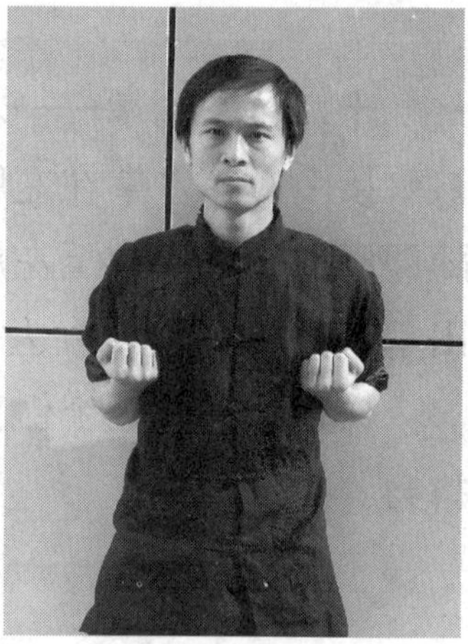
图 115

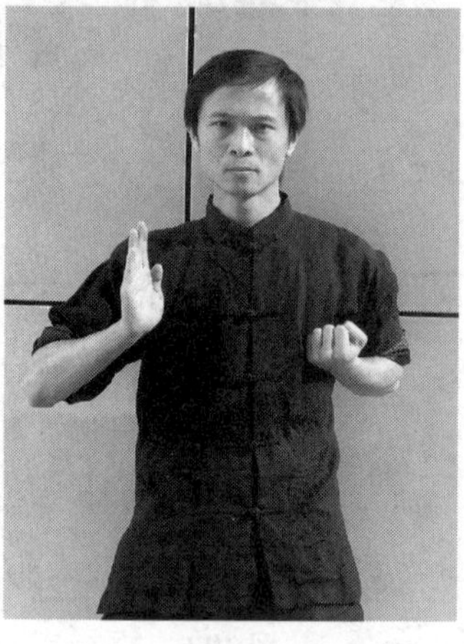
图 116

图 117

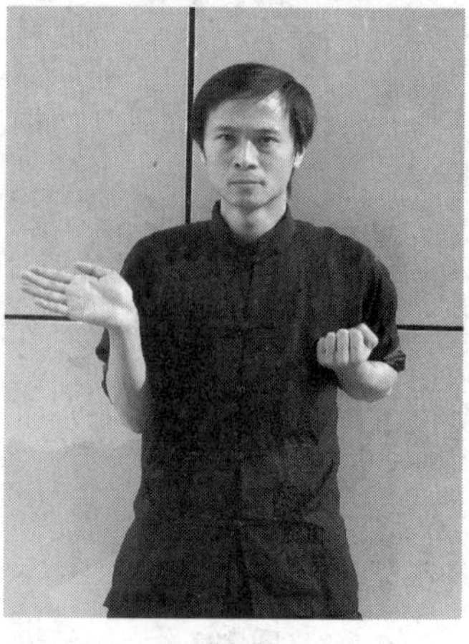
图 118

图 119

图 120

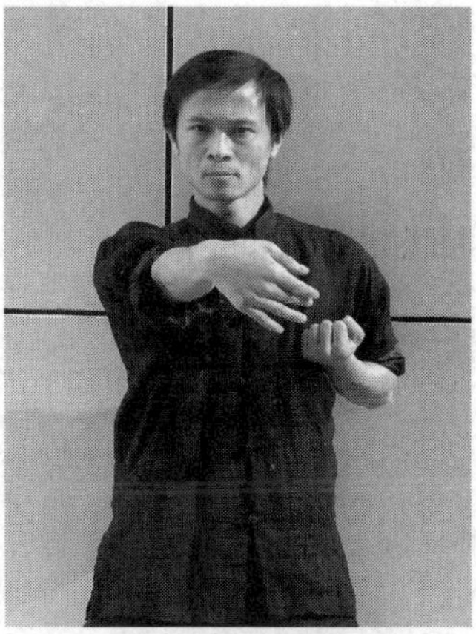
图 121

图 122

图 123

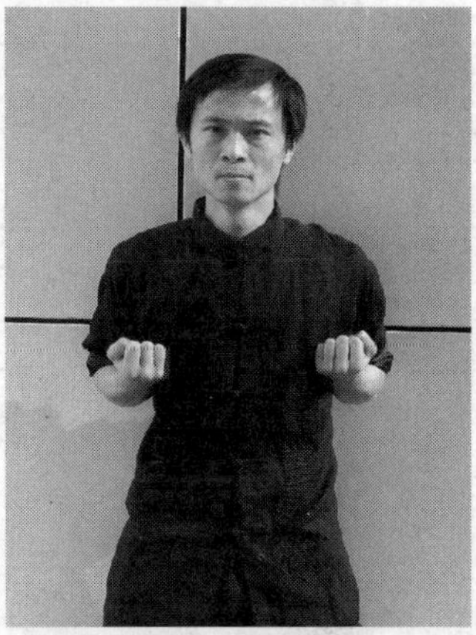
图 124

右手动作参照左手动作重复一遍。

二十、左摊手——左枕手——左摊手——左圈手斜掌——摊手、圈手收拳（图 125～图 137）

左拳变掌，掌心向地，左手臂贴着左胸侧，以肘底力催动手臂慢慢沿着身体中线向前伸出，伸至肘部距胸前一拳之隔时，左掌外翻变为摊手向前，掌心向天；接上式，肘部略下沉回收，带动左手内旋变为枕手；肘部略前松，催动左手外翻再次变为摊手向前；接上式，左手内圈，以圈手变为斜掌，向前下方打出，手臂打直；随即，手臂略上抬变为摊手，以圈手收拳。

作用：训练肩、肘、腕三节合一的劲力，同时练习中线短距离发力技术。

图 125

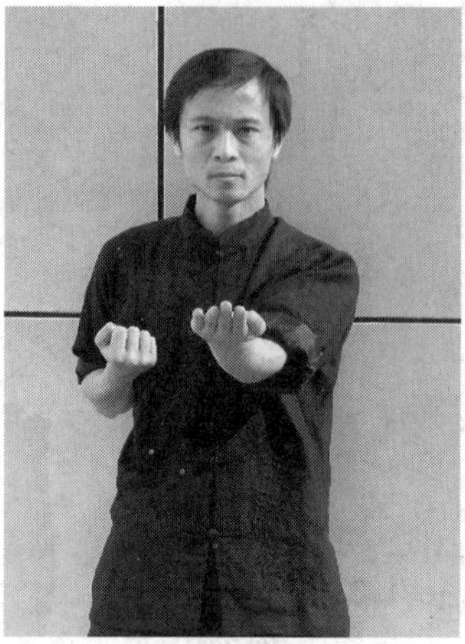
图 126

图 127

图 128

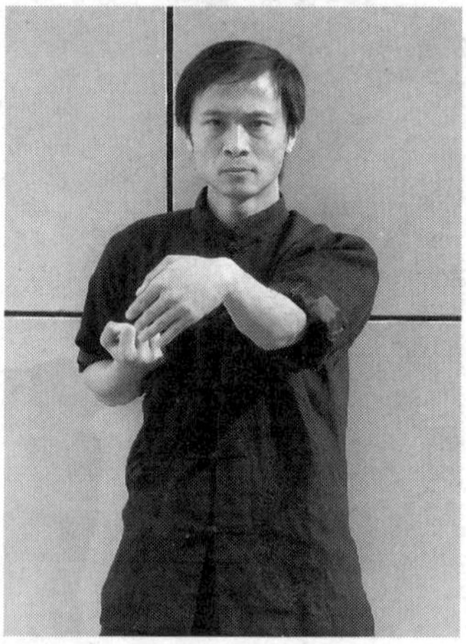
图 129

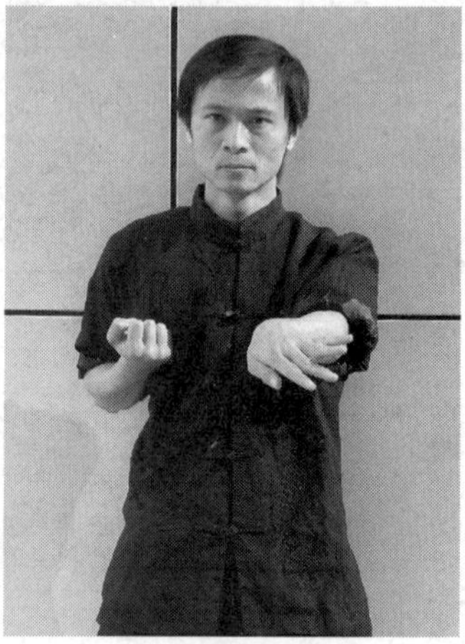
图 130

图 131

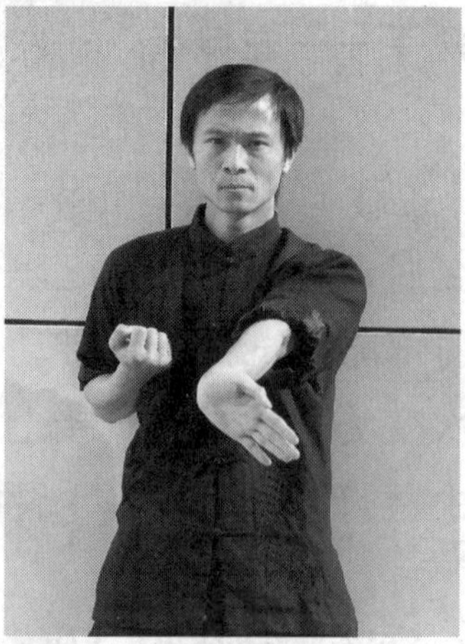
图 132

图 133

图 134

图 135

图 136

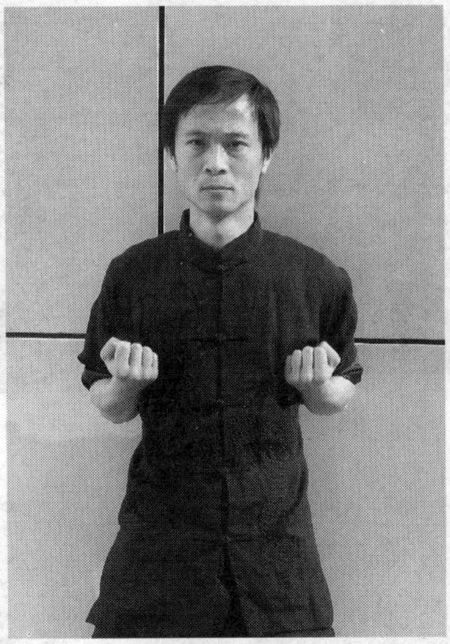

图 137

二十一、右摊手——右枕手——右摊手——右圈手斜掌——摊手、圈手收拳（图 138～图 150）

右手动作参照左手动作重复一遍。

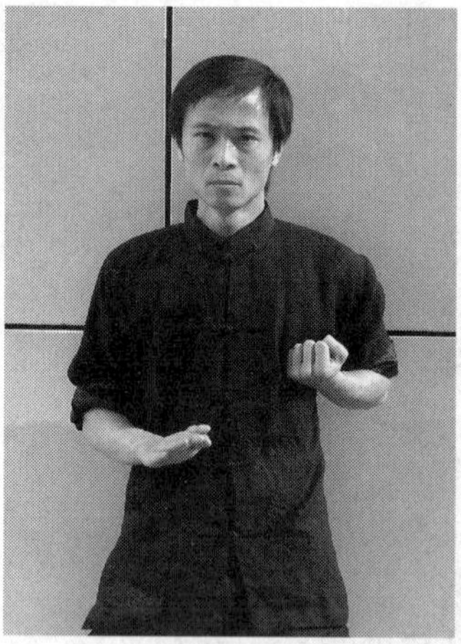
图 138

图 139

图 140

图 141

图 142

图 143

图 144

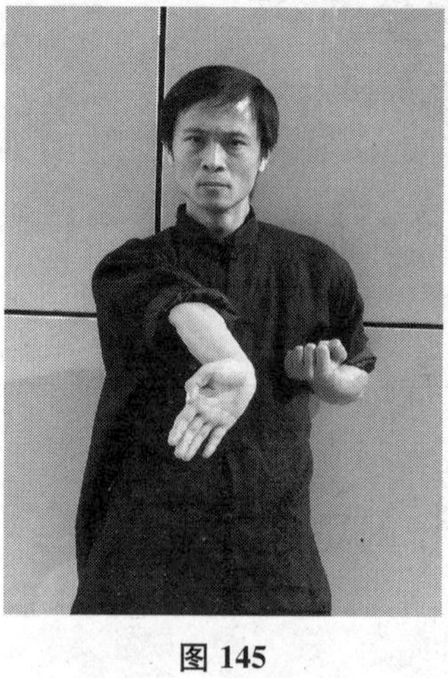
图 145

图 146

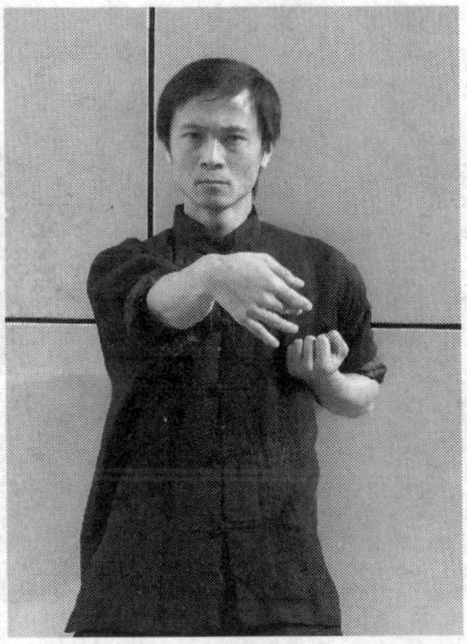

图 147

图 148

图 149

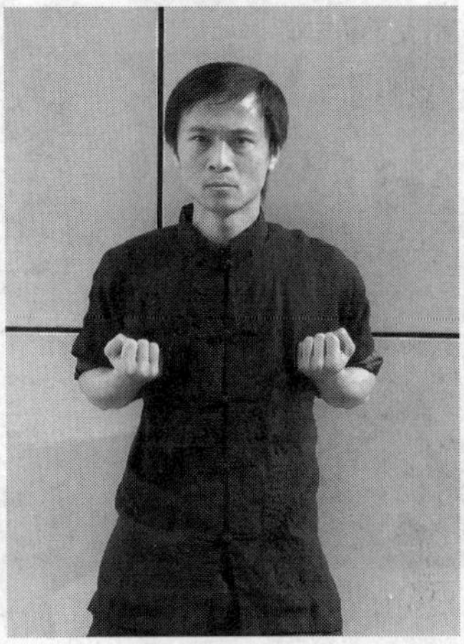

图 150

二十二、左摊手——左耕手——左摊手——左圈手底掌——摊手、圈手、收拳（图 151～图 163）

左拳变掌，掌心向地，左手臂贴着左胸侧，以肘底力催动手臂慢慢沿着身体中线向前伸出，伸至肘部距胸前一拳之隔时，左掌外翻变为摊手向前，掌心向天；接上式，左掌以肘部为轴，由内向外，自上而下，向左下方呈大弧线挥出成左耕手，手背向前，左臂与左腿侧齐平；接上式，左掌呈弧线上翻变为摊手，掌心向天置于身体中线；动作不停，左手内圈，以圈手变为底掌，向前下方打出，手臂打直；随即，手臂略上抬变为摊手，以圈手收拳。

作用：锻炼手臂在弧线与直线交替变化时的发力，同时提高中线短距离发力技术。

图 151

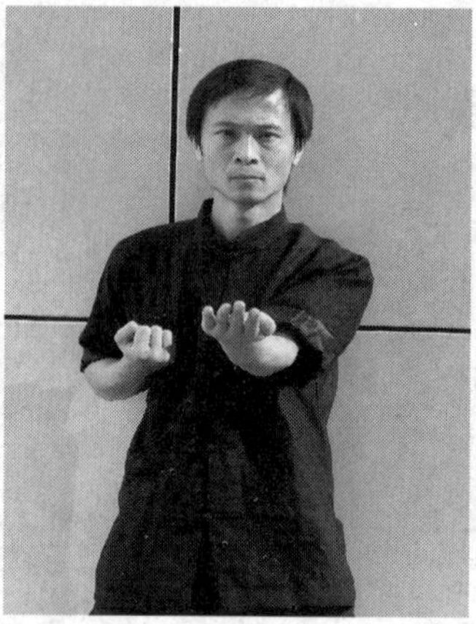
图 152

图 153

图 154

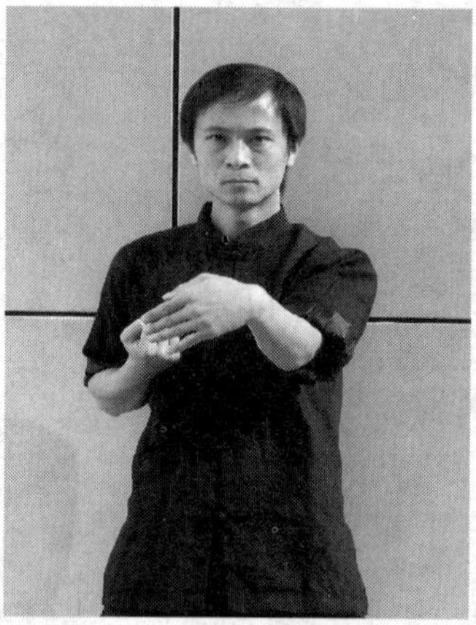
图 155

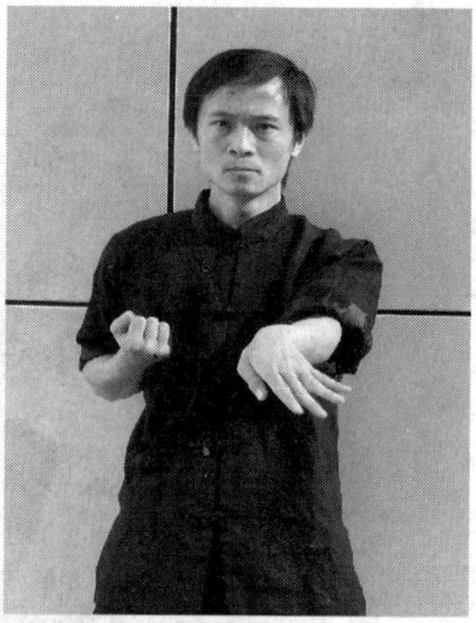
图 156

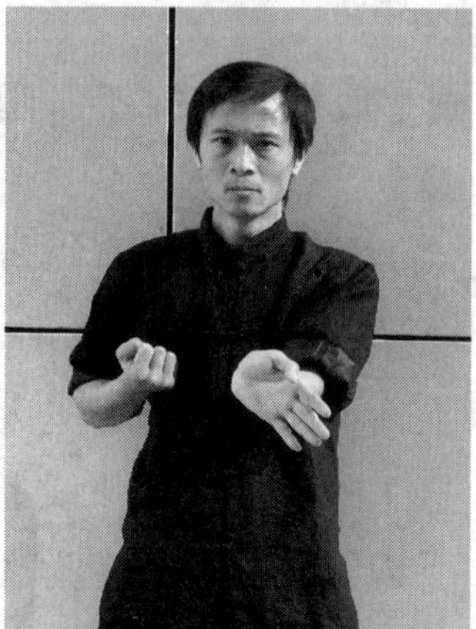
图 157

图 158

图 159

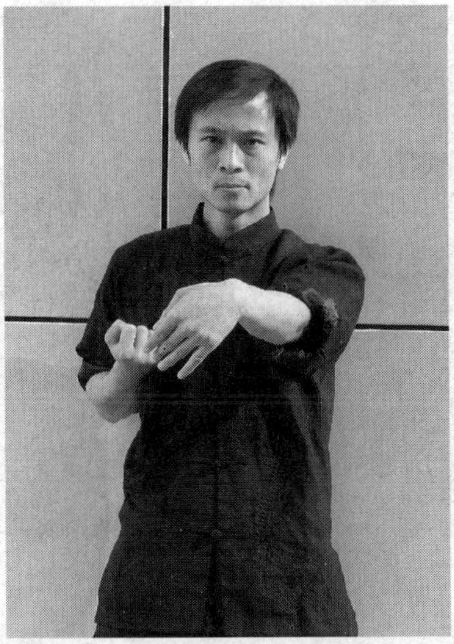

图 160

图 161

图 162

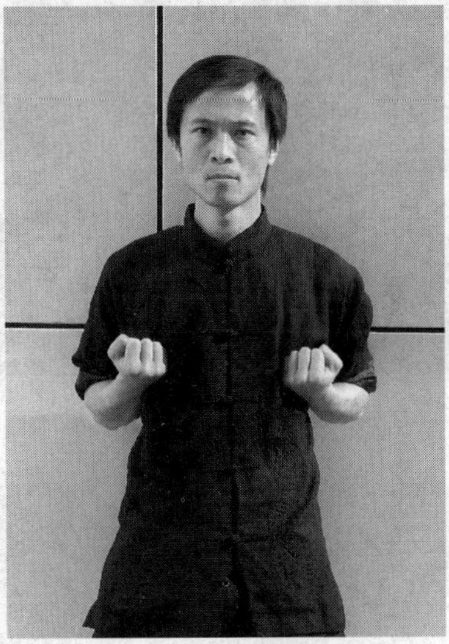

图 163

二十三、右摊手——右耕手——右摊手——右圈手底掌——摊手、圈手、收拳（图 164～图 176）

右手动作参照左手动作重复一遍。

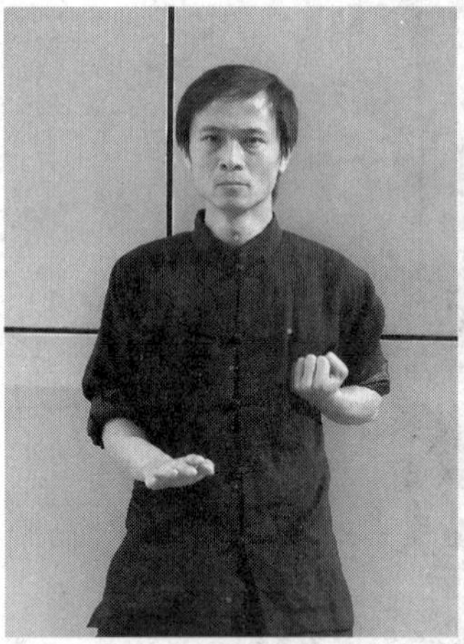
图 164

图 165

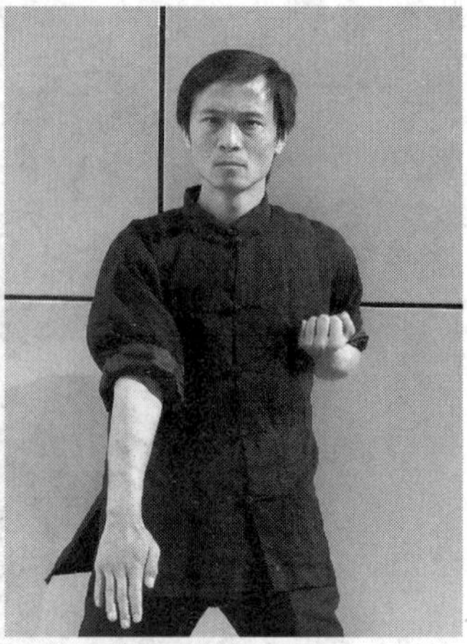
图 166

图 167

图 168

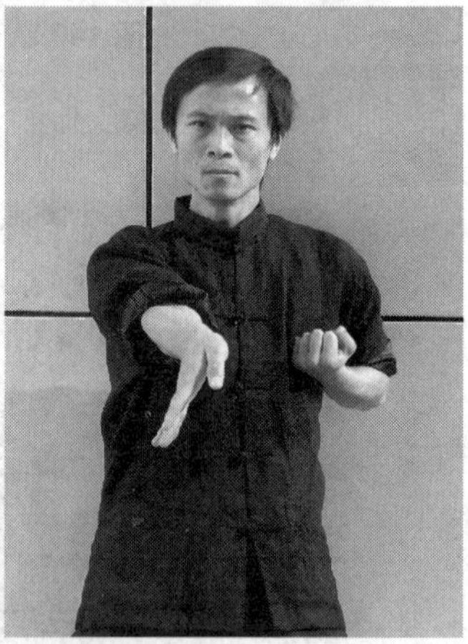
图 169

图 170

图 171

图 172

图 173

图 174

图 175

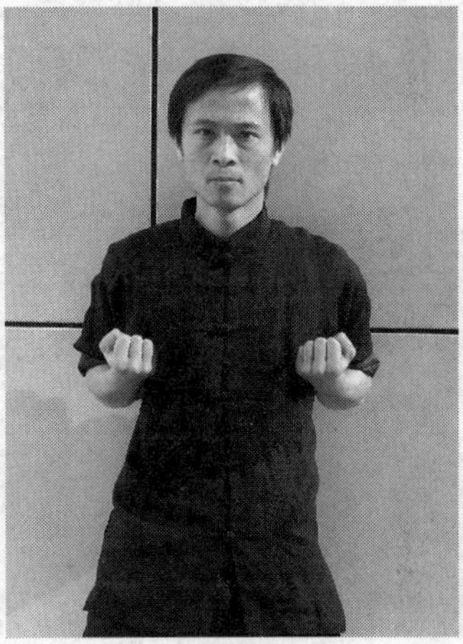

图 176

二十四、左膀手——左摊手——左昂掌——摊手、圈手、收拳（图 177～图 184）

接上式，以肘部为发力点，肘部自下而上拱形画圆将整条左手臂弹起，肘部上翻成拱形状，腕部略下沉，前伸的五指自身体中线位置指向正前方，呈膀手状；随即，将手肘向下翻滚成摊手，居于身体中线位置；动作不停，肘底发力自中线将手掌向前上方打出，手臂打直，呈昂掌状，此时掌根向上，五指向下，掌心向前；然后昂掌变摊手，以圈手收拳。

作用：通过拱形发力训练，提高肩、肘、腕三节合一的劲力，并强化短劲。

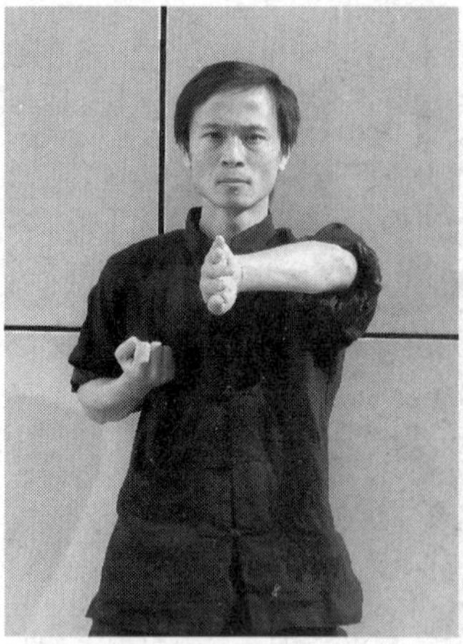

图 177

图 178

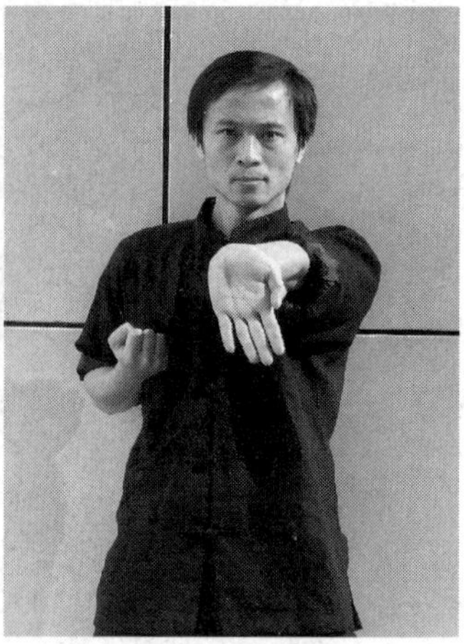

图 179

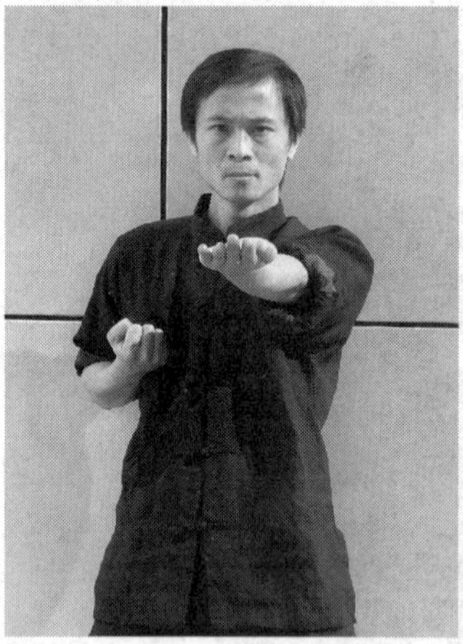

图 180

图 181

图 182

图 183

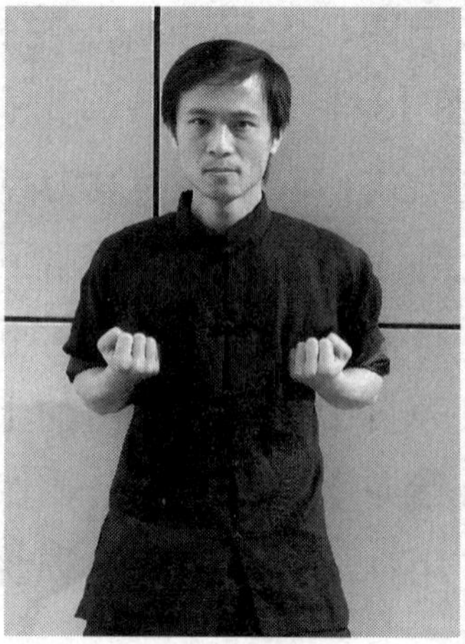

图 184

二十五、右膀手——右摊手——右昂掌——摊手、圈手、收拳（图185～图192）

右手动作参照左手动作重复一遍。

图 185

图 186

图 187

图 188

图 189

图 190

图 191

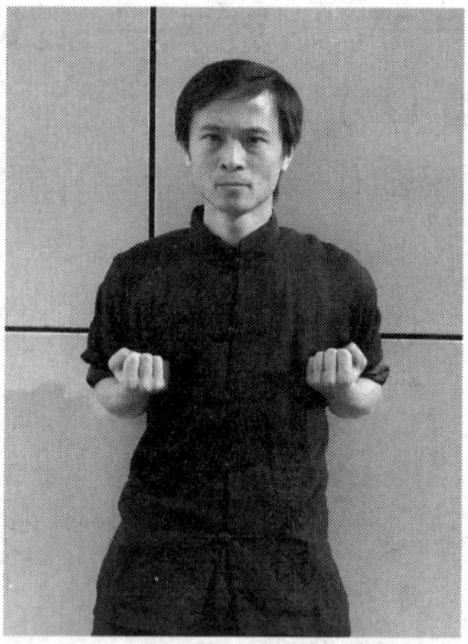

图 192

二十六、左右脱手（图 193～图 199）

接上式，左掌成前按掌下按至左腿前，同时右拳变摊手，沿胸部从右至左推至左肘关节处停住；左臂上提至胸前，右掌翻转为掌心向下，贴着左臂向前方削出，力达掌缘；右掌削出之时，左手臂回抽，左掌翻转为掌心向上，此为右手脱手。随即，左手掌心向下贴着右臂向前方削出，力达掌缘；左掌削出之时，右手臂回抽，右掌翻转为掌心向上，此为左手脱手。上式不停，右手掌心向下贴着左臂向前方削出，力达掌缘；右掌削出之时，左手臂回抽，左掌翻转为掌心向上，此为第二次右手脱手。

作用：锻炼肘底力与手臂的弹抖力。

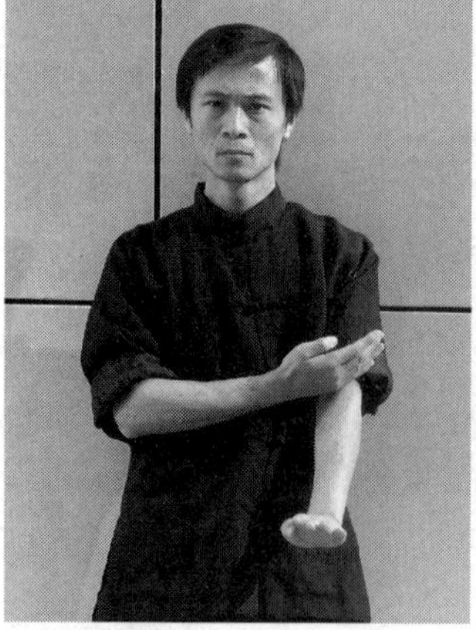

图 193

图 194

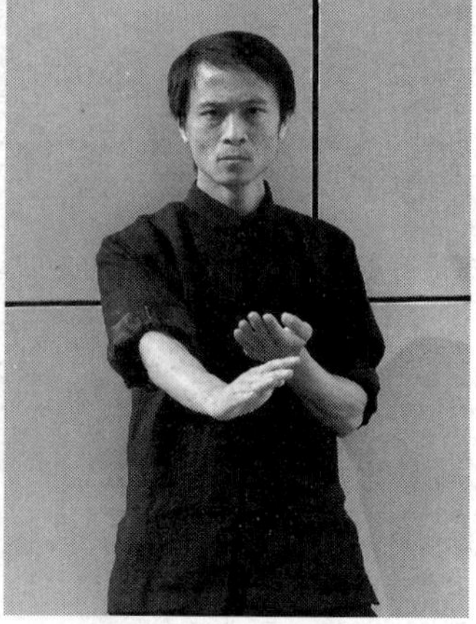

图 195

图 196

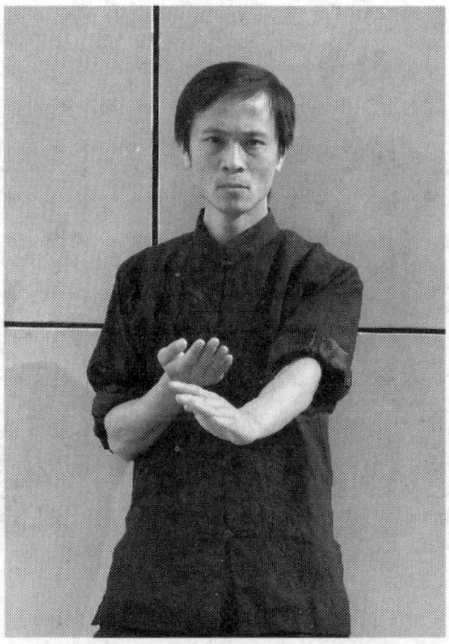

图 197

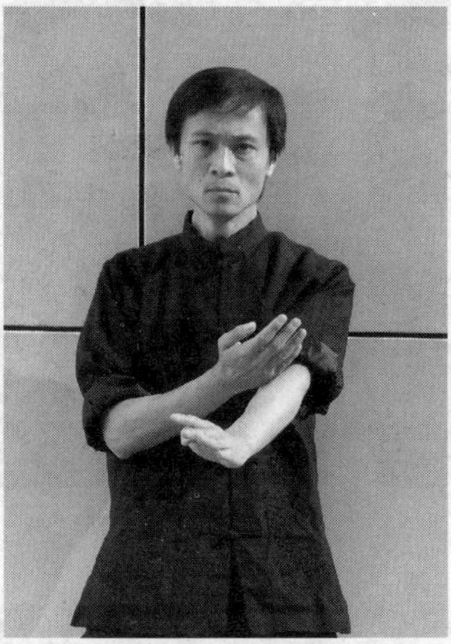

图 198

图 199

二十七、连环日字冲拳——摊手、圈手、收拳（图 200～图 208）

上式不停，双手身前握拳，成日字冲拳状，左拳自中线处快速冲出，右拳回拉至左肘上方；右拳自中线处快速冲出，左拳回拉至左肘上方；然后，继续冲左拳，右拳回拉至右胸侧；左拳变摊手，以圈手收拳。

作用：强化中线发拳力量，增加肩、臂、腕的弹性。

图 200

图 201

图 202

图 203

图 204

图 205

图 206

图 207

图 208

二十八、收式（图 209～图 211）

接上式，双脚以脚掌为轴向内旋转成“一”字形，再以脚跟为轴向内旋，合拢双脚，双拳自然放松下垂，双手置于体侧；自此，全套小念头动作打完。

作用：促使周身气血下行，归于丹田。

图 209

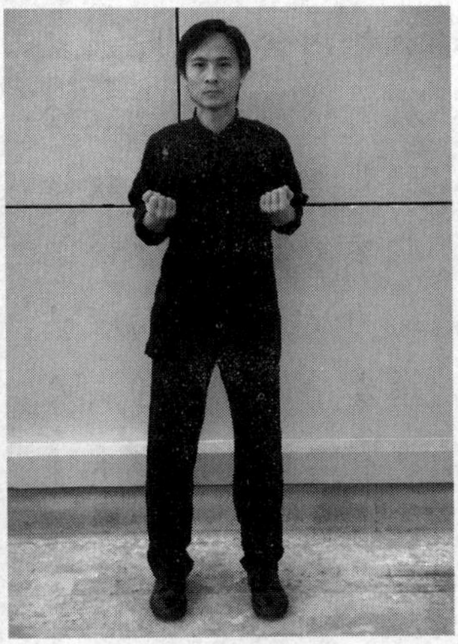
图 210

图 211

第二节　小念头内功心法

内功要诀

一切内家拳拳法的修炼，均是针对人体内在气息、筋骨的训练，而非外在肌肉的训练。咏春拳内功的修炼法门，就潜藏在小念头“一摊三伏”的训练和“秘传桩功”的训练中，两者均是以二字钳羊马的正身马扎马结构为基础，同时配合呼吸，通过双手在身体前合理的空间位置支撑定位，来完成“内功”训练的。

很多咏春习练者都会打小念头拳，也知道“一摊三伏”手法训练的重要性。然而具体如何练，如何用念力调动人体内在气息与筋骨的涨缩来获得内劲，却鲜有人知！正应了那句古话，“一线单传，秘而不宣”。

本书首度将小念头拳的内功心法要诀揭秘，期待更多的咏春爱好者能强健身心，感悟咏春发力之妙。小念头拳的内功心法要诀有128个字，具体要诀如下：

“小念头”128字内功心法要诀

手心足心，放松内含；大腿内裹，小腿外旋。
提肛敛臀，沉肘松肩；收颌竖颈，气息绵绵。
吸气含胸，腰背撑圆；呼气放松，气沉丹田。
行气炼劲，轻柔舒缓；上体松柔，下体固坚。
周身撑抱，遇力反弹；刚劲顺整，柔劲浑圆。
轻出重收，拳发中线；轻呼重吸，劲如抖鞭。
掌有三角，拳有三尖；败形杀颈，追形打眼。
应对重拳，以臂接腕；走马斜角，劲发螺旋。

一、手心足心，放松内含；大腿内裹，小腿外旋

“手心足心，放松内含”有两层含义。首先，手心内含指的是出日字冲拳时，拳头应放松虚含而不握实，这样放松出拳的劲力可以顺畅到达拳尖骨节处，容易练出弹抖寸劲。假如握实了拳头（无论多大力量握实），反而容易导致手臂僵硬，出拳劲力阻塞，拳速缓慢。同样的道理，练掌之时，无论打正掌或者横掌，掌心也应稍稍内含，而不是伸直手掌，这样掌劲可以顺畅到达掌跟，同时起到抻拉手部及臂部、肩部筋腱的作用。其次，足心内含必然导致双脚脚趾抓地，这样有利于马步稳健，下盘劲力充实。

“大腿内裹，小腿外旋”的意义十分重要，当大腿内裹时双腿劲力含于腰胯之间。而小腿外旋时，大腿与小腿之间形如麻花状拧裹，螺旋劲力自然从地面升腾而起；当配合双膝的内嵌与腰马转动时，易于调动周身筋骨的开合，瞬间将地面之力顺畅传递至掌、指、肩、胯部位。这便是二字钳羊马的扎马之所以异于其他门派的扎马，而采用脚尖内扣脚跟外开，呈“八”字形的原因。

二、提肛敛臀，沉肘松肩；收颔竖颈，气息绵绵

“提肛敛臀”指的是扎马时，肛门应轻轻上提内收，臀部不可外凸；这样便于含住腰胯之力，促使腰马合一；同时可以治疗并缓解生殖及肾脏系统疾病。“沉肘松肩”指的是扎马或出拳时，肩膀不可上耸，肘部始终保持一股向下沉坠的劲；这样几乎不动肩就可以用肘底力催放出强大的拳劲。

“收颔竖颈”指的是扎马时，须下巴微内收，颈部放松竖直并轻轻上顶；这样便于拉拔脊柱，促使下盘劲力顺畅传递至上盘；同时可以治疗并缓解颈椎疾病，且减少实战中被击中下巴的几率。“气息绵绵”指的是打小念头“一摊三伏”手法时，应把呼吸放慢、放缓，保持呼吸的细、匀、深、长，这样便于行气炼劲，强化念力与结构。

三、吸气含胸，腰背撑圆；呼气放松，气沉丹田

“吸气含胸，腰背撑圆；呼气放松，气沉丹田”这十六个字是小念头内功训练的核心要诀，本书首度公开，习者须牢记。其主要指打小念头“一摊三伏”手法时，除了保持每一次呼吸的绵长外，当每次吸气时心窝部位轻轻向内收一点，同时用念力引导腰背向后撑、向外涨，这样促进内脏气血的运行，同时加大腰部和背部筋骨的锻炼；当每次呼气时，轻轻放松内收的胸部心窝，小腹微外鼓，这样气息自然沉入丹田小腹中。

一般而言，如能坚持做一个月，每天每次训练半小时，自然内壮五脏，腰背浑圆，筋长骨健，逐渐形成鹤形龟背的内劲发力模式（如图 212）。

四、行气炼劲，轻柔舒缓；上体松柔，下体固坚

“行气炼劲，轻柔舒缓”除了指气息绵长外，主要指的是打小念头“一摊三伏”手法时，配合呼吸与念力的导引，手法从摊手、伏手到护手的变化应极其轻柔缓慢，甚至达到常人肉眼不仔细盯着，难以察觉手臂移动的程度，这样强化内脏与筋骨的涨缩之力，整体提升发力水平。

“上体松柔，下体固坚”指的是打小念头时，无论如何进行手法的变化，马步始终保持稳健的关节定位支撑，上肢与身体肌肉则始终保持放松状态。当习拳者练小念头一段时日后，可以尝试“独立脚小念头”（如图 213 正面和图 214 侧面）的练法，用一条腿的支撑来完成整个小念头拳谱的所有动作，以此来提高下盘腿力与支撑力。这样长期进行上虚下实的结构定型训练，一旦用于实战，可以保障上身不致受外力冲击而东倒西歪且能灵活卸力，而下体则坚如磐石，进退有度。

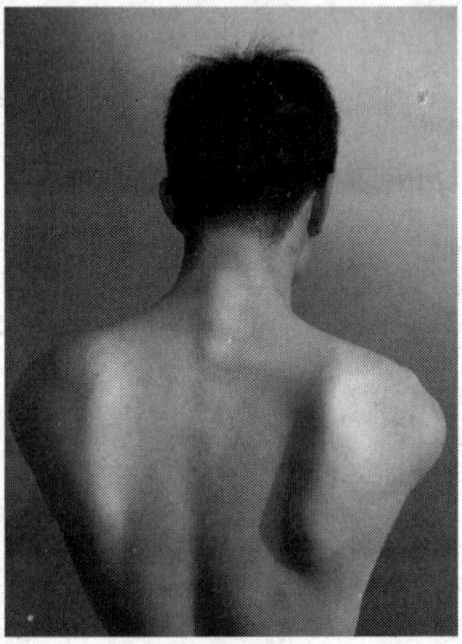

图 212

图 213

图 214

五、周身撑抱，遇力反弹；刚劲顺整，柔劲浑圆

“周身撑抱，遇力反弹”最典型的例子便是日字冲拳，当一拳击出时另一拳同时回拉，这样一出一入形成相反的两个力同时作用，久练之下周身筋骨弹抖有力，必然形成一遇外力就反弹卸力的沉稳发劲模式，这便是咏春发力的秘诀。同样的道理，在平时练习打拳或出掌时，无论使用何种手法往身体正前方送出时，背部应略往后靠（后靠动作极细微，不注意看看不出来），这样瞬间形成两个相反的力对拉，有利于练出整劲爆发力。

“刚劲顺整，柔劲浑圆”指的是打寻桥与标指两个拳套时，应严守的法度。当习拳者通过寻桥和标指练出刚、柔两种劲力后，再练小念头拳时，发力内涵已经大不相同。具体练习方法请参照《寻桥——追形发力》与《标指——败形发力》两书，此处不多赘述。

六、轻出重收，拳发中线；轻呼重吸，劲如抖鞭

“轻出重收，拳发中线；轻呼重吸，劲如抖鞭”是练出弹抖劲的重要训练方法。其主要指的是每一次自中线打出的拳，拳头应轻轻地握住，用肘底力轻快地送出去，像抖鞭子一样，同时配合轻快的呼气；而出拳后收拳至胸侧时，则用较重的力度快速收回，同时配合较重的吸气。这样练的益处是，用呼吸来提升拳劲发力并全面改善人体体能。

尤其应注意的是，小念头拳谱中的大多数动作自中线打出后，都是以圈手收拳回到胸侧的，此时可以配合“轻出重收与轻呼重吸”的法门来锻炼，日久自然会收到不可思议的效果。

七、掌有三角，拳有三尖；败形杀颈，追形打眼

“掌有三角”指的是手掌掌根内侧、掌根外侧与指尖这三个部位，它们均可以发力击人，这是标指拳谱中“三摆指法”的应用法门，此处不多赘述。

“拳有三尖”指的是拳头小指、无名指及中指根部这三节突起的骨节处，其为出拳着力点，这样击打对手时受力面积小而穿透力大。

咏春拳虽然有“念头主守、寻桥打手，朝面追形、得不留手”的讲法，然而实际应用中，小念头不仅仅用来防守，寻桥也不仅仅用来打手；而是采用追身不追手的方式密集地攻击敌人的中线要害，一击制敌。因此，从实战的角度出发，无论采用哪套拳法，在突遭暴徒袭击，敌我交手的电光石火间，击打对方的颈部和眼睛往往更具备杀伤力。

八、应对重拳，以臂接腕；走马斜角，劲发螺旋

“应对重拳，以臂接腕”指的是卸力技巧。咏春拳许多手法发力都是通过黐手训练获得的，而黐手中训练最多的是人体手臂的尺骨和桡骨部位，久练之下必然产生极强的敏感度，以我之手臂接住对方重拳之手腕，可以从容卸力反击。

“走马斜角，劲发螺旋”指的是身形、步法的训练与黐手发力。训练有素的咏春门人，往往能运用灵活的步法逼近对手，在其匪夷所思的角度攻入，同时发出黐手训练获得的螺旋翻滚劲力，迅速牵制对手重心，轻易获胜。

第三节　问手卸力训练

“问手”是咏春门人对敌时惯用的姿势，双手一前一后严守中线，随时根据敌人进攻的角度变化出各种破敌招法。练习问手时，初学者应择一配手来共同练习卸力之法。

训练一：我方以问手姿势对敌，当配手出右拳直攻我方胸膛时，我方左前锋手轻轻向侧面拍出几寸，将配手拳头拍歪，使其拳头顺着我方双臂侧面滑落一旁，以此锻炼问手短距离卸力的感应（如图 215～图 217）。

图 215

图 216

图 217

训练二：我方以问手姿势对敌，当配手右拳贴着我方左前锋手直攻进胸膛时，我方后手护手轻轻向侧面拍出几寸，将配手拳头拍歪，使其拳头顺着我方双臂侧面滑落一旁，以此锻炼问手短距离卸力的感应（如图 218 和图 219）。

图 218

图 219

第四节　摊手技法

“摊手”是小念头手法中较为常用的招式，在实战中往往配合其他手法一起使用，起到卸力反击的作用。

一、内门摊手冲拳的用法（下图长发为我方，短发为对手）

我方以正身马问手姿势对敌，当对手以右手直拳快速突破我方前手防护，攻我方咽喉时，我方后手护手迅速变成摊手，在左转马卸开对手拳劲的同时，我方前手变拳击中对手面门（如图220～图222）。

图220

图221

图222

二、外门摊手冲拳的用法

我方以正身马问手姿势对敌，当对手以右手直拳快速攻我方咽喉时，我方前手迅速变成摊手与对手右腕相接，在右转马卸开对手拳劲的同时，我方前手变拳击中对手面门（如图 223～图 225）。

图 223

图 224

图 225

第五节　圈手技法

“圈手”是小念头手法中用于化解腕部擒拿的招式。

实战一：以右手内圈手化解对手左手擒腕（如图 226～图 229）。

实战二：以左手外圈手化解对手右手擒腕（如图 230～图 233）。

实战三：以右手外圈手化解对手右手擒腕（如图 234～图 237）。

应注意，上述圈手动作化解擒拿时，有的是从对手拇指部位脱困，有的则是以我方一臂之力来化解对手腕力从而脱困。习拳者多练圈手动作，有助于增加手腕力量和提高其韧性，右手内圈手的详细局部动作如图238～图 243 所示，应注意平时多加练习。

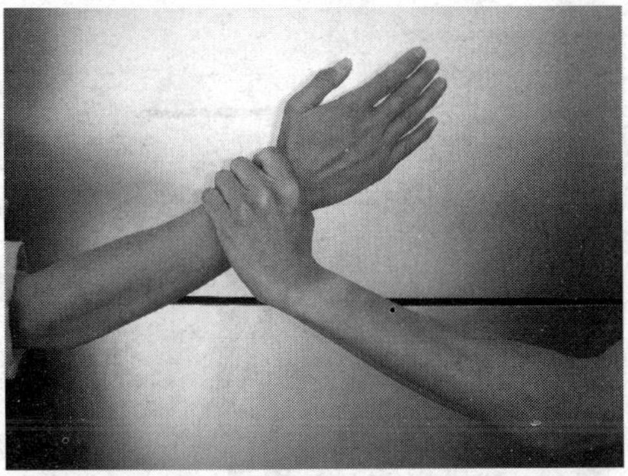

图 226

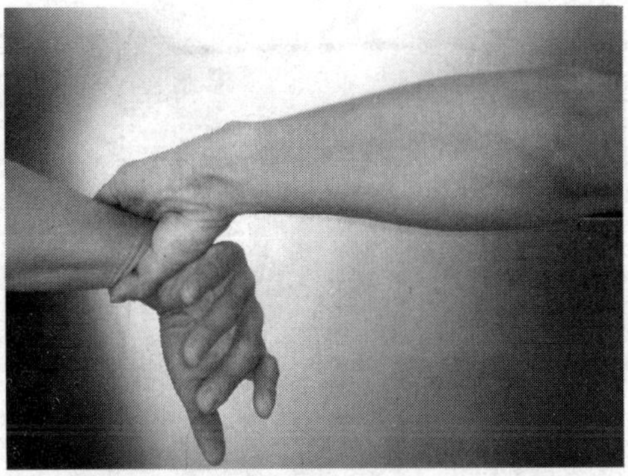

图 227

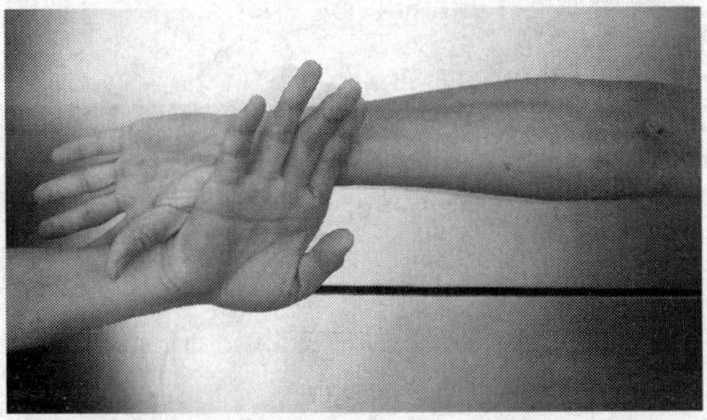

图 228

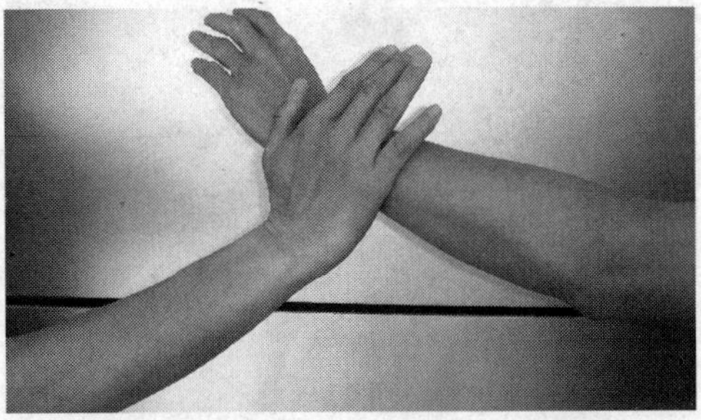

图 229

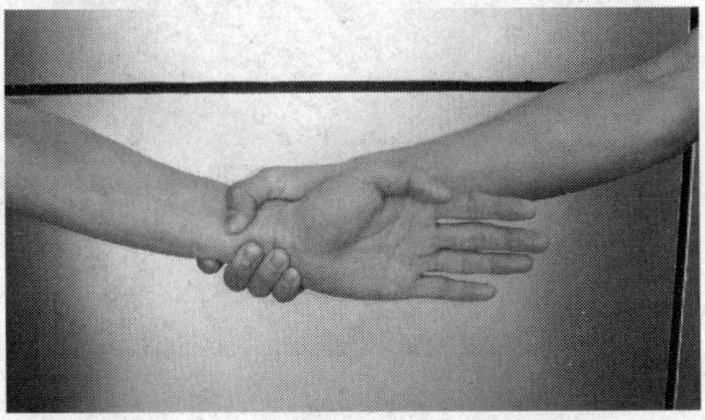

图 230

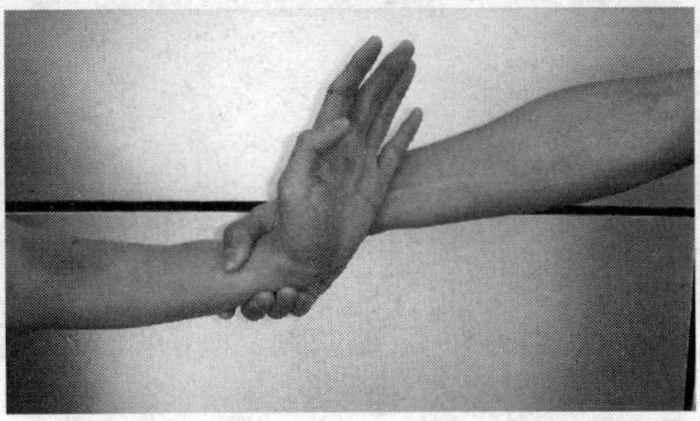

图 231

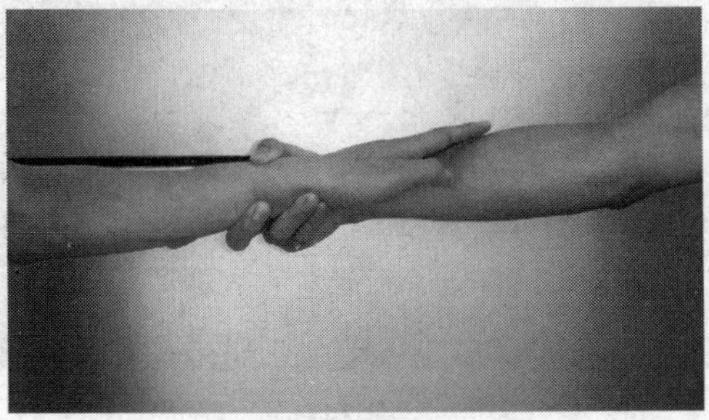

图 232

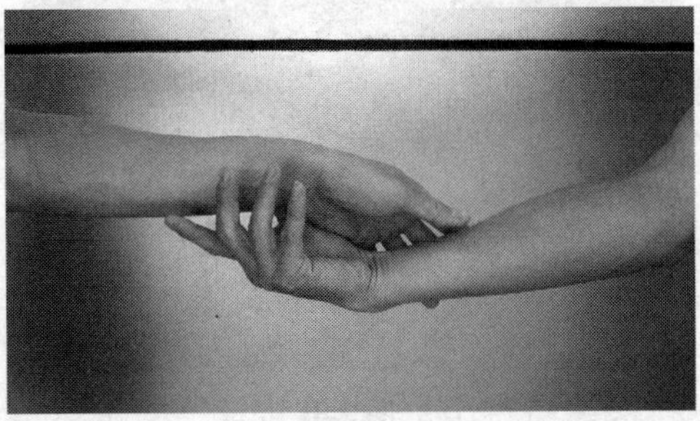

图 233

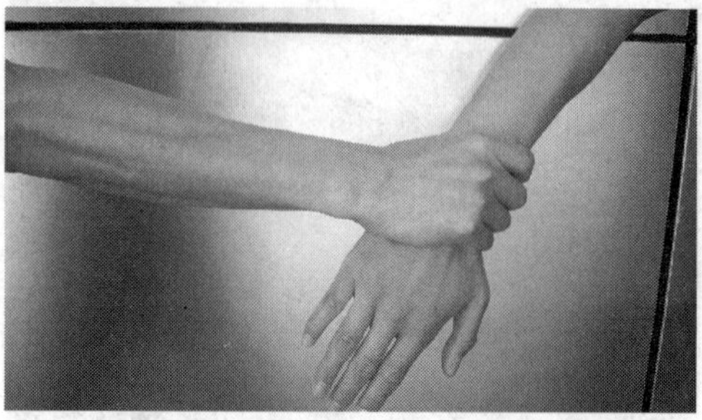
图 234

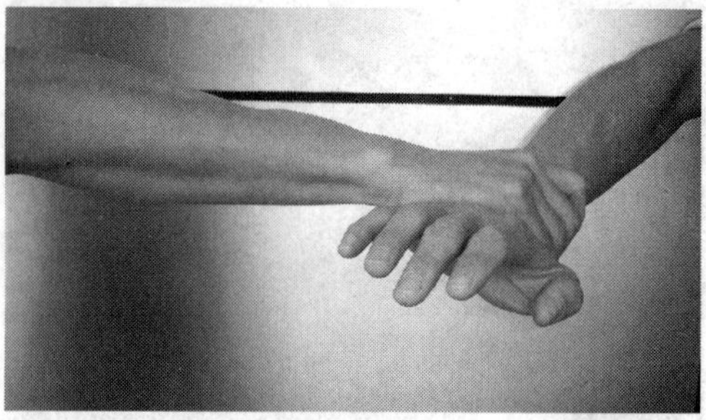
图 235

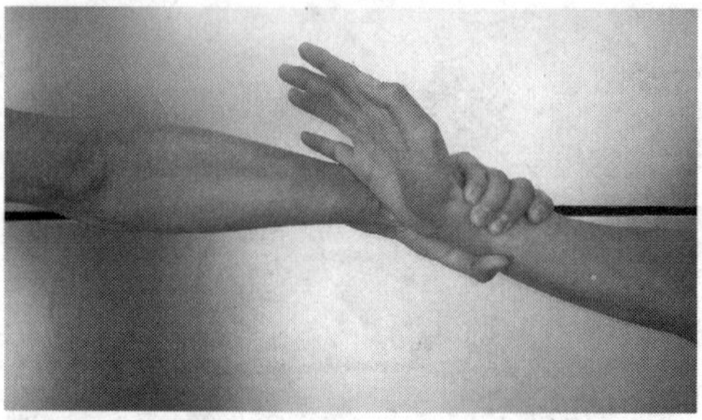
图 236

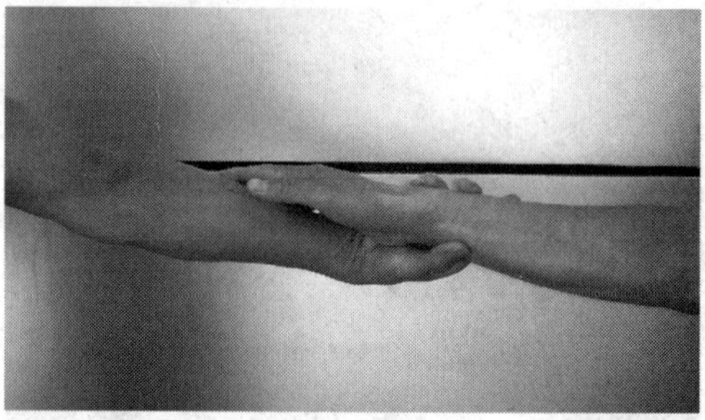
图 237

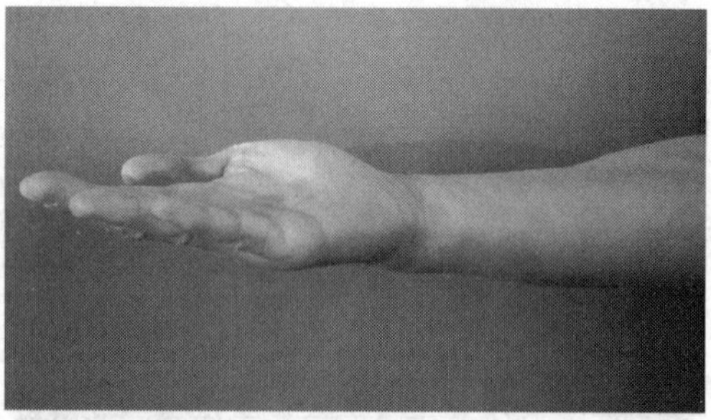
图 238

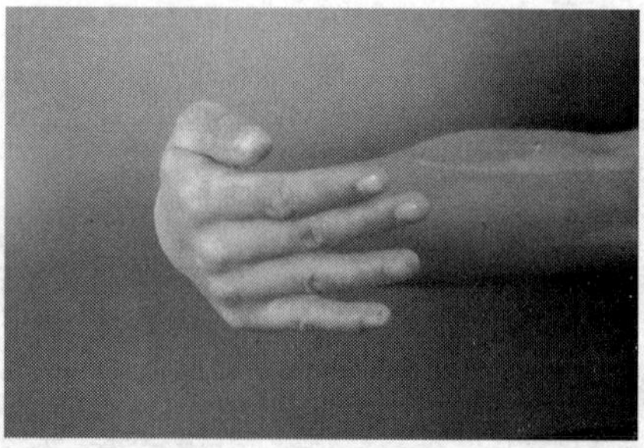
图 239

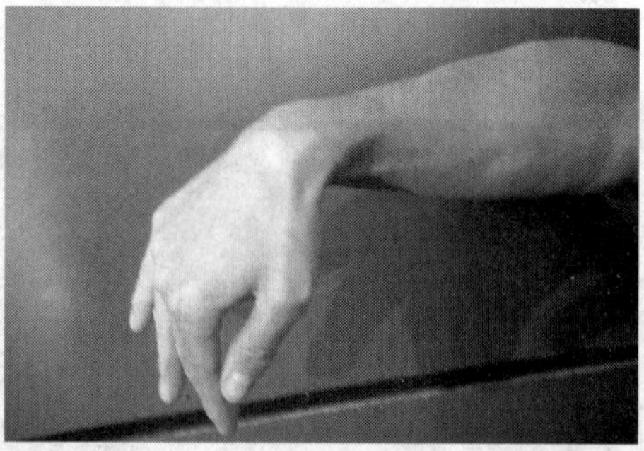
图 240

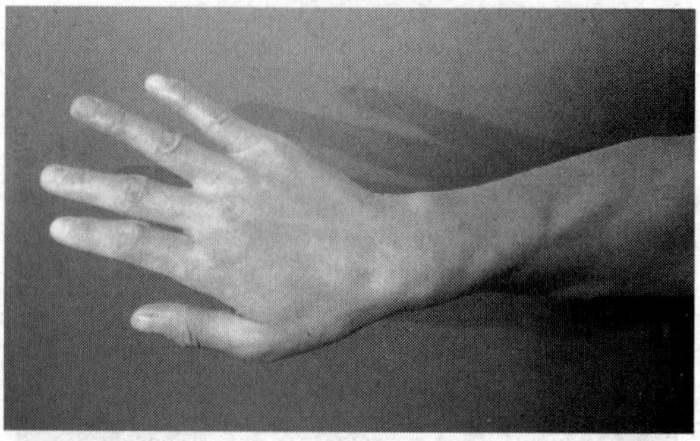
图 241

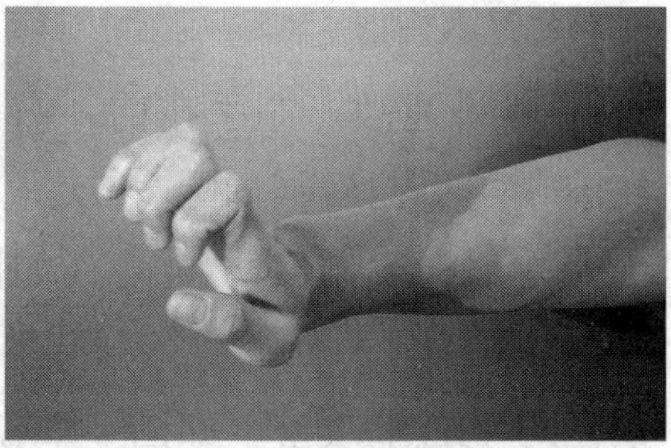

图 242

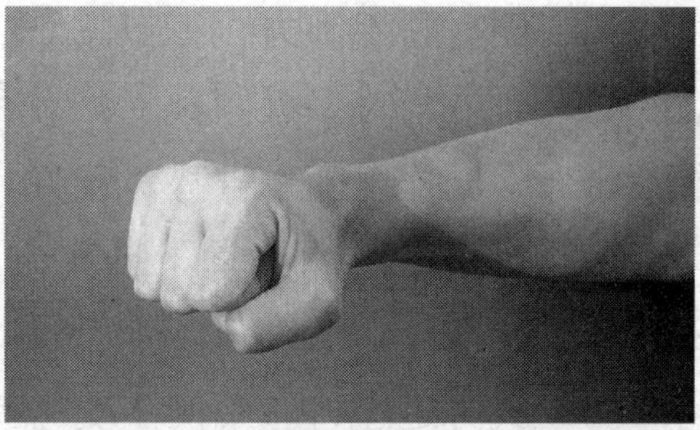

图 243

第六节　膀手技法

“膀手”是小念头拳手法中最常用的手法，可以化解擒拿，可以卸力反击，也可以直接攻击，用法多变。

一、侧身膀手化解近身直拳（下图长发为我方，短发为对手）

我方以常规姿势站立，双手下垂于体侧，令对手在近距离内突然挥拳攻我方头部，猝不及防下我方右臂弹起呈拱形状，同时向左侧转马，以横力破直力，卸开对手拳劲（如图 244 和图 245）。

图 244

图 245

二、侧身膀手卸力

（1）我方与对手近距离对峙，我方以问手姿势迎敌，左手在前，右手在后；对手同样以问手姿势对我方，右手在前，左手在后（如图 246）。

（2）对手迅速冲右拳，自我方左手问手之上直攻向我方面门（如图 247）。

（3）我方迅速将左手问手变为膀手，接住对手右拳攻击（如图 248）。

（4）双方手臂相接触的瞬间，我方感应到对手右拳之力十分强猛，我方迅速向左侧转马，将对方右拳之力卸去（如图 249）。

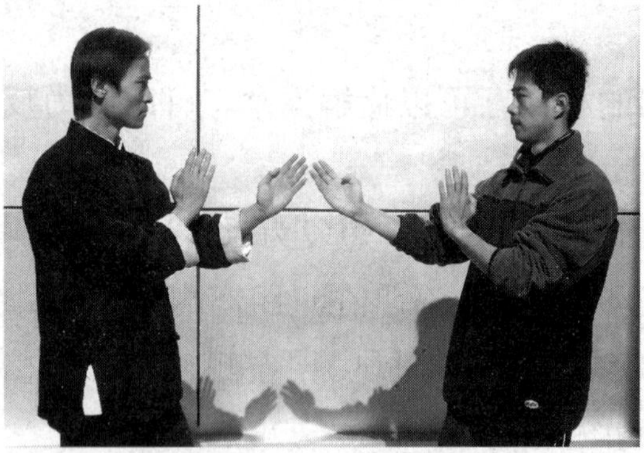

图 246

图 247

图 248

图 249

第七节　耕手技法

“耕手”是小念头手法中防御身体中盘被攻击常用的手法，在实战中往往配合日字冲拳一起使用，又称作耕手冲拳。

一、耕手冲拳反击潜身下击拳（下图长发为我方，短发为对手）

我方以右手问手对敌，对手突然近身下潜，以右手下击拳攻我方腹部；我方迅速向左侧转马，右手问手变耕手向侧下方弧线卸力，同时左拳击中对手右侧面门（如图250和图251）。

图250

图251

二、进马耕手冲拳反击侧踢

我方以正身前进马配合右手问手对敌，对手突然进步以侧踹腿攻击我方腹部，我方迅速以问手变耕手弧线发力，格开对手攻来之腿的同时，右手以海底捞月之势自对手腿下穿出上捧发力，令其失重后倒；同时侧身进马，左拳击中对手面门（如图252～图255）。

图 252

图 253

图 254

图 255

第八节　按掌技法

“按掌”是小念头手法中化解擒拿锁扣的招式，在实战中往往具有反击的奇效。

一、按掌接肩打化解擒拿锁臂（下图长发为我方，短发为对手）

我方以正身前进马配合右手问手对敌，对手突然近身出右拳攻我方头面，我方前手问手封住对手右臂；对手突然变拳为拿，擒住我方右臂向后下方反拧；我方右掌迅速下按，以按掌之力化解对手扭缠之力，同时进一步以肩膀撞击对手心窝部位，将其撞退（如图 256～图 261）。

图 256

图 257

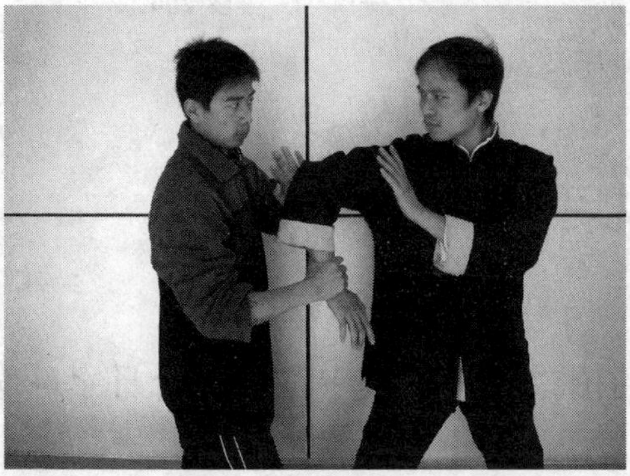

图 258

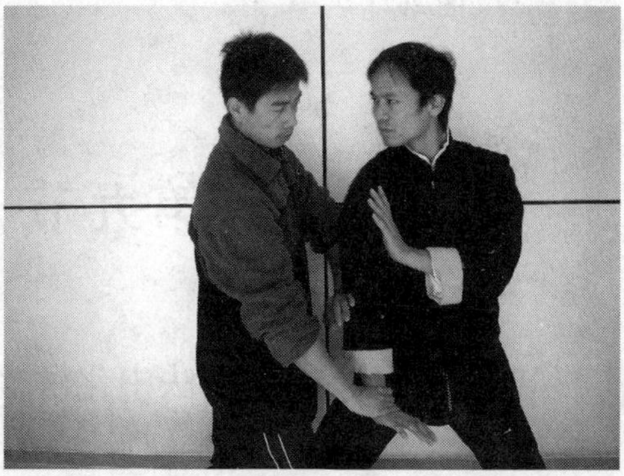

图 259

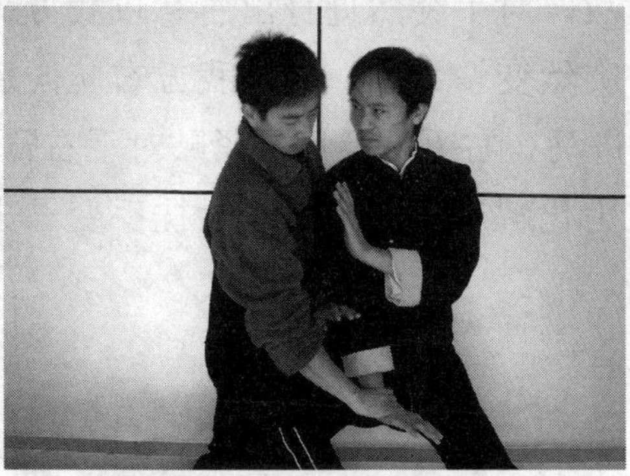

图 260

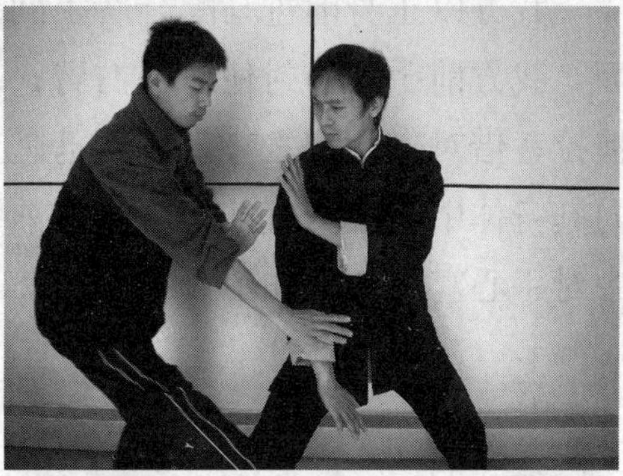

图 261

二、按掌化解抱腰锁臂

对手突然自背后将我方拦腰抱住，我双手变掌迅速伸至背后，贴腰向后按出，直按向对手裆部；对手遭遇掌击，下意识弯腰躲避，抱腰之力稍松懈；我方迅速向左侧转马，抖胯甩腰，将对手甩倒（如图 262～图 264）。

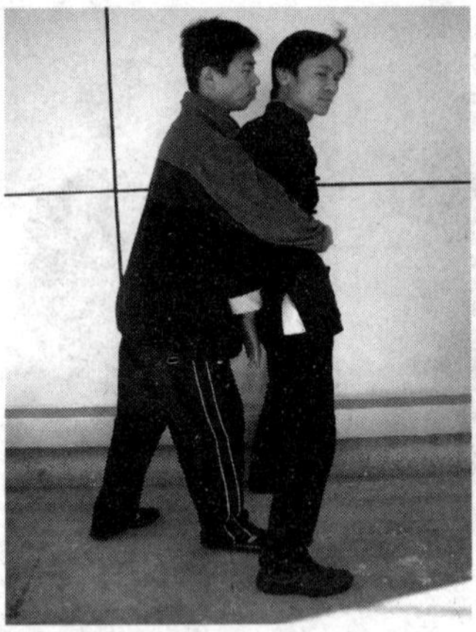

图 262

图 263

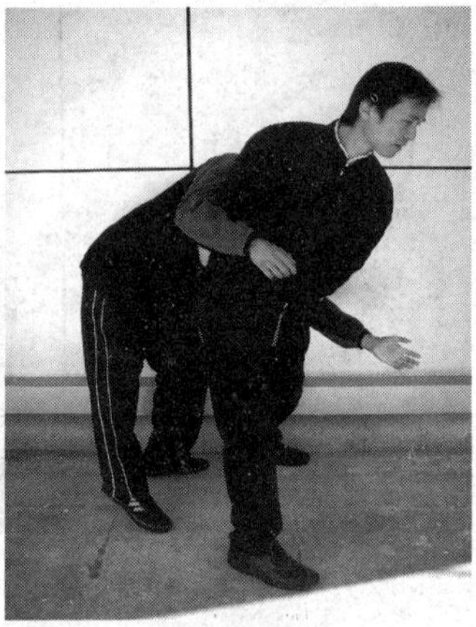

图 264

第九节　枕手技法

“枕手”是小念头手法中化解擒拿的招式，在实战中往往配合日字冲拳一起使用，又称枕手冲拳。

实战战例：枕手冲拳反击腕部擒拿（下图长发为我方，短发为对手）

我方以正身前进马配合右手问手对敌，对手突然近身出右拳攻我方头面，我方前手问手封住对手右臂；对手突然变拳为拿，擒住我方右腕向后拽拉；借对方后拉之势，我方迅速上步进马，右手腕及尺骨紧贴对手右臂，向其身体中线心窝直冲，用身体前冲之力化解对手擒拿，同时枕手变拳击中对手心窝部位（如图 265～图 269）。

图 265

图 266

图 267

图 268

图 269

第十节　拂手技法

“拂手”是小念头手法中攻击对手脖颈部位的凶狠招式，在实战中往往配合其他手法一起使用，用于抢攻、反击或迎击。

小念头中拂手的动作是两只手一起展开向两侧如斩刀般挥出，这属于两只手一起训练的方法（如图 270），而实际应用时却是单手拂手配合其他手法一起发挥击打作用。

实战战例：拂手迎击直拳的用法（下图长发为我方，短发为对手）

我方以正身前进马配合右手问手对敌，对手突然近身出左拳攻我方头面；由于对手近身出拳速度极快，不及躲避之下，我方后手护手向侧面拍开对手左拳，同时进马上步，以右手拂手击中其咽喉要害（如图271～图273）。

图 270

图 271

图 272

图 273

第十一节　标指手应用

“标指手”是咏春拳手法中最凌厉凶狠的招式，在实战中往往一击伤敌，习者应慎用此招。

实战战例：标指打眼的用法（下图长发为我方，短发为对手）

我方以正身前进马配合右手问手对敌，对手突然近身出右拳攻我方头面，我方前手问手封住对手右臂；对手突然变拳为拿，擒住我方右腕向后拽拉；我方腰马不动，纯粹以肘底力回带，令对手失重前冲，其擒拿之力不攻自破；我方右手贴对手右臂以 45 度角攻上，如标枪般击中对手眼睛（如图 274～图 279）。

图 274

图 275

图 276

图 277

图 278

图 279

第十二节　抹手弹手应用

“抹手弹手”是小念头手法中一种组合应用的招式，在实战中往往用于抵御对手出手角度反差大的连续攻击动作。抹手与弹手在小念头拳谱中是双手一起做动作下抹，然后双手手腕一起放松弹起，这属于训练之法；然而实际应用中却是单独使用或配合其他动作使用。因这两种手法都是双臂伸直后直落直起（如图 280 和图 281），故又称长桥发力。

图 280

图 281

实战战例：抹手弹手的用法（下图长发为我方，短发为对手）

我方以正身前进马配合右手问手对敌，对手突然近身出右拳，以潜身下击拳攻我方腹部；我方右手问手迅速变抹手，由中线自上而下直落，将对手拳劲化开；对手见机甚快，迅速起身以左手上击拳攻我方头面，我方右手自下而上迅速弹起，在弹开对手左手拳的同时，右拳击中其面门（如图 282～图 285）。

图 282

图 283

图 284

图 285

第十三节　摊手底掌应用

底掌往往用于击打对手肋骨、腹部等要害。摊手与底掌配合应用，在实战中容易起到卸力反击的奇效。

实战战例：摊手底掌的用法（下图长发为我方，短发为对手）

我方与对手均以右手问手相对，两人右臂桥手相接；对手前锋手突然变拳直冲我方面门，我方立时反应以右转马摊手卸去对手拳劲；因对手左手护手护住上盘，未漏空当，我方第一时间变摊手为底掌，自对手桥手之上滑落，掌劲击中其中盘心腹要害（如图 286～图 289）。

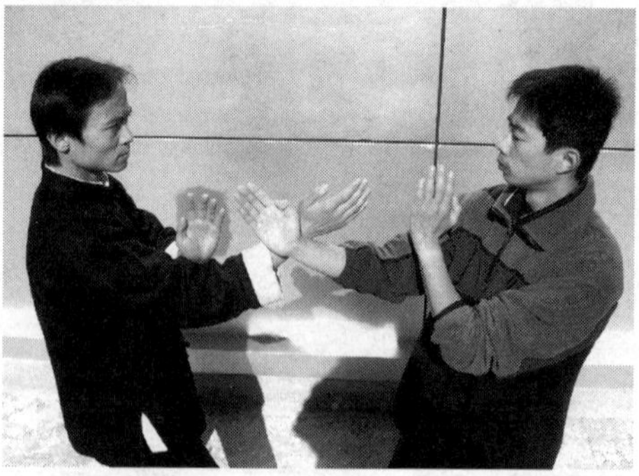

图 286

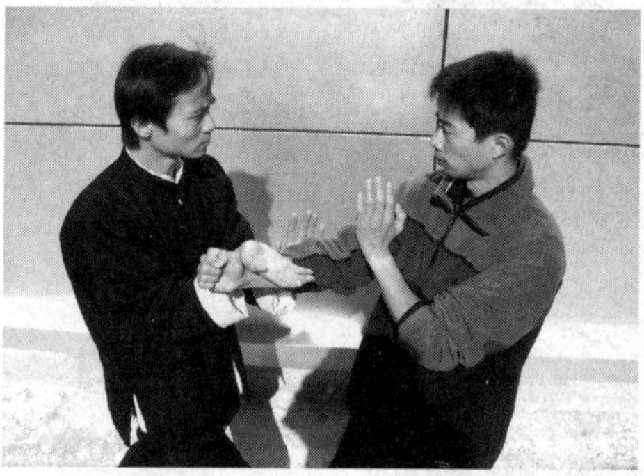

图 287

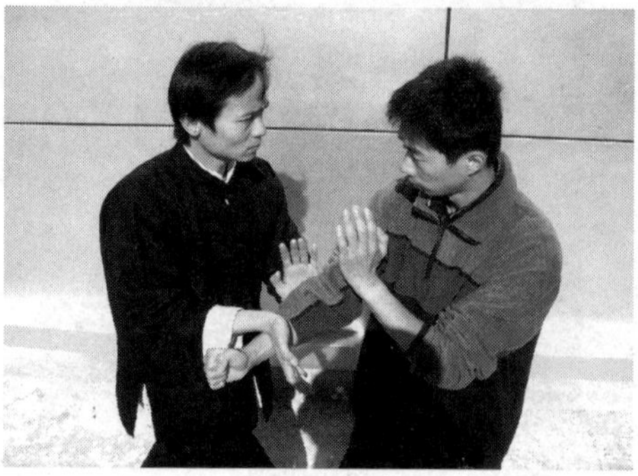

图 288

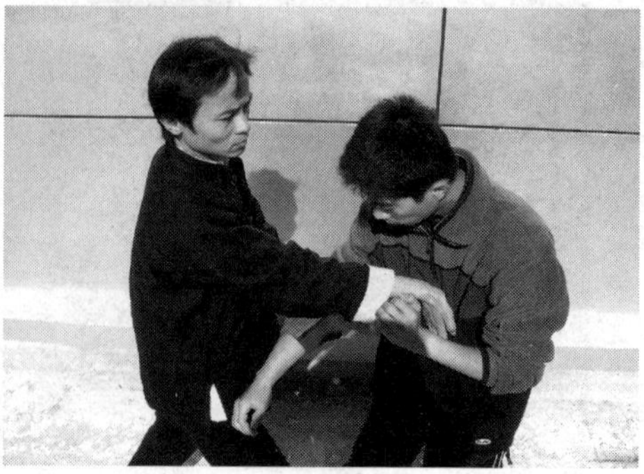

图 289

第十四节　侧掌、圈手、斜掌应用

“圈手”又名“蛇形手”，往往具备破解擒拿或缠绕攻击的作用。侧掌配合圈手和底掌应用，便于实施角度反差较大的反击。

实战战例：圈手配合侧掌、斜掌的用法（下图长发为我方，短发为对手）

我方以正身前进马配合右手问手对敌，对手突然近身出左拳攻我方心窝部位，我方前手尺骨部位与对手桥手相接，封住对手左臂；动作不停，双方接手瞬间，我方前手变圈手将对手左臂圈低；对手反应甚快，突然发左拳攻我方面门，我方左手护手侧拍封住攻势；与此同时，我方右手圈手变为斜掌向对方身体滑落，击中其左侧胃部（如图 290～图 293）。

图 290

图 291

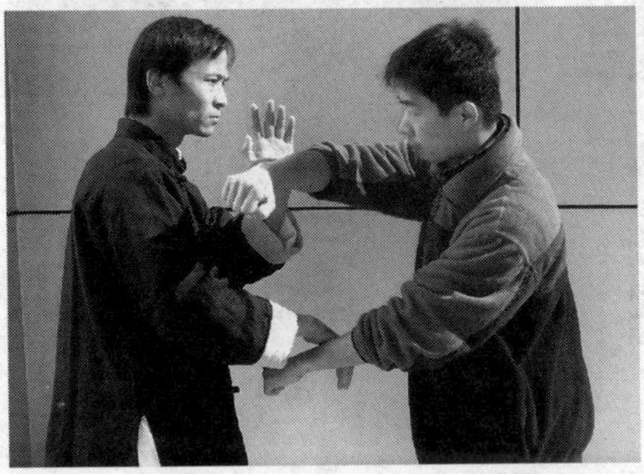

图 292

图 293

第十五节　弹桥冲拳与回劲训练

“弹桥冲拳”是近身搏斗中常用的招式，制胜的要点在于肘底力的应用。若无肘底力，实不足以使用弹桥冲拳，勉强使用不仅不能克敌，反而容易为敌所乘。

咏春拳日字冲拳中，当习拳者一拳前冲时，必然另外一拳同时回拉，而这一回拉的劲儿，就是咏春回劲的训练之法，目的是为了加强出拳时手臂的触觉感知力。

一、弹桥冲拳的用法（下图长发为我方，短发为对手）

我方侧身而立，双手自然下垂于体侧，冷不防右侧一人冲来，迎面出右拳攻我方；来不及防御之下，我方迅速右转马，右手第一时间、第一距离自下而上冲右拳，肘底发力弹开对手右臂，右拳直滑入对手面门（如图294～图297）。

图 294

图 295

图 296

图 297

二、回劲收拳的训练

我以正身前进马配合右手问手对敌，对手手握拳与我方对峙；我方迅速进马前冲，冲右拳击对手面门，对手右臂上抬挡住；我方右拳迅速回收，带动对手右臂及身体重心前冲移动，同时我方左拳冲出击向对手面门（如图 298～图 300）。此为回劲收拳训练之法，应与配手配合多加练习。

图 298

图 299

图 300

第十六节　正掌、侧掌、横掌应用

正掌在小念头拳法中的运动轨迹，是直线攻击对方中线面门（如图 301）。

正掌多用于攻击对手下巴或胸腹部位；侧掌则大多变作后手护手，既起到防御作用，又用于将对手攻到上盘的直拳封至中线之外（如图 302）。

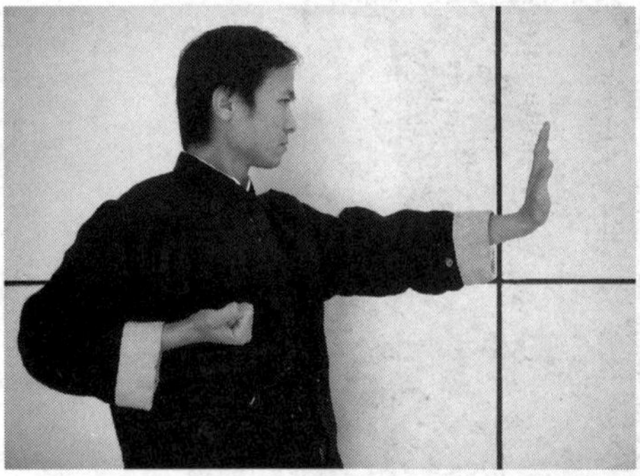

图 301

图 302

一、正掌配合侧掌的用法（下图长发为我方，短发为对手）

当对手出右直拳攻我方头面时，我方左侧掌自外门向内拍开对方攻来之手臂，同时右手正掌自对手右臂下穿出，直击对手下巴，此为连消带打之法（如图 303）。

二、侧掌配合日字冲拳的用法

我方以正身前进马配合右手问手对敌，对手突然近身出后手左直拳，越过我方前锋手直攻头面；我方左侧掌立时将对手左拳拍离中线，同时右手变拳直冲对手面门（如图 304～图 306），此为迎击之法。

图 303

图 304

图 305

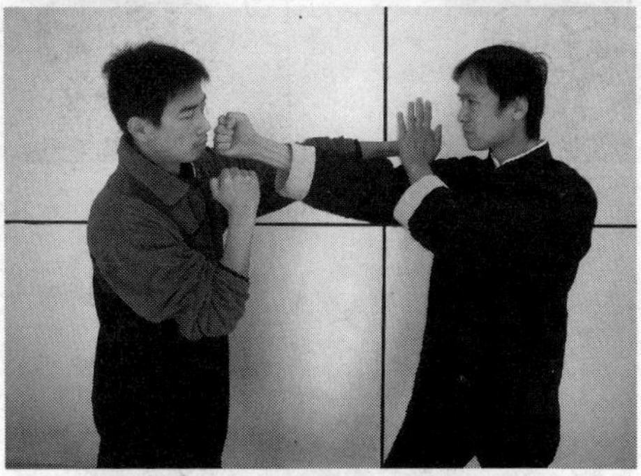

图 306

三、横掌的两种用法（注：横掌多用于攻击对手咽喉及肋骨部位，如图 307）

（1）对手迅速近身，以右直拳攻击我方胸部时，我方左手侧掌将其右拳拍离中线，同时右手横掌掌根击中其右肋部位（如图 308）。

（2）我方以正身前进马配合右手问手对敌，对手突然近身出后手左直拳攻我方头面，我方右手问手变侧掌将其攻击拍离中线；对手迅速出右直拳攻我方下巴，我方右手尺骨侧向发力将其右拳牵引出中线，同时右手变横掌，掌根直击对手咽喉部位（如图 309～图 312）。

图 307

图 308

图 309

图 310

图 311

图 312

第十七节　来留去送与甩手直冲应用

“来留去送，甩手直冲”是咏春格斗的经典理念。

简言之，将对手攻来之手脚留在原位，使其不能变招为“来留”；对手想退开，我方趁势加一个力令其后退失重为“去送”；敌我双方手臂相接时，对手突然撤开相接触之手臂，我方趁隙直冲对方重心为“甩手直冲”。事实上，来留去送与甩手直冲的应用变化多端，其内涵无比丰富，此处不多赘述。

一、“来留”的用法（以下长发为我方，短发为对手）

我方以正身前进马配合右手问手对敌，对手突然前冲以右直拳攻我面门，我方也出右拳封住，双方尺骨相交；对手反应十分快，右手变拳为抓，欲捆抓我方右臂；我方突然沉肘发力回带右臂，对手不仅手臂被留住，同时身体重心也被带动前冲，直撞向我方左拳（如图 313～图 316）。

图 313

图 314

图 315

图 316

二、“去送”的用法

我方以正身前进马配合右手问手对敌，对手突然前冲以右直拳攻我方面门，我方右手标出封住对方攻势，双方尺骨相交；对手相持不下欲后退，我方趁势进马上步，右臂贴对手大臂滑入其腋下，同时沉肘发力将其送出（如图 317～图 320）。

图 317

图 318

图 319

图 320

三、"甩手直冲"的用法

我方以正身前进马配合左手问手对敌，对手突然前冲以左直拳攻我方面门，我方左手亦冲拳封住对方攻势，双方尺骨相交；对手左臂撤回欲出右拳攻我方，我方左拳趁间隙滑落对方中线，击中其面门（如图321～图 323）。

图 321

图 322

图 323

第五章 黐手训练 劲如螺旋

黐手（“黐”读 chi）的本意是“粘离”，也就是粘连黏随、过无不及，随曲就直、借力巧打的意思。黐手训练须通过两人四臂相接，互相配合出招攻防的方式来实现。黐手训练的目的是培养习拳者临敌之际，在与对手对抗发力的接触点上，双臂及周身皮肤敏感地听劲化劲的感应能力。黐手训练可使习拳者攻时若水银泻地，见空则击，无孔不入；守时则固若金汤，水泼不入，针插不进。

当黐手反应成为一种人体本能的习惯时，习拳者可以在遇敌近身搏斗的 0.2 秒内，不经大脑思索而手臂自然反应，或听劲卸力防守反击，或截击迎击以打为消，从容制敌。以此方法训练，久而久之，习拳者会逐渐忘却所学招式，一切动作均脱离定势招法的束缚，以武入哲，进入无招胜有招的境地，真正步入咏春拳神圣的武学殿堂。

黐手训练分为单黐手和双黐手两种训练形式。

一、单黐手练习

两人均以二字钳羊马正身马姿势相对而立，两人各出一臂相交（如图 001 所示是一种单黐手形式），以定马或转马的方式来训练彼此桥手相接后的动作反应，提升近距离格斗的直觉感知能力。

二、双黐手练习

双黐手练习通过盘手（又称黏手或碌手，如图 002 所示）和过手训练两个阶段完成。练习时，两人均以二字钳羊马正身马姿势相对而立，四臂相交螺旋翻滚，以定势马步或进退马步的方式训练彼此桥手相接后的动作反应，提升近距离格斗的直觉感知能力。

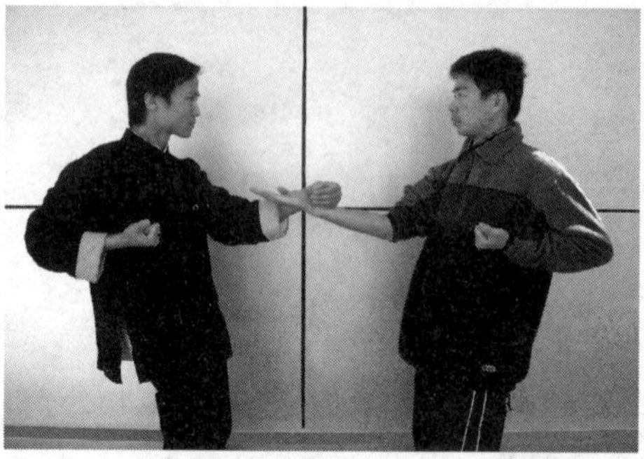

图 001

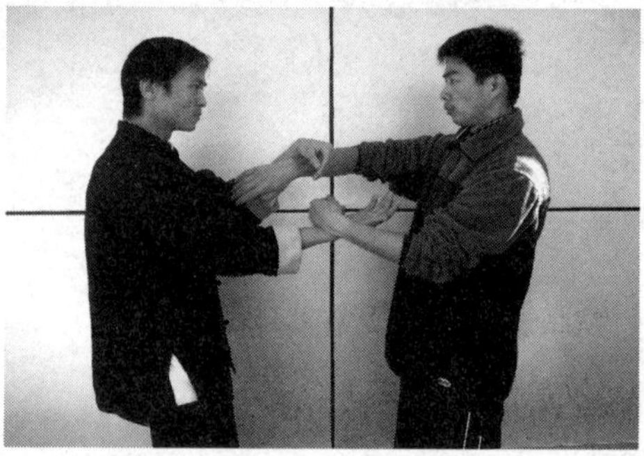

图 002

盘手训练锻炼习拳者手肘归中，双臂螺旋翻滚的反应能力，以此练出腰马合一的整劲与手臂弹抖劲；过手训练则在定势马步或进退马步中，通过两人互相反应与任意出招拆解，锻炼在不同角度与条件下习拳者的听劲化劲能力。

还有一种黐手称闭目黐手，两人皆以黑布蒙住双眼，四臂相接，任意进退拆招，双方攻防的优劣完全取决于手臂相接时的感应训练。因此，闭目黐手属于较高层次的感应训练，不可跨越阶段一蹴而就。

第一节　单黐手听劲训练：转马直拳对转马摊手

实战战例：转马直拳对转马摊手听劲（下图长发为甲方，短发为乙方，如图 003～图 008）

（1）甲乙两人以二字钳羊马正身马姿势相对而立，同时冲右拳攻对方头面，两人右臂尺骨相接触。

（2）甲方右拳变为摊手，仍与乙方右拳相接触。

（3）乙方右拳不收，向左侧转马同时继续冲右拳，攻甲方胸膛；甲方立时反应向右侧转马，带动右摊手向右侧转动，卸去乙方拳劲。

（4）接上式，甲方摊手变为拳，配合左转马冲右拳攻乙方胸膛；乙方立时变右拳为摊手，接住拳劲。

（5）动作不停，乙方向右侧转马，带动右摊手向右侧转动，卸去甲方拳劲。

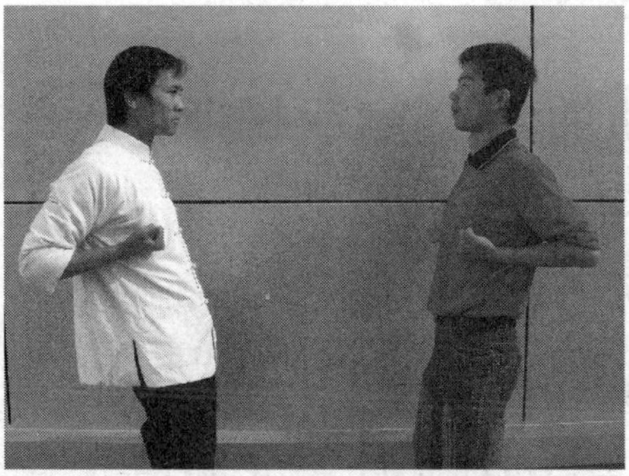

图 003

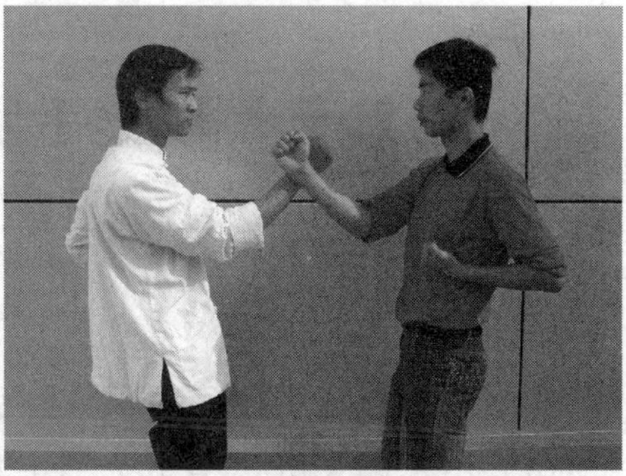

图 004

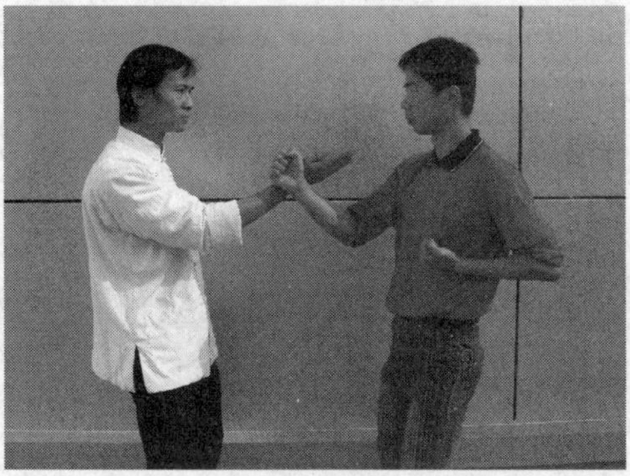

图 005

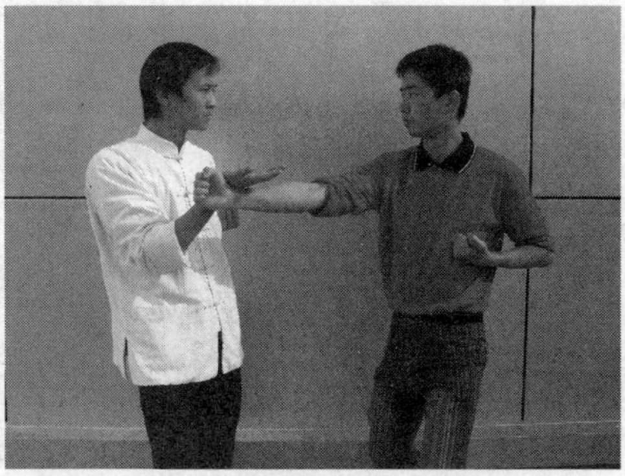

图 006

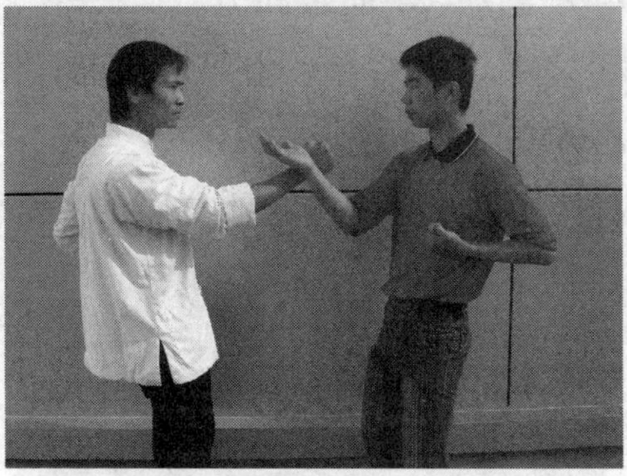

图 007

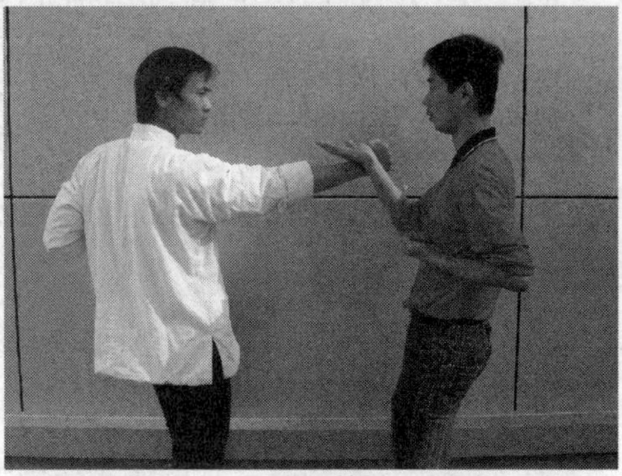

图 008

甲乙两人如此反复训练，提高彼此腰马合一劲力与手臂听劲卸力的能力。

第二节　单黐手听劲训练：窒手摊手对正掌圈手冲拳

实战战例：窒手摊手对正掌圈手冲拳（下图长发为甲方，短发为乙方）

（1）甲乙两人以二字钳羊马正身马姿势相对而立，乙方以右手伏手轻松放置于甲方左手摊手之上，两人桥手相接。

（2）甲方变摊手为正掌，以肘底力催动右掌攻乙方心窝部位；乙方感应掌劲攻来，迅速变伏手为窒手，肘部稍下沉回带，卸去甲方掌劲。

（3）接上式，甲方变左手正掌为圈手，绕乙方右臂缠绕内圈，贴于乙方右臂之上。

（4）动作不停，甲方迅速冲左拳攻乙方头面；乙方即时反应，右手滚动右转，变窒手为摊手，向正前方中线摊出，卸去甲方左手拳劲。

（5）甲乙两人同时放松手臂，变为甲方以左手伏手轻松放置于乙方右手摊手之上，两人桥手相接。

（6）乙方伏手变正掌攻甲方心窝，甲方变为窒手回带卸力。

（7）乙方变正掌为圈手，自甲方桥手之上攻出右拳，击甲方头面；甲方左手滚动右转，变为摊手向前，卸去乙方左手拳劲。

（8）两人同时放松手臂，恢复乙方右伏手贴于甲方左摊手之上的姿势，两人仍旧桥手相接。

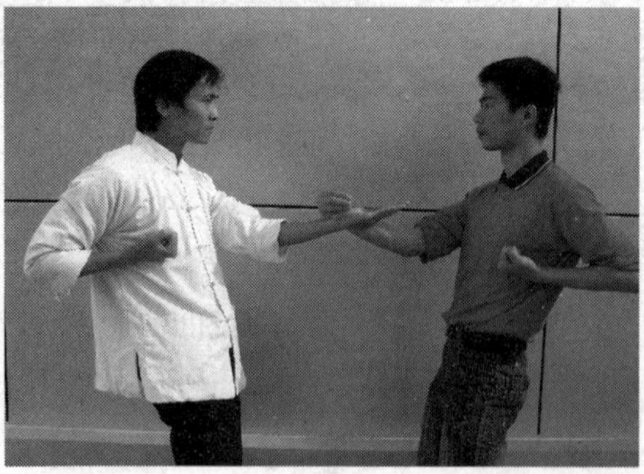

图 009

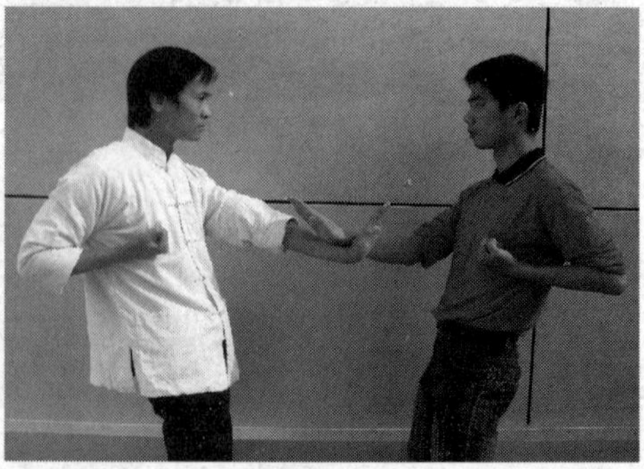

图 010

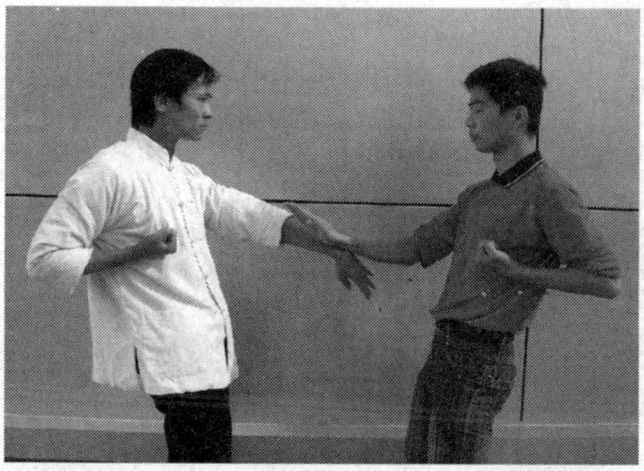
图 011

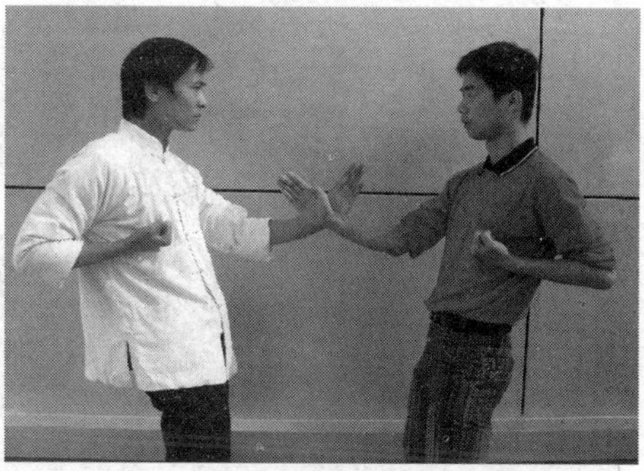
图 012

图 013

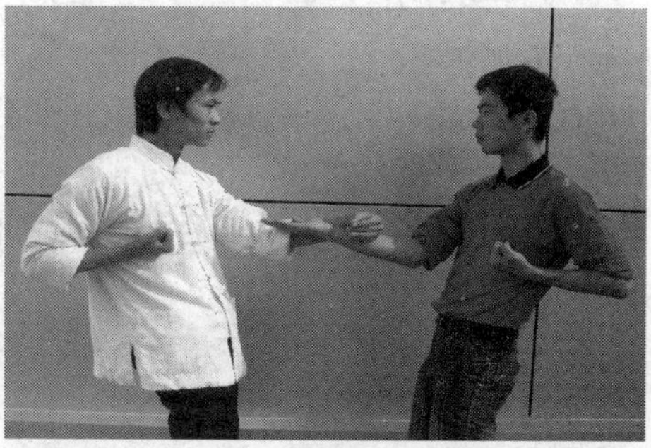
图 014

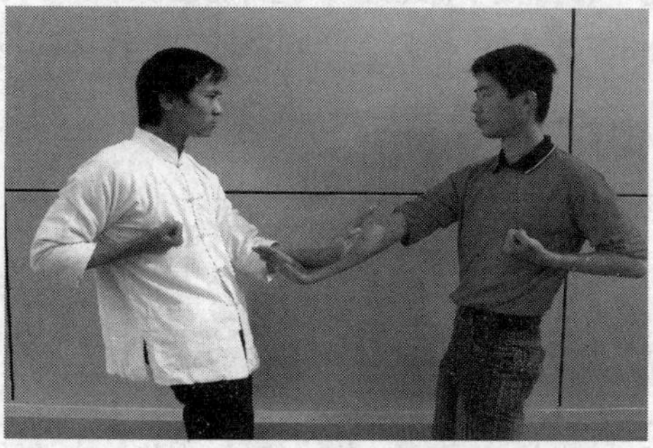
图 015

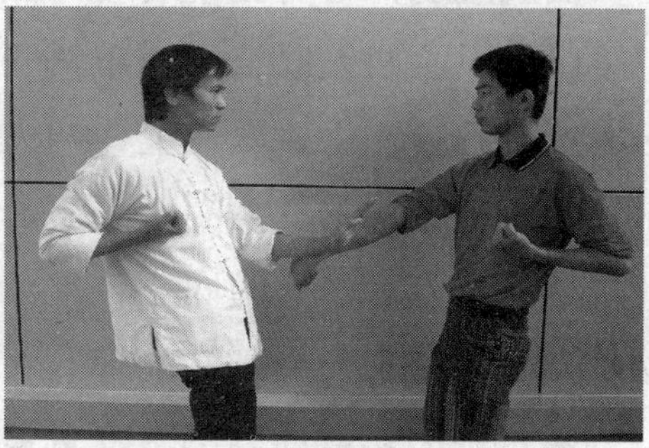
图 016

图 017

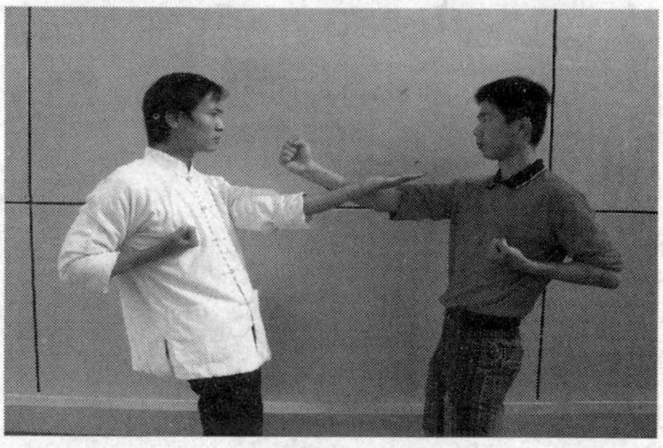
图 018

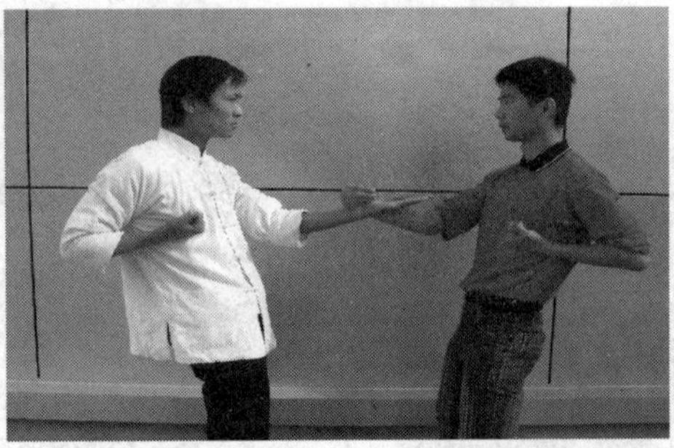

图 019

以上动作中（1）～（5）为甲方主攻，乙方主守（如图 009～图 014）；动作（6）～（8）为乙方主攻，甲方主守（如图 015～图 019）。

第三节　单黐手听劲训练：转马侧掌对转马圈手底掌

实战战例：转马侧掌对转马圈手底掌（下图长发为甲方，短发为乙方）

（1）甲乙两人以二字钳羊马正身马姿势相对而立，甲方以右手伏手轻松放置于乙方左手摊手之上，两人桥手相接。

（2）甲方伏手变为圈手，绕乙方右臂缠绕内圈，贴于乙方右臂之下。

（3）甲方右手变为底掌，配合左转马下击乙方肋骨；乙方感受甲方掌劲，立时变左手为侧掌，配合右转马向右侧击出，卸去甲方掌力。

（4）接上式，乙方侧掌变为圈手，绕甲方右臂缠绕内圈，贴于甲方右臂之下。

（5）乙方左手变为底掌，配合右转马下击甲方肋骨；甲方感受乙方掌劲，立时变右手为侧掌，配合左转马向左侧击出，卸去乙方掌力。

（6）二人同时放松手臂，恢复甲方右伏手轻置于乙方左摊手之上的姿势，两人桥手相接。

以上动作中（1）～（3）为甲方主攻，乙方主守（如图 020～图 024）；动作（4）～（6）为乙方主攻，甲方主守（如图 025～图 029）。

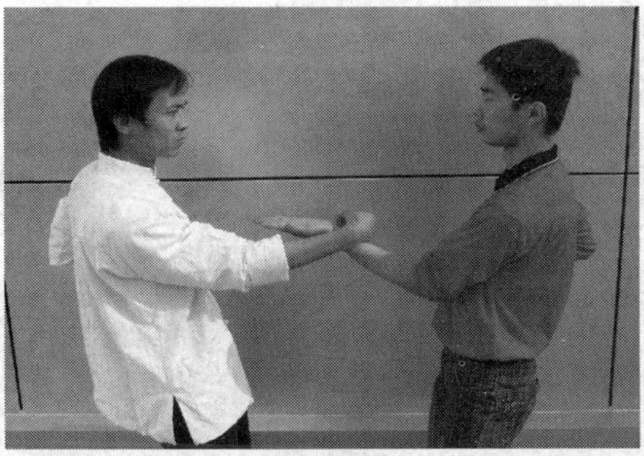
图 020

图 021

图 022

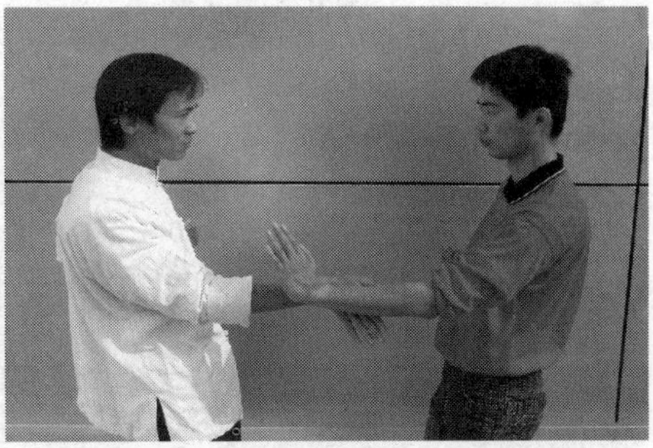
图 023

图 024

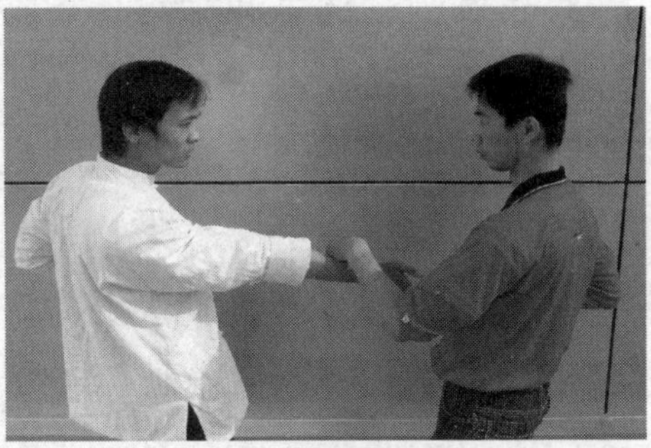
图 025

图 026

图 027

图 028

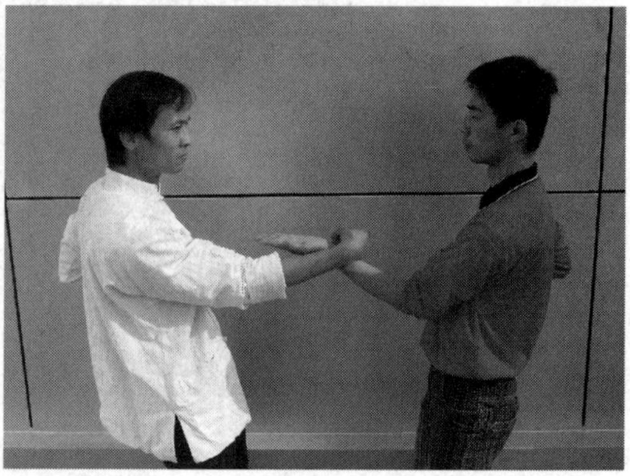

图 029

第四节　单黐手听劲训练：枕手冲拳对正掌膀手

实战战例：枕手冲拳对正掌膀手（下图长发为甲方，短发为乙方）

（1）甲乙两人以二字钳羊马正身马姿势相对而立，乙方以右手伏手轻松放置于甲方左手摊手之上，两人桥手相接。

（2）甲方变左手摊手为正掌，以肘底力催动左掌攻乙方心窝部位；乙方感应掌劲攻来，迅速变伏手为枕手，肘部稍下沉回带，卸去甲方掌劲。

（3）接上式，乙方右枕手变为拳，迅速自甲方左正掌之上冲出，攻甲方面门；甲方感应乙方拳劲，立时左掌贴乙方右臂拱形弹射而起，变为膀手卸去乙方拳劲。

（4）两人同时放松手臂，恢复乙方右伏手轻置于甲方左摊手之上的姿势，两人仍桥手相接。

以上动作中（1）和（2）为甲方主攻，乙方主守（如图 030 和图 031）；动作（3）和（4）为乙方主攻，甲方主守（如图 032 和图 033）。

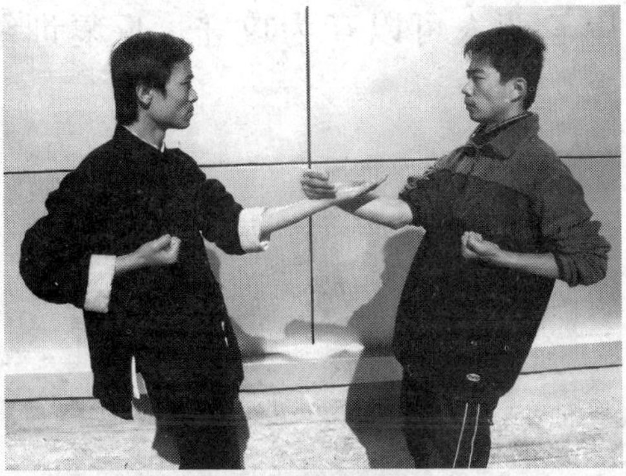

图 030

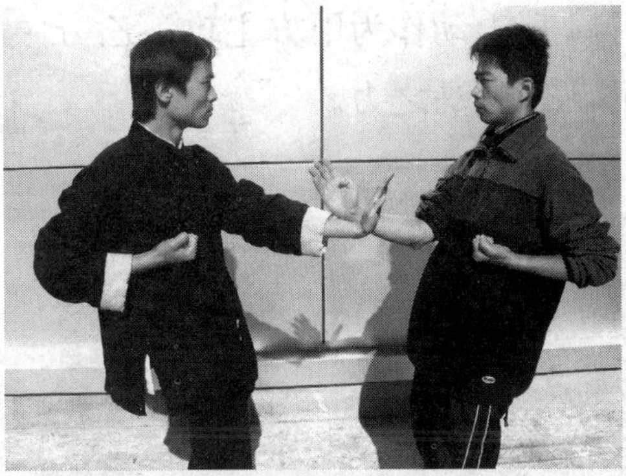

图 031

图 032

图 033

第五节　单黐手听劲训练：侧掌对圈手标指

实战战例：侧掌对圈手标指（下图左侧站立者为甲方，右侧站立者为乙方，如图 034～图 038）

（1）甲乙两人以二字钳羊马正身马姿势相对而立，乙方以右手伏手轻松放置于甲方左手摊手之上，两人桥手相接。

（2）乙方右伏手变为圈手，绕甲方左臂缠绕内圈，贴于甲方左臂之上。

（3）乙方右手贴甲方左臂向上标出，腰马发力直插甲方眼睛；甲方感应乙方指劲，立时变左手为侧掌拍出，腰马发力卸去乙方劲力。

（4）两人同时放松手臂，恢复乙方右伏手轻置于甲方左摊手之上的姿势，两人仍桥手相接。

以上动作为甲方主攻，乙方主守；甲乙两人可以互为攻守，反复训练指力与腰马之力。

图 034

图 035

图 036

图 037

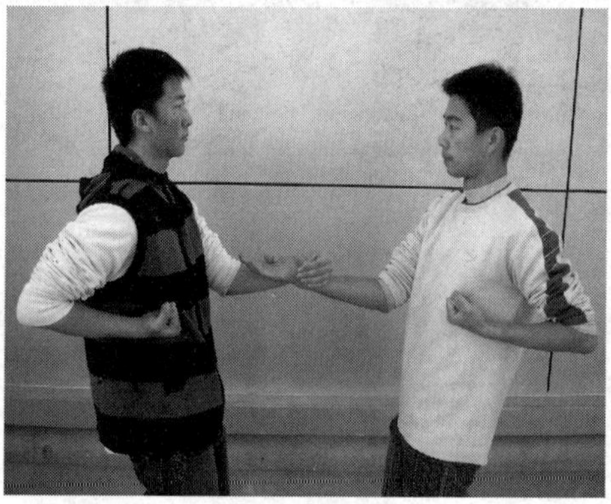

图 038

第六节　单黐手听劲训练：低膀手冲拳对圈手横掌

实战战例：低膀手冲拳对圈手横掌（下图左侧站立者为甲方，右侧站立者为乙方）

（1）甲乙两人以二字钳羊马正身马姿势相对而立，甲方以左手伏手轻松放置于乙方右手摊手之上，两人桥手相接。

（2）甲方左伏手变为圈手，绕乙方右臂缠绕内圈，贴于乙方右臂之下。

（3）甲方左手变为横掌，配合右转马下击乙方肋骨；乙方感受甲方掌劲，立时变右手为低位膀手，配合左转马拱形发力弹出右臂，卸去甲方掌力。

（4）动作不停，乙方右臂贴甲方左臂滚动旋转上翻，变为右拳攻甲方面门；甲方感应到乙方拳劲，立刻变横掌为膀手拱形发力弹出左臂，卸去乙方拳劲。

（5）两人同时放松手臂，变为乙方右伏手轻置于甲方左摊手之上的状态，两人仍桥手相接。

（6）乙方右伏手变为圈手，绕甲方左臂缠绕内圈，贴于甲方左臂之下。

（7）乙方右手变为横掌，配合左转马下击甲方肋骨；甲方感受乙方掌劲，立时变左手为低位膀手，配合右转马拱形发力弹出左臂，卸去乙方掌力。

（8）动作不停，甲方左臂贴乙方右臂滚动旋转上翻，变为左拳攻乙方面门；乙方感应到甲方拳劲，立刻变横掌为膀手拱形发力弹出右臂，卸去甲方拳劲。

（9）两人同时放松手臂，恢复甲方左伏手轻置于乙方右摊手之上的姿势，两人仍桥手相接。

以上动作中（1）～（5）为甲方主攻，乙方防守反击（如图 039～图 043）；动作（6）～（9）为乙方主攻，甲方防守反击（如图 044～图 047）；甲乙两人可以互为攻守，反复训练彼此感应出招能力。

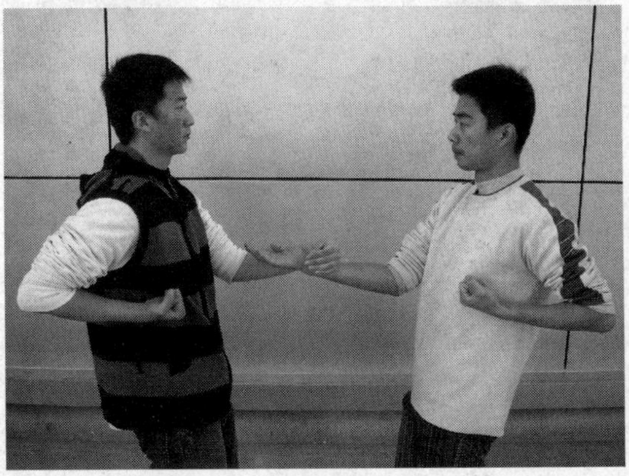

图 039

图 040

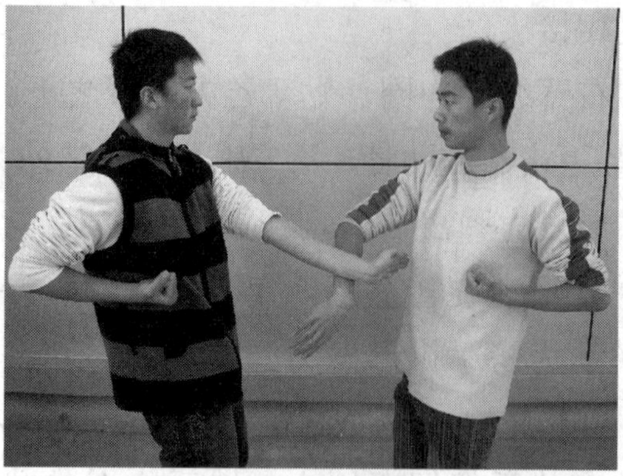

图 041

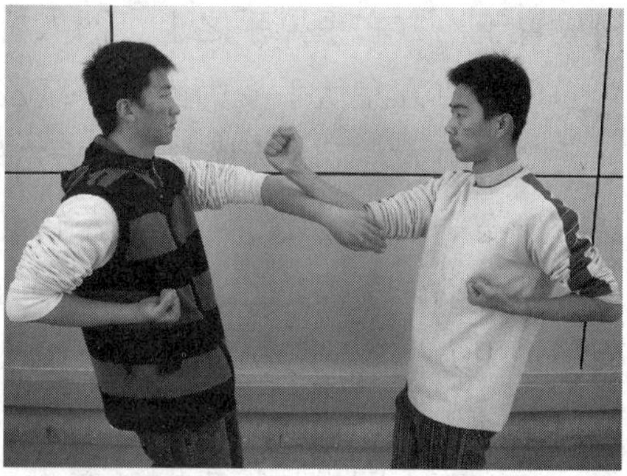

图 042

图 043

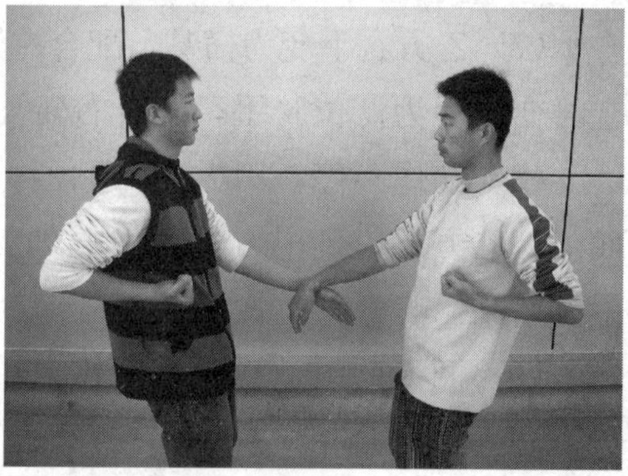

图 044

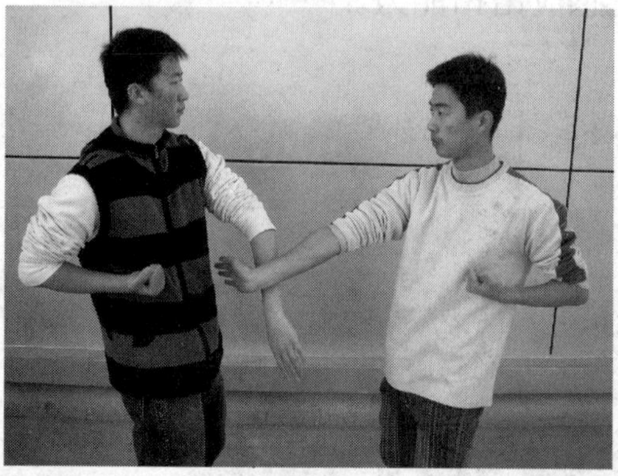

图 045

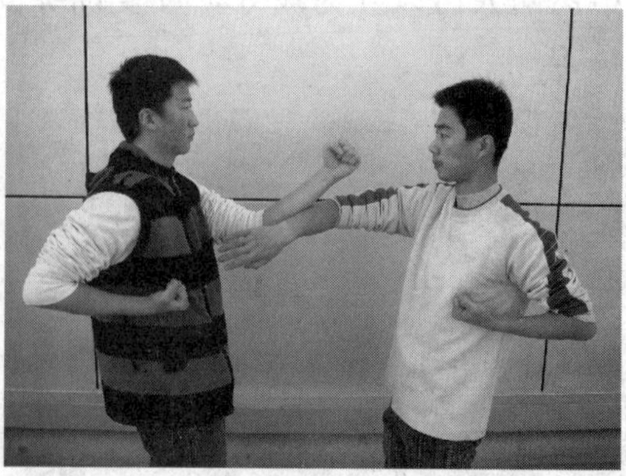

图 046

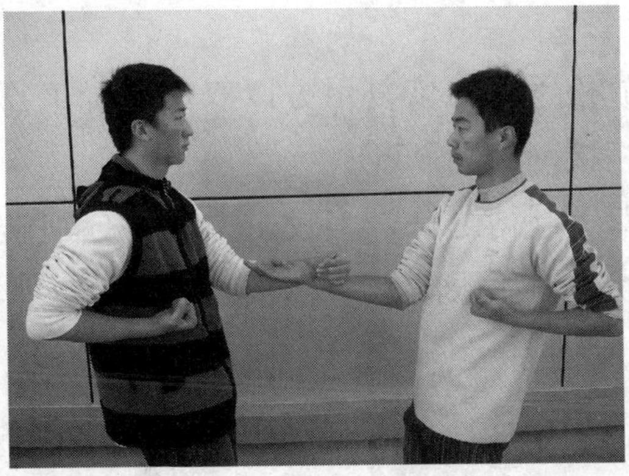

图 047

第七节　双黐手听劲训练：同向双侧掌对同向双圈手标指

实战战例：同向双侧掌对同向双圈手标指（下图长发为甲方，短发为乙方）

（1）甲乙两人以二字钳羊马正身马姿势相对而立，甲方以双手伏手放松置于乙方双手摊手之上，二人四臂向中线靠拢相接，均以肘底力催手臂指向对方身体中线（如图 048）。

（2）甲方双手同时以内圈手手法，绕乙方双臂缠绕内圈（如图 049）。

（3）甲方双圈手圈至对方两臂内侧，同时变为标指手（如图 050）。

（4）甲方双手同时标出，直插对方双眼；乙方双手同时感应到甲方攻来的指力，双手迅速变为侧掌侧向拍出，将甲方标指手劲力拍开卸掉（如图 051）。

（5）上动不停，乙方双手同时变为圈手，以内圈手手法，绕甲方双臂缠绕内圈（如图 052）。

（6）乙方双圈手圈至甲方两臂内侧，同时变为标指手（如图 053 和图 054）。

（7）乙方双手同时标出，直插甲方双眼；甲方双手同时感应到乙方攻来的指力，双手迅速变为侧掌侧向拍出，将乙方标指手劲力拍开卸掉（如

图 055)。

(8) 两人同时放松手臂，恢复甲方以双伏手置于乙方双摊手之上的姿势，双方仍旧四臂相接（如图 056)。

上述动作俗称双手互搏之法，当攻击方双手分别击出标指手时，应注意出手分寸，以免伤到对手眼睛。

图 048

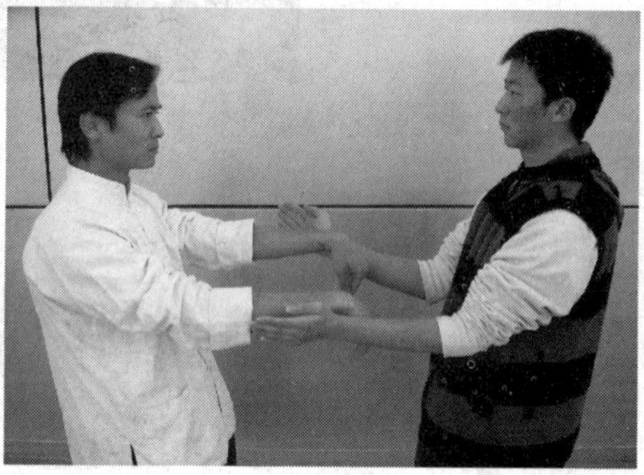

图 049

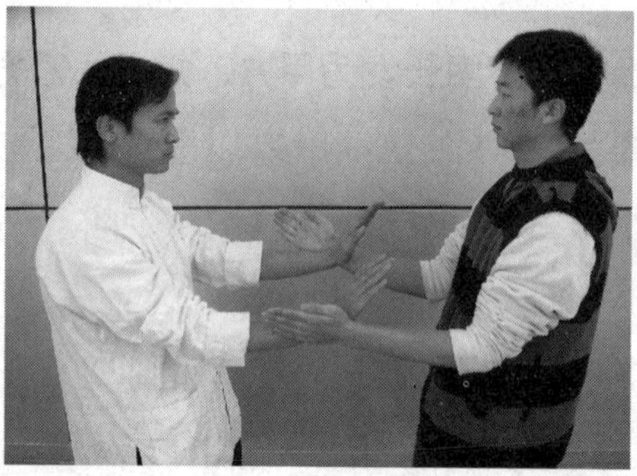

图 050

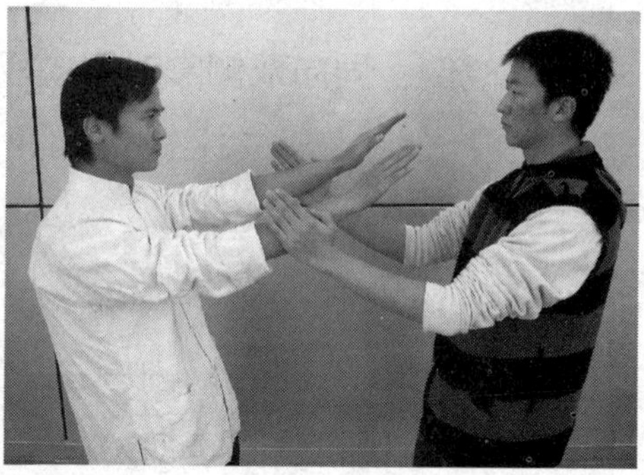

图 051

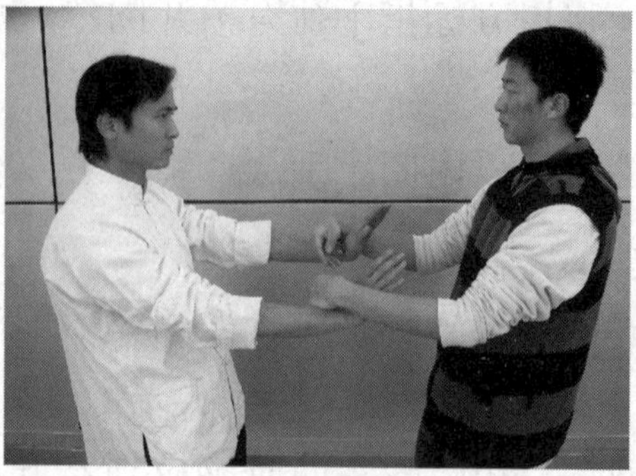

图 052

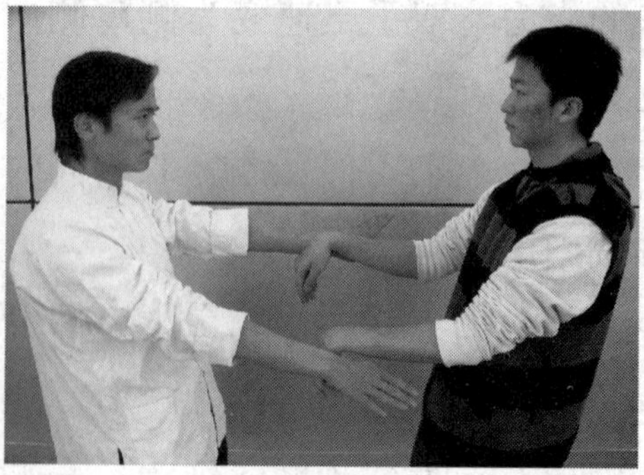

图 053

图 054

图 055

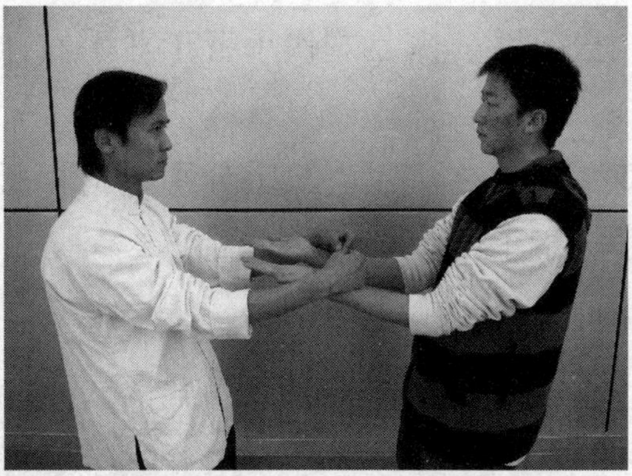

图 056

第八节　双黐手听劲训练：逆向双侧掌对逆向双圈手标指

实战战例：逆向双侧掌对逆向双圈手标指（下图长发为甲方，短发为乙方）

（1）甲乙两人以二字钳羊马正身马姿势相对而立，甲方以左伏手放松置于乙方右摊手之上；而乙方则以左伏手放松置于甲方右摊手之上，两人四臂向中线靠拢相接，均以肘底力催手臂指向对方身体中线（如图 057）。

（2）双方同时将左手变为圈手，以左圈手绕对方右臂缠绕内圈（如图 058）。

（3）双方左圈手圈至对方右臂内侧，同时变为标指手（如图 059）。

(4) 双方左手同时标出，直插对方眼睛；双方右手同时感应到对手攻来的指力，右手迅速变为侧掌侧向拍出，将对方标指手劲力拍开卸掉（如图 060）。

(5) 上动不停，两人右手同时变为圈手，以右圈手绕对方左臂缠绕内圈（如图 061）。

(6) 双方右圈手圈至对方左臂内侧，同时变为标指手（如图 062）。

(7) 双方右手同时标出，直插对方眼睛；双方左手同时感应到对手攻来的指力，左手迅速变为侧掌侧向拍出，将对方标指手劲力拍开卸掉（如图 063）。

(8) 两人同时放松手臂，恢复左伏手置于对手右摊手之上的姿势，仍旧四臂相接（如图 064）。

上述动作俗称双手互搏之法，当双手分别击出相反动作时，应注意出手分寸，以免被对手标指手击中眼睛。

图 057

图 058

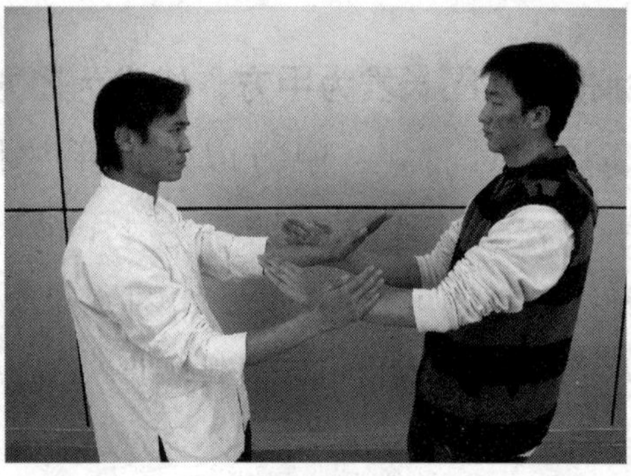

图 059

图 060

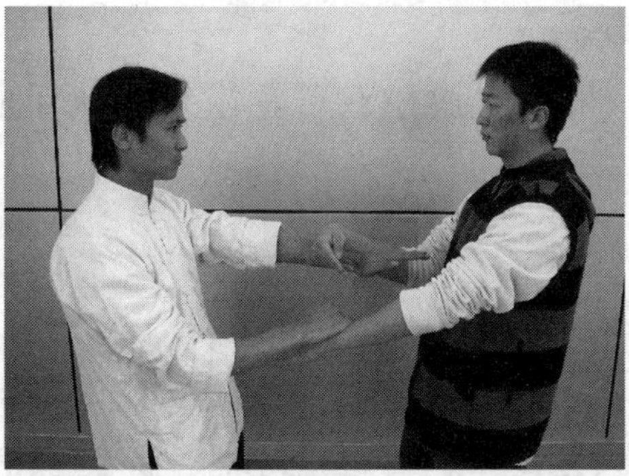

图 061

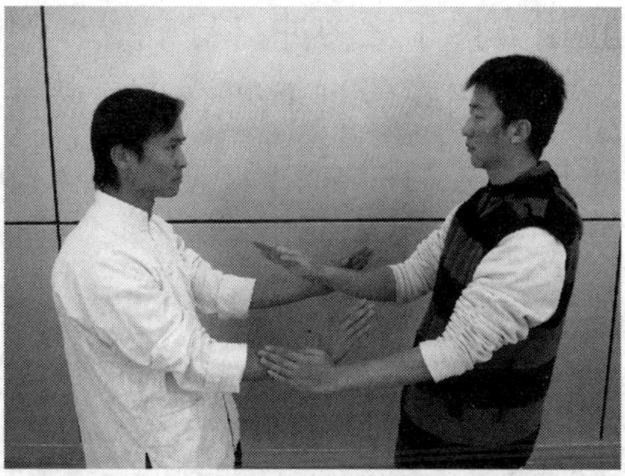

图 062

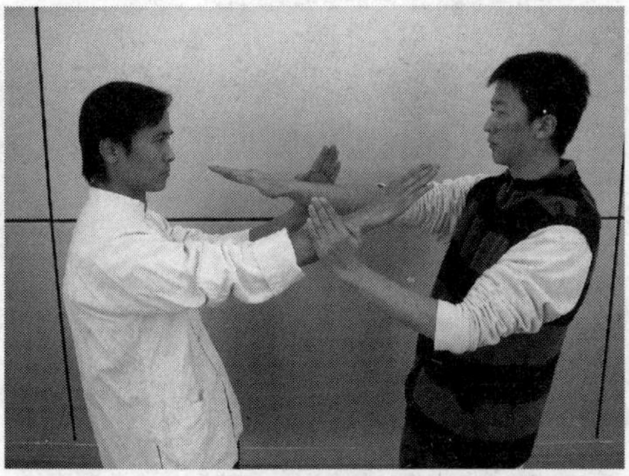

图 063

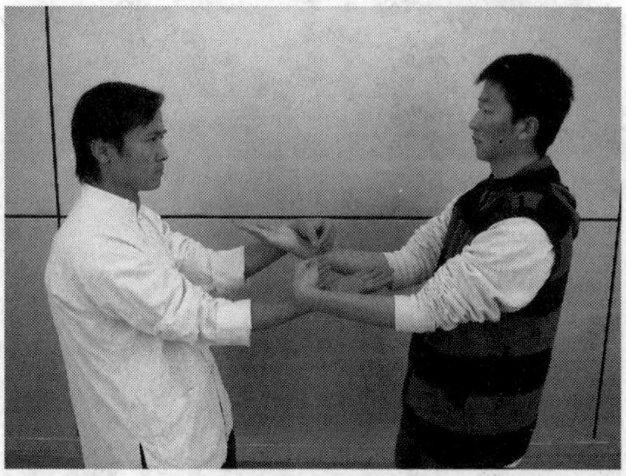

图 064

第九节　盘手听劲训练：伏手膀手摊手螺旋发力示范

一、异侧摊伏手螺旋发力示范（下图长发为甲方，短发为乙方）

（1）甲乙两人以二字钳羊马正身马姿势相对而立，甲方以左伏手放松置于乙方右摊手之上；而乙方则以左伏手放松置于甲方右摊手之上，两人四臂向中线靠拢相接，均以肘底力催手臂指向对方身体中线（如图 065）。

（2）甲方以驱动右臂上翻为膀手，膀手劲力指向乙方中线；同时，甲方左伏手向乙方中线挤靠，阻止乙方摊手之力冲自身中线（如图 066）。

（3）乙方双臂感应到甲方驱动的螺旋力直冲自身中线，乙方也驱动右臂上翻为膀手，膀手劲力指向甲方中线；同时乙方左伏手向甲方中线挤靠，阻止甲方摊手之力冲自身中线（如图 067）。

（4）当双方盘手翻滚训练疲惫之时，可同时放松双臂，恢复左伏手右摊手的姿势与对手相接（如图 068）。

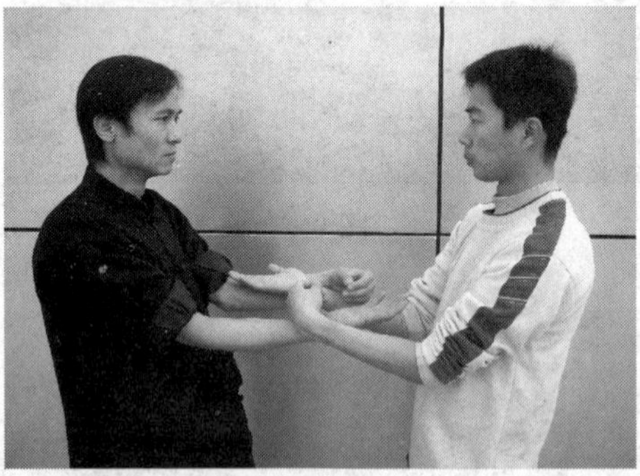

图 065

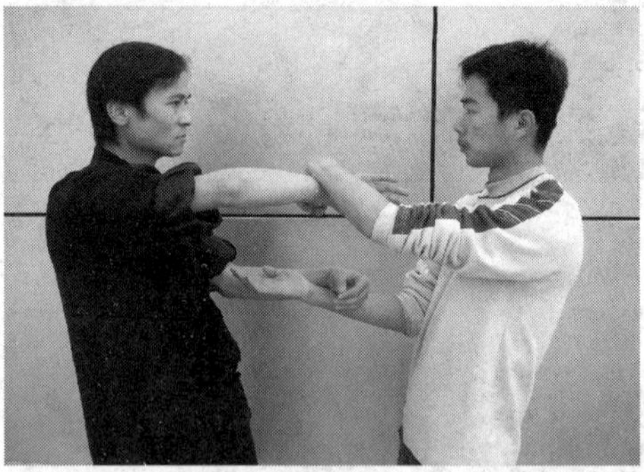

图 066

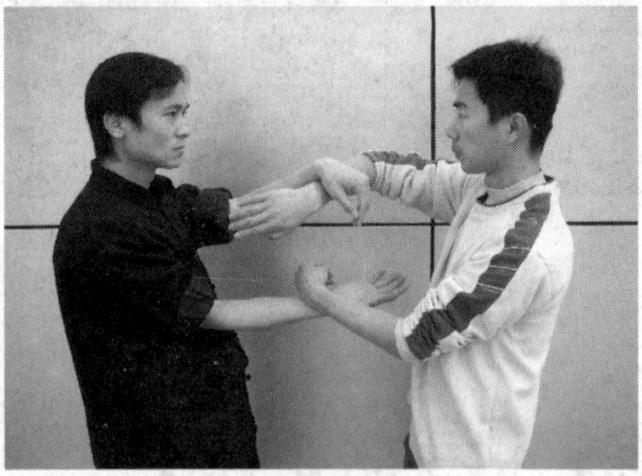

图 067

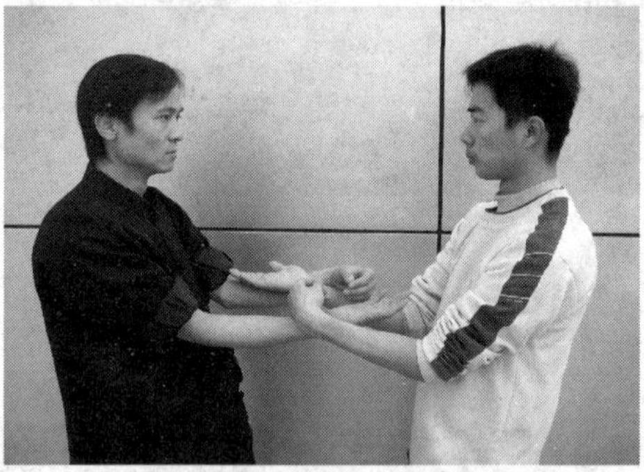

图 068

二、同侧摊伏手螺旋发力示范（下图长发为甲方，短发为乙方）

（1）甲乙两人以二字钳羊马正身马姿势相对而立，甲方以双伏手放松置于乙方双摊手之上；两人四臂向中线靠拢相接，均以肘底力催手臂指向对方身体中线（如图 069）。

（2）乙方驱动右臂上翻为膀手，膀手劲力指向甲方中线，同时乙方左摊手向甲方中线挤靠；甲方感应到乙方摊膀手形成螺旋之力冲自身中线，立刻将双伏手紧贴乙方双臂，向其中线翻滚挤靠，也冲击乙方中线（如图 070）。

（3）乙方左臂迅速上翻为膀手，膀手劲力再次逼向甲方中线，同时乙方右摊手再次向甲方中线挤靠；甲方感应对方的螺旋冲力，同样滚动双臂相抗，两人形成互冲对方中线的局面（如图 071）。如此反复训练，疲惫时恢复伏手与摊手相接的姿势（如图 072），放松休息片刻。

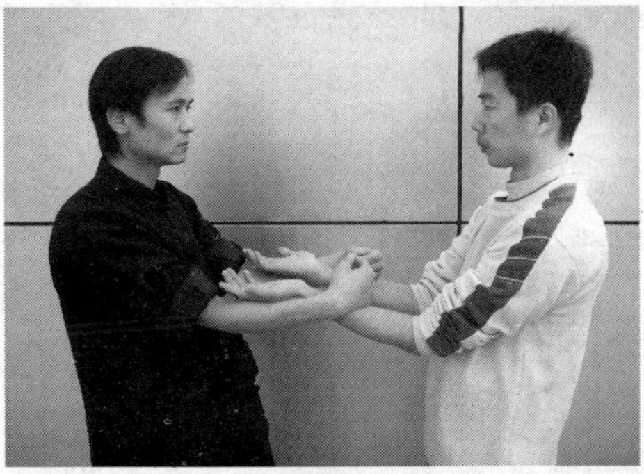

图 069

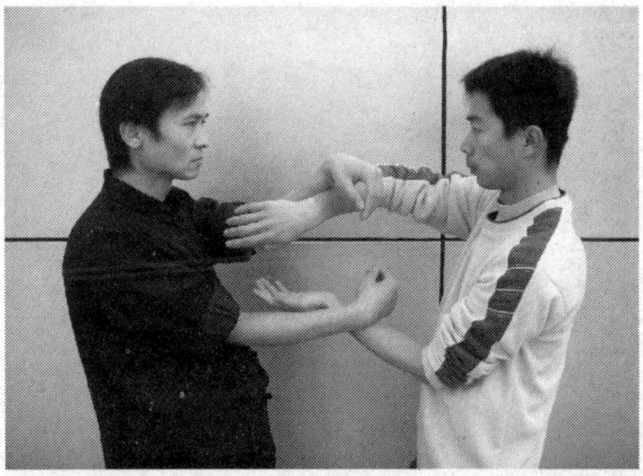

图 070

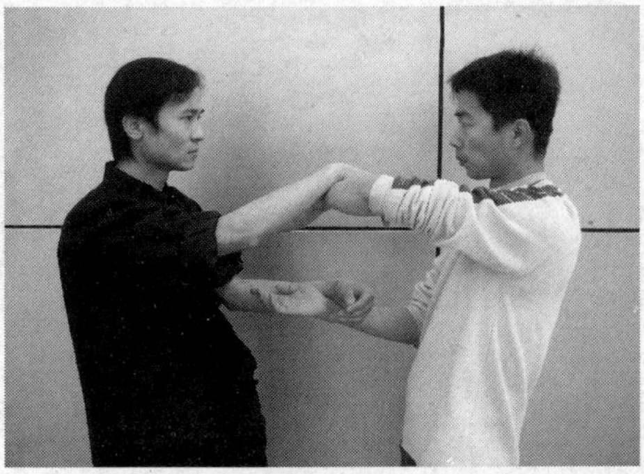

图 071

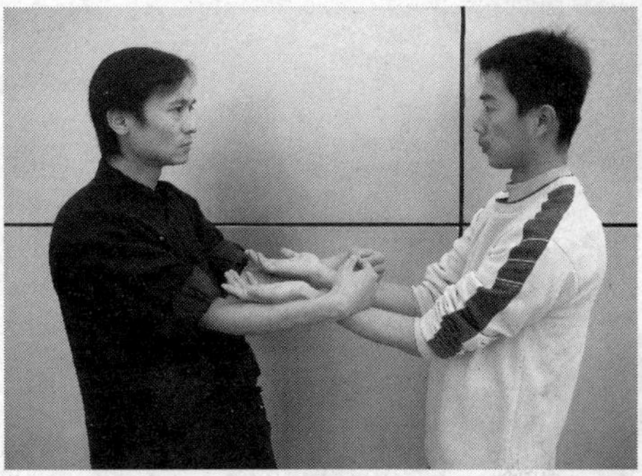

图 072

以上为双盘手螺旋发力的两种训练方式。甲乙两人如此反复驱动双臂上下螺旋翻滚不停，以调动腰马之力通过身体传递至手臂，施加于对方身体中线；如此不断翻滚弹抖，久练之下，必然能将手臂练出如藤条一般的劲力，同时促使周身筋骨之力大增。

作 者 简 介

邬焜，男，1953 年生，河北保定涞源人。现任西安交通大学国际信息哲学研究中心主任、校学术委员会委员、二级教授、博士生导师。享受国务院特殊津贴专家。兼任国际信息研究学会（International Society for Information Studies，IS4IS）副主席及该研究会中国分会副主席，中国自然辩证法研究会理事及复杂性与系统科学专业委员会副理事长，中国辩证唯物主义研究会理事，陕西省自然辩证法研究会理事长，陕西省价值哲学学会副会长、陕西省哲学学会常务理事，等等。已出版专著 20 部、译著 2 部、教材多部，发表中、英文学术论文 360 余篇；独立承担和主持包括多项国家社会科学重点、一般项目在内的科研课题 17 项；先后获得包括多项省部级一、二等奖在内的各项科研奖 50 余项。主要学术贡献是，将信息概念作为哲学的最基本范畴之一引入哲学，建立了信息哲学，在信息本体论、信息认识论、社会信息论、信息进化论、信息价值论、信息思维论等领域都进行了独创性的研究。在哲学基础理论、自然哲学、现代系统科学、信息科学、熵理论、复杂性理论等一些极为广泛的哲学与科学的领域中，阐发过一些颇有影响的独到见解。此外，用信息科学和信息哲学及复杂性理论的方法对人类古代哲学（包括古希腊哲学、中国古代哲学和印度古代哲学）中的某些理论进行了颇具特色的解读。在国内外学术界影响广泛，被誉为“信息哲学的开拓者”“信息哲学的创立人”“信息哲学第一人”。

本成果由西安交通大学人文社会科学学术著作出版基金资助出版

A New Form of Dialectical Materialism:

New Achievements Based on Contemporary Science and Information Philosophy

辩证唯物主义新形态

——基于现代科学和信息哲学的新成果

邬 焜◎著

科学出版社
北京

内容简介

人类的唯物论、辩证法思想的发展经历了古代唯物论和辩证法、近代唯物论和辩证法、客观唯心主义辩证法、马克思主义的辩证唯物主义等不同历史发展阶段。考察历史上相关哲学家们的学说，唯物主义和唯心主义、辩证法和形而上学并不总是截然分属于不同的学者，很多学者的学说都具有多重向度的杂糅性。马克思、恩格斯创立的马克思主义哲学是辩证唯物主义哲学的第一个历史形态。立足于当代科技、经济、社会发展，以及信息哲学的新成果，建构辩证唯物主义的第二个历史形态乃是当代马克思主义哲学家们的重大历史使命。由于在存在领域划分方式这一哲学最高范式的层面实现了根本性的转换，将要建立的辩证唯物主义的第二个历史形态将在哲学的所有领域引发全面而深刻的变革，这一变革不仅是对马克思主义哲学的发展和与时俱进，而且是对人类历史上所有形态的传统哲学的超越。

本书适合马克思主义哲学、西方哲学、东方哲学、中国哲学、科技哲学等领域的学生和研究人员，以及爱好哲学的读者阅读。

图书在版编目(CIP)数据

辩证唯物主义新形态：基于现代科学和信息哲学的新成果 / 邬焜著.
—北京：科学出版社，2017.11
ISBN 978-7-03-055215-0

Ⅰ. ①辩…　Ⅱ. ①邬…　Ⅲ. ①辩证唯物主义－研究　Ⅳ. ①B02

中国版本图书馆 CIP 数据核字（2017）第 271529 号

责任编辑：邹　聪　刘　溪　乔艳茹 / 责任校对：何艳萍
责任印制：李　彤 / 封面设计：有道文化
编辑部电话：010-64035853
E-mail:houjunlin@mail. sciencep.com

科学出版社出版
北京东黄城根北街 16 号
邮政编码：100717
http://www.sciencep.com
北京建宏印刷有限公司 印刷
科学出版社发行　各地新华书店经销
*
2017 年 11 月第　一　版　开本：720 × 1000　B5
2023 年　1 月第三次印刷　印张：39　插页：1
字数：659 000
定价：168.00元
（如有印装质量问题，我社负责调换）

前言

从19世纪中叶马克思和恩格斯最初创立辩证唯物主义学说的年代算起，已经过去170多年了。在这170多年的历史中，辩证唯物主义哲学的发展虽然经历了列宁依据当时科学的发展对唯物主义思想进行了重新阐释的阶段，但是，相关的学说在之后的苏联哲学和中国哲学的发展过程中却日益陷入了教条化、机械化的境地。马克思、恩格斯和列宁的极为丰富而鲜活的思想隐而不见了，留下来的也只是依据导师们思想的某些方面的意见，经过绝对化、简单化的理解和阐释而得出的某些教义式的相关原则，例如，传统辩证唯物主义教科书所罗列的两大特征和三大规律，以及对它们的简单性和片面化的解释。

面对这一情景，当代的一些哲学家对马克思主义哲学采取的态度十分不同。有些坚持用辩证唯物主义来概括马克思主义哲学的哲学家也坚持着后人强加给这一学说的简单化教义；有些哲学家在不满这些简单化教义的同时对辩证唯物主义这一提法采取了拒斥的态度，并尝试用其他一些提法来概括马克思主义哲学的性质，如实践唯物主义；还有一些学者，在批判简单化教义的同时，也抛弃了马克思主义哲学本身，更有甚者则干脆一窝蜂地倒向了当代西方的意识哲学，尤其是倒向了当代西方意识哲学中的现象学思潮，在这一倒向中，不仅唯物主义被悬置了，而且辩证法也被拒斥了。

在时下的中国，还没有哪一种哲学像马克思主义哲学，或者说是像辩证唯物主义哲学那样陷入了一个十分复杂的境地：一方面，马克思主义哲学，或者说是辩证唯物主义哲学在相关的党政文献中，在相关官方的讲话中，在学校教育的体制中，仍然处于国家哲学的正统地位，是我们的指导思想；另一方面，在学术界的讨论中，在不同版本的教科书中，马克思主义哲学，或者说是辩证唯物主义哲学又具有十分不同的面孔，甚至连名称都有所不同，比如，有的教科书用“实践唯物主义”的提法来替代辩证唯物主义的提法，有的学者宣称要“回到马克思”，有的学者则宣称“马克思主义哲学要现代化”。

面对如此情景，我们有理由提出如下一些问题：实践概念本身还有没有一个从什么角度去理解的问题，如：是辩证的实践观，还是实用主义或人本主义的实践观？不回到马克思的时代，我们能真正回到马克思吗？现代化了的马克思主义哲学还是马克思的哲学吗？

当我们说我们的指导思想是辩证唯物主义的时候，我们是否意识到在不同的历史时期辩证唯物主义也应该有它的不同形态呢？这就不能不引发我们去做更进一步的思考。立足于当今时代，依据当代科学、技术、经济、社会发展的最新成果，我们又应当建构怎样一种辩证唯物主义学说呢？

既然辩证唯物主义哲学应该有不同的历史形态，那么我们又应当以哪一种形态的辩证唯物主义来指导我们的思想和实践呢？

事实上，如果我们没有建构或没有掌握一种更切合我们所处时代的全新形态的辩证唯物主义，那么，在我们一般言说的话语体系中，在我们一般人的思想深处，辩证唯物主义便只能是那个传统形态的辩证唯物主义，或更贴切地说，是那个传统教科书体系的辩证唯物主义。因为我们几代人都是从那个标准化的教科书中学习马克思主义哲学，学习辩证唯物主义的。

其实，马克思主义哲学与辩证唯物主义并不是同等尺度的概念。后者更具有一般称谓的性质。正如人类历史上的辩证法和唯物论都有不同的历史形态一样，辩证唯物主义也应该有不同的历史形态。马克思、恩格斯创立的马克思主义哲学是辩证唯物主义的第一个历史形态，而在今天，作为马克思主义哲学的继承人，首要的任务并不是简单地“回到马克思”，而是立足于当代科学、技术、经济、社会发展的最新成果，合理建构一种新形态的辩证唯物主义学说。这一新的学说便应该是辩证唯物主义的第二个历史形态。

如果说我们要“回到马克思”，这在绝对的意义上是不可能的，因为我们已经离开了马克思当年所处的时代，但是，这并不意味着“回到马克思”没有什么积极的意义和价值。今天所谓的“回到马克思”，是要对马克思当年的学说给出一种尽可能正本清源的解读，这里大概有三个方面的工作要做：一是剔除后人强加在马克思主义学说中的教条化、简单化的内容，还原马克思主义学说的本真面貌；二是对马克思主义学说中的某些已被遗忘或回避的内容进行重新挖掘和阐释，彰显其在当今时代仍然可能具有的积极意义和价值；三是对马克思主义学说中的某些已经不适合我们时代特征的观点、理论和方法进行评价和修正。

与我们对“回到马克思”的做法所持的观点相一致，我们对“马克思主义哲学的现代化”这一提法也应该作多重意义的分析：首先，从绝对的意义上说，马克思主义哲学是不可能现代化的，因为马克思主义哲学是与马克思本人的工作（扩大了说，最多也只能包括那些曾经有过的少数马克思主义哲学经典作家的工作）和他所处的时代相联系的，如果说是马克思本人不满意当年他的哲学的旧有的形式和内容，今天要对之重新阐释而使之现代化，那么，这便可以被称为是马克思主义哲学的现代化，然而这已经不可能了；其次，在相对的意义上，马克思主义哲学却是可以被现代化的，但是，现代化了的马克思主义哲学却不可能是完全意义上的马克思主义哲学，因为后人对马克思主义哲学的修正和发展如果真的达到了一种现代化的变革，那么，它便应当是一种全新意义的哲学学说，虽然这一学说是从马克思主义哲学那里发展出来的，但是由于实现了现代化的变革，它便具有了新的性质和内容，它便不可能再简单地以马克思主义哲学来命名了；最后，我们还应当意识到，说马克思主义哲学不可能现代化，并不等于说辩证唯物主义哲学不可能现代化，因为辩证唯物主义哲学是一个更为一般性的学科性质的概括，它在不同的历史时期完全可以呈现十分不同的形态。今天，如果从积极的意义上来讲，我们提出“回到马克思”“马克思主义哲学要现代化”这样的口号，其目的也只能是借此途径实现对马克思主义哲学的某种时代性的发展，并相应建立辩证唯物主义的第二个历史形态。

当然，要建立辩证唯物主义的第二个历史形态，仅仅“回到马克思”是不够的，“回到马克思”是为了发展马克思，而发展马克思又必须立足于我们今天这个时代的科学、技术、经济与社会的发展，这就是要使哲学现代化，这就是要建立辩证唯物主义的第二个历史形态。

其实，哲学的现代化要发展的并不仅仅是马克思主义哲学，还包括所有的传统意义上的哲学。只不过，由于长期以来马克思主义哲学是我们的国家哲学，所以，发展马克思主义哲学，转换辩证唯物主义的历史形态，对于我们来说，便具有了十分敏感、特殊而紧迫的意义和价值。

恩格斯曾经指出：“每一个时代的理论思维，从而我们时代的理论思维，都是一种历史的产物，它在不同的时代具有完全不同的形式，同时具有完全不同的内容。”“按照黑格尔的思维方法的一切规则，凡是现实的都是合乎理性的这个命题，就变为另一个命题：凡是现存的，都一定要灭亡。”“黑格尔哲学的真实意义和革命性质，正是在于它彻底否定了关于人的思维和行动的一切结果具有最终性质的看法。”[①] 而我们今天面临的正是一个全新的时代，在这个全新的时代里，人类所有的理论思维成果都有必要在全新的时代之轴上予以重新审视、批判和重建。

马克思主义哲学有一个好的传统，它是与科学、社会的发展相统一的，它主张在哲学与科学和社会之间建立某种相互融合、统一的反馈回环关系，通过这种关系，哲学与科学和社会在复杂的相互作用中共同进步和发展。诚如恩格斯所说：“像唯心主义一样，唯物主义也经历了一系列的发展阶段。甚至随着自然科学领域中每一个划时代的发现，唯物主义也必然要改变自己的形式。”[②]而今天，科学和社会的发展，使我们面临的正是这样一个变革哲学的历史形态，也包括变革辩证唯物主义哲学的历史形态的全新时代。

我们面临一个新的时代，这个新时代的开端是20世纪中叶以来兴起的一场科学技术革命的浪潮，而代表这场新的科学技术革命浪潮的主要学科领域则是当代复杂信息系统理论学科群的崛起。正是这一学科群的崛起把一个全新的科学范式——信息科学范式，突显在时代的前沿。毫不夸张地说，信息科学范式已经统领和渗透到了我们这个时代的几乎所有的领域，诸如信息科学革命、信息技术革命、信息经济革命、信息社会革命、信息时代、信息文明社会等的相关概念、观点和理论已经广为流行和家喻户晓了。

真正的哲学不能落后于它的时代，今天的哲学如果想真正体现这个时代

① 马克思，恩格斯：《马克思恩格斯选集》（第4卷），中共中央马克思恩格斯列宁斯大林著作编译局，译，北京：人民出版社，1995年版，第284，216页。

② 马克思，恩格斯：《马克思恩格斯选集》（第4卷），中共中央马克思恩格斯列宁斯大林著作编译局，译，北京：人民出版社，1995年版，第228页。

的精神，就不能对体现这个时代的精神的信息范式熟视无睹。这就是信息哲学必然产生的时代前提。

然而，当我们对体现当今时代精神的信息范式进行哲学概括的时候，却可能会采取迥然不同的态度和方法。事实上，国内外提出的关于信息的哲学理念已有多种：有把信息当作宇宙的第一性存在的唯信息主义的观念；有从现象学的角度，把信息直接看作意识活动的内容，并对其作出主观化解释的学说；有把信息简单看作一般物质的属性，从而化解其独立性品格的庸俗唯物论的观点。

在我看来，上述三个方面的观点和学说都有其局限性和片面性。我要采取的态度则是，坚持辩证唯物主义的基本理念，一方面承认世界的物质统一性；另一方面又要揭示出信息所具有的不同于物质的独特存在方式和性质，并在此基础上阐明世界的物质和信息二重化存在的性质。这样，信息哲学便在哲学的最高范式（存在领域的划分）的层面上改变了传统哲学的基本信条（存在＝物质＋精神），并在对存在领域进行新的划分（存在＝物质＋信息，精神乃是信息的高级形态）的基础上建构出一种全新的信息时代的哲学。由于这一哲学是在哲学的最高范式的层面引发的变革，所以，这样的信息哲学便实现了一场全新的哲学革命。又由于这样的信息哲学具有辩证唯物主义的性质，所以，这样的信息哲学便能够成为建构辩证唯物主义的第二个历史形态的基础。

本书的目的就是要基于当代科学、技术、经济与社会发展的最新成果，基于信息哲学的相关观点、理论和方法，在对人类哲学史上相关的唯物论、辩证法、辩证唯物主义的基本观点和理论进行批判性分析的基础上，建构出辩证唯物主义的第二个历史形态的基本内容、观点和理论。

如果从1980年我完成的一篇相关论文《思维是物质信息活动的高级形式》(《兰州大学学生论文辑刊》1981年第1期)算起，我基于辩证唯物主义的基本理念，在信息哲学领域的研究已经持续了36年，在此期间发表的众多论文和著作都涉及了变革辩证唯物主义哲学的内容。

下面的几篇论文更为直接地涉及了这一主题，尤其值得列出：

《物质和信息：统一而双重的世界》，《西北大学学报》(哲学社会科学版)1991年第2期；

《试论对立统一模式的多样性(上)》，《人文杂志》1994年第6期；

《试论对立统一模式的多样性(下)》，《人文杂志》1995年第1期；

《对辩证哲学中若干问题的思考——兼答朱宝信先生》，《系统辩证学学报》1997年第4期；

《"客观实在""实体唯物论""唯能论"与唯物论的非实体化——论列宁的"客观实在"物质观的科学价值》，《西安交通大学学报》(社会科学版)2004年第2期；

《当代科学影响哲学的几个重要基础理论问题》，《自然辩证法研究》2005年第7期；

《论马克思和恩格斯"全面生产"理论的复杂性特征——对机械唯物史观的批判》，《中国人民大学学报》2006年第6期；

《是辩证唯物主义还是实践唯物主义——关于马克思主义哲学的本质之争的讨论》，《社会科学研究》2013年第1期；

《建立辩证唯物主义哲学第二个历史形态的构想》，《江海学刊》2013年第6期；

《恩格斯和列宁的唯物论学说》，《马克思主义哲学论丛》第3辑。

建构辩证唯物主义的第二个历史形态是当代中国马克思主义哲学家的一个重大历史使命。由于在存在领域划分方式这一哲学的最高范式的层面实现了根本性的转换，合理建构的辩证唯物主义的第二个历史形态在哲学本体论、认识论、演化论、实践和生产论、价值论、人和社会的本质及发展方式论，以及在辩证法的基本原则和规律的具体阐释的相关理论中都引发了全面而深刻的全新变革。

本书的内容仅仅是一个初步的探讨，目的在于抛砖引玉。如果能够由此吸引更多的同人在这一领域进行批评和探讨，我将深感荣幸。

邬　焜

2016年5月3日

目录

第一编 信息哲学的兴起

第四编 马克思主义哲学
——辩证唯物主义的第一个历史形态

导 读

建立辩证唯物主义第二个历史形态的理论研究

本书运用历史考察法、学说比较法、复杂信息系统科学的方法，以及科学哲学化和哲学科学化的方法对人类历史上的唯物论和辩证法学说进行了具体的考察和解读，在此基础上，笔者结合当代科学、技术、经济、社会和哲学发展的现实，创造性地提出了建立辩证唯物主义哲学的第二个历史形态的构想，并初步给出了辩证唯物主义第二个历史形态的基本理论和体系框架。

本书对于梳理、总结人类唯物论和辩证法哲学的发展过程和基本理念，尤其是对梳理、总结辩证唯物主义哲学的发展过程和基本理念，以及对辩证唯物主义哲学的当代发展具有重要的学术价值。本书所提出的基本观点和理论对于开拓全新的哲学研究和指导科技、经济和社会的发展无疑也具有广泛的应用价值。

人类的唯物论、辩证法思想的发展经历了古代唯物论和辩证法、近代唯物论和辩证法、近代黑格尔（Georg Wilhelm Friedrich Hegel，1770—1831）客观唯心主义辩证法、马克思主义的辩证唯物主义等不同历史发展阶段。信息时代的辩证唯物主义的哲学家们要真正坚持和发展辩证唯物主义哲学，并使自己的哲学能够体现信息时代的时代精神，就不能对突显出的信息范式熟视无睹。立足于当代科学、技术、经济与社会发展的新成果，立足于当代信息哲学的新成果，建构辩证唯物主义的第二个历史形态乃是当代马克思主义哲学家们的重大历史使命。合理建构的辩证唯物主义的第二个历史形态在哲学本体论、认识论、演化论、实践和生产论、价值论、人和社会的本质及发展方式论，以及在辩证法的基本原则和规律的具体阐释的相关理论中都引发了全面而深刻的全新变革。由于在存在领域划分方式这一哲学的最高范式的层面实现了根本性的转换，辩证唯物主义的第二个历史形态不仅是对马克思主义哲学的发展，而且是对人类历史上的所有形态的传统哲学的超越。

我们面临一个新的时代，这个新时代的开端是 20 世纪中叶以来兴起的一场科学技术革命的浪潮。而代表这场新的科学技术革命浪潮的主要学科领域则是当代复杂信息系统理论学科群的崛起。正是这一学科群的崛起把一个全新的科学范式——信息科学范式，突显在时代的前沿。毫不夸张地说，信息科学范式已经统领和渗透到了我们这个时代的几乎所有的领域。真正的哲学不能落后于它的时代，今天的哲学如果想真正体现这个时代的精神，就不能对体现这个时代的精神的信息范式熟视无睹。这也是当代信息哲学必然产生的时代前提。

近 30 多年来，在中国兴起和发展着的信息哲学有一个好的倾向，即相关的理论建构一方面坚持辩证唯物主义的基本理念，承认世界的物质统一性和辩证运动性；另一方面又力图揭示出信息所具有的不同于物质的独特存在方式和性质，并在此基础上阐明世界的物质和信息二重化存在的性质。这样，信息哲学便在哲学的最高范式（存在领域的划分）的层面上改变了传统哲学的基本信条（存在=物质+精神），并在对存在领域进行了新的划分（存在=物质+信息，精神乃是信息的高级形态）的基础上建构出一种全新的信息时代的哲学。由于这一哲学是在哲学的最高范式的层面引发的变革，所以，这样的信息哲学便实现了一场全新的哲学革命。又由于这样的信息哲学具有辩证唯物主义的性质，所以，这样的信息哲学便能够成为建构辩证唯物主义的第二个历史形态的基础。

本书的内容具体包括：前言、导读、第一至第五编（34 章）。

一

本书的第一编“信息哲学的兴起”具体回顾和探讨了当代信息哲学兴起

和发展的过程、信息哲学的性质，以及中国信息哲学发展的基本阶段、核心范式及其国际影响。

笔者把信息世界的发现看成是20世纪中叶以来人类创新知识发展过程中的“科学的汇流、科学与哲学的汇流”的结果。其中最主要的是第三次科学技术革命的爆发所导致的复杂信息系统学科群的崛起。在这一学科群崛起的过程中提出了四大全新的科学研究纲领：系统科学研究纲领、信息科学研究纲领、自组织科学研究纲领和复杂性理论研究纲领。而在这诸多全新研究纲领中，信息科学研究纲领最具有全新改造人类科学范式、哲学范式的一般世界观和方法论的意义和价值。

笔者指出，信息哲学首先于20世纪80年代中叶在中国创立。《哲学信息论要略》（邬焜，《人文杂志》，1985年第1期）、《哲学信息论导论》（邬焜、李琦，陕西人民出版社，1987年版）是信息哲学创立的标志性成果。这比西方信息哲学的创立者英国学者弗洛里迪发表的标志性成果——*What Is the Philosophy of Information*？（《什么是信息哲学？》）（*Metaphilosophy*，2002，33（1/2）：123-145）要早15～17年，并且更为系统、全面和深刻。

笔者把中国信息哲学的兴起和发展历程分为三个阶段：20世纪70年代末到80年代的探索与创立期；20世纪90年代的退潮和深化研究期；21世纪以来的成熟发展、被再度关注和国际化发展期。笔者认为，中国人自己提出的有影响的信息哲学的核心理论范式大致有五种：状态说、相互作用说、反映说、意义说、自身显示的间接存在说。

目前，中国的信息哲学研究已经在国际上赢得了很高的声誉，很多西方学者都发表文章给出了高度的评价。由中国学者开创、主持的首届和第二届国际信息哲学研讨会分别于2013年和2015年在中国西安和奥地利维也纳召开。目前已有规划，第三届国际信息哲学研讨会将于2017年在瑞典哥德堡召开。

二

本书的第二编“人类古代哲学中的唯物论和辩证法”在对唯物主义和辩证法的基本观点进行了具体讨论之后，对人类古代哲学（包括古希腊哲学、中国古代哲学和印度古代哲学）中的唯物论和辩证法思想进行了梳理、概括和总结。

笔者认为，辩证唯物论最基本的观点是，在承认世界的物质统一性的基础上，同时承认世界是一个多样性和多重性存在的统一体，并把这些具有不同质的规定的多样性和多重性存在看作一个普遍相互作用、相互联系和相互规定，不断生成、运动、变化、转化、演化、进化或消亡的过程。

在对人类古代哲学的相应观点、理论和特征进行了具体考察分析的基础上，笔者指出：在人类的古代哲学中，唯物论和神学观念、唯物论和辩证法、唯物论和形而上学、唯心论和辩证法、唯心论和形而上学、简单性观念和复杂性观念往往处于某种天然交织、贯通和融合的状态之中，从而呈现出相应学说的一些基本特点。对人类古代哲学的这种杂糅性质的分析有助于我们超越以往相关分析的简单性、片面化的局限，使我们能更合理而全面地认识人类古代哲学的具体特质和整体风貌。

笔者还进一步强调：总的来看，囿于科学技术和经济社会发展的水平与程度的限制，人类历史上的唯物论和辩证法学说还都只是在物质和精神、主体和客体这样的对立两级的关系中来阐释事物存在、运动、变化、演化或发展的规律，虽然在某些哲学家，如亚里士多德、黑格尔、马克思、恩格斯、列宁，以及古印度和古代中国的某些哲学家的学说中也涉及“差异”“多元性”“多样性”“整体性”“有中介的相互作用”的论述，虽然这样的一些相关论述都或多或少地具有信息、系统或复杂性的韵味，但是，由于这些因素并未成为那些时代的哲学本体论层面的基本规定，所以，以往的哲学在总体上都缺乏信息、系统和复杂性的维度。这样的哲学，都还只能是简单性的哲学。这就导致这些相关的哲学理论缺乏对物质统一性、主体与客体相互关系的具体过程和机制的描述，从而也导致其所阐释的相应辩证法原则和规律的简单性、片面性、绝对化。当代科技革命发展的相关成果，尤其是当代复杂信息系统理论的相关成果，以及当代信息哲学所建构的相关理论，则可能在某种特定层次、角度和方面不同程度地克服传统唯物论和辩证法所存在的上述局限。因此，这些相应的科学和哲学的成果能够成为我们建构辩证唯物主义新形态的科学基础与理论前提。

三

在本书第三编“近代哲学中的唯物论和辩证法思想”中，笔者运用当代复杂信息系统方法对西方近代哲学中诸多有影响的哲学家的相应观点和理论进行了批判性的分析与讨论。在其相应的具体阐释中，笔者并未像以往的某些哲学史家那样，把这一时期的哲学家们简单区分为唯心、唯物，机械、辩证。笔者认为，除个别例外，这一时期的哲学家们的哲学大都在不同程度上具有唯物和唯心、机械和辩证相互杂糅的性质。

在这一编中，笔者具体探讨的这一时期的哲学家的相应思想包括：弗兰西斯·培根（Francis Bacon, 1561—1626）、托马斯·霍布斯（Thomas Hobbes，1588—1679）的唯物论和机械论中的辩证法；约翰·洛克（John Locke，1632—1704）的唯物和唯心、机械和辩证杂糅的哲学；斯宾诺莎（Spinoza，1632—1677）的神即自然实体的多面孔杂糅的哲学；狄德罗（Denis Diderot，1713—1784）的唯物辩证法哲学；拉美特利（La Mettrie，1709—1751）、爱尔维修（Claude Arien Helvetius，1715—1771）、霍尔巴赫（Paul Henri D'Holbach，1723—1789）的唯物机械论哲学中的某些辩证因素；笛卡儿（Rene Descartes，1596—1650）和费尔巴哈（Ludwig Andreas Feuerbach，1804—1872）的唯物主义；莱布尼茨（Gottfried Wilhelm von Leibniz，1646—1716）的客观唯心主义、形而上学和辩证法；黑格尔的客观唯心主义辩证法。

四

在本书的第四编“马克思主义哲学——辩证唯物主义的第一个历史形态”中，笔者对马克思主义哲学的基本性质及其相应的某些基本理论进行了分析、讨论和阐释。

在讨论马克思主义哲学的基本性质时，笔者强调指出：实践唯物主义的说法只是从某种特定角度切入的一种特称，且有赖于运用辩证法的原则对其进行具体解读，所以，实践唯物主义这一术语并不能完全包容和覆盖辩证唯物主义的全部内容。用辩证唯物主义这一术语来称谓马克思主义哲学彰显的是一种具有普适性的全新哲学形态。这正是马克思主义哲学在人类哲学史上应有之地位的体现。

在这一编中，笔者集中论述了马克思、恩格斯对自然概念多维综合的唯物辩证认识，恩格斯和列宁的唯物论学说，马克思、恩格斯“全面生产”理论的复杂性特征，以及马克思主义的辩证法等方面的内容。

在这些相关内容的阐释中，笔者一方面对传统马克思主义哲学教科书中相关理论的简单性、机械论和绝对化的倾向予以了批判，另一方面又对马克思主义哲学的复杂性特征进行了具体的挖掘和阐释。另外，笔者还对马克思主义哲学的相关理论的历史局限性进行了讨论。

笔者指出：恩格斯和列宁的相关学说代表着马克思主义唯物论学说发展的两个不同阶段。存在领域的划分方式是哲学的最高范式。恩格斯把哲学基本问题具体表述为“物质和精神的关系问题”的依据在于把存在的范围划分为物质和精神两大领域，这是有史以来传统哲学对存在领域进行划分的一种基本模式。由此看来，恩格斯所说的哲学基本问题并不基本。恩格斯把质量当作物质的基本量纲，这是旧唯物论学说的基本特征。列宁用“客观实在”定义物质，能够很好地包容物质存在方式的多样性，但仍然坚持了传统哲学对存在领域分割的基本模式。与恩格斯不同，列宁提出的一切物质都具有类反映特性的观点则为改变传统哲学的存在领域划分方式打开了一个缺口。

在论及恩格斯的辩证法思想时，笔者指出：在恩格斯的观念中，辩证法并不仅仅是一种认识的方法，它还具有客观自然的性质。在恩格斯看来，辩证法的基本观点就是把所有事物都看成是在普遍联系的相互作用中永恒变化、运动的过程。恩格斯提出的很多辩证法思想都与当代科学的相关理论相契合，例如，普遍差异必然产生普遍相互作用；相互作用必然通过中介环节；事物整体演化具有进化和退化两个分枝相互转化的永恒大循环的特征；某些蕴涵着全息论的思想；等等。

五

在本书的第五编“辩证唯物主义的第二个历史形态”中，笔者利用自己在 30 多年研究的基础上所获得的相关成果，对自己所提出的辩证唯物主义新形态的基本理论进行了阐释。

第一，对存在领域进行了新的划分，提出了“物质和信息：统一而双重的世界”的全新的唯物主义的本体论哲学。把信息的本质规定为：“信息是标志间接存在的哲学范畴，它是物质（直接存在）存在方式和状态的自身显示。”信息包括自在信息、自为信息、再生信息三种基本形态和社会信息的综合性形态。传统哲学中所阐释的精神世界只是自为信息和再生信息的形态。

第二，建构了哲学认识论的信息中介说。这一学说包括有机联系的两个部分：人的认识发生的信息中介说；人的认识过程和机制的信息建构和虚拟说。在相应的探讨中，笔者具体揭示了人的信息活动的层次；探讨了人的信息活动层次间相互作用的过程和机制；提出了人的认识的种系发生和个体认识结构建构的信息活动机制和过程。在对西方意识哲学，包括现象学的简单性、片面性、绝对化和单极性特征进行批判的基础上，把人的认识活动看作是一个在多级中介、多维综合的复杂性信息建构和虚拟中的“涌现”。在这一过程中所涉及的中介因素包括五个方面：客体信息场、主体生理结构、主体认识结构、主体物化工具、主体历史（自然史和社会史）的发生维度。

第三，提出了在相互作用中通过信息的凝结而实现的时空内在融合、全息映射的新的时空观，以及物质和信息双重演化的理论。

第四，提出人的多维存在性，以及社会的信息本质和信息进化的理论。在具体揭示人的遗传信息结构的自然和社会双重维度表达机制的基础上，探讨了人的自然、社会、生理、心理和行为本质的全息映射和规定的内在统一性。强调指出“能动地把握、利用、开发、创造和实现信息是人类社会的本质”，而“把握、利用、开发、创造和实现信息的间接化（社会化）的程度是社会进化的尺度”。

第五，建立了信息价值论学说。这一学说不仅可以合理包容自然价值和信息价值，还能合理包容人的价值和社会的价值，进而为发展当代信息生态文明提供哲学基础。

第六，依据物质守恒、信息不守恒的科学原理，提出信息生产是人类生产活动的实质的理论，并相应在物质和信息的双重维度上探讨了人类生产力的微观和宏观结构。

第七，对传统教科书中关于辩证法的特征和规律的学说进行了重新考察，有完善、有批判、有修正。其中重要的观点有当代信息科学和信息哲学为辩证法普遍联系的原则提供了具体过程、机制和效应的清晰、科学而合理的说明，如相互作用的普遍中介、信息关联、全息映射等；以往的辩证法关于事物对立统一关系的讨论往往具有两极化、截然二分的简单性特征，当代复杂信息系统理论关于多元协同、普遍差异、多级中介、多元对立等诸多方面的理论为对立统一规律提供了新的阐释方法；进化质变是一种新质的涌现，其形式只能是突变的，并且，在事物由量到质进化的分叉质变点上，除了量的积累之外，还需要有偶然因素的选择作用；事物的发展有其极限，世界整体和具体事物的演化在大的方向上有进化和退化两个分支，不可能是永恒发展的，而只可能是永恒循环的；否定之否定规律只适用于对进化过程的描述，并不具有普适性。

在本书的最后，笔者写下了如下一段文字：

> 辩证法并不是一种僵死的只能描绘某种单一模式的学说，它在本质上是一种能够容纳多样性和整体性在自身之中的哲学。辩证法的这一哲学性质决定了它是一个开放的体系，它能不断从发展着的科学中汲取新思想，并在对这些新思想的合理性批判中实现自我批判，从而不断发展自己。如果一种辩证哲学总是与发展着的科学处于相互排斥的状态，那么这种哲学便一定是迷失了它的辩证本性的哲学。这样的辩证哲学如果不能在自我超越的自我批判中获得再生，那么就一定会走向反面——形而上学。在这里，辩证法和形而上学也是可以相互贯通、相互过渡和相互转化的，在这两者之间同样不存在万古不变的、绝对分明的界限。

第一编
信息哲学的兴起

题记：

任何真正的哲学都是自己时代的精神上的精华，因此，必然会出现这样的时代：那时哲学不仅在内部通过自己的内容，而且在外部通过自己的表现，同自己时代的现实世界接触并相互作用；那时，哲学不再是同其他各特定体系相对的特定体系，而变成面对世界的一般哲学，变成当代世界的哲学。各种外部表现证明，哲学正获得这样的意义，哲学正变成文化的活的灵魂，哲学正在世界化，而世界正在哲学化。

——马克思：《〈科隆日报〉第 179 号的社论》，载《马克思恩格斯全集》（第 1 卷），北京：人民出版社，1995 年版，第 220 页

第1章 信息世界的发现

20世纪下半叶以来，世界范围内的信息科技革命、信息经济、信息社会的崛起，科学的信息科学化、社会的信息化、信息的社会化的全面发展和进步，集中而强烈地呼唤着一种新的时代哲学——信息哲学的诞生。

1.1 科学的汇流、科学与哲学的汇流

现代科技革命的浪潮将人类推进到一个崭新的时代，毫无疑问，在这个崭新的时代里，无论是科学还是哲学都将再次实现某种全新的综合。追溯这个全新综合的源头，我们发现，它是和一个新的世界——信息世界的被发现相关联的。信息世界与以往的科学和哲学所注重研究与阐释的那个“实在”的物质世界虽然具有不可分割的联系，但是，这两个世界又明显地呈现着各自不同的存在方式、价值和本性。信息世界是一个和物质世界不同的全新的世界，这个全新世界的被发现从根本上改变了我们对世界的看法，为现代科学和哲学正在进行着的，以及将要完成的全新综合提供了基础性条件。

信息世界的发现及信息哲学的兴起是在科学的汇流、科学与哲学的汇流中所实现的全新综合。

信息世界的发现，首先应该归功于具体科学的理论性和实用性研究。

我们有理由把19世纪中叶建构起来的物理学的熵理论看作是发现信息世界的序幕，因为正是物理学中的熵理论首先把结构的观念、关系的观念和演化的观念引入了科学研究的视野，只不过当时的研究还具有三个方面的局限：其一是其研究的范围还仅仅限于热力学和分子物理学领域；其二是它所注重研究的还只是在孤立系统中发生的退化演化的方向；其三是它所运用的基本概念——熵，还具有很大的模糊性和猜测性。

虽然最初的物理学中的热熵和统计熵理论的研究具有多方面的局限性，但是，它毕竟开启了一种新的观念、新的理论和新的思维方式。在此基础上，后续发展起来的一系列相关学科理论逐步克服了原有的局限性，展示了这种新观念、新理论和新的思维方式的无穷魅力。这些相关学科中的理论包括：通信领域中的信息熵理论、生命科学中的生命信息遗传理论、控制论中的信息反馈的负熵论、物理学和耗散结构论中的负熵论、协同学中的信息系统自组织理论、超循环理论中的信息密码子构架理论、数学中的有序相变的突变论、复杂系统研究中的信息分层与内反馈环链理论、虚拟现实与纳米科学、相关的网络与全息理论、信息经济与信息社会的理论、认知的信息加工理论等。这些学科和理论都是对信息世界进行具体研究的不同支脉，而这些不同支脉的汇流及在几乎整个自然科学、社会科学与思维科学领域中的拓展乃是新的科学和哲学综合的标志。

信息世界的发现还应该归功于众多科学家和哲学家对信息本质的深入讨论，这种讨论导致了建立在对信息本质的不同理解的基础之上的种种信息哲学的兴起。在这一方面所实现的则是科学与哲学的汇流。

科学间的汇流，以及科学和哲学的汇流，正是我们这个时代的特征，而信息世界的被发现，以及这个世界给我们的世界观所带来的根本性变化，则正是在时代的这一汇流中实现的。

1.2 第三次科学技术革命的兴起

1. 第三次科学革命

上面罗列的众多科学汇流中的学科理论展示了一场全新的科学和技术革命的浪潮。上演了一场揭示信息世界的非凡价值和普遍性品格的科技发展的大戏。我们把这个自20世纪中叶以来所不断生成和发展着的领域，看成是一个全新的复杂信息系统理论学科群的崛起。正是这一学科群的崛起标志着人类第三次科学革命的爆发，同时，在这场科学革命的基础上又爆发了一场全新的技术革命。与之相应的则是一种全新的科学范式——信息科学范式，一种全新的科学世界图景——信息系统复杂综合的世界图景，一种全新的科学思维方式——信息思维的涌现。

可以把标志第三次科学革命的复杂信息系统理论学科群的崛起具体分为三个阶段。

第一阶段是信息系统科学的基础理论创立期（20世纪40～50年代初），诞生的主要学科包括分子生物学、一般系统论、通信信息论、一般控制论等。正是这样一些学科的诞生，把熵和信息的理论统一起来，并应用和推广到更为广泛的科学研究的领域，相继建立了通信领域中的信息熵理论、生命科学中的生命信息遗传理论、控制论中的信息反馈的负熵论，以及系统科学的结构、关系、整体性、信息和功能相统一的科学观念。

第二阶段是信息系统自组织理论发展期（20世纪60年代末至80年代初），创立的主要学科包括耗散结构论、协同学、超循环理论、突变理论等。正是这样一些学科的诞生，把熵和信息的理论拓展到对进化系统的研究，并相应地提出了关于系统演化过程和机制的开放性、非平衡性、非线性、非连续性、时间的不可逆性、基于偶然性涨落的进化的分叉性，以及相应信息密码子建构、复制、变异和复杂化重组的自组织进化的理论。

第三阶段是复杂性信息系统理论研究期（20世纪70年代中期以来），创立的主要学科包括分形几何学、混沌理论、全息论、虚拟现实科学、纳米科学、量子信息科学、认知的信息加工理论，以及专门针对复杂信息系统进行研究的理论等。在专门针对复杂信息系统进行研究的理论中，最著名的有美国圣塔菲研究所（Santa Fe Institute，SFI）提出的复杂适应系统理论，法国的埃德加·莫兰（Edgar Morin）研究机构所提出的复杂范式理论，以及中国的钱学森学派提出的复杂巨系统理论。正是这一阶段的研究，把20世纪中叶以来发展起来的相关领域的学科群的研究推向了一个更为发展的阶段，从而揭示了事物空间结构的层次性和跨越不同尺度的自相似性，以及事物性质的宏观涌现性和微观涌现性、事物有序进化的偶然性和不确定性，并相应地提出了关于信息分层与内反馈环链的理论、虚拟构造与自然事物在原子和分子尺度上甚至在量子水平上的物形信息编码的理论、相关的网络与全息理论、人的认识发生的信息加工理论等。

2. 第三次技术革命

在第三次科学革命基础上爆发的第三次技术革命，又称新技术革命或信息革命。

这场技术革命可以分为三大阶段。

第一阶段爆发于 20 世纪 40 年代后期至 50 年代，计算机技术和空间技术的诞生是其主要标志。

第二阶段爆发于 20 世纪 70 ～ 80 年代末，微电子、生物工程、空间技术、海洋开发、新材料、新能源等领域的诞生是其主要标志。

第三阶段爆发于 20 世纪 80 年代末以来，信息网络技术、多媒体技术、虚拟现实技术（灵境技术）、新生物工程（无土细胞组织培养、人类基因组测序、高等动物自体克隆技术）、纳米技术，以及新近发展起来的大数据和云计算技术等领域是其主要标志。

第三次技术革命爆发的三个阶段也恰恰对应着人类计算机技术发展的三大里程碑：计算机的研制成功、计算机的微型化、计算机的网络化。而在第三次科学革命中崛起的复杂信息系统理论学科群则构成了第三次技术革命的科学基础。

第三次技术革命的发展特点是，各相关技术领域的突破性变革并不是各自孤立地呈现出来的，而是在相互渗透、促进、支撑、协同、影响中形成新兴技术群体迅速崛起的局面；各相关新兴技术领域的相互渗透、促进与协同形成了一股强大的综合力量，共同推动人类社会生产力的发展，进而极大地改变着整个人类社会的面貌。第三次技术革命对人类社会的全方位的综合变革作用，最终宣告了工业文明的终结和信息社会文明的崛起。

1.3 第三次科学革命中提出的四大研究纲领

20 世纪以前的科学崇尚“还原论”的科学研究纲领，这一纲领主张从构成事物的微观构件的性质的探讨中便可以透析出事物的本质。随着复杂信息系统科学学科群的崛起，科学界提出了区别于“还原论”科学研究纲领的新的四大科学研究纲领。

1. 系统科学（整体主义）研究纲领

第二次科学革命中诞生的系统科学，强调了与“还原论”相悖的另一种“整体主义（整体涌现论）”的科学研究纲领，这一纲领强调了事物整体性质具有超越其组成部分性质的全新意义和价值。按照系统科学研究的开创者贝塔朗菲（Ludwig von Bertalanffy）的说法，他所创立的“一般系统理论是关于‘整体性’的一般科学”，“整体化是系统的一般理论的核心”，而“整体大于它的各部分的总和”则“是基本的系统问题的一种表述”。

2. 信息科学研究纲领

第三次科学革命中兴起的包括分子生物学、控制论、通信信息论在内的信息科学，借用信息、编码、程序、反馈、控制、网络、全息等概念，强调了一种通过信息普遍联系、结构化组织、调控和综合建构的信息科学研究纲领。

3. 自组织科学研究纲领

第三次科学革命第二阶段中兴起的耗散结构论、协同学、突变论、超循环理论及广义进化理论等，强调了一种有序生成、维持和增长的自组织科学研究纲领。

4. 复杂性理论研究纲领

20 世纪 80 年代以来，在第三次科学革命第三阶段中兴起的分形几何学、混沌理论、虚拟现实科学、纳米科学、量子信息科学、认知的信息加工理论及复杂系统研究理论等领域培植起了一种全新的复杂性理论研究纲领，这一纲领试图在一个更为综合的层面上，将上述诸多科学研究纲领有机统一起来，以便能够说明我们所面对的这个复杂世界中的复杂事物。

1.4 相关研究领域的局限性分析

20 世纪中叶以来兴起的信息科学研究纲领，在世界范围内掀起了一场广泛而深刻的信息科技革命、信息经济、信息社会的强烈风暴，并由此引发了科学的信息科学化、社会的信息化、信息的社会化的全面发展和进步。然而，这场信息科学的风暴，虽然在技术、经济和社会层面引起了巨大的变革，但是，信息科学作为当代科学范式的研究纲领的意义则一直未能被清晰揭示，信息因素对事物存在和演化的价值也未能被充分认识和挖掘。与之相应的则是统一信息科学及学界公认的信息哲学理论研究的滞后和仍未形成被广泛关注的研究态势的情景。

一个明显的事实是，目前，信息哲学的研究还仅限于个别学者的理论建构领域。由于信息本质的普遍性品格尚未得到学术界的普遍认可，信息概念的普适性问题一直被作为某种存疑的东西而悬置，这不仅影响到信息科学纲领的一般理论层面的发展，即影响到统一信息科学的建立，而且影响到系统科学、自组织理论、复杂性理论的一般理论层面的发展，当然，也影响了这诸多研究纲领走向内在融合的统一综合建构的发展进程。事实上，由于信息科学研究纲领所具有的特殊地位，21 世纪的复杂性研究要真正超越 20 世纪的科学视野，在更高层级上实现新的综合，就必须对信息因素和信息科学纲领加以充分的关注，并给其应有的地位。

目前，越来越多的国内外学者已经意识到，信息科学研究纲领中最为核心的问题是关于信息本质的确定。由于信息具有构成世界存在的基本领域的性质，所以只有从信息哲学的高度对信息的本质予以考察，才可能奠定统一信息理论建立的基础。统一信息理论的建立应当超越具体实用科学中信息系统研究的狭隘性的局限，并对哲学、自然科学、工程技术学、社会科学与智能科学的极为广泛的、不同层次和领域的信息问题进行更为综合而统一的研究。

第2章 信息科学中的哲学问题

虽然信息哲学的概念提出的时间比较晚，但是，关于信息科学中的哲学问题的研究却早在信息科学诞生之时，即早在20世纪中叶就已经展开。

2.1 维纳的信息观

早在1948年，控制论的创始人维纳（Norbert Wiener）就试图从哲学的角度来讨论信息的本质。他有两个一直到今天都具有很高影响力的提法：一是“信息就是信息，不是物质也不是能量，不承认这一点的唯物论，在今天就不能存在下去”①；二是“信息是我们适应外部世界，并且使这种适应为外部世界所感到的过程中，同外部世界进行交换的内容的名称”②。维纳虽然没能恰切地从正面规定出信息的本质到底是什么，但是，他却十分正确地强调了信息与物质、能量相比所具有的独立性价值和意义，同时他还看到了应该从“交换的内容”上（而不是从载体的形式上）来把握信息。

我国系统科学家苗东升评价说，维纳对唯物论哲学提出警示的“言外之意是期盼哲学界依据信息科学建立现代唯物论，即承认信息不是物质，也不

---

① 维纳：《控制论》，郝季仁，译，北京：科学出版社，1963年版，第133页。

② 维纳：《维纳著作选》，钟韧，译，上海：上海译文出版社，1978年版，第4页。

是能量的唯物论。这只能是辩证的唯物论”。“遗憾的是，20 世纪中期以来，辩证唯物论在西方严重式微。所谓西方马克思主义看不到维纳命题的巨大哲学价值，不去对信息科学技术作辩证唯物主义的哲学概括，反而在一定程度上以唯心论去解读维纳命题。他们借信息概念张扬主体性，借张扬主体性把实践当成本体论范畴，不承认没有进入人类实践范围的物质的客观性，滑向所谓实践唯物主义。苏联哲学界思想僵化，误将维纳命题当成唯心论新货色而公开批判，未看到由此命题可以开凿出建立辩证唯物主义信息本体论的思想源头，非同小可。中国哲学界主流先是满足于宣传革命导师的观点，改革开放以来又追随西方马克思主义搞实践唯物主义，对信息化的重大哲学内涵嗅觉失灵，不愿也不敢正面评价维纳命题，丢掉建功立业的大好机会。”①

2.2 惠勒的“唯信息主义”

在西方的某些科学家和哲学家那里，存在一种极端化的观念，他们倾向于以信息来消解“实在”，从而建立某种“唯信息主义”的所谓新的科学或哲学观念。其中最著名的代表人物便是美国的大物理学家惠勒（John A. Wheeler）。1989 年 5 月，惠勒在圣塔菲研究所的一次会议上提交了一篇题为“信息、物理学、量子：对它们之间关系的探索”的论文，形象地把宇宙表述为一个被许多小网格包裹着的球体，网格的每个部分用二进制的“0”或“1”表示。他借用申农信息论中的比特计量单位，提出了一个新论断：万物源自比特（It from bit）。该结论的类似表述基于他的另一些深思：“在我研究物理学的一生中，它可以分为三个阶段。在第一阶段……我笃信万物皆为粒子。而我把我第二阶段的信仰叫作万物皆为场……现在，我深信我的新观点：万物皆为信息（everything is information）。”他进一步解释道：“所有物理性的东西从起源上说都是信息性的，这是一个参与性的宇宙。”②

惠勒的“万物皆为信息”的观点提出了一种区别于传统唯物主义和唯心

① 苗东升：《信息研究的中国路径在开拓中》，《系统科学通信》，2015 年，第 2 期，第 29-47 页。苗东升曾携该文参加第一届国际信息科学峰会（维也纳，2015 年 6 月），并作大会报告。

② 转引自闫学杉：《信息科学的历史、现状与未来》，载马蔼乃等：《信息科学交叉研究》，杭州：浙江教育出版社，2007 年版，第 9-10 页。

主义的唯信息主义。这样的理论是对辩证唯物主义哲学的一种新挑战。今天自称仍然坚持辩证唯物主义的哲学家们大多都在这一问题上采取了简单回避的态度，这不能不令人遗憾。如果不能对物质、精神和信息的关系做出科学而合理的阐释，那么，传统的唯物主义、辩证唯物主义都将会陷入难以继续存在的危机。

2.3 科林提出的信息科学中的哲学问题

从 20 世纪 60 年代开始，苏联和东欧一些国家的科学家和哲学家就开始从哲学的角度对信息科学中的问题进行探讨。其探讨的主要领域包括信息的本质、信息的认识论地位及信息在事物进化中的作用等。到 20 世纪 70 年代之后，美国、日本等国的学者开始利用信息原理来探讨信息经济、信息社会和信息价值论等方面的问题。

2010 年 8 月，俄罗斯科学院信息科学问题研究所首席研究员、国际信息科学学会 (International Society of Information Science，ISIS）主席康斯坦丁·科林（Константин Колин），在为于北京召开的第四届国际信息科学基础大会（FIS 2010）提交的论文《信息哲学与现代信息科学的基本问题》[①]中强调了如下值得重点研究的信息科学中的哲学问题：

1）作为对我们周围世界的事物的一种表现的信息概念本质的研究；

2）对于信息在物理和生物系统的进化过程中，以及在人类社会的进化过程中的产生和所起的作用，需要有一个更完整的了解；

3）目前，信息科学的哲学问题是确定和表达信息科学的一般规律，并建立这些规律间的关系，这些问题的研究成果是其他学科的研究赖以展开的基础性探索；

4）信息科学的基本科学方法进一步发展为信息方法、模拟方法，以及更深层次的虚拟现实方法；

5）现实的科学方法论问题在于确立信息科学在现代科学中的应有地位，这对于确立一门科学和人道主义独立发展的知识分支也具有重要的价值；

6）一个重要的问题是要建立一个新的、信息科学的学科领域的前瞻性

① 康斯坦丁·科林：《信息哲学与现代信息科学的基本问题》，邬天启，译，《西安交通大学学报》（社会科学版），2011 年，第 5 期，第 24-28 页。

结构，这个结构将会更适合于现代潮流的科学和教育事业的发展。

2.4 弗洛里迪提出的信息科学中的哲学问题

信息哲学的倡导者、英国学者弗洛里迪（Luciano Floridi）也曾在其标志性成果[①]中罗列了一些与信息哲学相关的问题。我们在此扼要将其梳理如下：

1）信息的本质是什么？这是一个新领域的首要标志；

2）信息环境的构成和模式，包括其系统的性质、交互的形式、内部的发展等；

3）信息的生命周期，即各阶段信息通过的形式和功能的活动，从信息发生的初始到它最后的利用和可能的消失；

4）计算，一方面指图灵机意义下的算法处理，另一方面指更广意义下的信息处理；

5）信息哲学对什么可以算作信息作出规定和立法，以及信息应如何适当地生成、处理、管理和利用；

6）信息哲学提供了一种信息与计算科学的哲学，因为这自人工智能哲学领域的早期工作以来早就清楚了；

7）扩展对人和动物的认知及语言能力，以及智能的人工形式可能性的理解（人工智能哲学、信息理论语义学、信息理论认识论、动态语义学）；

8）分析推理和计算过程（计算哲学、计算科学哲学、信息流逻辑、情景逻辑）；

9）解释生命和代理的组织原则（人工生命哲学、控制论和自动机哲学、决策与博弈论）；

10）发明新的方法来为物理和概念体系建模（形式存在论、信息系统理论、虚拟实在哲学）；

11）阐释科学知识的方法论（以模型为基础的科学哲学、科学哲学的计算方法论）；

12）研究伦理学问题（计算机和信息伦理学、人工伦理学），研究美学

---

① 弗洛里迪：《什么是信息哲学？》，刘钢，译，《世界哲学》，2002 年，第 4 期，第 72-80 页。

问题（数字多媒体 / 超媒体理论、超文本理论及文学批评）；

13）体现信息社会及在数字环境下（赛伯哲学）关于人类行为的心理学、人类学和社会现象。

虽然，严格说来，弗洛里迪罗列的上述诸多内容并不都属于信息哲学应当关注的问题，因为其中的许多问题都应当属于一般信息理论或领域、门类信息学，甚至分支信息学、应用信息技术所关注的范围，但是，罗列的这些问题给我们研究信息哲学及其相关问题提供了某种选择的参照。

第3章 信息哲学的性质

3.1 不应当把信息哲学等同于信息科学中的哲学问题

长期以来，科学和哲学界对信息哲学的学科性质的理解存在两种不同的看法。

一种是仅仅停留于信息科学中的哲学问题的层面。依据这种看法，信息哲学只能是一种部门性或领域性的哲学，正如物理哲学、化学哲学、生命哲学、地理哲学、经济哲学、文化哲学等那样。第2章讨论的康斯坦丁·科林和弗洛里迪提出的关于信息科学中的哲学问题正是停留于这一层面的。值得强调的是，虽然弗洛里迪把信息哲学看作第一哲学，但是，从上面我们转述的他所罗列的信息哲学的问题域来看，他的视野仍然更多地停留于信息科学中的哲学问题的层面，而并未真正达到第一哲学的高度。尤其是他更多关注了信息的编码处理的计算功能，这种对信息作计算主义解释的嗜好正是现有的一般具体科学中的实用信息论的特征。信息的计算主义解释，仅仅关注了信息载体的差异编码方式的形式化方面，而并未涉及信息本身的内容、意义和价值，而信息的本质只能从其内容的方面，即从其存在方式的方面，而非形式的方面来揭示。

上述的弗洛里迪的理论倾向在他关于信息哲学的定义中也有所表现。他的定义为："信息哲学＝定义哲学领域，涉及（a）信息的概念本质和基本原理，包括其动力学、利用和科学的批判性研究，以及（b）信息的理论和计算机方法论对哲学问题的详细阐述和应用。"[①]显然，此定义中的"动力学、利用和科学的批判性研究""信息的理论和计算机方法论对哲学问题的详细阐述和应用"等内容仅仅是建构信息哲学的部分基础材料，或达到信息哲学的某些途径、方式和手段，而并非信息哲学本身的内容。一个明显的问题是，信息哲学的基础理论根本不可能直接从计算机处理信息的具体方法的探析中获得。因为这样的研究路径，并不能揭示信息哲学的元哲学性质，它只能导致信息的计算主义，这也正是弗洛里迪信息哲学的基本研究取向。

从弗洛里迪关于信息哲学的定义，到上文提到的他所罗列的那些属于一般信息理论或领域、门类信息学，甚至分支信息学、应用信息技术所关注的内容来看，他关于信息哲学的性质和应该探讨的问题域的许多观点，并不真正属于信息哲学探讨的范围，而仅仅是把具体信息科学中的某些内容直接搬到了信息哲学之中。这样的观点和理论除了给人造成随意拼凑、杂乱罗列、学科层次和内容混乱、信息哲学的逻辑界定失当的印象之外，并不能将读者引导到真正具有第一哲学性质的信息哲学所应有的境界。

仅仅把信息哲学看作一种部门性或领域性的哲学，把信息哲学看作关于信息科学中的某些哲学问题的讨论，这样的一种理解并不能清晰揭示信息所具有的普遍性品格，也不符合当代科学所阐明的世界构成的理论。

3.2 信息哲学的元哲学性质

按照当代科学的一般说法，构成世界的基本成分有三种：材料、能源和信息。材料和能源在一般物理学的层面指的是质量和能量，这也正是辩证唯物主义哲学所强调的客观实在的物质世界。而信息则不能简单归入这个世界，虽然信息世界是由物质世界派生出来的，并且只能以质量或能量为其载体，但是，信息世界并不具有实在的性质，它是一个非实在的世界。从信息乃是一种不同于物质的构成世界的基本存在领域这一规定出发，信息哲学便是一种元哲学、第一哲学或最高哲学。

① 弗洛里迪：《什么是信息哲学？》，刘钢，译，《世界哲学》，2002 年，第 4 期，第 72-80 页。

如果把信息哲学看作一种全新的元哲学形态，那么，我们刻意去罗列信息哲学的问题便可能是多余的。因为在元哲学的层次上，所有哲学涉及的领域和问题都应当是信息哲学研究的领域和问题。这样，我们只要按照一般哲学研究的性质去讨论信息哲学相关的领域便可以了。而在这些相关领域的具体展开中，所有的理应研究的问题便一定会具体而丰富地展示出来。当然，我们这样的分析并不意味着那些关于信息哲学研究的领域和问题的罗列都全然是毫无意义和作用的，我们这里要强调的仅仅在于，作为一种元哲学的信息哲学，对于一般哲学中的所有领域和问题都理所当然地应该具有一种全新的解读视角和阐释办法。

其实，早在20世纪80年代，笔者就不仅强调了信息哲学诞生的必然性及其元哲学的性质，还对其所涉及的领域和问题进行了说明，并对其中诸多方面的问题给出了相应探讨。

1986年，笔者曾在一篇论文的开篇中写下了这样几段话①：

> 近几年来，国内学术界发表了一系列对信息进行哲学分析的文章，这些文章虽然见解纷杂，但是，却有逐渐形成一种合力的趋势，这一趋势预示着多年孕育着的一门新的时代哲学——信息哲学的诞生。
>
> 辩证唯物主义按其本性就要求自身的不断的变革。恩格斯曾经指出："像唯心主义一样，唯物主义也经历了一系列的发展阶段。甚至随着自然科学领域中每一个划时代的发现，唯物主义也必然要改变自己的形式"②。早在本世纪③初，列宁就指出："……现代物理学是在临产中。它正在生产辩证唯物主义。"④我们说，列宁所预言的哲学变革的时代已经到来了。而信息则正是变革传统哲学的一个突破口。
>
> 国内学术界对信息的哲学探讨有一个好的趋势，这就是，人们并不像前几年那样仅仅满足于对各种实用信息论思想的简单哲学分析，而是用辩证唯物论的观点和方法对各种实用信息论加以总结、概括和抽象，使这些实用信息论得到哲学的改造和提高，在这同时，又把信

① 邬焜，刘世文，李琦：《关于信息论研究中几个问题的探讨》，《社会科学评论》，1986年，第1期，第50-57，79页。

② 马克思，恩格斯：《马克思恩格斯选集》（第4卷），中共中央马克思恩格斯列宁斯大林著作编译局，译，北京：人民出版社，1972年版，第224页。

③ 指20世纪——责任编辑注。

④ 列宁：《列宁选集》（第2卷），中共中央马克思恩格斯列宁斯大林著作编译局，译，北京：人民出版社，1972年版，第319页。

> 息概念逐步引入哲学，并由此来改变传统哲学本身的体系和结构，从而使哲学本身得以变革。我们认为，现在哲学界的任务，并不仅仅在于拿了已有的哲学理论对自然科学的新成就加以规范和解释，而更重要的是要反过来用自然科学的新成就变革哲学本身。任何哲学体系要保持它的先进性，就必须将自身化为它那个时代的科学的结晶品。

今天看来，笔者当年所说的这些话仍然是适用的。

1989 年，笔者在《信息哲学——一种新的时代精神》一书中写道：

> 信息哲学首先是一种元哲学，由它的基础理论的拓展又可以延伸出许多亚层次的哲学来。就目前来看，还没有哪一个现有的哲学领域是信息哲学绝对不能涉足的。
>
> 现在，我的研究还基本局限在从一种元哲学的角度来阐发信息哲学的一般性基础理论。就在这样一个层次上，我们应该做的工作就很多。诸如，信息的哲学本质，信息的哲学形态和形式；信息的不同性级的质，信息的哲学度量；信息与以往诸多哲学范畴的关系；信息本体论，信息认识论，信息方法论；信息世界的进化，信息进化与物质进化，信息与社会进化；全息现象，演化和全息现象，相似与全息现象；信息社会学，信息心理学，信息美学，信息价值论；……上面所列的这众多课题领域中的每一领域都仍然存在着极为丰富的、大量的分支课题。①

2003 年，笔者又在《亦谈什么是信息哲学与信息哲学的兴起》② 一文中更为清晰地阐释了信息哲学的性质。在那篇文章中笔者写道：

> 信息哲学乃是区别于所有其他哲学的一种元哲学或最高哲学。基于对信息本质的不同认识，信息哲学也可能产生诸多学派……信息哲学把信息作为一种普遍化的存在形式、认识方式、价值尺度、进化原则来予以探讨，并相应从元哲学的高度建构出全新的信息本体论、信息认识论、信息生产论、信息社会论、信息价值论、信息方法论、信息进化论等等，在这些信息哲学的大的领域之下还可以再包括若干

① 邬焜：《信息哲学——一种新的时代精神》，西安：陕西师范大学出版社，1989 年版，第 31-32 页。

② 邬焜：《亦谈什么是信息哲学与信息哲学的兴起——与弗洛里迪和刘钢先生讨论》，《自然辩证法研究》，2003 年，第 10 期，第 6-9，14 页。

分支哲学，从而派生出第二、第三或更深层次的信息哲学学科。

信息哲学不仅具有元哲学的性质，而且具有元科学的性质。1995年7月，笔者参加了在中国北京召开的“全国信息科学技术与哲学学术研讨会”，为会议提交了论文《科学的信息科学化》，并作了大会报告，该文的基本内容后来分别发表于《青海社会科学》（1997年第2期）和《信息高速公路和信息社会》（北京邮电大学出版社1998年版）①。在该文中，笔者对信息科学的性质作了如下阐释和规定：

> 信息科学发展到今天已经不再仅仅是一门单一的学科和仅仅是某种交叉性、横断性学科，而是一个具有诸多层次，涉及众多学科领域的学科体系。信息科学的最一般的、最普遍的理论和方法乃是一种新的科学范式，这一新的科学范式具有极强的渗透力、贯穿力和改造力。当把相关的一些信息科学的原理和方法拓展开来应用到已有的传统学科时，便会立即赋予这些学科以某种崭新意义的全方位改造。到目前为止，还没有发现哪一个传统学科是信息概念、信息科学的最一般性的品格、理论和方法所绝对不可涉入的。信息时代的科学也如这一时代的社会、经济、生活一样，正在面临着一个全面信息化的发展过程。这一科学发展的信息化过程可以更为贴切地称之为“科学的信息科学化”。

在该文中，笔者把信息范式的转型导致的这种崭新的以信息理论为主导认识方式的现代科学体系，具体分为六个层次：信息哲学、一般信息理论、领域信息学、门类信息学、分支信息学、工程技术信息学。该文对这六个层次的学科性质、所关注的问题和应有的内容，以及已经和将要呈现出来的所涉及的具体学科都进行了相应的讨论和规定。

3.3 多数信息哲学家的一些基本性共识

目前，越来越多的东西方学者已经意识到，信息哲学中最为核心的问题

① 邬焜：《科学的信息科学化》,《青海社会科学》，1997年，第2期，第53-59页；邬焜：《现代科学的范式——信息科学》，载刘克选，周桂如：《信息高速公路和信息社会》，北京：北京邮电大学出版社，1998年版，第48-52页。

是关于信息本质的确定，以及由此所确立的信息本体论学说。现代科学把材料、能源和信息看作构造世界的三大基础性要素，这就充分揭示了信息具有构成世界的基本存在领域的性质。对于这一性质的信息哲学，首先应当给出合理的论证和相应的规定，并且，只有从信息哲学的高度对信息的本质予以考察，才可能奠定统一信息理论建立的基础。信息哲学、统一信息理论的建立，应当超越具体实用科学中信息系统研究的狭隘性的局限，并对哲学、自然科学、工程技术学、社会科学与智能科学的极为广泛的、不同层次和领域的信息问题进行更为综合而统一的研究。信息就其本质而言，就其乃是构造世界的基本存在领域而言，并不简单局限于数、计算和形式等方面。相对于这些方面，信息具有更为超然和普遍性的品格。对于这一普遍性品格的挖掘、展示和规定乃是信息哲学的首要任务，也是信息哲学能否确立、能否成为第一哲学或元哲学的最深层级的本体论基础。

虽然目前学术界关于信息本质的争论还远未达到应有的统一程度，但是，从相关研究情况来看，绝大多数人都已经看到了信息所具有的哲学本体论的地位和价值。不同国家的信息哲学研究的代表人物，如俄罗斯的乌尔苏尔（А. Д. Урсул）和康斯坦丁·科林，欧洲的弗洛里迪、佩德罗·马里胡安（Pedro Marijuán）、沃尔夫冈（Wolfgang Hofkirchner）和布伦纳（Joseph E. Brenner），中国的钟义信、黎鸣、刘长林、罗先汉、苗东升、欧阳康、闫学杉及笔者都把关于信息概念本质的研究，看作信息哲学能否确立的最为核心的理论部分。而其中的绝大多数学者都承认在自然界中存在着一个区别于物质世界的客观信息的世界。这样的共识是一个良好的开端，它已经为揭示信息哲学的独立哲学品格，以及信息哲学的建立和发展提供了一个最基本的前提和基础。

信息哲学是在信息科学技术、信息经济和信息社会的发展所提供的相关知识的基础上发展起来的，所以，信息哲学理应具有科学性的品质。信息哲学和当代西方某些主流哲学的研究方式不同，它反对在科学和哲学之间进行绝对的割裂；它要在科学和哲学之间建立某种相互作用、相互规定的反馈回环；它所彰显的是科学的哲学韵味和哲学的科学品格。

目前，很多国内外同行都已经看到了信息科学与信息哲学的内在融合的性质。国际信息科学学会副主席、西班牙阿拉贡保健科学研究中心主任佩德罗·马里胡安在首届国际信息哲学研讨会（2013 年 10 月，西安）闭幕式的讲话中就说了这样一段话："组委会一致认为本次会议的亮点之一便是主题和领域的融合，理论和应用的贯通，由此激发了极具激情和创造性的讨论。两把椅子的安排，一把由哲学（邬焜教授）就座，另一把由科学（我自己）就座，恰如其分地象征着这种交融性。"①佩德罗·马里胡安是生物信息学专家，同时，他又是统一信息理论研究的倡导者之一。他的这段话彰显的正是信息哲学的科学品质和信息科学的哲学韵味，而他所追求的统一信息理论的目标同样体现着这样的科学和哲学的融合精神。

① 佩德罗，王健：《统一信息理论和信息哲学研究的历史回顾与前景展望》，《西安交通大学学报》（社会科学版），2014年，第1期，第1-2页。

第4章 信息哲学首先在中国创立

4.1 “信息哲学”概念的提出

虽然，如果从控制论的创始人维纳关于信息的哲学意义的讨论算起，国内外对信息科学中的哲学问题的研究已有60多年的历史，但是，真正明确提出信息哲学概念的时间只有30多年。

根据我们掌握的资料，最早提出“信息哲学”概念的是中国学者。一个最早的提法是笔者的“哲学信息论”，这是笔者于1982年为兰州大学哲学系提交的学士毕业论文（一本学术专著）的题目。这一概念可以对应于英文的“philosophy of information”。后来，黎鸣在其1984年发表的《论信息》一文中提出了“信息的哲学”的概念[①]。笔者在1986年发表的《关于信息论研究中几个问题的探讨》一文中第一次正式使用了“信息哲学”概念[②]。

相关资料显示，西方学术界与中国学者上述提法相对应的“philosophy of information”概念最早是由牛津大学哲学家弗洛里迪于1996年提出的。

① 黎鸣：《论信息》，《中国社会科学》，1984年，第4期，第13-26页。

② 邬焜，刘世文，李琦：《关于信息论研究中几个问题的探讨》，《社会科学评论》，1986年，第1期，第50-57，79页。

虽然有人称弗洛里迪为信息哲学的创始人，但是无论是从其提出信息哲学概念的时间，还是其创立信息哲学的标志性成果（*What is the philosophy of information?*，2002 年发表于 *Metaphilosophy*）发表的时间，以及其对信息哲学研究的系统性和完整性的情况来看，都远远滞后于中国学者的研究。

4.2 “信息哲学”创立的标志

中国信息哲学创立的标志是笔者于 1985 年发表的一篇论文《哲学信息论要略》[①]，以及1987年出版的一本学术专著《哲学信息论导论》[②]（该书的初稿即是笔者于 1982 年 4 月向兰州大学哲学系提交的学士毕业论文。如果从学士毕业论文提交的日期算起，笔者创立信息哲学的时间是 1982 年，如果从成果内容公开发表的时间算起，笔者创立信息哲学的时间是 1985 年）。

4.3 《哲学信息论导论》

在《哲学信息论导论》一书中，笔者较为系统而全面地探讨了信息的哲学本质、信息的哲学分类、信息的三个不同性级的质、绝对信息量和相对信息量、信息与劳动和实践、信息与反映和意识、信息与现象、信息与中介、信息与社会进化等诸多方面的问题，并提出了哲学本体论的概念层次论和哲学认识论的信息中介论。在该书中，笔者还通过对力的哲学和信息的哲学的比较研究，具体阐明了信息在哲学变革中的非凡作用。

该书包括引论、三编（十一章）。

在“引论”中，笔者具体区分了实用信息论和哲学信息论的学科层次和问题域的范围，强调指出了一门新的时代哲学——信息哲学诞生的必然性，并具体探讨了信息的哲学本质。

该书第一编“信息的态”，包括第一至四章：第一章“自在信息”，第二章“自为信息”，第三章“再生信息”，第四章“社会信息”。

该书第二编“信息的质和量”，包括第五至七章：第五章“信息的质”，

---

① 邬焜：《哲学信息论要略》，《人文杂志》，1985 年，第 1 期，第 37-43 页。
② 邬焜，李琦：《哲学信息论导论》，西安：陕西人民出版社，1987 年版。

第六章“绝对信息量”，第七章“相对信息量”。

该书第三编“信息在哲学中的地位和作用”，包括第八至十一章：第八章“信息与诸哲学范畴的关系”，第九章“哲学本体论的概念层次论”，第十章“哲学认识论的信息中介论”，第十一章“信息在哲学变革中的作用”。

4.4 《信息哲学——理论、体系、方法》

笔者所创立的信息哲学发展成熟的标志是笔者于 2005 年出版的一本学术专著：《信息哲学——理论、体系、方法》[①]。该书是笔者在 1980 ～ 2003 年的相关研究成果的基础上进行再造式梳理、综合集成、具体展示信息哲学的全新风貌之作。该书还是笔者独立申报和承担的国家社会科学基金项目（02BZX027）的最终研究成果。全书共 70 万字，内容包括 10 编 40 章，广泛涉及信息本体论、信息认识论、信息进化论、信息价值论、信息思维论、信息的哲学量度、信息与熵的理论、信息与复杂性研究、信息与虚拟现实，以及信息哲学与传统哲学的区别等领域。

该书第一编“导论”包括三章内容：时代、信息与哲学的变革；信息哲学的兴起；科学的信息科学化。在这一编中，笔者首先对当代信息科技革命、信息经济、信息社会的崛起所带来的信息时代的特点和全新风貌，以及由此引发的哲学危机及其实质进行了探讨和阐释。在此基础上，笔者进一步阐明了信息哲学的元哲学性质及其应有领域，回顾了信息哲学于 20 世纪 80 年代初期在中国兴起的过程，并对信息哲学对哲学的全方位变革的意义和价值进行了全面而系统的分析、阐释和讨论。在本编的最后一章中，笔者提出了由于信息范式的广泛作用，人类科学的发展已经和正在面临一个“科学的信息科学化”的全方位改造的过程，并相应对信息科学的应有体系和层次进行了划分和探讨。

该书第二编“信息本体论”包括五章内容：信息本质的存在论规定；信息形态的哲学分类；信息的质、特性和功能；信息系统的一般模型；三个信息世界和世界模式图示。在这一编中，笔者对信息本体论的相关观点、理论和体系进行了具体规定、阐释和建构。其中主要涉及：信息本质及其存在论

① 邬焜：《信息哲学——理论、体系、方法》，北京：商务印书馆，2005 年版。

意义的规定［信息是标志间接存在的哲学范畴，它是物质（直接存在）存在方式和状态的自身显示］；信息形态的哲学分类（自在、自为、再生信息是信息的三种基本形态，三种基本形态之下又可区分出六种基本形式，社会信息乃是自在、自为、再生信息的有机统一）；信息的三个不同性级的质（一级客观间接存在的质、多级客观间接存在的质、主观约定的质）；信息的十大特性和十四大功能；信息系统的一般模型（申农信息接收系统模型、西蒙的物理符号系统假设、信息创生系统模型、信息实现系统模型）；哲学本体论的概念层次论；包括一个物质世界和三个信息世界的四个世界的理论。

该书第三编“信息认识论（上）——人的信息活动的层次及其生理基础”包括三章内容：人的信息活动的层次；人的信息活动层次间的相互作用；人的信息活动的生理基础。在这一编中，笔者将人的信息活动区分为五大层次（信息的自在活动、信息直观识辨、信息记忆储存、信息主体创造、主体信息的社会实现）；指明了人的信息活动层次间相互作用的四重关系（由下到上的层次递进建构关系、由上到下的全息制控关系、层次综合参与关系、相互转化关系）；对人的信息活动的生理基础进行具体的揭示，其中特别区分了人体神经系统的物质形态结构的层次、人体神经系统的心理机能结构的层次、人体神经系统机能结构层次间的相互作用，以及人体神经系统的物质形态结构、心理机能结构和人的信息活动层次结构之间的相互规定和制约、互为基础和表现的全息映射、复杂而综合的统一性关系。

该书第四编“信息认识论（下）——哲学认识论的信息中介论”包括四章内容：认识发生的信息中介说；认识过程的信息建构或虚拟说；人有人的认知方式；分析综合——统一的信息认识过程、方法和逻辑。在这一编中，笔者对信息认识论的相关观点、理论和体系进行了具体规定、阐释和建构。其中包括：认识发生的信息中介说（信息场是主客体联系的中介环节，认识主体的产生及个体认识结构的建构都必须以信息凝结为中介，实践是主体信息在客体中实现的中介性活动，认识是一个以信息为中介的信息活动过程）；认识过程的信息建构或虚拟说（信息在差异关系中被识辨、主客体间没有直接的接触、被多级中介的认识、在中介中建构的认识、在建构中虚拟的认识、虚拟现实对认识的虚拟）；人的认识方式中的主体条件性和主体相对性；分析综合乃是人的信息认识的具体过程、具体方法和具体逻辑的统一。

该书第五编“信息进化论（上）——自然的信息进化”包括六章内容：相互作用、演化与信息；演化范畴的双重规定；宇宙自在的双重进化；生命的信息进化；信息自组织进化的一般机制；演化的全息境界。在这一编中，笔者对自然信息的进化理论进行了具体规定、阐释和建构。其内容包括：通过相互作用所实现的信息凝结，以及由此产生的时空转化中的时间的空间化和空间的时间化效应；演化范畴的物质论诠释和信息论诠释；宇宙的物质和信息双重自在演化的性质，以及这双重演化的同步性关系；生命的信息本质的规定，以及生命的信息进化过程和机制；阐明自组织的信息模式创新的实质，从信息活动的尺度揭示自组织现象的基本特征，探讨自组织行为的一般过程和机制，建构了闭宇宙自组织循环演化的模式；规定了演化全息的概念，对五种演化全息（演化历史关系全息、演化未来关系全息、演化系列关系全息、演化内在关系全息、演化结构全息）现象进行了具体的规定和阐释。

该书第六编“信息进化论（下）——社会的信息进化”包括四章内容：人类社会起源的信息进化；自然、社会与人；社会的信息进化；信息生产和信息生产力。在这一编中，笔者对社会的信息进化理论进行了具体规定、阐释和建构，其内容包括：人类社会起源中的生理遗传信息模式、心理信息活动模式、行为信息结构模式的全息协同进化的一般过程和机制；自然与社会、文化与社会、个人与社会的进化关系；在自然与社会，生理、心理和行为的多重交织、全息映射的尺度上，揭示和阐明了人的本质的多维存在与建构的特征；探讨了人的文化进化区别于自然和生命基因进化的新的进化方式；给出了人类社会本质的信息规定（能动地把握、利用、开发、创造和实现信息是人类社会的本质），以及人类社会进化的信息尺度（把握、利用、开发、创造和实现信息的间接化程度是社会进化的尺度）；从物质守恒、信息不守恒的一般科学原理出发，揭示了人类生产和生产力的信息本质；从物质和信息双重尺度上，规定了生产力的微观结构和宏观结构，探讨了人类生产力结构的历史演进阶段及其模式演变方式。

该书第七编“信息价值论”包括五章内容：价值存在的范围及价值的本质；价值事实、价值反映与价值评价；天道价值与人道价值；价值哲学的范畴体系及价值形态的发展；信息的社会价值与网络文化中的价值冲突。在这一编中，笔者从物质价值和信息价值的双重维度上，阐释了一种一般价值哲学的理论。其基本观点包括：价值乃是事物（物质、信息，包括信息的主观形态——精神）通过内部和外部相互作用所实现的效应；存在两类事实，一类是事物自身存在的事实（自存事实），另一类是事物在相互作用中所引起的变化过程和结果的事实（效应事实、价值事实）；天道价值高于人道价值，天道价值是原生价值或本源价值，人道价值是次生价值或派生价值；物质价值、自在信息价值和精神价值乃是三类最为基本的价值形态；人类的不同文明时代是以不同的信息处理、创制和传播方式为其技术前提的，正是计算机网络化信息处理、创制和传播的全新方式所导致的网络文化的诞生，提供了新的信息社会文明崛起的技术前提；信息科技革命、信息经济、信息社会文明的崛起，以及社会的信息进化方式、虚拟现实对人类认知方式的改变和影响；等等。这些具体展示了信息对人类社会的发展与进步所具有的巨大价值，另外，信息文明所导致的信息网络民主将会成为国家集权和世界霸权的消解器。

该书第八编“信息思维论”包括四章内容：物质思维和能量思维；信息思维；复杂性与科学思维方式的变革；科学革命与科学世界图景和科学思维方式的变革。在这一编中，笔者通过对人类科学与哲学发展史进行系统的回顾和梳理，划分了近代以来的三次大的科技革命，并相应对这三次科技革命的科学范式、科学世界图景和科学思维方式进行了对比性研究。其内容和具体观点包括：物质思维（实体思维）、能量思维和信息思维的概念界定、相互区别；复杂性思维与信息思维的关系；科学革命与科学世界图景和科学思维方式变革的一致性关系；人类的三次大的科技革命实现了人类的科学世界图景从实体实在论到场能实在论，再到信息系统复杂综合的世界图景的转变，实现了人类的科学思维方式从实体思维到能量思维，再到信息思维的转变；对人类信息思维的产生、发展历程，以及信息思维所具有的一般科学和哲学范式的意义和价值进行了具体的讨论。

该书第九编“信息的度量”包括三章内容：绝对信息量；相对信息量；必然性和偶然性及其信息量判据。其具体内容包括：提出了绝对信息量和相对信息量的理论；建立了绝对信息量和实用动态相对信息量的公式体系；对申农的实用静态相对信息量进行了分析和评价；区分了系统内在必然性和偶然性、绝对偶然性和必然性，并相应给出了这两类必然性和偶然性程度的信息量判据方法。

该书第十编“论战与争鸣”包括三章内容：亦论信息——与《论信息》一文的作者讨论十个问题；虚拟与实在和信息——与《实在论的最后崩溃》一文的作者讨论几个问题；与熵理论相关的十个问题的辨析。其具体内容包括：关于信息定义和信息分类的讨论；关于相互作用、力和信息关系的讨论；关于力的哲学和信息的哲学的关系的讨论；关于实在与信息、虚拟与实在和信息关系的讨论；关于空间形式与心灵的空间定位问题的讨论；关于克劳修斯熵、玻耳兹曼熵、申农信息熵和维纳的负熵理论的比较研究；关于熵，负熵、信息、熵增与熵减的科学含义的辨析性讨论；关于熵量守恒和熵与信息守恒问题的讨论。

与此相比较，西方学术界直到目前仍没有出现比较系统的信息哲学理论。2008 年 9 月，弗洛里迪曾到西安交通大学讲学，在与听讲的师生的讨论中，弗洛里迪坦言，由于他尚未解决信息的哲学本质这一信息哲学的核心理论问题，所以他的信息哲学还没有建立。他 2010 年主编的《计算与信息哲学导论》(上、下册)[①]（商务印书馆 2010 年版）一书的内容，也印证了他的这一看法。该书的内容并不属于一种系统的信息哲学理论，其中绝大部分内容还只是由众多学者分别撰写的与信息科学和信息技术相关或相邻的一些学科中的哲学问题的讨论，以及这些学科本身的基础知识方面的科普介绍的汇集和拼凑。

① 弗洛里迪：《计算与信息哲学导论》（上、下册），刘钢，译 . 北京：商务印书馆，2010 年版。

第5章 邬焜信息哲学的国内影响及相关评价

5.1 20世纪80年代国内学界的评价

自1985年起，国内学者开始关注并研究、评价笔者所创立的信息哲学思想。

1985年4月，时任陕西机械学院社会科学部办公室主任的林有顺在《陕西机院报》上发表《勤于探索，勇于开拓——记青年教师邬焜同志》一文。该文评价说：

> 邬焜致力于“哲学信息论”的探求已有五个年头了。五年来，他努力钻研，大胆开拓，创造性地将信息概念引入哲学，对信息哲学的本质、态、质、量，以及信息在哲学中的地位和作用进行了较为全面的开拓性的探讨……他一方面从哲学的高度对各门具体学科中的信息概念进行了概括和抽象，进而把信息概念上升为哲学的最基本的范畴之一；另一方面，又通过信息概念的引入，对现行哲学的体系和结构进行了创造性的改革。①

① 林有顺：《勤于探索，勇于开拓——记青年教师邬焜同志》，《陕西机院报》，1985年4月25日，第3版。

1987 年，陕西师范大学成一丰教授发表书评——《一本勇于探索的哲学新著——〈哲学信息论导论〉述评》。该书评指出：

我们正面临着辩证唯物主义哲学自身形式变革的时代，信息正是实现这一变革的突破口……邬焜试图把现代科学中的信息概念，作为辩证唯物主义的基本范畴之一引入哲学，并由此使哲学的体系和结构更加趋向科学化。这既是对现代自然科学有关新成果的概括，也是试图使哲学现代化的一种新探索。

《导论》(指《哲学信息论导论》——引者注) 指出，信息揭示了传统哲学未曾发现的一个新领域，辩证唯物主义的本体论将根据有信息引入的新存在模式来重新建构它的概念体系、范畴和层次。书中对这一新存在模式和哲学本体论的概念层次进行了具体的规定和阐释。

《导论》还认为……由于信息在自己本性的意义上对精神现象作出了解释，所以，它也给哲学的认识论带来了新的革命。《导论》指出：信息为世界进化提供了新的辩证模式，物质进化和信息进化是宇宙进化同一过程中相互平行的两个方面，而且任何物质性活动，只有当它作为信息外化为物质的结构和状态而凝聚起来的时候，它才可能改变物质的性质，也才可能成为宇宙进化的真正动力。《导论》还对人类社会的信息本质、人类社会进化的信息尺度，以及力的哲学和信息的哲学的异同等问题进行了具体规定和讨论。

《导论》通过全面、系统的探讨，做出结论：信息对哲学的革命性开拓，给哲学带来了一场新的革命，它在整体上改变着辩证唯物主义状态的具体样态，使唯物主义物质基石更为牢固，使辩证法的普遍联系、运动、变化和世界发展图景，更为清晰地展示在人们面前。《导论》具有较大的探索性和开拓性。[①]

1987 年 12 月 30 日，时任《陕西日报》理论部主任的李文德在《陕西日报》上发表了题为“信息哲学的探索者——记陕西机械学院年轻副教授邬焜”的通讯报道。文章强调：

邬焜从哲学的角度，对现代信息论中的一系列理论成果进行了

① 成一丰：《一本勇于探索的哲学新著——〈哲学信息论导论〉述评》，《陕西社联通讯》，1987 年，第 3 期，第 53 页。

抽象、概括和总结，比较系统、全面地探讨了信息的哲学本质、哲学分类、质和量，以及信息在哲学中的地位和作用等许多问题……通过这些探讨，试图把现代科学中的信息概念作为哲学的最基本范畴之一引入哲学，从而使传统哲学的体系和结构更加科学化、现代化。无疑，这项工作具有较大的探索性、开拓性和创造性。

邬焜在哲学信息论的研究中，表现出了极大的理论勇气，他认为，辩证唯物主义告诫人们防止僵化，反对教条，对待马克思主义哲学也应该是这样。科学的发展必然导致哲学的变革。马克思主义哲学固然能为现代科学，特别是自然科学提供正确的指导思想，但是，作为无产阶级世界观理论体系的马克思主义哲学自身，也需要用现代科学来丰富和发展。人们把哲学比做“科学之王”，如果哲学不能及时有效地对自然科学加以总结和指导，它就会“王冠落地”，反被科学所嘲弄。[①]

《情报•科研•学报》1987年第4期刊载了该刊记者陈刃余撰写的关于笔者事迹的通讯报道——《理想在探索中闪光》。在该报道中，作者不仅介绍了笔者的治学经历，还转引了学界同行对笔者相关学术观点的评价。例如，黑龙江大学张奎良教授对笔者在《哲学信息论要略》(《人文杂志》1985年第1期）中关于信息本质的论述进行评价，该评价说：

邬焜同志认为“信息是它所表现的事物特征的间接存在形式”，并进而从“信息是物质的存在方式”、“信息是显示物质存在方式和状态的物质属性”、“信息是物质自身显示自身的属性”、“信息是物质间接存在性的标志”，这四个层次上概括了信息的本质，这是很有见地的。这个观点不仅正确，完全符合马克思主义哲学的要义，而且是从它出发对信息问题的一种创造性的探索。依据这篇文章的观点，信息问题就会扫除笼罩在它上面的层层迷雾，成为可以理解并必须迫切加以哲学概括的东西了。

又如，当时还在西安冶金建筑学院（后来调到河北大学）任教的夏泽政教授评论：

① 李文德：《信息哲学的探索者——记陕西机械学院年轻副教授邬焜》，《陕西日报》，1987年12月30日，第3版。

作者就信息的哲学定义、信息分类、信息和反映、信息和社会进化发表的一系列见解，表明作者站在时代潮流前头，具有远见和敏锐的洞察力，也反映了作者深厚的哲学基础知识和应用这些知识创新的开拓精神。

再如，时任《求是学刊》副主编的余式辉教授评论：

邬焜同志近年来已公开发表的有关信息论的论文……大多数我都拜读过。因为他是我刊的优秀作者之一。通观其文，我认为他的论文阐述深透、立论精辟、富有新意，因此不失为具有重要学术价值的优秀论文。

在该通讯报道中陈刃余写下了这样的“题记”：

他是一个对自身命运能够掌握，对自己的价值能够合理应用，对自身的生命方程式能够科学计算的人。我希望他对自己理想的追求，也能够经得起历史跨度的严峻考验。[①]

1988 年，《哲学信息论导论》一书的责任编辑、陕西人民出版社的张海潮编审在《博览群书》上发表了书评——《开拓性的全新探索——〈哲学信息论导论〉简介》。该书评在介绍了《哲学信息论导论》一书的相关观点后，评价说：

作为国内第一本运用马克思主义哲学方法研究当代信息论的理论专著，《导论》以其特有的探索性、创造性的开拓价值，在信息-哲学界展示出一种全新的理论空间而独树一帜。

《导论》的出版，对于推动变革哲学的讨论，对于启迪理论工作者和当代青年加强对哲学和科学的思考，对于实现马克思主义哲学的现代化都是很有益的。[②]

扬阳（北京师范大学哲学学院刘孝廷教授的笔名）在《哈尔滨师专学报》1989 年第 1 期上发表《哲苑奇葩，学林新探——〈哲学信息论导论〉》一文，该文指出：

---

① 陈刃余：《理想在探索中闪光》，《情报・科研・学报》，1987 年，第 4 期，第 60-62 页。
② 张海潮：《开拓性的全新探索——〈哲学信息论导论〉简介》，《博览群书》，1988 年，第 6 期，第 8 页。

> 邬焜的信息本体论研究具有一种点、线、面、体的全方位透视的特征，围绕信息自身由具体到抽象，具有严密的逻辑力量。既有抽象的理论概括，又有具体的逻辑推演，言之成理，持之有故，达成了自然科学与哲学的初步结合。从哲学高度对现代信息论中的一系列理论成果进行了抽象、概括和总结。
>
> 书中较系统、全面地探讨了信息的哲学本质、信息的哲学分类、信息的质和量，以及信息在哲学中的地位和作用等诸多方面的问题。不仅如此，通过这些探讨，作者还试图把现代科学中的信息概念作为哲学的最基本范畴之一引入辩证唯物主义哲学，从而使后者的体系和结构更加科学化、现代化。①

刘孝廷教授还在1989年第16期《自然辩证法报》发表《简介〈哲学信息论导论〉》的书评，并强调了《哲学信息论导论》具有点、线、面、体的全方位论述和逻辑层次展开的全面性和综合性特征。刘孝廷教授写道：

> 点。该书的全部结论都以其独特的信息定义这一“点”作为立论前提……该书将信息定义为：标志物质间接存在性的哲学范畴，是物质存在方式和状态的自身显示。这个定义没有用与以往一般哲学概念进行简单类比的方法（如把信息简单说成物质的存在方式；物质的普遍属性；运动的特殊形式等等），而是直接从信息存在的方式上将其规定为“物质间接存在性的标志”，这就摆脱了实用信息定义的种种束缚，也跳出了以往哲学概念的重围，将信息的范围扩展到了极为广泛的领域。它既坚持运用了本体描述的直接性方法，又坚持了信息本质的唯物论立场，立意不俗，体现了鲜明的理论特色。
>
> 线。该书以自己的眼光，认真解剖了信息论的研究历史，从人们最早对信息的认识与利用到信息论创立者申农、维纳等人对信息的研究和整理——这一完整的探索历程，都留下了作者理性思考的足迹，因而使其立论真正具有历史厚度。书中围绕信息自身由具体到抽象，层层深入，庞而不杂，具有严密的逻辑力量。
>
> 面。该书以信息定义为基点对信息的哲学规定作了全面审视。

① 扬阳：《哲苑奇葩，学林新探——〈哲学信息论导论〉》，《哈尔滨师专学报》，1989年，第1期，第94，98页。

从“信息的态”到“信息的质和量”，以两编的篇幅横论信息的内涵外延，有抽象的理论概括，又有具体的逻辑推演、每每设问，不乏警醒之见、态度审慎，视野旷远……

体。该书的功力之处不仅在于探讨了众多的具体问题，而且还以此为支点搭起了自己的理论构架。从“实用信息论”到“哲学信息论”，从“本体论的概念层次论”到“认识论的信息中介论”，从“自然演化的信息模式”到“社会进化的信息尺度”，经纬交织，内外纵横，通过全方位透视，探讨了国内学术界在信息问题上一些含混的地方，为信息作为基本范畴进入哲学和哲学的变革提出一种积极的方案。[①]

5.2 20 世纪 90 年代国内学界的评价

大连水产学院的从大川教授在 1990 年第 3 期《情报·科研·学报》上，以“建立信息哲学的大胆尝试——《哲学信息论导论》评价”为题，对笔者的专著《哲学信息论导论》进行了评价，他说：

邬焜的信息哲学对传统的辩证唯物主义的本体论范畴框架做出了重大的变换，信息迫使已经由物质和精神分割完毕的存在领域给它让出了一块相当大的地盘。不同时代的哲学总要根据时代的精神建构宇宙的演化图景，这既是哲学执着的追求，又是人类把握世界的精神需要，而当今的宇宙演化图景即是信息演化图景。要建立崭新的信息哲学体系，就要进一步摆脱传统辩证唯物主义框架的束缚，一方面要深入研究包括马克思早期和晚期在内的全部哲学精神，另一方面从外部吸取西方各哲学流派的合理思想，对发展着的人类信息精神进行哲学的浓缩和升华。

他又进一步说：

作者从信息哲学的角度对传统的本体论基础范畴进行了重新审查、反思和批判，为自己的哲学打下了本体论基础，作者把存在视为整个信息哲学的逻辑起点，给出了一个包括信息世界在内的新的

① 刘孝廷：《简介〈哲学信息论导论〉》，《自然辩证法报》，1989 年，第 16 期，第 4 版。

存在领域分割图。信息世界的发现，打破了传统哲学把整个存在领域分割为物质和精神两大领域的旧有秩序。问题的关键在于，在物质和精神之间存在着一个自在信息的世界，并且精神世界本身乃是信息世界的一部分，是自为、再生信息的活动。现代哲学本体论将根据由信息引入的全新存在模式来重建它的范畴体系。书中对这一新的本体论范畴体系进行了层次分析和系统综合，为人们提供了一个用信息的观点看世界的新的世界观。

从大川教授又说：

《导论》通过全面、系统的探讨，最后论述了信息在哲学变革中的作用，认为信息对哲学的革命性开拓，给哲学带来了一场全新的革命，它在整体上改变着辩证唯物主义的具体样态，它使唯物主义的物质基石更为牢固，使辩证法的普遍联系、运动、变化和发展的世界图景更清晰地展示在人们面前。

在现代，不考虑信息环节，或对信息环节估计不足的任何哲学体系，都将落后于信息时代的人类精神。当前我国哲学界“哲学现代化”呼声很高，大家也认识到，哲学现代化建设必须从整个哲学体系上进行新的构建。《导论》一书的可贵之处，在于它尝试性地给出了一种辩证唯物主义现代哲学框架，作为国内第一本有较系统体例的信息哲学专著，具有一定的独创性、开拓性。①

我国自然辩证法界的元老、泰斗人物，中国人民大学终身荣誉教授黄顺基先生曾为笔者的《自然的逻辑》一书作序。在该序中，黄老先生对笔者的信息哲学给予了极高的评价。他写道：

在哲学基本问题上，由于信息概念从通信领域迅速扩展到几乎所有的领域，世界由物质和能量组成的古典概念已经让位给世界由物质、能量和信息组成的现代概念，于是，物质和精神之间是否还存在一个领域——信息？信息同物质与精神的关系究竟是什么？如何用信息的演化来说明自然的演化？这些便成为当代自然科学向哲

① 从大川：《建立信息哲学的大胆尝试——〈哲学信息论导论〉评价》，《情报·科研·学报》，1990 年，第 3 期，第 29-31 页。

学提出的重大问题。研究和回答这些问题，迎接逻辑实证主义与批判理性主义等资产阶级哲学的挑战，这是马克思主义哲学工作者义不容辞的职责。非常令人高兴的是，邬焜同志的《自然的逻辑》一书，大胆地试图回答上述种种问题，并且给出了可以认为是比较详细的、认真的分析与研究。他的工作，在面临改革与开放的哲学研究中十分值得赞许，值得重视。信息范畴既然成为哲学的基本范畴，并且在物质和精神两大领域中占有一席地位，那么，通过物质、精神与信息三者的相互联系与相互作用来揭示客观世界的普遍发展规律，揭示人类认识的普遍发展规律，揭示人类改造客观世界的规律性，这将是哲学改革中的一个重要的突破口，其中有大量艰巨的工作等待着我们去做。邬焜同志在这个方向上迈出了可喜的一步，他提出了不少独到的见解，对现代自然科学的成果作出了他自己的分析与概括，全书的阐述是清楚的，逻辑结构是严密的。

勇于探索，迎接挑战，把马克思主义哲学与现代科学成果紧密地结合起来，这是邬焜同志在书中体现出来的主要精神，我们理应加以发扬，以便共同努力，担负起改革的时代中哲学的改革任务。①

时任《中国社会科学》杂志社哲学编辑部主任的何祚榕研究员（署笔名黄森）在《中国社会科学》1991 年第 5 期以“信息同物质与精神的关系的新揭示”为题对笔者的著作《自然的逻辑》进行了介绍与评价。该文说：

邬焜将信息定义为标志物质间接存在性的哲学范畴，信息是物质存在方式和状态的自身显示……不敢奢想这个定义为诸多信息哲学研究者都能接受，纵观各种作为哲学范畴的信息定义，我以为大体是可以成立的。

实物和能量是直接存在，是原形，而信息则是原形在他物中的间接存在，是影子。实物是从物体自身来说的，能量是从一事物作用于他事物的作用力来说的，而信息是从一事物作用于他事物后，引起他事物的变化，在他事物上打上烙印来说的。这个烙印是对原来事物的表征，称为信息。

① 邬焜：《自然的逻辑》，西安：西北大学出版社，1990 年版，序：第 1-2 页。

进一步弄清物质、精神、实物、能量以及信息之间的关系尚有待大家来探索，邬焜的研究无疑为此奠定了研究基础，值得我们重视。①

1993年11月17日，《中国科学报》驻西安记者站站长王百战和西北大学哲学与管理科学系高立勋副研究馆员联合署名，在《中国科学报》上，以“信息哲学的开拓者——记西北大学教授邬焜”为题，对笔者的信息哲学的研究情况进行了报道。该报道指出：

邬焜的哲学研究具有强烈的时代意识。

邬焜认为，科学的发展必然导致哲学的变革。哲学要现代化，必须用现代科学的最新成就对已有的哲学思维加以补充、改造和扩展。他经多年的勤奋努力，终于系统地建立了一门信息哲学……他的研究在国内学术界引起了广泛的影响，他的成果被一些学术刊物广泛转载、摘登、引用和评论。有关学者认为，邬焜的研究具有一种“点、线、面、体”的全方位透视的特征；是信息同物质与精神关系的新揭示、是试图使哲学现代化的一种崭新探索；它以其特有的探索性、创造性和开拓价值，在信息-哲学界展示出一种全新的理论空间而独树一帜。

邬焜相信，信息哲学的强大生命力一定会在众多分支哲学的重建中，以及与众多应用学科的交缘中得到充分的体现。

该报道还指出：

邬焜已被哲学界誉为“富有创见的新秀”、“信息哲学的开拓者”和“国内思维科学研究领域开拓者之一”。②

1994年，云南科技出版社出版了《系统科学大辞典》，该辞典由120多位中外相关领域的学者组成的系统科学大辞典编辑委员会编辑，主编为中国运筹学家和系统工程专家许国志，该编辑委员会的特邀顾问中包括协同学的创始人、德国物理学家H.哈肯（Hermann Haken）和世界著名的系统科学家、美籍匈牙利人欧文·拉兹洛（Ervin Laszlo），他们同时又是相关词条的

① 黄森：《信息同物质与精神的关系的新揭示》，《中国社会科学》，1991年，第5期，第193-195页。
② 王百战，高立勋：《信息哲学的开拓者——记西北大学教授邬焜》，《中国科学报》，1993年11月17日，第1版。

撰稿人。在该辞典的“人物篇”中收入了古今与系统科学相关的“国外人物”130 人，“国内人物”95 人。其所收人物目录按年龄排列，由姜群英教授撰写的“邬焜”词条列在最后，并且是收入的古今中外的唯一一位信息哲学家。该词条对其的定性评价为“信息哲学的开拓者”。词条介绍说：

> 他对系统科学的主要贡献是他把信息概念作为哲学的最基本范畴之一引入哲学，建立了信息哲学。在信息本体论、信息认识论、信息社会论等领域都进行了独创性的研究。[①]

《安徽日报》高级编辑、《哲学大视野》执行主编金志华（署笔名鹤然）在 1995 年第 2 期《哲学大视野》中以“哲学视野中的信息世界——喜读《信息世界的进化》”为题，对笔者的著作《信息世界的进化》[②]进行评价。该评价指出：

> 邬焜教授在国内较早地把信息的研究推向广阔的领域，注意从哲学角度讨论信息问题，在 80 年代后半期先后出版了《哲学信息论导论》、《信息哲学》等专著，提出了一系列信息哲学问题和理论观点。最近，作者又推出《信息世界的进化》一书，发展和完善了自己有关信息哲学的理论，引起了学术界的瞩目。
>
> 邬焜根据自然科学“哲学”的模式，从科学成果中提取理论和方法，借鉴一系列科学结论研究哲学问题，因而书中大多数论证都具极强的可推导性和实证色彩，所下的判断也大都具有较强的可信度。这种运思趋向给哲学工作者以有益的启示：哲学的现代化有一个重要方向，那就是哲学运作方式的现代化，即以现代科学为依据，突出哲学应有的科学特性，建立一系列哲学学术规范，消解传统哲学中“空疏”、“虚假”的内容，从而把哲学从传统引入现代，通过科学化方式走向现代化。
>
> 我们看到，书中虽然附有大量的数据图表，作者作出论证也以自然科学结论为前提，其理论体现出科学的色彩，但他同时对于人的自我创造特性、文化的自主品格、经济社会的文明特征及人类精

---

① 许国志：《系统科学大辞典》，昆明：云南科技出版社，1994 年版，第 531 页。

② 邬焜：《信息世界的进化》，西安：西北大学出版社，1994 年版。

神的心路历程给予必要的关注和阐释，从而使信息进化的论证在科学的前提下体现了哲学的特色。①

5.3 21世纪以来国内学界的评价

1. 对《信息哲学——理论、体系、方法》一书的评价

2003年6～10月，国内同行资深学者和著名专家王雨田、何祚榕、庞元正、申仲英、孟宪俊五位教授，对笔者独立申报并完成的题为“信息哲学的理论、体系和方法”的国家社会科学基金项目的最终成果——《信息哲学——理论、体系、方法》（该书已于2005年由商务印书馆出版）进行了鉴定。五位专家的五份鉴定意见都对笔者的该项成果给出了“一级”成果的等级建议。下面，将五位专家的评价分别摘引如下②。

中央民族大学王雨田教授评价：

> 该成果作者多年来一直坚持信息哲学的研究，在国内是最早的研究者之一，本书是他多年来成果的系统总结和提高，由于这一领域极富挑战性，难度大，作者敢于迎难而上、坚持攻坚、富于创新，应予肯定。作者正确而且有新意地指出：信息哲学的研究较之系统哲学更具有划时代的范式意义；他强调要从哲学角度给出信息的哲学定义，并由此在马克思主义哲学的框架内在国内提出了第一个系统化的信息哲学体系；他根据自己的观点，一方面评析了有关的一些哲学争论，提出了自己的观点，另一方面又从哲学和科学的双重角度，对申农和维纳的信息量公式及其局限性、对薛定谔等人的负熵理论做出了比较恰当的比较和评析。此外，作者对熵、负熵和信息的不少有争论的问题，进行了比较系统的整理、思考与辨析，提出了一些有价值的论点，是不容易的。作者还对复杂性概念的复杂性，对信息、全息和分形的关系，对信息社会、信息经济与知识经济的关系，对虚拟实在与信息的关系等等均提出了不少有价值的新

① 鹤然：《哲学视野中的信息世界——喜读〈信息世界的进化〉》，《哲学大视野》，1995年，第2期，第63页。

② 下面摘引的五位教授的评价均请参见邬焜《信息哲学——理论、体系、方法》（北京：商务印书馆，2005年版）一书之“后记”。

观点。作者为了论证自己的观点，收集了丰富的科学史、哲学史和当代科技新进展的文献和资料，并比较准确而恰当地加以引用。作者做到了持之有据、言之成理、自成体系之作，做到了论据与论点的有机结合，并富于思考、勇于探索和敢于创新。从总体上要充分肯定这项成果在辩证唯物主义框架内在国内是第一部系统之作，具有重要的理论价值，还建议作者更上一层楼，加以完善，力求在这一领域的世界哲学之林中占据应有的地位。

中国社会科学院何祚榕研究员在鉴定意见中认为，这是一本“具有开拓性的专著”。他写道：

1995 年 5 月，我在《中国社会科学》上发表了《信息同物质与精神的关系的新揭示——评介邬焜〈自然的逻辑〉》一文，即对本成果专著的第四章讨论的“存在领域的分割”和“信息的本质”表示认同和赞赏。比较诸多信息的本质的定义，我认为，邬焜在哲学层次上所下的“信息是标志物质间接存在性的哲学范畴”定义是可以成立的，是有说服力的。这就为创建信息哲学大厦奠定了坚实的基石。从本专著“附录：邬焜已出版和发表的与信息哲学方面相关的成果目录”[①] 中可以看出，他为创建信息哲学的方方面面做了长达 23 年锲而不舍的独创性研究，取得了丰硕的成果，不愧为“信息哲学的开拓者”。这本书就是将这些方方面面的研究成果进一步疏理、综合集成为一本系统完整的专著。这本书的学术价值是很明显的，即“对学科发展有奠基作用”。此外，它既然是“信息时代精神的精华”之作，毫无疑问它对解决现实问题有启示与推动作用。

时任中共中央党校哲学部主任的庞元正教授在鉴定意见中写道：

《信息哲学》是一项具有原创性、开拓性的科研成果。本成果以马克思主义世界观方法论为指导，在概括总结信息科学最新成果的基础上，构建了信息哲学的理论体系，内容包括了信息本体论、信息认识论、信息进化论、信息思维论、信息的哲学度量、信息与熵的理论、信息与复杂性研究、信息与虚拟现实、信息哲学与传统哲

① 该成果正式出版时，按照编辑的意见，这个“附录”被删除了。

学的区别等领域，全方位多角度地对与信息相关的哲学问题进行了具有独到见解的探索，创建了以信息维度认识世界、解释世界进而改造世界的一整套比较完整的哲学理论。其中很多创新观点具有原创性，例如对信息本质的分析，指出信息是标志间接存在的哲学范畴，它是物质存在方式和状态的自身显示；对信息形态的哲学分类，提出信息有自在信息、自为信息、再生信息三种类型；对波普尔三个世界理论的分析，提出存在三个信息世界的观点；对人类信息活动五个层次的分析，提出认识是一个以信息为中介的信息活动过程；对信息进化的分析，提出信息生产是人类生产活动的实质；对生产力微观结构和宏观结构的分析，彰显了信息生产在人类生产活动中的重要地位；对信息思维方式的分析，突出表明了在系统综合的世界图景中信息思维的发展趋势；对必然性与偶然性关系的分析，以信息量为判据论证了必然性与偶然性的辩证关系；等等。综观全书，可以说创新观点迭出，而且言之成理、论之有据。信息科学的问世，信息社会的到来，极大改变了人类对自然界和人类社会的知识图景，信息作为一个新维度被纳入到人类认识世界的视野中，这是人类世界观方法论的重大变革，但是对于这一重大变化，国内外哲学还没有能够给以充分重视和科学阐明，本成果就是力图对于这一重大问题，做出与时俱进的马克思主义的科学解释，因而该成果对于回应当代科学和实践的重大变化，对于坚持和发展马克思主义世界观方法论，具有重大理论意义和实践意义。

西北大学申仲英教授在其鉴定意见中评价：

这是一本自成一体的学术性专著。其观点之新颖、内容之丰满、逻辑之自恰、论述之简洁，均达到了很高水平。在名为“信息的哲学研究”的同类论著中，本书不仅立论独到、前后贯通，而且涉及面宽、结构化程度高，确已成为一家之言。本书的突出特色有：①从哲学批判的角度剖析信息的本质，明确将信息释义为“间接存在”“物质存在方式的自身显示”。此种释义有高度抽象性和概括性，且与实证科学中的信息概念相容。②以对信息本质的哲学批判为基点，本书系统构建了信息本体论（自在信息、自为信息、再生信息）、信息认识论（从自在信息到主体信息的自我实现）、信息进化论（相互作用中的双重演化）、信息思维论（与实体思维、能量思维相区别的全息综合的复杂性思维），并涉及了信息的社会价值论（知识经济与信息社会）[①]。这种全新的哲学构架显然透视出新的观察理解周围世界的方式。③上述各论之间经由相关中介分析而内在贯通、自我展开。本体论的“间接存在”规定，既预示着认识的信息中介，由此导向信息认识论，也预示着相互作用中的双重演化，由此导向信息进化论；信息中介的多级建构以及双重演化的结构全息又导向信息思维论。此种自我展开的结构化方式在逻辑上是连贯而自洽的。④在研究方法上，本书坚持和充分发挥了哲学抽象与思辨的优点，同时又广泛与已有实证科学的成就相照应（特别是宇宙起源的大爆炸理论、认知的信息加工理论、非平衡系统的自组织理论），使哲学的批判与思辨不流于空谈和玄想，而依托于科学思想的精华。

西安建筑科技大学的孟宪俊教授在其鉴定意见中写道：

邬焜教授新著：《信息哲学——理论、体系、方法》是作者在二十多年来研究信息哲学的十数本专著和百余篇论文基础上综合概括的新的成果，是一本包括信息本体论、认识论、进化论、思维论及其他信息哲学问题等集成的巨著，具有重要的理论意义和学术价值。这本著作适应信息时代的到来，系统地提出了信息哲学的理论观点和完整体系……建立了具有独创性成果的信息哲学，对实现马克思主义哲学辩证唯物主义哲学形式现代化取得了突破性的进展。在哲学界引起了广泛而强烈的关注和影响，认为这是‘哲学现代化的一种崭新探索’，誉称其为“信息哲学的开拓者”。这本著作是对信息哲学的全面完整的系统性阐释，理论独到、体系严谨、方法新颖、意义深远。该书全面地科学地论述有关信息哲学的理论问题，其中有许多理论观点为作者独创，如信息本体论中认为信息是标志间接存在的哲学范畴、是物质存在方式和状态的自身显示；自在、自为、再生和社会信息是信息的四种基本形态；其信息进化论认为，

① 受申仲英教授评价的启发，该成果在正式出版时增加了“信息价值论”一编，包括五章内容。

存在着双重进化：物质形态的进化和信息形态的进化；其信息认识论中在分析了信息活动的层次及其生理基础上，创立了认识发生的中介说；特别是作者对人类思维方式的讨论，对物质思维、能量思维和信息思维做了明确的界定，强调了信息思维方式是新世纪[①]的主导的思维方式。全书观点明确，论证有力、资料翔实、逻辑严密、概念明晰、语言规范；在方法上采用了人文科学与自然科学相结合的研究方法，在难度很大的哲学与自然科学相结合的道路上实现了难得的突破。本书对信息哲学研究具有开拓和奠基作用，在信息哲学领域中，在国内处于领先地位，在国际上也处于先进水平。

张雨记者在2005年7月6日的《科技日报》上，以“信息哲学理论的全方位展示——〈信息哲学——理论、体系、方法〉一书评价”为题，对笔者的信息哲学理论进行了全面评价：

该书是由西安交通大学人文社会科学学院博士生导师邬焜教授独立承担的国家社会科学基金项目“信息哲学的理论、体系和方法”的最终研究成果。从1980年起，邬焜开始涉入建立信息哲学的研究领域，至今已出版与该领域相关的系列著作10部，在其已发表的200余篇论文中与该领域相关的论文就有150余篇，被学术界誉为“信息哲学的开拓者”。

该书是他在25年研究成果的基础上进行再造性梳理、综合集成、具体展示他所创立的体现信息时代“时代精神精华”的信息哲学的整体风貌之作。由于该成果在元哲学（第一哲学）层面上全面建构了信息哲学，是哲学现代化的一种具体形式，所以该成果无论在发展马克思主义哲学，还是在全面批判和改造传统哲学，或是在全新建构新的时代哲学等方面都具有极高的理论创新的学术价值。[②]

江南大学袁振辉教授在2006年第6期《江南大学学报》上，以“信息哲学理论、体系和方法的全面阐释——《信息哲学——理论、体系、方法》评介”为题，对笔者的专著进行了评价：

---

① 指21世纪——责任编辑注。

② 张雨：《信息哲学理论的全方位展示——〈信息哲学——理论、体系、方法〉一书评价》，《科技日报》，2005年7月6日，第10版。

> 早在 1980 年邬焜教授就开始进行建构信息哲学的研究，是国内最早进入该领域的少数研究者之一。从 1981 年起陆续发表该领域的论文和著作。1982 年 4 月，邬焜教授完成了《哲学信息论导论》一书的初稿，并以此书作为他在兰州大学哲学系就读 4 年的本科毕业论文。可以说，正是此书的完成标志着他所提出的信息哲学的初步建立。此书的内容为之后 20 多年他所从事的相关研究奠定了深层级的、最基本的观点、理论和方法。他在之后研究中所阐发的关于信息哲学的观点和理论都是此书所蕴含的基本思想的展开、延续和深化。由该书的纲要性内容写成的《哲学信息论要略》一文发表于《人文杂志》1985 年第 1 期，而该书则由陕西人民出版社于 1987 年 6 月出版。这两项成果成了信息哲学正式创立的标志，邬焜教授则被学界誉为“信息哲学的开拓者”。

从国外相关领域的研究状况来看，21 世纪之前，信息哲学研究领域几乎是一片空白。直到 2002 年牛津大学哲学家弗洛里迪才在 *Metaphilosophy* 杂志上发表了题为 *What Is the Philosophy of Information?* 的论文，开始对信息哲学的概念和性质进行讨论。从这一情况来看，国外相关领域的研究比笔者至少晚了 20 多年，并且至今仍未形成比较系统的观点和理论。

在对该书的基本观点进行介绍的基础上，袁振辉教授在结论中写道：

> 通过 25 年不懈的努力，邬焜教授所创立的信息哲学已经达到了高度系统化的程度和水平。《信息哲学——理论、体系、方法》一书的基本观点和理论所具有的独立性、创新性、开拓性价值，无论对于当代中国的信息哲学研究，还是对于当代世界的信息哲学研究都处于十分明显的领先地位。①

2010 年，陕西省自然辩证法研究会召开第四届会员代表大会暨研究生教学研讨会，由中国自然辩证法研究会秘书处编的第 4 期《工作通讯》对此次会议所做的相关报道中称：

> 邬焜教授 2005 年由商务印书馆出版的长达 70 万字的《信息哲学——理论、体系、方法》专著，标志着信息哲学理论体系的完善

① 袁振辉：《信息哲学理论、体系和方法的全面阐释——〈信息哲学——理论、体系、方法〉评介》，《江南大学学报》，2006 年，第 6 期，第 13-15，25 页。

与成熟。[①]

2. 钟义信先生的评价

在2014年10月于西安召开的“第十届《哲学分析》论坛——‘信息时代的哲学精神’学术研讨会”上，我国著名信息科学家钟义信在其提交的《从信息科学视角看〈信息哲学〉》[②]一文中写道：

> 据笔者所知，历来，传统哲学都明确地断言：存在＝物质＋精神。只是不同哲学阵营的人对物质和精神的地位持有不同的主张：唯物论者认为物质第一性精神第二性，唯心论者则持相反的主张……为了探讨信息在哲学研究中的地位，邬焜对传统的存在分割公式提出了挑战。这显示了他的学术勇气，也表现了他在学术上的彻底精神。经过深入研究，他得到了全新的分割公式：“存在＝物质＋信息”……在新的存在分割公式的基础上，邬焜又进一步讨论了物质与信息的关系。他认为物质和信息都是存在：物质是“直接存在”，也可以称为“实在”，而信息则是“间接存在”，也可以称为“虚在”或“不实在”。笔者认为，这是一个具有全局意义的研究成果，颠覆了传统哲学的基本观念，是对现代哲学研究的重大贡献：不仅为信息哲学的研究明确了地位，开辟了道路，而且也为整个哲学的研究校正了方向。
>
> 邬焜教授的《信息哲学》阐述信息的认识论，包括人类认识过程的五个层次：信息的自在活动层次，信息的直观辨识层次，信息的记忆存储层次，信息的主体创造层次，主体信息的社会实现层次；同时还论述了五个层次之间自下而上的递进建构和自上而下的全息制控关系，以及层次综合参与和层次相互转换关系。显然，这是非常宏观而同时又非常原则的论述，完成了从信息本体论到信息认识论过渡的全面分析。
>
> 从信息科学研究的角度来看，邬焜教授在信息哲学领域的研究成果，特别是关于“存在分割方式”的研究成果，是开创性的工作，

① 中国自然辩证法研究会秘书处：《陕西省自然辩证法研究会第四届会员代表大会暨研究生教学研讨会》，《工作通讯》，2010年，第4期。

② 钟义信：《从信息科学视角看〈信息哲学〉》，《哲学分析》，2015年，第1期，第17-31页。

对信息哲学和信息科学的研究都具有基础性意义。

钟义信在该文中，还从五个方面对笔者创立的信息哲学和他所开拓的信息科学研究之间所具有的和谐默契进行了论证：①总体风格：和而不同；②存在分割：哲理开路；③基本概念：异曲同工；④认识论信息：相映成趣；⑤信息中介与信息转换：各有发现。在做了这五个方面的论证之后，钟义信在文章的最后指出："几乎独立行进的中国信息哲学和信息科学研究如此和谐默契，颇为发人深省！"

笔者读了钟义信的文章之后，对他提出的问题做了如下回应：

在我看来，在我国的相关研究中，之所以能够出现这种信息哲学和信息科学的研究天然默契、交相辉映、殊途同归的情景，决非偶然。首先，它是信息所具有的普遍性品格的体现；其次，它是哲学研究和科学研究具有统一性、无法割裂的体现；第三，它是统一信息科学必须建立在哲学和科学研究相互贯通和融合的基础之上的体现；第四，它也是我国长期以来辩证唯物主义哲学思维方式的体现。虽然，长期以来，我国的辩证唯物主义哲学的教科书体系教条化倾向严重，但是，如果我们能够不拘泥于它的教条，而是加入相关复杂性思维的再造性理解，那么，我们便会重新挖掘辩证法和唯物论的真谛。由于我国的信息科学和信息哲学的研究都是在当代复杂信息系统科学的相关背景中展开的，所以，它便能够很好地把信息思维、系统思维和复杂性思维的方法与辩证唯物主义的思维方法融合一体，从而使前者具有辩证唯物主义的性质，使后者具有复杂性的韵味。这其中所体现的不仅是哲学对科学的规范和影响，而且同时就是科学对哲学的改造和重塑，以及哲学自身批判性的发展。正是在这种科学和哲学的相关辩证统一发展的过程中呈现出了中国的信息科学和信息哲学发展的一般方式：信息科学的信息哲学化，信息哲学的信息科学化。在这里，不仅是科学的改造和升华，而且同时就是哲学的改造和升华。由此科学和哲学的新的内在贯通和融合的综合性发展导致的便是顶天立地的统一信息科学的诞生。我国信息哲学和信息科学的研究成果已经为统一信息科学的建立带来了希望。让我们为这样一门全新的哲学和科学相统一的信息科学的最终诞生和健康发展做出我们的贡献。[①]

3. 苗东升先生的评价

我国系统哲学家、中国人民大学教授苗东升在研究钱学森系统科学思想时对笔者的信息哲学研究给予了概括性的评价：

> 系统哲学的近邻是信息哲学，近三十年来，以邬焜为代表的中国学者作了持续的探索，取得很多成果，与系统哲学形成相互促进的态势。[②]

在2013年10月于西安召开的首届国际信息哲学研讨会的大会报告中，苗东升还强调：

> 邬焜教授在信息哲学研究中，历经30多年的辛苦创立的思想体系，已经形成了能与西方分庭抗礼的“中国学派”。[③]

在2014年10月于西安召开的“第十届《哲学分析》论坛——‘信息时代的哲学精神’学术研讨会”上，苗东升教授以“由邬焜信息哲学想到的”为题具体剖析和解读了具有独立特征的邬焜现象：

> 中国的科学哲学是从西方引进的，学界弥散着浓厚的学术自卑感。邬焜的信息哲学是中国科学哲学界独立创建的第一个理论体系，树立了榜样。他能够坚持在信息哲学领域勤恳耕耘30余年，表现出献身学术研究的可贵精神；勇于独立探索，敢于在信息哲学这篇新天地开疆拓土，表现了他的创新勇气；建立起以信息本体论、信息认识论、信息进化论、信息价值论、信息思维论为框架的信息哲学体系，表现出他较强的理论创造力。邬焜的成功还得力于西安交通大学给他的有力支持，提供必要的环境条件，形成一支队伍，我常常称之为信息哲学的邬家军。学校给学者以支持，学者给学校争光，这才是正常现象，西安交大树立了榜样。[④]

---

① 邬焜：《信息哲学的独特韵味及其超然品格——对三篇文章的回应和讨论》，《哲学分析》，2015年，第1期，第43-52页。

② 苗东升：《钱学森系统科学思想研究》，北京：科学出版社，2012年版，第148页。

③ 王健：《首届国际信息哲学研讨会综述》，《重庆邮电大学学报》（社会科学版），2014年，第2期，第51-54页。

④ 刘琅琅：《第十届《哲学分析》论坛——“信息时代的哲学精神”学术研讨会综述》，《哲学分析》，2015年，第1期，第182-189页。

在第一届国际信息科学峰会（维也纳，2015 年 6 月）上，苗东升做了题为“信息研究的中国路径在开拓中”的大会报告。他在报告中指出：

> 信息的极端重要性必定要在哲学根本问题上反映出来。信息时代的雷声没有震醒中国哲学界的中心，却震醒了它的一处边缘——科学技术哲学。从 1970 年代末开始，活跃在这里而具有思辨哲学兴趣的一批学者，依据信息科学重新思考哲学基本问题，提出诸多新观点。成果最丰的是邬焜，他通过解读黑格尔和恩格斯，领悟到要关注‘存在领域的内在差异’，基于科学最新发展来更新“对存在领域的具体区分”……以建立信息本体论为切入点，邬焜抓住哲学本体论的核心问题“什么是存在？”“存在如何存在？”，既向辩证唯物主义关于存在的经典表述提出挑战，又坚持辩证唯物主义的基本立场，从信息观点给出他的回答。邬焜认为，客观世界由物质和信息共同构成，物质是世界的实在，第一性的存在；信息是世界的虚在，第二性的存在。以这种本体论为核心，形成他的信息哲学体系，对信息时代作出初步的哲学回应。
>
> 邬焜首创信息哲学的基本框架，开始引起国际学术界关注，已经在国内召开一次国际信息哲学会议，2015 年 6 月又在维也纳召开了第二次国际会议。
>
> 邬焜已初步形成一支信息研究队伍，不妨称为“邬家军”，这在目前的中国是少见的。[①]

4. 其他一些学者的评价

北京大学闫学杉副教授等在 2007 年第 1 期《社会信息科学研究通讯》的《社会信息科学研究十人谈》中，称笔者为“信息哲学第一人”[②]。

在上面已经提到，我国自然辩证法界的元老、泰斗人物、中国人民大学终身荣誉教授黄顺基在 1990 年为笔者的《自然的逻辑》一书作序，对笔者创立的信息哲学给予了高度评价，不仅如此，他还在后来发表的文章中对笔

① 苗东升：《信息研究的中国路径在开拓中》，《系统科学通信》，2015 年，第 2 期，第 29-47 页。

② 闫学杉，等：《社会信息科学研究十人谈》，《社会信息科学研究通讯》（华中科技大学社会信息科学研究中心编），2007 年，第 1 期，第 18-40 页。该文后被收入邬焜，肖峰，等：《信息哲学的性质、意义论辩》，北京：中国社会科学出版社，2013 年版，第 231-271 页。

者创立的信息哲学的基本思想进行了进一步阐述。他写道：

> 20世纪爆发出一场史无前例的信息革命，在科学发展史上出现了一个新的科学研究对象——信息。它和物质与能量并列为科学从而也是哲学的基本范畴。能量是物质的运动，它和物质不可分割；信息"是物质（直接存在）存在方式和状态的自身显示"。从信息的产生与发展的过程看，它呈现出四种不同的形态：本体论信息（自在信息）；认识论信息（自为信息、再生信息、社会信息），它向人们揭示出全新的世界图景，把传统哲学的物质世界与精神世界的划分推向物质世界与信息世界这一更加丰富多彩的划分；与此同时，和信息科学一道产生的信息技术极大地改变了人类社会的生产方式、生活方式与认识方式。①

中国人民大学一级教授、我国科学技术哲学的领军人物刘大椿为笔者于2002年出版的《信息认识论》一书作序，序中写道：

> 信息时代呼唤信息哲学。邬焜教授20年前就开始致力于信息哲学的研究，学有专攻，硕果累累。其研究领域涉及信息本体论、信息认识论、社会信息论、信息进化论，以及信息经济与信息社会的理论。其研究成果在学术界引起了较大反响，被誉为"信息哲学的开拓者"。这本《信息认识论》是邬焜教授的近作，是系统建立信息认识论的一个新的重要尝试。
>
> 马克思说："任何真正的哲学都是自己时代精神的精华。"邬焜教授的《信息认识论》一书，正是对我们时代的信息精神进行较为系统地概括和提升的尝试，也是哲学现代化的一种崭新探索。在当今中国学术界普遍存在某种浮躁风气的背景下，邬焜教授坚持不懈，20多年如一日在信息哲学领域执著追求，的确难能可贵，值得大家认真关注和学习。②

我国著名哲学家孙正聿对笔者提出的信息思维理论给予了高度评价。他

---

① 黄顺基：《现代科学技术革命的新形势、新进展与新问题》，《辽东学院学报》（社会科学版），2006年，第5期，第3-11页。

② 邬焜：《信息认识论》，北京：中国社会科学出版社，2002年版，序：第1-3页。

在《中国社会科学》2008 年第 6 期发表的《解放思想与变革世界观》一文中专门转引了笔者的相关观点，并给予相应阐释。他写道：

> 现代科学既改变了我们的世界图景，也改变了我们的思维方式。这包括：现代科学已经深刻地变革了以素朴实在论为代表的直观反映论的思维方式，变革了以机械决定论为代表的线性因果论的思维方式，变革了以抽象实体论为代表的本质还原论的思维方式。按照有些学者的概括，“在人类科学发展的进程中，经历了三次大的科学革命，这三次科学革命同时带来了人类科学世界图景和科学思维方式上的三次大的变革。这就是人类的科学世界图景从实体实在论过渡到场能实在论，再过渡到信息系统复杂综合论；而人类科学思维方式相应地从传统的实体思维过渡到能量思维，再过渡到信息思维”。系统的观念、复杂的观念和综合的观念，促使我们在“广阔的研究领域”超越“在绝对不相容的对立中思维”，真正以辩证法的思维方式去观察和分析“活生生”的现实生活，真正使我们的思想与改革开放的创新实践相符合。世界观和思维方式的变革，是解放思想的重要内容，也是解放思想的重要动力。①

广西民族大学政法学院高剑平教授在对国内外信息哲学研究的状况进行综述时写道：

> 在建立信息哲学的方向上，邬焜的工作系统而全面。从 1980 年开始，邬焜发表了大量的文章，出版了一系列的专著。1987 年 6 月，陕西人民出版社出版邬焜的专著《哲学信息论导论》……标志着信息哲学在中国正式创立……从 1987 年 6 月邬焜创立“信息哲学”计算，则要比弗洛里迪 2002 年在西方哲学权威期刊《元哲学》（*Metaphilosophy*）上发表的 *What is the Philosophy of Information* 早 15 年。②

中国人民解放军空军工程大学康兰波教授在 2008 年第 3 期《天府新论》上发表了《信息哲学与信息时代的哲学——从两个“信息哲学”范式说起》的文章，该文对邬焜信息哲学和西方学者弗洛里迪提出的信息哲学进行了比

---

① 孙正聿：《解放思想与变革世界观》，《中国社会科学》，2008 年，第 6 期，第 35-43 页。

② 高剑平：《信息哲学研究述评》，《广东社会科学》，2007 年，第 6 期，第 84-89 页。

较性研究。文中写道：

> 上世纪[①]80年代，我国学者邬焜率先创立了信息哲学。1996年，英国牛津大学的弗洛里迪（Luciano Floridi）也独立提出了“信息哲学”基本概念。当今，邬焜信息哲学已初步体系化。弗洛里迪也于2002年初步提出了他的信息哲学构想，使信息哲学成为世人关注的焦点……邬焜和弗洛里迪两个“信息哲学”范式在评价信息科学，主张信息哲学是对传统哲学的超越，提出信息哲学是元哲学或第一哲学，强调信息哲学在建设和谐、美好世界中的作用等方面具有相容性；但在哲学基本立场、对信息本质的把握、对信息世界的刻画以及有待进一步解决的问题等方面，它们之间又存在着较大差异。通过比较可知，信息哲学的产生具有必然性；它是对以往哲学单一实体性思维方式的变革；在具体内容和表现形式上，信息哲学作为信息时代的哲学形态，具有多样性。[②]

康兰波教授还在《对邬焜和肖峰两个信息哲学观的比较研究——读邬焜〈信息哲学——理论、体系、方法〉和肖峰〈信息主义及其哲学探析〉》一文中写道：

> 邬焜信息哲学力图突破现有思维方式，并通过加入信息维度来构建新的哲学思维方式，以表达、反思信息时代人的现有生存状态或现实生活，立足现实人的生存变化，通过不断改变哲学的表现形态，来达到对人现实生活的积极关照。
>
> 邬焜是从哲学思维方式的角度来思考信息哲学，其建立信息哲学的目的就是要表达我们这个时代的时代精神，表现人崭新的生产方式和面临更大信息复杂性的生存困境。
>
> 正是在哲学思维系统结构巨变、层次提升的意义上，邬焜才认为，信息“在实质上揭示了传统科学与哲学未曾发现的一个全新的领域——信息世界，揭示了一个与直接存在的物质世界不同的另一个间接存在的信息世界。由于新的存在领域的被发现，这便首先在

---

① 指20世纪——责任编辑注。

② 康兰波：《信息哲学与信息时代的哲学——从两个“信息哲学”范式说起》，《天府新论》，2008年，第3期，第19-22页。

哲学本体论层面上引出了一场根本性的变革”[①]。这意味着，第一，信息世界这个在以往哲学中完全被忽视的领域，在邬焜信息哲学中得以从哲学理论上被全面揭示出来；第二，唯物主义哲学重新以全新的方式，特别是以物质和信息双重维度、复杂化演变来展开其世界观，更能克服以往的简单性、机械性和形而上学性；第三，随着存在领域物质和信息关系的被揭示，使得精神被“降低”为信息的特殊形式，并从本体论上失去作为哲学理论逻辑出发点的可能性……从这个意义上说，哲学对信息世界的揭示，不仅不会削弱唯物主义，相反，还为唯物主义在存在领域彻底战胜唯心主义奠定了理论基础。

邬焜信息定义最能表现出其马克思主义哲学背景的就是它在信息时代基础上彻底改变了哲学对现实世界的理解模式，即由以往将现实世界理解为物质和精神的对立统一，改变为物质和信息相互作用的复杂关系。这种改变的意义在于：一是进一步确立了信息时代唯物主义的坚实地位，即与物质相对应的是信息，而信息不管如何复杂、衍生，它终归是物质的自身显示，脱离开物质，信息终将成为无源之水、无本之木；二是进一步确立了精神与信息的关系。在邬焜信息哲学中，精神被理解为信息的重要方面，即主观间接存在。与其相对应的是作为客观间接存在的自在信息。表面看，精神不能与物质相对应，这似乎大大降低了精神在哲学理论中的地位，但它却极大高扬了人信息创造的复杂性、艰巨性和超越性。因为，在邬焜看来，在现实生活中，人们实际感受到的信息都是由自在信息、自为信息和再生信息有机统一而成的社会信息。[②]而实现这三类信息有机统一的，不是某种神秘力量，恰恰是人通过其实践活动对信息的不断加工、提炼和创造。所以，人对信息的创造，不仅要综合上述三类信息，而且还要超越由这三类信息有机统一所形成的现有界限，在这样的界限超越中，人信息创造的复杂性、艰巨性和超越性，是其他任何事物或力量难于达到的。但人却真正实现了并且还正在进一步实现这番超越。可见，人之伟大，精神之力量，尽在这种复杂而艰巨的信息创造之中。从这个意义上看，邬焜信息哲学依然保

① 邬焜：《信息哲学——理论、体系、方法》，北京：商务印书馆，2005 年版，第 14 页。
② 邬焜：《信息哲学——理论、体系、方法》，北京：商务印书馆，2005 年版，第 60 页。

持住了为人的实践创造奠基高歌的马克思主义哲学秉性。

信息迷信的关键不在于如何理解信息本质，而是在于如何理解现实生活中的人。邬焜由于是在马克思主义哲学背景下来看问题的，因此，他才能做到既在本体论意义上揭示“信息”本质，又捍卫世界的物质统一性原理，还在高扬人的信息创造性中跳出了信息崇拜、信息迷信或信息主义。[①]

2013 年 6 月，西安交通大学哲学专业博士生、西安石油大学副研究员李国武通过了以“邬焜信息哲学思想研究”[②]为题的博士论文答辩，获得了哲学博士学位。该论文的摘要中写道：

邬焜教授的学术思想，有它的独特性，表现出他个人的性情、风格和内心世界。通过深入研究，能够廓清世人对信息哲学的模糊认识，使更多学界同仁走进信息哲学、感悟邬焜教授的所思、所论，了解邬焜教授对信息哲学的贡献，并学习邬焜教授严谨的学术态度和高尚的学术风范与学术境界，具有很强的现实意义。

本文共分 10 章，力求从邬焜教授信息哲学的研究历程，在全面准确地理解文献综述的前提下，结合邬焜教授信息哲学学术思想体系创立阶段的人生经历，历史地分析和阐释邬焜教授的信息哲学学术思想。本文从邬焜教授庞大的信息哲学学术思想体系中选取了最能代表其精华的信息本体论、信息认识论、信息进化论、信息价值论以及信息思维论等五个方面信息哲学理论，进行重点阐述，并与中国古代哲学、古希腊哲学、当代西方哲学、马克思主义哲学进行比较研究，提出自己的理解。

在相关研究的基础上，李国武博士还在其博士论文中概括了邬焜教授的九大学术特色：①思想深刻，独树一帜；②顽强自学，学识渊博；③哲学科学化，科学哲学化；④概念创新，体系完整；⑤勇于变革，创造力强；⑥追求真理，献身科学；⑦文风朴实，逻辑严密；⑧治学严谨，独立思考；⑨视野宽广，立论宏大。

---

① 康兰波：《对邬焜和肖峰两个信息哲学观的比较研究——读邬焜〈信息哲学——理论、体系、方法〉和肖峰〈信息主义及其哲学探析〉》，《重庆邮电大学学报》（社会科学版），2014 年，第 1 期，第 74-78，104 页。

② 该博士论文经进一步修改后，已于 2015 年 6 月由中国社会科学出版社出版。

李国武博士还在其发表的题为“邬焜信息哲学是信息时代的科学的世界观”的一文中写道：

> 20 世纪 80 年代产生的邬焜信息哲学，是哲学发展中的根本性变革，是人类信息时代发展和哲学发展的必然产物。首先它是适应全球化信息时代的需要而产生的。同时，它又是现当代科学和哲学发展的总结，是人类以往认识世界和改造世界的积极成果的理论结晶。它以信息是间接存在的观点为基础，揭示了世界的物质与信息双重存在的性质，开辟了对信息世界进行哲学研究的新领域，进一步科学地解决了思维与存在（物质与精神）、物质与信息、精神与信息的关系问题，从而实现了新的唯物信息论和信息方法论的统一，信息本体论和信息认识论与信息价值论的统一，信息进化论和信息社会论的统一。从其理论特征上看，又是科学性、时代性和普适性的高度统一，是信息时代的系统化、理论化的科学的世界观和方法论。①

5.4 “信息时代的哲学精神”学术研讨会

为了推动信息哲学的发展，2014 年 10 月 12 ～ 15 日，由上海社会科学院《哲学分析》编辑部、西安交通大学国际信息哲学研究中心和陕西省自然辩证法研究会共同举办了“第十届《哲学分析》论坛——‘信息时代的哲学精神’学术研讨会”。会议共收录论文 20 篇，其中包括两篇分别由法国和丹麦著名学者布伦纳和索伦•布赫尔（Søren Brier）（与周理乾合作）提交的论文。

来自《哲学分析》编辑部、西安交通大学、北京大学、北京邮电大学、中国人民大学、中国社会科学院、陕西省社会科学院、中国青年政治学院、东华大学、西安建筑科技大学、中国人民解放军空军工程大学、西安石油大学等单位的 40 多位专家学者，其中包括十多位西安交通大学的哲学专业的博士生、硕士生和本科生参加了本次会议。丹麦著名学者、符号信息学家索伦•布赫尔和他的中国学生周理乾还通过视频做了会议报告，并参与了讨论。

此次会议的主题是围绕笔者创立的信息哲学进行研讨。会议报告和讨论

① 李国武：《邬焜信息哲学是信息时代的科学的世界观》，《重庆邮电大学学报》（社会科学版），2014 年，第 1 期，第 79-85 页。

的内容大致可以分为三个方面：一是对邬焜信息哲学的意义和价值的阐释和研究；二是对邬焜信息哲学和信息科学，以及与国外其他学者提出的信息哲学的观点和理论，或与其他相关的科学和哲学理论的比较性和拓展性研究；三是对邬焜信息哲学的某些观点和理论的商榷、质疑和讨论。

本次会议的参会者很有代表性，既有哲学家，又有科学家，还有国外著名学者的参与，这不仅体现着信息哲学和信息科学的联盟，还体现着中国信息哲学发展的国际化趋势。专家学者们的学术交锋既友好，又激烈，充分展示了学术自由探索的魅力。本次会议有助于清晰地了解国内外信息哲学研究的现状和更好地推动当代信息哲学的发展。

下面列出参会论文：

〔法〕Joseph E. Brenner:《作为信息时代精神的哲学——对邬焜信息哲学的评论》；

王玉樑:《坚持理论的彻底性——发扬马克思倡导的治学精神》；

苗东升:《由邬焜信息哲学想到的》；

康兰波:《邬焜“存在领域的分割”理论及其意义》；

邬天启:《从信息世界的发现反思存在与哲学基本问题》；

李国武:《信息哲学的创立者——邬焜教授的学术品格》；

董思伽:《信息哲学作为一种新兴哲学能否解决现代西方哲学危机?》；

钟义信:《从信息科学视角看，〈信息哲学〉》；

王健:《信息存在论的建构路径与哲学观念的变革——对西蒙栋和邬焜信息哲学的比较》；

王有腔:《“客观知识”辨析——波普尔和邬焜观点的比较》；

李乖宁:《论符号与信息——关于技术哲学与信息哲学的一种比较》；

南琼:《信息形态演进中的统一时空观探析》；

毕琳:《信息方式与人类社会的双重进化》；

王亮:《基于物质系统论的信息复杂性探寻》；

冯洁:《信息哲学与医学模式变革》；

周理乾、〔丹麦〕Søren Brier:《具有中国特色的信息哲学？——评邬焜教授的信息哲学体系》；

肖峰:《信息哲学并未带来“全新的哲学革命”——就三篇文章与邬焜先生商榷》；

邓波：《信息本体论何以可能？——关于邬焜先生信息哲学本体论观念的探讨》；

张怡：《论信息的随附性特征》；

段伟文：《从世界的痕迹到事实的创造——对信息哲学的反思与追问》。

会后邬焜针对会议的商榷和讨论写了两篇回应文章：

邬焜：《信息哲学的独特韵味及其超然品格——对三篇文章的回应和讨论》；

邬焜：《与信息本体论相关的若干重大问题的讨论——对两篇文章的回应》。

刘琅琅博士写了一篇会议综述：

刘琅琅：《第十届〈哲学分析〉论坛——“信息时代的哲学精神”学术研讨会综述》。

会后，《哲学分析》（2015 年第 1、2 期）选取了 6 篇参会论文[①]，连同邬焜教授的 2 篇回应性文章和刘琅琅的会议综述分两期予以发表。

会议所取得的上述 23 项成果中的 22 项已由中国社会科学出版社结集出版[②]。文集为《信息时代的哲学精神——邬焜信息哲学思想研究与讨论》[③]。

5.5 各类基金项目的支持

多年来，笔者的信息哲学研究获得了 20 多项不同层次的科研基金项目的支持。其中，国家社会科学基金一般项目 2 项、重点项目 1 项；教育部人文社会科学研究一般项目 2 项、211 和 985 子项目各 1 项；陕西省自然科学和社会科学研究项目 3 项。

下面仅将这些相关省部级以上科研基金项目的题目依获准时间的先后列出：

1）1993 年度国家教委“八五”人文、社会科学研究规划项目“信息科学与唯物辩证法的发展观”（教社科司〔1993〕2 号）；

① 这 6 篇参会文章的作者是：Joseph E. Brenner，钟义信，周理乾和 Søren Brier，肖峰，邓波，张怡。

② 文集未收入的论文是段伟文先生的文章。虽然我们认为该文很有创意，但是，段先生考虑到相关观点尚未成熟，认为不便于公开发表。

③ 邬焜，成素梅：《信息时代的哲学精神——邬焜信息哲学思想研究与讨论》，北京：中国社会科学出版社，2016 年版。

2）1996 年度陕西省自然科学研究计划项目“陕西省经济与社会发展信息化程度定量测度及未来发展预测”（项目编号：96-G05）；

3）1999 年度陕西省自然科学研究计划项目“陕西省信息经济定量测度及未来发展预测”（项目编号：99-G07）；

4）2002 年度国家社会科学基金一般项目“信息哲学的理论体系和方法”（项目编号：02BZX027）；

5）2003 年度教育部 211 子项课题“信息化与西部发展多维互动模式探讨”；

6）2006 年度陕西省社会科学基金项目“复杂信息系统理论的哲学探讨”（项目编号：06C011Z）；

7）2007 年度教育部 985 工程Ⅱ期资助项目“社会信息科学的理论和方法”（项目编号：985hust-13003）；

8）2011 年度教育部人文社会科学研究一般项目“信息哲学、哲学基本问题与哲学的根本转向”（项目编号：11YJA720027）；

9）2012 年度国家社会科学基金一般项目“现代科学革命、信息哲学与辩证唯物主义新形态研究”（项目编号：12BZX020）；

10）2013 年度国家社会科学基金重点项目“信息哲学的基础理论研究”（项目编号：13AZD096）。

第 6 章 邬焜信息哲学的国际影响及相关评价

由于语言交流上的障碍，长期以来，笔者的成果一直未能以英文形式发表，所以，国外学者一直未能了解笔者的相关研究成果。直到 2010 年之后，这一情况才有所改变。

6.1 第四届国际信息科学基础大会

2010 年 8 月 21 ～ 24 日，由中国人工智能学会、华中科技大学社会信息科学研究中心主办，美国华盛顿信息科学研究所、美国威斯康星大学信息政策研究中心、清华大学科学技术与社会研究所、北京大学信息管理系协办的第四届国际信息科学基础大会[①]在北京召开。此次国际信息科学基础大会的主旨为：建立新的信息科学。会议的目标为：讨论信息领域中的不同概念、理论和途径；交流各个信息学科中不同的但是能够实现互补的目标、研究课

① 关于邬焜和邬焜的博士生参加此次会议的相关情况的报道，请参阅：《邬焜教授参加国际信息科学基础大会并作大会报告》，《人文社科简讯》（西安交通大学科研院人文社科处主办），2010 年，第 1 期；《邬焜教授参加国际信息科学基础大会并作大会报告》，西安交通大学新闻网，http://www.xjtu.edu.cn/search.jsp?wbtreeid=1001，2010 年 9 月 2 日；李国武：《西方学者发文高度评价西安交通大学邬焜教授所创立的信息哲学》，西安交通大学学报（社会科学版），2011 年，第 5 期：封二、封三。

题和方法学。会议征文的主题包括：新的信息科学对社会的冲击和影响；智能科学在信息科学中的地位；新的信息科学的基础；信息哲学；其他应用信息科学学科；关于信息社会和信息时代的科学；其他相关的信息研究。

来自美国、俄罗斯、加拿大、法国、西班牙、日本等国的 29 名和中国的 34 名信息科学领域的专家参加了会议。

笔者作为此次会议的国际顾问委员会成员出席会议，并做大会报告。笔者和笔者的博士生团队共 10 人，向大会提交的 11 篇与信息哲学相关的英文论文全部入选。笔者和其中 5 位博士生到会。在到会的中国学者中还有很多对信息哲学或相邻领域有专门研究的著名专家，如钟义信、欧阳康、苗东升、罗先汉、刘钢、何华灿、李宗荣、马蔼乃等，展示了中国信息哲学研究的实力。

笔者和笔者指导的博士生向大会提交的论文，以及在会上所做的大会和分会报告引起了国外学者的关注。有国外专家在讨论中指出，西方学者提出信息哲学的时间只有 14 年（截止到 2010 年），其标志性成果的发表仅有 8 年，并且至今未能形成系统化的理论，而笔者早在 30 年前就提出建立信息哲学的任务，并在 20 世纪 80 年代就建立了信息哲学体系。一个是 30 年，一个是 14 年，二者相比，反差强烈，这将把国际上公认的信息哲学提出和创立的时间大大提前。有国外专家还直接邀请笔者为其刊物投稿，并建议将标志笔者所创立的信息哲学成熟性发展的成果——《信息哲学——理论、体系、方法》（商务印书馆 2005 年版）翻译为多国文字（只是由于这一翻译工作的难度比较大，直到今天仍没有具体操作）。

笔者和笔者的博士生团队为大会提交的论文中最具代表性的论文及报告有：

《科学的信息科学化》（邬焜，大会报告）；

《信息哲学在中国的创立——邬焜教授三十年信息哲学学术思想研究》（李国武，分会报告）；

《信息哲学在中国的兴起》（邬天启、靳辉，分会报告）；

《作为元哲学的信息哲学何以可能》（李武装，参会论文）。

另外，在此次会议上，笔者还向外国学者提供了一本题为“The Basic Theory of Philosophy of Information”（信息哲学的基本理论）的英文书稿。该书稿汇集了笔者已经发表的 12 篇中文论文的不太规范的英译文稿[①]。

---

① Wu K. The Basic Theory of Philosophy of Information. Paper，4th International Conference on the Foundations of Information Science. Beijing，2010.

此次会议之后，国外学者开始根据其不完全的了解对笔者创立的信息哲学进行介绍和评价。

6.2 第五届国际信息科学基础大会

2013 年 5 月 21 ～ 24 日，由国际信息科学研究会（International Society for Information Studies，总部设在奥地利），联合国教育、科学及文化组织"全民信息计划组"俄罗斯计划委员会（Russian Program Committee of the Program of UNESCO "Information for all"），俄罗斯科学院人工智能委员会（Scientific Council on Artificial Intellect Methodology of the Russian Academy of Sciences），俄罗斯科学院信息问题研究所（Institute of Informatics Problems of the Russian Academy of Sciences），俄罗斯信息社会发展研究所（Institute for Development of the Information Society of the Russian Academy of Sciences），莫斯科人文主义大学（Moscow Humanitarian University）等单位共同发起和组织的第五届国际信息科学基础大会在莫斯科召开，来自俄罗斯、西班牙、奥地利和中国的 80 余名信息科学领域的专家学者参加了会议。本届国际信息科学基础大会的主旨为：从信息方法的全新视角探讨 21 世纪的世界教育问题。

笔者应邀出席会议，并在 21 日下午做了大会报告。笔者所做报告的题目是：*Information Thinking and System Thinking: A Comparison*（该文的中译稿《信息思维和系统思维的比较研究》已在中国刊物发表）[①]。该报告的论文文稿是笔者和法国巴黎国际跨学科研究中心研究员布伦纳合作完成的。在长达 50 分钟的报告中，笔者首先扼要介绍了笔者创立的信息哲学的基本理论，然后从本体论、认识论、进化论、时空观、价值论、社会发展理论、经济发展理论，以及对科学和哲学变革的范式作用八个方面对信息思维和系统思维的异同进行了对比性的阐发。以上述阐发为依据，笔者强调，对于科学和哲学的变革，信息思维比系统思维更具有基础性和本质性，由此深刻揭示了信息哲学和信息科学范式对人类哲学和科学的发展所具有的全方位、根本性改

① 布伦纳，邬焜：《信息思维和系统思维的比较研究（上）》，王健，译，《佛山科学技术学院学报》（社会科学版），2013 年，第 2 期，第 1-7 页；布伦纳，邬焜：《信息思维和系统思维的比较研究（下）》，王健，译，《佛山科学技术学院学报》（社会科学版），2013 年，第 3 期，第 1-10 页。

造的革命性意义和价值。

在会议进一步的讨论中，有西方学者提出应当重视信息哲学的研究，并进一步更为详细地将笔者的相关研究成果介绍给西方学者。大会主席、国际信息科学研究会主席、俄罗斯科学院信息问题研究所首席研究员康斯坦丁·科林在其所做大会报告中回顾了世界信息哲学发展的历程，并特别强调了笔者关于信息哲学研究成果的开创性价值。[①]

6.3 布伦纳的评价（1）：《邬焜和信息元哲学》

法国国际跨学科研究中心资深研究员、现实逻辑（Logic in reality，LIR）理论的提出者、著名学者布伦纳，在2011年6月20～26日召开的第九届国际一般信息理论研讨会（GIT，2011，保加利亚瓦尔纳）上提交了一篇题为“Wu Kun and The Metaphilosophy of Information”（邬焜和信息元哲学）的长达10万余英文字符的论文，具体介绍并高度评价了笔者独创的信息哲学。该文后来已经以英文和中译文的形式公开发表。[②]

布伦纳的文章强调：

> 邬教授强调了作为一个基本的哲学范畴的信息概念，界定了信息和信息科学在诸如本体论、认识论乃至科学等所有相关学科中的核心角色。这是一条元哲学的原则，因为它必须处理哲学自身的内容。邬教授的信息哲学被他称为一种元哲学，“一种最高哲学”，这正是因为其出众之处在于它的独特性和普遍性，在于它的新世界观，即作为一种关于历史、社会、价值、知识、科学和技术的信息观念。

布伦纳的文章指出：

> 在邬先生的概念中信息哲学是处在一种新的信息范式或者信息的本体论转向的中心位置……这个理论中包含了哲学、逻辑学，以及体现了一种跨学科视角的本体论。

① 此次会议的报道可参见：西安交通大学新闻网2013-06-05报道《人文学院邬焜教授参加第五届国际信息科学基础大会并作大会报告》。网址：http://xhnet. xjtu. edu. cn/info/1007/129. 13. htm。

② Brenner J E. Wu Kun and The Metaphilosophy of Information. Information Theories and Applications，2011，(2)：103-128. 中译文：约瑟夫·布伦纳：《邬焜和信息元哲学》，王健，刘芳芳，译，王小红，审校，《西安交通大学学报》（社会科学版），2012年，第3期，第6-21页。

邬教授将信息科学领域视为一种由信息哲学、一般信息理论和各种实践应用的次级领域所构成的复合体。在所有的这些方面，他都做出了贡献。充分评价邬教授关于哲学和信息科学与哲学的著作及其蕴意必须要等到它们全部被译成英文之后。显而易见的是，他的研究提供了一个关于信息的复杂本体论性质的重要的新视角。

布伦纳的文章还强调：

元哲学对于信息和隐含的对于其他学科的更广泛的作用已经由邬教授提出；他的信息哲学在所有学科中建立了信息的核心作用，邬焜已经预料到了这种发展。因此，信息就是具有跨学科意味的信息自身，它位于学科之内、之间或之外，并且对它们来说是共同的。他历经多年来描述他的研究，广泛地相关于：信息的哲学本质、信息本体论、信息认识论、信息进化论、社会信息论、信息价值论、信息思维论、信息和自组织及复杂性理论、信息和虚拟实在、信息科学体系，从而在整体上构成一种新的科学范式，以及一个未来哲学和科学发展趋向的基础……在这些相互作用的跨学科解释中，我看到一种新的信息范式的操作的开端，并且它既导向又由所述的一种信息元哲学和信息姿态所构成，这种信息元哲学和信息姿态源自邬教授的研究。

邬教授的独特的元哲学概念对于理解信息的社会和伦理维度的动态学是必不可少的。

邬教授的一个提议就是，将信息哲学作为一门统一信息理论的基础，而这将会导向知识的统一体。

基于邬焜教授的贡献，一种信息领域的研究接近成熟，人们可以开始谈论一种能够概括多样路径的信息的元哲学（理论）。

布伦纳的文章还特别评价了笔者提出的信息思维的认知方式，并把这种思维方式与胡塞尔的现象学方法进行了比较。他写道：

元哲学对于信息和隐含的对于其他学科的更广泛的角色已经由邬教授提出；邬教授关于信息的元哲学观点并不是将其作为另一个静态学科或知识体而直接指向一种信息的元哲学的编纂。它其实是一个指向一种适当的信息哲学的立场的态度，在其中，信息哲学作为包含所有学科的关键部分，超越了它们特有的科学内容；在信息思维要求思考所有哲学和科学的信息面相的范围上，我们相信我们正接近于一种新的科学的（和逻辑的）范式，在其中，作为区别于实体思维的信息思维，产生了对传统学科及其理论的崭新的阐释。信息的（元）哲学和（元）逻辑是对作为一个整体的信息过程观的自然化的一种贡献；信息思维（IT），如邬教授所构想的，指谓一种通过关涉包含于信息进化之中的信息结构和动态学，从其历史的起源到未来的可能性和概率性来把握与描述事物的本质及属性的方式。这个策略包含着某些类似于胡塞尔哲学式的悬置的东西，即悬置任何复杂过程的细节以考虑信息在其动态学中发挥功能的方式，也包含着某些类似于由LIR（布伦纳独创性提出的现实逻辑的英文缩写——引者注）所提议的信息的逻辑因素间的辩证关系的东西。但是，邬焜的理论和胡塞尔的理论之间的差别是明显的：邬教授原创的信息哲学是去澄清客观世界中的物质和信息的双重存在和双重演化，它们始于存在的逻辑和自然的人类自身的动态学。邬教授的学说不同于胡塞尔的，并不需要"自然化"，即带入到自然科学的领域中。它已经在那里了。

邬教授的研究路径清除了为胡塞尔的先验直觉寻找自然等价物的艰巨任务。

邬教授直接在客体和主体相综合的层次上揭示了个体认识的过程的机制，其中，内在的和外在的相互作用提供了必要的多重客体的和主体的中介。

布伦纳的文章还对笔者创立的信息哲学对促进统一信息科学的建立，以及变革哲学的意义和价值进行了评价：

在邬教授的观念中，信息的性质是这样的，它只有被包含入世界存在的基础领域的建构之中，才能显示出它们的本质和最一般、最普遍的特征。这种普遍性仅能够在一般哲学的最高层次上被研究。正因为如此，一种统一信息理论能够被期待具有一般哲学理论的结构和性质。仅仅从信息哲学的优势观点出发，人们才能够意识到信息的本质，并要求建立一种统一信息理论；在我看来，基于他的信息哲学和元哲学，邬教授是在提议一种对于哲学基础的新的重大的批评！邬焜将信息概念作为哲学的最基础的一个概念，导致对我们所见的存在领域分割的一种新奇的模式，改变了关于基本哲学问题所能做出的具体表达的方式。这样的结果就是信息的新哲学使得一种关于哲学基础性基质的“对话”成为可能，从而能够导向在关于人的哲学中的进一步的基础性的和富有魅力的普遍性改变。

事实上，邬教授的研究路径构成了一个新的、原创的，以及在我看来，是对作为一个整体的现代哲学基础的必要的批评。我的LIR中关于逻辑的解释与邬教授的信息元哲学的解释的共同应用能够成为一个对于解决信息领域的关键突出问题的有用的新贡献，并为信息社会的伦理发展提供了进一步的支持；通过对作为存在的最基本特征之一的信息和信息活动的形式化的研究，信息的元哲学改变了讨论哲学——形而上学的、认识论的和本体论的基本问题的方式……信息哲学实现了哲学的综合变革。

邬焜的信息哲学及其作为一种元哲学的形式化构成了一个对于信息的一般理论的巨大贡献（迄今还未被中国以外的人们所认识）。

邬焜教授提出的信息哲学基本理论不仅仅聚焦于信息的现象学结构和功能属性，也聚焦于对它的一种准确理解的重要性，即确切地将它作为一种导向更加民主的社会的运动之基础。我可以认为，邬先生的信息著作的主体构成了哲学的进步。

针对西方以前把弗洛里迪看作信息哲学创始人的说法，布伦纳在其文章中特别强调：

我发现并没有其他正式的文献涉及信息的元哲学。邬焜，根据本文所简要概括的实质阐明，应该被看作这个领域的主要先驱。弗洛里迪与邬焜本人必须被各自独立地视为信息哲学领域的奠基人之一。

2013 年 10 月，在西安召开了首届国际信息哲学研讨会，布伦纳在会上做了题为“人格同一性的信息过程”的大会报告。他在报告中指出：

人格同一性作为一种复杂现象，对它的思考不能离开对同一性和多元性，以及作为动态过程的二者关系的理解……邬焜先生所创立的信息哲学和元哲学则首先从本体论上对此给予了支持……邬焜所提供的人类信息活动的等级结构图景，有助于人格同一性的建构，而这正是……一种人格同一性的本体－认识论之路。[①]

6.4 布伦纳的评价（2）：《作为信息时代精神的哲学——对邬焜信息哲学的评论》

在 2014 年 10 月于西安召开的“第十届《哲学分析》论坛——‘信息时代的哲学精神’学术研讨会”上，布伦纳提交了一篇题为“作为信息时代精神的哲学——对邬焜信息哲学的评论”[②]的长篇文章，又对笔者创立的信息哲学进行了专门性评价。

下面是该文中部分评价的摘引。

邬焜教授对于信息科学和哲学及其与一般哲学的关系的重要贡献，刚开始为国外学者所认识。

邬焜提供了一种指向科学与哲学相互融合的桥梁。信息科学和哲学不仅不是分离的，而且是在一种哲学的科学化和科学的哲学化的向度上动态地相互作用的。信息哲学和科学中的变革，从哲学立场上看，在可以被描述为一种根本的信息转向之中，反映为一种时代的信息精神。

正如邬焜曾指出的，为了正确地探究被看作是标准科学之组成部分的概念（信息），我们还应该重新考察人类知识的整个哲学结构。

在邬焜的概念体系中，信息对于科学和哲学如同德谟克利特的原子论那样具有同样的核心作用。在邬焜描述为哲学的科学化和科学的哲学化的科学和哲学的信息变革的影响下，今天我们参与到了一个可循环的发展过程中。然而，在此精神中，科学和哲学都没有丢失其特殊的内容和方法论。

① 王健：《首届国际信息哲学研讨会综述》,《重庆邮电大学学报》（社会科学版），2014 年，第 2 期，第 51-54 页。

② 约瑟夫·布伦纳：《作为信息时代精神的哲学——对邬焜信息哲学的评论》，王健，译，《哲学分析》，2015 年，第 2 期，第 4-17 页。

邬焜的理论与科学哲学以及新兴信息社会，也与发生在其中的信息转向的精神的哲学相关联。在哲学中，关于认识论、本体论和现象学的角色，以及它们与科学的关系，信息科学作为一门学科的性质都有待进一步明晰。邬焜通过提供一种以信息术语对存在的复杂性的理解，首先讨论了他的信息哲学，其次也提供了一种人道伦理学的科学基础，其中人类的进化（而不是如勒芒所想象的机器的进化）位于严格思考所关注的核心。

整个宇宙中（世界、自然）的所有“存在”被邬焜放置在客观实在、客观不实在和主观不实在作为其三个主要的区域的分类之中。因此，客观存在的范围比客观实在（物质）的范围更宽泛。物质和精神的分类并不包含整个“世界”。在物质和精神之间存在着一个“客观不实在”的领域，这是传统科学和哲学并未充分注意的，即使它被赋予了一种物理主义的解释。

信息在世界的本体论结构中的奠基，在对知识的研究中起到了重要的作用，即它构成了对科学学科和现代哲学基础之间的经典分离的一种新的和必要的批评。这导致了一种以信息术语所表述的新的世界观，一种新的世界存在图景。尤其是，我们将看到，我们的研究为先前较多地在认识论上所进行的信息理论的范畴探讨提供了一个本体论的维度。

事实上，邬焜的信息哲学包括信息本体论，关于知识、演化、价值的信息理论，一种“信息思维”，以及包含一个严格的概念框架体系的社会信息理论，并对信息的自然属性及其生物学意义、方法论方面和社会价值进行了诠释。正如信息哲学基本理论中所概括的，邬焜认为信息哲学是最高形式的哲学，一种包含多种哲学作为其分支的元哲学。信息哲学将信息看作为一个宽泛的概念，它指涉一种存在的普遍形式，一种认识模式和一种价值尺度，而且我们可以探究它的演化原则。从相应的元哲学视角出发，新的信息本体论、信息认识论、信息生产论、信息社会论、信息价值论、信息方法论、信息演化论等都可以进行建构。邬焜相信信息哲学的建立使得一种新的自然观、认识观、社会观和价值观成为可能，而且对人类信息社会的发展和一种更为文明、民主的社会政治、经济和文化信息秩序的建立起到积极的促进作用。

一个重要的方法论结论在于，邬焜的研究对于恢复辩证法作为一种适当的哲学策略和包括社会和政治科学在内的科学策略做出了贡献……我的主要结论在于，邬焜的研究构成了从整体上对现代哲学基础的崭新的和原创的必要批评。

邬焜的贡献在于，信息科学和哲学的发展揭示了，在基础的物质世界中，而且也在人的认知世界中，信息既是一个本体论概念又是一个认识论概念，其中，认知世界被看作先前的信息活动的产物。这一情景之所以可能，是通过信息过程产生物质对象的相应结构的存在论意义而实现的。物质－能量和“心智”之间通过信息中介的可能运动，排除了它们的绝对分离的基础和必要性。这就允许一种新的和根本的哲学转向，它意味着一种对本体论范畴的重建。

邬焜基于其关于信息在世界中被发现的理论，从哲学的视角重新规定了：（1）存在的结构（存在领域）；（2）关于主体和客体之间关系的一种新解释。

邬焜认为：从现象到理论建构的过程也必须经过人类主体认知能力、样式和结构的相同中介。相应地，它是一种信息建构活动，而不是一种机械结构，即一些将人类认知能力和方式作为中介的外在系统或过程的一对一描述。然而，不可否认，理论和实在之间的相关联仅仅因为理论乃是从对现象的处理中而获得的。这里，尽管邬焜承认这种关联，但它不是直接的，因为理论和实在之间存在着信息转换的多维中介（包括现象的中介）。就此而言，他的观点与流行的科学实在论和反实在论都有所不同。

邬焜对真理的理解是：人们以其自身的方式获得关于客体的真理；真理自身乃是一种信息的主观形式，而不是一种物质实在的形式。因此，它只能是相对的，相对于一些（不是全部的）实在的差异关系以及人的主体认知能力。从实在到现象，和从现象到理论，任一类别的中介环节的差异都会导致所获得的真理的改变……这是真理的相对性和多元性……因为实践与相应的理论之间的符合是成功的，我们便可以认为获得了相应的真理……然而，邬焜并不否认真理的可能性以及真理和实在之间的相关性和符合性。他只是将那些观点有条件地看作是相对的而非绝对的。

邬焜和符号学者索伦·布赫尔都认为胡塞尔的先验观念论与世界或自然科学毫无关联。尤其是，邬焜从一种信息立场对胡塞尔进行了一种独特的分析。在本文中，我将简单重申他的关键结论，即人类个体和社会存在和经验的复杂性不能够通过参考一种排除了信息、信息过程及其必要的生理、心理结构的运作的具体功能的“生活世界”和“主观间性”而得到描述……在诸如塞尔和迪肯等哲学家和神经科学家以及邬焜的著述中，基本的自然科学世界观都高扬意识是自然的组成部分。信息立场或“姿态”的优势在于信息在物理学、生物学、神经科学和心智之间是一个统一的概念。在此意义上，相比于现象学而言，信息哲学是一种对于人类理解机制的更为科学和合理的解释。

邬焜对于现象学方法的基本观点是，由于经典现象学对自然客体和人类身体的悬置，它对人类认识机制的描述便是单向的和不完整的。信息哲学从把握自然客体的信息机制、物化工具的作用、人类生理结构和认知结构的参与，以及种系和个体历史发生学的建构等五个维度的基础性、中介性作用的层面，为阐明人的认识发生的过程和机制提供了一个统一的框架。简言之，信息哲学原理的应用首先使得认知过程中的行动者从他们的现象学悬置中返回。认知的新的整合模型包括经典的现象学解释，所以信息哲学的解释超越了现象学的解释……我认为现象学并不具有一个自然本体论基础。信息哲学不为现象学所决定，而是相反。在信息时代的精神的术语中，一种“信息现象学”既不可能也不必要。

邬焜的贡献在于：哲学，严格地说，可以赋予科学以特征。在我看来，问题越复杂，这一影响就越显而易见。因此，邬焜以关于它们共同的信息基质的理论为中介，通过一种新的科学联合对发展这一领域做出了突出的贡献。这使得对不同类型的科学的共存和古代科学和哲学的历史共同起源的认知成为可能。

邬焜的理论对于知识及其发展的新进路可以说是变革性的，由此而有必要改变以后的哲学学科教育的主导方式。

在他关于信息哲学的所有著述中，邬焜一以贯之地强调信息的社会价值和功能，认为从它的相关价值和功能中可以获得人类个体和社会存在的整体的理论基础，以及伦理行为的基础……邬焜为对作为信息过程的伦理行为的基础所进行的再评价，提供了一种新的严格的理论框架……在邬焜信息哲学的复杂性研究中，关注现象的本体论和认识论方面之必要性同时要求一种宽容心和开放性，这也同样适用于对信息时代的哲学精神的描述……邬焜相信，信息影响所导致的哲学变革，对于那些最终目的在于发展人类境况的任何计划而言，都是其中一个必要的心智部分。因此，我认为当前这一系列聚焦于邬焜教授的著作的论文（此次论坛的专题论文）的刊发，乃是关于信息哲学和科学在一个更具建构性的新的对话方向上的一大进步。

6.5 索伦·布赫尔的评价：具有中国特色的信息哲学

在 2014 年 10 月于西安召开的“第十届《哲学分析》论坛——‘信息时代的哲学精神’学术研讨会”上，丹麦哥本哈根大学教授、著名符号信息学家索伦·布赫尔和他的中国学生周理乾博士合作提交了一篇题为“具有中国特色的信息哲学？——评邬焜教授的信息哲学体系”[①]的论文。周理乾、索伦·布赫尔还合作发表过两篇英文文章，一篇专门评价笔者的著作——《信息哲学——理论、体系、方法》（商务印书馆 2015 年版），另一篇专门评价笔者的信息哲学[②]。

下面仅将他们合作发表的中文文章中的部分评价予以摘引。

邬焜教授由于其长达 30 余年对信息哲学思考与建构，毫无争议地成为中国信息哲学的代表人物。邬焜信息哲学的影响不仅限于国内，现在已经引起了欧洲信息研究领域的注意，出现了对他的哲学的研究性文献以及主要著作的述评。首届国际信息哲学研讨会在西安的顺利召开，更是提高了邬焜哲学在欧洲信息理论研究界的知名度……

① 周理乾，索伦·布赫尔：《具有中国特色的信息哲学？——评邬焜教授的信息哲学体系》，《哲学分析》，2015 年，第 1 期，第 4-16 页。

② Zhou L Q，Brier S. Philosophy of information in Chinese style. Cybernetics and Human Knowing，2014，21（4）：83-97；Zhou L Q，Brier S. The metaphysics of Chinese information philosophy: A critical analysis of Wu Kun’s philosophy of information. Cybernetics and Human Knowing，2015，22（1）：35-36.

在欧洲信息科学基础学术圈（FIS Group, Foundation of Information Science Group）看来，邬焜迥异的运思方式让他们感到惊讶与好奇，在这种文化震惊（cultural shocking）中很多人给出了相当高的评价。

邬焜的信息哲学一开始就认为要重新审视哲学的基本问题，发现了以往哲学所没发现的新的存在领域，哲学由此也要发生根本转向……不同于其他科学技术哲学学者，邬焜认为不仅存在于信息理论中的哲学问题或者信息理论能够对传统哲学问题有所启发，信息哲学本身就是一种全新的哲学，是“元哲学”、“第一哲学”，代表着哲学的根本转向。像物质、意识一样，信息是哲学的基本范畴。全部哲学，包括本体论、认识论、方法论、价值论等等，都应该在信息的基础上重新构建。

邬焜的信息概念虽然与泛信息主义有许多相似之处，但并不完全与这些观点相同。首先，出发点不同。邬焜信息哲学的逻辑起点是存在领域的重新划分。通过重新划分存在领域，邬焜认为发现了被以往哲学所忽视的存在领域，他将这个新发现的存在领域看成信息世界。而其他泛信息主义的观点的出发点则是信息现象。由于信息无法还原到物质层次，因此认为信息与物质、能量一样基本。其次，邬焜的信息概念与泛信息主义的信息概念所指代的对象不同。邬焜用信息来指称他通过重新划分存在领域所发现的部分，而泛信息主义指称的则是日常信息现象。

邬焜的信息哲学是对传统的继承与叛逆。他的哲学继承了自然辩证法的研究传统，又试图超越限于传统身心二元论的以往哲学。在中国科学哲学界大力倡导“西学”的今天，他的哲学的这种原创性尤为珍贵。

相信在未来，通过邬焜教授越来越活跃地参与到国际学术界，他的哲学能够越来越具有影响力。

由于索伦·布赫尔是符号信息学家，所以他从符号需要理解者的现象学的主体性的立场出发对笔者提出的信息的存在论意义提出了批评。他说：

邬焜的信息是先验的、普遍存在的，即使不存在理解者，信息也是存在的；而日常话语中的信息概念则是依附于理解者而存在的，因此只有改变了接收者（或理解者）的主观概率，才算做信息。

在我们看来，由于他的理论抛弃了理解者，因此还不能够构成日常意义上的信息。

我们认为，实际上邬焜的信息哲学本质上并不是关于“信息”的哲学，而是借用了信息这个概念来指称他所发现的那个被以往哲学所忽视的存在部分，这个存在领域的部分完全可以用其他的名词来指称而不影响他的整个哲学体系的融贯性。我们认为，真正的信息哲学应该是关于“信息”的哲学，应该从日常信息现象出发来研究信息。

恰当的信息理论框架应该是一个涵盖客观规律、主观意义和主体间规范的跨学科框架。

虽然他的哲学冠名为“信息哲学”，但由于其逻辑起点为存在领域的重新划分，而非日常世界中的信息现象，因此他的哲学显得有些名不副实。不过，这并不影响他哲学的原创性与启发性。

对于周理乾和索伦·布赫尔的批评，笔者也曾给予了回应：

日常经验理解的信息概念……主要是在消息能否给接受者带来新内容的意义上被规定的。显然，这样的理解具有相对性和功能性，它所言说的并不是信息是什么，而是信息相对于接受者所起的作用，即给接受者带来了什么？这与哲学所追求的对信息本质的规定相去甚远。

实用信息科学中的信息概念虽然五花八门，但最有影响的说法无非就是申农和维纳的两个表述：信息是消除了的不确定性；信息即负熵。这两种解释同样具有相对性和功能性特征，因为它们言说的同样不是信息是什么，而是信息对接收者所起的效用，就这一点而言，它们与日常经验理解的信息概念是一致的。

显然，周文所理解的信息就是在日常经验或实用信息科学的层面上给出的，因为他们强调“只有被接收者所理解并改变接收者认知或行为概率的消息才能是信息。”虽然这一层面的理解在具体的科学技术领域，在人的认知的领域都具有一定的意义和价值，但是，在一般哲学的层面仅仅停留于功能性的解释，并不能给我们带来任何关于信息是什么的本质性意见。忘记了在哪篇已经发表的著作或文章中我曾写道：如果按照“信息是消除了的不确定性”的定义方法，我们也可以把粮食定义为“消除了的饥饿状态”。我想，没有几个人会对这样的定义感到满意。

真正的信息哲学，如果它不把自己降低为日常经验和实用信息科学的附庸，它就应该从后者对信息理解的局限性中超越出来，去探求信息自身的本质，并由此本质出发能够包容和解释后者的相关内容。

我注意到周文强调说：“恰当的信息理论框架应该是一个涵盖客观规律、主观意义和主体间规范的跨学科框架。”这样的观点是十分正确的。然而，不承认客观信息的存在，要实现对客观规律的涵盖又何以可能呢？在我所建立的信息哲学中，信息本体论、信息认识论、信息进化论、信息社会论、信息实践论、信息价值论是相互融贯和统一的。正是这样的一种理论才可能实现周文所强调的宏伟的信息理论框架。这样的信息哲学既能够体现信息所具有的独特韵味和超然品格，也能涵盖客观信息、主观信息和社会信息的统一性解释；既能把实用信息科学中的语法（形式）信息、语义（意义）信息和语用（价值）信息统一起来，又能够给符号信息以恰当的归属和地位。①

6.6 其他国外学者的评价和反响

德国德累斯顿工业大学的格哈德·卢纳（Gerhard Luhn）教授在读了布伦纳的文章后评论说：

邬焜的成果非常有趣和重要，从我们的“直觉”感受来看，这意味着经典现象学的终结。我们认为有必要对所有的事物重新进行认识……这似乎是一个重大的成就或努力，我们不得不从一开始就这样做。我们不得不从一开始就把关于“本体”和“现象”（或主观和客观的维度）的辩证关系的争论作为核心范式。约瑟夫（布伦纳的名——引者注），我们研究的最困难的部分在于必须用我们的方

① 邬焜：《信息哲学的独特韵味及其超然品格——对三篇文章的回应和讨论》，《哲学分析》，2015 年，第 1 期，第 43-52 页。

法解释清楚那种以人为核心的理论的随意性和危害性，它只是在某种特定场合才具有一定合理性。[①]

他还在其发表的论文中写道：

在我知道的科学家和哲学家中，只有邬焜从哲学的高度揭示了信息的世界本体的意义，并建立了一个关于世界各领域之间复杂性关系的理论。[②]

在他发表的另一篇论文中，他还写下了这样的“题记”：

This paper is dedicated to Wu Kun and the Chinese approach to information（本文献给邬焜和中国的信息研究）。[③]

俄罗斯科学院信息科学问题研究所首席研究员、国际信息科学学会主席（任期为 2011 ～ 2013 年）康斯坦丁·科林在出版的中译学术专著《信息科学中的哲学问题》[④]的“中文版序言”中称笔者为“信息哲学的创始人”。

德国斯图加特应用技术大学的拉菲尔·卡普罗（Rafael Capurro）教授，在其为研究生开设的“信息理论研究”（Seminario Teorías de la información）的专业课程中，有专节内容介绍笔者的信息哲学理论[⑤]。

2016 年 4 月，国际系统和控制论科学院（The International Academy for Systems and Cybernetic Sciences，IASCYS）院士、维也纳技术大学教授（终身教职）、奥地利贝塔朗菲系统科学研究中心主任沃尔夫冈到西安交通大学访学，在其为西安交通大学师生所做学术报告和学术讨论中强调：

邬焜所创立的信息哲学，作为当代哲学发展中的前沿理论，它不仅是中国的，而且也是世界性的。[⑥]

---

① 摘自 Joseph E. Brenner 2012 年 2 月 5 日的来信。

② Luhn G. The Causal-compositional concept of information. Information，2012，(2)：1-34.

③ Luhn G. The Causal-compositional concept of information—Part II: Information through fairness: How does the relationship between information, fairness and language evolve, stimulate the development of (new) computing devices and help to move towards the information society. Information，2012，(3)：504-545.

④ 科林：《信息科学中的哲学问题》，邬焜，译，北京：中国社会科学出版社，2012 年版，中文版序言第 1 页。

⑤ 该课程的课件已经公开发布在网站上，网址：http://eva.universidad.edu.uy/mod/resource/view.php?id=148712。

⑥ 《沃尔夫冈院士来校作“信息哲学”学术讲座》，西安交通大学新闻网，http://news.xjtu.edu.cn/ssjgy.jsp?wbtreeid=1033，2016 年 4 月 11 日。

6.7 西安交通大学国际信息哲学研究中心

2010 年 12 月，经西安交通大学批准，由笔者担任主任的西安交通大学国际信息哲学研究中心正式成立。该中心不仅是中国首个信息哲学研究中心，还是世界上第一个国际性信息哲学研究机构。该中心的活动宗旨是：有效整合信息哲学研究队伍；加强信息哲学成果的国际交流和对话；推动国内、国际信息哲学研究的发展。目前，该中心不仅与国内外相关机构和学者建立了广泛的学术联系和良好的合作关系，还成立了有俄罗斯、西班牙、奥地利、法国、英国、美国和中国的著名同行专家加盟的顾问兼学术委员会。

该中心成立以来，中心成员不仅发表了一系列中、英文论文，还规划出版了“西安交通大学信息哲学丛书”。截止到 2015 年，该丛书已出书 7 本。其具体作者和书名为：

1）邬焜，〔法〕布伦纳，王哲，等：《中国的信息哲学研究》，中国社会科学出版社 2012 年版。

2）〔俄〕K.K. 科林 ：《信息科学中的哲学问题》，邬焜译，中国社会科学出版社 2012 年版。

3）邬焜，肖锋，等：《信息哲学的性质、意义论辩》，中国社会科学出版社 2013 年版。

4）邬焜，霍有光：《信息哲学问题争鸣》，中国社会科学出版社 2013 年版。

5）康兰波：《人的实践本性与信息时代人的自由》，中国社会科学出版社 2013 年版。

6）李国武：《邬焜信息哲学思想研究》，中国社会科学出版社 2015 年版。

7）邬焜，成素梅：《信息时代的哲学精神——邬焜信息哲学思想研究与讨论》，中国社会科学出版社 2016 年版。

目前，该中心在笔者的主持下，还承担有三项教育部和国家社会科学基金项目的研究。这三项基金项目是：

1）2011 年度教育部人文社会科学研究一般项目“信息哲学、哲学基本问题与哲学的根本转向”（项目编号：11YJA720027）。

2）2012 年度国家社会科学基金一般项目“现代科学革命、信息哲学与辩证唯物主义新形态研究”（项目编号：12BZX020）。

3）2013 年度国家社会科学基金重点项目“信息哲学的基础理论研究”

（项目编号：13AZD096）。

6.8 首届国际信息哲学研讨会

经教育部国际合作与交流司批准，由西安交通大学国际信息哲学研究中心和注册地在奥地利的国际信息研究学会主办，国内外多家大学和研究机构联合协办的首届国际信息哲学研讨会于2013年10月18～21日在西安交通大学召开。本次会议的主席由笔者和国际信息研究学会副主席、西班牙阿拉贡保健科学研究中心主任佩德罗·马里胡安担任。来自美国、法国、英国、奥地利、丹麦、以色列、西班牙、荷兰等及中国的100多位代表参加了会议。本次会议从收到的68篇论文中评审出57篇作为会议录取论文，其中英文论文20篇，中文论文37篇。笔者和笔者的研究团队不仅为本次会议的召开做了大量的组织工作，而且为会议提交了19篇论文（其中英文论文3篇），充分彰显了笔者及其研究团队在信息哲学领域的研究实力。

本次会议取得了丰硕的成果。从论文的议题来看，范围十分广泛。主要涉及十个大的方面：

一是关于信息本质和信息本体论的研究；

二是关于哲学发展和信息哲学研究方法论的研究；

三是关于信息思维方式的研究；

四是关于信息哲学与其他哲学关系的研究；

五是关于社会信息和信息社会的研究；

六是关于信息实践和信息伦理的研究；

七是关于网络文化和网络社会的研究；

八是关于量子信息、信息量子和信息计算方面的研究；

九是关于大数据与互联网本质的研究；

十是关于信息与心理、价值、智能、逻辑的关系的研究。

这样广泛的议题说明了两个方面的情景：一是信息哲学的跨学科性和多层次多领域性；二是目前信息哲学的研究还远未达到它所应有的统一性和深刻性。

有25位代表做了大会报告，其中国外代表12位（有2位未到会的代表由其委托人代为宣读论文），中国代表13位。会议设两个分会场：信息哲学基础理论研讨组、信息哲学理论拓展与应用研讨组。有 26 位代表做了分会报告。

会议的外方主席佩德罗·马里胡安在所致的开幕词中，对中国学者在信息哲学领域的研究给予了高度评价。他说：

> 我在此要特别强调中国学者和研究人员在信息哲学与信息科学中所起到的极为重要的作用。我曾有幸与不少中国同事在 2010 年北京 FIS 和 2013 年莫斯科 FIS 上共享观点。正如我在北京所说："由于信息科学，世界终于团聚起来了。"代表性的人物，如西安的邬焜，北京的钟义信应被分别看作信息哲学与信息科学在中国的奠基之父……中国研究人员，哲学家和学者们为信息研究带来了一股热情和创造力，对此，我们，即他们的国际同事，表示非常感谢。
>
> 今天令人印象深刻的中国研究的发展，也在基础科学、应用科学、工程、社会科学、人文学科和哲学领域，产生了一批精英。当代中国科学家和学者又一次站在了国际研究的领先位置上。我很自豪的是，他们中的一些人正坐在这个大厅里，与久负盛名的国外同事友好交流。
>
> 我们应该利用新的驱动力，为信息科学与信息哲学的进步，发展更为成熟的根基。
>
> 在我们这个时代，"信息社会"中真正固有的社会维度，应该表现着另一个本质问题：加速发展的信息和通信技术、新的全球化责任、可持续发展的巨大不确定性挑战，它们都使信息科学和信息哲学的进步比以往任何时候都更重要。我们应该仔细考虑这一点。
>
> 这次会议将会是一个开创性的时刻，从而推进我们共同的信息思想……这是一种新的思维方式，我们应该将其推进以超越宏大的基础阶段的理论尝试。我们应该让内含有更新信息科学和信息哲学的，适度的专业性应用研究得以正规化。①

在闭幕式的讲话中佩德罗·马里胡安教授进一步指出：

---

① 佩德罗，王健：《统一信息理论和信息哲学研究的历史回顾与前景展望》，《西安交通大学学报》（社会科学版），2014 年，第 1 期，第 1-2 页；佩德罗·马里胡安，王健：《信息哲学的过去、现在与未来——在首届国际信息哲学研讨会开幕式和闭幕式上的讲话》，《重庆邮电大学学报》（社会科学版），2014 年，第 2 期，第 46-48 页。

在我看来，信息科学在中国的快速成长具有极为深远的重要意义。毫无疑问，这个国家的信息科学与信息哲学的系统化进展比任何其他国家都要更快，更好。即使考虑到这是“国家的奇迹”——相当多的传统的东西都已经在中国过去二十年里令人难以置信的高速发展中消逝了——但它仍然是令人惊叹的。我们在共同领域上的研究机构，分散在西安，北京，武汉，四川等地，当然也包括2010年在北京创建的国际信息研究学会，它们标志着中国和国外信息研究极具前景的未来。

他在讲话中还对年轻一代的科学家和哲学家寄予了厚望：

作为信息化的大科学领域的前沿地带，信息科学应该在与生物、社会和物理等其他领域的交互作用中履行复杂且艰巨的任务……正如科学史所清楚告诉我们的，一些最深刻的科学革命（例如在能源和热力学的历史中）只发生在一种跨时代的基础中。这是极为可能的，即一个完全成熟的信息科学将在接下来的几十年里，由未来一代的科学家完成和实现。这正是像在座各位年轻学生一样的人们的时代和机会。对于他们而言，成为这一重大科学革命的主角，岂不是非常伟大的吗？[①]

笔者在所致会议的“闭幕词”中对世界范围内的信息哲学研究进行了简短的总结：

由于信息哲学的研究是一个极富学术挑战性的全新开拓的领域，其发展出来的门派、不同的观点和理论将可能很多。打破门派壁垒，兼容百家学说，倡导一种自由讨论和相互批评的态度，鼓励对相关问题进行多层次、多视角、有差异的甚至是对立的探讨，应当成为我们发展学术的基本原则。只有采取一种开放式研究的态度，才能为学者们提供一个自由宽松的研究平台，从而更好地促进信息哲学这门新兴哲学学科的发展。

---

① 佩德罗，王健：《统一信息理论和信息哲学研究的历史回顾与前景展望》，《西安交通大学学报》（社会科学版），2014年，第1期，第1-2页；佩德罗·马里胡安，王健：《信息哲学的过去、现在与未来——在首届国际信息哲学研讨会开幕式和闭幕式上的讲话》，《重庆邮电大学学报》（社会科学版），2014年，第2期，第46-48页。

本次会议是首届国际信息哲学研讨会，从会议取得的成果来看，它对于凝聚世界范围内的信息哲学研究队伍，对于开拓富有挑战性和新颖性的信息哲学领域的研究无疑是开了一个好头。我们希望以此次会议为开端，在世界范围内，吸引更多的科学家和哲学家加入到信息哲学研究的方向上来，并获得更多、更好的相关研究成果。用我们的创新性成果彰显信息时代的时代精神，实现人类哲学的信息哲学的新转向。

此次会议将要闭幕了，但是，我们的研究却并未闭幕，它才刚刚开始。让我们以此次会议为开端，以更加饱满的热情来拥抱已经到来的信息哲学的春天！①

6.9 第二届国际信息哲学研讨会

由国际信息研究学会和多国机构联合举办的第一届国际信息科学峰会2015 年 6 月 3 ～ 7 日在奥地利的维也纳技术大学举行。本次峰会的主题是“处于十字路口的信息社会——信息科学的回应与责任”。会议包括三个分支会议：第六届国际信息科学基础大会（FIS 2015）、第二届国际信息哲学研讨会（ICPI 2015）、第五届国际信息通信技术与社会学术研讨会（ICTS 2015）。

西安交通大学国际信息哲学研究中心是本次会议的承办单位之一，笔者作为峰会主席团成员还担任了“第二届国际信息哲学研讨会”的主席。笔者还在峰会大会开幕式上代表中国代表团致辞，并在第二届国际信息哲学研讨会上致开幕词和闭幕词。

笔者在致辞中讲到，首届国际信息哲学研讨会 2013 年在西安交通大学举行，无论在中国学术界，还是在西方同仁中都获得了很好的反响。近两年来，中国和世界的信息哲学研究都有了新的发展。相关领域的研究所揭示的信息世界的独立性、普遍性品格，不仅为确立一种新的科学和哲学的时代范式，为确立一种新的世界观奠定了基础，而且为统一信息科学的建立和发展提供了基本的前提条件。

出席此次会议的中国代表团是本次会议的一个亮点。其中包括众多在信

① 邬焜：《国际信息哲学展望——在首届国际信息哲学研讨会闭幕式上的讲话》，《重庆邮电大学学报》（社会科学版），2014 年，第 2 期，第 49-50 页。

息哲学和信息科学领域的著名中国学者：北京邮电大学钟义信教授、中国人民大学苗东升教授、中国科学院大学颜基义教授、中国自然辩证法研究会秘书长尚智丛教授、上海社会科学院哲学研究所成素梅研究员、中国科学院大学李伯聪教授等。

第二届国际信息哲学研讨会取得了丰硕成果，共收录论文 33 篇，论文议题主要涉及七个大的方面：

1）关于信息科学和信息哲学互动融合性质的讨论；

2）关于信息本质和信息的存在论地位的探索；

3）关于东西方信息哲学基本理论的比较研究；

4）关于信息价值、信息风险、信息文明和信息民主问题的研究；

5）关于虚拟现实、量子信息哲学、纳米信息伦理的研究；

6）关于时空和信息问题的研究；

7）关于信息和符号、信息和传播、信息和音乐、信息和人的精神疾患等问题的研究。

此次会议收录了笔者和笔者指导的 12 名博士生的 13 篇论文，其中有 10 名博士生参会。

在峰会举办的信息哲学专场大会中，特邀笔者发言，笔者做了题为“信息哲学与信息科学的互动与融合”的学术报告，国内外学者展开讨论，认为该报告展示了中国信息哲学在“存在领域分割”这个哲学根本问题上独特的创新价值，既强调了信息哲学的元哲学的性质，又强调了信息哲学和信息科学的融合与统一。中国的信息研究提出了一种不同于当代西方信息研究的独特范式，这种范式为回应本次峰会的主题以及为世界信息研究的发展提供了非常有价值的研究视角。其他做报告的各国知名学者还有：国际信息哲学的倡导者牛津大学弗洛里迪教授；法国著名逻辑学和信息科学专家、巴黎国际跨学科研究中心布伦纳研究员；国际信息伦理学中心（ICIE）创始人、德国斯图加特应用技术大学卡普罗教授；中国自然辩证法研究会秘书长尚智丛教授、上海社会科学院哲学研究所成素梅研究员、中国青年政治学院肖峰教授、华南理工大学吴国林教授等。西安交通大学博士生也在会议上做了报告，并积极参与会议的组织和讨论。多位相关领域的国际知名学者就相关议题与笔者和西安交通大学青年学者展开了深层的交流和对话。

另有一些著名中国学者，如北京邮电大学钟义信教授、中国人民大学苗东升教授、中国科学院大学颜基义教授等参加了第六届国际信息科学基础大会，而中国科学院大学李伯聪教授则参加了第五届国际信息通信技术与社会学术研讨会。

第二届国际信息科学峰会（2017 年）将在瑞典哥德堡召开，第三届国际信息哲学研讨会已被列入其中，西安交通大学国际信息哲学研究中心仍将作为主要承办方参加峰会。

2016 年 6 月 6 日，国际信息研究学会召开了执委会扩大会议，总结了研究会的前期工作并选举产生了由一名主席和十二名副主席组成的第三届领导机构。笔者和北京大学闫学杉副教授全票当选副主席，北京邮电大学的钟义信教授继续担任该研究会的名誉主席。研究会主席由瑞典梅拉达伦大学高丹娜（Gordana Didig-Crnkovic）教授担任。

2016 年 4 月 9 日，"国际信息研究学会中国分会成立大会暨学术研讨会"在北京大学召开。会议确定的国际信息研究学会中国分会机构构成如下：

主席：钟义信

副主席：李广建、欧阳康、邬焜、闫学杉

秘书长：闫学杉（兼）、张久珍（常务）

第7章 中国信息哲学研究的三个阶段①

笔者信息哲学的创立得益于中国改革开放政策所引发的思想解放运动，以及由此带来的新的文化繁荣。同时，它还得益于中国文化中的综合思维传统，以及马克思主义哲学的辩证唯物主义学说。为此，我们有必要对中国信息哲学诞生和发展的历程，以及在这一过程中众多中国学者所做出的贡献进行回顾和分析。

20 世纪 70 年代末到 80 年代初，随着长达十年的“文化大革命”的宣告结束，随着改革开放政策的实施，中国科学教育界迎来了新的发展契机。正是在这一背景下，中国学术界开始关注国外信息科学技术和信息社会发展的现状及相关思潮。与此同时，这一领域的相关文献被陆续译介到中国。当时，中国学者开始感受到信息时代的新气息，开始关注信息科学中的哲学问题的讨论，并尝试建立信息哲学的基本理论。

可以把 30 多年来中国信息哲学的研究历程分为三个阶段：20 世纪 70 年代末到 80 年代的探索与创立期；20 世纪 90 年代的退潮和深化研究期；21 世纪以来的成熟发展、被再度关注和国际化发展期。

① 7.1 节与 7.2 节的内容曾以与节标题相同的题目分别发表于《西安交通大学学报》（社会科学版）2011 年第 5 期和《自然辩证法研究》2011 年第 4 期；7.1 ～ 7.3 节的全文的英译稿曾以 *Thirty years of research of information philosophy in China* 为题发表于 *Open Education* 的 2011 年第 5 期（俄文刊名为 *Открытое образование*），在本章中这部分内容又做了相应的扩充和修改。

7.1 20 世纪 70 年代末到 80 年代的探索与创立期

根据我们掌握的文献资料，从 20 世纪 70 年代末算起，中国学者对信息的哲学问题的研究已有 40 多年的历史，早在 20 世纪 60 ～ 70 年代，中国学者就开始译介和分析苏联和东欧国家的一些学者的相关研究成果。但是，最早的真正属于中国学者独立提出的关于信息哲学本质的观点，是由我国著名信息科学家、北京邮电大学的钟义信在 1979 年发表的一篇论文（《信息科学》，《自然杂志》1979 年第 3 期）中提出的，正是在那篇论文中，钟先生用"事物存在的方式或运动的状态以及这种方式 / 状态的直接或间接地表述"来定义信息。自那时起，在 20 世纪 70 年代末到 80 年代的中国学坛上，一时间涌现了大量的讨论信息问题的学术论文，其中关于信息科学中的哲学问题和信息哲学的基本理论的论文占有很大的比例。在当时发表的成果中，最有影响的学者包括笔者和钟义信、黎鸣、刘长林等。

下面是一些代表性论文的题目：

钟义信:《信息科学》,《自然杂志》1979 年第 3 期；

黎鸣:《论信息》,《中国社会科学》1984 年第 4 期；

黎鸣:《力的哲学和信息的哲学》,《百科知识》1984 年第 11 期；

邬焜（署笔名"方元"）:《哲学认识论的信息中介论探讨》,《兰州学刊》1984 年第 5 期；

陈忠:《信息究竟是什么？》,《哲学研究》1984 年第 11 期；

邬焜:《哲学信息论要略》,《人文杂志》1985 年第 1 期；

刘长林:《论信息的哲学本性》,《中国社会科学》1985 年第 2 期；

刘长林:《相互作用与信息形态的发展》,《哲学研究》1985 年第 7 期；

钟义信:《论信息：它的定义和测度》,《自然辩证法研究》1986 年第 5 期；

钟学富:《信息概念能作为哲学范畴吗？》,《哲学研究》1986 年第 6 期；

邬焜:《论自在信息》,《学术月刊》1986 年第 7 期；

邬焜:《信息与物质世界的进化》,《求是学刊》1986 年第 6 期；

邬焜:《亦谈"力的哲学和信息的哲学"》,《社会科学评论》1986 年第 8 期。

除发表论文之外，黎鸣和笔者还出版了信息哲学专著：

黎鸣:《信息时代的哲学思考》，中国展望出版社 1986 年版。

邬焜，李琦:《哲学信息论导论》，陕西人民出版社 1987 年版；

邬焜:《信息哲学——一种新的时代精神》，陕西师范大学出版社 1989 年版。

在这一时期的探索中，中国学者进行了大量的关于信息哲学问题的讨论，更多的内容集中于信息的哲学本质、信息存在和产生的方式、信息的哲学分类，以及信息认识机制等领域的探讨。其中关于信息哲学的核心理论，即关于信息本质的界定理论的最具影响力的观点就有四种：钟义信的“状态说”；黎鸣的“相互作用说”；刘长林的“反映说”；笔者的“自身显示的间接存在说”。在这一时期，笔者对信息哲学的研究不仅在广度和深度上，而且在体系化的程度上都最为突出。笔者的论文《哲学信息论要略》(《人文杂志》1985年第1期）与专著《哲学信息论导论》(陕西人民出版社 1987 年版）两项成果被学界看作是信息哲学在中国创立的标志。

7.2 20 世纪 90 年代的退潮和深化研究期

在 20 世纪 80 年代涌现的大量相关成果中，重复性研究的内容占了很大比例。更多的成果是一种时髦的炒作。当表面的东西被反复炒作得毫无趣味之后，继续深入探讨的难度开始加大。于是，当年热衷于炒作的研究过客开始逐步退出信息哲学的研究领域，导致研究热浪的退潮。在这一时期，只有少数学者仍然坚持深化该领域的研究。其中主要有笔者、黎鸣、沈骊天等。

在这一时期，除了深化信息本体论和信息认识论的研究之外，笔者更多关注了信息进化论、社会信息论和信息价值论等领域的研究。在其发表的大量成果中，最具代表性的论文有：

邬焜:《演化和信息》,《求是学刊》1990 年第 4 期；

邬焜:《物质和信息：统一而双重的世界》,《西北大学学报》(哲学社会科学版）1991 年第 2 期；

邬焜:《主体信息活动的层次和层次间的相互作用》,《西北大学学报》(哲学社会科学版）1993 年第 3 期；

邬焜:《论自然演化的全息境界》,《西北大学学报》(哲学社会科学版）1994 年第 2 期；

邬焜:《政治的信息化》,《哈尔滨师专学报（社会科学版）》1996 年第 2 期；

邬焜:《一般价值哲学论纲》,《人文杂志》1997 年第 2 期；

邬焜:《科学的信息科学化》,《青海社会科学》1997 年第 2 期;

邬焜:《信息生产和信息生产力》,《哈尔滨师专学报》1997 年第 3 期;

邬焜:《信息系统的一般模型》,《系统辩证学学报》1998 年第 2 期。

在这一时期，笔者出版的主要相关著作有:

邬焜:《自然的逻辑》，西北大学出版社 1990 年版;

邬焜:《信息世界的进化》，西北大学出版社 1994 年版;

熊先树，邬焜:《信息与社会发展》，西南财经大学出版社 1998 年版;

邬焜，邓波:《知识与信息的经济》，西北大学出版社 2000 年版。

虽然在这一时期，黎鸣并未发表多少相关的学术论文，但是，他在 1992 年出版了一本专著——《信息哲学论》(陕西科学技术出版社)，只是这本专著中的内容基本上反映的还是他在 20 世纪 80 年代发表的成果。

在这一时期，沈骊天集中探讨了信息进化论的问题，并从有序和无序相反相成、相互作用、相互转化和生成的辩证关系的角度出发，探讨了信息进化的一般过程与机制。其主要代表论文有:

沈骊天:《哲学信息范畴与信息进化论》,《自然辩证法研究》1993 年第 6 期;

沈骊天:《微弱的有序与强大的无序——论当代辩证发展观与机械论演化观的根本分歧》,《中国社会科学》1995 年第 5 期;

沈骊天:《论再造有序之源》,《南京大学学报》(哲学·人文科学·社会科学版)1996 年第 4 期。

7.3 21 世纪以来的成熟发展、被再度关注和国际化发展期

1. 对西方信息哲学研究状况的关注

进入 21 世纪之后，西方学者明确提出了信息哲学的研究方向，其相关成果开始介绍到中国，与此同时，中国的信息哲学研究也从 20 世纪 80 年代的创立期转入系统化展示的成熟化发展期。西方信息哲学与中国信息哲学发展程度的这样一种反差，不仅引起了中国学者的关注，而且开始引起国际学者的关注。在这一新的发展背景下，中国的信息哲学研究热潮再度兴起。

在对国外研究状况进行介绍的学者中，中国社会科学院哲学研究所的刘

钢的工作十分重要。他从2002年起先后在相关学术刊物和学术网站上发表了若干篇译文和综述性文章，具体介绍了国外学术界推崇的信息哲学创始人牛津大学哲学家弗洛里迪在信息哲学方面所做的研究工作。他还把弗洛里迪发表于 *Metaphilosophy* 的创立信息哲学的标志性成果 *What Is the Philosophy of Information* 译为中文在中国刊物《世界哲学》2002年第4期上发表。2010年6月，商务印书馆出版了由刘钢主持翻译的弗洛里迪主编的《计算与信息哲学导论》（上、下册）一书，该书为中国学者了解西方信息哲学的研究状况提供了一个范本。

2. 更多学者开始关注信息哲学的研究

21世纪以来，北京大学的罗先汉先后发表了多篇论文，不仅从物理学、生物学的层面探讨了广义信息的概念和分类，还提出了一种物质和信息双重存在的理论，并把人的精神现象看作发展到高级阶段的大脑物质所携带的一种复杂信息。罗先汉发表的主要论文有：

罗先汉：《关于广义信息论的探讨》，《北京大学学报》（自然科学版）2001年第3期；

罗先汉：《物质信息与大脑意识》，《系统辩证学学报》2004年第1期；

罗先汉：《物信论——多层次物质信息系统及其哲学探索》，《北京大学学报》（自然科学版）2005年第3期；

罗先汉：《信息概念的发展及其哲学意义》，《华中科技大学学报》（社会科学版）2006年第2期。

2005年11月，中国的一批热衷于信息科学和信息哲学的学者聚首北京师范大学，召开了"信息科学交叉研究"的研讨会。会后出版了会议文集《信息科学交叉研究》[①]（浙江教育出版社2007年版），该文集收录论文29篇，分为五个部分：第一部分"导论"；第二部分"信息概念"；第三部分"一般信息理论"；第四部分"部门信息科学"；第五部分"信息哲学"。其中半数以上论文讨论的内容都与信息哲学相关。国内长期在这一领域坚持研究的很多著名学者都参加了会议，并提交了论文。

下面列出该文集中收入的部分与信息哲学内容相关的论文及其作者：

① 马蔼乃，姜璐，苗东升，等：《信息科学交叉研究》，杭州：浙江教育出版社，2007年版。

闫学杉，武健：《信息科学的历史、现状与未来》；

罗先汉：《信息概念的发展及其哲学意义》；

谢清俊，谢瀛春：《一个通用的资讯（信息）定义》；

黄小寒：《对信息的提问及讨论》；

杨平安：《论信息问题的产生》；

洪昆辉，杨娅：《论复杂关系中的信息存在》；

陈雨思：《论统一信息科学的研究对象》；

田爱景：《关于信息能、信息学三定律与知识创新模型》；

钟义信：《从“信息－知识－智能统一理论”看信息科学》；

苗东升：《信息载体研究》；

杨伟国：《“信息的载体”与“信息载体”差异的深思》；

吴艾莲，吴凯地：《信息生命科学——对于信息生命、本体信息演化规律特征的探索》；

邬焜：《信息哲学对哲学的全新突破》；

冯国瑞：《信息科学技术与认识中介系统》；

及海龙：《世界是一个信息子的世界——信息子唯物主义哲学理论简介》；

王哲：《网络时代的信息困境》。

从上述部分论文题目也可以看出在中国再次兴起的信息哲学研究浪潮的热度。

可喜的是，在前期主要关注系统科学和系统哲学研究的一些著名专家，也开始转向对信息哲学问题的关注。例如，国内著名的系统科学家苗东升就是这样。21 世纪以来，他先后发表了与信息哲学相关的多篇论文，其中代表作有：

苗东升：《申论作为四论之一的信息科学》，《北京大学学报》（哲学社会科学版）2000 年第 6 期；

苗东升：《论信息载体》，《重庆教育学院学报》2006 年第 1 期；

苗东升：《信息科学对人文科学的意义》，《华中科技大学学报》（社会科学版）2006 年第 2 期；

苗东升：《信息复杂性初探》，《华中科技大学学报》（社会科学版）2007 年第 5 期；

苗东升:《评惠勒的信息观》,《华中科技大学学报》(社会科学版)2008年第2期。

原本对技术哲学感兴趣的肖峰，近年来也加入了对信息哲学问题讨论的行列。他的成果大多是疏理性和批判性的，他自己的观点则是主张用现象学的方法，用人的赋义，即用意义来解读信息，从而否定客观信息的存在。近年来他发表的相关论文主要有：

肖峰:《论作为一种理论范式的信息主义》,《中国社会科学》2007年第2期；

肖峰:《信息主义与信息哲学：差异中的关联与包容》,《中国人民大学学报》2008年第5期；

肖峰:《“是论”的信息哲学分析》,《哲学研究》2009年第3期；

肖峰:《信息主义的多种含义》,《哲学动态》2009年第12期；

肖峰:《信息的实在性与非实在性》,《哲学研究》2010年第2期；

肖峰:《重勘信息的哲学含义》,《中国社会科学》2010年第4期。

出版的相关著作主要有：

肖峰:《信息主义：从社会观到世界观》，中国社会科学出版社2010年版；

肖峰:《信息主义及其哲学探析》，中国社会科学出版社2011年版；

邬焜，肖锋，等:《信息哲学的性质、意义论辩》，中国社会科学出版社2013年版。

3. 笔者对信息哲学的深化研究

进入21世纪之后，笔者仍在继续深化信息哲学研究，并在日益系统化、体系化的方向上逐渐走上完善和成熟。近年来，笔者还用其所创立的信息哲学的理论和当代信息系统复杂性科学的理论，对人类古代哲学(包括古希腊哲学、中国古代哲学和印度古代哲学)的相关思想进行了独具特色的解读，并已经开始与现代西方哲学的主要流派进行对话式研究。

近十多年中，笔者在这一方向上发表了100多篇学术论文。其中具有代表性的论文有：

邬焜:《网络文化中的价值冲突》,《深圳大学学报》2001年第5期；

邬焜:《物质思维·能量思维·信息思维——人类科学思维方式的三次大飞跃》,《学术界》2002年第2期；

邬焜：《亦谈什么是信息哲学和信息哲学的兴起》，《自然辩证法研究》2003 年第 10 期；

邬焜：《信息科学纲领与自组织演化的复杂性》，《中国人民大学学报》2004 年第 5 期；

邬焜：《信息价值论纲要》，《西安交通大学学报》2005 年第 2 期；

邬焜：《信息哲学的基本理论及其对哲学的全新突破》，《西安交通大学学报》2006 年第 2 期；

邬焜：《建构统一复杂信息系统理论的几个问题》，《自然辩证法研究》2006 年第 12 期；

邬焜：《社会的信息化发展》，《西安交通大学学报》2007 年第 3 期；

邬焜：《古希腊哲学家的信息观念》，《自然辩证法研究》2007 年第 9 期；

邬焜：《古希腊哲学的信息、系统、复杂性思想论纲》，《人文杂志》2008 年第 1 期；

邬焜：《虚拟实在、自然实在与信息世界》，《华中科技大学学报》2008 年第 2 期；

邬焜，李佩琼：《科学革命：科学世界图景和科学思维方式的变革》，《中国人民大学学报》2008 年第 3 期；

邬焜：《中国古代哲学中信息、系统、复杂性思想的十大特点》，《河北学刊》2008 年第 3 期；

邬焜：《中国医学中的信息、系统和复杂性思想》，《西安交通大学学报》2008 年第 4 期；

邬焜：《古印度哲学的信息、系统、复杂性思想的基本特质》（上、下），《河北学刊》2009 年第 3、4 期；

邬焜：《从瑜伽哲学的“心变化”理论看认识发生的信息中介思想》，《世界哲学》2009 年第 3 期；

邬焜：《正理哲学中的信息自显和认识的信息中介论思想》，《西北大学学报》2010 年第 2 期；

邬焜：《〈奥义书〉中的信息观念》，《科学技术哲学研究》2010 年第 3 期；

邬焜：《中国信息哲学核心理论的五种范式》，《自然辩证法研究》2011 年第 4 期；

邬焜：《哲学基本问题与哲学的根本转向》，《河北学刊》2011 年第 4 期；

邬焜：《中国信息哲学研究的三个阶段》，《西安交通大学学报》2011 年第 5 期；

Wu K. Thirty years of research of information philosophy in China. Open Education，2011，（5）（俄文刊名为 *Открытое образование*）；

邬焜：《当代信息哲学的兴起和发展历程》，《陕西广播电视大学学报》2012 年第 1 期；

邬焜，夏群友：《再论自在信息》，《科学技术哲学研究》2012 年第 2 期；

邬焜：《古代佛教理论中的信息、系统、复杂性思想》，《社会科学战线》2012 年第 6 期；

Wu K. The essence, classification and quality of the different grades of information. Information, 2012，（3）；

邬焜：《为“本体论”信息而辩——与肖峰先生商榷》，《河北学刊》2012 年第 4 期；

邬焜：《试论信息范式对科学和哲学的根本变革意义》，《西安交通大学学报》（社会科学版）2013 年第 2 期；

邬焜：《存在领域的分割和信息哲学的“全新哲学革命”意义》，《人文杂志》2013 年第 5 期；

布伦纳，邬焜，王健：《信息思维和系统思维的比较研究（上）》，《佛山科学技术学院学报》（社会科学版）2013 年第 2 期；

布伦纳，邬焜，王健：《信息思维和系统思维的比较研究（下）》，《佛山科学技术学院学报》（社会科学版）2013 年第 3 期；

Wu K，Brenner J E. The informational stance: Philosophy and logic. Part Ⅰ：The basic theories. Logic and Logical Philosophy，2013，22（4）；

Wu K，Brenner J E. The informational stance: Philosophy and logic. Part Ⅰ：From physics to society. Logic and Logical Philosophy，2014，23（1）；

邬焜：《信息哲学的创立和发展》，载信息社会 50 人论坛：《边缘革命 2.0：中国信息社会发展报告》，上海远东出版社 2013 年版；

邬焜：《建立辩证唯物主义哲学第二个历史形态的构想》，《江海学刊》2013 年第 6 期；

邬焜：《哲学的危机与哲学的信息转向》，《西安交通大学学报》（社会科学版）2014 年第 1 期；

邬焜:《哲学的性质：普遍性、终极性和思辨性》,《学术研究》2014 年第 1 期；

Wu K. The crisis of philosophy and its informational turn. Academics, 2014,（1）;

Wu K，Brenner J E. The informational stance：Philosophy and logic. Part Ⅱ：From physics to society. Logic and Logical Philosophy，2014，23（1）;

邬焜:《从信息世界看哲学的发展及其根本转向》,《中国人民大学学报》2014 年第 3 期；

邬焜:《认识发生的多维综合“涌现”的复杂性特征——对胡塞尔现象学还原理论的单维度、简单性特征的批判》,《河北学刊》2014 年第 4 期；

邬焜，布伦纳:《信息立场：哲学和逻辑（之一）——信息逻辑》，邬天启中英文互译,《佛山科学技术学院学报》（社会科学版）2014 年第 3 期；

邬焜，布伦纳:《信息立场：哲学和逻辑（之二）——信息哲学的基础理论》，邬天启中英文互译,《佛山科学技术学院学报》（社会科学版）2014 年第 4 期；

邬焜，布伦纳:《信息立场：哲学和逻辑（之三）——从物理学到社会学》，邬天启中英文互译,《佛山科学技术学院学报》（社会科学版）2014 年第 5 期；

Wu K, Brenner J E. An informational ontology and epistemology of cognition. Foundations of Science, 2015,（3）;

邬焜:《信息哲学的独特韵味及其超然品格——对三篇文章的回应和讨论》,《哲学分析》2015 年第 1 期；

邬焜:《与信息本体论相关的若干重大问题的讨论》,《哲学分析》2015 年第 2 期。

在这一时期，笔者出版的代表性专著有：

邬焜:《信息认识论》，中国社会科学出版社 2002 年版；

邬焜:《信息哲学——理论、体系、方法》，商务印书馆 2005 年版；

邬焜:《信息哲学问题论辩》，西安交通大学出版社 2008 年版；

邬焜:《古代哲学中的信息、系统、复杂性思想——希腊·中国·印度》，商务印书馆 2010 年版；

邬焜等:《社会信息科学的理论与方法》，人民出版社 2011 年版；

邬焜，布伦纳，王哲，等：《中国的信息哲学研究》，中国社会科学出版社2012年版；

邬焜，肖锋，等：《信息哲学的性质、意义论辩》，中国社会科学出版社2013年版；

邬焜，霍有光：《信息哲学问题争鸣》，中国社会科学出版社2013年版；

邬焜：《哲学与哲学的转向》，人民出版社2014年版。

值得一提的是，2005年由商务印书馆出版的《信息哲学——理论、体系、方法》一书长达70万字，包括10编40章，其内容广泛涉及信息本体论、信息认识论、信息进化论、信息价值论、信息思维论、信息的哲学度量、信息与熵的理论、信息与复杂性研究、信息与虚拟现实，以及信息哲学与传统哲学的区别等领域。有评论指出，该书的出版"标志着信息哲学理论体系的完善与成熟"[①]。

2009年9月，在西安召开了"第三届中国社会科学前沿论坛'中国学术话语体系的当代建构'"，笔者提交了一篇题为"哲学基本问题的层次和哲学的根本转向"的论文，并做了会议发言，此文后来以"哲学基本问题与哲学的根本转向"为题发表于《河北学刊》2011年第4期。在该文中，笔者认为，由于在哲学基本问题的具体解读方式上没有发生根本性的改变，所以，当代西方哲学所宣称的哲学的认识论转向、语言学转向和现象学转向都不是哲学的根本转向，由于信息哲学在哲学基本问题的具体解读方式上发生了根本性的改变，所以，信息哲学给人类哲学带来了第一次根本性的转向。

2010年12月，在中国广州召开了题为"当代科学哲学与心灵哲学的交叉及前沿问题"的国际研讨会，笔者为大会提交了题为"试论认识发生的多维综合'涌现'的复杂性特征——对胡塞尔现象学还原理论的单维度、简单性特征的批判"的论文，并做了大会报告。该文认为：

> 胡塞尔的现象学把意识发生的原因归结为意向活动的意向构造，这一理论具有单维度、单极化的简单性特征。人的认识作为宇宙进化的最高产物的复杂性"涌现"现象，对其发生原因的解读理应在

① 中国自然辩证法研究会秘书处：《陕西省自然辩证法研究会召开第四届会员代表大会暨研究生教学研讨会》，《工作通讯》，2010年，第4期。

多维度、多极化的综合建构中进行，这些维度最起码应当包括五个方面：客体对象与主体相互作用的维度、主体生理结构的维度、主体认识结构的维度、社会实践物化工具的维度、历史发生学的维度。胡塞尔晚年提出的“主观间性”与“生活世界”的理论仍然是单维度、简单性的，其关键在于人际之间的关系并非只是主观性的，人际间的主观交流必须通过客观的载体物和自在信息的中介，人们也不可能生活在一个纯粹的、绝对封闭的主观化场域之中。

2013 年 5 月，笔者发表《存在领域的分割和信息哲学的“全新哲学革命”意义》(《人文杂志》2013 年第 5 期）一文，明确提出：

哲学本体论的范式是分层次的。关于存在领域的分割方式是最高范式，而关于各存在领域之间的具体关系的解读则是次一级的范式。“存在 = 物质 + 精神”是传统哲学的最高范式，在此基础上所建立起来的传统唯物主义或唯心主义学说都只能是传统哲学的第二层级的理论范式。如果关于存在领域的分割方式没有发生变化，而只是在物质和精神关系的层面做出不同的解读，这都不能构成根本性的哲学革命。由于当代信息哲学的相关理论引发了在存在领域分割方式上的变革，由此可能产生的新唯物主义，或新唯心主义，或唯信息主义都将构成全新的哲学革命。导致这种全新的哲学革命的原因并不简单而直接来源于这些唯 ×× 主义的学说本身，而是来源于这些学说所依据的关于存在领域的分割方式的这一哲学的最高范式的变革。

2013 年 10 月，首届国际信息哲学研讨会在西安交通大学召开。笔者为会议提交了题为“哲学的发展与哲学的根本转向”的论文，并做了大会报告。该文的摘要中写道：

在一般人类知识的发展过程中孕育着科学和哲学发展的全新方式：哲学的科学化和科学的哲学化。科学与哲学具有某种内在融合的统一性关系，它们在自身发展的过程中形成了某种动态循环的反馈环路，从而导致它们的发展总是相互规定和促进、相互融合和转化，并相伴而行。我们同时面对着两种独断论：一种是自然主义的独断论，一种是意识哲学的独断论。这两种独断论的形成盖源于传统哲学对存在领域的二元对立的分割方式：存在=物质+精神。当代信息科学和信息哲学的发展在物质和精神两大世界之间揭示了自在信息世界的存在，并在信息活动高级形态的意义上重新阐释了精神世界的本质，这就可以把物质到精神、精神到物质的活动描述为一个有中介的过程，从而合理地消解了物质和精神的二元对立的割裂，并由此实现了人类哲学的第一次根本转向。

2015 年 6 月，第二届国际信息哲学研讨会作为第一届国际信息科学峰会的一个子会议在奥地利首都维也纳召开。在会上笔者做了题为“信息哲学与信息科学的互动与融合”的峰会特邀报告。报告指出：

当代信息科学和信息哲学的发展揭示了一个全新的存在领域——客观信息的世界，导致了当代科学与哲学的信息转向。人类区别于一般动物的普遍理性的认识方式乃是科学与哲学具有内在融合的统一性关系的根本依据。普遍理性的层次及层次间的相互作用不仅规定了科学与哲学划界的相对性，而且也导致了科学对哲学的改造、哲学对科学和对自身的批判的人类知识发展的一般方式。由于跨越了从哲学到科学，再到工程技术学的所有人类知识的层次，所以，统一信息科学乃是一门顶天立地的学科体系。统一信息科学的最终建立与一般信息哲学的成熟发展应当是相互融合的同一个过程，是当代人类知识全新综合发展的新形态的一体两面。中国信息哲学和信息科学的研究天然默契的情景，已经为统一信息科学的建立带来了希望。

4. 邬焜信息哲学研究团队的建立

随着西安交通大学哲学博士点的批准建立，自 2004 年起，笔者开始在信息哲学研究方向上招收博士生，经过十多年的培养建设，截至 2016 年，在此方向上已经获得博士学位的人有 19 名，在读的博士生有 24 名（其中有出国留学经历和正在出国联合培养的博士生 5 名），出站博士后 1 名，另有 3 名在站博士后。这些博士生年富力强、思维活跃，对新观点和新理论具有很高的敏感性。另外，他们的英语能力比较强，这都加强了对外交流和国际化的程度。目前，他们已经发表了大量信息哲学的成果。

2010 年，西安交通大学国际信息哲学研究中心正式成立，又有多名青年教师参与到信息哲学的研究队伍之中。

2013 年，笔者和其学术团队组织了首届国际信息哲学研讨会，并为大会提供了 19 篇学术论文，充分展示了研究实力，受到国内外与会学者的高度评价。中国著名系统科学家苗东升在大会发言中高度评价了笔者和其学术团队在信息哲学研究中所做的突出贡献，并称这个学术团队为“邬家军”。

2015 年，笔者和其学术团队参与组织了在奥地利维也纳召开的第一届国际信息科学峰会和第二届国际信息哲学研讨会，并为大会提供了 13 篇学术论文，进一步展示了研究实力，扩大了国际学术影响。

目前，该中心具体承担着信息哲学领域的多项研究课题。其中国家级的研究项目有：2011 年度教育部人文社会科学研究一般项目“信息哲学、哲学基本问题与哲学的根本转向”（11YJA720027）；2012 年度国家社会科学基金一般项目“现代科学革命、信息哲学与辩证唯物主义新形态研究”（12BZX020）；2013 年度国家社会科学基金重点项目“信息哲学的基础理论研究”（13AZD096）。

5. 中国的信息哲学和相关研究机构的建立

2000 年，北京大学成立了交叉信息科学研讨班，北京大学的马蔼乃教授、冯国瑞教授、闫学杉副教授等是该研讨班的创建者和组织者。十多年来，该研讨班吸引了众多高校和研究机构的学者参与，组织了数十场学术报告会。2005 年，该研讨班还筹划组织了全国“信息科学交叉研究研讨会”，会后正式编辑出版了《信息科学交叉研究》[①]的文集。参与该研讨班活动的国内著名学者，除笔者外还有钟义信、徐光宪、马蔼乃、冯国瑞、欧阳康、闫学杉、姜璐、苗东升、罗先汉、闵家胤、董春雨、杨伟国、李宗荣等。该中心与国外学者和相关大学、研究机构都建有广泛的学术联系。虽然该研讨班涉及的信息科学研究领域很多，但是，信息哲学的研究一直是该研讨班的重要议题之一。

2006 年，华中科技大学成立了以欧阳康教授为主任的“社会信息科学研

① 马蔼乃，姜璐，苗东升，等：《信息科学交叉研究》，杭州：浙江教育出版社，2007 年版。

究中心”，该中心是国内社会信息科学研究领域第一个跨学科、跨单位的研究团队。该中心自成立以来召开了系列国际、国内学术会议，举办了一些培训班，接受并资助了国内数十名学者提出的近二十个研究项目，取得了一批研究成果。该中心还积极参与主办了2010年在北京召开的第四届国际信息科学基础大会，欧阳康教授出任该次会议的中方主席。虽然该中心的主要研究领域侧重于理论信息学和社会信息科学，但是，信息哲学一直是该中心研究的一个重要方面。

2010年，经西安交通大学批准，由笔者担任主任的西安交通大学国际信息哲学研究中心正式成立。该中心不仅是中国首个信息哲学研究中心，还是世界上第一个国际性信息哲学研究机构。目前，该中心不仅与国内外相关机构和学者建立了广泛的学术联系和良好的合作关系，还成立了有各国著名同行专家加盟的顾问兼学术委员会。该中心成立以来，中心成员不仅发表了一系列中、英文论文，还规划出版了“西安交通大学信息哲学丛书”，并组织召开了首届国际信息哲学研讨会（2013年，西安）和参与组织了第一届国际信息科学峰会及其子会议——第二届国际信息哲学研讨会（2015年，维也纳）。

目前，北京、武汉、西安这三个学术机构的学者们有良好的学术共识和合作关系。他们的学术成果和学术活动有效地引领了中国的信息哲学和相关信息科学领域的前沿探索。

6. 走向国际的中国信息哲学研究

2010年8月21～24日，第四届国际信息科学基础大会在北京召开，来自美国、俄罗斯、加拿大、法国、西班牙、日本等国的29名和中国的34名信息科学领域的专家参加了会议。笔者及其博士生团队共10人，向大会提交的11篇与信息哲学相关的英文论文全部入选，笔者和其中5位博士生到会。在到会的中国学者中还有很多对信息哲学或相邻领域有专门研究的著名专家，如钟义信、欧阳康、苗东升、罗先汉、刘钢、何华灿、李宗荣、马蔼乃等。由此也展示了中国信息哲学研究的实力。中国学者在信息哲学领域的研究成果引起了国外学者的高度关注。通过这次会议，中国的信息哲学研究开始走向国际。

2013年5月21～24日，第五届国际信息科学基础大会在莫斯科召开，到会的中国学者多达8位。其中包括长期在信息科学和信息哲学领域进行研究，并取得了领先成果的著名学者：钟义信、欧阳康、邬焜（笔者）、李宗荣。

2013 年 10 月 18 ～ 21 日，由西安交通大学国际信息哲学研究中心和注册地在奥地利的国际信息研究学会主办，国内外多所大学和多家研究机构联合协办的首届国际信息哲学研讨会在西安交通大学召开。本次会议的主席由笔者和国际信息研究学会副主席、西班牙阿拉贡保健科学研究所生物信息部主任佩德罗・马里胡安教授担任。来自美国、法国、英国、奥地利、丹麦、以色列、西班牙等国的 10 位学者，以及中国的 92 位代表参加了会议。其中包括在信息哲学和信息科学领域有杰出贡献的众多中国学者，如钟义信、欧阳康、苗东升、罗先汉、邬焜（笔者）、查有梁、刘钢、吴国林、李宗荣、乔天庆、赵川等。会议还吸引了众多青年博士参加。这也充分展示了中国信息哲学研究的实力和发展前景。

2015 年 6 月 3 ～ 7 日，由国际信息研究学会和多国机构联合举办的首届国际信息科学峰会在奥地利维也纳技术大学举行，其中西安交通大学国际信息哲学研究中心是举办单位之一。此次峰会包括了三个分会：第二届国际信息哲学研讨会 (ICPI 2015)、第六届国际信息科学基础大会 (FIS 2015) 和第五届国际信息通信技术与社会学术研讨会 (ICTS 2015)。此次峰会吸引了全球 300 多名信息领域的研究学者参加，中国有海峡两岸暨香港、澳门的 30 多名学者参会。其中包括钟义信、苗东升、颜基义、闫学杉、尚智丛、成素梅、李伯聪、肖峰、吴国林、邬焜（笔者）等众多著名学者。在这一峰会上，钟义信和笔者是峰会主席团成员，笔者还担任了三个重要分支会议之一"第二届国际信息哲学研讨会"的主席。在会议期间，国际信息研究学会召开了执委会扩大会议，在会议的换届选举中，笔者当选为国际信息研究学会第三届执委会副主席，北京大学的闫学杉副教授连任执委会副主席，北京邮电大学的钟义信教授连任国际信息研究学会名誉主席。

2016 年 4 月 9 日，在北京召开了"国际信息研究学会中国分会成立大会暨学术研讨会"。会议正式宣布国际信息研究学会中国分会成立。钟义信任分会主席，笔者和李广建、欧阳康、闫学杉任分会副主席。

近年来，中国学者在国际期刊上发表的与信息哲学相关的英文论文的数量也有所增加。国外学者有机会更多地了解中国的信息哲学研究和发展状况，并开始更多的合作、译介和评价工作。

可以预见的是，随着对外学术交流机会的增多，中国的信息哲学研究一定会进一步国际化，并在世界学坛引起更大反响。

第8章 中国信息哲学核心理论的五种范式

在中国信息哲学理论发展的过程中，学者们十分重视对信息本质的哲学规定的探讨。在中国学者看来，信息哲学本质的解读乃是信息哲学能否建立，以及信息哲学能够成为怎样的一种哲学的最基础、最核心的问题。信息哲学的学科地位，以及信息哲学的所有其他方面的问题都依赖于对这一问题的回答方式。

虽然，在所涌现的文献中，学者们提出了各种各样的关于信息本质的规定，但是，如果我们能够排除那些重复性的，以及从具体科学中引申出来的一些观点，仅就中国人自己提出的有影响的观点而论，大致只有五种：状态说、相互作用说、反映说、意义说、自身显示的间接存在说。下面我们对这五种观点，也可以看作五种理论范式予以梳理和评析。

8.1 状态说

前文已经提及，最早的真正属于中国学者的关于信息哲学本质的观点是我国著名信息科学家钟义信在 1979 年发表的一篇论文中提出的。在那篇论文中，钟先生写道：“我们可以给广义的信息下一个更为确切的定义：信息就是事物的存在方式或运动的状态以及这种方式 / 状态的直接或间接的表述。”“广义的信息是事物运动的状态，不论是自然界、人类社会还是思维领域，信息是普遍存在的。”①

七年之后，钟先生又把上述定义进一步区分为本体论定义和认识论定义。他写道，在本体论上，“信息，是泛指以任何形式表现的事物运动的状态和方式，包括它的内部结构的状态和方式，以及外部联系的状态和方式”。在认识论上，“信息，是关于事物运动状态和方式的表述，或者，等效地说，是关于事物运动状态和方式的广义化知识”。两个定义相比较，钟先生认为：“本体论意义上的信息定义更为根本，认识论意义上的信息定义是在这个根本基础上引申的。”②

钟先生还从他建立统一信息科学的“全信息”理论的需要出发，对他所提出的信息的认识论定义进行了更为详尽的规定，通过这一规定，他进一步揭示了他所提出的信息认识论定义的丰富内涵。他写道：“认识论层次信息定义是：某主体关于某事物的认识论层次信息，是指该主体所感知的或该主体所表述的相应事物的运动状态及其变化方式，包括状态及其变化方式的形式、含义和效用。”他在对这一定义详加说明时写道：“由于引入了主体这一条件”，“在认识论层次上来研究信息问题的时候，‘事物的运动状态及其变化方式’就不再像在本体论层次上那样简单了，它必须同时考虑到形式、含义和效用三个方面的因素”，“换句话说，认识论层次的信息乃是同时涉及语法信息、语义信息和语用信息的全信息”③。

钟先生还提出了关于信息定义体系及其构造方法的理论，他认为，由于“引入主体这一条件，本体论层次信息定义就转化为认识论层次信息定义”。“如果在认识论层次信息定义基础上再引入某种约束条件，那么，认识论层次信息定义将转化为更低层次的信息定义；引入的约束条件越多，定义的层次就越低；由此就形成了信息定义的体系。”“有了这个定义体系，现在流行的那些有关信息的种种说法就都可以在这个定义体系的相应层次上找到自己适当的位置，从而各得其所，各有所用。”④

显然，无论钟先生对信息的定义划分了多少个层次，他关于信息本体论的定义始终是他的所有层次信息定义的基础。而其定义的核心思想则是，以

① 钟义信：《信息科学》，《自然杂志》，1979 年，第 3 期，第 155-157 页。
② 钟义信：《论信息：它的定义和测度》，《自然辩证法研究》，1986 年，第 5 期，第 19-27 页。
③ 钟义信：《信息科学原理》，北京：北京邮电大学出版社，1996 年版，第 38-39 页。
④ 钟义信：《信息科学原理》，北京：北京邮电大学出版社，1996 年版，第 39 页。

事物运动的状态和方式来定义信息。我们可以把这一观点简单地概括为关于信息本质的“状态说”。

这一学说在中国学术界有广泛的影响。后来的许多学者都重复或采用了钟先生的这一理论。例如，大力倡导信息思维的香港学者杨伟国就曾认为：“‘信息’，正是一种不是物质，不是能量，而是一种表述状态的新事物。”信息“这种东西不一定是能量，也不一定是物质，可能只是一种状态。人们早已认识的物质和能量，只不过是‘信息’的一种载体”[①]。又如，“物信论”的提出者罗先汉也把信息看作状态。他写道：“信息不是物质，但必须以物质为载体。其中的物质，当然也包括能量在内。然而，物质也离不开信息，因为物质的实在状态（有关特征参量的取值）及其相关规律，正是信息的含义。”[②]

钟先生用“事物运动的方式和状态”作为信息的核心规定，又由此规定的约束性展开来划分信息定义的层次和谱系，这在一定学科范围内是很成功的，在我国的信息科学，乃至信息哲学界也有相当广泛的影响。从信息哲学的层面来分析，钟先生提出的信息定义的成功之处有两点：一是承认存在客观信息，把信息看作自然、社会和思维领域中普遍存在的现象；二是认为信息的本体论定义是关于信息本质的最核心和最基本的基础性定义，信息的其他层面的定义都不能和这一定义相并列。另外，钟先生对信息定义层次的划分和对信息定义体系的解读都是十分杰出和独到的。

然而，钟先生的信息定义的缺陷也是明显的。

首先，钟先生所用的“事物”这一概念，并不是通常哲学中使用的最基本概念。当然，钟先生曾有一个解释：“定义中所说的‘事物’泛指一切可能的研究对象，包括外部世界的物质客体，也包括主观世界的精神现象。”这样，按照这一解释，这里的“事物”概念应该与哲学中的广义“存在”的概念相等同。这里的“事物运动的方式和状态”便似乎可以转换为“存在运动的方式和状态”。这样便不能不引出两个问题：运动的方式和状态是否是“存在”的？这种运动的方式和状态与哲学中的“物质”范畴的关系怎样？如果不能清晰地回答这两个问题，就不可能揭示出信息自身独具的本质。

其次，仅仅用“运动的方式和状态”来定义信息，是否就能把信息和其

① 杨伟国：《“信息思维”的新探索》，香港：京港学术交流中心，1998年版。

② 罗先汉：《物信论——多层次物质信息系统及其哲学探索》，《北京大学学报》（自然科学版），2005年，第3期，第440-447页。

他现象区别开来，就能恰切地揭示信息的本质？我们知道，在哲学上，按照唯物论的解读方式，物质是标志“客观实在”的哲学范畴，而任何事物自身的运动方式和状态都具有“客观实在”的特性，所以，在物理学中，或在一般的具体科学中可以把物质和运动，可以把物质和物质的存在方式与状态加以区别，并分别予以定量描述，但是，在哲学中，运动、时间和空间、结构、直接发生的变化和过程的关系等，这样一些物质存在的方式与状态，都具有“客观实在”的性质，他们都理应属于“客观实在”的子项，都应当属于物质世界的内容。

关于这第二个缺陷，钟先生已经意识到了，这就导致他后来对自己提出的信息定义做了一次重大的修改。关于这一点我们在后面再予详论。

8.2 相互作用说

在中国 20 世纪 80 年代对信息的哲学本质问题的解读中，把信息归结为相互作用的学说也具有很大的影响力。这一学说的提出者是黎鸣。黎先生在其发表的《论信息》和《力的哲学和信息的哲学》①两篇文章中写道：“力和信息均属于物质的相互作用范畴。”“信息是物质的普遍属性；它表述它所属的物质系统，在同任何其他物质系统全面相互作用（或联系）的过程中，以质、能波动的形式所呈现的结构、状态和历史。”

在这一标准定义表述的基础上，黎鸣又进一步区分了自然信息和文化信息。他写道：

> 自然信息定义：一切物质系统都具有的自然信息是指，该物质系统以质、能波动形式呈现的自身结构、状态、历史与人（主要是人的神经系统和脑）的同样以质、能波动形式呈现的结构、状态、历史相互作用而在人脑中留下的与该物质系统同态的响应。
>
> 文化信息定义：一切经过人类利用语言、文字、符号、图像等方式加工过的自然信息均成为文化信息。
>
> 文化信息所反映的物质系统信息较之该系统自身原来的信息，

① 黎鸣：《论信息》，《中国社会科学》，1984 年，第 4 期，第 13-26 页；黎鸣：《力的哲学和信息的哲学》，《百科知识》，1984 年，第 11 期，第 2-5 页。

中间经历了两次有信息遗漏或失真的变换。由此容易说明，为什么传统的文化、思维模式、科学等等，总而言之知识，总是不可避免地存在它们固有的局限性。

综合黎鸣如上的一些相关论述，我们有理由把黎鸣关于信息本质的学说简称为“相互作用说”。

黎鸣关于信息本质的“相互作用说”及其相关阐释有诸多方面的合理性：首先，这一学说把物质世界本身所具有的相互作用的能力看作信息产生的动力，这无疑是深刻的；其次，由于把信息归结为物质世界的固有属性相互作用，所以，该学说同样揭示了客观信息普遍存在的意义；最后，黎鸣对自然信息和文化信息所做的区分，以及关于文化信息对自然信息表征过程中经历了两次信息遗漏或失真的变换的思想都是合理的和深刻的。

然而，黎鸣关于信息本质的“相互作用说”的缺陷和失误仍然是明显的。笔者曾在相关成果中对黎鸣的信息定义进行过逐句剖析[①]，下面予以扼要转述。

定义的头一分句“信息是物质的普遍属性”并不是关于信息的本质规定，因为物质的普遍属性很多，诸如运动、时空、结构、相互作用等。虽然这一分句有助于揭示黎鸣所坚持的唯物主义立场，以及信息的客观性和普遍性特征，但是，它却不能把物质的信息属性和物质的其他属性加以区别。

在定义的后一分句中，隐含着黎鸣对信息产生原因、信息存在范围、信息存在方式和信息内容这四个方面的认识。把这四个方面具体展示出来就是，信息产生于“它所属的物质系统在同任何其他物质系统全面相互作用（或联系）的过程中”；“信息存在于它所属的物质系统同任何其他物质系统的全面的相互作用中”；信息是“以质、能波动的形式”存在着；信息以“它所属的物质系统”的“结构、状态和历史”为其表述的内容。

定义中对信息产生的原因的认识又包含着三层意思：①物质系统的相互作用是信息产生的原因；②信息产生于本来异在的物质系统的相互作用之中；③这种相互作用是全面的。

把信息产生的原因归于物质的相互作用的本性，这是十分正确的。但是，仅仅把信息赖以产生的相互作用的范围限定在本来异在的物质系统之间，这就发生问题了，这实际上就是在强调信息产生对信息接收者（信宿）

① 邬焜：《信息哲学——一种新的时代精神》，西安：陕西师范大学出版社，1989年版，第215-221页。

的依赖性。然而，信源产生信息并不一定要考虑是否有一个与自身本来异在的信宿接收它。信源作为一个物质系统，它要将自己的某些特征以自身信息的形式外化、表现出来，这个外化、表现的过程必然是通过相互作用来实现的，但是这种相互作用并不仅仅只有与外部物质系统相互作用一种方式，还有信源物质系统内部子系统间相互作用的形式。正是在内外相互作用的过程中，信源通过自身的活动派生（反射或辐射）映射着自身特征、关系和属性的特定物质场，从而由这个物质场将自身的信息外化出来、显示出来，正是在这一意义上，物体通过自身活动派生的物质场同时便具有了信息场的存在意义和价值。[①] 显然，信源物在辐射或反射载送自身信息的场的时候并不曾考虑是否有一个外在信宿要接收它，也更谈不上对这个不曾考虑过的信宿的必然依赖了。难道因为我们通过太阳辐射的光子场发现了太阳的存在，就说太阳向外发送自身存在的信息依赖于我们的视网膜吗？

对于黎鸣文中信息产生于“全面相互作用”的说法，笔者也不敢苟同。因为就我们对外物信息接收的自身感受来说，从来就很难达到这种“全面”性。视觉是片面的，它只敏感于特定阈值的光子场，其他的感觉也是片面的，它们也都各自局限于其性能所规定的范围。何况量子力学中还有一个“互补原理”，讲的也是不可能“全面”的道理。

出于同样的理由，笔者对黎鸣文中定义的关于信息存在的范围的解释也是不能同意的。首先，信息不仅存在于本来异在的物质系统的相互作用之中，而且存在于物质系统内部的相互作用之中；其次，并不是只有“全面相互作用”才存有信息；最后，信息虽然是在相互作用中产生，但是却并不仅仅存在于相互作用之中，当特定的相互作用过程结束之后，物质系统的结构“痕迹”的编码中仍然凝结、同化着信息，这就是说，信息的储存并不一定要在相互作用之中，而还可以在相互作用（特定的）之后。

在信息存在的方式上，仅仅以“质、能波动的形式”来说明也是缺乏全面性的。质、能波动的形式仅仅能够描述处于传输过程中的明显运动着的信息，而不能说明那些以物质的某种特定结构和状态凝结着的相对静止状态的信息，这类信息的存在方式主要依赖于信息赖以储存的物质系统结构和状态的相对稳定性，而不是它的“波动性”，如 DNA 中所编码的信息对 DNA 结

① 邬焜：《哲学信息论要略》，《人文杂志》，1985 年，第 1 期，第 37-43 页。

构稳定性的依赖性。

在信息的内容上，仅仅用“所呈现的结构、状态和历史”来规定也是远远不够的。一方面，信息呈现的并不仅仅是事物的结构和状态，而是所有事物的存在方式都可能化为信息呈现出来；另一方面，事物还将以它的现存性预示它的未来发展的种种趋势，这也将构成信息的一个内容方面，否则，我们就失去了预测和计划的客观依据。

另外，我们还应当注意到，黎鸣定义信息的方法并不是从揭示信息概念的内涵上着眼的，这个定义基本上还只是定义者通过对信息产生过程、存在范围和信息表现的内容的理解，对信息进行的一种描述性解释。这样的定义方法也缺乏一般哲学定义的准确性、全面性和概括性。

黎鸣的信息理论是建立在他对信息的哲学和力的哲学的联系与区别的认识的基础之上的。我们可以把他通过类比分析得出的相关结论归结为以下三个方面。

1）力和信息具有共同的本质。“力和信息的确具有共同的本质”“力其实就是信息，只不过是最原始最直接的信息，而信息则是具有一定有序结构和一定历史过程的力的集合”“信息又可以看作是以符码表达的外界刺激（力）”。

2）力和信息都是相互作用。“力和信息均属于物质的相互作用范畴”“信息的本质和力的本质同样都是物质世界普遍存在的相互作用”“力和信息都是物质的相互作用，只不过力是最原始最直接的相互作用，而信息则是具有一定有序结构和一定历史过程的相互作用”。

3）力和信息的区别仅仅在于外延范围的广狭和相互作用的层次的高低。“可以认为信息是经过了某种符号变换的力，或称广义力；而力，则是一种特殊形式的信息”“信息是具有更高结构层次的相互作用，而力则是最低层次的相互作用”。

笔者认为，黎鸣文中这三个方面的结论都是很难成立的。问题的关键在于：力和信息并不具有共同的本质，二者根本不可能通过直接类比的方法相互得到说明。对此，我们曾经做过一些具体分析①，现扼要转述如下。

首先，力是物质相互作用的一种形式，而信息虽然由物质的相互作用过程产生，但是，它却具有不能归结为相互作用的自身的特殊的质。

---

① 邬焜：《信息哲学——一种新的时代精神》，西安：陕西师范大学出版社，1989年版，第225-228页。

其次，力和相互作用都具有直接存在的特征，而信息却是间接存在的标志。相互作用（包括力）是事物间直接发生着的关系过程，它具有客观实在的特性。在哲学上，它们的本性都可以归结于物质范畴。而信息却并不具有实在的特性，它是由直接存在(客观实在)的物质世界派生出来的显示这个直接存在的世界的另一个世界，间接存在(非实在)的世界，它的本性不可能归结到物质范畴中去。相互作用(包括力)可以看作是直接存在向间接存在过渡的一个环节，而由此过渡而来的间接存在本身却超越了相互作用(包括力)的直接存在的本性。黎鸣在信息和力之间进行的这种简单比附，以及把信息直接归结到相互作用的做法，其结果是掩盖了信息区别于以往哲学范畴的独具的质，使信息的革命性意义大大降格了。

另外，我们还应该看到，作为直接存在的力和相互作用本身也只有通过信息才能表征、显示自身。由此，我们也可以看到信息与相互作用(包括力)的本质区别。这种区别是绝不可能用外延范围的广狭和同一领域的层次的高低来说明的。

虽然笔者同意黎鸣的这样一种观点，即"'信息'为物质世界恢复了全面普遍联系的本来面目"，但却不主张信息的这个面目能够在与力的简单类比中得到。对于力和信息对哲学作用的本质的区别，笔者曾经提出过以下三点看法[①]。

1）力只把它机械性的特征带给哲学，自身并不作为一个基本世界层次引入哲学，它是相互作用的隶属方面，并不曾越出物质、精神概念所囊括的范围。而信息则不同，它突破了传统哲学中物质、精神所划定的存在领域，标示出一个物质和精神不能囊括的崭新地带，同时它又在自己的本性的意义上对传统哲学的精神领域予以了说明。这样，信息便将自身作为最基本的哲学范畴之一引入了哲学。

2）由于力的直接性的本性，它不可能改变以往哲学的整体面貌。而信息却不同，它的引入对于传统哲学无疑是一种巨大的冲击。信息给人们带来了对世界认识的全新图景，它从整体上改变了人们世界观的具体样态。

3）信息因为其更为基本的特性，并不能取代具体科学中力的角色。力在它适应的范围内仍然是起相应作用的。

① 邬焜：《信息哲学——一种新的时代精神》，西安：陕西师范大学出版社，1989 年版，第 236-237 页。

总之，信息给哲学带来的并不是个别特征、个别因素的影响，信息弥补了以往哲学中某些以思辨才能弥合的真空领域，使哲学自身实现了开拓性变革。信息哲学对于哲学是一场全新的革命，是一次范式更替型的整体性超越。如果仅将信息范畴简单归属和整合到旧有哲学框架之中，就势必会消解或阉割信息的革命性本质。

8.3 反映说

从 20 世纪 60 年代开始，苏联的学者就从列宁关于反映是一切物质所具有的共同属性的思想出发，开始讨论反映与信息，以及反映、信息与意识之间的关系。苏联学者的相关观点对中国学者的相关研究影响很大。在 20 世纪 70 ～ 80 年代，中国的很多学者都介绍、评价和依附于苏联学者的某些相关观点。

在众多相关的信息的反映论解读文献中，刘长林的《论信息的哲学本性》①一文所持的观点最为突出，其相关论证的逻辑也最为详尽和有条理。我们有必要把刘先生的这篇论文看作中国学者关于信息的“反映说”的经典文献，并对其内容进行具体剖析。

刘长林给信息下的哲学定义是：“可以在哲学上把信息理解为被反映的事物属性，或反映出来的事物属性。”对于这个定义，我们曾有过分析，现转述如下：

> 这个定义已经是对信息的相当抽象和概括的本质性定义了。但是，它还存有两个不能令人满意的缺陷：第一是定义所运用的方法论问题。用“反映”来描述信息的存在方式虽然是十分正确的，但是，“反映”的着眼点还仅仅在于“信宿”，这是哲学认识论方法的一种推广。“反映”对于信息的定义还是间接性的。正如刘文自己曾强调过的那样：“要全面地认识信息，必须超出间接方法的限制，同时采取直接的研究方法”。在哲学上直接性是和本体论相联系的，所以，只有本体论的方法才是真实意义的直接性的方法。对于信息来说，直接性的定义只能从信源自身的质的考察中得到，虽然我们必

① 刘长林：《论信息的哲学本性》，《中国社会科学》，1985 年，第 2 期，第 103-118 页。

> 须坚持信息自身的存在方式必然是反映（或类反映）着的。第二是定义中所揭示的信息内容的范围问题。用“事物属性”来规定信息的范围，仍然过窄了。因为信息的内容不仅仅是事物的属性（当然属性是信息内容的最本质、最关键的基础部分），还有由这个属性所规定的事物的样态、关系，以及变化发展的趋势等等（当然，在刘文中属性已被广义化了，它包括样态，但是，在传统用法上样态和属性并不是一个层次上的概念，样态是由事物属性所决定的事物在某些情况下暂时表现着的状态或方式，它并不能直接归结为事物的属性本身）。总之，事物所有的存在方式和状态，事物的历史、现状和未来的诸多方面的内容，都将化为信息呈现出来。所以，要揭示信息的内容，就必须用比“属性”概念更为一般、更具外延广泛性的概念来定义信息。①

虽然，刘长林关于信息的定义仍有缺陷，但是，他对信息产生的原因、存在的范围，以及信息在哲学中的地位和作用的分析与论述却相当精辟。

刘长林是基于他对信息本质的理解，从相互作用、反映和信息的关系来看信息产生的原因及其存在的普遍性问题的。他写道：

> 一切反映都寓于相互作用之中。相互作用是所有运动过程的终极原因，是普遍存在的……有相互作用就有反映，有反映就有信息，相互作用的普遍性决定了信息的普遍性。信息的普遍性表明，任何事物都有把自己的结构、秩序性、功能、形式、样态等一切属性传给其他事物的能力，同时也有再现其他事物属性的能力。这种能力来源于一切事物属性具有相对稳定性和有规律性的可变性。它通过相互作用表现出来，造成信息现象。

刘先生把产生信息的动力之源归结为物质世界普遍存在的相互作用的运动，并由相互作用的普遍性论证了相互反映的普遍性，进而论证了信息存在范围的普遍性。这样的论证逻辑及其得出的结论，在信息的“反映说”理论的范围内不仅是清晰的，而且是深刻的和合理的。

---

① 邬焜：《信息哲学——一种新的时代精神》，西安：陕西师范大学出版社，1989 年版，第 193-194 页。

刘先生理论的更为深刻的方面还在于它通过对物质的“原型世界”和反映着的“信息世界”的对比性分析，提出了一个物质和信息相互嵌套的二重化存在的世界的理论。他写道：

> 根据信息的本性，每一个信息都是它所表征的对象的再现，而所有信息的总体就构成了整个宇宙的完整“模型”。因此，我们有理由把宇宙看成是两个部分，一部分是原型的物质世界，一部分是作为其反映的信息世界，信息世界是原型世界的“投影”。但是世界的“影子”并没有也不可能投放到原型世界之外。世界和它的“影子”，二者实为一体，是统一的物质世界的两个方面，因为世界是自己反映自己。
>
> 客观物质世界在整体上存在两个巨大层次。这两个层次相互作用、渗透，相互交织、贯通。

从相互作用导致相互反映的过程，导致世界的物质和信息二重化存在的具体机制出发，刘先生还进一步提出了他关于全息现象生成原因的看法。他写道：

> 物质既然是在相互作用中向前发展的，那么在世界的普遍联系的过程中，就会发生普遍的交互反映，每一种系统会在接收来自其他各方面反映它们系统属性的信息的同时，也把自身的属性以信息形式传输给其他有联系的系统。在漫长的演化过程中，各种系统会把从多方面广泛吸收来的信息融汇改造成为自身的属性。结果，造成了各类系统之间的普遍相似。
>
> 同时，系统内部新旧两方面在相互斗争的过程中又会相互渗透、贯通，新的事物会以改变了的形态将旧事物的信息保存下来。所以在充分发展了的事物形态中，还会留下历史上某些特性的深刻印迹。而生物在系统发育过程中获得的某些重复了千百万次、并对生物体的进化产生了深刻影响的信息，会以逐渐积淀的形式刻印在生物个体的遗传物质上，致使它们的后代在个体发育中重复出现其祖先所经历过的变迁。

从这样的一种相互作用、相互反映、相互全息映射规定的逻辑出发，刘先生进一步得出“信息形态的发展与物质形态的发展有同步关系”“信息过程是物质进化的根源之一”“物质进化的某些规律和特征可以由信息运动的作用和影响做出一定的说明”等结论。毫无疑问，这样的结论显然是十分深刻而合理的。

在相应理论分析的基础上，刘先生对传统哲学把世界分割为“物质和精神”二元结构的理论提出了质疑，并强调了信息对哲学的基本而全面的改造和重建的意义与价值。他写道：

> 那种把世界划分为精神和物质两个方面，或划分为精神现象和物质现象两大部分的做法，是对哲学基本问题的错误引申。
>
> 对信息的研究丰富和发展了人类关于世界整体图景的认识。因此，在辩证唯物主义哲学范畴体系中，信息概念应当仅次于物质和运动，而与运动范畴属于同一序列。
>
> 信息世界的发现……为更深入地认识精神与物质的关系、精神属性与其他物质属性的关系提供了新的科学资料。信息世界与物质原型世界的划分成为解决哲学基本问题的更为广阔的基础。唯物主义的根本点就在于要按照世界的本来面目认识世界。今天，如果不充分认识信息这个因素，就不能贯彻这个根本点。

当然，刘先生关于“信息概念应当仅次于物质和运动，而与运动范畴属于同一序列”的说法，对信息概念在哲学变革中所起的作用仍然是低估了。既然存在两个世界，那么，标志这两个世界的两大范畴就应当是物质和信息，并且这两个范畴便应当成为哲学的两个最高范畴。当然，如果从物质统一性的唯物论前提出发，我们仍有理由把物质范畴当作哲学的最高范畴，而把信息范畴放在物质范畴之下，而其他的所有范畴都不可能与物质范畴和信息范畴相并列，这就是合理的辩证唯物主义哲学应有的“哲学本体论的概念层次论”。①

但是，无论如何，刘先生在“反映说”的层面上做出的相应理论分析和结论，在同样坚持“反映说”观点的中国学者中已经是最为杰出的了。

---

① 邬焜：《信息在哲学中的地位和作用》，《潜科学杂志》，1981 年，第 3 期，第 53，60 页；邬焜：《哲学信息论要略》，《人文杂志》，1985 年，第 1 期，第 37-43 页。

8.4 意义说

在20世纪80年代的中国哲坛上，对信息作主观化解读的学说基本没有市场。只是到了近几年，才有学者迎合西方某些学者的观点，用现象学主观化场域的方法对信息进行解读。这其中最有代表性的人物便是肖峰。

肖峰在《中国社会科学》2010年第4期发表的《重勘信息的哲学含义》一文（下面简称肖文）[①]堪称其代表作。该文旗帜鲜明地强调信息的“属人性”特征，用“意义”解读信息，认为“不存在所谓的‘本体论信息’，而只存在认识论意义上的信息”。

肖文写道：

> 信息不能以任何方式归结为物质。它既不是物质内在既成的东西，也不是纯粹的自然现象，更不是可以离开主体而独立存在的纯客观现象和无处不在的普遍现象。哲学含义上的信息是一种非物质的存在。
>
> 说信息不能归结为物，是一种非物质的存在，这是合理的，然而，由此推论说信息是一种离不开主体的非自然性存在则令人不敢苟同。

为了强调信息离不开认识主体的主观性特征，肖文接受了某些西方学者的观点，直接把“意义”和“信息”画等号，认为“一切意义都是由解释而生成，而意义又与信息具有等价性”，“信息是释义和（或）赋义的产物”，而只有人才能“赋义和释义”。其实，信息和信息的意义虽然都可以以信息的方式而存在，但是，二者在外延上却不是相等的。以认识方式产生的“意义”，在本质上是一种信息存在的形式，但是，不能把所有形式的信息都归结为“意义”形式的信息。因为还存在着更多的非意义性的信息，即显示和表征事实的信息。

人们对对象的理解和赋义是建立在对对象信息的识辨的基础上的，实际发生的情景是，首先是对对象信息的识辨，然后才是通过这一信息的识辨对对象有所把握，之后才是对其所把握的对象进行解释，如果有必要再赋予其

---

① 肖峰：《重勘信息的哲学含义》，《中国社会科学》，2010年，第4期，第32-43页。本节所引肖峰先生的观点如不特殊注明，均请参阅此文。

"意义"，在没有对对象信息进行识辨性把握之前，对对象加以解释及赋予对象以"意义"是根本无从谈起的。由此看来，肖文所说的"信息即是对象中所包含的人的理解，没有人的理解活动就没有信息"的说法是以偏概全了。

为了强调信息的主观性特征，肖文认为："不存在所谓的'本体论信息'，而只存在认识论意义上的信息"，"认识论信息定义……是关于信息的终极定义，乃至唯一定义。信息只能从认识论的角度去加以阐释"。然而，在我们看来，在哲学阐释的统一理论的层面上，有了信息哲学关于信息的本体论定义就足够了。至于信息的其他层面的定义，也包括认识论层面的定义，或者只是信息的功能性或操作性的定义，或者只是由信息的本体论定义派生出来的次一级的定义。如果从本质统一的意义上来分析，则这些其他层面的定义只能是多余的。

为什么说信息的认识论定义是多余的呢？这是因为，认识作为一种信息现象，它本身并不是原生信息的形式，而是在多重信息中介的选择、复合、匹配、重构的综合建构和虚拟中生成的一种高级信息活动的形式[①]。

肖文把信息与意义等价，把信息简单归于认识论领域，把信息仅仅看作是存在于人的"头脑之中"的"人造物"的观点和方法，并不具有什么新奇的创新性价值。因为按照胡塞尔所创立的现象学的逻辑，应该把一切关于客观主义的态度予以悬置，包括我们外部的自然，也包括我们自己的身体，这样一来，所有的一切都可以仅仅限定在认识的现象界，仅仅限定在主观化的场域中予以说明。肖文对信息问题的解读方式和理论旨趣并不是要阐明一种作为第一哲学的，具有全新哲学意韵的信息哲学，而是要把信息哲学归于现象学，是要在现象学的主观化场域中消解掉信息所具有的一切新颖性和革命性价值。

这样，按照肖峰的观点，不仅信息的本体论定义是不应当存在的，是多余的，就连独立的信息哲学本身也是不应当存在的，是多余的。因为既然信息与意义等价，而且哲学中既然早已有了"意义"范畴，那么，"信息"范畴便只能是可有可无而多余的了。

显然，肖峰的观点是一种理论上的倒退。否定"本体论信息"不仅无法

---

① 邬焜：《认识：在多级中介中相对运动着的信息建构活动》，《长沙水电师院学报》，1989 年，第 3 期，第 17-22 页；邬焜：《凭差异而识辨 • 依中介而建构 • 借建构而虚拟——信息认识的一般过程和机制》，载李平，陈向，张志林，等：《科学 • 认知 • 意识——哲学与认知科学国际研讨会文集》，南昌：江西人民出版社，2004 年版，第 348-371 页。

解释日益发展的信息科学、信息技术、信息经济、信息社会的现实，还无法正确揭示人的认识活动的具体机制和过程。仅仅把信息归结为主观认识的现象领域，不仅抹杀了信息所具有的普遍性品格，而且无法阐明信息科学与信息哲学已经和将要在科学及哲学领域所实现的范式转型的根本性变革的意义和价值。

8.5 自身显示的间接存在说

信息是物质（直接存在）自身显示的间接存在说，是笔者于 20 世纪 80 年代初首创提出的。这一理论在中国信息哲学界具有最为广泛的影响力。

1981 年，笔者相继发表了两篇关于信息哲学的论文[①]。在这两篇开创性的论文中，笔者相继把信息定义为“物质存在方式和状态的显现”“信息是物质存在方式和状态的自身显示”。在这两篇论文中，笔者还提出并初步论证了信息的三种基本形态［自在（客观信息）、自为（主体直观识辨的信息）和再生（主体思维创造的信息）］，区分了与这三种基本形态相对应的五种基本的信息活动形式（信息场、信息的同化和异化、信息的感知识辨、概象信息和符号信息），并在此基础上把从物质到精神的过程描述为以信息为中介的信息活动过程。在后一篇论文中，笔者还提出了关于信息三质（一级客观显示的质、多级客观显示的质、人为规定的主观约定质），以及哲学本体论的概念层次论（物质、信息、精神依次为哲学的三个最基本的范畴，其中，物质派生信息，精神是信息活动的高级形态）和哲学认识论的信息中介论（主客体相互作用必须以信息为中介）的理论。正是这两篇论文所提出的观点，使信息作为哲学的基本范畴引入哲学成为可能，从而奠定了信息本体论和信息认识论的基础。

1984 年，笔者又提出“直接存在（物质）”和“间接存在（信息）”的概念，并相应给出了笔者关于信息的完整定义：“信息是标志间接存在的哲学范畴，它是物质（直接存在）存在方式和状态的自身显示。”同时，笔者又把以前提出的五种信息活动的基本形式改成六种，增加了有感记忆的信息

① 邬焜：《思维是物质信息活动的高级形式》，《兰州大学学生论文辑刊》，1981 年，第 1 期，第 1-10 页；邬焜：《信息在哲学中的地位和作用》，《潜科学杂志》，1981 年，第 3 期，第 53，60 页。

活动的形式，这就构成了笔者关于信息形态分类的完整理论。①

1982 年 4 月，笔者完成了《哲学信息论导论》一书的初稿，并以此书作为自己大学本科毕业的学士论文。1984 年第 5 期《兰州学刊》发表了该书中的一章“哲学认识论的信息中介论探讨”。1985 年第 1 期《人文杂志》以“哲学信息论要略”为题发表了该书的基本观点。

1987 年 6 月，笔者的著作《哲学信息论导论》② 出版，该书从存在论的意义上，在学术界第一次全面系统地提出了信息的哲学本质、哲学分类、信息的三个不同性级的质、绝对信息量、相对信息量、信息与相关哲学范畴的关系、哲学本体论的概念层次论、哲学认识论的信息中介论、社会的信息进化论、力的哲学与信息的哲学的异同，以及信息在哲学变革中的作用等诸多方面的问题。这些开创性研究，比较系统地建立了一种区别于实用信息论的哲学信息论，正式宣告了一种崭新的时代哲学——信息哲学在中国的创立。

2005 年，笔者在其出版的著作《信息哲学——理论、体系、方法》中，更是强调了信息本体论的建构在信息哲学中的核心地位：“信息在存在论意义上所具有的普遍而独特的品格，恰恰是信息哲学可以成为‘元哲学’‘最高哲学’‘第一哲学’的依据。在对信息进行存在论意义的本质规定时，可能会出现实质性的分歧，由此又可能派生出十分不同的信息哲学流派。”③

由于笔者对信息本质的界定是从物质世界自身显示自身的层面上，以及信息与物质在存在方式上的根本区别的尺度上着眼的，所以，在笔者这里信息的产生并不必然依赖于接收者的反映，这是这一学说与反映说的区别。另外，从直接存在（物质）和间接存在（信息）的对应关系，以及间接存在由直接存在派生，又必须以直接存在为其载体的情况来看，这一理论在逻辑起点上仍然坚持了唯物主义的立场。但是，在现实性上，由于所有物的结构都已经在信息同化和异化的过程中载负了相关的信息，都已经转化成了信息编码的形式，所以，物质和信息又是必然镶嵌在一起并同时存在的，这就是笔者提出的关于所有的物体，同时既是物质体又是信息体的理论。由此便引出了关于在物质统一性的基础上，物质和信息双重存在的哲学本体论的学说。由此本体论学说奠基，笔者建立起了全面、系统、规模宏大的信息哲学理

① 邬焜：《哲学信息的态》，《潜科学杂志》，1984 年，第 3 期，第 33-35 页。
② 邬焜：《哲学信息论导论》，西安：陕西人民出版社，1987 年版。
③ 邬焜：《信息哲学——理论、体系、方法》，北京：商务印书馆，2005 年版。

论。这一理论涉及众多的哲学基本领域。其主要领域如下。

1）信息本体论。一种关于物质和信息双重存在的理论。

2）信息认识论。一种关于哲学认识论的信息中介论。其具体内容包括两个部分：认识发生的信息中介说；认识过程和机制的多级中介建构和虚拟说。

3）信息进化论。一种关于物质形态和信息形态双重演化的理论。其具体内容包括：演化是信息产生、耗散和积累的过程；时空互化的信息凝结造成了时空内在融合的统一性关系；宇宙、生命都有其自在的双重进化的过程和机制；与进化过程相一致的信息创生、凝结积累所产生的全息现象的理论。

4）信息价值论。一种关于物质价值和信息价值的双重价值的理论。其具体内容包括：价值乃是事物（物质、信息，包括信息的主观形态——精神）通过内外相互作用所实现的效应；事物在相互作用中同时实现着物质效应和信息效应、物质价值和信息价值的理论；将价值、价值反映、价值评价、价值设计、价值理想、价值实现相互区别并作统一性描述的理论；天道价值高于人道价值的理论。

5）信息思维论。一种关于信息时代的科学与哲学的思维方式变革的理论。其具体内容包括：区别于传统科学和哲学的实体实在论与场能实在论的信息系统复杂综合的世界图景的理论；区别于传统科学和哲学的实体思维与能量思维的信息思维的理论；科学技术革命与科学世界图景和科学思维方式变革的一致性的理论。

6）社会信息论。一种关于社会信息的性质及信息在社会发展中的作用的理论。其具体内容包括：社会信息是自在、自为、再生三态信息的有机统一，是信息三个不同性级的质的有机统一；能动地把握、利用、开发、创造和实现信息是人类社会的本质；把握、利用、开发、创造和实现信息的间接化程度是社会进化的尺度；人类不同文明形态的发展以不同的信息创制、处理和传播方式为其技术前提；物质守恒，信息不守恒，人类生产不能创造物质只能创造信息，人类的生产和生产力在本质上只能是信息生产和信息生产力；人类信息处理、创制和传播方式的网络化发展乃是国家集权和世界霸权的消解器，乃是建立新型网络民主体制的技术前提。

7）科学的信息科学化的统一信息科学理论。笔者认为，发展到今天的信息科学是一个拥有众多学科的大家族。信息概念、信息原理的普遍化，导致了信息理论与几乎所有的传统学科间的普遍交叉、渗透和映射。笔者把这一信息科学发展的趋势称为“科学的信息科学化”，并相应提出了一个关于现代信息科学体系的分层结构的理论。这一分层结构从上至下包括六层：信息哲学、一般信息理论、领域信息学、门类信息学、分支信息学、工程技术信息学。这六个层次的信息科学自身又可以再包含不同的层次和众多具体的学科。在笔者看来，信息科学绝非只是适用于世界之一隅的狭隘学科。信息科学具有对传统科学全面辐射性的全面改造的意义和价值。信息科学在本质上是一种科学范式的转型，这一转型导致了一种崭新的现代意义的，以信息理论为主导认识方式的现代科学体系。信息科学本身的发展就是要从信息方式的角度对人类所面对的世界整体及其各部领域予以全息性透视，通过这个透视，信息科学将从自身性质和规范的尺度上，对世界整体及其各部领域做出相应的解释。但是，就目前发展的状况来看，信息科学的这样一个宏伟体系，仍未系统建立。[①]

上述诸多方面的理论，是笔者在 30 多年的研究过程中逐步建立起来的。这些理论的详尽内容都可以在笔者所著的《信息哲学——理论、体系、方法》[②]一书中找到。随着笔者建立的信息哲学理论的完善化和成熟化的发展，这就为用信息哲学的全新视角和方法去挖掘人类已有哲学中的积极性成果，对相关的古代和当代哲学中的观点和理论进行重新解读，对当代西方主流哲学进行实质性的梳理、批判和对话成为可能。这正是笔者在近几年已经进行的和今后将要展开的工作。

值得一提的是，国内最早提出信息的“状态说”理论的钟义信，近年来也对其原来的信息定义进行了重大的修改，从而转向了信息的“自身显示说”。钟先生在其 2002 年再版的《信息科学原理》一书中，就把他的信息定义改写成：“信息，就是该事物运动的状态和状态改变的方式的自我表述/自我显示。”[③]

中国的信息科学和信息哲学关于信息的本体论界定的这种殊途同归的汇

① 邬焜：《科学的信息科学化》，《青海社会科学》，1997 年，第 2 期，第 53-59 页。
② 邬焜：《信息哲学——理论、体系、方法》，北京：商务印书馆，2005 年版。
③ 钟义信：《信息科学原理》（第三版），北京：北京邮电大学出版社，2002 年版，第 50 页。

合是一种十分可喜的现象。正是这一汇合，为从哲学和科学的统一的尺度上建立“统一信息科学”的努力奠定了基础。

有必要指出的是，由于信息科学在本质上是一种科学范式转型，由于信息科学对传统科学具有全方位改造的范式转型的效应，所以，统一信息理论的建立便不仅是可能的，而且是必然的。要建立统一信息理论，其核心问题是关于信息本质的确定。现代西方学说中有一种反对给概念下定义的倾向。然而，这一倾向只适合于对已有科学概念和理论的解构，而不适合于建构新的科学概念和理论。统一信息理论是一种新理论的建构，如果不对其所涉及的基本概念进行统一性的规定，那么，要建立一个统一性的理论则根本不可能。另外，从系统的观点来分析，任何一个概念、理论的确立，必须在一个相应的概念群或理论群中才能得到确定而清晰的解读，否则，这些概念和理论便是不能被正常理解的，希冀通过这样的一些未经统一规定理解的相应概念，建立起某种统一性的理论也是根本不可能的。由于信息具有构成世界存在的基本领域的性质，所以对其最为一般性的普遍性品格的本质揭示只有在一般哲学的层面上才能达到。正因为如此，统一信息理论必然首先具有一般哲学理论的性质，也就是说，只有从信息哲学的高度对信息的本质予以考察，才可能奠定统一信息理论建立的基础。统一信息理论必然会超越申农信息论。因为申农信息论是基于机械通信信息系统设计的，机械通信信息系统是信息的接收和传输系统，其功用是保证既定信息的传输和在终端的准确再现，而统一信息理论却必须对信息自身的存在方式、新信息的产生、信息形态的进化、主体信息的创造，以及主体信息在客体中实现的机制和过程等方面的问题进行合理解释。这样，统一信息理论必须建立关于信息创生系统和信息实现系统的相应模型和理论。[①] 在探索“统一信息科学”的方向上，钟义信和笔者在科学和哲学两个层面上所做的工作都是十分有益的，也许可以期待的是，这两个领域的研究终将走向统一。

在 2011 年发表的一篇论文中，笔者写道：

> 哲学理论的创新并不简单在于其关注的问题领域或其涉及的学科范围的转换，而更在于其固有的基本领域中的相关论域、观点、理论内容的推陈出新。在哲学研究中，本体论、认识论、方法论、

① 邬焜：《信息系统的一般模型》，《系统辩证学学报》，1998 年，第 2 期，第 52-57 页。

语言论、实践论、价值论、生存论应当是统一的。迄今为止的所有哲学理论、所有哲学派别所阐释的理论都是根植于其对一般存在领域范围的理解以及其对人与对象关系的理解的基础之上的。这一理解方式主要是围绕物质和精神的关系、主体和客体的关系展开的。不同哲学理论、不同哲学派别的区别仅仅在于或将这两种关系中的某些方面予以拒斥或悬置，或更著强调这两种关系中的对立项的某一方面的更为重要的主导性地位，某些较为极端化的理论则是把精神或主体中的某些活动要素和活动方式推崇到了绝对至上性的地位，因而呈现出绝对化、片面化和简单性的特征。如，哲学的认识论转向的主要特征是将认识活动中的主体认识形式的参照维度予以了特殊张扬，实践哲学是将主体实践活动的维度予以了特殊张扬，语言哲学是将思维活动的符号载体的形式和逻辑的地位予以了特殊张扬，而现象学则是将主体意识中的意向性因素予以了特殊张扬。如此看来，迄今为止人类哲学理论的发展虽然在某些研究领域中实现了研究重点和关注问题的转换，但是在其存在论和认识论的根基上却从未实现过任何根本性改变，这就是对物质和精神的二元对立关系、对主体和客体的二元对立关系的基本性承诺和具体化解读。依据这一分析，迄今为止，人类哲学的发展从未发生过真正意义上的根本性的理论转换。

由于把信息概念作为哲学的最基本概念之一引入哲学，信息哲学阐明了一种全新的存在领域分割模式，从根本上改变了哲学基本问题的具体表述方式，所以，信息哲学实现了人类哲学的第一次根本转向，并因而导致了人类哲学的全方位的根本性变革。①

① 邬焜：《哲学基本问题与哲学的根本转向》，《河北学刊》，2011 年，第 4 期，第 11-21 页。

第9章 中国的信息哲学教育

从 20 世纪 80 年代中期开始，先是在中国高校面对硕士研究生开设的学位课“自然辩证法概论”的教材中，后来又在面对本科生开设的必修课或公共课“马克思主义哲学原理”的教材中，普遍增加了关于信息概念的哲学分析和信息方法的内容，只不过这些相关内容所占的篇幅很小，并且不同体例的教材中相关内容的观点也往往存在很大的差异。

长期以来，在中国高校中，只有少数有专门研究的教师比较系统地开设或讲授了与信息哲学相关的课程。

自 20 世纪 80 年代以来，笔者不仅注重开拓信息哲学领域的研究，还注重把信息哲学的内容渗透到为研究生讲授的“自然辩证法概论”课程的教学之中，而且在自己所任教的中国高校中面对本科生和研究生独立开设了“信息哲学概论”“信息哲学专题研究”等课程。

1985 年，笔者开始担任自己当时所在的陕西机械学院（现已更名为西安理工大学）的硕士研究生的学位课“自然辩证法概论”的主讲教师。当时，笔者对几种流行教本的内容和体例都不是很满意，为了授课需要，笔者结合自己的相关研究成果，自拟了一份讲授提纲，定名为“自然的逻辑”，并以该讲授提纲的内部打印稿作为当时该校硕士研究生的使用教材。在该讲授提纲的基础上形成的同名学术专著于1990年正式出版[①]。该书包括一个引论和三编内容：第一编“直接存在论”，具体讲述了世界的物质和信息的双重存在性，以及物质世界自身的规定、存在方式和存在关系；第二编“间接存在论”，具体讲述了信息世界的本质、形态、质和量；第三编“自然演化论”，讲述了自然的物质和信息的双重演化的过程和机制，其中还涉及了生命起源和进化的信息意义、社会本质的信息规定和社会进化的信息尺度，以及演化和全息现象等内容。

1987年，陕西人民出版社出版了笔者的学术专著《哲学信息论导论》，以此书为教材，1987～1989年，笔者每年都为陕西机械学院（现已更名为西安理工大学）的本科生和硕士生开设“信息哲学概论”的选修课，每年选课学生都多达200余人。

1990～1994年，笔者在西北大学任教期间，每年都为西北大学哲学与管理科学系的哲学专业和行政管理专业的本科生开设“信息哲学概论”的必修课。

1994～2001年，笔者在西安石油大学任教期间，不仅为经济管理专业的本科生开设了“信息哲学概论”的选修课，还在为信息与计算科学专业的本科生开设的“信息科学概论”必修课中增加了大量关于信息哲学的内容。

2002年以来，笔者在西安交通大学任教，先后为西安交通大学哲学专业的本科生开设了“信息哲学概论”课程，为硕士生和博士生开设了“信息哲学专题研究”课程，并在为硕士生和博士生讲授的“系统科学和复杂性理论”课程中融入了大量信息哲学方面的内容。

目前，笔者创立的信息哲学的基本内容已经被编入了中国大学的多部硕士生和博士生的教材之中。

2007年，由教育部人文社会科学重点研究基地、山西大学科学技术哲学研究中心组织编写的全国高等院校博士生公共课教材《现代科学技术革命与马克思主义》出版，该教材由国内科学技术界的顶级领军人物黄顺基和郭贵春教授主编。在该书的第二部分“现代科学技术革命的前沿与热点问题”中，笔者被专门邀请写了其中一章，即“信息科学理论对辩证唯物主义的丰富和发展”，具体讲述了笔者创立的信息哲学的存在观、演化观、时空观、

① 邬焜：《自然的逻辑》，西安：西北大学出版社，1990年版。

认识论、价值论，以及关于人的本质和信息思维方式的理论。[①]

自2003年以来，西安交通大学先后立项支持，由笔者主编或独撰出版了三部研究生创新教育系列教材。在这三部教材中都有相当大的篇幅融入了信息哲学的基本观点和方法。其中包括“自然界是物质和信息世界的统一”“自然界的双重演化”“自然模式、演化机制与全息境界”这样的章名，还包括“间接存在的信息世界”“信息系统复杂综合的世界图景和信息思维”的节名。另外，笔者在这三本教材中还提出了以信息系统复杂综合的世界图景为基础建立自然辩证法的第二个历史形态的构想。这三部教材为：《自然辩证法新编》《自然辩证法新教程》《复杂信息系统理论基础》[②]。

自2002年以来，笔者在为西安交通大学理工科博士生开设的“现代科学技术革命与马克思主义”的学位课中有一个讲座，讲座的题目是“科技革命与科学世界图景和科学思维方式的变革”，其具体内容是人类历史上的三次科学技术革命分别实现了三次世界图景和思维方式的转变，即从实体实在论世界图景到场能实在论世界图景，再到信息系统复杂综合世界图景的转变，以及从实体思维到能量思维，再到信息思维的思维方式的转变。这一讲座的内容后来还被收入西安交通大学研究生创新教育系列教材博士生公共课程用书《现代科技与社会人文解析——科学、技术与社会的交互研究》[③]，并作为该书的第五章。

在西安交通大学一级哲学博士点上，专门设置了由笔者负责的“信息哲学与辩证唯物主义新形态”的研究方向，截止到2016年，在此方向上已经获得博士学位和在读的博士生、博士后人数有47名。

中国的多所大学都面对不同层次的学生开设了与信息哲学相关的课程。例如，东北师范大学现代教育技术（信息技术教育）硕士专业就开设了“信息哲学引论”课程，西安石油大学面向全校本科生和研究生开设了“信息时代与信息哲学”选修课程，哈尔滨理工大学、西安电子科技大学面向全校本科生和研究生开设了“信息哲学概论”选修课程，他们都以笔者的著作《信

---

① 黄顺基，郭贵春：《现代科学技术革命与马克思主义》（全国高等院校博士生公共课教材），北京：中国人民大学出版社，2007年版。

② 邬焜，霍有光，陈九龙：《自然辩证法新编》，西安：西安交通大学出版社，2003年版；邬焜，王小红，陈九龙：《自然辩证法新教程》，西安：西安交通大学出版社，2009年版；邬焜：《复杂信息系统理论基础》，西安：西安交通大学出版社，2010年版。

③ 王宏波，等：《现代科技与社会人文解析——科学、技术与社会的交互研究》，西安：西安交通大学出版社，2008年版。

息哲学——理论、体系、方法》为授课教材。

中共中央党校面对哲学专业的博士生也设立了“信息哲学”的研究方向，并开设了“信息哲学专题研究”的课程，只不过他们讲授的内容更多偏重于信息社会研究的层面。

有迹象表明，在中国的大学教育中，从本科生到研究生，关于信息哲学的教学内容、课程设置、研究方向的开拓将会日益受到重视。

第二编

人类古代哲学中的唯物论和辩证法

题记：

每一时代的理论思维，从而我们时代的理论思维，都是一种历史的产物，它在不同的时代具有完全不同的形式，同时具有完全不同的内容。

——恩格斯：《自然辩证法》，载《马克思恩格斯选集》（第4卷），北京：人民出版社，1995年版，第284页

第10章 唯物主义和辩证法的基本观点

发展到今天的唯物主义和辩证法具有一些最基本的观点。对于这些观点的清晰梳理，有助于我们合理建构辩证唯物主义的第二个历史形态。

10.1 唯物主义的基本观点

已有的相关理论把人类历史上的唯物主义学说划分为三个基本形态：古代的朴素唯物主义；近代的机械唯物主义（包括它的极端化表现形式——庸俗唯物主义）；马克思主义的辩证唯物主义。一般而论，这三个基本形态的唯物主义都是在具体解读物质和精神关系的基础上建立起来的。而我们要建构的辩证唯物主义的第二个历史形态，虽然也具有辩证的和唯物的性质，但是，由于加入了信息世界的维度，所以，这个辩证唯物主义的新形态将会建立在对物质、信息和精神的多重关系的具体解读的基础之上。这样，这个辩证唯物主义的新形态不仅具有唯物主义的第四个历史形态的性质，还具有扬弃以往的三个唯物主义形态的性质。正是这个辩证唯物主义新形态的这一性质标志着人类唯物主义学说的第一次根本转向。

如果我们从对物质自身构成特性的认识的发展维度上来看，对于唯物主义哲学性质的划分还可以采取另外一个方法，这就是实体性唯物主义学说和场能性唯物主义学说。古代的朴素唯物主义、近代的机械唯物主义（包括它的极端化表现形式——庸俗唯物主义）这两种20世纪之前的唯物主义都是实体性唯物主义学说，因为那时的唯物主义哲学都以相应的猜想或当时科学所可能达到的水平为依据，把物质的最小构成单元理解为具有质量（或重量）的微粒，即实体。建立在现代物理学基础上的现代辩证唯物主义学说则应当属于场能性唯物主义学说，这一学说把不具有质量，而只有能量效应的物理场看作是构成物质的最为基础的实在的形式。而我们要建立的辩证唯物主义的新形态，不仅要把物质的基础形式建立在场能实在论的基础之上，还要把这一新哲学建立在对物质、信息和精神的关系的唯物论阐释的基础之上。这样，从近代以来，人类辩证唯物主义哲学的发展便应该经历了三个不同的形态：建立在物质和精神关系的特定解读方式基础上的实体实在论的辩证唯物主义学说；建立在物质和精神关系的特定解读方式基础上的场能实在论的辩证唯物主义学说；建立在物质、信息和精神关系的复杂物质信息系统特定解读方式基础上的场能实在论的辩证唯物主义学说。

就辩证唯物论而言，它的基本观点是：在承认世界的物质统一性的基础上，同时承认世界是一个多样性和多重性存在的统一体，并把这些具有不同质的规定的多样性和多重性存在看作是一个普遍相互作用、相互联系和相互规定，不断生成、运动、变化、转化、演化、进化或消亡的过程。

讲统一性首先必须承认多样性和多重性，只有在多样性和多重性的差异关系中，去探讨其中何者为其他差异的方面相互统一的基础才有意义。如果没有差异，没有其他，世界上就只能有一种混然不可区分的存在，那么，就根本不可能有必要去探讨基础性和统一性的问题。

就此而论，谈世界的物质统一性，首先就是以承认世界上除了物质现象之外还有非物质现象为前提的。这样，世界的物质统一性的正确表述就应当是：世界是一个多样性和多重性存在的统一体，这个统一体中的多样性和多重性的存在都是由物质派生出来的，并且都是以物质为根据、为条件的。正因为既承认物质的本原性和基础性，又承认存在的多样性和多重性，即又承认非物质性现象的存在，才可能在阐释不同存在领域间的关系中呈现出世界的普遍联系性，以及运动、变化和演化的过程性的辩证法。承认不承认世界是一个多样性和多重性存在的统一体，不仅是辩证唯物主义的基本观点，而且是唯物辩证法的一般前提。

与辩证唯物主义的基本观点不同，机械唯物主义，尤其是它的极端表现形式——庸俗唯物主义，虽然也承认世界的物质性，但是，却把物质看成是唯一存在的现象，并且把其他现象都简单归结为物质，从而抹杀了世界存在的多样性和多重性。例如，历史上曾经有过的庸俗唯物主义哲学家们，就曾试图把意识现象直接归结为物质性的东西，从而取消意识与物质的区别。把精神看作“脑物质的分泌物”，把“思想对大脑的关系”简单类比作“胆汁对肝脏或尿对肾脏的关系”。其他的一些机械唯物主义哲学家，虽然与这样的一种极端化的庸俗机械唯物主义哲学家有所区别，但是，他们同样不能合理地理解物质和它的存在形式、物质和非物质现象之间的辩证关系。他们往往用近代科学中的机械力学的观点来解释纷繁多样的复杂现象。例如，他们往往抹杀物质现象和非物质现象、低级运动形式和高级运动形式之间的本质区别，按照机械钟表、机械工具的原理来解释生命、思维和社会的本质与运行机制，甚至干脆把人直接看作机器。

承认世界是一个多样性和多重性存在的统一体，首先要确定的问题便是：世界上有多少种存在？这就是关于存在领域分割的问题。正是对这个问题的不同回答，构成了哲学对世界本性进行认识的不同方式的最一般的，或者说是最基础性的区别。在对这一问题具体回答的基础上，才可能去探寻多种存在之间的具体关系。就此而言，存在领域的分割便是哲学的最高范式，而不同存在领域之间的关系问题则只能是哲学的第二层次的范式。人类有史以来的传统哲学，对存在领域的分割方式基本上采取的是“存在＝物质＋精神（主观精神或客观精神）”的原则。在这一基本认同的基础上所产生的哲学流派则可能有三种：唯物主义；唯心主义（主观唯心主义或客观唯心主义）；二元论。

当代信息科学和信息哲学的发展揭示了一个全新的存在领域——自在信息（客观信息）的世界，并且在信息活动的高级形态（主观信息）的层面上揭示了人类精神世界的本质。这样，传统科学和哲学中关于整个存在领域被分割为物质和精神两大部分的信条便被打破了。在这一新的基本认同的基础上所产生的哲学流派则可能有四种：唯物主义；唯信（信息）主义；唯心（主观信息）主义；二元（物质和信息）或三元（物质、信息和精神）的多元主义。

虽然从表面看来，在上述新的哲学流派中仍然保留有唯物主义和唯心主义的区别，但是，由于信息世界的介入，这里的唯物主义或唯心主义已经不能和传统的唯物主义或唯心主义同日而语了。因为传统的唯物主义或唯心主义解读的都是物质和精神的关系，而这里所说的新的唯物主义或唯心主义解读的则是物质、信息和精神之间的更为复杂的关系。这一更为复杂的关系相对于传统哲学所依据的存在领域的关系而言，构成了一个更为复杂多样的全新世界图景，因而它们都是一种全新的世界观和方法论。

10.2 辩证法的基本观点

在人类哲学史上，辩证法这一术语曾经在不同的意义上被使用。

最初，古希腊的某些哲学家把辩证法看作一种论辩的方法。例如，被亚里士多德称为“辩证法的创立者”的芝诺就把辩证法看作通过揭露对方论点中的矛盾而探求问题的方法；苏格拉底则把辩证法看作通过对立意见的争论而发展真理的艺术。

辩证法这一术语的另一个早期含义是把它与逻辑学、逻辑论证的方法作同一意义来使用。例如，柏拉图就把它看作认识理念的方法，并把从低级概念到高级概念的思想进程叫作辩证法；亚里士多德也曾把辩证法看作下定义和检查定义是否正确的方法；在古希腊罗马时期的斯多葛学派的相关文献中也曾直接把逻辑学称作辩证法①；中世纪早期，在欧洲一些学校中设置的讲授“三艺”的主要课程“文法、修辞、辩证法”中的“辩证法”指的也是逻辑学；后来的某些哲学家则在贬义上使用辩证法概念，特指那些经院哲学家所做的烦琐论证、荒唐的提问和诡辩。

黑格尔对那种仅仅把辩证法看作一种外在于事物之本质的认识方法，甚至是诡辩术的观点进行了深刻的批判。他强调了辩证法乃是事物自身内在存在、运动、发展的本性、机制和规律，同时是人们对事物进行认识的方法、机制和规律。他写道：“辩证法倒是知性的规定和一般有限事物特有的、真实的本性”“辩证法却是一种内在的超越”“辩证法是现实世界中一切运动、一切生命、一切事业的推动原则。同样，辩证法又是知识范围内一切真正科

---

① 《艾修斯》（第一卷）中就曾记载说，斯多葛学派把哲学分为三个部分：物理学、伦理学与逻辑学。而“当考虑到理性时，便是逻辑学，或者也叫做辩证法”。（参见北京大学哲学系外国哲学史教研室：《古希腊罗马哲学》，北京：生活·读书·新知三联书店，1957 年版，第 371 页。）

学认识的灵魂”“辩证法的出发点，是就事物本身的存在和过程加以客观地考察”“自然世界和精神世界的一切特殊领域和特殊形态，也莫不受辩证法的支配”①。

自黑格尔之后，辩证法这一术语获得了它的第三种涵义：与那种静止的、孤立的、片面的看待事物的形而上学方法相对的一种认识世界的方法，并且，这种认识方法又是基于世界本身就具有的辩证本性的。这样，辩证法就被看作是关于事物普遍联系和运动、变化、发展的一般规律，以及对这一规律进行认识的一般过程、方式和机制的学说。

依据辩证法的第三种涵义，已有的相关理论把人类历史上的辩证法学说划分为三个基本形态：古代的朴素辩证法；近代的唯心辩证法；马克思主义的唯物辩证法。

马克思主义的唯物辩证法是建立在唯物主义基础上的辩证法理论。它是“关于自然、人类社会和思维的运动和发展的普遍规律的科学”②。按照已有的一种标准而通行的观念，普遍联系和永恒发展是马克思主义的唯物辩证法的两个最基本的核心原则；对立统一规律、质量互变规律、否定之否定规律，是自然、社会和思维运动及发展的最一般、最普遍的三大规律，而对立统一规律又是唯物辩证法的实质和核心；运用唯物辩证法的原则和规律来研究自然界，总结自然界和自然科学发展的普遍规律就是自然辩证法；运用唯物辩证法的原则和规律来研究社会，总结社会发展的普遍规律，就是历史辩证法（或称历史唯物主义、唯物史观）；运用唯物辩证法的原则和规律来研究思维，总结思维发展的普遍规律就是辩证思维逻辑。

在实质上，马克思主义的辩证唯物主义和唯物辩证法是统一的。所以，马克思主义的哲学家们通常都把这两个提法看作同一个提法。只是在特定的环境和语境中，为了特殊强调马克思主义哲学的唯物论性质，或是特殊强调其辩证法性质时，我们才有必要将这两种提法分别侧重的方面予以区分。在最为一般的意义上马克思主义哲学的体系可以被看成是一总、三分的结构。这里的“一总”指的是辩证唯物主义（或唯物辩证法）；这里的“三分”指的是自然辩证法、历史唯物主义和辩证思维逻辑。

---

① 黑格尔：《小逻辑》，贺麟，译．北京：商务印书馆，1980 年版，第 176-179 页。

② 马克思，恩格斯：《马克思恩格斯选集》（第 3 卷），中共中央马克思恩格斯列宁斯大林著作编译局，译，北京：人民出版社，1995 年版，第 484 页。

10.3 辩证唯物主义新形态的诞生是历史的必然

在最一般的意义上，辩证法强调了事物的普遍联系性和永恒运动、变化、演化或发展的特性和规律。但是，在不同的历史阶段，囿于科学和社会发展的水平与程度，人们对事物联系、运动、变化、演化或发展的具体过程、机制和结果的描述却有所差异。随着现代科技革命的爆发，随着当代社会的高度发展，尤其是随着当代信息科技革命、信息经济与信息社会的崛起，以及当代复杂信息系统理论的诞生和发展，一种全新的复杂信息系统综合的世界图景和信息思维的方式已经和正在清晰地展示在世人面前，这就导致了我们完全可以从这样一个新的世界图景和新的思维方式的维度上，对事物的联系、运动、变化、演化或发展的过程、机制和结果进行更为详尽、具体和科学的阐释。这里不仅涉及对传统辩证法的相关理论的继承和发扬，还涉及对其某些相关理论的审视和批判、修正和扬弃。

总的来看，囿于科学技术和经济社会发展水平和程度的限制，人类历史上的唯物论和辩证法学说还都只是在物质和精神、主体和客体、对立两级的关系中来阐释事物存在、运动、变化、演化或发展的规律，虽然在某些哲学家，如亚里士多德、黑格尔、马克思、恩格斯、列宁，以及古印度和古代中国的某些哲学家的学说中也涉及了“差异”“多元性”“多样性”“整体性”“有中介的相互作用”等论述，虽然这样的一些相关论述都或多或少地具有信息、系统或复杂性的韵味，但是，由于这些因素并未成为那些时代的哲学本体论层面的基本规定，所以，以往的哲学在总体上都缺乏信息、系统和复杂性的维度。这样的哲学，都还只能是简单性的哲学。这就导致这些相关的哲学理论缺乏对物质统一性、主体和客体相互关系的具体过程和机制的描述，从而也导致了所阐释的相应辩证法原则和规律的简单性、片面性和绝对化。当代科技革命发展的相关成果，尤其是当代复杂信息系统理论的相关成果，以及当代信息哲学所建构的相关理论，则可能在某种特定层次、角度和方面不同程度地克服传统唯物论和辩证法所存在的上述局限。因此，这些相应的科学和哲学的成果能够成为我们建构辩证唯物主义新形态的科学基础和理论前提。

按照笔者在相关研究基础上曾经给出的概括和总结：

当代信息、系统、复杂性思想和方法基于对世界的物质性和信息性双重存在模式的规定和认同，更强调从现存事物的结构组织和关系网络模式、生成演化程序和建构过程模式中去把握和描述事物的本质、特点和属性，更强调将现存事物（包括人为设定的符号）的结构、关系、程序和过程作为信息的载体或符码，并由此破译出其中蕴涵着的关于事物历史状态、现实关系、未来趋向等间接存在的内容。另外，信息、系统、复杂性方法还更强调事物及其发展的差异性、变易性、多元协同性、对立兼容性、全息蕴涵性、动态性、演进性、自生性、整体性、非线性、无目的性、不确定性、偶然性和非决定性的韵味。①

在此基础上，当代信息、系统、复杂性思想和方法还更多地强调了整体性和还原性、偶然性和必然性、确定性和非确定性、决定论和非决定论之间的兼容互补的统一性关系，以及相互作用中的事物自身派生中介，并通过中介相互改变、相互同化和异化信息的性质。

马克思主义的唯物辩证法或辩证唯物主义，实现了对人类历史上的唯物论和辩证法的超越，但是，马克思主义哲学的辩证性、革命性和批判性的本质，规定了自身的理论也应当随着时代的发展在自我批判和自我革命的过程中实现对自身的超越。这就是我们提出的辩证唯物主义的新形态研究所要实现的目标。

马克思说："任何真正的哲学都是自己时代的精神上的精华。"② 恩格斯说："随着自然科学领域中每一个划时代的发现，唯物主义也必然要改变自己的形式。"③ 人类的理论思维"在不同的时代具有完全不同的形式，同时具有完全不同的内容"④。

今天读来，马克思和恩格斯当年所说的这样一些话仍然是那样亲切和现实。当代科学技术的发展、当代经济和社会的发展正在生产一种全新形态的

① 邬焜：《古代哲学中的信息、系统、复杂性思想的基本特质——希腊·中国·印度》，《江南大学学报》（社会科学版），2009 年，第 2 期，第 13-16，36 页。

② 马克思，恩格斯：《马克思恩格斯全集》（第 1 卷），北京：人民出版社，中共中央马克思恩格斯列宁斯大林著作编译局，译 . 1995 年版，第 220 页。

③ 马克思，恩格斯：《马克思恩格斯选集》（第 4 卷），北京：人民出版社，中共中央马克思恩格斯列宁斯大林著作编译局，译 . 1995 年版，第 228 页。

④ 马克思，恩格斯：《马克思恩格斯选集》（第 4 卷），北京：人民出版社，中共中央马克思恩格斯列宁斯大林著作编译局，译 . 1995 年版，第 284 页。

辩证唯物主义，这个辩证唯物主义的新形态理应能够真正体现我们所处的信息时代的精神精华，并必然会与传统的辩证唯物主义学说具有完全不同的形式和完全不同的内容。

也许我们有理由说，建立在当代科技革命、当代复杂信息系统理论及当代信息哲学所提供的积极成果的基础之上的新形态的辩证唯物主义，将是一种与当代复杂性和信息科学相匹配的具有复杂性、信息性韵味的，更为深刻的新的辩证唯物主义，与之相对应，我们也可以把之前的各种形态的唯物论和辩证法都相应看成是更多具有简单性色彩的哲学学说。

目前，科学界已经提出了简单性科学范式和复杂性科学范式的比较性和对应性的说法。也许我们有理由从这两个不同范式相互比较和对应的视角出发，把以往的唯物论和辩证法学说称为简单唯物论、简单辩证法或简单辩证唯物主义学说，而相应地我们也可以把我们将要建立的辩证唯物主义的新形态称为复杂唯物论、复杂辩证法或复杂辩证唯物主义学说。当然，我们这么说并不意味着以往的唯物论和辩证法学说中不包含复杂性因素和韵味的内容，也并不意味着这个将要建立的辩证唯物主义新形态，就可能一下子完全达到真正复杂性哲学所应当具有的复杂性程度，正如目前的复杂性科学同样未能完全达到它所应当具有的那种复杂性的程度一样。

人类科学和哲学的发展的具体过程只能是这样：人类知识中的简单性、片面性、绝对化的因素和韵味的克服，以及复杂性、全面性、辩证性的因素和韵味的增长，是一个逐步发展的、没有止境的、无穷延续的过程。

其实，真正的复杂性思维和辩证性思维是统一的。人类科学和哲学的发展已经可以清晰地显示，在人类发展着的思维方式中，复杂性和辩证性思维的因素都有一个不断增长的过程。但总的来看，以往的科学和哲学的思维方式无论冠以怎样的名称，其简单性的成分总是占据较大的比例，就是那些被称为辩证法的思想，其宗旨虽然是要克服形而上学思维方式的简单性和片面性，但是，囿于科学和哲学发展的阶段性局限，其简单性的成分仍然是不容忽视的。

列宁曾经针对当时科学的发展给唯物论学说带来的新挑战，提出了变革唯物论学说的新任务，并写下了如下一段文字："现代物理学是在临产中。它正在生产辩证唯物主义。分娩是痛苦的。除了生下一个活生生的、有生命力的生物，它必然会产出一些死东西，一些应当扔到垃圾堆里去的废物。”①

固然，现代科学中仍然不乏具有各类不同程度的形而上学的观点和方法，如现代宇宙学中关于“宇宙起源于无”的“宇宙开端”的观念，超弦理论关于宇宙微观构件大小极限的普朗克空间尺度（10^{-33} 厘米）的设定，等等。据此也可以导致各类形而上学韵味很浓的哲学观念的诞生和延续，但是，真正有生命力的科学思维方式却深刻孕育在当代复杂信息系统理论的崛起和发展之中。人类当代科学所孕育的这样一种全新的思维方式，给辩证唯物主义哲学的变革带来了新的挑战和契机。据此我们也可以说，现代科学、现代科学思维方式的变革也正在生产一种全新的辩证唯物主义学说，而这一全新的辩证唯物主义学说，将会充分展示它与复杂性思维、信息思维所具有的一致性关系，并因而把历史上的辩证唯物主义发展为具有复杂性和信息韵味的复杂辩证唯物主义。

① 列宁：《列宁选集》（第 2 卷），中共中央马克思恩格斯列宁斯大林著作编译局，译，北京：人民出版社，1972 年版，第 319 页。

第11章

古希腊哲学中的唯物论和辩证法思想

人类脱胎于自然，又必须在自然中生存。为了能够生存下去，并且能够更好地生存，人们又反过来去认识和改造自然。这样，在人与自然的关系上，便很自然地具有了三个相互关联的方面：对自然的依赖、对自然的认识、对自然的改造。

在人类发展的早期历史中，由于科学技术和生产力水平低下，人们对自然的依赖性很强，所产生的对自然的认识也更多局限于宏观事物的层面。人与自然关系的这样一种状态，使人们很自然地用自然中的可直接观察到的某些事物和现象来解释自然，而那些不可抗拒的或尚不可解释的现象则被人们赋予了神秘性色彩。这就很自然地产生了人类早期的唯物主义的或宗教神学的观念和学说。另外，在和自然打交道的过程中，人们更多地体会到了自然事物之间、自然与人及人的社会之间的相互关联性，以及自然事物、人与社会的运动变化性，这就使古代人类同时萌生了某些辩证法、系统性和复杂性的观念与学说。但是，由于这些观念与学说缺乏科学实证的论据，都是从直观或猜测的层面上给出的，所以，相应的观念与学说便不能不具有朴素性、自发性、模糊性、直观性、猜测性、神秘性、不彻底性和简单化的性质。

在人类的古代哲学中，唯物论和神学观念、唯物论和辩证法、唯物论和形而上学，唯心论和辩证法、唯心论和形而上学、简单性观念和复杂性观念往往处于某种天然交织、贯通和融合的状态之中，从而呈现出相应学说的一些基本特点。对人类古代哲学的这种杂糅性质的分析，有助于我们超越以往相关分析的简单性、片面化的局限，使我们更能合理而全面地认识人类古代哲学的具体特质和整体风貌。

根据人类古代地域文化的区别，我们将从唯物论和辩证法发展的维度，用三章的篇幅分别对古希腊哲学中的唯物论和辩证法思想、中国古代哲学中的唯物论和辩证法思想，以及印度古代哲学中的唯物论和辩证法思想进行讨论。

11.1 古希腊哲学家关于世界本性的唯物论学说

古希腊的早期唯物论哲学缺乏应有的哲学抽象的高度，那时的唯物主义哲学家们总是选取自然界中的某一种或某几种可见之物作为世界构成的基础。

泰勒斯（约公元前 624—约前 547）是西方哲学史上的第一位哲学家，是古希腊米利都学派的创始人。他提出了水是万物之始基的观点。他强调，万物的本性都是潮湿的，而水则正是万物潮湿本性的来源。他宣称地浮在水上，万物皆由水生成，又复归于水。①

阿那克西美尼（约公元前 586—约前 525）则“认为空气在水之先，并且是一切物体的最单纯的始基”，正是空气通过“稀薄和浓厚而形成不同的实体”。火、风、云、水、土、石头、太阳、月亮、星辰和大地，以及闪电、雨雪、冰雹和彩虹都是由空气的浓或稀产生出来的。就是我们的灵魂也是空气，正如灵魂使我们结成一体一样，空气也包围着整个世界。②

赫拉克利特（约公元前 540—前 470）反对世界的神创说，认为火是世界的本原和本性。他把整个世界看成是一团永恒的活火，认为世界是包括一切的整体，按一定的规律燃烧和熄灭。世上的万事万物都是处于燃烧的不同程度或阶段上的，以及熄灭了的火。他说：“这个世界对一切存在物都是同一的，它不是任何神所创造的，也不是任何人所创造的；它过去、现在和未

① 北京大学哲学系外国哲学史教研室：《古希腊罗马哲学》，北京：生活·读书·新知三联书店，1957 年版，第 4-5 页。

② 北京大学哲学系外国哲学史教研室：《古希腊罗马哲学》，北京：生活·读书·新知三联书店，1957 年版，第 11-13 页。

来永远是一团永恒的活火，在一定的分寸上燃烧，在一定的分寸上熄灭。”[①]

恩培多克勒（约公元前492—约前432）提出了关于世界本原的“四根说”，认为构成事物的基本元素有四种：火、水、土、气。世间万物都是由这四种元素相互结合而生成的，而这四种元素的分解便构成了具体事物的消亡。另外，他还用“爱”和“恨”这两种不同性质的力量来解释使四种元素结合或分离的原因。[②]

德谟克利特（约公元前460—前370）是西方古代最早提出物质的系统结构理论的哲学家。他和他的老师留基波（约公元前500—约前440）创立的古希腊原子论唯物主义，代表了早期希腊自然哲学的最高成就。他们的相关学说后来经由伊壁鸠鲁（公元前341—前270）的进一步阐释达到了更为完善的程度。

古希腊的原子论学派认为原子与虚空是世界的本原。最初德谟克利特赋予了所有原子不可入的特征，并认为不同种类的原子是由大小和形状的不同相互区别的。后来，伊壁鸠鲁又给原子增加了重量的特征。这样，古希腊原子论哲学赋予原子的基本特征就成了四种：不可入、大小、形状和重量。在虚空中运动的原子的聚散构成万物及其变化，万物可生可灭，原子则永恒长存。原子在大小和数量上是无穷多的，土、火、气、水四种元素并不是世界的本原，而只是由原子组成的复合物。灵魂是由一种十分精细的特殊原子组合而成的。他们用原子在虚空中的构造理论驱除了神在自然界中的地位。他们认为人们之所以会制造和崇拜神，是出于对自然现象的无知和恐惧。[③]

应该说，用一般抽象的“原子”概念来概括世界的物质性本原，已经在一定程度上超越了之前的古希腊的早期唯物论哲学缺乏应有的哲学抽象，总是用某种可以直观的物作为世界本原的学说的相关局限。但是，由于当时科学发展的水平还不能为这个“原子”找到实证的说明，古希腊原子论的学说在当时还只能是一种智慧的猜测。不过这一学说却对之后人类的哲学和科学的发展产生了极为深远的影响。

---

① 北京大学哲学系外国哲学史教研室：《古希腊罗马哲学》，北京：生活·读书·新知三联书店，1957年版，第21页。

② 北京大学哲学系外国哲学史教研室：《西方哲学原著选读》（上卷），北京：商务印书馆，1981年版，第43页。

③ 北京大学哲学系外国哲学史教研室：《古希腊罗马哲学》，北京：生活·读书·新知三联书店，1957年版，第96-99页。

11.2 古希腊唯物论学说中的形而上学

亚里士多德（公元前 384—前 322）被看成是古希腊哲学的集大成式人物。他对他之前的古希腊唯物主义哲学家们的观点有过一个总结。他写道：

> 在那些最初从事哲学思考的人中间，多数人都是只把物质性的始基当作万物的始基。因为，一个东西，如果一切存在物都由它构成，最初都从其中产生，最后又都复归为它（实体常住不变而只是变换它的性状），在他们看来，那就是存在物的元素和始基。因此他们便认为并没有什么东西产生和消灭，因为这种本体是常住不变的。例如，当苏格拉底变得漂亮和有教养的时候，我们并不说他是绝对地产生了，当他失去这些特质的时候，我们也不说他是绝对地消灭了，因为这个基质——苏格拉底本身，是依然如故的。别的东西情形也是如此。因为一定有某种本体存在，或者是一种，或者多于一种，其他的东西从它产生出来，而它本身则常住不变。不过这种始基的数目有多少，以及属于哪一种，他们的意见并不是都一致的。①

在古希腊哲学中，唯物论不仅与辩证法有天然的渊源，而且与形而上学有天然的渊源，并且，往往在同一个唯物主义的哲学家那里，唯物论、形而上学和辩证法又总是相互交织纠缠在一起的。

古希腊有代表性的唯物主义学者的一个共同特点就是他们假定世界上存在某种或某些固定不变的作为本原的东西。无论是泰勒斯所说的水、阿那克西美尼所说的空气、赫拉克利特所说的火、恩培多克勒的四根和爱与恨，还是德谟克利特、伊壁鸠鲁等人所说的原子都具有这样的性质。虽然万事万物都是由相应的本原构造出来的，但是，这个或这些本原本身则是不会变化的。这就是一种形而上学，这就是一种微观不变的简单性观念。

这种形而上学的简单性观念包括三方面的内容。

一是作为世界本原的物质元素的种类是有限的。水或空气或火都只是一种单纯的元素，“四根”和“爱”与“恨”加在一起也只有六种。德谟克利特虽然强调原子在大小和数量上无穷多，但是，具体到原子的种类仍

① 北京大学哲学系外国哲学史教研室：《古希腊罗马哲学》，北京：生活·读书·新知三联书店，1957 年版，第 4 页。

然是有限的。从相关文献来看，它们似乎区分了两种不同类型的原子：构成一般物体的比较粗糙的原子和构成灵魂的精致的、能动的圆形的原子。[①]

二是作为世界本原的物质元素本身是不生不灭、不再变化的。世界上的一切事物都由作为本原的元素产生，而这些事物消亡之后又复归于作为本原的元素。阿那克西美尼强调空气“是一切物体的最单纯的始基”，“一切存在物都由空气的浓厚化或稀薄化而产生”[②]。赫拉克利特强调：火是元素，火产生一切，一切又复归于火[③]。恩培多克勒则指出：四种元素是常住不变的，元素毫无空虚，没有任何东西在元素以外产生，元素也不消灭。爱和恨这两种力量也是无穷永恒的，它们以前存在，以后也会存在。[④]德谟克利特认为，原子是坚固的，既不能毁损也不能改变。而在希腊文中“原子”一词的含义就是“不可分（不可入）”。[⑤]其实，承认始基元素的存在就意味着承认世界是由一种不再变化的、僵硬的、实心的、不再具有内部结构和关系的、不再生灭的、不再可能被打开（不可分或不可入）的永恒存在的微观物体构造出来的。古希腊唯物论哲学的这样一种性质直接影响了近代，甚至是现代科学对世界的终极构造性目标的追寻，这一问题通常被称为“宇宙之砖”问题。近代科学中牛顿所假定的上帝最初创造的“永久粒子”、道尔顿所称谓的构造世界的最小微粒——化学原子（元素），以及现代科学中所假定的构造世界的终极性构件——存在于普朗克空间尺度的一维弦（超弦）等，都具有这样的性质。由此看来，形而上学不仅是古希腊唯物主义哲学中的一种属性，在人类科学发展的不同阶段同样存在着类似的形而上学。

由于假定了构造世界的始基性元素具有不生不灭、不可入、不再变化的性质，这就很自然地形成了第三个方面的形而上学的简单性观念，即除了本性不变的始基元素之外，世界上所有的其他事物都没有自己的本性，也就是说世界上的事物只是始基元素的聚合或分离，根本没有什么新事物的创造。

---

① 北京大学哲学系外国哲学史教研室：《西方哲学原著选读》（上卷），北京：商务印书馆，1981年版，第51-52页。

② 北京大学哲学系外国哲学史教研室：《古希腊罗马哲学》，北京：生活·读书·新知三联书店，1957年版，第11-12页。

③ 北京大学哲学系外国哲学史教研室：《古希腊罗马哲学》，北京：生活·读书·新知三联书店，1957年版，第15页。

④ 北京大学哲学系外国哲学史教研室：《古希腊罗马哲学》，北京：生活·读书·新知三联书店，1957年版，第74，82，83页。

⑤ 北京大学哲学系外国哲学史教研室：《古希腊罗马哲学》，北京：生活·读书·新知三联书店，1957年版，第97，99页。

这就是古希腊的学者们总是用聚或散、密或疏来解释万物的生成，而不是用创新、幻化等方式来解释万物生成的原因。恩培多克勒曾经说：“任何变灭的东西都没有真正的产生，在毁灭性的死亡中也并没有终止。有的只是混合以及混合物的交换：产生只是人们给这些现象所起的一般名称。”[①]留基波和德谟克利特则强调：所有事物的产生和消亡都是由于原子间关系的变化，即原子的“疏散和密集”，而这样的关系变化“有三种：形状、次序和位置”[②]。

相关文献的记载也印证了这一情景。《艾修斯》（第一卷第二十四章）中就这样写道：“恩培多克勒，阿纳克萨戈拉，德谟克利特，伊壁鸠鲁以及一切用极细微的物体的结合来构成世界的人，都是讲组合与分离的，但是实际上并不讲产生和消灭；因为产生和消灭并不是凭借变化在质上发生的，而是凭借结合在量上发生的。”[③]

也许赫拉克利特是个例外，因为他强调了“对立统一”，然而，即使是他也经常用“火的浓厚化”或“火的稀薄化”，或是用火的“燃烧”或“熄灭”来解释一般事物的生成或消亡[④]。

由于始基元素是固定不变的，所以当它们聚合成物时这些元素之间便不可能真正发生相互作用的关系，因为相互作用必须要有中介物的传递，以及中介物在相互作用之元素间的相互释放或吸收的互化，而任何释放或吸收中介物的过程都会导致相互作用着的元素的改变，这样，元素便不可能是固定不变的了。如此看来，古希腊唯物主义哲学家们所说的事物生成的方式还仅仅是一种假想的没有实质性相互作用的元素的堆积。而在真实自然发生的过程中，这种没有实质性相互作用的堆积是根本不可能发生的，因为事物聚合在一起最起码也必须通过特定形式的中介能量场（或粒子场）的相互作用才能实现。这就是相关的评论认为此类元素堆积论的观点只看到了事物量的变化，而没有看到质的变化的原因。

我们所做的以上三个方面的分析，已经可以充分地显示出古希腊唯物论哲学所具有的机械性、简单性的形而上学性质。

① 北京大学哲学系外国哲学史教研室：《古希腊罗马哲学》，北京：生活·读书·新知三联书店，1957 年版，第 81 页。

② 北京大学哲学系外国哲学史教研室：《古希腊罗马哲学》，北京：生活·读书·新知三联书店，1957 年版，第 98 页。

③ 北京大学哲学系外国哲学史教研室：《古希腊罗马哲学》，北京：生活·读书·新知三联书店，1957 年版，第 75-76 页。

④ 北京大学哲学系外国哲学史教研室：《古希腊罗马哲学》，北京：生活·读书·新知三联书店，1957 年版，第 15，21 页。

11.3 古希腊唯物论哲学家的神学观念

古希腊唯物论哲学家的学说往往是一个多种性质，甚至是对立性质的不同学术或观念混合体，其中既有唯物论的因素，又交织着形而上学、辩证法，甚至是唯心主义的神学或灵魂不死的观念。这样，在古希腊的唯物论哲学家那里，关于世界是某种物质性存在的学说，总是和神与灵魂的普遍存在的观念交织在一起。这也正如在古希腊的文化中神的传说总是和形形色色的哲学思辨的理论交织在一起一样。对这样的一些各种内容、观点、学说混杂交织的体系的详尽分析，将有助于我们看到人类古代知识中的多元融合的复杂性特征，在这里，科学、宗教与哲学，迷信、神话和真知总是天然而自然地交织、贯通、综合而融汇在一起的。

比较起来，古希腊原子论学说是一种比较彻底的唯物论学说，因为这一学说不仅通过原子的聚散来解释万事万物的生成和消亡，还用精细圆滑原子的构造来解释灵魂，在人的认识的发生机制上，他们同样采用了物质性的“流射”来说明。他们认为，人的感觉和思想都是由对象发射出的某种波流所携带的影像作用并渗透入我们的感官而发生的。①

但是，并非所有的古希腊的唯物论学说都是这样彻底的。泰勒斯虽然承认水是万物的始基，但是他同时又承认神的普遍存在性，并主张万物有灵论。他宣称：世界是有生命的，并且充满了神；那些被认为无生命的东西都有一个灵魂。他还用琥珀和磁石来证明这一点。而据说他所认定的水是万物的始基的观点，则可能来自传说中的神灵们和造物主在创世时所发誓言的见证物，而这个见证物正是水。②

据相关文献记载，阿那克西美尼也不否认神的存在，只不过他认为神同样是由气生成的，正如他认为灵魂也是一种气，是那种能够把我们结为一体并主宰着我们的气一样。③

赫拉克利特虽然认为世界是一团永恒燃烧的活火，它不是由神创造的，也不是由任何人创造的，但是他同时又承认神的存在和神的智慧与力量，并

---

① 北京大学哲学系外国哲学史教研室：《古希腊罗马哲学》，北京：生活·读书·新知三联书店，1957年版，第102-103页。

② 北京大学哲学系外国哲学史教研室：《古希腊罗马哲学》，北京：生活·读书·新知三联书店，1957年版，第4-6页。

③ 苗力田，李毓章：《西方哲学史新编》，北京：人民出版社，1990年版，第14-15页。

把神看作是与火一样的普遍性的存在。他说："神是日又是夜，是冬又是夏，是战又是和，是不多又是多余。他变换着形相，和火一样""人的心没有智慧，神的心则有智慧""在神看来人是幼稚的，就像在成年人看来儿童是幼稚的一样""最智慧的人和神比起来，无论在智慧、美丽和其他方面，都像一只猴子""神的法律从心所欲地支配着，满足一切，也超过一切"①。

虽然我们可以从提出了"四根说"这一点，把恩培多克勒看作是古希腊的朴素的唯物主义哲学家，但是，恩培多克勒的哲学同样是一个复杂的、杂糅的体系。恩培多克勒是一名奥尔菲斯教②信徒，他相信神的力量，并认为灵魂不死且轮回。"他宣称灵魂不是从我们的血液和呼吸中生成的，而是从别处来到肉体寄居的，它是一个被神的命令所逐出的'完完全全的流浪汉'。在他看来，灵魂开始处于原始的纯洁状态，没有冲突和争吵，只有爱与美之神库波莉斯。但堕入肉体后，就沾染了血液带来的罪恶，不得不历经轮回。他认为灵魂在辗转投生于不同的生物体时忍受了惨痛的历程。"③恩培多克勒哲学的这种杂糅的性质也可以从他描述世界本原的唱颂"四根"的优美诗篇中得到印证："首先请听真，万物有四根：宙斯照宇宙，赫拉万灵源，还有爱多纽，伴同奈斯蒂，抛尽自己珍珠泪，浇灌万物生命泉。"④这里的宙斯、赫拉、爱多纽和奈斯蒂是四位传说中的神的名字，他们分别代表了火、气、土和水四大元素，即"四根"。

然而，就一般理论的本质而言，唯物论和神学及灵魂不死观念是根本抵牾的。这也是古希腊唯物主义哲学在它的最高形式——原子论发展的阶段上最终实现了对神学和迷信的批判的原因。古希腊原子论的晚期代表人物卢克莱修（约公元前 98—前 55）就曾以原子论哲学为武器，对当时盛行的宗教神学和迷信的相关学说进行了比较彻底的批判。他虽然并不曾从根本上否认神的存在，但他强调神并不存在于我们生存的世界，他在另外的世界里，和我们无关，因为"神的心在和平的悠久的静穆中，度过无忧无虑的岁月和宁静的生活"，他们并不"干预"我们的世界，我们的世界是"由自己独立地做

① 北京大学哲学系外国哲学史教研室编译：《古希腊罗马哲学》，北京：生活·读书·新知三联书店，1957 年版，第 26-29 页。

② 奥尔菲斯教（Orphism，又译俄耳甫斯教）：古代希腊的民间宗教，又称奥菲教。奥尔菲斯是古希腊神话传说人物。奥尔菲斯教教义的特点是通过神话传说人物奥尔菲斯死而永生，宣扬肉体可朽，灵魂不死，永远轮回的学说，并倡导苦行。

③ 苗力田，李毓章：《西方哲学史新编》，北京：人民出版社，1990 年版，第 33 页。

④ 苗力田，李毓章：《西方哲学史新编》，北京：人民出版社，1990 年版，第 31 页。

它所有的事情”，并不受神的支配。神根本没有能力去“统治那无边无际的宇宙”。[①]他还在《物性论》（第3卷）中，对“灵魂不死”提出了28个驳论，认为灵魂和其他东西一样，必须有它生存的地方，而这个地方就是肉体，所以灵魂不能离开肉体而独立存在，它随着肉体死亡而死亡，随着身体的消灭而消灭。由于灵魂的本性就是必然会死亡的，所以我们对死亡也不必恐惧。[②]

11.4 古希腊唯物论哲学中的辩证法和复杂性思想

正如古希腊唯物论哲学中并不缺乏形而上学的因素一样，其中也充满了丰富的辩证法和复杂性思想。

1. 微观不变的元素聚而成物、散而归基的运动观

虽然古希腊唯物主义哲学是建立在微观不变的形而上学和简单性观念的基础之上的，但是，就其主张通过微观不变的元素的聚或散、稠密化或稀薄化而形成或消亡万事万物的理论而言，这些相关的学说又具有一定程度的宏观可建构、可生灭、可演化、可转化的辩证性特征。只不过，这里的辩证性还是简单性基础上的辩证性，由于微观元素的不变性特征，这里的所谓宏观建构、生灭、演化或转化，都还只是在粒子堆积意义上的宏观变化，而不可能是事物互化、共融意义上的本质变化。即使是这些哲学家对事物本质变化的谈论，也只能是一种缺乏具体互化、相融机制的猜测性言论。因为在构成事物的所有微观元素都保持刚性不变的基础上，是根本不可能有任何真实的新事物的创生和旧事物的消亡的。

虽然泰勒斯把水看作是万物的始基，并认为万事万物都是由水转化而来的，并又都会向水转化而去，但是始基元素所具有的刚性不变的性质，使他无法解读这种万物互化的动力原因，这就导致他必然会求助于神灵。他之所以认为万物有灵，宇宙充满神灵，就是因为在他看来，只有神灵才能具有引起事物运动变化的能力。这就出现了这样一种复杂的情景，当他谈论世界的基础时，他是唯物论者，但当他谈论世界的运动时，他又是唯灵论者。这

① 北京大学哲学系外国哲学史教研室：《西方哲学原著选读》（上卷），北京：商务印书馆，1981年版，第208-209页。

② 苗力田，李毓章：《西方哲学史新编》，北京：人民出版社，1990年版，第120页。

样，泰勒斯把形而上学留给了物质，把辩证法留给了神灵。

与泰勒斯不同，阿那克西美尼把事物生成和变化的原因归结为气本身的运动，而同时他还认为运动本身是永恒的。也许他能够产生这样的认识的原因在于他所选择作为世界本原的“气”，比其他人选择的作为世界本原的某些元素（如水、火或土）更具有弥漫性、流动性、变化性和普遍性。有文献记载了他的观点：“基质借稀薄和浓厚而形成不同的实体。当它很稀薄的时候，便形成火；当它浓厚的时候，则形成风，然后形成云，而当它更浓厚的时候，便形成水、土和石头；别的东西都是从这些东西产生出来的。”[①]然而，如果我们能够做进一步的分析，那么，我们便会看到，由于阿那克西美尼把空气看作是“最单纯的始基”，而其构成其他事物的方式又只能是稀薄化或浓厚化，所以，这里的所谓运动和变化便更多具有了机械性堆积或分离的性质，这与通常意义上的辩证法所强调的新事物的产生和旧事物的消亡的运动变化观尚有一定的距离。

恩培多克勒同样是用组合或分离（聚或散），而不是用转化或生成来描述万事万物产生的原因。他提出的“四根说”只是在强调不同的事物都是由不同比例的四种元素混合而成的，而特定事物的消亡又只是由混合在一起的元素的分离造成的。正因为这样，他才说：“任何变灭的东西都没有真正的产生，在毁灭性的死亡中也并没有终止。有的只是混合以及混合物的交换”；“没有任何东西在元素以外产生，元素也不消灭。……只有元素存在，由于它们互相奔赴，便时而产生这个东西，时而产生那个东西，并且像这样一直下去，永无止境”[②]。由于找不到元素组合或分离的内在原因，恩培多克勒便只好求助于外部因素的介入，这就有了他所猜测的使元素结合的力“爱”，以及使元素分离的力“恨”。这样，他的学说便存在一个矛盾：既然四种元素以外没有任何东西产生，那么，“爱”和“恨”又从何而来？这两种力量是包含在四种元素之中，还是游离在四种元素之外？“爱”和“恨”是与四种元素一样的实在，还是与实在不同的另外一种存在（或者说是“不实在”或“虚在”）？“爱”和“恨”又是通过怎样的方式与那四种元素相互配合而发生作用的？要在四种元素的不变性的基础上解决这个矛盾，回答诸如此

① 北京大学哲学系外国哲学史教研室：《古希腊罗马哲学》，北京：生活·读书·新知三联书店，1957 年版，第 11-13 页。

② 北京大学哲学系外国哲学史教研室：《古希腊罗马哲学》，北京：生活·读书·新知三联书店，1957 年版，第 81，83 页。

类的问题，是很困难的。这大概就是恩培多克勒要引入神灵的力量，把宙斯看作温暖万物的火，把赫拉看成养育万物的气，把爱多纽看成孕生万物的土，把奈斯蒂看成滋润万物的水的原因。只有用这样的方式赋予“四根”以神灵的能动的特性和力量，它们的组合和分离才有相关机制的说明，而同时，那个外在引入的“爱和恨”也才可能在依附于神灵的能动性的基础上成为某种必然的力量。这样，在恩培多克勒那里，同样是把形而上学留给了物质（四根），把辩证法留给了神灵。而这种形而上学的物质和辩证法的神灵的结合便构成了事物运动的原因。由此我们便可以发现，在古希腊的这样一些哲学家那里，唯物主义、唯心主义、形而上学和辩证法是有机统一在一起的。它们是那样地协和共处，并且用它们联合的力量完满说明着我们这个世界的存在、运动和变化。

古希腊的原子论学派是用原子在虚空中的聚散来说明万物生成的机理的。在他们看来，不同物体之间的区别是由原子聚合方式的不同造成的，这些不同有三种：形状、次序和位置。“比如 A 和 N 是形状不同，AN 和 NA 是次序不同，I 和 H 是位置不同。”① 由此我们可以看到，他们所说的不同事物的区别仅仅在于不同形状的原子的位移和组合次序的倒错。由于原子是不再变化的终极粒子，所以，当它们构成更为宏观的事物的时候，它们便只能以位置和机械组合的方式的不同来实现。在这里，他们用形而上学的机械论方法来说明辩证法的事物运动、变化的机制。

在古希腊的唯物主义哲学家中，赫拉克利特的辩证法思想是最为丰富而深刻的。他在辩证法思想方面的贡献是当时其他的哲学家所无法比拟的。尽管如此，他以火为构造世界的唯一元素，并以火的燃烧或熄灭、浓厚化或稀薄化来解释万物的生成和消亡的原因的观点，却与他所处的同时代的其他一些唯物主义的代表人物的相关学说类似或相近，并因而使他的学说在根基上同样具有与这些哲学家的学说类似的局限性。

综合上述讨论，我们可以清晰地看到，古希腊唯物论的哲学家们在事物构成和运动的原因方面所存在的三个根本性缺陷：构造事物基本构件的不变性；由此不变性所导致的事物相互作用的非中介性；事物运动变化的机械位移和次序倒错的量变而非质变的特征。

---

① 北京大学哲学系外国哲学史教研室：《古希腊罗马哲学》，北京：生活・读书・新知三联书店，1957 年版，第 98 页。

如果事物在相互作用中不派生中介，那么，不同事物之间仍然是相互孤立的，它们便不可能发生真实意义上的相互作用；如果事物在相互作用中派生中介，那么，处于相互作用中的事物便不再是刚性不变的，也便不可能找到那样一种不再变化的、不可入的"最单纯的始基"。然而，只有当事物通过自身派生的中介相互关联和相互改变了的时候，才有了真实意义的变化或转化、生成或创新，以及新事物代替旧事物的辩证运动、演化或发展的过程。这就构成了由部分的相互作用而涌现出整体的新质，并由此又改变了部分本身的性质的双重涌现的系统新质的创造，以及整体和部分相互生成的全息映射的复杂性关系。其实，这种通过派生中介而发生相互作用的过程不仅存在于事物之间，而且同时就存在于事物内部，因为既然任何事物都不可能是刚性不变的，那么在任何事物的内部便都可以区分出由不同部分、组分或关系所构成的结构，而这些不同部分、组分或关系之间必然会存在相互作用，并且这些相互作用同样必须通过派生中介才可能实现。这样，不仅在事物之间，而且在事物内部也普遍存在着通过派生中介的相互作用，正因为如此，才构成了世界的层次性、事物的多样性，以及不同事物之间的相互作用和跨层次的相互作用，而这种跨层次的相互作用便是事物新质的涌现、部分和整体关系的全息映射的复杂性特征生成的一般原因。

2. 无物常住、对立产生和谐的辩证法思想

在古希腊的唯物主义哲学家中，赫拉克利特的辩证法思想最为丰富和深刻。列宁曾推崇他为辩证法的奠基人之一。他所提出的一切皆流、无物常住，不同性质事物间可以相互转化，对立产生和谐的思想成了之后黑格尔的唯心主义辩证法和马克思主义的唯物主义辩证法思想的最为核心的观念。

有文献记载说："赫拉克利特在某个地方说：一切皆流，无物常住；他把万物比作一道川流，断言我们不能两次走下同一条河。""永恒的事物永恒地运动着，暂时的事物暂时地运动着。""太阳每天都是新的。"①

他写道："这个世界……过去、现在和未来永远是一团永恒的活火，在一定的分寸上燃烧，在一定的分寸上熄灭。"②

① 北京大学哲学系外国哲学史教研室：《古希腊罗马哲学》，北京：生活·读书·新知三联书店，1957 年版，第 17，19 页。

② 北京大学哲学系外国哲学史教研室：《古希腊罗马哲学》，北京：生活·读书·新知三联书店，1957 年版，第 21 页。

说“一切皆流，无物常住”，这确实符合辩证法关于运动具有永恒性和不灭性的思想。

从“一切皆流，无物常住”的永恒运动的观点出发，赫拉克利特很自然地特别强调了不同事物间的相互转化生成的关系。他曾经说：“火生于土之死，气生于火之死，水生于气之死，土生于水之死”“火死则气生，气死则水生”“土死生水、水死生气、气死生火，反过来也是一样”[①]。从这样的论述来看，赫拉克利特的这样一种事物间相互转化的思想，已经超越了元素简单聚合或分离的性质，然而，如果不能阐明不同事物间相互转化和生成的具体机制，那么，任何一种建立在微观元素刚性不变的观念基础之上的关于事物相互转化和生成的理论都是有逻辑缺陷的，因而也是不能令人信服的。

赫拉克利特学说的深刻之处并不在于他简单地提出了运动的永恒性、不同性质事物间的相互转化性，而且在于他把这种运动的永恒性和事物间的相互转化性的原因归结为对立因素间的斗争。他认为世界的和谐性是在对立性中产生的。他指出，从对立中产生出和谐，这是统治一切的“逻各斯”（规律）或“驾驭一切的思想”。他列举了自然界中的许多对立现象来说明世界的对立性。例如，生与死、梦与醒、少与老、干与湿、热与冷、疾病与健康等。

他曾这样写道：“自然也追求对立的东西，它是从对立的东西产生和谐，而不是从相同的东西产生和谐。例如自然便是将雌和雄配合起来……自然是由联合对立物造成最初的和谐，而不是由联合同类的东西。”“互相排斥的东西集合在一起，不同的音调造成最美的和谐；一切都是斗争所产生的。”[②]

然而，从我们将要建立的辩证唯物主义新形态的复杂辩证法学说的视角来看，仅仅是对立两极的关系，仅仅从对立面的斗争的方面来解释事物持存、运动、变化和发展的原因和动力的观点，仍然是简单辩证法学说的特征。因为仅仅是对立两极并不能构成真实的相互作用过程，两极之间的相互作用必须通过派生中介的活动才能具体沟通、联系、过渡和转化。另外，构成事物的系统关系并不仅仅是对立的两极，或两个方面，或两种因素，事物内部和事物之间的关系都可能是多元的，其中既有对立性关系，又有各类不同程度的并列性或层次性的差异性关系，并且，在这多元关系中，除了对抗

---

① 也有评论说，关于赫拉克利特的四元素转化生成的思想是后人的错引，这一思想应当属于恩培多克勒的学说。参见北京大学哲学系外国哲学史教研室：《西方哲学原著选读》（上卷），北京：商务印书馆，1981年版，第21页。

② 北京大学哲学系外国哲学史教研室：《古希腊罗马哲学》，北京：生活·读书·新知三联书店，1957年版，第19页。

或竞争性的斗争性、对立性关系之外，还有合作或兼容的互补性、协同性关系。具体事物的存在和运动方式，以及维系事物存在和运动的关系都是多样、丰富而复杂的。事物和谐的持存和发展更多依赖的是斗争中的协同、对立中的合作，以及各类复杂差异关系的兼容互补。这就是复杂性，这就是复杂辩证法应当强调的一些最基本的重要思想。

3.“流射说”中的朴素中介论的复杂性思想

在古希腊哲学中，恩培多克勒和原子论学派的哲学家们都认为一切事物都能不断发出一种“流射物”(“波流”)，这种“流射物”作用于人的感官，就产生了人的感觉。他们还强调，不同类的对象将可能发出不同性质的“流射物”，再经由不同的感官通道，才可能被我们所认识。留基波、德谟克利特、伊壁鸠鲁还进一步地把这种“流射物”看成对象“影像”的携带者。[①]

伊壁鸠鲁则不仅认为感觉是由影像的流入造成的，而且认为思想也是由影像的流入造成的。他认为影像对应的是具体对象的形式和性质。他还用流入的微粒与对象整体保持特性相似的统一性，以及撞击感官的原子的振动来解释感觉和思想发生的机理。他写道：“当某样东西从外物进入我们时，我们不只是看见它们的形状，并且还想到它们的形状……当它们激动感官时，这种撞击是由于具体物体内的原子振动所造成的”“我们由于心灵或感官的认识活动而得到的每个影像……都是具体对象的形式或性质”“这个流分散成为微粒，每一个微粒都与整体相似，它们同时保持着性质上的互相符合，还保持着一种特性的统一”[②]。

值得强调的是，德谟克利特似乎已经看到了人的认识形式和内容的主体建构性与虚拟性，以及认识结果被人的生理结构所中介的性质。他强调：颜色、味道是“从俗约定的”，以及事物的名称也都是“约定俗成的而不是自然的性质”，而我们“只认识那依照我们身体的结构，和依照那透入身体之中或留在身体之中的东西而变化的东西”[③]。

古希腊哲学中的“流射说”虽然在整体上仍然停留于直观和猜测的层

---

① 北京大学哲学系外国哲学史教研室:《古希腊罗马哲学》，北京：生活·读书·新知三联书店，1957 年版，第 77-78、97、102-103 页。

② 北京大学哲学系外国哲学史教研室:《古希腊罗马哲学》，北京：生活·读书·新知三联书店，1957 年版，第 352-354 页。

③ 北京大学哲学系外国哲学史教研室:《古希腊罗马哲学》，北京：生活·读书·新知三联书店，1957 年版，第 105-107 页。

面，但是其中揭示出来的在人的认识发生的过程中主客体的相互作用是被第三者（“流射物”）所中介的性质，以及“流射物”是客体“影像”的携带者，其表征的是客体的形式和性质的观点却是极为深刻的。另外，某些原子论的代表人物所强调的人的认识被人的生理结构和约定俗成的认知方式及语言符号所中介的性质，则更是看到了人的认识形式和内容的主体建构性与虚拟性的性质。这些观点不仅体现出了很高程度的辩证性和复杂性，还与当代信息认识论所阐释的基本思想相吻合。

然而，如果是在古希腊原子论哲学所设定的微观原子不变的哲学本体论的基础上来讨论认识发生的中介理论，那么，由于不变的粒子是不可能派生或吸收中介的，所以，中介“流射物”的产生，这些“流射物”能够携带对象的影像、形式和性质的能力的根据，以及其作用于我们的感官并给我们的感官造成某种变化的效应，从而产生相应的认识的所有环节和结果都是很难现实发生的。因为在微观粒子不变的前提下，无论是对象物，还是其派生的“流射物”，或是人的结构本身，说到底都是由那些绝对孤立的、不再变化的粒子构造的，这样，世界上除了各自孤立的不再变化的粒子之外，根本不可能在这些粒子之间发生任何真实意义上的相互影响和相互改变。其结果只能是没有对象和载体的区别，也没有载体和其携带的形式和性质的区别，更没有在其影响下所发生的认识活动本身。如此看来，微观不变的本体论假设对于哲学的其他领域的学说的影响，如认识论、演化观、时空观等的影响，必然会带有基础性和决定性的意义。这样的一种本体论和认识论相脱节、相背离的矛盾现象是古希腊唯物论哲学的致命缺陷。这也影响了他们所阐释的辩证法和复杂性观念可能达到的水平和程度。

4. 偶然性和非决定论的辩证法和复杂性思想

除了借助于神灵的力量之外，古希腊的哲学家们大多都把事物运动、变化的过程归结为一种必然性的活动。大多数古希腊的唯物主义哲学家也不能例外。

赫拉克利特虽然强调了“一切皆流，无物常住”的事物永恒运动、变化的辩证法观念，但是他在事物运动、变化的规律方面却坚持着一种必然性的法则。因为他宣称：“世界的转化有一个一定的次序和一个确定的周期，适应着不可避免的必然性”“一切遵照命运而来，命运就是必然性”[①]。

早期的古希腊原子论的代表人物留基波和德谟克利特等也曾主张一种完全决定论的思想。他们曾试图“借一个唯一的原因、用一条和自然符合的原则来解释一切。……相信存在必然地是一，并且是不动的”。他们还强调：“一切都由必然性而产生，涡旋运动既然是一切事物形成的原因，这在他就被称为必然性。”[②]

后来的古希腊原子论的代表人物伊壁鸠鲁和卢克莱修抛弃了他们前辈的简单必然性的观念，他们认为构成世界的原子具有自发偏离直线轨道的运动，而世界万物则是在原子偶然运动所形成的排列组合中形成。他们用偶然性的原则来解释事物的变化、形成，来解释生命的自由意志和心理的某种经验，来否定神灵的控制。他们更多注重的是事物内在的自发性、机遇、非理性、直觉和个体意志的自由等偶然性的因素。[③]

单纯的必然性的学说不能很好地描述事物的能动性和创新性，因而具有简单性和机械性的特征，只有在必然性之外同时承认偶然性的作用，只有那种同时兼容必然性和偶然性的学说才可能符合辩证法和复杂性的观念。

早在两千多年以前，古希腊的思想家们就对偶然现象和必然现象的关系进行了深入的讨论。在他们的著作中，已经明确地勾画出了对偶然性作用的两种截然不同的意见：一种意见认为，偶然性是由人的知识的不完全所决定的主观范畴；另一种意见则认为，偶然性在世界发展的过程中起着某种客观性的作用。这两种意见的对立一直延续到今天。爱因斯坦和玻尔关于微观粒子的运动是否具有偶然性的争论，恰恰是这两种古老意见的极端对立在20世纪的表现。

马克思曾指出：“原子偏离直线并不是什么特殊的，偶然出现在伊壁鸠鲁物理学中的规定，相反，偏斜所表现的规律贯穿于整个伊壁鸠鲁哲学……”[④]

苏联学者瓦维洛夫从20世纪的科学的立场出发，高度评价了伊壁鸠鲁、

---

① 北京大学哲学系外国哲学史教研室：《古希腊罗马哲学》，北京：生活·读书·新知三联书店，1957年版，第17页。

② 北京大学哲学系外国哲学史教研室：《古希腊罗马哲学》，北京：生活·读书·新知三联书店，1957年版，第97页。

③ 北京大学哲学系外国哲学史教研室：《古希腊罗马哲学》，北京：生活·读书·新知三联书店，1957年版，第364，369，398-433页。

④ 马克思，恩格斯：《马克思恩格斯全集》（第40卷），中共中央马克思恩格斯列宁斯大林著作编译局，译，北京：人民出版社，1982年版，第214页。

卢克莱修关于偶然性的论述的思想的重要性和深刻性。他说："对于伊壁鸠鲁和卢克莱修关于自发的偏离思想的基本内容与被现代物理学称为'不确定性关系'的思想的惊人相似不能保持沉默……如果认为伊壁鸠鲁和卢克莱修是量子力学的先驱者，那是一种不可允许的夸张和大错特错，然而，古代思想和现代科学的某种巧合却并不是完全偶然的。原子状态和能的量子化，毫无疑问地成为基本粒子自身所具的间断性特征的深刻根源，同时也是原子概念本身所具的辩证矛盾性的深刻根源。"①

当然，我们也不应该忘记，伊壁鸠鲁和卢克莱修对事物运动的偶然性、自发性的论述仍然是建立在原子不变、原子运动轨迹偏离直线的偶然位移的机械变化的基础之上。这样的偶然性学说仍然具有较大程度的简单性和机械性的韵味。

虽然古希腊哲学家关于世界本身之中存在着某种客观的偶然性自发作用的思想，在漫长的中世纪神学的统治时代，在牛顿力学统治的时代未能得到合理的继承，但是，这一思想却在现代科学中复活了。随着热力学、统计物理学、量子力学的兴起，随着混沌理论、复杂性理论研究的兴起，偶然性这个在古代哲学家那里还十分幼稚地带着某种简单性和猜测性的幽魂，已经转变成了某种建立在实验基础上的科学的观念。并且，我们还可以借助于概率统计的方法、信息量的方法，以及借助于熵、信息、负熵这样一些多少带有某种神秘色彩的概念，对这个幽魂进行不同程度的定性与定量的规定。人类科学中的客观偶然自发性观念的增长给辩证法思想的复杂化发展也带来了全新的契机。

11.5 古希腊哲学中的辩证法和复杂性思想的基本特质

我们在上一节中讨论的还只是某些古希腊唯物论哲学家的代表人物的相关学说中所体现出的辩证法和复杂性思想。其实，在古希腊哲学中，除了那些典型的唯物论哲学家之外，其他的一些哲学家，包括那些唯心主义的哲学家，在他们的学说中同样具有十分丰富的辩证法和复杂性思想。对这些相关的辩证法和复杂性思想进行认真的梳理，同样有助于我们对人类哲学思维方

① Седов Е А. Эволюция и информация. Москва：Наука，1977：83-84.

式的发展有一个更为深入的认识，并因而有助于我们建立一种全新意义的复杂辩证唯物主义学说。

笔者曾在《古希腊哲学的信息、系统、复杂性思想论纲》[①]一文中，把古希腊哲学中的信息、系统、复杂性思想的基本特质概括为十个方面。囿于篇幅，在这里，笔者仅从与辩证法相关联的角度上，把其中的某些要点进行简明的重新概括和再分析。

1. 微观不变的简单性观念基础上的世界整体统一观

古希腊哲学家们的世界整体统一性观念是建立在微观构成要素不变的简单性观念基础上的。除了我们前面已经提到的泰勒斯的“水”的观念、赫拉克利特的“火”的观念、恩培多克勒的四根说、德谟克利特等的原子说都具有微观不变的简单性特征之外，还有更多的哲学家也从不同的角度阐释了同样的观念。亚里士多德还提出了质料说，并认为以质料方式存在的实体是不变而始终存在的，其性质消极被动，自身没有运动的能力。

这些理论都把世界看成是由一些微观不变的简单构件所组装起来的整体系统。显然，这是一种微观不变的机械论的整体统一观，是一种简单性的整体统一观。这一整体统一观虽然承认世界整体是在一个或一些统一性质的“实体”的基础上产生出来的，但是未能看到世界本性的辩证性和复杂性特征。

2. 微观不变的简单性观念基础上的宏观可变的辩证性和复杂性观念

古希腊哲学家们承认宏观事物的结构建构性与生成性。无论是我们前面已经提到的众多有唯物论倾向的古希腊哲学家所坚持的宏观事物生成和消亡的微观粒子聚或散、浓厚化或稀薄化的具体机制的理论，还是亚里士多德所主张的质料通过能动的形式而运动，并建构出宏观事物的理论，都在不同程度上揭示了宏观事物的生成性和建构性。

另外，还有一些古希腊哲学家从各自不同学术的角度强调了宏观事物的生成性和建构性。阿那克西曼德（约公元前 611—前 546）曾借助于抽象的“无限”来表述世界的整体统一性。他一方面强调具体万物具有生成性和演化性，人起源于动物；另一方面又强调“无限”不生不灭、常住不变，具有

① 邬焜：《古希腊哲学的信息、系统、复杂性思想论纲》，《人文杂志》，2008 年，第 1 期，第 1-6 页。

永恒性①。巴门尼德（约公元前515—约前445）是第一个提出"存在"概念的古希腊哲学家。他在强调了"存在"具有唯一、不动、不变、不生、不灭特征的同时，又指出存在是一个紧密联系的不可分的"共同体"②。亚里士多德还提出了关于事物构成的"四因说"(质料因、形式因、动力因和目的因)，认为任何事物都是这四种因素矛盾运动的综合产物。

由此可以看出，古希腊哲学家们已经不同程度地认识到在宏观事物的层面上具有可建构、可生成、可演化的可变的辩证性和复杂性。但是，由于这种宏观可变的观念是建立在微观不变性的观念基础上的，所以，其所可能达到的辩证性和复杂性的程度仍然在整体上具有简单性的特征，并且，由于微观实体具有刚性不变性特征，因此很难具体而合理地说明事物宏观变化的一般机制。

3. 微观和宏观双重涌现的全息性、复杂性的辩证法思想

亚里士多德曾经强调，由于事物可能存在于不同的等级，所以在通常的复合物中，整体与部分的关系可能呈现出十分复杂的情景：部分先于整体；部分和整体不分先后；整体先于部分③。亚里士多德认为，越是复杂性程度高的事物，其整体性质先于部分性质的特征越是明显④。显然，亚里士多德关于整体性质先于部分性质的论述是反还原论的，并且，他所强调的部分和整体不分先后的关系，更是一种关于整体和部分的性质同时创生的双重涌现的全息性和复杂性的辩证法思想。我们注意到，亚里士多德在说明这一情景时，举的是这样一个例子："并非在任何情况下和每一个情况下一个手指都是一个活的东西的手指，而一个死的手指，仅仅在名称上是一个手指罢了。有些部分既不先于也不后于整体。"⑤

由简单物体通过相互作用而产生具有整体新质的复杂性事物，这正是当代复杂性理论研究机构美国圣塔菲研究所的一批学者所主张的观点，并且已将相关的某些过程在计算机上得以实现。而当代系统科学的奠基人贝塔朗菲

① 北京大学哲学系外国哲学史教研室：《古希腊罗马哲学》，北京：生活·读书·新知三联书店，1957年版，第8，10页。

② 北京大学哲学系外国哲学史教研室：《古希腊罗马哲学》，北京：生活·读书·新知三联书店，1957年版，第51-53，55页。

③ 亚里士多德：《形而上学》，李真，译，上海：上海人民出版社，2005年版，第217，220，215页。

④ 大为·福莱：《从亚里士多德到奥古斯丁》，冯俊等，译，北京：中国人民大学出版社，2004年版，第29页。

⑤ 亚里士多德：《形而上学》，李真，译，上海：上海人民出版社，2005年版，第217页。

则根据亚里士多德的相关观念，提出了“整体功能可以大于它各个部分功能的总和”（整体大于部分；1 + 1 > 2）的整体性思想，并将这句话看成是系统思想的最高原则。然而，贝塔朗菲的整体观还是一种整体机械论的单向思维的观念。当代复杂范式的提出者法国学者莫兰则认为，整体新质的产生同时在微观和宏观两个层面实现了新性质的创生，这就是关于双重涌现的复杂性理论。由此我们也可以清晰地看到亚里士多德关于部分和整体不分先后理论的非凡意义和价值。

4. 在一定程度上承认世界、事物演化生成的自组织性

古希腊哲学家们十分注重对自然世界生成过程的自我运动的描述，把自然界看成是世界本原自己运动、变化、发展的结果，这一思想体现着当代自组织理论的基本原则。这一方面的理论可以从相关的粒子聚散理论、“爱”和“恨”的结合与排斥理论，以及亚里士多德的自然自身具有其发展变化的“动力因”和“目的因”的相关论述中呈现出来。

但是，构造世界的微观实体被赋予了刚性不变的性质，所以其自组织的原因便不可能由这些微观实体本身的性质得到解说，这就需要借助外部的某些因素或力量，如神灵、爱和恨、形式等。这样，事物自身运动、变化、建构和发展的自组织程度便大大地打了折扣。

5. 承认世界本原具有“多样性”，并非简单二元对立的复杂性观念

单一性和简单的二元对立性学说通常都具有简单性的色彩。人类的认识从简单性向复杂性的发展，是从突破对事物进行认识与分析的单一性和简单的二元对立模式开始的，这就是关于“三”和“多”的学说。而一般说来，在哲学观念中，只要突破了“二”，承认了“三”，那么“多”便是不言而喻的了，因为“三”正是通向“多”的桥梁。古希腊哲学家们关于世界的本原具有多样性的观念是从最初的世界本原的简单性或单一性观念发展而来的。从最初的关于“水”或“火”的单一性、简单性出发，到后来的四元素加“爱”和“恨”的理论，再到无穷种类和形状的原子的学说，正是这一发展过程的体现。

柏拉图（公元前 427—前 347）学派中有一种观点，这种观点认为，在大于、等于和小于三者之间形成了一个三元对反的模式。在这一模式中，问

题提出的方式是“究竟它是大些还是小些还是相等的”，这样人们面对的便只能是一个三中择一而非二中择一的选择了。这样的一种观点显然是对二元对立模式，或二分法原则的突破。①

亚里士多德似乎已看到了仅仅两极对立的贫乏，他集中阐释了一种对立允许中介存在的思想，这一思想正是后来黑格尔的中介论思想的原始模本。亚里士多德写道：“在对立面之间可能有一个中介物”“显然，中介物是（1）全都在同一个种之中，以及（2）在对立面之间，以及（3）全都是由对立面组合而成的”②。

然而，在古希腊哲学家们所论述的“三”和“多”的学说中，虽然呈现出一定程度的复杂性韵味，但是，这并不等于承认多样性就是复杂性。只有承认多样的基元之间具有可以通过相互作用而相互生灭转化的可变性的思想，才与当代复杂性理论的相关观念相吻合，而那些强调不同种类的（多样的）基元本身的固定不变性的思想则只能属于简单性的观念，另外，基元的不变性特征也不可能产生真正意义上的转化。

6. 承认偶然性在事物演化过程中的作用的辩证性和复杂性思想

前文已经提到，这方面的思想就体现在古希腊原子论的后期代表人物伊壁鸠鲁和卢克莱修用原子自发偏离直线轨道的偶然性运动，来解释事物的变化、形成，来解释生命的自由意志和心理的某种经验，来否定神灵的控制的相关论述之中。

7. 已经用特定的方式阐释了物质世界与信息世界的差异

这一方面的观点可以从柏拉图关于实物和影像的关系、亚里士多德关于潜能与现实的关系的论述中体现出来。

柏拉图曾经把可见世界区分为两个部分：实物世界和它们的影像世界。并且，他还进一步指出这两个部分的关系是原本与摹本的关系。他还强调“这种阴影是实在的事物所产生的”。另外，柏拉图还看到了阴影的可能多级显现的性质，因为他区分了光（太阳的阴影）、光所投射的阴影（阴影的阴

① 亚里士多德：《形而上学》，李真，译，上海：上海人民出版社，2005年版，第302-303页。
② 亚里士多德：《形而上学》，李真，译，上海：上海人民出版社，2005年版，第303，308-309页。

影）。他还提出了一个“洞穴假象”的寓言来说明他的思想。①

亚里士多德认为：潜能与现实同属于“有”，但是现实是实在的有，而潜能则是不实在的有。他还用“铜潜在的是一个雕像”的例子来说明他的思想。在亚里士多德看来，现实与潜能、实在与不实在之间具有相互蕴涵和相互转化的关系。②

虽然柏拉图和亚里士多德并未用信息这个概念，但是他们所阐释的相关思想则深刻揭示了实在和不实在、事物和它所蕴涵着的信息之间的关系。

8. 已经在某种程度上发现了认识发生和认识过程的信息中介的机理

这一方面的观点可以从恩培多克勒和德谟克利特等关于认识发生的“流射说”，高尔吉亚（约公元前 480—约前 399）关于思想、语言与其所表征的存在、现象不可通达、不可传递的论述③，以及柏拉图关于意见世界与知识世界关系的论述④中体现出来。只不过，“流射说”还仅仅停留在朴素性的简单猜测的水平上，而高尔吉亚的理论则片面地推向了不可知论的极端，至于柏拉图，更是借此得出了他所谓的“学习即是回忆”的简单化、极端化的理念论学说。

9. 没有创新的预成论的全息理论

这是阿那克萨戈拉（约公元前 500—约前 428）的相关理论中体现出来的特征。阿那克萨戈拉认为万物是混合构成的整体，任何一个事物都包含其他所有事物的部分，因而可以成为其他事物由之而出的“种子”，并且每一个种子本身也包含着其他一切事物的种子。在阿那克萨戈拉看来，世界上的事物作为全体性的存在是始终如一的，任何一个事物都不可能产生也不可能消灭，只有相互混合或分离，一物中包含着万物，万物中都包含着一物。⑤

---

① 北京大学哲学系外国哲学史教研室：《古希腊罗马哲学》，北京：生活·读书·新知三联书店，1957 年版，第 203，204 页。

② 北京大学哲学系外国哲学史教研室：《古希腊罗马哲学》，北京：生活·读书·新知三联书店，1957 年版，第 272-274 页。

③ 北京大学哲学系外国哲学史教研室：《古希腊罗马哲学》，北京：生活·读书·新知三联书店，1957 年版，第 138-143 页。

④ 北京大学哲学系外国哲学史教研室：《古希腊罗马哲学》，北京：生活·读书·新知三联书店，1957 年版，第 199-201，203 页。

⑤ 北京大学哲学系外国哲学史教研室：《古希腊罗马哲学》，北京：生活·读书新知三联书店，1957 年版，第 69-72 页。

阿那克萨戈拉的相关思想，显然和当代信息科学中关于不仅整体包含部分的信息，而且部分也包含整体或其他部分的信息的全息性观点直接相通。然而，由于阿那克萨戈拉不承认事物可以通过相互作用而相互转化、生成或消亡，呈现着的不同的事物只是固有存在的小事物的大化，或大事物的小化，所以，在阿那克萨戈拉看来，整个世界、世界上的万事万物，都是固定不变的、预成的。所以，阿那克萨戈拉的全息理论只能是没有创造、没有转化和生成的机械论的、预成论的全息理论。并且，在阿那克萨戈拉的相关理论中，也看不出当代全息理论所揭示的全息不全的思想。

10. 具有简单性、模糊性、直观性和猜测性的缺陷

简单性：更多掺杂了不同层次的不变性，尤其是微观层次的不变性的形而上学思想。这就使其理论更多呈现的是简单性基础上的复杂性，形而上学基础上的辩证法。

模糊性：缺乏辩证运动和复杂性生成的相关机制的合理阐明，因而具有模糊性的特征。

直观性：表面而不深入，泛泛而不具体。

猜测性：多想象而非实证，即缺乏科学根据。

第12章 中国古代哲学中的唯物论和辩证法思想

与古希腊哲学相比较，中国古代哲学中的唯物论和辩证法思想更为丰富和深刻，并且更多地具有复杂辩证法的色彩。另外，在中国古代哲学中，唯物论和辩证法的学说具有一种天然合一的相互统一的性质，因而更少有像西方古希腊哲学那样的神学与唯物主义杂糅在一起的性质，因而表现出了中国古代哲学中的唯物论学说所具有的彻底性的特征。

在哲学本体论的层面，当论及宇宙、宇宙事物的本原和本性的时候，中国古代的哲学家们大多都坚持某种“本一形异”的观点。其中很多学说都对世界的本性做出了物质一元论的和辩证运动的解释。一些具有代表性的学说有：阴阳五行说、气一元论说，以及关于有无之辩中的以有为本的相关学说。

12.1 阴阳五行说中的唯物论和辩证法思想

中国古代的哲学、医学等理论中广泛论述和渗透着某种关于宇宙万物构成的理论，这便是阴阳说、五行说，以及将两种学说综合在一起的阴阳五行说。这些学说既有物质性实在意义上的解读，又有相互对立、二元或多元协同、相互作用和相互转化的关系意义上的解读。在这样一些具体的解读中，古老的阴阳和五行学说呈现着某种关于宇宙万物拥有共同的物质性本原和统一的结构化关系的辩证法思想。

1. 五行说所体现出的唯物论和辩证法思想

五行说是中国最古老的哲学理论之一，它大约产生于殷商之际，又为后来的著作家们所进一步阐释。这一理论把自然界中的五种物质性的东西——金、木、水、火、土，看成是世界的本原，并认为这五种基本元素按照相生相克的变化规律，制约着自然现象和社会运动的过程。

相关文献有如下论述：

> 先王以土与金木水火杂，以成百物。(《国语·郑语》)
>
> 天有五行：一曰木，二曰火，三曰土，四曰金，五曰水。……木生火，火生土，土生金，金生水，水生木。(《春秋繁露·五行之义》)
>
> 金胜木……水胜火……木胜土……火胜金……土胜水。(《春秋繁露·五行相胜》)

显然，五行相生是指五行间具有相互促进、转化的统一性关系，五行相克（或相胜）是指五行间相互排斥、反对的对立性关系。五行相生相克的理论具体勾画出了一种单向循环中的单交叉映射式的多元相互作用的对立转化统一关系模式。

东汉史学家、文学家班固在其《白虎通》中曾用五行（金木水火土）的性质来比附性地解读五味（辛酸咸苦甘）、五臭（腥膻朽焦香）、五方（西东北南中）、五性（义仁智礼信）、五脏（肺肝肾心脾）、五官（鼻目耳口舌）的性质，并在它们之间建立起某种一一对应关系（参见《白虎通·五行》及《白虎通·情性》）。

2. 阴阳说所体现出的唯物论和辩证法思想

阴阳说与五行说一样都是中国最古老的哲学理论之一，它也大约产生于殷商之际。阴阳的本意是日照的向背。阴阳说曾在不同的意义上对阴阳做出了解说：一是在物质性实在的意义上将阴阳解释为两种相互对立的气或气的两种状态；二是在结构化关系的意义上将阴阳解释为两种对立的方位、趋势和倾向。阴阳说认为：阴气和阳气构成了世界的本原；阴阳具有相互对立、相互渗透和相互转化的统一性关系；天气为阳，地气为阴，二气上下对流生成万物的形态、性质及其变化，构成天地之秩序。

《管子·乘马第五》中写道："春秋冬夏，阴阳之推移也；时之短长，阴阳之利用也；日夜之易，阴阳之化也。"中国古代的著名医学著作《黄帝内经》以阴阳为天地万物及人的精神活动的总根源，注意从变化发展、对立统一的观点来考察阴阳的相互关系，并以此为基础，说明人体生理，解释病因，对症治疗。形成于汉代、作为道教最早经典的《太平经》也用阴阳来比附众多具有对立性质的事物或关系，同时，还用阴阳之气的生成和转化来解释万物乃至人的精神的形成过程和机理。《太平经·圣君秘旨》中就这样写道："夫人本生混沌之气，气生精，精生神，神生明，本于阴阳之气；气转为精，精转为神，神转为明。"

3. 阴阳五行说中体现出的唯物论和辩证法思想

春秋战国时期，阴阳说和五行说逐渐合流为阴阳五行说。阴阳五行学家将"阴阳"和"五行""五方""四时"相互比附、配合，用以解释季节更迭和天象变化，构成了以阴阳五行为基础的中国古代的自然哲学。

《管子·四时第四十》中写道：

> 东方曰星，其时曰春，其气曰风，风生木与骨。
> 南方曰日，其时曰夏，其气曰阳，阳生火与气。
> 中央曰土，土德实辅四时入出，以风雨节，土益力。
> 西方曰辰，其时曰秋，其气曰阴，阴生金与甲。
> 北方曰月，其时曰冬，其气曰寒，寒生水与血。

战国末期的阴阳家驺衍更是提出"五德终始"论，并进一步把朝代更迭和阴阳消长、五行生克、五德终始进行牵强比附，以阴阳五行言人之历史。驺衍讲的"五德"即"五行之德"，是他提出的水、火、金、木、土的天然德性。在驺衍看来，阴阳消长、五行之德相克转移终始的循环变化，决定着历史上王朝的兴替和制度的改变。例如，夏、商、周三个朝代的递嬗，就是火（周）克金（商），金克木（夏）的结果。

西汉董仲舒则用儒家思想阐发阴阳五行说，以阴阳五行解释天地起源和万物生成，并赋予阴阳、五行以道德的属性，进而以天道运行、四时次序附会社会秩序，提出"天人感应"之说。

清代思想家戴震则把道、气、知、性、阴阳和五行看作是具体统一在一起的东西，并对阴阳五行做出了实在性的解释。他在《孟子字义疏证·天道》中写道：

> 道，犹行也，气化流行，生生不息，是故谓之道。……举阴阳则赅五行，阴阳各具五行也；举五行即赅阴阳，五行各有阴阳也。……阴阳五行，道之实体也；血气心知，性之实体也。有实体，故可分；惟分也，故不齐。古人言性惟本于天道如是。
>
> 物之不离阴阳五行以成形质也。

与古希腊的唯物主义哲学家不同，中国古代的五行说、阴阳说，以及阴阳五行说虽然把世界的本原确定为物质性的阴阳二气或五种元素，但是，他们却并未明确赋予这些物质性的构件以不变粒子的终极性特征，正因为如此，在中国的阴阳五行学家那里，阴阳与五行间的具体贯通、相互融合、相生相克的转化和消长都是由阴阳五行自身的运动和变化而自然发生的。这样，他们便不必去借助于什么外在的神灵、爱和恨、形式之类的东西。阴阳或五行自身就是能动的实在，而其自身的现实的运动和变化便构成了物之“形质”、自然规律之“天道”。这样的唯物论和辩证法的思想比古希腊唯物主义哲学家们的学说无疑具有更为深刻而复杂的性质。

当然，阴阳说、五行说，以及二者合流的阴阳五行说所具有的直观性、猜测性和素朴性特征也是不言而喻的。至于用之简单对应性地解释其他具体的事物和现象，则更不能不具有随意比附而有失科学合理的性质。此类学说在当代的价值主要体现在，其具体展示了中国古代自然哲学关于宇宙万物起源、存在和演化方式的相关理论的唯物性、辩证性、整体系统性，以及一定程度的复杂性特征。

12.2 气一元论说中的唯物论和辩证法思想

把气看作是构成天地万物的本原性物质材料是中国古代自然哲学的基本观念。早在西周末年周大夫伯阳父就提出了“天地之气，不失其序”（《国语·周语》）的思想。春秋时的秦国名医医和也提出“天有六气……六气曰阴、阳、风、雨、晦、明也”（《左传·昭公元年》），并认为“六气”失调是造成人体疾病的原因，主张通过调节，保持“六气”之间的平衡与和谐来维持人体的健康。战国时，开始出现把气看作构成万物的原始材料的思想。老子把“气”（阴气、阳气、和气）看作由“道”而生的天地万物的承载者。《管子·内业》中已经初步形成气一元论理论的雏形。其实，中国古代的阴阳说、五行说基本都是以“气”为根基的一元论学说。到了宋明时期，从张载到罗钦顺、王廷相都坚持这一学说，明清之际的王夫之这一中国古代气一元论学说的集大成者，更是将气一元论的学说一步步发展到成熟而完善的地步。可以认为，气一元论学说在中国古代哲学中始终占据着主导潮流的地位，这一学说体现出的唯物论和辩证法思想直到今天仍有诸多可供借鉴和启迪的内容。

1.《管子·内业》中的气一元论说

按照《管子·内业》中的相关论述，无论是高天列星、大地五谷，还是深渊广海，无论是万物精灵、鬼神圣人，还是人之聪智思知，都无外是一气而已：

> 凡物之精，此则为生。下生五谷，上为列星。流于天地之间，谓之鬼神；藏于胸中，谓之圣人。是故民气，杲乎如登于天，杳乎如入于渊，淖乎如在于海，卒乎如在于己。是故此气也，不可止以力，而可安以德；不可呼以声，而可迎以意。敬守勿失，是谓成德，德成而智出，万物毕得。
>
> 精也者，气之精者也。气，道乃生，生乃思，思乃知，知乃止矣。凡心之形，过知失生。
>
> 一物能化谓之神，一事能变谓之智。化不易气，变不易智，唯执一之君子能为此乎！执一不失，能君万物。君子使物，不为物使，得一之理。

显然，在《管子·内业》的相关论述中，我们不仅可以看到万物依赖于气而生成、转化的思想，还可以看到那万变之中所不变的根本便是气。另外，相关的论述还揭示了正确的认识：只要把握了以气为本的统一性理论（“得一之理”），便可以自由地役使万物（“能君万物。君子使物，不为物使”），从而在行为中一直立于不败之地（“执一不失”）。在此，相关论述所阐释的不仅是自然事物存在、变化与生成的机理，而且是人们对事物进行认识的方式和方法，还是人们用以指导行为的方式与方法。这不仅是一种彻底唯物的本体论思想，而且是一种彻底可知论的认识论思想，同时还是一种有所作为的实践论思想。

2.《无能子》的天地人兽本一形异的气一元论学说

大约成书于887年，由唐末隐士所著的《无能子》一书把气（炁）看作是天地万物之本体，并认为天地人兽都是由气之变化所生成的气的具体形态，因而世上所有的事物在本质上都是同一的，其差别仅仅在于具体形态的不同。在此，该书阐释了一种天地人兽、世间万物本一形异的气一元论学说。

《无能子》中十分清晰地描述了天地万物、人与兽从气（炁）中生成的过程：

> 天地未分，混沌一炁。一炁充溢，分为二仪。有清浊焉，有轻重焉。轻清者上，为阳为天；重浊者下，为阴为地矣。天则刚健而动，地则柔顺而静，炁之自然也。天地既位，阴阳炁交，于是裸虫、鳞虫、毛虫、羽虫、甲虫生焉。人者，裸虫也；与夫鳞、毛、羽、甲虫俱焉。同生天地，交炁而已，无所异也。
>
> 天与地，阴阳气中之巨物尔！……裸、鳞、羽、毛、甲五灵，因巨物合和之炁，又物于巨物之内……亦犹江海之含鱼鳖，山陵之包草木尔。

《无能子》一书还指出，通常人们所见的万物之别、人兽之异并不具有本质上的不同。该书还通过人与兽在许多基本特性上都并无差别的论证强调了万物在本质上同一的思想，并认为，所谓的人与兽的本质差别只是所谓圣人们的刻意营造，其目的在于“强分贵贱尊卑”“强为仁义礼乐”“强行刑法征伐”，以维护其强权等级之秩序。《无能子》指出，之所以造成如此境况，都是“圣人者之过”。《无能子》中写道：

> 或谓有所异者，岂非乎人自谓异于鳞、羽、毛、甲诸虫者？岂非乎能用智虑邪，言语邪？……人以不喻其音而谓其不能言，又安知乎鸟兽不喻人言亦谓人不能语言邪？则其号、鸣、嗥、噪之音必语言尔，又何可谓之不能语言邪？智虑语言，人与虫一也，所以异者，形质尔。

《无能子》关于本一形异的论述乃是一种兼容差异性的辩证统一论学说，关于天地生成、万物缊化的“炁之自然”的学说则具有自然无为演化生成的非决定论的复杂性、过程论的思想。书中关于兽类也有“智虑语言”的论证，不仅十分机智，而且已被当代社会生物学的相关考察事实和理论所部分佐证。至于其对所谓圣人强求不自然之秩序的谴责则蕴涵了该隐士所憧憬的自然和谐的社会理想。

3. 张载的气一元论的唯物论思想

北宋哲学家张载是宋明理学的创始人之一。他认为气是宇宙的本体，提出“凡有，皆象”“凡象，皆气”“太虚即气”等命题，并用气之聚散来解释实物和虚空的形态，以及万事万物的生成、变化与转化。并据此批驳了前人所谓的虚空是无，有可以转化为无，无可以转化为有的观点。

下面是张载的一些相关论述：

凡可状，皆有也；凡有，皆象也；凡象，皆气也。(《正蒙·乾称》)

太虚无形，气之本体；其聚其散，变化之客形尔。(《正蒙·太和》)

太虚不能无气，气不能不聚而为万物，万物不能不散而为太虚。(《正蒙·太和》)

气之聚散于太虚，犹冰凝释于水，知太虚即气，则无无。(《正蒙·太和》)

两体者，虚实也，动静也，聚散也，清浊也，其究一而已。(《正蒙·太和》)

有无、虚实通为一物者，性也；不能为一，非尽性也。(《正蒙·乾称》)

“太虚即气”的学说比古希腊原子论学派的“原子 + 虚空”的学说更具有彻底的唯物论和辩证法的色彩，在这里，没有机械的实在与空间的割裂，也没有实体不可入的微观不变的观念。

4. 罗钦顺的气一元论的唯物论和辩证运动观

明代哲学家罗钦顺认为“气”是宇宙万物的根本，“理”是“气”运动变化的一定条理次序。宇宙万物无非是气及其运动变化的产物。世界万物的有无转化也只是气之“积微而著，由著复微”的无限循环而已。从这样的观点出发，罗钦顺还对朱熹的理气二分学说，以及杨简和王守仁等将天地万物全归于自我、归于心之变化的观点进行了批判。

他在《困知记》中写道：

> 通天地，亘古今，无非一气而已。气本一也，而一动一静，一往一来，一阖一辟，一升一降，循环而已，积微而著，由著复微……千条万绪，纷纭胶轕，而卒不可乱，有莫知其所以然而然，是即所谓理也；初非别有一物，依于气而立，附于气以行也。
>
> 气聚而生，形而为有，有此物即有此理。气散而死，终归于无，无此物即无此理；
>
> 理须就气上认取，然认气为理便不是。
>
> 若谓天地人物之变化皆吾心之变化，而以发育万物归之吾心，是不知有分之殊矣。……盖发育万物自是造化之功用，人何与焉？……况天地之变化万古自如，人心之变化与生俱生，则亦与生俱尽。谓其常住不灭，无是理也。……藐然数尺之躯，乃欲私造化以为己物，何其不知量哉！

显然，罗钦顺对朱熹、杨简和王守仁相关观点的批驳不仅有力而且深刻。如果把“理”看作是“气”之存在、运行和变化的结构序（朱熹也有此种观点），那么，“理”便不可能在“气”之先，也不可能是脱离“气”而独在的另一物。当然，“理”作为“气”之存在、运行和变化的结构序，便无可置疑地应当寓于天地万物本身之中，而绝非一个“吾心”便能包容无余。另外，罗钦顺用气之微著循环演化的过程来阐释有无转化的机制同样是十分深刻的，在这里，无不是真正的无，而是气的入微之状态。这样，罗钦顺在实际上便阐释了一种气一元论的唯物主义，同时还阐释了一种兼容进化和退化两个方向的循环演化的辩证运动观。

5. 王廷相关于气为一切之本、气化流行的唯物论和辩证法思想

明代哲学家王廷相在宇宙观上否定佛、道两家“有”生于“无”的说法，反对程朱学派“理在气先”的观点，推崇张载的“气一元论”学说，提出“气为道之本”“理根于气”“性生于气”“道体不可言无”“气有聚散，无

灭息”“元气之上，无物，无道，无理”等一系列命题。由此可见，王廷相具体阐释了一种比较彻底的气一元论的唯物主义的宇宙观。

王廷相写道：

道体不可言无，生有有无。天地未判，元气混涵，清虚无间，造化之元机也。有虚即有气，虚不离气；气不离虚，无所始无所终之妙也。(《慎言》)

有形亦是气，无形亦是气，道寓其中矣。(《慎言》)

有形，生气也；无形，元气也。元气无息，故道亦无息。是故无形者，道之氐也；有形者，道之显也。(《慎言》)

天地之先，元气而已矣。元气之上无物，故元气为道之本。(《雅述》)

元气之上，无物，无道，无理。(《雅述》)

元气之上无物，不可知其所自，故曰太极；不可以象明状，故曰太虚耳。(《雅述》)

在王廷相看来，世界上除了气之外没有别的东西，所有的事物，包括“理”、“器”、天地、虚实、人性都只是气的具体存在形式或气所表现出来的特征。他还认为“气有聚散，无灭息”，而气之聚散则构成天地万物的具体形态，天地万物的生成和毁灭都只是气之变化造成的，而气之永恒的变化则构成宇宙万物生生不息的具体演化过程。另外，王廷相针对“理一分殊”说，提出不存在专一之理，不能用一理替代万理，随着气化演化的过程，便会生成万气万物，并相应构成万物万理。在此，王廷相不仅看到了以气为本的世界统一性，而且看到了以“气化”为因的世界永恒运动、变化的过程性，并且看到事物的理也是随着这一永恒运动、变化的过程而不断生成和变化的。在这些相关的思想中体现出来的不仅是气一元论的唯物主义学说，还是永恒运动、变化的过程论的辩证法学说。

他写道：

天内外皆气，地中亦气，物虚实皆气，通极上下，造化之实体也。(《慎言》)

太和氤氲，万物化醇，生生而不容以息也。(《慎言》)

有太虚之气而后有天地，有天地而后有气化，有气化而后有牝牡，有牝牡而后有夫妇，有夫妇而后有父子，有父子而后有君臣，有君臣而后名教立焉。是故太虚者，性之本始也；天地者，性之先物也；夫妇、父子、君臣、性之后物也；礼义者，性之善也，治教之中也。(《慎言》) 人有生气则性存，无生气则性灭矣。一贯之道，不可离而论者也。(《雅述》)

天地之间，一气生生，而常而变，万有不齐，故气一则理一，气万则理万。(《雅述》)

6. 王夫之的气外无物、象外无道、絪缊化生的唯物论和辩证法思想

明清之际思想家王夫之在哲学上坚持和发展了中国传统的气一元论学说，认为宇宙中除气之外别无他物。他提出“理在气中”“天下惟器”“无其器则无其道”“无象外之道”“车（形）载神游”“天下之用，皆其有者”“无者，未有积之谓也”“无形之上”，还用“絪缊生生”（《周易外传》卷六）来说明气之变化的永恒不息的情景。

王夫之以絪缊（阴阳未分之混沌状态）之气为宇宙万物之本体。他认为，所有事物都由絪缊化生而出，又都复归于絪缊而去。他写道：

阴阳二气充满太虚，此外更无他物，亦无间隙，天之象，地之形，皆其所范围也。散入无形而适得气之体，聚为有形而不失气之常。(《张子正蒙注·太和篇》)

（气）散而归于太虚，复其絪缊之本体，非消灭也。聚而为庶物之生，自絪缊之常性，非幻成也。(《张子正蒙注·太和篇》)

在王夫之看来，并不存在道家所言的有无之别，更不可能“无中生有”。有和无都是气存在的具体方式和状态，所有的事物都是有。通常，人们总是把能够明确感知到的事物称为有（可见），而把不能明确感知到的事物称为无（不可见）。这只是人的认识能力的局限，而不能据此认为有真的转化为无了。他写道：

有无混一者，可见谓之有，不可见遂谓之无，其实动静有时而阴阳常在，有无无异也。(《张子正蒙注·太和篇》)

无形则人不得而见之，幽也。无形，非无形也，人之目力穷于

微，遂见为无也。(《张子正蒙注·太和篇》)

聚者暂聚，客也，非必为常存之主；散者，返于虚也，非无固有之实。(《张子正蒙注·太和篇》)

王夫之认为，形与神、理与气、道与器统一不可分。无形外之神、气外之理、器外之道，而气则是其统一的基础。他写道：

理在气中，气无非理；气在空中，空无非气，通一而无二者也。(《张子正蒙注·太和篇》)

形非神不运，神非形不凭。……车者，形也。所载者，神也。车载神游。(《周易外传》卷二)

天下岂别有所谓理？气得其理之谓理也。气原是有理的，尽天地之间，无不是气，即无不是理也。(《读四书大全说》卷十)

天下惟器而已矣。道者气之道，器者不可谓之道之器也。……无其器则无其道。(《周易外传》卷五)

王夫之还认为，形而上和形而下都统一于“形”，“无形无上”，作为形而上的道和作为形而下的器都统一于“形”，根本不存在什么形外之道、象外之道。他写道：

形而上者，非无形之谓。既有形矣，有形而后有形而上。无形之上，亘古今，通万变，穷天穷地，穷人穷物，皆所未有者也。(《周易外传》卷五)

器而后有形，形而后有上。无形无下，人所言也。无形无上，显然易见之理。(《周易外传》卷五)

“形而上者谓之道，形而下者谓之器”，统之乎一形，非以相致，而何容相舍乎？(《周易外传》卷五)

天下无象外之道。……不曰道生象，而各自为体，道逝而象留。然则象外无道。(《周易外传》卷六)

论及事物变化的原因，王夫之认为，絪缊之气永恒不息地运动是世间万物“变化日新”的根据，而“气之聚散”乃是具体事物生成与毁灭、转化与消亡的自然机制。他写道：

> 气之聚散，物之死生，出而来，入而往，皆理势之自然，不能已止者也。(《张子正蒙注·太和篇》)
>
> 天地之化日新。今日之风雷非昨日之风雷，是以知今日之日月非昨日之日月。(《思问录·外篇》)
>
> 太虚者，本动者也。(《周易外传》卷六)
>
> 动静互涵，以为万变之宗。(《周易外传》卷四)
>
> 絪缊不息，为敦化之本。(《张子正蒙注·神化篇》)

值得强调的是，王夫之在论述事物变化的过程时，似乎已经看到了事物自我变化的（自组织）情景，以及变化过程有迹可循的（信息活动）特征。他说：

> 变者，自我变之，有迹为粗；化者，推行有渐而物自化，不可知为精，此一义也。(《张子正蒙注·神化篇》)
>
> 神化者，气之聚散不测之妙，然而有迹可见。(《张子正蒙注·太和篇》)

显然，王夫之的气一元论学说比之前的哲学家们的相关学说更为彻底。他以气为本，把有无、阴阳、虚实、清浊、聚散、动静、道、器、理、象、神、形（包括形上、形下）等中国哲学中的诸多命题（存在形式、概念范畴）都统一起来了。在其所议所论中所体现出来的气一元论的唯物论和事物自身永恒运动、变化的辩证法思想，不仅富有逻辑力量，而且极为深刻。其如下的一段文字可以作为其相关思想的概括性论述：

> 虚必成实，实中有虚，一也。……止而行之，动动也；行而止之，静亦动也；一也。……聚者聚所散，散者散所聚，一也。……清以为浊，浊固有清，一也。……所动所静，所聚所散，为虚为实，为清为浊，皆取给于太和絪缊之实体。(《张子正蒙注·太和篇》)

12.3 “以有为本”论中的唯物论和辩证法思想

“有无”是中国古代哲学中的重要范畴。在存在论的意义上，“有”和“无”具有两种不同的含义，一种是在与“形”或“名”相对的意义上获得的规定："有"指"有形""有名"，"无"指"无形""无名"；另一种是在纯粹的、绝对的存在与否的意义上获得的规定："有"指"实有""存在"；"无"指"虚无""不存在"。最早提出这对范畴的是老子，在《老子》一书的相关论述中，"有"或"无"到底在哪种意义上成立并不很清晰，但其基本倾向是用"有形""无形"来解读的。之后的《庄子》一书则明确用"无形""无名"来解读"无"，并认为"无"是万物的根本或本原。再后来的早期魏晋玄学的主要代表人物何晏和王弼将老子的"有生于无"的思想推向极端，将"无"虚无化，以"无"释"道"，并主张"贵无""贱有"。到了西晋，哲学家裴頠、郭象等则提出"无不生有"的命题，以反对何晏和王弼的"无中生有"命题。再后来，北宋张载、明清之际的王夫之等则从气一元论的学说出发，将有或无都看作是气的不同状态，与气之聚或散、微与著、相对于人的感知的"有形"或"无形"而分别获得规定。"无无","有无无异"，无也是有。

然而，无论在怎样的意义上对"有"或"无"进行阐释，中国古代的哲人们都是试图说明宇宙、宇宙事物存在的统一性、整体性和系统性。其区别仅仅在于，是以"无"为本，还是以"有"为本，即是"无"统一于"有"，还是"有"统一于"无"。在这样一些争论过程中，以有为本的学说体现出的唯物论和辩证法思想是十分丰富而深刻的。

1.《老子》有无相生的辩证演化观

《老子》(又名《道德经》)成书于春秋战国时期，只有五千言，其中阐释了极为丰富的朴素辩证法思想。该书认为，一切事物的产生和变化都是有和无的统一。该书通过道物转换，有无相生、相化的过程，阐释了一种天地万物由无而生，又转无而去的整体存在与演化的统一性和过程性理论。《老子》中写道：

> 天下万物生于有，有生于无。(《老子·第四十章》)
>
> 道生一,一生二,二生三,三生万物。万物负阴而抱阳，冲气以为和。(《老子·第四十二章》)

虽然《老子》对其所说的"无"并未做出明晰的解释，给后来的哲学家们对其做出不同的解读留有了余地，但是从《老子》一书的其他一些相关论述中似乎可以看出,《老子》中的“无”并不是纯粹的一无所有的无，而是某种不能被人直观识辨的“无形之有”，是“无形”“无名”之无。《老子》中写道:

道之为物，惟恍惟惚。惚兮恍兮，其中有象、恍兮惚兮，其中有物；窈兮冥兮，其中有精。其精甚真，其中有信。(《老子·第二十一章》)

大象无形，道隐无名。(《老子·第四十一章》)

显然，在老子看来，那个作为“无形”“无名”之无的原出的道并不是什么纯粹的“无”，而已经是有很多内容在其中的“有”了。从上引文字来看,“有”包括四种：象、物、精、信。在这四种“有”中,“物”可以理解为物质性存在,“精”就不能完全被认为是物质性存在了，而“象”和“信”则应当指的是信息性存在。如果我们断言,《老子》中已经提出了物质和信息双重存在的理论，那也许多少有些牵强。但是，我们完全有理由做出这样的断言：在《老子》所阐释的那个“无形”“无名”之“道”中已经包含了天、地、万物生成的物质性基质和发展、变化的信息性程序。“道”乃是宇宙、天地、万物生成、运动、变化、转化的最初根据的“种子”，是“物”“信”合一的、二重化存在的原始混沌状态。唯其如此,“道”才可能“无形”“无名”,“法自然”而自然而然。

老子认为一般的物质先于天地而存在，并且以“独立而不改，周行而不殆”的方式演化，并且任何一种呈现着的状态都将是暂时的，不能持久的:

有物混成，先天地生，寂兮寥兮，独立而不改，周行而不殆，可以为天下母。(《老子·第二十五章》)

飘风不终朝，骤雨不终日。孰为此者？天地。天地尚不能久，而况与人乎？(《老子·第二十三章》)

从这些相关论述来看,《老子》中的思想颇具唯物主义特色。因为老子说：作为天下之母的混成之物是先于天地的。由此我们也可以体会出《老子》中的“无”不应当是纯粹的、绝对的、一无所有的无。而其关于“独立而不改，周行而不殆”，一切事物都只是相互转化的演化过程的思想更是富有辩证法的韵味。

2.《庄子》"无形""无名"乃万物之根本的整体统一观

战国时的哲学家庄周（约公元前 369—前 286）及其后学所著的《庄子》一书也对有无关系进行了明确的论述。该书将《老子》中的"无形""无名"的论述和有无关系的论述结合起来解读，认为"无"并非完全不存在，而是万物的根本或本原。书中写道：

> 泰初有无，无有无名；一之所起，有一而未形。物得以生，谓之德；未形者有分，且然无间，谓之命；留动而生物，物成生理，谓之形；形体保神，各有仪则，谓之性。(《庄子·天地》)
>
> 夫昭昭生于冥冥，有伦生于无形，精神生于道，形本生于精，而万物以形相生。(《庄子·知北游》)

显然，《庄子》中用"无"来指谓世界的未分化（有一而未形）的原始状态，这个"无"并非纯粹的一无所有的无，而只是"无名"、"未形"、各种初始材料混而为一的"无间"的、出于未曾彰显的"冥冥"状态的"无"。只是在后来的演化发展中，从"无"的"无间"中才分化（未形者有分）出具体的物，从而获得有形的"有"的世界。

如果结合《庄子·知北游》中的一段论述，我们将会进一步看到，《庄子》中所说的无或有都是气的不同状态，都统一于气：

> 生也死之徒，死也生之始，孰知其纪！人之生，气之聚也。聚则为生，散则为死。若死生为徒，吾又何患！故万物一也。是其所美者为神奇，其所恶者为臭腐。臭腐复化为神奇，神奇复化为臭腐。故曰："通天下一气耳。"圣人故贵一。

这不仅是彻底的有无相生相化的生死、始终的整体统一论，还是彻底的气之聚散的气一元论的整体统一论。在此，《庄子》所阐释的相关理论，不仅具有唯物论的特色，而且具有辩证法的特色。

3. 裴頠《崇有论》中"以有为体"的唯物论观点

魏晋玄学早期的主要代表人物是何晏和王弼。魏正始年间，何晏作《道德论》，王弼注《老子》《周易》，将其中"有生于无"的思想推向极端，不仅把无看作是有的根本、道的根本，而且把无看成是先于天地、先于阴阳、先于万物的本原性存在，并且，就连人之德行品性都依赖于无而产生。在他们看来，无是世界之本体，有是无的表现，任何有都只是暂存的现象，最终都必然会归本还无。这样的理论显然是将世界建筑在“虚无”的根基之上，从而排斥“有”，贬低“有”的地位，“贵无”而“贱有”。

自何晏、王弼始，魏晋玄学“贵无”“贱有”之风盛行。针对这一社会风气，西晋哲学家裴頠著《崇有论》，提出世界万物“以有为体”的学说，以反对何晏、王弼的“以无为体”的宇宙本体论思想。《崇有论》这样描述当时的社会风气：“虚无之言，日以广衍，众家扇起，各列其说。上及造化，下被万事，莫不贵无。”

《崇有论》写道：“夫至无者无以能生，故始生者自生也。自生而必体有，则有遗而生亏矣。生以有为己分，则虚无是有之所谓遗者也。”“济有者皆有也，虚无奚益于已有之群生哉！”

《崇有论》认为：现实世界的总体既是有，又是“宗极之道”；所有的事物都以有为体，所谓的“理”，也是以有为体的；纯粹而绝对的无（“至无”）是不可能生有的，所有的事物都是自己产生自己（“自生”），亦即是物生物、有生有，也就是物以物为本体，有以有为本体（“自生而必体有”）；通常所说的虚无，仅仅是相对于有而言的对有的否定（“有之所谓遗者”），而并不意味着存在什么不依赖于有的纯粹而绝对的无。

《崇有论》与何晏、王弼的理论相反，提出了一种以有为本的宇宙本体论学说，在有无关系上坚持了某种唯物一元论的、整体论的统一性观念。并且，其关于万物“生者自生”的思想不仅具有辩证法韵味，而且与当代自组织理论和复杂性理论的相关观点相吻合。

4. 郭象关于物自“独化”的“无不生有、有不化无”论中的唯物论、辩证法思想

西晋玄学家郭象受裴頠《崇有论》影响作《庄子注》，借而阐释自己关于万物生成与变化的“独化”“自生”的理论，并认为不仅无不能化有，有也不能化无。事物的一切变化都是“物各自造”，都是物“不为而自能”“快然而自生”的“独化”、物物转化、有有转化的过程，不存在“造物者”的主宰。郭象不同意以“无”释“道”，认为“无”不可能是宇宙本体和万物

的本原。而标志“有”的“物”才既是本然的先在者，又是永恒的常存者。阴阳、自然、道都只能是物或物的属性。他写道：

无既无矣，则不能生有。(《齐物论》注)

非唯无不得化而为有也，有亦不得化而为无矣。是以夫有之为物，虽千变万化，而不得一为无也。不得一为无，故自古无未有之时而常存也。(《知北游》注)

夫物或此以为散，而彼以为成。(《齐物论》注)

我之所谓成，而彼或谓之毁。(《齐物论》注)

一气而万形，有变化而无死生也。(《至乐》注)

物之生也，莫不快然而自生。(《齐物论》注)

造物者无主而物各自造。(《齐物论》注)

人之所因者，天也；天之所生者，独化也。(《大宗师》注)

不生天地而天地自生，斯乃不生之生也。(《大宗师》注)

郭象关于物“自生”“自造”“独化”的理论，不仅具体展示了一种无不生有、有不化无、有自为有的唯物论和辩证法的宇宙本体的整体统一观，而且其所阐发的某些观点还与当代复杂性自组织理论的相关思想相吻合。其实，这里的“自生”“自造”“独化”揭示的都是事物通过自发的内部运作过程而创生出自身所具的独特形态和性质。因为这些性质是通过“自生”“自造”“独化”而产生出来的，所以它们便不可能由什么先在的主宰者来左右。这些论述中所体现出的事物存在与变化过程与结果的自在性、非预先设定的非目的性，以及不确定性等思想是相当深刻的。这些相关思想和观点都符合辩证哲学所应有的基本要义。

12.4 中国古代哲学中的辩证法和复杂性思想的基本特质

与古希腊哲学相比较，中国古代哲学更具有辩证性、整体性的复杂性特征。我们在本章前几节中主要针对那些具有唯物主义色彩的中国古代的哲学学说中的辩证法和复杂性思想进行了讨论。其实，在中国古代哲学中，除了那些典型的唯物论哲学学说之外，其他的一些哲学学说中也同样具有十分丰富的辩证法和复杂性思想。对这些相关的辩证法和复杂性思想进行认真的梳理，同样有助于我们对人类哲学思维方式的发展有一个更为深入的认识，进而有助于我们建立一种全新意义的复杂辩证唯物主义学说。

笔者在《中国古代哲学中信息、系统、复杂性思想的十大特点》[①]一文中把中国古代哲学中的信息、系统、复杂性思想的基本特质概括为十个方面。囿于篇幅，在这里，笔者仅从与辩证法相关联的角度上把其中的某些要点进行简明的重新概括和再分析。

1. 几乎所有的哲学家都坚持世界具有整体统一性的观念

把世界描述为一个统一的整体，认为整体的性质不能简单还原为部分的性质，这一直是中国古代哲学的基本特征之一。几乎所有中国古代的哲学家都承认世界具有整体统一性，“本一形异”论正是这种整体统一观的具体表述。但是，对于世界统一于什么，中国古代的哲学家则多有分歧。

老子提出了一种有无相生的理论，并以“无”为世界的本原，但“无”到底是绝对的、纯粹的“无”，还是相对的、在“有形”“无形”意义上的“无”，老子则未曾给出明确的阐释。《庄子》这部著作以“无形”“无名”来解读“无”，并用“无”来指谓世界的未分化（有一而未形）的原始状态，而那些有形、有名之物则是从这一原始状态中分化出来的“有”的世界。早期魏晋玄学的主要代表人物何晏、王弼以“无”释“道”，将“道”归“无”，提出“贵无”论，有将“无”作绝对化、纯粹化解读的倾向。后来的裴頠、郭象等提出以有为体、无不生有、有不化无的观点，对“贵无”论予以针锋相对的批判。虽然在有无关系上中国古代的哲学家们各持己见，众说纷纭，但是其坚持世界存在的整体性、统一性的观念则是一致的。其具体分歧只在于，世界是统一于纯粹的“无”，还是“无形”的“无”，还是“有”。

至于在中国古代哲学中先后占主导地位的阴阳说、五行说、阴阳五行说、气一元论学说等，也都是关于世界存在和演化的整体性、统一性的具体哲学派别。

2. 在人类哲学史上最早提出了类似于信息结构化的理论

注重事物的构成性的结构化性质，注重由部分构成整体的方式的讨论，并通过部分与整体的关系来解释事物的性质同样是中国古代哲学的诸多基本

① 邬焜：《中国古代哲学中信息、系统、复杂性思想的十大特点》，《河北学刊》，2008年，第3期。

特征之一。中国古代的八卦理论是人类历史上最早以哲学逻辑的方式提出的信息结构化理论，其所具有的二值逻辑的性质在当代以计算机 0、1 编码方式为标志的信息科学的发展中日益呈现出非凡的魅力。

值得我们重视的是，在朱熹的理气相依、理为气本、气为理载的整体统一观之中同样具有深刻的信息结构化的思想。朱熹虽然强调理在气先，众多评家据此将其划归到唯心论的哲学学派之中，但是，从他的一些相关论述中可以看出，他所说的“理”却并不具有绝对而纯粹脱离“气”而存在的性质。因为他曾强调“阴阳五行错综不失条绪便是理”(《朱子语类》卷一)，这显然是把“理”看成了物的结构序。另外，朱熹还把“气”看成是“理”所依附的物质性载体，他曾用“该载”“挂搭处”“附著”(《朱子语类》卷一)等说法来阐明其气为理载的思想。显然，这样的一些思想和当代信息系统科学中所阐释的结构、信息与其物质载体的关系的理论十分吻合。

3. 在一定程度上看到了事物自身显示自身的信息性存在的性质

中国古代的象数理论，以及北宋理学家邵雍通过把象数之学神秘化所炮制的“先天学”的理论提出了一种关于事物都有其显“象”或“数”的观点，并试图用相应的符号、图式来表示这种“象”或“数”的内容。这样的学说在本质上是一种承认事物具有自身显示自身的信息性存在性质的理论。所谓“物生而后有象，象而后有滋（滋生)，滋而后有数”(《左传·僖公十五年》)，讲的正是事物通过“象”“数”自身显示自身的性质。

值得强调的是，西晋哲学家欧阳建在其所著的《言尽意论》中已经看到了事物自发显示自身存在方式和状态的信息性特征。欧阳建认为世界上客观存在的事物并不依赖于人们的“言”或“称”而存在，人们的“言”或“称”也不能改变客观事物本身的存在方式和状态，并且客观事物在其自身的运动变化中无时不在自发“彰”“著”着自身的存在方式和状态。他说：“形不待名，而方圆已著；色不俟称，而黑白已彰。”

4. 在一定程度上看到了事物存在的全息性特征

在中国古代哲学中的天人相应、天人感应、天地人相参的理论之中，在刘禹锡的差异事物通过相互作用而“交相胜”的学说之中，都深刻体现和渗透着不同程度的事物存在的全息性的思想。中国古代医学中将人体特征和自然事物的特征所做的一一对应的描述更是把天人相应、天人相对的理论具体化、泛化到了极致。而中国古代医学中的经络穴位系统学说，以及在古老中医学说中发展起来的当代生物全息律学说同样是关于生物系统具有全息性的理论。

5. 在人类科学与哲学史上最早提出了信息网络的思想

这一思想集中体现在古老中医的经络穴位理论及脏腑系统理论之中。这些理论在本质上是一种信息网络全息制控的理论。虽然，迄今为止仍未具体探明经络通路的物质性承载结构，但是，上千年来，在中医实践的过程中，按照这些理论发展起来的施治原则和方法却取得了极大的成功。

6. 在某种程度上已经看到了整体性质的涌现性特征

唐代哲学家刘禹锡曾经提出具有差异性的事物间的相互作用可以产生“交相胜”的结果的理论。他借用“交相胜”“数”“势”等概念来说明相互作用所产生的整体性新质和新内容。他具体提出了“天与人交相胜”“人能胜乎天”的命题，并用水和舟相结合而产生新的功能的例子解读了事物通过相互作用的“交相胜”而涌现出整体的新性质的特征。他写道：“水与舟，二物也。夫物之合并，必有数存乎其间焉。数存，然后势形乎其间焉。……彼势之附乎物而生，犹影响也。”(《天论中》)

7. 在某种程度上已经提出了关于人的认识的信息中介论理论的萌芽性思想

当代信息科学与信息哲学揭示了人的认识发生的信息中介性特征，并把人的认识看作是在多级中介中展开的信息建构与信息虚拟的过程。这样的一些相关观点和思想在中国古代哲学家们关于名实关系、言象意关系、物身关系、心物关系、知行关系的论述中都有不同程度的体现。《老子》以“道可道，非常道；名可名，非常名”这句话为其开篇，而这句话体现的正是名实相殊的语言信息与表征对象存在差异的思想；《庄子》中关于概念与表征对象存在动与静、不可分与可分之差异思想的论述；公孙龙“天下无指”“物不可谓指”的观点看到了语言在人的认识中的中介建构性作用，而他的“白马非马”“离坚白”论所体现的则是人的认识必须通过人的感官、神经和脑的生理结构的中介的思想；王弼提出的“得意在忘象，得象在忘言”的命题揭示了人的三种认识形式“意”“象”“言”在互为中介、相互建构中所产生的具体差异性的复杂性关系；欧阳建的《言尽意论》中体现的是自在信息和认识的语言中介论思想，其深刻之处在于，他已经看到了客观事物在其自身的运动变化中无时不在自发“彰”“著”着自身的存在方式和状态的信息活动的特征；嵇康提出了关于声与心、色与心、形与心相互割裂的观点，认为人的心理状态虽然是“待物而成”的，但其性质则是随人的情感、喜好为转移的，这一思想已经看到了人的心理认知模式（认识结构）对人的认识所起的中介建构与虚拟的作用；邵雍的“体用交”和以理观物、以物观物的“反观”法，张载关于内外合的认识发生的理论，王廷相关于“思与见闻之会”的认识论观点，王夫之关于形神物遇而知的理论，方以智“质测即藏通几”说等，所阐释的都是关于人的认识过程中对象信息和主体生理结构信息、心理认知模式的信息相互匹配、复合，以及对象信息在多级中介中被建构和改造的过程的理论；程颐关于真气自生、理由心上得的理论，王守仁“致良知”“知行合一”说等，虽然被评论家们认为具有唯心主义的性质，但是其中所体现出的信息认识中介论的思想同样具有一定的深刻性。

8. 具有丰富的过程论和生成论的思想

把宇宙、宇宙中的一切事物都看作是一个不断运动、变化、演化和自我生成的过程，注重对最初的本原在其运动变化中展开为整个世界，展开为多样性存在的描述，这几乎是中国古代哲学家们所阐释的相关理论的共同特征。相关的学说包括：《老子》关于有无相生、对立相化的思想，以及其关于“道生一,一生二,二生三,三生万物”的著名论述；《易传》关于变化无穷、生生不息的思想；扬雄关于演化生成、两极相通、循环周始的思想；王符关于道气一统、万物自化的思想；《列子·天瑞》关于万物循环自化的思想；阮籍关于《易》为“变经”的诠释；元结关于有无相化、化无穷极的思想；邵雍关于太极（道）为本，太极转生神数象器、天地万物的思想；王安石关于“万物之变遂至于无穷”的思想；胡宏关于“道通于化而无尽”的思想；戴震的气化流行、生生不息的气一元论思想；等等。这足以揭示：中国古代哲学理论中关于过程论和生成论的思想不仅丰富而且深刻。

9. 提出了明晰而深刻的非决定论的复杂自组织思想

这一方面的思想集中体现在中国古代哲学关于“自然无为”“道法自然”“物偶自生”“天地无心”“物自独化”“天道自然、必然，而非当然”等学说之中。

自然无为、无不为的理论乃是自老庄哲学起始，一直延绵不断发展着的中国古代哲学中的一种独具特色的重要哲学理论。“自然无为”的本意并不是“什么也不做”，而更多具有不刻意强求、不逆反规律、顺其自然、自然而然之意。正因为如此，才有了通过“自然无为”而达到“无不为”的大造化、大境界的说法。这样的一种理论，揭示的是事物自生演化发展的无目的性、偶然性、不确定性、随机性的特征，其本质是一种关于非决定论的复杂自组织思想。而这样一种理论恰与当代复杂性自组织理论的基本观点直接相通。

相关的学说包括:《老子》中自然无为的天地万物自组织生成和演化的思想；王充反目的论、反预成论的“物偶自生”的理论；王弼的天地无心、自然无目的、无为的思想；郭象关于“物自独化”“不为而自能”“快然而自生”的思想；张湛的万物无为生化、万物忽尔而生的偶然论思想；葛洪关于事物生成之无预成式目的性的思想；朱世卿提出的“万法万性皆自然之理”“大道无主”“无有造为之者”的观点；邵雍关于自然“无为无有”的“不固为”的自然演化的非决定论思想；王廷相关于天道自然、不固为人的观点；章学诚关于“天道自然、必然，而非当然”论中的非决定论思想；等等。

10. 具有直观性、猜测性、神秘性等缺陷

与古希腊的哲学相类似，中国古代哲学也具有直观性和猜测性的特点。

除上述两大相同特点之外，与古希腊哲学相比，中国古代哲学更多具有玄学思辨的特征，并由此而具有更多的神秘性色彩。无论是中国古代哲学中的有无关系之辨、道气理论之辨、阴阳五行之辨，还是太极、八卦、象数之说，大多都带有某种玄学思辨的味道，因而具有了更多的神秘性色彩。在一些相关理论的应用中，如将阴阳五行、八卦、象数之学，用以比附自然、人事之现象，用以解读人体之结构、事物之关系，用以推测和评判自然、社

会、个人未来发展的过程、事件、利害和命运等，这一切都无不具有更多的神秘性特征，甚至具有很大程度的迷信色彩。在上述理论和学说中所运用的一些基本概念，如“无”“道”“太极”“象”“数”“势”“一”“二”“三”，乃至“阴阳”“五行”等，也大多歧义纷呈，模糊而笼统，甚至由于其玄而不可具体解读。

中国古代哲学所具有的此类玄学思辨的神秘性特征，很难用具体科学观察和实验的方法对之进行证明或证伪。这大概也是导致近代科学无法在中国产生的众多原因之一。

第13章

印度古代哲学中的唯物论和辩证法思想

吠陀时期是印度哲学的发端期，它主要指的是狭义上的吠陀（吠陀本集）产生的时期，这一时期的时间范围大致在公元前1500年到公元前800年。在《梨俱吠陀》的最后几卷中已经可以看到印度阶级社会形成时期科学世界观的萌芽，在大量的宗教神话中往往夹杂着一些对世界生成的合理猜测，如关于世界是由水、火、风等构成的表述。

印度哲学的真正起点产生于《奥义书》时期。在《奥义书》中，出现了印度哲学的一些基本观点，出现了相对成形的哲学理论。《奥义书》的哲学思想大致可以分为两个方面：一个方面是体现着宗教神学思想的“梵我同一”和“轮回解脱”的理论，另一个方面则是体现着素朴唯物主义思想的以“极微论”和“四大（或五大、六大）元素论”为代表的自然观思想。《奥义书》中还有很多比较深刻的辩证法和复杂性思想，如关于世界整体统一性、矛盾运动性、多因素聚合的整体构成论、世间万物的自显性、宇宙自生论、演化全息论等思想。

从公元前6世纪至公元前2世纪，印度思想界出现了百家争鸣的繁荣局面。这一时期的哲学新思潮的种类很多，有资料表明有数百种。通常将当时的众多哲学思潮分为两大类：一为婆罗门教的正统及其支流；二为沙门思潮，即自由思想家思潮的通称。前者因为都承认吠陀的权威性而被视为正统派哲学，后者因为都不承认吠陀的权威性而被称为非正统派哲学。

在之后的发展中，婆罗门教的正统派哲学主要形成了六家：数论派、瑜伽派、胜论派、正理派、弥曼差派、吠檀多派。而不承认吠陀权威性的具有自由思想思潮的流派则主要形成了所谓的“异流三派”：佛教、耆那教、顺世论。此外还有所谓的生活派（邪命外道）等。

古代印度哲学源远流长、文献浩繁、博大精深。本章仅对其中所体现出来的唯物论、辩证法和复杂性的思想进行简明的讨论。

13.1 《吠陀》关于宇宙自生性的唯物论和辩证法思想

虽然《吠陀》中关于宇宙起源、事物生成机制和过程的论述十分庞杂，但是其中也有一部分论述十分鲜明地提出了宇宙、事物产生于个别自然物的思想。其中体现了某种程度的唯物论和辩证演化观的观点。

1.《无有歌》中关于宇宙起源于“太一”自然的辩证演化观

《梨俱吠陀》中有一首著名的《无有歌》，歌中提出了一种既不是“有”也不是“无”的宇宙原初混沌状态——“太一”，并把水看作是最初产生的东西。歌中认为，“太一”是通过自身内部热力的冲动产生出来的，而宇宙万物、“思想”，乃至“天神”都是在“太一”中孕育，或在“太一”创生出世界之后才出现的现象。这种“太一”通过内部热力的冲动生成宇宙万物的思想，这种关于混沌之初“一切都是水”的观念，无疑是一种包含唯物论成分，并且具有辩证性、过程性的朴素宇宙观。歌中写道：

> 那时“无”不存在，“有”也不存在……太一由于自身的力量呼吸而无气息，此外没有其它的东西存在……最初全为黑暗所掩，一切都是混沌，一切都是水，那太一为虚空所掩，由于自身的热力而产生出来。此后最初的爱欲在太一中显现出来，它是产生思想最早的种子。什么东西在太一之上或下呢？那时有生育者和滋养者：下面是自存的能力，上面是冲动的力量。天神是在世界创造之后才产生的……[①]

① 黄心川：《印度哲学史》，北京：商务印书馆，1989 年版，第 41-42 页。

这里的“太一”，恰如中国《老子》中的“道”，其本然状态是无法用“有”“无”“生”“死”“昼”“夜”“天”“地”等描述一般现象的概念来表征的。就连“太一”自身的活动也不能用寻常的概念表述，因为它凭借“自身的力量呼吸而无气息”。这里的“呼吸而无气息”显然是一种自相矛盾的状态，这恰与既有还无、非有非无、既生又死、非生非死之类的情景相对应。这样的一种“太一”始初的本然状态，只能用“非有非无”“混沌”之类的概念来表述。恰如《老子》中所言，“道可道，非常道。名可名，非常名”。

《无有歌》的作者用“太一”自身的运动来解释宇宙的起源，并把水看作是由混沌最初产生的东西，进而由此再生发出“爱欲”“思想”“天神”。这样的解释显然具有某种程度的唯物论特征，“太一”不需要借助任何宇宙之外的力量，也不需要借助任何诸如“天神”之类的东西的创造，而只是凭借“自身的热力”的运动便自化而生成。另外，“太一”作为宇宙万物的“生育者和滋养者”，其运作的机制是什么呢？这便是处于其下部的“自存的能力”和处于其上部的“冲动的能力”。正是这些“自身的热力”“自存的能力”“冲动的能力”，以及这些能力之间的相互作用创生出了宇宙的万事万物，创生出了诸如情感、意识、神灵之类的现象。这样的一种“太一”凭借自身的潜在能力，在自生自化的运动过程中孕育出宇宙万物的思想，不仅深刻揭示了宇宙生成的对立力量矛盾运动的自生性和过程性的辩证法，而且深刻揭示了宇宙生成和演化过程的自组织性和复杂性特征。

2.《金胎歌》中关于宇宙起源于“金胎”自然的辩证演化观

《梨俱吠陀》中还有一首著名的《金胎歌》，歌中写道：

太初出现了金胎：他生下来就是万物的主宰。他安立了这个天和地……他给予呼吸，赋予力量。诸神（听从）他的命令。他的影子是不死的，也是死的……他通过威力成为能呼吸的、能闭眼的、独尊的世界之王。他是两足和四足的主宰。……由于他的威力而有这些雪山。世人都说大海和天河（指环绕世界的神秘河流——引者注）都是属于他的。这些天域（天极）都是他的双臂……由于他，威严的大地能安住，由于他，苍天和穹窿得支撑。他测量空中的大气……依靠他的恩惠而对立的两军（指天与地——译者注），怀着颤

> 抖的心情向他仰望。从他的头上升起光辉的太阳……当洪水来到世界的时候，大水怀持着胚胎。生出了阿耆尼（火），由此产生了诸神唯一的生灵。①

显然，按照《金胎歌》的描述，宇宙最初的时候（太初）混沌如卵（金胎）。由此金卵的孕育一步步化生出天地和万物。这其中包括有生命的和无生命的世界，诸如大海和天河、广阔而无极的天域、大气和太阳、呼吸和力量、两足和四足的动物、火和诸神。这样的思想，显然具有辩证法事物自身运动、变化、演化，以及自组织和复杂性的特征。因为，《金胎歌》并不把宇宙及其事物看成是从来就有的、一成不变的僵死的存在，而是把宇宙及其事物看成是一个不断演化和生成的过程。在这一过程中，原来的状态将会不断地被改变，原来没有的东西可以在后续演化的过程中被孕育和化生出来，并且这种孕育和化生的动力也不依赖于金胎之外的任何神秘力量，就连那具有神秘灵气的诸神也是在金胎中被孕育出来的。这样，诸神便不再具有最初创生世界的主宰者的性质，因为他们也是被创生出来的。

在《金胎歌》中，还体现出了世界产生于水的思想。因为歌中写道："当洪水来到世界的时候，大水怀持着胚胎。"这一思想又与《吠陀》中关于宇宙起源的水生论思想相通。这一思想明显具有唯物论色彩。

3.《吠陀》"原水说"中关于宇宙起源的唯物论和辩证演化观

"原水说"是古代印度哲学中的一种最为古老的关于宇宙万物由水孕育生成的理论。我们在前面提到的《梨俱吠陀》中的《无有歌》《金胎歌》中都有"原水说"的影子。

我国著名的印度哲学专家巫白慧曾经有过一段论述，对这一理论的起源和意义进行了专门的阐释：

> 宇宙的原质是什么物质？一位吠陀智者推测说："太初宇宙，混沌幽冥，茫茫洪水，渺无物迹。"太初宇宙既然只是一片洪水，那么水就是宇宙的最初物质，从水产生万物。奥义书哲学家对此作了具体的补充："太初之时，此界唯水。水生实在，实在即梵。梵出生主，生主产诸神……""……水构成众物形状：大地天空、气层山岳、

① 黄心川：《印度哲学史》，北京：商务印书馆，1989 年版，第 43-44 页。

人神鸟兽、草木牲畜、蝇虫蚂蚁……”印度哲学这一古老的原水说比希腊泰勒斯（约公元前624～公元前547）的“水是万物的本原”的观点，至少要早数百年。①

《梨俱吠陀》中有一首著名的《水胎歌》，歌中写道：

在天、地、神和阿修罗之前，水最初怀着什么样的胚胎，在那胎中可以看到宇宙中的一切诸神。

水最初确实怀着胚胎，其中集聚着宇宙间的一切天神。这胎安放在无生（太一，指宇宙最高存在——引译者注）的肚脐上，其中存在着一切东西。②

这样的一种天地、万物、神灵都起源于水的孕育的学说显然不仅是朴素唯物主义的，还具有生成论、演化论的特征，同时排除了神创论的观念。另外，“无生”也就无灭，也就是不生不死的“唯一”，这样的思想也反映了宇宙永恒、不生不灭，万物生化、变动不居、生生不息的辩证法的演化观，以及自组织和复杂性的观念。

4.《原人歌》中具有唯物论和辩证法色彩的自然神说

《梨俱吠陀》中有一首著名的《原人歌》，该歌的作者将宇宙的最高、最初的存在比喻为“原人”，由此原人的创造和分化创生或演化出万物和诸神。歌中写道：

原人之神，微妙现身，千头千眼，又具千足；包摄大地，上下四维；巍然站立，十指以外。

唯此原人，是诸一切，既属过去，亦为未来；唯此原人，不死之主，享受牺牲，升华物外。

如此神奇，乃彼威力；尤为胜妙，原人自身；一切众生，占其四一；天上不死，占其四三。

原人升华，用其四三，所余四一，留在世间。是故原人，超越十方，遍行二界，食与不食。

① 巫白慧：《印度哲学——吠陀经探义和奥义书解析》，北京：东方出版社，2000年版，第104页。
② 黄心川：《印度哲学史》，北京：商务印书馆，1989年版，第44页。

从彼诞生，大毗罗阇；从毗罗阇，生补卢莎。彼一出世，立即超越。后造大地乃诸众生。

原人之身，若被支解，试请考虑，共有几分？何是彼口？何是彼臂？何是彼腿？何是彼足？

原人之口，是婆罗门；彼之双臂，是刹帝利；彼之双腿，产生吠舍；彼之双足，出首陀罗。

彼之胸脯，生成月亮；彼之眼睛，显出太阳；口中吐出，雷神火天；气息呼出，伐尤风神。

脐生空界，头现天界，足生地界，再生方位，如是构成，此一世界。[①]

《原人歌》显然是通过一种拟人化的表述，把宇宙的初始状态看成是一个人格化的自然神（超人）。此超人首先是一种无所不包、无所不在、无所不能的“神”。他有千头、千眼、千足；他“包摄大地，上下四维”，“超越十方，遍行二界”，充满一切空间方位，诗中的“十指以外”是一种比喻的说法，意思是原人占据了所有的空间；他“既属过去，亦为未来”，纵贯过去、现在和未来的所有时间；他是“不死之主”“升华物外”的不生不死的永恒性存在、超然于具体事物之上的本真性存在。

根据《原人歌》中这一类的说法，后人更多地把它看成是一种单一神的创世理论。然而，简单停留于这些字面的分析是缺乏深刻性的。因为，《原人歌》中所描述的“原人”虽然是一种人格化的“神”，但是，这个“原人”又具有自然化的明显特征。因为他既充满空间，又纵贯时间，他有自己具体的身躯和器官的存在，他所创生出的具体事物都不是凭空而来的，而是由他的身体的不同部分分化转化（支解）出来的。例如，按照《原人歌》的论述，印度社会的四个不同的种性，即婆罗门、刹帝利、吠舍、陀罗，分别由原人之口、臂、腿、足化育产生；原人的胸脯生成月亮，眼睛显出太阳，口中吐出雷神火天，气息呼出伐尤风神；“脐生空界，头现天界，足生地界，再生方位，如是构成，此一世界”。显然，这样的描述与那种单凭某种神秘的精神性意念力量的活动而创生世界的神创论学说并不完全等同。在《原人歌》的相关描述中，鲜明地体现着由一种已有自然事物的运动、变化过程转化、生成另一种自然事物的特征。在这里，现存世界的产生不是精神性意念

① 巫白慧：《印度哲学——吠陀经探义和奥义书解析》，北京：东方出版社，2000 年版，第 49-50 页。

活动的结果，也不是凭空而来的创造，而是已有的世界、已有的自然事物通过自身的运动和变化转化为另外一个世界，转化为另外的自然事物的过程。这样的描述，体现的恰恰是自然、自然事物本身的自我运动、变化和相互生成、转化的自创生、自组织的生成论和过程论思想。虽然这样的理论还算不上是直接的唯物论学说，但是其中所体现出来的自然自身运动、幻化，不依赖意志和神灵的思想却体现着某种程度的唯物论色彩。

另外,《原人歌》还体现出了宇宙无限性的思想。因为歌中认为，原人仅把他的四分之一转化为我们所处的现存的世界，而另外的四分之三仍然保留着原人固有的存在状态，为原人所拥有。

13.2 《奥义书》关于宇宙本原和本性的唯物论和辩证法思想

与《吠陀》一样,《奥义书》中关于宇宙起源、事物生成机制和过程的论述也十分庞杂，但是其中也有一部分论述十分鲜明地提出了宇宙、事物产生于个别自然物的思想。其中体现了某种程度的唯物论和辩证演化观的观点。另外，与《吠陀》文献相比,《奥义书》的相关理论更具有系统性和哲理性。

1.《奥义书》中关于水生大梵的唯物论和辩证法思想

古代印度的哲学家们普遍认为不生不灭、永恒存在的精神世界——大梵是世界的本原。然而，在某些文献记载中，却有水生者认为水先于大梵而存在，并且大梵由水而生。前面我们提到《梨俱吠陀》中就有明确的“水生说”理论。这一理论在之后的《奥义书》中也有所体现。

《大林间奥义书》第五分——第五婆罗门书中就明确地写有如下一段话：

> 太初，此世界唯水也。水吐生真。真者，大梵也。大梵（创造）般茶帕底，般茶帕底（创生）诸天。诸天唯敬拜真者。①

《尼理心诃奥义书》（上篇）第一书中也有类似的论述：

> 唯然,（太初,）此皆水也。世界唯水而已。般茶钵底（造物

① 《五十奥义书（修订本）》，徐梵澄，译，北京：中国社会科学出版社，1984年版，第444页。

主）独起于一莲花叶。彼内心意念中，有欲望兴焉："我当创造世界矣！"——是故人以意念向往者，则以语言表之，以行事成之。①

综合这两段话的意思，先有水，并且水是宇宙最初的唯一存在者。所以，水才是世界的终极性本原。大梵由水中"吐生"，然后大梵再创造出所谓的造物主"般荼帕底"，再后来，才由"般荼帕底"创生出宇宙间有形的天体，乃至万事万物。按照第二段话的说法，造物主"般荼帕底"只产生于原始水界中的一片莲花叶而已。它是通过意念的欲望来创造世界的，并通过语言的呼唤具体实现创世过程。这就是说无生命力的自然之水，创生了有精神意志的大梵、造物主，然后才有其他的宇宙万物的生成。这样的思想，不仅是宇宙统一论的，而且是宇宙生成论的，还是无精神、无生命世界创生有精神、有生命世界的素朴唯物主义理论。

2.《胎藏奥义书》中关于生命发育的物质基础和系统建构的过程论思想

多元和合、综合建构、信息匹配、程序发育、系统生成、整体涌现等思想乃是当代复杂信息系统理论关于新事物创生的若干基本原则。这些思想，在古代印度哲学中都有不同程度的体现。古老的《胎藏奥义书》对人体的构成及胎儿发育过程的描述，不仅具有物质元素基础生成的唯物论思想，而且深刻体现出了上述相关原则。

《胎藏奥义书》将人体的构成及胎儿的发育过程凝练为如下一首诗："身体五物成，又在五中转，所依者六事，所系六功德，七元质，三垢，二胎，四种食。"②

按照相关资料的解读，上诗中的"身体五物成"中的"五物"，指的是构成人体的基本质料：地、水、火、风、空，亦即古代印度哲学相关理论中所讲的构成宇宙的五种基本本原性实在（五大）。这五种实在在人体中分别承担着不同的功能，发挥着不同的作用③。

上诗中的"又在五中转"中的"五"指的是耳、皮、眼、舌、鼻五官及其作用，也指从事欲乐、排泄、智识、思维、语言的相应器官及其活动④。

① 《五十奥义书（修订本）》，徐梵澄，译，北京：中国社会科学出版社，1984 年版，第 765 页。
② 《五十奥义书（修订本）》，徐梵澄，译，北京：中国社会科学出版社，1984 年版，第 336 页。
③ 《五十奥义书（修订本）》，徐梵澄，译，北京：中国社会科学出版社，1984 年版，第 336 页。
④ 《五十奥义书（修订本）》，徐梵澄，译，北京：中国社会科学出版社，1984 年版，第 336 页。

上诗中的“所依者六事”中的“六事”，有不同版本的说法，或者说指的是“食之六味”（甘、酸、咸、苦、辛、涩），或者说指的是人生“六变”（始有、出生、长大、成熟、衰老、死亡），或者说指的是气脉运行之“六轮”（根持、丹田、脐上、心中、喉间、眉间轮）①。

上诗中的“所系六功德”中的“六功德”则指的是“六事”分别所具有的功能和性质。

上诗中的“七元质”指的是构成身体的七种色（白、赤、青黑、灰烟、正黄、棕黄、白黄）的质素，其功能在于调配运转各类物质性质料以供身体养料之需②。

《胎藏奥义书》进一步强调“六味之真元液”是构成“七元质”的基础，在“七元质”的相互滋润的过程中，由真元液生出了其他的身体成分，如血、肌、脂、筋、骨、髓、精等，进而合而成胎，又生成了“三垢（风、胆、津）”②。

对于胎儿在母亲腹中发育的过程，《胎藏奥义书》的描述是程序建构论和过程生成论的，而非预成论的：

> 时当季候，交合而一夜之后成凝，七夜之后成胞，半月之后生团，一月之后始坚，二月之后生头，三月之后生足部。及至四月之后，指、腹、腰部皆生。五月之后，生背脊。六月之后，口、鼻、眼、耳皆生。七月之后，胎与“耆婆”合。八月之后，一切皆长成充满。
>
> （八月之后）五物所成之身，始有生命能力，其五者所成心智，起香，味等知识，乃思维静虑彼一不灭之“唵”声，解脱。既知一音之“唵”，（是为“神我”），则八自性，十六变分皆具于其身。于是由其母所饮食、经脉管而得其‘般纳’，及至九月之后，诸相圆满……③

对于胎儿的产生及性别的生成，《胎藏奥义书》的描述是信息匹配、整合、建构论的：

---

① 《五十奥义书（修订本）》，徐梵澄，译，北京：中国社会科学出版社，1984年版，第336页。
② 《五十奥义书（修订本）》，徐梵澄，译，北京：中国社会科学出版社，1984年版，第337页。
③ 《五十奥义书（修订本）》，徐梵澄，译，北京：中国社会科学出版社，1984年版，第337-339页。

精属男而血属女，独自皆不能生，然其合也；

父之精盛则生男，母之精盛则生女，二者种子相等，则生中性人。父母之意念苦恼，则生盲者、跛者、偻者、侥者。相互之风相激而破其精为二，则胎亦二，于是有孪生①。

显然，《胎藏奥义书》对人体发育的构成要素的解读方式是多元和合的。无论是讲质料的，还是讲性质的，无论是讲气味的，还是讲颜色的，无论是讲器官的，还是讲组分的，都是在讲“多元”。正是这一“多元”的特征表明了相关理论的复杂系统方法的性质。

《胎藏奥义书》对人体发育过程的描述则明显具有综合建构、系统生成、整体涌现的生成论特征。上述的那样一些“多”的方面，并不是在最初给予的时候便一下子全都具备的，而是在最初的质料和因素的复杂相互作用中，通过相互聚合、相互匹配、选择建构、改造转化而依次产生出来的。最初的时候只是作为建构基础的“五物”的聚合，并在“七元质”和“六味真元液”的匹配下而形成更多其他的方面。相关论述中还清晰地写明了由真元液与“七元质”相匹配依次生出血、肌、脂、筋、骨、髓、精，然后才由“精与血合而成胎”，再然后才有了胆和津的过程。在这一相关成分的生成过程中，为什么要有“七元质”的匹配呢？因为所生成的东西正是由七种不同的颜色区别开来的：“真元液，色白；血，赤；肌，青黑（谓不透明）；脂，灰烟色……（筋与）骨，黄色；髓，棕黄；精，白黄。”②

这样的一种依次建构、系统生成、整体涌现的过程，在上引关于人之个体发育过程的描述中更能清晰地体现出来：从最初的交合成凝，到之后的成胞、生团、固坚，再到逐月的生头、生足、生指、生腹、生腰、生背脊、生口、生鼻、生眼、生耳，最后才有成心智、起香味、具“神我”，终至八自性、十六变分皆具于其身，诸相圆满。

值得强调的是，在上述关于人之个体在多元和合、综合建构、系统生成、整体涌现的发育过程的描述中，已经不同程度地体现出了信息匹配、程序展开的思想。然而，《胎藏奥义书》中最能体现信息匹配思想的则是关于胎儿的产生及性别的生成的理论。例如，男精女血合而能生，独自皆不能

① 《五十奥义书（修订本）》，徐梵澄，译，北京：中国社会科学出版社，1984 年版，第 337-338 页。
② 《五十奥义书（修订本）》，徐梵澄，译，北京：中国社会科学出版社，1984 年版，第 337 页，注⑤。

生；父母一方精盛或二者种子相等则或生男，或生女，或生中性人；父母之意念苦恼，则生畸形；破精为二，则有孪生；等等。这些论述虽多据猜测和主观臆断，但其理却与当代信息科学和信息哲学中所揭示的物体生成的信息编码、信息复合、信息匹配和信息建构的思想相吻合。

就《胎藏奥义书》关于生命发育的“五物”为基的观点而言，它是唯物论的，而就其多元和合、综合建构、系统生成、整体涌现的发育过程的描述而言，它又具有辩证法和复杂信息系统理论的特征。

3.《奥义书》中关于世界统一于物质性的“极微”的理论

古印度哲学中也有一种类似于古希腊哲学关于世界本原的原子论的学说。这一学说认为，事物只能从一种有转化为另一种有，不能无中生有。而构成世界的最基本的或最基础的有是一种我们用感官观察不到的“极微（或译为精微）”。

《唱赞奥义书》第六篇以父子问答的形式形象地讲述了相关思想：

> 吾儿！太初唯“有”，独一而无二者也。
>
> 吾儿！如此诸水也，东者东流；西者西注，出乎海，归于海，而化为海；如是于此中彼等不自知：我为此水也，我为彼水也。
>
> 吾儿！世间一切众生亦复如是。当其来自“有者”也，不自知其来自“有者”也。世间彼等凡是者，或虎，或狮，或狼，或野彘，或蠕虫，或飞鸟，或蚋，或蚊……皆一一为其所是者矣。
>
> 是彼为至精微者，此宇宙万有以彼为自性也。彼为“真”，彼为“自我”，施伟多凯也徒（说话者儿子的名字——引者注），彼为尔矣。①

在上面的答句中，说话者清晰地指出：宇宙最初的时候只有“有”，除“有”之外什么也没有。世间的万事万物都是由这最初的“有”转化而来的另一种形式的“有”。这种“有”与“有”之间的转化恰如一种形式的水（东流或西注之水）转化为另一种水（海水），反过来也成立。世间的一切有生命的物种也都是由这种最初的“有”转化而来的。而这最初的有便是“极微”。所以，“极微”便是宇宙万物的本质或本性，是最真实的存在。正是“极微”生成了宇宙间的一切（万有），包括生命世界（自我），也包括说话

① 《五十奥义书（修订本）》，徐梵澄，译，北京：中国社会科学出版社，1984年版，第139页。

者的儿子（施伟多凯也徒）本身。

显然，这是一种彻底的关于宇宙本性、本原及其存在方式的唯物主义的一元论学说。

为了启发儿子能够更真切地体会到“极微”乃是宇宙万物的本性，是最真实的有的存在方式的思想，父亲还举了许多形象的例子对相关的观点进行了说明。例如，父亲让儿子分解无花果，直到极小不可见的程度，然后说：“吾儿！此至精微者，汝所不见也，然由此至精微者，此一大无花果树而挺生焉。”又如，父亲让儿子将盐融于水中，盐不可见，但可尝其咸，然后说：“诚哉！吾儿！于此（身中）汝固不能见彼‘有者’，然彼固在其中也。”[①]

通过相应的例子，父亲向儿子阐明了无花果树是如何由人之感官无法观察到的“极微”构成的，无花果树又是怎样在自身的损毁中归于“极微”的；未溶于水的可见之盐和溶于水的不可见之盐具有共同的本性，都是“极微”。只不过前者是密度较大的凝聚态的“极微”，而后者则是密度极小的稀薄化的“极微”。

由这样的例子，父亲向儿子说明了“极微”乃是存在之根、存在之本、真实之有的道理。万物由“极微”而生，又复归于“极微”。

古代印度哲学文献中关于世界统一于“极微”的理论，在印度中世纪前期（3～6 世纪）的自然哲学思想中得到了进一步的完善和发展。这一时期的印度主要哲学流派大都认为“极微”乃是构成世界的四大元素（地、水、火、风）的极微细的最基本单位。世界就是由“极微”复合或堆积而成的。“极微”按四大元素的类别可以分为地极微、水极微、火极微、风极微。“极微”又有粗体和细体之分。四大元素的外在形式（物理世界）就是“极微”的粗体，四大元素的内在成分就是“极微”的细体。按照小乘佛教说一切有部哲学的理论，“极微”的细体有三位：一是极微之微，是原子最细的实体；二是色聚之微，是几个极微之微聚合而成的极细物体；三是微尘之微，是构成物质的不可再分的终极单位。作为物质的不可再分的终极单位的“极微”具有非点、非粒、非始、非中、非后，无限、常存、最后，以及不生不灭、无形无相之特点。“极微”与“极微”之间通过相互排斥或吸引的相互作用始终处于变动不居、持续演化之中。“极微”通过聚合形成世界不同层次的

① 《五十奥义书（修订本）》，徐梵澄，译，北京：中国社会科学出版社，1984 年版，第 140-141 页。

有形之物，“极微”通过分离而使有形之物消亡。①

显然，古代印度哲学中的极微理论是一种类似于古希腊哲学的原子论的学说。但是，当古代印度的哲学家们强调“极微”具有非点、非粒特性的时候，或许这已经超越了古希腊原子论的视野。因为古希腊的原子论是把原子看作有一定空间尺度的粒子的。直到西方近代科学时期仍然把他们预设的构成世界的最小微粒作粒子化的解释，如牛顿力学就是质点力学，牛顿假定上帝创造的最小粒子（永久粒子）乃是构成宇宙大厦的最小单位。

4.《奥义书》中关于世界统一于其他一些有形自然物的理论

在古代印度哲学中，以有形自然物作为世界之本原的具有唯物论倾向的理论有多种。这一情景在《奥义书》中也得到了不同程度的体现。除我们在上面提到的“水生论”“极微论”之外，《奥义书》中还提到了“空论”“风和气论”“六大”“三界论”等观点。

《唱赞奥义书》第一篇第九章中以问答的形式强调了一种关于世界起源并统一于“空”的观念：

> 问曰：“此世界何自而出耶？”
>
> 曰：“空也。唯此世间万事万物，皆起于空，亦归于空。空先于此一切，亦为最极源头。”②

后来的学者们对“空”做了不同的解释。或曰什么也没有的、纯粹的“无”，或曰“太空”，或曰不可见之“精微”，或曰近代科学中所讲的“以太”。除了将其解释为纯粹的“无”的观点之外，其他几种解释都具有唯物主义的色彩。

在《唱赞奥义书》第四篇第三章中还描述了一种万事万物统一于风和气的理论。这一理论认为，无生命世界统一于风，而生命世界则统一于气。该书这样写道：

> 唯风为吞并者。火之扬没也，唯归于风。日之落也，唯归于风。月之堕也，唯归于风。
>
> 水之旱矣，唯归于风。唯风剥夺此万物而归于己。

---

① 巫白慧：《印度哲学——吠陀经探义和奥义书解析》，北京：东方出版社，2000年版，第112-113页。

② 《五十奥义书（修订本）》，徐梵澄，译，北京：中国社会科学出版社，1984年版，第64页。

唯气为吞并者。人之睡也，语言唯归于气。眼归于气，耳归于气，意归于气。唯气则剥夺此一切而归于己。

此二为吞并者：风在诸天中，气在生命诸气息中。①

显然，根据上面的论述，该理论认为无生命世界和生命世界的本质是不一样的。所以，风和气分别构成了两类不同世界的基础。但是，就风和气都是有形的自然物而言，该理论仍然具有唯物主义色彩。

《大林间奥义书》第三分第九婆罗门书中还明确提出了一种世界统一于“六大”“三界”的理论：

火，地，风，空，日，天，六矣。盖世间万物，即此六者也。

三界（即地界、天界及两间之空界——译者注）……凡此诸天皆在其间。②

13.3 胜论派本体论哲学中的唯物论和辩证法因素

1. 胜论哲学的“十句义”范畴体系

为了描述和解释大千世界，古代印度的六种正统派哲学之一胜论派哲学先后提出了“六句义”“七句义”“十句义”的范畴体系。

按照胜论派的完整的句义理论，世界上的一切事物和现象都可以具体分为十种句义（范畴），即实（实体）、德（性质）、业（运动）、同（普遍）、异（特殊）、和合（内属）、有能（可能）、无能（非可能）、俱分（亦同亦异）、无说（非存在）。

实（实体）是一切现象的依据、世界的基础，包括九种，既有物质性的东西又有精神性的东西；德（性质）依从于实体，分为二十四种；业（运动）有五种基本形式；同（普遍）指事物的共性；异（特殊）指事物的个性；和合（内属）指实、德和业三个句义相结合、不分离的原因；有能（可能）指实、德和业在一定情况下互相结合的可能性；无能（非可能）指实、德和业在一定情况下互相结合的不可能性；俱分（亦同亦异）指事物间的同

① 《五十奥义书（修订本）》，徐梵澄，译，北京：中国社会科学出版社，1984 年版，第 105 页。
② 《五十奥义书（修订本）》，徐梵澄，译，北京：中国社会科学出版社，1984 年版，第 411 页。

异性；无说（非存在）指不可能存在的事物，具体分为五种。

根据相关文献论述的内容，可以排列出胜论派的“十句义”范畴体系：①实（实体）：地、水、风、火、空、时、方、我、意；②德（性质）：色、味、香、触、数、量、差异（别体）、结合性、分离性、远（彼体）、近（此体）、觉（认识）、乐、苦、欲、瞋（憎恶）、勤勇（意志的努力）、重、流动性（液）、黏着性（润）、行、法、非法、声；③业（运动）：上升（取）、下降（舍）、收缩（屈）、扩张（伸）、进行（行）；④同（普遍）；⑤异（特殊）；⑥和合（内属）；⑦有能（可能）；⑧无能（非可能）；⑨俱分（亦同亦异）；⑩无说（非存在）：未生无、已灭无、更互无、毕竟无、不会无。

胜论派在对“十句义”及其关系的解说中提出了一系列独具特色的观点和理论。

2. 以四大极微为终极实在的多元实在论的本体论观念

胜论派的句义论首先是一种多元实在论学说。其第一句义的“实（实体）”所讲的就是实在。胜论派认为，实乃是世界的本体，是一切现象的依据，是构造世界的基础，其他句义皆为实之性质、运动、属性、特征、关系或活动方式等。在胜论派看来，全部实在可以区分为九种，既有物质性的（前七种），又有精神性的（后两种）。值得强调的是，虽然胜论派哲学属于神启论的学说，因为此派哲学认为实的元素是由最高神的思想的启示中产生出来的，但是仅就胜论派把物质性的实在排在精神性的实在之前这一点来看，其又具有一定程度的唯物论倾向。

胜论哲学的这种唯物论倾向还可以从它关于四大极微乃是终极性实在的理论中体现出来。胜论哲学认为，“极微”是实体被分割为最小、最后的一种单位。“极微”本身具有不生不灭的永恒性和无限性。“极微”本身不具有量度，有量度的物体是众多“极微”积聚而成的。例如，由两个“极微”可构成一个“子微”，由三个“子微”可构成一个“孙微”，以至无限，多重“极微”的积聚构成物质世界的多种形态。胜论派还认为地极微、水极微、火极微、风极微是构成世界的最终极的实在，这就是关于四大极微的说法。

胜论哲学认为，实是可以分等级的，可以区分出基本的实与和合的实。所以“一实（可）是（多）实的共同果”，可以由“一实产生另一实”，“实是合的果”，例如，“由一块布等构成的实是许多线等结合的果”。这样，作为和合而产生的实便会随其和合因的毁坏而毁坏。但是，作为最初等级的实——极微，因其是非和合的，因其内部不再可分为部分，不再具有结构，所以是不可毁坏的。[①] 由此看来，胜论哲学虽然提出了九种实在，但认为这九种实在的地位并不是平列等同的，终极的实在只有四大极微。

然而，胜论哲学的唯物论倾向是不彻底的。因为他们虽然把四大极微看成是终极性的实在，但是，他们又认为四大极微是凭借“最高神”的意志创生出来的[②]。这样的理论也类似于牛顿关于上帝创造了构造世界的、不会破碎的“永久粒子”的思想。

值得强调的是，比起古希腊哲学的原子论，也许古印度哲学的极微论的某些思想更接近于现代科学的相关理论。古希腊哲学的原子论赋予原子以大小、重量和不可入三大基本特征，这就是所谓的实体实在论的理论。而古印度哲学的极微论则认为极微本身不具有量度，有量度的物体是众多极微积聚而成的。这样的理论不属于实体实在论的理论，而更接近于现代科学的场能实在论的理论。因为前者承认原子有质量（重量）特征，后者则强调场没有静止质量，只有能量效应，而实体所拥有的质量特征只是场的密度比较大的空间区域所表现出来的特征。

3. 和合论中的整体涌现论的复杂辩证法思想

和合是胜论哲学所阐释的“十句义”之一。在胜论派那里，和合强调的是一种整体性关系，它区别于一般的合或结合，因为一般的合或结合更多表现的是聚集性、加合性，而和合则体现的是事物间的不可分割的联系，以及在这种联系中所凸显出的整体性的特殊性质。

《胜论经》中就明确地强调了和合的整体性特征：

> 合（的观念）产生于（手与）杖（的合等）；和合（的观念）产生于（与整体不可分的）特殊（构成要素与整体的合）。[③]
>
> 和合是一种关系，这种关系存在于不可分的事物，彼此间具有包含物与被包含物的特性。这种关系是“这存在于那中”的观念的基础。
>
> 和合是不可分地联系在一起并彼此处于包容与被包容的关联的

① 姚卫群：《古印度六派哲学经典》，北京：商务印书馆，2005 年版，第 2-7 页。
② 姚卫群：《古印度六派哲学经典》，北京：商务印书馆，2005 年版，第 47 页。
③ 姚卫群：《古印度六派哲学经典》，北京：商务印书馆，2005 年版，第 34 页。

> 事物间的关系，即：是起着“某某事物存在于这之中”这种概念之基础的关系。也就是说，称为和合的关系是这样一种东西：从它那里，产生出“这存在于这”的概念……它也是这样的一种关系：从它那里，产生出依于他物的具有有限伸展范围的事物的相互依存……例如：……“布在这些线中”、“席子在这些芦苇中”……[①]

所谓“这存在于那中”“这存在于这”中“某某事物存在于这之中”“彼此处于包容与被包容的关联的事物间的关系”，讲的都是一种整体性，正是这种整体性“产生出依于他物的”一种不可分割的、“相互依存”的关系，并且由于这种关系的生成便同时呈现出了某种特殊性质和特殊存在方式，亦即一种特殊的“有”。所举的例子也是要突显整体性的特征。“布在这些线中”，而不是在某一单一的线中；“席子在这些芦苇中”，而不是在某一单个的芦苇中。这里的“这些”“这”等，都是针对事物整体的层面讲的。

下面是《摄句义法论》中对和合的整体关系的更为深入的讨论：

> 和合不是单纯的结合。
>
> 一、因为这个关系中的成分是不可分地联系在一起的；
>
> 二、因为这个关系不是由任何相关的成分的运动引起的；
>
> 三、因为没有发现它可随相关成分的分离而结束；
>
> 四、因为发现它仅存在于包容者与被包容者之间。
>
> 尽管相关联的成分是短暂的，和合却不是短暂的。它与结合不一样。因为和合犹如存在（有），它不是由任何因产生的。也就是说，关于存在（有），我们发现它是常住的。因为我们不能用任何有效的认识手段来认知它的因。和合的情形与此类似，因为我们不能用任何有效的认识手段来发现它的任何因。[②]

这里所说的“这个关系不是由任何相关的成分的运动引起的”“它仅存在于包容者与被包容者之间”，强调的正是和合关系不是由事物的个别组成成分（要素），不是由单独的包容者或被包容者的性质规定的，而是在众多成分（要素），在众多“包容者与被包容者之间”通过不可分割的相互依存

---

① 姚卫群：《古印度六派哲学经典》，北京：商务印书馆，2005年版，第46，61页。
② 姚卫群：《古印度六派哲学经典》，北京：商务印书馆，2005年版，第62页。

关系的建构，在整体综合的层面上产生出来的。这里所讲的“没有发现它可随相关成分的分离而结束”，应当指的是和合这种整体性关系，并不随事物的个别成分的丧失而消失，当然，这应当是在整体性结构基本完好的前提之下。至于“它不是由任何因产生的”“我们不能用任何有效的认识手段来发现它的任何因”的说法，则同样强调的是和合关系的整体建构、突现、涌现和创新的性质，这样的思想也与胜论派哲学所坚持的因中无果论的观点相一致。

4. 声无常论中体现出的整体性思想

印度古代哲学中，在声常住论与声无常论两种对立的观点之间，曾经有过一场长期的论争。弥曼差派主张声常住论，认为吠陀是唯一的、常住不灭的，因此，由吠陀发出的声音或言语也是永恒不灭的。人们所有的言语和概念都是吠陀或最高实体梵自身（表现为吠陀文句）借着发生的机缘而呈现的永恒实在。在某些《奥义书》(《尼理心诃奥义书》) 文献中，还曾阐发过一种“声显论”，该理论认为，体现大梵意志的造物主的创世意念是通过语声呼唤表达出来，并转化为所创事物的。[①]

与弥曼差派的观点相反，胜论派、正理派及佛教则主张声无常论，认为声音并不在静止的孤立物中存在，也不是已有之声的显现，而是从事物的结合或分离的运动中产生出来的，随着相应运动过程的终止，发出的相应声音也会消失[②]。显然，声无常论是把声音看成事物运动过程中所产生的一种系统质，无论在相应运动发生之前，还是在相应运动停止之后，作为运动系统整体特性的声都会随之消失。这样的理论，无疑具有整体涌现论的复杂辩证法思维的特征。

5. 因中无果论所体现出的生成论、建构论思想

胜论派哲学在阐释其多元实在论、极微积聚建构论构造世界及世界万物的理论的基础上，提出了诸如和合论、声无常论等一系列具有综合建构性、整体涌现性的具有复杂辩证法特色的观点和思想。为了将此类思想贯彻彻底，胜论派哲学进而提出了因中无果论的学说，并对数论派哲学的因中有果

① 《五十奥义书（修订本）》，徐梵澄，译，北京：中国社会科学出版社，1984 年版，第 765-766，769-770，783，796 页。

② 姚卫群：《古印度六派哲学经典》，北京：商务印书馆，2005 年版，第 2-3，12 页。

论进行了针锋相对的批判。

胜论派哲学的因中无果论最早见于迦那陀的《胜论经》。该理论认为世界上一切事物均不相同，从实体的别异性推论出因果有别，即原因中本无结果的结论。其具体理由可分为以下七个方面：

（1）因果观念相异，虽然缕可成衣，但无人将缕视为衣；

（2）因果名称相异，衣、缕叫法不同，不可将缕称为衣，也不可将衣称为缕；

（3）一因可生异果，缕可织布也可作绳；

（4）因果时间异，因前果后，不在同时；

（5）因果形式异，衣、缕形状不同；

（6）因果数量异，多缕方能成一衣；

（7）若因中有果，应该一因成一果，不须多因。实际上常为多因成一果，反知因果各异。[①]

其实，因中无果论强调的是由因到果乃是一个旧事物消亡、新事物创生的过程，强调的是事物演化过程的间断性、非连续性、生成性、建构性、新质的突现性等特征。这一理论不仅具有辩证否定观的性质，而且和当代复杂自组织系统理论所强调的自组织模式产生的内生性、新颖性和创新性思想相吻合。而因中有果论则强调了事物演化过程的另一个方面，即新旧事物的连续性、继承性、交织性和依存性，以及新事物产生的根据性和条件性。如果能够将这两个方面更好地统一起来，既强调事物演化过程的非连续的生成建构的创新性性质，又强调新旧事物相互依存、过渡、转化的连续性与继承性的根据和条件性性质，那么，我们便有可能在因果关系问题上，获得更为全面而深刻的认识。要达到这样的境界，就有必要将信息的观点、演化的观点、质的突变、自组织生成建构、整体新质涌现的观点有机地统一起来，并引入对因果关系问题的考察。

其实，“因中有果”和“因中无果”都有合理的成分。合理的因中有果论不应当是实体性的、预成论似的，而应当是信息根据性的、程序编码性的、过程关系性的、结构功能性的；合理的因中无果论则不应当是否定或割

① 冯契：《哲学大辞典（下）》，上海：上海辞书出版社，2007年版，第1503页。

裂联系、过程、程序、功能和根据的，而应当是一种关于事物模式的内生性、质的突变、整体建构的新事物创生的理论。这样，将信息全息、新质创生的理论结合起来，将“因中有果”和“因中无果”统一起来，对古代印度哲学在因果关系问题上的两种对立性观点的争论予以重新考察和合理性挖掘，将会是十分有益的。

13.4 顺世派唯物本体论哲学中的辩证法思想

在古代印度的非正统派哲学（沙门思潮哲学）的主要门派中，顺世论是一个十分独特的具有朴素唯物主义性质的哲学派别。

1.“四大元素”论中的多元实在论和整体涌现论思想

在印度的唯物主义自然观传统中，一般的理论都认为宇宙及其事物都是由地、水、火、风、空五种元素组成的。顺世论从感觉经验出发，仅承认地、水、火、风是世界统一的物质基础，不承认“空”元素的独立存在性。他们认为，除了这“四大元素”之外，其他的东西都不是本原性存在，不仅世间一般的事物是由“四大元素”组成的，而且人的身体，包括人的灵魂和意识也都是由“四大元素”按照特定的比例和合而成的。有关文献介绍说：

> 根据顺世论者的观点，唯有四元素——地、水、火、风是最终的本原，不存在其他的可作为本原之物。[①]
>
> 此唯执有实常四大，生一切有情，禀此而有，更无余物，后死灭时，还归四大。
>
> 人依四大种所成，若命终者，地还归地身，水还归水身，火还归火身，风还归风身，诸根归入空虚。……身坏命终，断灭消失，一无所存。[②]

在人的意识与“四大元素”和人的身体之间的关系的论述中，顺世论的主张明显具有要素关系突现整体新质的系统论、整体涌现论的特征。姚卫群

① 转引自姚卫群：《印度宗教哲学概论》，北京：北京大学出版社，2006 年版，第 111 页。
② 转引自黄心川：《印度哲学史》，北京：商务印书馆，1989 年版，第 103 页。

教授曾对顺世论这方面的观点做了精辟概括：

> 顺世论认为，人的意识与人的身体是不能分开的，身体存在，意识才存在，身体毁灭了，意识也就消失了。人的身体是由“四大”结合生成的，因此，意识归根结底来源于物质元素。尽管个别的元素本身并不具有意识，但当这些元素以某种方式结合在一起（即组成人的身体）时，意识就表现出来了。①

顺世论所阐释的意识，是从“四大”和合产生的人体的整体关系中涌现出来的理论，是针对当时印度流行的众多宗教派别所强调的存在一个独立于物质、肉体的所谓精神主体（阿特曼、神我、我、灵魂）的理论而阐发的。这些理论认为，生命体之所以具有生命活力，是具有普遍性的精神力量的神我将自己的分我（亦称小我、我、灵魂）注入生命体之中所致，所谓死亡是因为这个我（灵魂）离开了生命的躯体，这时身体便丧失了生命的活力，呈现出无意识状态。顺世论反对这样的理论，不承认有任何独立的神我、我、灵魂、意识之类的东西的存在。它们都只是由“四大”和合而生的特定结构的物体所呈现出来的属性和特征。从这样的观点出发，顺世论进而反对了当时印度流行宗教哲学所主张的超越生死轮回、实现精神“寂静”“解脱”理想的种种学说。

商羯罗在其《吠檀多经精义》中对顺世论的灵魂是肉体的属性和特征的观点进行过阐释，他写道：

> 如果说某物只有当他物存在时才存在，没有他物就不存在，那么，我们就说某物仅是他物的性质、特性，例如光和热是火的性质。由于生命、运动、意识、记忆等等（而在那些主张灵魂脱离肉体独立存在的人看来，它们是灵魂的特性）只在肉体之中，从来不在肉体之外，由于无法证明这些性质脱离肉体而存在，由此可以得出结论说：它们只能是肉体的属性。因此，灵魂是不能脱离肉体的。②

显然，在对精神和肉体的关系的论述中，顺世论哲学清晰地表述了与当代复杂性系统理论的核心理论相一致的观点，这就是系统整体的性质不能简

---

① 姚卫群：《印度宗教哲学概论》，北京：北京大学出版社，2006 年版，第 113-114 页。
② 转引自黄心川：《印度哲学史》，北京：商务印书馆，1989 年版，第 104 页。

单归结为构成系统的要素在独立状态下的性质，系统整体的性质是在构成要素关系的综合中突现（涌现、生成、创造）出来的新的性质。这是真正意义上的复杂辩证法的思想。

2. 顺世派自然因论中的无目的、自组织的复杂性思想

印度古代流行的《奥义书》传统，以及之后发展起来的诸多宗教哲学流派基本都要设想一种超自然的精神性力量作为世界被创造的原因，如梵、超梵、自在天、神、神我之类。在世界本体存在方式的问题上，顺世派主张物质元素论，认为地、水、火、风四大元素乃是世界的基础。与这一唯物论的主张相一致，顺世派不承认任何一种创世的学说，更不承认有什么超自然的精神力量作为世界的主宰者或创造者。在宇宙及其事物存在和变化的原因上，顺世派主张自然因说，认为宇宙及其事物，包括生命和非生命现象，都是一种自然性的存在，都是自然而生、自然而变、自然而灭、自然而转化的。顺世论哲学认为，在自然事物自身之中就内在拥有自身存在、运动、变化的原因。这是一种自然而有的自然因论，其中深刻体现着自然运行的无主体、无主宰、无创造者、无目的、自生性的自发自组织的复杂辩证法思想。

《大毗婆沙论》和《金七十论》中都对顺世派的自然因论做过一些引述：

> 现见孔雀鸾凤鸡等、山石草木花果刺等，色形差别，皆不由因，自然而有。彼作是说：谁铦诸刺？谁画禽兽？谁积山原？谁凿涧谷？谁复雕镂？草木花木，如是一切，皆不由因。于造世间，无自在者。由斯便执我及世间皆无因生，自然而有。
>
> 能生鹅白色。鹦鹉生绿色。孔雀生杂色。我亦从此生。①

我国善慧法师在《宗教流派镜史》中介绍顺世论学说时也写道：

> 谓红日照临，水流趋下，豆子形圆，荆棘尖刺，孔雀翎毛光彩烂耀，凡此种种，未见有谁加力创作，是故万物系自性生，而无有因。②

商羯罗在其《摄一切悉檀》中也记述过顺世论的一些相关观点：

---

① 转引自汤用彤：《印度哲学史略》，上海：上海古籍出版社，2006 年版，第 37 页。
② 转引自黄心川：《印度哲学史》，北京：商务印书馆，1989 年版，第 102 页。

谁装饰孔雀？谁使布谷鸟唱歌？这里除了自然而外，不存在其他的原因。

庙宇、供水房、池塘、井、休息处一类设施的修建，只能受到旅行者的赞扬，而不会受到其他什么存在者的赞扬。①

从上述转引中，我们可以清晰地体会到，在顺世论的理论中，只有自然，没有神仙，没有主宰者，没有创世者。无论是花草树木、山原涧谷，还是乌羽雀歌、人兽心灵（我），全都是自然而出、自然而有的自然的造化。这里的“皆不由因”“皆无因生”“自然而有”“万物系自性生”等说法，更多具有自发性、无目的、不刻意营造、不预先设定、不被主宰、自然当然、自然而然、内生自组织的含义。这样的思想既是唯物的，又是辩证的，还是复杂性的。

这不禁使我们联想起中国古代哲学中的“自然无为”的理论。二者都具有自发性、无目的、不刻意强求、不逆反规律、顺其自然、自然而然之意。这样的思想，揭示的正是事物自发演化发展的无目的性、不确定性、随机性、自生性的特征，其本质是一种关于非决定论的复杂自组织思想。中国古代哲学中的“无为无不为”“道法自然”“物偶自生”“天地无心”“物自独化”“天道自然、必然，而非当然”等学说，以及印度古代顺世论哲学中的“皆不由因”“皆无因生”“自然而有”“万物系自性生”等观点，都可以成为建构当代复杂辩证唯物主义的思想源泉。

其实，当顺世论哲学把宇宙及宇宙间的一切事物都归结为地、水、火、风“四大元素”的时候，当顺世论哲学把人的身体，包括人的灵魂和意识也都看作是由“四大元素”和合而成的时候，顺世论哲学的反宗教神学的性质、自然因论的性质便清晰显现了出来。这也就难怪那些所谓的名门正派的宗教哲学要将其打入非正统思想的“邪门外道”之列，并毁灭其文献，以致后人只能从其他流派对顺世论学说的转述和批评的文献中去了解其思想之梗概。

13.5 古代印度哲学中的辩证法和复杂性思想的基本特质

与古希腊哲学和中国古代哲学相比较，印度古代哲学显得更为全面、系

① 转引自姚卫群：《印度宗教哲学概论》，北京：北京大学出版社，2006 年版，第 111 页。

统、神秘、深邃。富于神性的想象，热衷于宏大范畴体系的建构，注重于众多范畴之间逻辑关系的阐释，一直是印度古代哲学众多学派的理论特色。从四部最古老的吠陀本集，到种本繁多的《奥义书》；从六派哲学的传世经典，到佛教延绵的众多经卷，印度古代哲学可谓文献浩繁、学派林立、大师迭涌，思想理论歧见纷呈、博大精深、源远流长。我们在本章前几节中主要针对印度古代哲学中的那些具有唯物主义色彩的学说中的辩证法和复杂性思想进行了讨论。其实，在印度古代哲学中，除了那些典型的唯物论哲学学说之外，其他的一些哲学学说中也同样具有十分丰富的辩证法和复杂性思想。对这些相关的辩证法和复杂性思想进行认真的梳理，同样有助于我们对人类哲学思维方式的发展有一个更为深入的认识，并因而有助于我们建立一种全新意义的复杂辩证唯物主义学说。

笔者在《古印度哲学的信息、系统、复杂性思想的基本特质》（上、下篇）[①] 中把印度古代哲学中的信息、系统、复杂性思想的基本特质概括为 12 个方面。囿于篇幅，这里仅从与辩证法相关联的角度，把其中的某些要点进行简明的概括和再分析。

1. 丰富的宇宙及其事物自生性的过程论思想

关于宇宙、事物自生性机制和过程的论述，乃是印度古代最古老的哲学文献《吠陀》《奥义书》中的最为鲜明的内容之一。

《梨俱吠陀》中有四首著名的关于宇宙及其事物自创生的诗歌：《无有歌》《金胎歌》《水胎歌》《原人歌》。在 13.1 中我们已经对其中所涉及的相关思想进行了讨论，这里不再赘述。

古代印度《奥义书》的哲学家们普遍认为不生不灭、永恒存在的大梵（类似于绝对精神）是世界的本原。然而，《奥义书》中也有关于水先于大梵而存在，并且大梵由水而生的论述。《胎藏奥义书》对人体发育过程的描述也明显具有综合建构、系统生成、整体涌现的生成论特征。

《泰迪黎耶奥义书》第二卷第七章中有四句赞诗："太初此'无有'，由此唯'有'生。以其自'己'作，故曰为善成。"[②] 诗中所说的"无有"并不

① 邬焜：《古印度哲学的信息、系统、复杂性思想的基本特质》（上），《河北学刊》，2009 年，第 3 期，第 49-58 页；《古印度哲学的信息、系统、复杂性思想的基本特质》（下），《河北学刊》，2009 年，第 4 期，第 63-70 页。

② 《五十奥义书（修订本）》，徐梵澄，译，北京：中国社会科学出版社，1984 年版，第 200-201 页。

是什么纯粹的“无”，而只是不可见、不可说的“无体者”，宇宙中得以显现的万事万物（“有”），都是由这个不可见、不可说的“无体者”通过自身的运动、变化（“自‘己’作”）而产生出来的。这样的思想体现的正是一种关于宇宙事物自我运动、自我变化、自我转化和自我生成的理论。在古代印度哲学中，“无有之体”通常指的是某种客观精神性的存在——“大梵”，而不是什么物质性的东西。在这里，任何一种可见之物（“有”）都只是“大梵”之精神或意志的显现。“大梵”既是一切存在的本原，又是一切存在本身；既是遍在的，又是不生不灭的。所以，“大梵”只能是自生的，而不可能由任何其他什么东西生成。

不仅在古老的《吠陀》《奥义书》中有丰富的生成论思想，在其后的古代印度六种正统派哲学中同样具有相当丰富的生成论思想。六派哲学之一的数论派哲学的二十五谛学说就具有生成、变易、转化、演化的宇宙学性质。汤用彤就曾写道，数论学者“观察宇宙之现象，以为生命原有不变清净之本体，是曰神我。而其余一切心理物质之现象，亦有一本体，是曰自性。自性与神我相合，乃转变生万有（归纳万有不出二十三事合之为二十五谛），故数论者转变之说也”①。

2. 以大梵为本体的世界整体统一性理论

古代印度的大多数哲学家都认为世界统一于大梵，所有的事物都由作为本体的大梵创生，且都是大梵的具体表现和具体存在方式，所有的事物在其毁灭之后都要复归于大梵。这就是以大梵为本体的世界整体统一性理论。这种以大梵为本体的世界整体统一性思想最早的阐释集中于古老的《奥义书》之中。②

在相关文献的描述中，作为世界本体的大梵具有很多不同寻常的性质。例如，太一、无极、无始、无终、无有始卒、无穷、无量、永生、不生、无老、无死、独一无二、唯真、永恒、大道、大自在、不为他所动、自主、位列万事万物、居一切之内中、万事万物内中之最内在者、大全相、无有相、无有形、不可量、不可理推、不可思议、深不可测、隐而不可见、无由参

① 汤用彤：《印度哲学史略》，上海：上海古籍出版社，2006年版，第75-76，77页。

② 《五十奥义书（修订本）》，徐梵澄，译，北京：中国社会科学出版社，1984年版，第31，205，317，326，741-743页。

透、不可说、寂静、无声、无畏、无忧、不动、不摇、不变、无变转、无有迁变、恒常、清净、纯洁、纯净、虚无、冲漠、光明、幸福、美满、圆满、极乐、明智、满足、坚定、坚忍、静定、领导者、创造者、启明者、宇宙之主宰、力量无穷、遍知、遍能、知觉性、真理……[①] 这样的一些表述，虽然模糊而神秘，但集中体现着印度古代哲学家们关于宇宙具有整体统一性、时空无限性的观念。显然，“太一”，即整体统一不可分割之状态；“无极”，即东西南北、上下纵横皆无边的空间无限；“无始，无终”“无有始卒”，即过去、现在、未来皆无端的时间无限。这样的描述揭示的正是宇宙整体统一、时空无限的本性。既然大梵是整体统一的时空无限性存在，那么，说它具有无穷、无量、永生、不生、无老、无死、独一无二、唯真、永恒之特性便顺理成章了。当然，称之为大道、大自在、不为他所动、自主、位列万事万物、居一切之内中、万事万物内中之最内在者、大全相等，也便合情合理了。既然大梵是整体统一的时空无限性存在，那么，从我们对之进行认识的角度便可以说大梵具有无有相、无有形、不可量、不可理推、不可思议、深不可测、隐而不可见、无由参透、不可说等一系列特征。这同时揭示着人的认识的有限性、具体性、个别性的局限和无奈。与这些特性相一致，大梵便既是自在存在者，又是自我意识的存在者，所以，大梵便是最高的“自我”，即“大我”。在这样一个具有无限性和整体统一性的大梵面前，宇宙间所有的具体事物便都只能是由大梵派生出来的有限性、具体性、个别性存在，都只能是表征大梵意志的、变动不居的、瞬时生灭的幻象，而生命个体中表现出来的具有意识能动特征的“自我”便只能是体现大梵之“大我”的“小我”。由此，我们便可以比较清晰地看到古代印度哲学对宇宙不同层次的事物及其状态、性质之存在方式及其关系进行把握的逻辑线索。当然，古代印度哲学赋予大梵以神性的特征，并设计了附着于大梵、体现大梵神力的诸多神众，这又使这一理论具有了宗教神学的特征，这也是之后的印度宗教神学诸多派别发端的源头。至于赋予大梵寂静、无声、无畏、无忧、不动、不摇、不变、无变转、无有迁变、恒常、清净、纯洁、纯净、虚无、冲漠、光明、幸福、美满、圆满、极乐、明智、满足、坚定、坚忍，静定、领导者、创造者、启明者、宇宙之主宰、力量无穷、遍知、遍能、知觉性、真理之类

① 《五十奥义书（修订本）》，徐梵澄，译，北京：中国社会科学出版社，1984 年版，第 317，319-320，329-331，408，588 页。

的特征，则或者是以简单性、机械性和绝对化的方法赋予其僵化不变、完满无缺之形象，或者是将其拟人化、拟神化，赋予其至高无上、精神情感、随心所欲、无所不能之特征。这也是古代印度哲学及后来发展起来的诸多流派的学说之所以普遍具有神秘性、宗教神学性，以及对大梵和古代经典的不容置疑、不容变通的盛赞、迷信、膜拜之特征的主要根源。

当然，在古代印度哲学中，除了占主导地位的以大梵为本体的世界整体统一性理论之外，还有一些非主流的世界整体统一性理论。例如，前已述及的《梨俱吠陀》中的《无有歌》《金胎歌》《水胎歌》《原人歌》中以“太一”“金卵”“水”“原人”为本体生成世界万物的理论。在《奥义书》中已经提出了杰出的世界统一于“极微”（原子）的思想，另外还有关于世界统一于“空”“风和气”“六大”（火、地、风、空、日、天）、“三界”（地界、天界及两间之空界）等的理论。[①]

3. 形形色色的多元实在论的本体论观念

在《奥义书》中已经表述了多种形态的多元实在论的本体论观念，如“极微”（原子）论、“六大”论等，都是多元实在论的本体论形态。

古代印度哲学文献中关于世界统一于“极微”的理论，在印度中世纪前期（3～6世纪）的自然哲学思想中得到了进一步的完善和发展。这一时期的印度主要哲学流派大都认为“极微”乃是构成世界的四大元素（地极微、水极微、火极微、风极微）的极微细的最基本单位。

《奥义书》之后的古代印度哲学派别为阐释其对世界万物存在方式的理论，大多都建立了对世界进行描述的范畴体系。例如，数论派的“二十五谛”论、胜论派的“十句义”论、正理哲学的“十六谛义”论、顺世派的“四大元素”论、耆那教的“七谛说”、佛教的“六界”和“五蕴”说、生活派的“十二元素”论等。这样的一些成体系的范畴理论，大多都具有不同程度的多元实在论的特征。其中胜论派的“十句义”论、顺世派的“四大元素”论、耆那教的“七谛说”、佛教的“六界”和“五蕴”说、生活派的“十二元素”论等的多元实在论特征最为明显。

---

① 《五十奥义书（修订本）》，徐梵澄，译，北京：中国社会科学出版社，1984年版，第64，105，139-141，411页。

4. 明确的信息自在显现思想

以神秘的大梵作为世界的本体，是古代印度哲学家们的一个最基本的假定。这一理论认为，世界统一于大梵。而大梵在本体上却具有潜在存在的状态，这一状态的大梵无形、无相、无名不可见、不可说，所以我们对之不能直接把握。但是，除了潜在存在的状态之外，大梵还有另外一种存在状态，这就是由大梵之本体显化出来的宇宙间的有相之物，也就是我们可以直接面对的宇宙间的有形、有相、有名，可见、可说的具体事物，当然也包括人体、人类本身。然而，大梵的这两种状态的存在方式是不对等的，作为本体的无相状态之大梵，是真实的存在，作为由大梵之本体显化出来的有相状态的世界，则只是显现大梵存在的幻象世界，所以是非真实的存在。这样，按照这一理论的设计，我们面对的有相世界只是无相世界显现自身存在的虚幻的信息世界，而作为大梵本体的潜在存在的无相世界本身才是真实的实在世界，这就意味着，有相世界只是无相世界之信息表征的状态。由于有相世界是变化不拘、飘忽不定、复杂多样的，其状态形式又是依据特定的条件和环境产生的，所以，有相世界便不可能将无相世界的本来面目完全恰切地显现出来。这就势必造成在无相世界和有相世界之间存在着一条不可绝对通达的鸿沟。在古代印度的哲学文献中，关于大梵有二相、无相为实、有相为虚的表述很多。

在古代印度哲学中，有一种声显论的理论。该理论认为，宇宙之初世界无相、未显。然后，由一个名叫般荼帕底的真实存在的神者，通过声音的呼唤而创生了地、空、天。[①] 对于生命创生的过程，古代印度哲学的相关理论也提出了一种说法，这就是，作为造物主的般荼帕底感到寂寞，于是通过思考首先创设了生命的形体，然后又将自身分化出的气息注入形体，从而赋予生命以活力。这也是古代印度哲学要以气息来解释生命本质的由来。[②]

《吠陀》《奥义书》之后的古代印度六派哲学之一的数论派哲学的二十五谛学说中同样蕴涵着丰富的信息显现的思想。数论派认为：世界上的万事万物都具有一个统一的本原、本体——自性，“从自性（生出）大（即觉——译者注），从大（生出）我慢，从我慢（分别生出）五唯和两（组）根，从

① 《五十奥义书（修订本）》，徐梵澄，译，北京：中国社会科学出版社，1984 年版，第 309 页。
② 《五十奥义书（修订本）》，徐梵澄，译，北京：中国社会科学出版社，1984 年版，第 299-300 页。

五唯（生出五）粗大元素。（此外，还存在着）神我。这就是二十五（谛）”[①]。在数论派看来，自性虽然是存在的，但由于其十分细微，所以是不可直接感知的。正是在这一意义上，它是“本”，是“未显”。然而，作为未显的自性，却可以通过其变异相（觉、我慢、五唯、两组共十一根和五大）显现出来。所以，自性的变异相又被称为“显”。因为这些变异相是由作为本因的自性产生出来的结果，并在形式上与自性具有相似性，所以，果中就有因的特性，由果便可以推出因。这样的理论无疑是一种信息显现学说。显是未显之信息，果是因之信息。[②]

正理哲学把现量（直接而纯粹的感知）看作是人的可靠认识的主要来源，并认为现量直接产生于感官（根）与认识对象（境）的相互作用，即认为现量产生于根境相合、以根取境的过程。但是，正理哲学并不简单地认为感官与对象的相互作用是直接的，二者的相互作用需要有光的中介。正理哲学在对视觉产生的一般途径和机制进行探讨时提出了三个极为深刻的观点：第一个是视觉产生时眼睛并不与所见之物直接接触［“由于（眼的）感觉远离了（存在物），因此，疑（就产生了）”］。第二个是视觉感知要依赖外部光线的帮助（“眼光之所以感觉不到是因为它自身太微弱，而不是因为它不存在。它在达到事物时要借助外部的光线，如阳光”）。第三个是事物通过发光而自身显现自身［“只有当事物自身可显现时，（它才）有力量（发光）”］。[③]这三个观点明确地表述了如下思想：既然感官和感觉对象不直接接触，那么便必然有一个作为中介沟通、过渡和转化的因素存在；我们的感觉依赖于事物自身显示自身的特性，具体到视觉则依赖于事物发出的光，光在这里便是事物自身显示自身的媒介；视觉的发生不仅依赖于对象发出的信息中介物（光），还依赖于感知者的感知阈值，因为，“太微弱”的光感官是感知不到的。这就是正理哲学为我们描述的事物以光自显、眼凭光而视的信息自在发生和认识产生的信息中介思想。值得强调的是，在当代信息哲学的基础理论中，信息是作为物质自身显示自身的属性而被揭示的，而当代信息认识论则揭示了“信息在差异关系中被识辨”的感知原理。[④]

① 姚卫群：《古印度六派哲学经典》，北京：商务印书馆，2005年版，第175，178页。
② 姚卫群：《古印度六派哲学经典》，北京：商务印书馆，2005年版，第146，149页。
③ 姚卫群：《古印度六派哲学经典》，北京：商务印书馆，2005年版，第92，94页。
④ 邬焜：《信息哲学——理论、体系、方法》，北京：商务印书馆，2005年版，第44-46，169页。

5. 丰富的宇宙、事物的全息思想

古代印度哲学将大梵视为宇宙最初始的本体性存在，并认为人们所面对的现存的宇宙及宇宙间的万事万物都是由这个大梵本体幻化出来的显相世界。与此同时，古代印度的哲学家们又赋予大梵遍能、遍在、遍入、遍知的一系列特征。这样的一种理论，其实是将大梵看作一个母体、一个孕生宇宙及其万物的胚胎。这其中便会很自然地渗透和体现出十分丰富的宇宙原始全息和宇宙演化全息的思想。《尼理心诃奥义书》（上篇）第四书中就表述过大梵乃万物之胎藏、万物内中之主宰的观点，《频伽罗奥义书》第一章中也将大梵看作“宇宙之萌发相”、宇宙之“金胎”，这明显就是一种宇宙原始全息的思想。①

《频伽罗奥义书》还把演化过程、程序发育、生成转换的观念引入到宇宙创生的全息论表述之中。按照该书的说法，最初是“五大”从“元始神我”（即大梵本态）中依次产生出来：“由此自我生空，由空生风，由风生火，由火生水，由水生地。”然后则是由这五大元素通过分化、组合而构成无数“大梵卵（大宇宙）”，而构成“大梵卵”的个别体的“圆体粗重身”则又是更多的“小宇宙”。再后来则是通过新的元素分化、组合进一步生成生命气息、业根，以及生命体的内部器官，并通过大梵本体分化出来的精神因素的注入而赋予生命以活力。再之后则是创生的具体事物的生生死死的循环往复、永不停息的运动和变化。②这种演化全息观不把世界上的具体事物看作是永恒存在的现象，而只看作是在具体演化的过程中不断生成和毁灭的过程，在这一过程中充满了新事物的创造和旧事物的消亡。这种演化全息观注重的是信息根据的潜在性、信息程序表达的过程性、具体事物生成和转化的运动变化性、新事物不断创生的新颖性，以及生灭不已、周而复始的循环性。

上文指出，数论派的二十五谛学说乃是一种生成变异、过程转化之说，乃是一种变异之显展示本之未显的信息显现学说。正因如此，数论派的二十五谛学说又是一种因果变易环链相互嵌套的全息论学说。

依据缘起理论，佛教将人生死轮回的因果链条分为十二个环节，这就是

---

① 《五十奥义书（修订本）》，徐梵澄，译，北京：中国社会科学出版社，1984 年版，第 588，775 页。

② 《五十奥义书（修订本）》，徐梵澄，译，北京：中国社会科学出版社，1984 年版，第 588-589 页。

关于三世因果的“十二因缘”（或称“十二缘起”）学说。将“十二因缘”说和“轮回业报”说结合起来，小乘佛教进一步提出了“三世二重因果”说，并由此说明生死轮回的因果关系，即是说现在的果必有过去之因，必将引发来生之果。首先，“十二因缘”说、“三世因果”说将人的生存经历看作是一个流动、变化、转化的过程，“三世”中的“世”本身就有迁流、变化、变异、转化之意；其次，“十二因缘”说、“三世因果”说又将人的生存经历划分为不同的环节或阶段，并把前一环节或阶段当作后一环节或阶段赖以发生和展开的原因、根据和基础，这其中体现的信息程序、演化全息，过程中的关系网络、普遍联系、相生相化等诸多方面的观念和思想都是极为深刻的。

发端于4～5世纪的印度大乘佛教的“唯识论派”提出了一种“万法唯识”“三界唯心”“唯识无境”的理论。该理论认为，世界上的一切事物都虚幻不实，只有人的心识是真实性的存在。世界上的所有事物都是由心识变现出来的。虽然这样的理论是一种比较彻底的主观唯心论学说，但是，其中关于人的认识以心识为中介、为种子的一些论述则蕴涵着某种深刻的认识的信息中介论和全息论思想。

唯识论将人的心识区分为八种，认为“第八识（阿赖耶识）是本识”，其他七识都是由第八识转生出来的转识。阿赖耶是梵文 Alaya 的音译，其本意为“藏”。阿赖耶识之所以能够成为世界的“本原”，是因为其内部摄藏着形成宇宙万有的种子。瑜伽行派十大论师之一护法就据此提出了“种子说”。他认为作为种子的阿赖耶识有三相：自相、果相、因相。自相是阿赖耶识的自体之相，即藏识相，指内藏着形成一切的种子；果相又称异熟识相，因为作为种子的阿赖耶识能够决定转生的界（三界：欲界、色界、无色界）、道（六道）、生（四生：胎生、卵生、湿生、化生），善业或恶业引生异熟果报；因相是指因为阿赖耶识含有各种各样的种子，因此可以成为变现出一切事物的原因。①

显然，护法关于阿赖耶识的“种子说”是一种宇宙全息论的理论。阿赖耶识就是宇宙的全息源，其中蕴涵着形成宇宙，以及宇宙中的所有事物的信息（种子）。相关信息在特定的条件下，按照信息程序的展开和发育变现出相应的现存事物，当现存事物消亡之后又会回到阿赖耶识中潜存的信息（种

① 本段论述内容参见巫白慧：《东方著名哲学家评传·印度卷》，济南：山东人民出版社，2000年版，第282-283，294-295页。

子）状态。

关于种子的来源，唯识论学者内部颇有争议，大致可分为三种：第一种是种子本有论，认为种子本来就有，并非熏习而生，熏习只能使种子增长；第二种是种子现行新熏论，认为阿赖耶识内积集的种子都是由染、净诸法熏习而成的；第三种观点认为有些种子是本有的，有些种子则是新熏的[①]。新熏论中的熏习指的是能够生成特定种子的现行事物间的相互作用。

细究起来，“种子本有论”乃是一种机械预成论的具有简单性色彩的全息论理论，这样的全息观的实质是不承认任何可能的新事物的出现。“种子现行新熏论”则是一种能够容纳新生事物创生机制的具有复杂性色彩的全息论理论，因为这种理论认为在事物的具体相互作用和相互影响中能够改变阿赖耶识中积藏种子的种类。

6. 深刻的信息认识中介论思想

《考史多启奥义书》第三章中阐释了一种人的认识是由认识对象（外境、般若根）与认识主体（本境）通过内外相互作用而产生出来的感知和思想（般若），并认为没有认识者便不可能有认识对象，没有认识对象也不可能有认识者[②]。这一思想的深刻之处在于，它揭示了外界对象的信息和人的身体结构及认识能力的信息的复合与匹配，乃是产生人的认识的具体机制和过程。在这一过程中，人对对象信息的认识是被人自身的生理结构和认识结构所中介的。

古代印度哲学中的声显论创世说的理论认为，体现大梵意志的造物主的创世意念是通过语声呼唤表达出来，并转化为所创事物的。这样，语声便成了造物主通达其创生事物的信息中介。《尼理心诃奥义书》（上篇）中指出：造物主的创世过程，也就是通过语言表达意念，从而呼唤所期望的事物的出现，所创生事物的消亡同样是通过其相应语言的复归而实现的。《尼理心诃奥义书》（下篇）中更是将造物主创生万物的语言呼唤具体化为一个“唵”声。[③]这是将意念、语言、声音看成是大梵之精神通向世界万事万物的信息中介，通过这一中介，万物创生、万物消亡。

在《奥义书》时期之后发展起来的众多哲学派别中，关于认识的信息中

① 详见巫白慧：《东方著名哲学家评传·印度卷》，济南：山东人民出版社，2000 年版，第 296-298 页。

② 《五十奥义书（修订本）》，徐梵澄，译，北京：中国社会科学出版社，1984 年版，第 44 页。

③ 《五十奥义书（修订本）》，徐梵澄，译，北京：中国社会科学出版社，1984 年版，第 765-766，769-770，783 页。

介的思想得到了更为深入和细致的阐发。

在认识发生的具体机制的阐释中，胜论派哲学坚持了一条认识主体和认识对象相互作用的基本思路，认为感觉的发生是业（运动）、德（对象的性质）与意（意向）的结合，在认识活动过程中，感官和意都是意识产生的工具，而无知则产生于感官（根）和潜在印象（心理）的缺陷。这样的一些相关思想，已经看到了人的认识被人的生理结构和心理认识结构所中介的性质。此外，在对声的意义是约定俗成的关系的论述中，胜论派哲学还看到了人的语言文字所具有的符号信息代示的性质[①]。

正理哲学在论证声无常论时，特别强调了声音和语言的被造性特征。《正理经》写道："言语是被造的"，"在（进行教导和接受教导的）两方中，根据任何一方，教导（都）不能否定（声的无常性）"。《正理经》还特别强调了声音和语言与其所表明对象间的联系的非天然性，以及其所代示的意义理解的因人而异的性质。[②] 人通过抽象思维的信息加工活动所创造的语言文字之类的符号信息，其根本特征便是作为符号的声或形与其所代示的信息内容之间的人为匹配性、约定性、可替换性，以及理解的因人、因时而异的可能差异性。

正理哲学用"量"这一范畴来指谓人们获得知识的方式和方法。虽然正理派认为存在现量、比量、比喻量、证言量四种量，但是，他们把现量（直接而纯粹的感知）摆在四种量的首位，并认为现量直接产生于感官（根）与认识对象（境）的相互作用，即认为现量产生于根境相合、以根取境的过程。正理哲学还十分强调"意"在认识过程中对认识内容和形式的选择性作用。该派哲学认为由根境相合所产生的感知内容可能是多种形式或方面的，为了不造成对感知内容认知的混乱，"意"在其中起到了某种选择提取的作用。由于"意"的存在，人所感知的内容总是以不同的形式或程度分别传达到主体认识层面。[③] 这里的意，更多具有意向性的性质。在人的一般认识活动过程中，意向性乃是人的认识信息结构中的重要组成部分，而人体感官、神经和脑则是人的生理信息结构。正理哲学中关于根、境、意相结合而产生认识的理论，不仅具有认识发生的客体信息和主体信息相互作用的相互中介的理论特征，还具有系统综合的整体性理论的特征，因为这一理论并不把感

① 姚卫群：《古印度六派哲学经典》，北京：商务印书馆，2005 年版，第 35-36，39-40 页。
② 姚卫群：《古印度六派哲学经典》，北京：商务印书馆，2005 年版，第 78 页。
③ 姚卫群：《古印度六派哲学经典》，北京：商务印书馆，2005 年版，第 64-65，74 页。

官和认识对象相互割裂，也未曾在主体或认识对象二者中的某一单方去寻求认识发生的根据，而是将二者具体结合在一个现实的认识过程中，并从二者相互作用的综合效应的层面上来解释认识发生的具体过程和机制。

古代印度的六大正统派哲学之一的瑜伽哲学特别关注心的作用和心的变化。在认识发生的具体机制方面，瑜伽哲学承认对象和心都具有各自独立的自存性。心对对象的表征就像是对象给心涂染颜色。这样，心便成了主体对对象进行认识的中介参照系统，而心则以自身的变化（是否着色）来表征对象的性质。但是，心对对象的表征并不是要达到自己对对象进行认识的目的，而是为了取得神我的享受和解脱，因为在心之上、之外还存在一个具有不变性的神我，而神我就是一个观者、知者，由于神我存在并与心结合，因此才产生了主体对对象的认识。[①] 这样，毋宁说是神我通过心的中介与对象建立一种认知性关系，而心则成了对象和神我可能面对的中介。心本身并不是认识的对象，也不是对对象进行认识的主体，而只是神我认知对象的场所。心的作用只是信息中介性的。在瑜伽哲学看来，心是被双重着色的，着色的一方来自对象，另一方则来自作为主体意识的神我。至于心中所呈现的认知模式则获得了既来自神我（主体意识）又来自对象（客体）的双重规定。在这一认知模式的建构活动中，表征对象的信息、心的性质和结构的信息、神我的认识能力的信息都成了相应认知模式建构的信息中介，而相应的认知模式则只能是在这诸类多重信息的匹配、整合和重构中创生出来的。

值得一提的是，在认识发生的具体机制上，后期弥曼差派持有一种多因素、多中介相互作用和综合建构的信息中介论、多元和合论、整体涌现生成论的复杂性观点，认为现量的产生是在对象、对象的不同特性、感官、意与我等多重因素的相互作用的相互接触中产生出来的，就连对乐与苦之类的精神状态的现量体验也必须通过乐与意、意与我的相互作用的接触。

7. 差异整体论和差异认识论的复杂辩证法观念

古代印度吠檀多派差别不二论哲学的代表人物罗摩奴阇，在承认世界统一于最高梵的基础上又承认世间万物的普遍差异性。在罗摩奴阇看来，没有一切差别的实体是不可证明的，而“梵是由差别表示特性的”，“那些主张实

---

① 姚卫群：《古印度六派哲学经典》，北京：商务印书馆，2005 年版，第 212-214 页。

体没有一切差别的人无权断言这或那可证明这种实体，因为一切正确的认识方式都以带有差别的事物为对象”[①]。显然，罗摩奴阇是从差异显现论和差异认识论的双重尺度上来论述梵有差别的。由于罗摩奴阇承认梵是统一一切的最高实体，所以，他强调梵自身具有差异性的观点，便意味着他强调了世界在本质上是以普遍差异性的方式存在的。事物的差异显示性和人只能凭借差异关系进行认识的观点，正是当代信息哲学和信息科学的一般理论所揭示的内容。[②]

为了论证人的认识是以差异性为对象、为前提的观点，罗摩奴阇还分别对现量、比量，以及言语（声）以差异之物为认识对象、为认识前提的特点进行了论述。罗摩奴阇认为人们对事物的认识方式本身就是多样的、普遍差异的，由于认识方式本身所具有的差异性，才可能判明不同认识对象的差异性，如果人们只有一种认识方式，那么对象的差异性也便无从认识。他还强调，根本不存在任何一种无差别的纯粹的存在形式，就我们的认识特性而言，假如有这样的存在形式，我们也根本不可能认识到它。[③]

为了将他所表述的差异论思想贯彻到底，罗摩奴阇还论证了两个命题：一个命题是“多样性并非不真实”；另一个命题是“存在和意识不是一个（东西）”[④]。通过相关论述，他强调了如下思想：意识自身内部存在着真实的差异性，这种差异性通过其反映内容的多样性的差异关系显示出来，不同的认识内容之间并不具有相互否定的矛盾性，而认识内容的普遍差异的不同则恰恰是真实的、合理的。不包含差异关系的所谓纯粹的存在自身还不能算作是实在。存在的范围与意识的范围也并不完全相同，在意识世界之外的被意识世界反映的对象世界也是存在。并且，意识世界和对象世界又具有差异性，这在人们感知的过程中已经得到了证明。

这样，罗摩奴阇就在事物（包括梵）自身的差异性、事物自身的差异显示性、人们对事物的差异认识性、意识与对象的差异性，以及意识自身内在的差异性等诸多层面上阐释了他的普遍差异性的思想，并在承认世界统一于具有自身差异性的梵的理论前提下，建立了他的差别不二论学说。据此，我们也可以说罗摩奴阇的学说既可以看作是整体统一论的，又可以看作是分析

---

① 姚卫群：《古印度六派哲学经典》，北京：商务印书馆，2005年版，第246-248页。
② 邬焜：《信息哲学——理论、体系、方法》，北京：商务印书馆，2005年版，第168-169页。
③ 姚卫群：《古印度六派哲学经典》，北京：商务印书馆，2005年版，第246页。
④ 姚卫群：《古印度六派哲学经典》，北京：商务印书馆，2005年版，第247页。

差别论的，其所具有的差别论特征在古代印度哲学中也是比较彻底的。这种既有差别又有统一的理论，不仅具有辩证学说的特征，而且具有信息本体论、信息认识论、整体关系论的复杂性理论的特征。

8. 和合论中的整体涌现论的复杂辩证法思想

和合论是印度古代哲学中关于事物整体构成性的理论。这一理论的最初思想萌芽可以一直追溯到《奥义书》中关于事物通过矛盾运动、多因素聚合而产生的整体构成论思想。在《奥义书》之后产生的众多哲学流派中，这一思想得到了更为广泛和精致的阐发。

古代印度哲学《奥义书》的主导性传统认为，宇宙间的万事万物在本性上都统一于大梵（自我）。但是，大梵（自我）本身则具有无形体、不可见、不可说的特征，能够认知大梵（自我）存在的佐证只是由大梵（自我）派生出来的，作为大梵（自我）自身显现的，有形体、可见、可名的具体事物。这就提出了一个问题：大梵（自我）通过怎样的一种机制和过程派生出显示自身的具体事物呢？在古代印度哲学中，对于这个问题的回答有一个影响深远的说法，这便是不同自我、相互矛盾的对立诸方之间的冲突，及其相互制约和转化，将各种不同的因素、材料、性质聚合交织，从而构造出具体的、千差万别的有形事物。显然，这样的说法不仅是矛盾论的，而且是构成论的，还可以说是整体涌现论的。

在《奥义书》之后发展起来的胜论派哲学将“和合”明确规定为其所阐释的“十句义”之一。在胜论派那里，和合强调的是一种整体性关系，它区别于一般的合或结合，因为一般的合或结合更多表现的是聚集性、加合性，而和合则体现的是事物间的不可分割的联系，以及在这种联系中所凸显出的整体性的特殊性质。①

释迦牟尼在创立佛教理论的同时提出了一种“诸法从缘生”的理论（简称缘生说或缘起说）。这里的“缘”，是“因缘”二字的略称。“因”，是指“内因”，即事物内在的构成因素及其关系；“缘”，是指“外部条件”，即与该事物相关的外部因素及其关系。这一理论揭示的是事物生灭的条件性、必然性和过程性，所有事物的产生和消亡都是由该事物本身的内因和与之有关

① 姚卫群：《古印度六派哲学经典》，北京：商务印书馆，2005 年版，第 12，23，25-26，34 页。

的外因相互作用的结果。其实质是关于“因缘和合”的理论。缘起理论阐释的正是辩证法理论所强调的事物的普遍联系性和永恒运动变化性的特征。从横向的事物关系来看，所有的事物都处在由诸多相关条件和因素规定的内部与外部的特定信息结构关联的关系网络之中，从纵向的事物关系来看，所有的事物都是由内部与外部的诸多相关条件和因素规定的信息程序的展开、运动、变化、转化的过程。这其中体现的信息结构、信息程序、关系网络、普遍联系、相生相克、相依共存、多元和合、多因综合、整体建构、运动变化、转化消亡等诸多方面的观念和思想都是极为深刻的。

佛教的缘起论的更深层次的理论基础是“五蕴说”。“蕴”有积聚、类别、和合的含义。“五蕴”既指五种成分的区别又指五种成分的积聚或和合。“五蕴”分别是色、受、想、行、识。第一蕴概括的是物质现象，后四蕴概括的是精神现象。在佛教教理中，“五蕴说”的提出是要表明在“五蕴”之外不存在独立的“我”或不变的主体，也不存在对生命起主宰作用的外在的灵魂、神我等力量。世间一切显现的事物，包括全部生命体，以及所谓的“我”，都只是“五蕴”暂时的积聚或和合。

五蕴和合论、因缘和合论强调的是事物生成的结构性和关系性，以及在结构和关系中凸显出的整体性质的涌现性特征。根据这样的理论，所谓的生命现象、所谓的“我”的能动性、所谓的现实世界中的一切有形之物，都是在整体性的结构化和关系化的过程中产生出来的。正因为它们都是产生出来的，所以，它们便都不是什么本来就有的东西，随着相应的结构化和关系化的解体，随着所建构的整体性的瓦解，所有的事物都会消亡、泯灭。但是，个体事物的消亡、泯灭又是一种变易、转化，又是另外一些事物的生成和建构。这样，对于个别事物而言是无常、无我，对于整个现实世界而言，则是变易、迁流、演化。

印度古代哲学中的声无常论、因中无果论等学说也都具有和合论和整体涌现论的复杂性思维的特征。这一点我们在前面讨论胜论派哲学时已经提到了。

9. 事物自然因、无目的、非决定论的复杂辩证法观念

跋达罗衍那所著《梵经》是古代印度吠檀多派哲学的最早经典。《梵经》虽然承认梵是宇宙之因，是世界的最高主宰者，并潜存于万物之中制控着万物的行为，但是，该书又承认微细之物乃是宇宙未显的本然状态。虽然该书

坚持世界由神创造的理论，但是，该书又认为离开了未显状态的微细之物，神的创造活动便无从展开。另外，该书还强调了梵创造世界的无目的、自显现、自创生、自展开的性质。[①] 其相关理论中体现出的信息自身显示、程序自我展开、无目的自组织创生的诸多层面的复杂辩证法思想都是极为深刻的。

《梵经》提出了一种游戏创世说，认为梵是在一种游戏状态中通过无特定目的的活动而实现其创造行为的[②]。并且，梵的创造活动还是一个无须外部因素介入的自我展开、自我创生的过程，梵“通过变换（形式）造作自身”[③]。《梵经》写道：“（个我）确实（仅是最高我的）显现”“当（个我与最高之光）合一后，其本性就显现出来，因为（圣典中）论及了‘由自己（来显现’）”。“由自己来显现”，正是关于事物自身显示自身的明确论述。由于具体存在的个我是最高存在的梵的统一之光的自我显现，所以，个我便有能力认识梵的本性，并通过相应认识的达到而获得解脱。这就是由《梵经》所代表的早期吠檀多派哲学为我们所勾画的一个完满的理性环路。在这一理性勾画的圆圈中所体现出的事物无目的演化、自我展开、自我创造、自身显示的自组织复杂性观念无疑能够给我们提供十分丰富的思想启迪。

后期弥曼差派的无神论思想强调宇宙在时间上的无开端性，认为神既不可能是世界的创造者，又不可能对世界进行监督和控制。他们承认认识之外的世界的实在性，把世界上的一切事物都看成是一个永恒产生和消亡的过程。其主要代表人物普拉帕格拉就曾强调：

> （应）否认宇宙的创造者。……没有理由相信宇宙整体有任何一时间点上的开端，或相信它有任何一时间点上的终结。
>
> 世界之外的神不能具有……生物的法与非法的知识。而没有这样的知识，这（神）就不能对那（法与非法）进行有智力的和有效的控制。
>
> 由于对创造工作的监督是不可能的，因此，就不得不认为，这是一个处于产生和消失中的事物的永不终止的过程……没有必要设想一个超宇宙的神——创造者。[④]

① 姚卫群：《古印度六派哲学经典》，北京：商务印书馆，2005 年版，第 274，285-286 页。
② 姚卫群：《古印度六派哲学经典》，北京：商务印书馆，2005 年版，第 286 页。
③ 姚卫群：《古印度六派哲学经典》，北京：商务印书馆，2005 年版，第 279，285 页。
④ 姚卫群：《古印度六派哲学经典》，北京：商务印书馆，2005 年版，第 419-420 页。

值得强调的是，佛教的“十二因缘”说、“三世因果”说虽然在人的前生、现世和来生之间建立起了某种因果相关的联系，但是，我们不能认为这一学说具有宿命论的特征。因为佛教的相关理论认为，人们虽然不能改变与前生的因缘关系，但是，人们可以立足于现世，通过正确的自主修为过程来创造一个理想的未来。其相关的理论集中体现在“四谛”和“八正道”的学说之中。虽然佛教所宣扬的“四谛”和“八正道”的理论并不能真正而现实地引导人们脱离人世间的苦难，而且其所引导的出世之路也更多地具有精神追求而非现实可能的虚幻性意义，但是，“四谛”和“八正道”的理论具有引导人生向善、向美的十分积极的意义和价值。另外，从方法论的意义上看，“四谛”和“八正道”的理论具有不安天命、自我主宰、积极创设未来的复杂性方法的韵味。因为按照这一理论，人生的现状虽然与其前世之修为有关，但是，人生的未来并不简单由既定安排好的天命决定，它完全可以由人们自己对现世修为的设计而左右。这就是说，人的未来命运是按照非决定论的方式展开的，是具有多重发展之可能性的。最起码存在两种截然不同的可能性：一种是继续世俗轮回的苦难；另一种则是永享出世涅槃的寂静。这显然是一种关于事物未来演化路径的不确定性、非决定论的分叉性理论。另外，按照“四谛”和“八正道”的理论，人生未来分叉路径的选择权并不由个人之外的其他力量所主宰，它完全取决于个人道德之高下和行为之善恶。这就是说，个人的未来命运是由个人自己主宰的。而“八正道”则正是引导人们通过自主的道德和行为约束达到出世涅槃之理想境界的一般方法和途径。这种未来发展的不确定性、非决定论、分叉性，以及未来演化模式的自主宰、自创造的观点、方法和思想，与当代复杂性自组织理论的相关内容十分吻合。然而，十分遗憾的是，佛教的“四谛”和“八正道”理论并未把相应的复杂性方法贯彻到底，因为佛教所设计的“涅槃”是一种永恒寂静、不再变化的、静止的理想境界，这一境界终止了演化性、过程性，当然也就根本谈不上自组织分叉质变的复杂性问题。

《奥义书》之后发展起来的耆那教学派提出了“或然论”(“非决断论”“非一端说”)，根据这一理论又形成一种被称为“七支论法”的判断形式。耆那教的此类学说具有过程论、随机性、非决定论的复杂性特征。耆那教认为客观事物没有永恒不变的性质，任何事物都有一个产生、发展、变化和消亡的过程，因此从不同的侧面看同一事物时，可以得出完全不同的结论，任何一种判断也和任何一种事物一样都是有条件的，没有绝对的肯定或否定。这样，我们在对事物进行认识的时候便不能采取绝对肯定或否定的态度，这就是“不偏不倚，不执一端”，这就是所谓“或然论”“非一端说”。“或然论”更多地强调了事物以时间、地点和条件为转移的特性，强调了事物自身特殊存在的综合性和不可绝对言说的性质。耆那教的“或然论”，以及体现“或然论”的“七支论法”强调了事物运动变化的过程性特征，强调了事物存在的暂时性、条件性和相对性，也强调了人的认识的有限性、片面性和局限性。这样的理论在本质上是一种非决定论的复杂辩证法理论。

同样是《奥义书》之后发展起来的顺世派，在世界本体存在方式的问题上主张物质元素论，认为地、水、火、风四大元素乃是世界的基础。与这一唯物论的主张相一致，顺世论不承认任何一种创世的学说，更不承认有超自然的精神力量作为世界的主宰者或创造者。在宇宙及其事物存在和变化的原因上，顺世论主张自然因说，认为宇宙及其事物，包括生命和非生命现象，都是一种自然性的存在，都是自然而生、自然而变、自然而灭、自然而转化。他们宣称的“皆不由因”“皆无因生”“自然而有”“万物系自性生”等说法[①]，更多具有自发性、无目的、不刻意营造、不预先设定、不被主宰、自然当然、自然而然、内生自组织的含义。这样的思想正是当代复杂性自组织系统理论所要揭示的内容。

10. 无常无我论、空论中的变易、无主宰、无主体的复杂辩证法思想

诸行无常、诸法无我、涅槃寂静是佛教的三条基本教义，称为“三法印”。涅槃寂静的理论基础是“四谛”和“八正道”学说，而诸行无常、诸法无我则是缘起理论和“十二因缘”说的一般化展开和发展。

诸行无常是指世间一切事物生灭迁流、刹那不停，没有常住的特性。佛经中经常提到的说法有：“诸行无常”“诸法无常”“众生无常”“世间无常”“诸念无常”等。凡此种种说法揭示的都是自然界、社会和人类思维的一切领域的事物都具有变动不拘、迁流不息的特性，都是一种暂时性的过程性存在。

① 参见汤用彤：《印度哲学史略》，上海：上海古籍出版社，2006 年版，第 37 页；黄心川：《印度哲学史》，北京：商务印书馆，1989 年版，第 102 页；姚卫群：《印度宗教哲学概论》，北京：北京大学出版社，2006 年版，第 111 页。

按照佛教的相关说法，从事物时刻不停的生灭上看，称为“刹那无常”，从事物有一定因果连续上看，称为“相续无常”。“刹那无常”强调的是事物的暂存性、变易性、偶然性特征，“相续无常”不仅内含了事物运动、变化的过程论思想，还内含了事物的演化全息、信息关联、信息程序的展开等方面的思想。如果只承认“刹那无常”，那还只是一种简单性的观念，如果能将“刹那无常”和“相续无常”有机地结合起来加以讨论，并使二者兼容于一个统一的存在论理论之中，这样的理论才真正具有了复杂性理论的相关特征。而早期佛教理论则明显地具有这两种无常论相互兼容性的特征。

“诸法无我”是佛教的三条基本教义（三法印）之一。“无我”也称“非我”“非身”。其意是指世界上的一切事物都没有独立存在的实在的自体，亦即没有起主宰作用的“神”“我”或“灵魂”。“无我”包括两类：一类是“人无我”（即“人空”），是说人身由五蕴和合而成，没有常恒不变的主体，也没有起主宰作用的灵魂；另一类是“法无我”（即“法空”），是说宇宙间的一切事物都由种种因缘和合而生，不断变迁，无常恒坚实的自体，也不存在主宰者。佛教的这种无常无我论突出强调的是事物的变易性、过程性、无主体性、无主宰性、无永恒性。这样的一些相关特性，与当代复杂性理论所阐释的事物运动、变化的过程性、自发性和非决定论的辩证法观念极为相似、相近。这也使我们联想到了中国古代哲学中的“自然无为”的理论。中国古代哲学中的“自然无为”思想更多具有不刻意强求、不逆反规律、顺其自然、自然而然之意。这一思想，揭示的是事物自发演化发展的无目的性、不确定性、随机性的特征，其本质是一种关于非决定论的复杂自组织思想。

印度大乘佛教中观理论的奠基人龙树从早期佛教的缘起论出发，提出了他的“空论”学说。该学说认为世界上的一切事物，包括人们的认识，甚至连佛陀本身都是一种相对的、因缘和合性的存在，他们本身并没有独立的主体和自性，所以都是“空”。在龙树那里，“空”不是绝对的“空无”，而是一种不可用言语描述和用概念表征的实存，是一切事物的实相。龙树的“空论”在本质上是一种关系实在论、因缘建构论、整体涌现论。这里的“空”应当理解为无主体、无自性。因为没有主体，没有自性，事物才可能在过程中创生出来，才可能是整体生成性的。这样的思想，既是过程论的，又是生成论的，还是整体论的，更是非决定论的。从一个特定的意义上来讲，龙树的“空论”和“空论”所依据的缘起论都具有复杂辩证法的特征。

11. “中道论”中两极兼容、对立互补的复杂辩证法思想

早期佛教提出了“苦乐中道”“无记中道”“断常中道”“八正中道”等学说。“苦乐中道”对极端的享乐和苦行都持反对态度；“无记中道”是对所面对的问题不做或不能做简单肯定或简单否定回答的一种态度或方法；“断常中道”既反对“常住有我论”的“常见论”，又反对“灵魂断灭论”的“断见论”；“八正中道”则是佛教宣扬的“四谛八正道”学说。佛教的“中道论”并不是一般意义上的“中庸论”。因为这里的思维方式不是不偏不倚，而是或者不绝对肯定，也不绝对否定，或者是对两极绝对化观念皆持否定态度，另辟解决之新境。当代复杂性理论强调对单极性思维的简单性特征予以批判，并主张事物在本质上具有存在方式的两极兼容、对立互补、多元协同、多元共生的综合性、系统性和复杂性。例如，复杂性理论主张观察和分析问题时，要从有序中看到无序，从无序中看到有序；要将整体论和还原论有机结合起来，绝对的还原论和绝对的整体主义都是极端化的简单性观念；要注重考察整体中的部分、部分中的整体；要注重考察事物的结构组织、关系模式、演化程序、过程模式；等等。而这样的一些观察和分析问题的方式和方法在佛教的“缘起论”“无常无我论”，以及种种“中道论”学说中都可以不同程度地体悟出来。

以“空论”为基础，印度大乘佛教中观理论的奠基人龙树提出了一个比较完整的以“空”为理论基础的“中观论”学说，否定性的“四句义”和“八不否定”论是这一学说的重要内容。龙树的“四句义”模式是：非有，非无，非亦有亦无，非非有非无。① 龙树的“八不否定”模式是：

不生亦不灭，
不常亦不断，
不一亦不异，
不来亦不去。

有评论认为，龙树的“八不中道”是一种诡辩，殊不知，在这种所谓的诡辩逻辑中却蕴涵着一种极为深刻的复杂性思维的辩证法：对立之间的兼容、互补、共生、共存。其实，只要承认了具有过程性和连续性的“相续无

① 黄心川：《印度哲学史》，北京：商务印书馆，1989 年版，第 233 页。

常”，诸如生、灭，常、断，一、异，来、去，有、无等的对立项之间便都相对化了。如此，龙树的“八不中道”的逻辑也便是可以理解的了，并且具有比较大的合理性和辩证性。

巫白慧认为龙树的“众因缘生法，我说即是空，亦为是假名，亦是中道义”这段颂词在其学说中具有总结性意义，并将其概括为“三谛真理”：空谛（真谛）、假谛（俗谛）和中谛（中道义）[①]。

其实，龙树的“中观论”在本质上不是一种肯定式的“亦有亦无”之说，而是一种否定式的“非有非无”之说。所谓“不言有与无，亦不言有无、非有及非无”“一切实非实”“非实非非实”讲的都是“非有非无”之说。虽然龙树有时也讲“亦实亦非实”，但他的这一说法往往是为了进一步引出“非实非非实”的命题所做的铺垫。空谛——“我说即是空”中的“空”即“非有”，虽然针对的是“有”，但并不真的意味着另有其“有”；“非有”虽然在字面上可以理解为“无”，但并不真的意味着真有其“无”。“空”只能是“非有非无”，而不能是“亦有亦无”。因为事物本性为“空”，所以“非有”，但在人的认识中又不能离开“有”去对事物进行把握，所以，人的认识中的“有”并非真有，只是借助于概念和范畴所提供的“假名”而描述的“假有”。“假有”“非无”，但也“非有”，所以，假谛——“亦为是假名”也是“非有非无”，而非“亦有亦无”。“非有非无”，而非“亦有亦无”，大概这便是所谓中谛——“亦是中道义”的本真之意。“定有则著常，定无则著断；是故有智者，不应著有无。”这一颂所讲内容的实质仍然是“非有非无”。这大概就是龙树的“中观论”区别于其他的“中庸”“中和”之论的本质所在。而这样的中道恰恰是有别于那种去两端而执其中、不偏不倚之所谓中道的另一种类型之中道。这是真正的复杂性，真正的“混沌边缘”，真正的对立兼容，因而不能用常规的肯定性方式言说，诚谓之“不可说”。其实，这种“非有非无”的否定性思维方式恰是古老印度哲学的一大特色。《奥义书》中对那个假定的至高无上、包罗万象的“梵”的基本特性的描述所采取的基本方式就是否定式的，其中用到的最多的前置词就是“不”或“非”。

① 巫白慧：《东方著名哲学家评传・印度卷》，济南：山东人民出版社，2000年版，第154页。

12. 具有直观性、猜测性、神秘性、神学性等缺陷

与古希腊哲学和中国古代哲学相类似，印度古代哲学也具有直观性和猜测性的特点。

与中国古代哲学相类似，印度古代哲学也具有十分明显的思辨性特征，并由此而具有更多的神秘性色彩。从《吠陀》《原人歌》中的“原人”，到《奥义书》中的梵我同一、诸神创世之论；从数论派的“自性”与“神我”关系的论述，到瑜伽派的“自在神”的设定，以及其关于心的变化和抑制理论中的“神通力”论；从早期佛教的“十二因缘”说、无常无我论、“四大劫限”说，到大乘佛教的中观论和唯识论，大多都带有很浓的思辨味道，因而具有了更多的神秘化色彩。在上述理论和学说中所运用的一些基本概念，如“大梵”“超上大梵”“造物主”“神”“我”“神我”“自性”“梨多（宇宙理法）”“太一”“有”“无”“实”“虚”“空”“唵声”“阿赖耶识”等，也大多具有独断性和神秘性。

与古希腊哲学和中国古代哲学相比，宗教神学性乃是印度古代哲学最为突出的特征。在最古老的吠陀文化时期，印度影响最大的宗教——婆罗门教已经产生。婆罗门教有所谓“三大纲领”，即吠陀天启、祭祀万能、婆罗门至上。而吠陀本集的主要内容就是对神的崇拜、赞颂及祭祀。吠陀之后的《奥义书》哲学的最为核心的内容便是体现着宗教神学思想的“梵我同一”和“轮回解脱”理论。在《奥义书》之后发展起来的承认吠陀权威性的婆罗门教正统六派哲学，无一例外都具有宗教色彩，都对神和灵魂加以崇拜。有的（如弥曼差派）还更加强调祭祀的神圣性，有的（如吠檀多派）还发展了《奥义书》中关于“梵”（宇宙精神）和“我”（个人精神）的神秘主义思想。就连具有一些唯物主义因素的胜论派哲学，也坚持神启论，并承认有永恒灵魂的存在。至于与婆罗门教的正统六派哲学同时发展起来的不承认吠陀权威性的具有自由思想思潮的主要流派，除顺世论哲学具有反宗教的唯物主义性质之外，其他的派别（佛教、耆那教、生活派）也都具有宗教神学的性质。

第三编
近代哲学中的唯物论和辩证法思想

题记：

像唯心主义一样，唯物主义也经历了一系列的发展阶段。甚至随着自然科学领域中每一个划时代的发现，唯物主义也必然要改变自己的形式。

——恩格斯:《路德维希·费尔巴哈和德国古典哲学的终结》，载《马克思恩格斯选集》（第4卷）北京： 人民出版社，1995年版，第228页

第14章 培根的唯物论和机械论中的辩证法

按照一般的说法，哲学界把近代唯物主义哲学的基本性质归结为形而上学唯物主义或机械唯物主义，其主要代表人物包括：英国的弗兰西斯·培根、托马斯·霍布斯、约翰·洛克；荷兰的斯宾诺莎；法国的拉美特利、狄德罗、爱尔维修、霍尔巴赫；德国的费尔巴哈[①]。然而，细究起来，这样的一种性质的归结多少具有某种简单性的特征。其实，在近代唯物主义的哲学家那里，其具体学说的内容总是具有某种多面孔的性质，其中杂糅着唯物和唯心、形而上学和辩证法、简单辩证法和复杂辩证法的多重因素。在本编的前几章中，我们将选择上述提到的哲学家中的几个典型代表人物的学说进行重点讨论，以期揭示这一时期的相关哲学学说性质的并非纯粹单一的、杂糅而复杂的特征。

本章将具体对英国哲学家培根的相关哲学的性质予以讨论。

培根是近代唯物主义的重要代表人物。他反对宗教神学，批判经院哲学。他强调那些“诡辩的、经验的和迷信的”哲学都是“错误的哲学”[②]。他在批判性审视了他之前人类历史上的相关知识的基础上提出，要把科学、艺术和一切人类知识重新改造，以实现科学的伟大复兴。他所提出的著名口号“知识就是力量”直到今天仍然备受推崇。

① 冯契：《哲学大辞典（上）》，上海：上海辞书出版社，2007年版，第20页。

② 培根：《新工具》，许宝骙，译，北京：商务印书馆，2009年版，第37页。

在以往的相关评价中，人们总是侧重于揭示培根哲学的机械唯物主义的性质，而未能看到其哲学所具有的诸多辩证法的因素和方面。其实，培根的唯物主义哲学是一种同时杂糅着机械论和辩证法的复杂的体系，片面强调这一体系中的任一方面都是一种简单化的理解。要全面理解培根的哲学，我们不仅要看到他的唯物论的机械论的性质，还要看到其中所呈现着的辩证法，甚至是复杂辩证法的某些观念和思想。

14.1 分子说与物质守恒说

培根的唯物论承接了古希腊原子论的某些观点，把物质看成是由许多最小的“分子”单元构成的，并强调了重量是区别不同物质的重要特征。他写道：“把自然化成一些抽象实不如把自然析为若干分子为合于我们的目的”；“物体中物质的积量及其相互间的比例是借重量而显示到我们感官面前的。因为重量相应于一个物体中物质的数量，其可触分子中的物质的数量”①。

他认为科学的任务就在于揭示作为自然始基的具有单纯性质的“隐秘结构”，即探寻实在分子的本来面目。他说：

> 我们只应被引导到那实在的分子，照它们实际存在着的样子……研究愈是接近于单纯性质，一切事物就愈变得容易和浅显；工作是由复杂的事物转到单纯的事物了，是由不可比量的事物转到可以比量的事物了，是由不尽根数转到并无不尽根数了，是由无限的、模糊的事物转到有限的、明确的事物了……隐秘结构的全部发现方面，也须求之于始基的原理才能见到真正的和清晰的光亮，那始基原理是能完全驱除一切黑暗和隐晦的②。

但是，培根同时强调了他的学说与古希腊原子论的差异。他说：“我们却又不可由此就被引导到原子论，那个暗含着虚空和物质不可变两条假设的原子论（这两条假设都是虚妄的）。”③ 虽然，反对虚空和物质不可变的信条的观点具有辩证的特色，但是，把世界看成是最小分子的集合体，并把

① 培根：《新工具》，许宝骙，译，北京：商务印书馆，2009 年版，第 28，252 页。
② 培根：《新工具》，许宝骙，译，北京：商务印书馆，2009 年版，第 127 页。
③ 培根：《新工具》，许宝骙，译，北京：商务印书馆，2009 年版，第 127 页。

对具有最单纯的始基原理的追求看作是科学的最终目标的观点同样是机械论的，其中同样体现出了与古希腊原子论相似的微观不变的简单性特征。

认为无不生物、物不化无、物量守恒或许是培根物质观的最为辉煌的亮点。他说："'无物生于无'，'无物化为无'；物质的绝对量和总数是保持不变，无增无减的。"①

14.2 元精说与无重之物

虽然培根把重量看作是衡量物质多少的量，但是，他同时又认为存在某种没有重量的物质，这就是"元精"，甚至还包含某些空气。在这一方面，他的观点是与古希腊原子论不同的。他说，"至于元精及其所含的物质量则是不能以重量来计的，因为它宁是减少重量而不增加总量"，而空气则"无重无轻"，"虚软多孔并大部分充满空气的那些物体"也都不能以寻常比例的重量来计量。②

在培根的相应规定中，"元精"是一种极微的无重之物，它遍布在一切物体之中。培根甚至认为在元精与分子之间存在着某种相互转化和生成的机制，这大概也是他反对古希腊原子论关于原子不变的观点的原因。培根如下的一段话可以作为他具有这一观点的佐证：

> 在一切可触的无生物体之内，被包着的元精首先要把自己繁殖起来，并可说是在攫食那些安排好和准备好以供其攫食的可触分子，从而把后者也消化成、经营成、转化成元精；然后它们一起逃出去。元精的这种经营和繁殖是借着重量减低这一结果而显示到我们感官面前的。因为在一切干瘪过程中，量总是要减少些的；不仅原先存在于物体之内的元精的量减少了，而且那原先是可触而现在则有些变化的物体本身的量也减少了；因为元精是没有重量的。③

显然，培根的这一思想是相当杰出的。因为现代科学已经证明，没有质量的能量与有质量的实体相比是一种更基本的实在，质量仅仅是能量的密度比较大的空间区域表现出来的特征，而在特定的条件下，所有的质量都能够

① 培根：《新工具》，许宝骙，译，北京：商务印书馆，2009 年版，第 251 页。
② 培根：《新工具》，许宝骙，译，北京：商务印书馆，2009 年版，第 252-253 页。
③ 培根：《新工具》，许宝骙，译，北京：商务印书馆，2009 年版，第 248-249 页。

转化为能量。如果我们说，培根所讲的元精具有现代科学所说的能量的性质，那么，我们便可以看到培根思想的深刻之处。古希腊时代及培根时代的所谓重量，正是现代科学中所说的质量。然而，如果仅仅以重量守恒作为物质守恒的尺度，那么，当有重量的分子转化为无重量的元精时，这样的物质守恒是否还可以成立？这显然是一个矛盾。这个矛盾只能通过现代科学所揭示的质能统一的守恒原则来化解。

培根还用元精的运动对无生命体之间的交感现象和动物的感觉现象做了统一的解释。在他看来，这两种现象的区别仅仅在于存在着两种不同性质的元精的运动而已。他写道：

> 享有感觉的物体之间的感应或交感和没有感觉的无生物体之间的感应或交感并无不同，所不同的只是在前者那样秉性的物体当中加有一个动物元精，而后者则没有。由此我们接下来又说：动物的感觉可以多至和无生物体之间的交感相等，假如它们身上广开孔窍以容动物元精自由通入任一禀赋适当的肢体如同通入适合的器官一样的话。我们还可以说：动物中有多少感觉，缺乏动物元精的无生物体中无疑也就有多少运动，虽然由于感觉器官为数甚少之故后者还必然要比前者多得多。[①]

在此，培根不仅看到了生命体和无生命体之间的无感觉反应和有感觉反应发生机制的一致性关系，还强调了感觉器官种类和性质的限制使生命体所获得的感觉总是局限于无感觉反应内容的一小部分的情景。如果说培根的相关思想是当代信息哲学所揭示的物在普遍相互作用中必然会同化或异化信息的思想的翻版，那么，这一定是某种夸大之词。但是，如果说培根已经看到了物在自身的运动中具有某种相互感应的普遍联系特征，那么，这就没有什么不恰当了。只不过，培根在这里仅仅用一种特殊的无重之物——元精的进或出来说明相关运动的机制便不免带有机械性的特征，在这里，他的理论与古希腊原子论学派的流射说在总体上具有同样的性质，只是其论述的范围更广（包括无机物间的相互作用机制），所用概念和方法更精细化而已。

---

① 培根：《新工具》，许宝骙，译，北京：商务印书馆，2009年版，第192-193页。

14.3 机械与辩证杂糅的物质观

当谈及物质结构和物质运动时，培根的观点有许多机械性的方面。他强调："在自然当中固然实在只有一个一个的物体，依照固定的法则做着个别的单纯活动，此外便一无所有"；那些"较粗质体的分子中的一切较隐微的结构变化"，"实际则是通过一些极小空间的位置移动"实现的；"说到结构上的差异，其最根本的和最主要的一点就在占据同一空间亦即具有同一体积的物质的多少之别。至于结构上的一切其他差异（那不外是关于同一物体中分子的不同，和关于分子的排列与位置）"[①]。

综合上面的论述，我们可以看到培根对物质结构和物质运动的解释有几个基本要点：实在的物体各自孤立地存在（"只有一个一个的物体"）；物体各自独立运动（"做着个别的单纯活动"）；运动只是物体的位置移动；结构的差异来自三个方面，即同一空间中物质的多少、分子种类的不同、分子排列的序（位置）的差异。这几个基本要点集中反映了培根的物质结构和物质运动理论的机械性特征。

如果把培根的相关学说综合起来考察，我们将会发现，在其物质结构和物质运动观中还存在某些辩证法的因素，这一点首先可以在前文讲到的他关于有重之分子可以转化为无重之精元的观点中体现出来，因为这样的变化并不仅仅是位移的运动，而且是不同性质的物质之间的转化，是物质性质的改变。除此之外，培根关于应该把研究自然物体的单纯法和结构法结合起来的观点也具有某种辩证性特点，因为这里体现的是还原论和整体论的结合。他的原话是这样的："专就自然和物体的单纯法去思索自然和物体，这会使理解力破碎和散乱；专就其组合与结构去思索，则又会压垮理解力而使之融解……因此，这两种思辨应当交替见用，俾使理解力既能深入又能概括。"[②] 当然，如果我们能够结合前文提到的培根对物体结构形成机制的机械性理解，那么，我们便可以得出培根的这些具有辩证性的观点最终也会在其总体机械的学说之中消融和湮灭。

培根关于物质结构和物质运动的理论中的某些辩证观点，还可以从他关于物质运动形式的某些分类中体现出来。为了阐释运动的规律，培根对物质

① 培根：《新工具》，许宝骙，译，北京：商务印书馆，2009 年版，第 27，118，251 页。
② 培根：《新工具》，许宝骙，译，北京：商务印书馆，2009 年版，第 31 页。

运动的形式做了详尽的分类，其中有些形式体现了复杂结构和辩证运动的某些观点。例如，相契、出轨、跨界和王权等结构和运动形式中就分别在不同程度上体现了某种对立、偶然、中介和层次控制的辩证法或复杂性思想。

在论述运动的“相契的事例”时，培根举了这样一个例子：“存在于空气的所谓中界中的酷冷与时常从地下爆发出来的烈火。二者都是所谓顶点或极端：一个是朝向天边的冷的极端，一个是朝向地腹的热的极端，都是出于反对性质的相反相激的作用。”①这无疑是一种对立因素间的斗争的简单辩证法的思想。

培根对于运动的“出轨的事例”做了这样的规定：“这是自然中的一些错乱、异想和奇闻，表现着自然岔出了它的常规。”它们“能够纠正由通常现象所提示给理解力的错误印象，并显示公共法式”。“凡知道自然的道路的人固能比较容易查到自然的出轨，反之凡知道自然的出轨的人也能更加准确地来描述自然的道路。”②这显然是一种承认自然运动中存在偶然性的辩证法观点，由此可以引导人们更为合理地理解必然性和偶然性的关系，并为不确定性和非决定论的复杂性思想奠定基础。

培根对于运动的“跨界的事例”（“两属的事例”）做了这样的规定：“这种事例展示者仿佛由两个种属合成的一种物体，或者说仿佛是介乎两个种属之间发育尚未成熟的物体。这些事例大可算入独特的亦即不规则的事例之列，因为在自然的整个范围内它们乃是稀罕的、异乎寻常的东西。”“在指明事物的组合和结构方面，在提示宇宙中平常物种的数目和属性的原因方面，以及在把理解力从现有的东西推进到可有的东西方面，它们都是有其卓越的用处的。”③培根在这里显然看到了具有中介性质的事物的存在，因而他的认识脱离了两极对立的简单性。但是，培根仅仅把这样的事物看成是罕见和不规则的现象则是不恰当的，另外，他只看到了独立的具有兼容属性的物体，而没有认识到相互作用之物普遍派生中介物的性质。这样，在培根那里，中介还不可能成为事物转化和联系的环节。然而，由于不能派生中介，事物便只能是各自孤立的存在，任何一种联系的、转化的、性质变化的过程都将是不可能被理解和说明的。

---

① 培根：《新工具》，许宝骙，译，北京：商务印书馆，2009年版，第196页。
② 培根：《新工具》，许宝骙，译，北京：商务印书馆，2009年版，第198-199页。
③ 培根：《新工具》，许宝骙，译，北京：商务印书馆，2009年版，第200页。

培根还强调了“王权的运动”（“政权的运动”）。他解释说：“在这种运动当中，物体中占优势的、统治的分子约束着、镇服着、压制着、管理着其他分子，迫使后者或合或分，或止或动，以及怎样排列，并不依照后者自己的欲求，而是看怎样可以有助于统治分子的福利，所以说统治分子像是凌驾于屈服分子之上的一个政府或政权。”①这不禁使我们联想起了当代系统科学的创始人贝塔朗菲所强调的一种“集中化结构”系统。在这类系统中存在一个或少数几个具有“触发器”②作用的主导要素，它们的很小变化将在整个系统中产生重大影响，从而较大地影响系统的整体行为。在这类系统中，除主导要素之外，其他要素总是处于消极被动的从属地位，其他要素即使发生很大变化，对系统的作用也是很小的。在此培根显然看到了复杂层次系统中不同组分间的地位和作用的差异，以及事物层次控制的整体行为发生的机制。这样的相关思想和观点显然是深刻的。

14.4　对认识发生机制的辩证思考

在对人的认识发生的具体机制的探讨中，培根坚持一条从感觉到思维的唯物主义路线，他强调：“我要直接以简单的感官知觉为起点，另外开拓一条新的准确的道路，让心灵循以行进。”③他虽然认为人的心智会给人的认识带来种种假相，但是，他所阐释的认识论却不是机械反映论的，因为他已经深刻地看到了人的心智在认识过程中发挥的作用，并强调理性在科学认识过程中的非凡作用。

在论及科学认识的方法时，他强调了真正的哲学思想应当是科学实验和人的理性密切结合的产物。他曾这样写道：

> 历来研究科学的人要么是经验主义者，要么是独断主义者。经验主义者好像蚂蚁，他们只是收集起来使用。理性主义者好像蜘蛛，他们从他们自己把网子造出来。但是蜜蜂则采取一种中间的道路。他从花园和田野里面的花采集材料，但是用他自己的一种力量来改变和消化这种材料。真正的哲学工作也正像这样。因为它既不只是

① 培根：《新工具》，许宝骙，译，北京：商务印书馆，2009 年版，第 298 页。
② L. 贝塔朗菲：《一般系统论》，秋同，袁嘉新，译，北京：社会科学文献出版社，1987 年版，第 59 页。
③ 培根：《新工具》，许宝骙，译，北京：商务印书馆，2009 年版，第 2 页。

或不主要是依靠心智的力量，但它也不是从自然历史和机械实验中把材料收集起来，并且照原来的样子把它整个保存在记忆中。它是把这种材料加以改变和消化而保存在理智中的。因此从这两种能力之间，即实验的和理性的能力之间的更密切和更纯粹的结合（这是从来还没有作过的），我们是可以希望得到很多的东西的。[①]

在此，培根显然批评了两种极端化的认识发生的理论，一种是狭隘的经验主义哲学，另一种是同样狭隘的理性主义哲学。他的主张则是要把科学实验的经验和理性智慧的作用结合起来，以便更好地获得认识的真知。

为了对极端理性主义哲学进行批判，培根还提出了在人的心智结构中存在着扰乱人心、妨碍科学发展的"四种假相"的学说。这"四种假相"是：种族假相（由人类的天然生理条件造成的认识局限性）、洞穴假相（由个体生理和认识能力差异所造成的认识局限性）、市场假相（人们的交往方式及所利用的语言文字造成的认识局限性）、剧场假相（人们先已形成的知识结构和认识方式所造成的认识局限性）[②]。他还明确地表示："人类理解力不是干燥的光，而是受到意志和各种情绪的灌浸的。"[③]显然，在培根的理论中已经明确地看到了人的认识发生的多级中介的复杂性情景，其中既包括外界对象刺激感官的因素，又包括人的生理结构、心理结构（意志、情绪、知识结构、认识方式）、语言交往方式的中介性作用。这样，培根的认识论就是一种主体能动的、主客体相互作用的、复杂中介的、具有辩证特色的认识论学说。只不过，培根在看到了认识发生过程的这种现实复杂性的同时，他更多强调了来自主体能动因素的负面效应，他试图去追求一种纯粹的、客观的真理状态，而把主观介入的能动的因素看作是一种对达到真理状态的干扰而力主排除。他写道："理解力在逐日习见的印象之下是不可能不被玷污、被染坏，以致最后走入岔道，变得歪曲起来的。"面对如此情景，我们应当对理解力进行"纠正和洗净"，"以便于接纳真正理念这个冷静纯洁的光亮"。[④]由此我们也可以清晰地找到培根特别重视实验在认识中的作用，特别强调要从观察和实验中归纳出科学理论的原因。

---

① 北京大学哲学系外国哲学史教研室：《西方哲学原著选读》（上卷），北京：商务印书馆，1981年版，第358-359页。

② 培根：《新工具》，许宝骙，译，北京：商务印书馆，2009年版，第19-22页。

③ 培根：《新工具》，许宝骙，译，北京：商务印书馆，2009年版，第26页。

④ 培根：《新工具》，许宝骙，译，北京：商务印书馆，2009年版，第205-206页。

第15章 霍布斯的机械唯物论中的辩证法

据说英国哲学家霍布斯第一个建立了近代唯物论哲学的体系。它的相关学说对之后的斯宾诺莎、洛克等都有重大影响。

按照一般的说法，霍布斯的哲学是一种机械唯物主义的学说，但是这并不意味着其中没有辩证法的因素。历史上的任何一位哲学家的哲学观点都是具体的，其性质也不可能完全纯粹。

15.1 霍布斯的唯物论

霍布斯认为哲学研究的对象是物体。他给物体下的定义是这样的："物体是不依赖于我们思想的东西，与空间的某个部分相合或具有同样的广袤。"他还说："物质不能因我们的任何企图而被制造或消灭，被增加或减少。"[①]

他把物体分为两类：一类是自然物体；另一类是社会物体，即国家，它是由人们的意志与契约造成的。与之相对，构成了哲学的两个部分：自然哲学与公民哲学。而公民哲学又分为两个部分：伦理学和政治学。[②]

① 北京大学哲学系外国哲学史教研室：《西方哲学原著选辑：十六—十八世纪西欧各国哲学》，北京：生活·读书·新知三联书店，1958年版，第72，83页。

② 北京大学哲学系外国哲学史教研室：《西方哲学原著选辑：十六—十八世纪西欧各国哲学》，北京：生活·读书·新知三联书店，1958年版，第65页。

霍布斯进一步指出："物体我们可以设想它有产生，并且可以通过对它的思考，把它同别的物体加以比较，或者是，这种物体是可以加以组合与分解的，也就是说，它的产生或特性我们是能够认识的。""哲学的任务乃是从物体的产生求知物体的特性，或者从物体的特性求知物体的产生。所以，只要没有产生或特性，就没有哲学。"①

在解释人的认识发生的过程和机制时，霍布斯坚持了一条从物到感觉的路线。他强调："如果现象是我们借以认识一切别的事物的原则，我们就必须承认感觉是我们借以认识这些原则的原则，承认我们所有的一切知识都是从感觉获得的"；"一切观念最初都来自事物本身的作用，观念就是事物的观念"；"'感觉'是一种影像，由感觉器官向外的反应及努力所造成，为继续存在或多或少一段时间的对象的一种向内的努力所引起"②。

依据他所规定的物体可以产生、可以分解组合、有特性、能够被认识等性质，他不仅规定了哲学的任务，还把那些不符合上述物质性质的学说排除在哲学研究的领域之外。

他强调：因为神是永恒的，不能产生，不能分合，也不可思议，所以哲学排除神学；哲学也排除关于天使及一切被认为既非物体又非物质的特性的东西的学说，因为这些东西不能分解和组合，不能增加和减少，也不能对之进行认识的推理；哲学排除历史，既排除政治的历史，又排除自然的历史，因为这种知识只是经验或权威，而不是推理；哲学排除一切凭神的灵感、启示、恩惠或由某种超自然的感觉获得的知识；哲学还排除占星术、占卜等无确切根据、非科学的学说；哲理也排除敬神的学说，因为这一学说不是通过自然的理性，而是通过教会的权威而被认识的，所以此类学说只是信仰的对象而不是知识的对象。③

由上述引论可以看出：霍布斯的哲学是以存在于意识之外物质性的物体为其研究对象的，并且，他还强调了物体的可知性及人的一切知识都由外部对象所引起的感觉所获得，另外，他的哲学还具有明确反对宗教神学的性质。从这些方面来看，他的哲学是唯物论哲学。

---

① 北京大学哲学系外国哲学史教研室：《西方哲学原著选辑：十六—十八世纪西欧各国哲学》，北京：生活·读书·新知三联书店，1958年版，第64页。

② 北京大学哲学系外国哲学史教研室：《西方哲学原著选辑：十六—十八世纪西欧各国哲学》，北京：生活·读书·新知三联书店，1958年版，第90-92页。

③ 北京大学哲学系外国哲学史教研室：《西方哲学原著选辑：十六—十八世纪西欧各国哲学》，北京：生活·读书·新知三联书店，1958年版，第64-65页。

15.2 霍布斯的机械论

霍布斯的哲学在整体上呈现出了机械论的色彩。其突出表现于以下几个方面。

1. 物体只有一个根本性质，那就是广延，而广延又只是大小

这一思想可以从上文转引的他关于物体的定义中看到。在那里他说："物体是不依赖于我们思想的东西，与空间的某个部分相合或具有同样的广袤。"他还特别指出："一个物体的广袤，就是它的大小，也就是所谓真实空间。"①

这样，在霍布斯的哲学中，物质世界的性质丧失了本应具有的丰富性、复杂性和多样性。而空间的广延性也被他仅在"大小"的意义上机械性地特化理解了。

2. 运动不是物体的固有属性，它只是由外力推动的物体的位移，存在绝对静止

霍布斯写道："运动就是失掉一个位置而获得另一个位置"；"任何一件静止的东西，若不是在它以外有别的物体以运动力图进入它的位置使它不再处于静止，即将永远静止"；"任何一件运动的东西，除非在它以外有别的物体使它静止，即将永远运动"②。

这样，在霍布斯的哲学中，物质和运动的不可分割性（即事物运动的绝对性），以及形式的多样性和复杂性都不存在了。

3. 哲学的方法是推理，推理是加或减的计算，是以因推果或以果推因的方式

霍布斯给哲学下了这样一个定义："'哲学'是关于结果或现象的知识，我们获得这种知识，是根据我们首先具有的对于结果或现象的原因或产生的知识，加以真实的推理。还有，哲学也是关于可能有的原因或产生的知识，

---

① 北京大学哲学系外国哲学史教研室：《西方哲学原著选辑：十六—十八世纪西欧各国哲学》，北京：生活·读书·新知三联书店，1958 年版，第 83-84 页。

② 北京大学哲学系外国哲学史教研室：《西方哲学原著选辑：十六—十八世纪西欧各国哲学》，北京：生活·读书·新知三联书店，1958 年版，第 69，85 页。

这是由首先认识到它们的结果而得到的。”从这一定义中我们可以分析出他关于哲学的方法的意见：哲学的方法就是从已知推出未知的推理，是从已知的原因推出结果，或从已知的结果推出原因。这一点从他进一步展开的论述中也得到了验证。他说：“在哲学里，‘方法’就是根据结果的已知原因来发现结果，或者根据原因的已知结果来发现原因时所采取的最便捷的道路。”①

他还进一步地强调：“所谓‘推理’是指计算”，“推理是与加和减相同的”②。

这种仅仅依据已知的因果关系通过加或减的计算主义的推理观，把人的知识仅仅看成是从已知推出未知的活动，仅仅看成是增加或减少的计算活动，其机械性特征是相当明显的。他无法解释发现、顿悟等创新性活动的一般过程和机制。而这样一些活动并不是通过加或减的演绎计算所可能实现的。

在进一步的讨论中，霍布斯把综合或分析与加或减对应起来，加是综合，减是分析。这样，推理既是加或减的过程，又是综合或分析的过程。基于这样的观点，他说：“推理就在于组合、分开或分解。所以我们用来发现事物的原因的方法，除了组合法和分解法，或者部分组合法与部分分解法以外，没有什么别的方法。而分解法一般又称为分析方法，组合法又称为综合方法。”③

然而，由于仅仅在已知因或果的相互推论的意义上、在加或减的意义上来理解推理，所以，霍布斯虽然采用了分析和综合的概念，但是他这里的综合方法却仍然是加合意义上的机械性方法，而不是通常意义上的具有创新能力的方法。关于这一点，从他所举的例子中也可以看得很清楚。他说：由“三个单个名称——‘物体’、‘活的’、‘理性的’——在言语中组合成一个名称——‘物体－活动－理性的’或‘人’”；“从四边、等边与直角等概念，便组合成正方形的概念”④。这样，在霍布斯那里，综合的事物变成了简单部

① 北京大学哲学系外国哲学史教研室：《西方哲学原著选辑：十六—十八世纪西欧各国哲学》，北京：生活·读书·新知三联书店，1958年版，第60-61，65-66页。

② 北京大学哲学系外国哲学史教研室：《西方哲学原著选辑：十六—十八世纪西欧各国哲学》，北京：生活·读书·新知三联书店，1958年版，第61页。

③ 北京大学哲学系外国哲学史教研室：《西方哲学原著选辑：十六—十八世纪西欧各国哲学》，北京：生活·读书·新知三联书店，1958年版，第66页。

④ 北京大学哲学系外国哲学史教研室：《西方哲学原著选辑：十六—十八世纪西欧各国哲学》，北京：生活·读书·新知三联书店，1958年版，第62页。

分的加合，没有整体层面的创新。

值得注意的是，霍布斯的计算推理并不仅仅是针对数目而言的。他强调："量、物体、运动、时间、性质的程度、作用、观念、比例、语言与名称都能加和减。"这显然是一种广义计算理论，然而这一理论的机械性也是不言而喻的，因为它把一切事物、性质或方面，也包括观念、语言和概念，都仅仅从量的而不是从质的方面去理解或规定。

4. 崇尚还原论的机械分析方法

由于只注重了事物的量的方面，所以霍布斯的方法论明显具有还原论的色彩。这从他关于认识事物普遍知识的方法的一段论述中可以明确地体现出来。

霍布斯写道：

> 既然一般的事物是包含在个别事物的本性里面，所以一般事物的知识必须通过理性、亦即凭借分解而获得。例如，如果提出一个个别的东西的观念，比方一个正方形的思想或观念，就必须把这个正方形分解成一个以一定数目的相等的直线与直角为界限的平面。因为由于这一分解，我们就得到了这些一般的或合乎一切物质的东西，这就是：线、平面（包括面积）、界限、角、直线、直角与相等。如果我们能找出这些东西的原因，我们就可以把它们组合起来成为一个正方形的原因。再有，如果有人提出金子的观念，他可以凭借分解得到固体、可见、重（就是引向地心或向下）等观念，以及许多比金子本身更一般的东西。他可以对这些东西再进行分解，直到获得最一般的东西。像这样，凭借继续分解，我们就可以认识到那些东西是什么；它们的原因最初个别地被认识，后来组合起来，就使我们得到关于个别事物的知识。所以，我的结论是获得关于事物的普遍知识的方法，纯粹是分析的。①

这样，在霍布斯那里，认识事物就是认识它的部分，然后把关于这些部分的性质、原因和概念组合起来就能够认识事物的整体。所以他才认为"获

① 北京大学哲学系外国哲学史教研室：《西方哲学原著选辑：十六—十八世纪西欧各国哲学》，北京：生活·读书·新知三联书店，1958 年版，第 68 页。

得关于事物的普遍知识的方法，纯粹是分析的”。这样，事物的整体没有什么新的性质可言，它只是部分本身的原因和性质的简单加合。这也印证了我们的这样一种看法：霍布斯虽然谈到了综合方法，但是在他那里，由于综合只是分析结果的简单加合，所以他所说的综合并不是真正的综合，而是分析的继续，仍然是分析的。

5. 只承认必然性，排斥偶然性的因果关系论

关于因果关系的论述，在霍布斯的哲学中占有重要的地位。因为他认为哲学或哲学的方法就是从已知的因或果中，通过以因推果或以果溯因的推论而获得知识。

然而，他在解释因果之间的联系时却只承认必然性，而否定或排斥偶然性。他把因果关系和必然性看作是同等尺度的概念。“他认为，因果之间的联系不仅是客观的而且是必然的，因而整个世界就是一个由原因与结果的必然联系所组成的因果链。”①

霍布斯写道：“一切已经产生或将要产生的结果，都在先行的事物中有其必然性。”“一般说来，一切偶然的东西都有其必然的原因……但是，它们相对于它们所不依赖的那些事件而称为偶然的原因。比如说，明天要下的雨，将是必然下的，就是说，将是由于必然的原因下的；但是我认为它是偶然下的，并且也说它是偶然下的，这是因为我们还不了解它的那些原因，虽然它们现在存在着，人们通常称它是偶然的，那是因为他们没有感觉到它的必然原因。”②就这样，霍布斯把偶然性纯粹归入了人的认识的局限性，而否认了它的客观性。这是一种机械决定论的观点，依据这种观点就可以为预成论和宿命论开辟道路。

事实上，客观世界运动变化的方式和方向是多样的、复杂的和分叉的。必然性仅仅规定了事物演化的可能趋势，而某一趋势能否实现还依赖于偶然因素的介入。这样，偶然性便成了必然性从潜在到现实转化的中介选择机制。当代复杂性科学揭示，这种偶然性因素可能来自事物内部（内随机性），也可能来自事物外部（外随机性）。

霍布斯还从这种必然因果论出发，批判了神学家所宣扬的“天意说”和

① 吴仁平，彭隆辉：《欧洲哲学史简明教程》，北京：中央编译出版社，2012年版，第196页。
② 转引自苗力田，李毓章：《西方哲学史新编》，北京：人民出版社，1990年版，第290页。

唯心主义的“自由意志论”。他认为，人的自由意志是受到因果必然性制约的。他并不否认自由的存在，他把“自由”理解为不受外部作用影响的自由活动或行动。他所谓的自由人是指在其力量和智慧力所能及的范围内不受阻碍地做他所愿意做的事情的人。这样，一个人的行为活动，就其不受阻碍地进行来说是自由的，而就其出于一定原因来说是必然的。①

霍布斯在必然和偶然关系的论述上是偏颇的，而在必然和自由的论述上则又有一定的合理性。

6. 世界和人都是机器

既然一切都是由必然性构成的因果之链，那么所有的一切，包括整个宇宙、宇宙中的事物和人便都应当成为这个必然性之因果链条上的环节，这就很自然地导致了把一切都看作是按照机械方式运行的机器的观点。

对于这样的观点，赵敦华曾经有过一段论述，现转引如下：

> 霍布斯把世界看做由因果链组成的大机器。世界只有物体存在，物体由因果关系连接为整体。物体分为两类：自然物体和人工物品。人属于自然物体，人是世界这架大机器中的精巧的小机器；人和钟表一样，心脏是发条，神经是游丝，关节是齿轮，这些零件一个推动一个，造成人的生命运动。人工物体指人所制造的国家，国家反过来又影响了人的行为，因此，国家塑造的人也是人工物体。哲学研究的对象是物体，处在因果关系之中的物体。自然哲学研究自然物体，公民哲学研究人工物体，包括研究社会中的个人的伦理学和研究国家的政治学。②

15.3 霍布斯的辩证法

霍布斯的哲学在整体上具有机械性的特征。但是，他的哲学也并非一块铁板，其中也呈现着某些很好的辩证法思想，甚至有些观点还具有复杂辩证法的韵味。

---

① 参见苗力田，李毓章：《西方哲学史新编》，北京：人民出版社，1990 年版，第 291 页。
② 赵敦华：《西方哲学简史》，北京：北京大学出版社，2012 年版，第 208 页。

1. 区分了物体、现象和影像，具有物自显和认识发生的信息中介的深刻韵味

霍布斯认为，哲学研究的对象是物体。我们通过什么途径去研究物体呢？他说，我们只能通过感觉。而“感觉的原因，是身体外部的客体对每一个感觉器官产生的适当压力形成的，它们不是直接的就是间接的，像品尝和触摸是直接的，像看、听、闻是间接的”。他还进一步指出：“我们知道我们看到的这个东西在这个地方，可它们的现象却出现在另一个地方。真正的客体虽然与我们有一定的空间距离，但它们与想象一起进入我们的大脑，在我们心里产生它们的形象。”①

在这样一些论述中，对于由于间接作用而产生的感觉②，霍布斯最起码区分了认识发生的三个环节：客体、客体的现象、感觉的形象。

在其他一些相关论述中，霍布斯也曾明确强调过某些“现象”的“外部呈现”的性质。他说：“现象是我们借以认识一切别的事物的原则……感觉是我们借以认识这些原则的原则”“形象或颜色只是运动、激动或变动对我们的显现”③。他还认为我们的想象“表示的是现象”④，而“空间是那样一种影像，在那种影像里面，我们不考虑别的偶性，只考虑它在我们之外呈现”⑤。

霍布斯把感觉定义为“一种影像”。他试图把认识的对象、对象显现的现象和感觉的影像加以区分。虽然在他的相关表述中这样的思想并不是那么清晰，在更多的情况下表述也很混乱，但是，我们还是可以从中体悟到他试图表示的想法。下面我们转引一段他的相关文字：

> 视觉的真正影像是光，在光这个名称之下，也包含着颜色，颜色不过是搅乱了的光。因此，一个明亮的物体的影像是光，一对有颜色的物体的影像是颜色。但是视觉的真正意义下的对象既不是光，

---

① 卡恩：《西方哲学经典》(第2卷)，刘国明，译，北京：中国商业出版社，2012年版，第54-55页。

② 其实，霍布斯所说的品尝和触摸的直接作用在微观上仍然是通过了电离子场或机械力场的中介的间接性作用。事实上，人的所有形式的感觉的发生都通过了客体生发出来的能量场的中介性作用。就此而言，人对客体的所有感觉都是间接的，都是被中介的。

③ 北京大学哲学系外国哲学史教研室：《西方哲学原著选辑：十六—十八世纪西欧各国哲学》，北京：生活·读书·新知三联书店，1958年版，第90，93页。

④ 卡恩：《西方哲学经典》(第2卷)，刘国明，译，北京：中国商业出版社，2012年版，第56页。

⑤ 北京大学哲学系外国哲学史教研室：《西方哲学原著选辑：十六—十八世纪西欧各国哲学》，北京：生活·读书·新知三联书店，1958年版，第81页。

也不是颜色，而是明亮的、照亮的或有颜色的物体本身。因为光和颜色是感觉者的影像，所以不能是对象的偶性。这一点由以下的事实看是很明显的：可以看见的东西，常常出现在我们确知它们不在的地方，并且在不同的地方有不同的颜色，还可以在同一时间在不同的地方出现。运动、静止、大小与形状是视觉与触觉共有的，希腊人一般地把整个现象与形状、光或颜色通统叫做 εἶδος，εἴδωλου 和 ἰδέα，拉丁人则叫做 species 和 imago，所有的这些名词无非是指现象。[①]

在这段话里，霍布斯似乎不是很清晰地区分了对象（物体）、现象（出现在对象不在的另一地方的东西）、影像（感觉状态的光，也包括颜色）。

其实，只要承认了感觉发生的间接性就等于承认了对象和认识主体之间的中介环节的存在，同时必然会把从客体到主体的过程看成是客体向主体的显现，而由于首先通过了中介，所以，这一显现首先在中介中实现，其次才会由中介的作用向主体再显现。这样，客体向主体的显现便不再是直接的，而是有中介的。就其有中介的、非直接的显现而言，从客体到主体的过程首先便经历了一个客体自身客观显现自身的中介环节。这就是前文已经转引过的、霍布斯所说的“我们看到的这个东西在这个地方，可它们的现象却出现在另一个地方。真正的客体虽然与我们有一定的空间距离……”“可以看见的东西，常常出现在我们确知它们不在的地方，并且在不同的地方有不同的颜色，还可以在同一时间在不同的地方出现”“看、听、闻是间接的”[②]。

虽然霍布斯有时也用现象来描述主观的感觉和想象，但是在他看来，现象并不总是具有主观性特征，它也可以指谓那些客观中介中间接显现着的东西。

这样，霍布斯关于物体、现象和影像相区别的观点，便具有了自发的物自显和认识发生的信息中介的深刻韵味。这样的观点与当代信息哲学所提出的人的认识发生的过程和机制的学说有一定相通之处，因而也具有了某种辩证性和复杂性的特色。

2. 偶性论中的辩证法因素

偶性范畴在霍布斯的哲学中具有很重要的地位。霍布斯曾经把偶性定义

① 北京大学哲学系外国哲学史教研室：《西方哲学原著选辑：十六—十八世纪西欧各国哲学》，北京：生活·读书·新知三联书店，1958 年版，第 91 页。

② 卡恩：《西方哲学经典》（第 2 卷），刘国明，译，北京：中国商业出版社，2012 年版，第 54-55 页。

为“我们认识物体的方式”[①]。有人据此把霍布斯的偶性做主观化的解释。然而，这是不全面的。因为霍布斯对偶性的解释既有从主体角度给出的，又有从客体角度给出的。他从客体角度给出的偶性定义是：“某个物体借以得到了解的方式。这就等于说：一个偶性就是某个物体借以在我们心里造成它自身的概念的那种能力。”[②]

从表面看来，这后一个定义和前一个定义是相通的。但是，由于两个定义所选择的角度不同，所以这后一个定义比前一个定义所涵盖的范围更广，这就是它可能包容物体自身表现出来的偶性，而此类偶性与主观认识到的偶性是有区别的。

事实上，霍布斯所说的偶性既指主观所把握的物的特性，又指心灵之外的物所表现出来的某些特性。按照他的学说，物体的性质可以分为两类，一类是必然的性质，这类性质与物体自身的存在统一，是不生不灭的；另一类是物体借助于某种方式表现出来的偶然的性质，这就是偶性，它可以产生，也可以消灭。霍布斯只承认大小或广延是物体的必然性质，其他的性质都是偶性。

这样的观点可以从他的一段论述中表现出来：

> 很明显，除了大小和广袤以外，其他一切偶性都是可以产生和消灭的，把一个白的东西弄成黑的，其中的白就消灭了，而过去不在其中的黑现在产生了。所以物体与物体借以有各种表现的那些偶性，有这样的分别：物体是东西，不是产生的；偶性是产生的，可是不是东西。[③]

霍布斯还通过对两种不同性质的空间（真实空间和想象空间）的描述来说明既有客观的偶性又有主观的偶性的情景，他说：“想象空间是心灵的一种偶性，而物体的偶性是存在于心灵之外的。”[④]

这样，霍布斯就区分了三种不同的性质：必然的性质、客观的偶性、主

① 北京大学哲学系外国哲学史教研室：《西方哲学原著选辑：十六—十八世纪西欧各国哲学》，北京：生活·读书·新知三联书店，1958年版，第84页。

② 北京大学哲学系外国哲学史教研室：《西方哲学原著选辑：十六—十八世纪西欧各国哲学》，北京：生活·读书·新知三联书店，1958年版，第83页。

③ 北京大学哲学系外国哲学史教研室：《西方哲学原著选辑：十六—十八世纪西欧各国哲学》，北京：生活·读书·新知三联书店，1958年版，第86页。

④ 北京大学哲学系外国哲学史教研室：《西方哲学原著选辑：十六—十八世纪西欧各国哲学》，北京：生活·读书·新知三联书店，1958年版，第84-85页。

观的偶性。这样的观点无疑体现着关于事物性质的层次性、多样性和复杂性的辩证因素。

3. 认识发生的内外合和被主体认识方式所中介的思想

霍布斯认为感觉是认识的来源，在感觉发生的机制上，他强调了感觉器官和外部对象双向作用的合力原则。他给感觉下的定义是：“‘感觉’是一种影像，由感觉器官向外的反应及努力所造成，为继续存在或多或少一段时间的对象的一种向内的努力所引起。”①

霍布斯还对认识对象的性质和人的感知形式、认知方式做了明确的区分。在他看来，对象的性质与人的感知和认识方式之间只存在某种对应性关系，但二者并不相同。他说：

> 视觉的真正意义下的对象既不是光，也不是颜色，而是明亮的、照亮的或有颜色的物体本身。因为光和颜色是感觉者的影像，所以不能是对象的偶性。
>
> 听觉、嗅觉、味觉和触觉的对象，并不是声音、气味、滋味、硬等，而是发出声音、气味、滋味、硬等的物体本身。
>
> 颜色与形像所附着的主体，并不是看见的对象或东西。
>
> 知觉所附存着的主体也不是对象，而是感觉者。
>
> 在我们之外（实在地）并没有我们叫做形像或颜色的东西。②

也许正是这样的看法启发了洛克，使他在进一步的研究中区分了第一性和第二性的质。

至于感觉发生的原因，霍布斯用对象的运动与我们的感官发生的相互作用，给我们的感官所造成的压力来解释。在这一过程中体现出来的，一方面是对象显示自身的能力；另一方面则是我们认识对象的能力，而人的感觉和认识的发生正是这两种能力相结合的产物。他写道：

> 一切观念最初都来自事物本身的作用，观念就是事物的观念。

---

① 北京大学哲学系外国哲学史教研室：《西方哲学原著选辑：十六—十八世纪西欧各国哲学》，北京：生活·读书·新知三联书店，1958 年版，第 91 页。

② 北京大学哲学系外国哲学史教研室：《西方哲学原著选辑：十六—十八世纪西欧各国哲学》，北京：生活·读书·新知三联书店，1958 年版，第 91-93 页。

当作用出现时，它所产生的观念也叫感觉，一个事物的作用产生了感觉，这个事物就叫做感觉对象。

形像或颜色只是运动、激动或变动对我们的显现，这种运动、激动或变动是对象在头脑或心灵或头部的某种内部实体中造成的。①

感觉的原因，是身体外部的客体对每一个感觉器官产生的适当压力形成的。②

综合而论，霍布斯关于感觉发生机制的学说是一种多重因素综合建构的理论，其环节最起码应当包括：对象、对象的运动、在运动中间接呈现的现象（客观意义上的）、对象运动及呈现的现象与感官的相互作用（压力）、人的感知系统的性质和认识方式、感知影像的生成。并且在所有的环节上都可能经过了某种偶性的相互对应的生成、转换和建构。这样的理论不仅是主客体相互作用的学说，还是有中介的主客体相互作用的学说。其中蕴涵的深刻内容都与当代信息哲学所阐释的哲学认识论的信息中介论的某些基本观点相似或相通。

4. 时空观中的辩证因素

霍布斯的时空观别具一格。他把空间和时间都看作是人的心灵中的影像。但是，由于他对与空间影像相对的物体的大小和广延的性质，以及与时间影像相对的外物运动的性质的认识不同，所以，他仍然承认有客观的真实空间和主观的影像空间之分，但是他不承认有客观的时间。

霍布斯承认物体的大小和广延是物体本身的必然的性质，而与之对应的观念的影像便是空间，但是，由于我们关于事物的空间影像是通过视觉间接获得的，所以在我们的心灵之外应当有一个对应于物体大小和广延的客观的空间形式的呈现。这样就有两种不同性质的空间，一种是客观的"真实空间"，另一种是主观的"想象空间"。依据这样的分析，我们就能理解霍布斯关于空间的如下两段论述：

空间是一个单纯在心灵以外存在的东西的影像；就是说，空间

① 北京大学哲学系外国哲学史教研室：《西方哲学原著选辑：十六—十八世纪西欧各国哲学》，北京：生活·读书·新知三联书店，1958年版，第92-93页。

② 卡恩：《西方哲学经典》（第2卷），刘国明，译，北京：中国商业出版社，2012年版，第54页。

是那样一种影像，在那种影像里面，我们不考虑别的偶性，只考虑它在我们之外呈现。

一个物体的广袤，就是它的大小，也就是所谓真实空间。但是这个大小不像想象空间那样依赖我们的思维。因为想象空间是我们想象的结果，而大小却是想象空间的原因，想象空间是心灵的一种偶性，而物体的偶性是存在于心灵之外的。①

由于霍布斯并不把运动看作是物体的固有属性，所以他专门强调了与运动相对应的时间影像的主观而非客观的性质。他说："时间是一种影像，不过是运动的一种影像""'时间'是运动中的先与后的影像""时间并不在我们以外的事物里，而只是在心灵的思想里"。他还特别强调，不能把时间看作是运动的度量，"因为我们是以运动来量时间，而不是以时间来量运动"。②

虽然霍布斯否定时间客观性的观点是偏颇的，但是他关于空间和时间的理论并不那么机械，因为他并不采取与外物的相关性质直接同一的方式来阐释他的空间和时间理论。在霍布斯那里，无论是客观的真实空间、主观的空间影像，还是主观的时间影像，其与外物性质的对应都具有某种形式转换的呈现和观念标示的意义。在这里，不同的环节都只是一种与前一环节相互关联的关系映射的变化，就其是一种相关关系而言，后一环节可以表征前一环节；就其是一种变换了的关系而言，后一环节又不是前一环节本身。这就是霍布斯所反复强调的，存在于这里，不存在于那里，而又由那里所引发，又是关于 ×× 的影像的道理。这其中蕴涵着深刻的变换、发展、建构、显示、呈现、通过相互作用而相互规定的再造的辩证性思想。

细究起来，我们前面所讨论过的，霍布斯关于物体、现象、影像的区分，关于必然性质和偶然性质的区分，关于偶性既是我们认识事物的方式又是事物向我们显现的方式的理论，关于感觉器官向外的反应及努力与对象的向内的努力相统一而产生感觉的理论，等等，都具有与前文我们所讨论的他的时空观理论同样的性质，其中体现出的辩证法思想既丰富又深刻。

---

① 北京大学哲学系外国哲学史教研室：《西方哲学原著选辑：十六—十八世纪西欧各国哲学》，北京：生活·读书·新知三联书店，1958 年版，第 81，84-85 页。

② 北京大学哲学系外国哲学史教研室：《西方哲学原著选辑：十六—十八世纪西欧各国哲学》，北京：生活·读书·新知三联书店，1958 年版，第 81-82 页。

第16章

洛克的多重性质杂糅的哲学

相关的评价认为，英国哲学家洛克是西方近代机械唯物主义的重要代表人物，他发展了培根开创的唯物经验论学说，并对18世纪法国唯物主义哲学思想的形成和发展有直接的影响，在西方近代机械唯物主义哲学发展的历程中起到了承上启下的作用。

但是认真考察洛克的哲学，我们却很难用唯物和机械这两个方面对其性质进行准确概括。他的哲学不仅为上帝的存在做出了论证，还把人的认识的发生建立在上帝赋予的能力（天赋能力）之上；他的哲学不仅割裂了物质和精神的关系，还赋予了精神永恒存在的独立性品格。虽然他的“白板说”的机械反映论特征长期备受指责，但是，他关于观念的后生性、经验也包括心灵对自身内部活动的感应、物体第二性的质的观念只在观念中存在而不属于物体的实在的性质，以及复杂观念是心灵用简单观念任意造成的这样一些观点和理论，又在某种程度上体现出了辩证法的深刻性。虽然他否认在物体的运动和组合中不可能产生新的性质，但是，在他关于人的认识发生的过程和机制的论述中，又不同程度地体现出了认识主体能动创新的意义和价值。

因此，我们对于洛克的哲学便不能用某种单极思维的简单性方法予以评价。只有在多维透视的分析中，我们才可能揭示洛克哲学的多面杂糅的性质，并从中发现他的哲学所具有的内在矛盾性。

16.1 上帝、物质和个体精神的三种实体的学说

在关于世界本原的哲学本体论的根基上，洛克哲学并没有超越西方哲学的一般传统，这就是关于三种实体的学说：上帝、物质和个体精神。

关于存在三种实体的学说，洛克讲得很清楚：

> 我们的实体观念，只有三种：一为“上帝”，二为有限的灵物，三为物体。第一，上帝是无始无终，永恒、不变、无处不在的……第二，有限精神存在的发端，都有确定的时间和空间……第三，在各种物质分子方面……亦无增，亦无减。[①]

他还在他的著作中用了很大的篇幅，从各种不同的角度和层面论证了存在一个悠久而全知全能的世界的主宰者——上帝[②]。他强调：

> 我们对于上帝的存在所有的知识，比对于感官不能直接发现出的任何东西的存在，还要确实。不但如此，而且我想我还可以说，我们知道有一位上帝，比知道有任何外界的事物，还要确实些。[③]

洛克把世界上的事物分为两种，一种是有认识能力的（有感觉、能思想、能知觉的事物），一种是无认识能力的（纯粹物质的，且无意识、知觉和思想的事物）。在此基础上，他进而论证了“无认识力的存在物不能产生有认识力的存在物”。他写道：

> 物质如只凭其自己的能力，则它连运动亦不会产生出来；它的运动必须亦是无始以来就有的，否则是被比物质更有力的东西加于物质的，因为物质自身显然没有能力来产生运动。
>
> 无认识力的物质和运动，不论在形相和体积方面产生什么变化，它永久不能产生出思想来。因为虚无和虚体既然没有能力来产生物质，所以运动和物质亦没有能力来产生知识。一个人既然不易设想虚无可以产生物质，因此，他亦一样不易设想，在原来无思想或无

---

① 洛克：《人类理解论》（上册），关文运，译，北京：商务印书馆，2009 年版，第 326 页。
② 洛克：《人类理解论》（下册），关文运，译，北京：商务印书馆，2009 年版，第 662-675 页。
③ 洛克：《人类理解论》（下册），关文运，译，北京：商务印书馆，2009 年版，第 665 页。

智慧的生物时，纯粹的物质可以产生出思想来。[①]

按照上面的逻辑，既然由物质不能产生出思想，那么就必须承认有一个永恒的思想者的存在。这样，洛克的哲学就通向了上帝造物之说。他写道：

> 我们既然发现了一个悠久的心的必然存在，因此，我们就可以充分知道有一个上帝存在。因为有了上帝，我们才能说，后来开始存在的一切其他含灵之物，都是依靠于他的，而且他们的知识的途径或能力的范围，亦不出于他所给予他们的。有了上帝，我们才能说，他不但造了这些东西，而且它还造了宇宙中别的次美的东西——一切无生物——来证实，来建立他的全知、全能和意旨，以及其他一切品德。
>
> 思想和物质既然可以分开，则物质的悠久存在，并不能跟着有知性的神明的悠久存在而来，因此，物质的假设就空无意义了。
>
> 物质不能与悠久的心灵同其悠久。
>
> 必然的结论就是，原始的，悠久的存在者，一定不能是物质。

他还用这样的语言来描述那个所谓的上帝："宇宙中一定有一种悠久的大智"，它就是"那位悠久无限，支配一切事物，而为诸天之天所不能包容的伟大'心灵'"[②]。

这样，洛克不仅承认存在三种实体，而且最终又把三种实体的根源归结为上帝，归结为那个永恒存在的、全知全能的"心灵"。由此看来，在本体论哲学的层面，洛克的哲学不仅不是唯物主义的，而且不是二元论或多元论的，而只能是客观唯心主义的。

16.2 天赋能力说与灵魂、自我和意识的独在性

洛克哲学的最精彩的部分，是他对天赋观念说的批判。

天赋观念说是西方哲学的一个古老传统。这个传统认为上帝是一种完满的精神性存在，人只有通过上帝的启示才可能享有完满精神中的某些真理的

① 洛克：《人类理解论》（下册），关文运，译，北京：商务印书馆，2009年版，第666-667页。
② 洛克：《人类理解论》（下册），关文运，译，北京：商务印书馆，2009年版，第669-670，672，675页。

内容。从柏拉图的灵魂不死的回忆说，笛卡儿、斯宾诺莎和莱布尼茨的天赋观念说，直到黑格尔关于绝对精神和人的个体意识之间的关系学说，都体现了这种性质。

虽然洛克也承认上帝是一种完满的精神性存在，但是，他在人的认识发生的过程和机制的理论方面采取了一种与天赋观念说截然不同的观点。这一观点集中体现在他所提出的那个著名的“白板说”中。这一学说认为人出生时心灵像白纸或白板一样，外界事物作用于人的感官而产生的观念，在这块白板上留下痕迹，然后才有知识。他写道：“人心如白纸似的，没有一切标记，没有一切观念。”[①]

基于这种“白板说”的立场，他对天赋观念、天赋原则的学说进行了全方位的批判。他写道：“人心中没有天赋的原则”“人们虽然应用普遍的同意作为论证来证明天赋的原则，可是在我看到，这个论证似乎还正可以解证出，根本就没有所谓天赋的原则，因为一切人类并没有公共承认的原则”[②]。

洛克特别强调了没有天赋的道德原则、思辨原则、实践原则。他写道：

> 我们固然怀疑思辨的原则不是天赋的，可是我们更要怀疑道德的原则不是天赋的。
>
> 如果有天赋的实践真理，则它一定会毫无疑义地普遍为人所接受，可是这个真理究竟在哪里呢。
>
> 你能说，那些以欺骗和抢劫来度日的人们，有他们所承认所同意的信义和公道的天赋法则吗？
>
> 人们所以普遍地来赞同德性，不是因为它是天赋的，乃是因为它是有利的。
>
> 良心不足以证明任何天赋的道德规则。
>
> 因为有些人们虽亦俱有同样的良心倾向，可是他们所行的事正是别人所要避免的。
>
> 个人的实践原则是相反的。
>
> 有整个的民族要排斥各种道德的规则。
>
> 任何实践的规则，如果在某个地方普遍地为人所破坏，并且在

① 洛克：《人类理解论》（上册），关文运，译，北京：商务印书馆，2009年版，第73页。
② 洛克：《人类理解论》（上册），关文运，译，北京：商务印书馆，2009年版，第6，8页。

破坏时得到公众的同意和允许，则它并不能说是天赋的。

没有任何实践的原则是普遍所同意的，因此，它们亦就不是天赋的。

原则中的观念如果不是天赋的，则原则亦不是天赋的。

组织那些真理的诸观念如果不是天赋的，则由这些观念所组成的那些命题亦不能是天赋的，而且人们对这些观念所发生的知识亦不是与生俱来的[①]。

虽然洛克对天赋观念、天赋原则的批判是深刻的，但是，我们不能因此而认为他通过这样的批判已经把上帝逐出了人的认识的领域。其实，洛克只是强调了上帝并没有把具体的观念直接赋予人，而不是主张上帝对人的认识不起任何作用。因为在他的学说中，仅仅凭借物质本身的力量是不可能产生出观念和知识的。

洛克讲得很清楚："一个无知性的物质系统不能成为有知性的""不能思想的物质分子，不论如何排列，所发生的只能有一种新的位置关系，并无其他东西加于其上，而这种关系是不能产生思想和知识的"[②]。

既然物质系统不能从自身中产生出思想和知识的知性的能力，那么他就只能借助于外部的一种知性的力量的作用，而这个知性的力量便是上帝。只不过上帝的作用并不是直接把他具体的观念放到人的心灵之中，而只是赋予人的物质性的身体能够产生知性的能力和处理知识的方法。这就是洛克批判天赋观念和天赋原则的本意。人的认识离不开上帝的作用，只是这种作用给人的是天赋能力和天赋方法，而不是直接的天赋观念本身，有了上帝赐予的天赋能力和天赋方法，各类观念的产生便顺理成章了。

洛克写道：

人们只要运用自己的天赋能力，则不用天赋印象的帮助，就可以得到他们所有的一切知识；不用那一类的原始意念或原则，就可以达到知识的确实性。[③]

上帝虽然没有给予我们以有关他自己的天赋观念，虽然没有在

---

① 洛克：《人类理解论》（上册），关文运，译，北京：商务印书馆，2009年版，第28-29，32-34，36-37，50-51页。

② 洛克：《人类理解论》（下册），关文运，译，北京：商务印书馆，2009年版，第671-672页。

③ 洛克：《人类理解论》（上册），关文运，译，北京：商务印书馆，2009年版，第7页。

> 我们心上印了原始的字迹，使我们一读就知道他的存在，可是他既然给了人心以那些天赋官能，因此，他就不曾使他的存在得不到证明；因为我们既有感觉、知觉和理性，因此，我们只要能自己留神，就能明白地证明他的存在。我们亦并不当抱怨自己在这个大问题上全无所知，因为他已经供给了我们许多方法，使我们按照自己生存的目的和幸福的关怀，把他发现出来。①

既然我们的认识能力和认识方法是由上帝赋予的，那么，就必然会有一个可以脱离也可以依附于我们肉身的灵魂的存在，这样，有一个来自上帝的独立的、能思的自我便是无可怀疑的，正是这个外在的灵魂或自我与我的肉身的结合，才使我具有了认识的能力。

洛克从“人格同一性只成立于意识，不能成立于别的，而且不能超过意识以外”的前提出发，提出了“只有意识形成自我”“‘自我’并不是由实体的同一性或差异性所决定的，乃是由意识的同一性所决定的”的观点②。

在进一步的讨论中，洛克强调了自我独立于物质实体，并可以和不同的人的身体相分离或相结合，而其自我本性不变的精神实体的性质。他写道：“意识是附着于单一的非物质的实体的，并且是这个实体的一种性质”“我们如果把人的灵魂认为是一个非物质的实体，独立于物质以外……则我们如果假设，同一的灵魂在不同的时候，可以与不同的身体相联合，而且在那个联合的时候，就形成一个人，那按道理讲，并不是荒谬的”“人的观念就是一个有理性的精神……同一的精神，不论独立存在或与身体联系，总是同一的人”③。

洛克不仅强调了上帝的独立存在性，而且强调了由上帝赋予的灵魂和个体意识的独立存在性。人之所以具有认识能力、拥有认识方法，是上帝把一个能够思维的具有自我意识能力的灵魂植入了人的肉身，与人的身体相结合的结果。如果这个灵魂离开了他所结合的肉身，那么，这个肉身便失去了自我意识的能力，而那个灵魂却并不因为脱离了他所依附的肉身而丧失自我意识的能力，并且，他还可以和其他的物体相结合，并赋予那个物体以自我意识的能力。

这样，从洛克的哲学中就可以得到灵魂不死、自我永在的结论。从一个

① 洛克：《人类理解论》（下册），关文运，译，北京：商务印书馆，2009 年版，第 662 页。
② 洛克：《人类理解论》（上册），关文运，译，北京：商务印书馆，2009 年版，第 344-346 页。
③ 洛克：《人类理解论》（上册），关文运，译，北京：商务印书馆，2009 年版，第 347，349-350 页。

可以脱离人之身体的观念性的自我可以永远保持其人格同一性存在的理论中，很难推出下面我们将要讨论的洛克所宣称的感觉发生的“白板说”的经验论学说。由此我们也可以看到洛克哲学的杂糅性及其哲学的内在矛盾性。

16.3 双重经验论中的辩证法和机械论因素

如果抛开洛克学说中关于上帝、灵魂、自我意识的独立性的观念不论，仅就其关于认识发生的过程和机制的具体论述而言，其中具体呈现出了机械论和辩证法杂糅混处的性质。

长期以来，学界对洛克的认识发生的“白板说”的机械反映论的特征多有指责。然而，细究起来，此类指责在某种程度上是有失公允的。因为，在洛克那里，“白板”指的仅仅是人的个体认识最初产生时的并无先定观念存在的状态，而并不是指没有认识能力的状态。在洛克看来，上帝既然赋予人以认识的能力，就没有必要再赋予人以具体的观念内容。而人所具有的具体的观念内容只能靠人后天的认识活动来具体建构。而有能力实现这种建构的个体必须依靠自身内在的相应活动体现出上帝所赋予的能力，从而能动地接收、处理、加工和建构出具体的观念来。在这一方面，洛克的相关学说可以归结为三个方面：感觉和反省的双重经验论、简单观念和复杂观念的理论、物的三种性质的理论。

本节仅对洛克的双重经验论的辩证法和机械论相互杂糅的性质进行讨论，其他两个方面的讨论我们将放到其后的16.4和16.5节中进行。

1. 双重经验论中体现出的认识发生的内外合的辩证性观念

在认识发生的过程和机制方面，洛克坚持了一条从感觉到认识的经验主义的路线。从这一点出发，人们认为他的认识论学说具有唯物主义的性质。然而，洛克提出的经验论原则与一般经验论者所谈论的经验具有很大的区别。洛克认为人的认识经验的来源是双重的：一是感觉，二是反省。

洛克写道：

感觉的对象是观念的一个来源……我们的感官，在熟悉了特殊的可感的物象以后，能按照那些物象刺激感官的各种方式，把各种事物的清晰知觉传达于人心。因此，我们就得到了黄、白、热、冷、软、硬、苦、甜，以及一切所谓可感物等等观念。

我们观念的大部分，既导源于感官，既是由感官进到心中的，因此，我们便叫这个来源为“感觉”。

心理活动是观念的另一个来源……我们在运用理解以考察它所获得的那些观念时，我们还知觉到自己有各种心理活动。我们的心灵在反省这些心理作用，考究这些心理作用时，他们便供给理解以另一套观念，而且所供给的那些观念是不能由外面得到的。属于这一类的观念，有知觉、思想、怀疑、信仰、推论、认识、意欲，以及人心的一切作用。

这种观念的来源是人人完全在其自身所有的；它虽然不同感官一样，与外物发生了关系，可是它和感官极相似，所以亦正可以称为内在的感官。不过我既然叫前一种为感觉，所以应叫后一种为“反省”。因为它所供给的观念，只是人心在反省自己内面的活动时所得到的。

外界的物质东西，是感觉的对象，自己的心理作用是反省的对象，而且在我看来，我们的一切观念所以能发生，两者就是它们唯一的来源。[①]

虽然洛克认为经验的来源有两个，但是，他似乎倾向于认为，感觉的经验先于反省的经验而发生，因为正是外物刺激所引起的感觉为反省的认识加工提供了材料。他的这一观点可以从他关于婴儿经验的获得、发展的讨论中体现出来。

洛克写道：

如果你从一个婴儿初出生时观察起，并且逐步来考察他在生长中一步一步的变化，则你会看到，人心中的观念是由感觉逐渐供给来的，婴儿亦是跟着观念的加多逐渐警醒的，而且它愈有思想的材料，它就愈能思想的。

它所以能如此，正是因为它已经能保留，能区分感官所供给它的那些观念。因此，我们就看到，人心如何逐渐能在这些能力方面

① 洛克：《人类理解论》（上册），关文运，译，北京：商务印书馆，2009 年版，第 74-75 页。

有所进步，并且逐渐施展别的能力，来扩大、来组合、来抽象它的观念、来推动它们、来反省它们。①

洛克进一步指出：

如果有人要问，一个人什么时候才开始有了观念？则我可以说，真正的答复，一定是说，他在开始有感觉时，才有观念的……感官在未将观念输入于人心的时候，心中并无任何观念，因此，我想，理解中的观念是和感觉同时来的。因为所谓感觉就是身体的一部分受到印象或运动，因而能在理解中产生出知觉来。人心在所谓知觉、记忆、考虑和推理等等作用中，来运用自己时，它所处理的似乎就是外界物象在感官上所印的这些印象。

嗣后，人心又开始反省它自己在感觉观念上所发生的各种作用，因此，它就又得到一套新观念，这套观念便是所谓反省观念。人心以外的物象在感官上先印了一些印象。至于由人心自己的内在能力所发生的各种作用，则在人心反省这些作用时，亦能成了思维的对象。

反省观念的出现是较后的，因为它们需要人的注意。②

从转引的这些洛克的相关论述中，我们可以看到，洛克的白板说+双重经验说具有发生认识论的特征。人之初心中并无任何观念，伴随人的感觉能力的发生，人心中开始获得某些观念的印记，这些最初获得的印记成了人心反省处理的初始材料，在反省这些感觉所获得的材料时，人心不仅能够对这些感觉材料进行加工和处理，而且可以对人心自己活动的能力和方式加以认识，这样就会产生出更多的观念。随着这些观念的增多，随着后续感觉观念的增加，可供人心反省的材料也逐步丰富起来，这就会导致认识能力的不断增长。

如果我们抛开洛克关于上帝赐予的“天赋能力”“天赋方法”说，以及他关于灵魂、自我和意识可以独立于肉身而独在的观点不论，仅就其在白板说基础上所阐发的双重经验论而言，显然它具有唯物主义认识论的性质，在这里，没有上帝，没有脱离肉身的观念和意识。这里的“天”已经具有了纯

① 洛克：《人类理解论》（上册），关文运，译，北京：商务印书馆，2009年版，第88页。
② 洛克：《人类理解论》（上册），关文运，译，北京：商务印书馆，2009年版，第77，88-89页。

自然的性质，而这里的观念和意识也都具有了依赖于人的身体、感官和脑系统的相应发育和活动而发生、发展的性质。

另外，我们还应当看到，洛克的双重经验论已经注意到认识过程中的主体和客体相互作用的内外合机制。外物的刺激为人的认识的生成提供初始材料，而人心的反省作用则提供了处理这些材料的方式和方法。这样，洛克关于人的认识发生机制的学说便具有了生成论和建构论的辩证法特征。

2. 双重经验的割裂性和被动性的机械论特征

前面我们讨论了洛克双重经验论中体现出的认识发生的内外合的辩证性观念，但是，洛克的学说具有内在的矛盾性，这一矛盾性不仅体现在唯物和唯心杂糅的方面，而且体现在辩证法和机械论杂糅的方面。

洛克的双重经验论虽然有辩证法因素，但是其机械论的特征也是十分明显的。

首先，在他的学说中，由外物刺激所引起的感觉和由心的内部作用所导致的反省虽然有一定的协同作用，但是，从总体上看二者是相互割裂的。心的内部活动虽然能够对外物所引起的感觉的观念进行处理，但是，二者并不是内在统一的，而是分别独立发生作用的。具体而言，外物刺激的作用可以直接在心内产生感觉的观念，然后，心的活动的反省才可以利用这些观念作为它进一步产生新的观念的处理材料。在这里，两种经验的产生是分别进行的。而事实上，任何外部事物的刺激如果不通过内部神经系统活动的具体操作和作用，都不可能产生出感觉的印象及相应的观念。在这里，感觉的发生不仅依赖于外物的作用，而且同时必须有内部活动的能力和方法的协同参与。正是基于这样的一种认识，洛克才强调，在儿童那里由外物刺激所引起的感觉的观念的发生，早于由心的内部活动所产生的反省的观念。在洛克的学说里似乎存在着三样东西：人心、外物的刺激、人心的活动。人心是认识发生的场所，外物的刺激和人心的活动各自分别而独立地在人们心中留下印记，从而产生相应的观念。

其次，洛克的认识发生学的理论具有被动、机械反映论的色彩。关于这一点，他讲得很清楚：

> 理解只是被动的。它是否要有这些知识的起源或材料，不是它

自己的能力所能决定的。因为不论我们甘心与否，而感官的各种对象一定会把它们的特殊观念强印在人心上。

这些简单的观念既然呈现于理解，则理解便不能拒绝接受，而且它们既然印在那里，它亦不能把它们改变了，涂抹了，重制造新的。这个正如一面镜子不能拒绝，不能改变，不能涂抹它面前各种物象在它以内所印的各种影像或观念似的。我们周围的物象既然以各种方式来刺激我们的感官，所以心便不能不接受那些印象，便不能不知觉那些印象所引起的观念。①

因此，在洛克那里，不仅感觉和反省是分别独立、各自运作的，而且由经验导致的在人心这一"白板"上所刻画观念的印记的过程也只能是一种照镜子、盖图章式的被动强加的活动。由于经验发生具有被动性、强迫性的特征，所以，前所述及的心的内部活动的能动性的方面也便不可能发挥出来，也便完全被这种被动性、强迫性的过程所淹没、所阉割。

16.4 简单和复杂观念论中的辩证法和机械论因素

洛克哲理的辩证性和机械性杂糅的性质，不仅体现在他关于双重经验论的学说中，还体现在他关于简单观念和复杂观念产生的具体机制的描述中。

洛克把人的观念区分为两类：一类是简单观念，另一类是复杂观念。简单观念指的是通过感觉和反省这一双重经验所获得的观念，复杂观念指的是通过理智对简单观念进行处理加工所获得的新观念。他特别强调：

简单的观念，不是人心所能造的，亦不是人心所能毁的——这些简单的观念，就是一切知识的材料。

理解一贮有这些简单的观念以后，它便有力量来复述、来比较、来结合它们，有时甚至几乎能做出无限的花样来；因此，它就可以任意造出新的复杂观念来。

人心在接受简单观念方面，虽然是完全被动的，不过在另一方面它亦能施用自己的力量，利用简单观念为材料、为基础，以构成

① 洛克：《人类理解论》（上册），关文运，译，北京：商务印书馆，2009年版，第89页。

其他观念。

复杂观念是由人心随意做成的。

人心有很大的力量，可以变化，并且重复它的思想的对象，而且重复的程度，可以无限地超过感觉或反省所供给的那些观念。

心灵得到这些简单的观念以后，它便不限于单纯的观察，同由外界传来的东西；它会借自己的能力，把它所有的那些观念结合起来，做成新的复杂观念；实则它以前所接收到的那些观念，都不是那样联合着的[①]。

从这样的论述中我们可以体悟到的是：洛克关于人的两种性质的观念的划分其实是区分了人的感性认识和理性认识。就其认为复杂观念是由人心在处理简单观念的基础上"任意造出"的，"是由人心随意做成的"新观念，并且，这些新观念"甚至几乎能做出无限的花样""可以无限地超过感觉或反省所供给的那些观念"这样的观点而言，他显然看到了人的理性认识超越感性认识的创造性和超越性的特征。在洛克那里，简单观念的获得虽然具有被动反映的机械论特征，但是，他关于复杂观念形成机制的论述却具有主体能动创新的性质。就这一方面的观点而言，洛克的认识论显然包含了某些辩证法的因素。

其实，人的认识的主体能动性和创造性并不仅仅在理性认识的层面才具有。人的感性认识是被人的生理结构和认识结构所中介的，人对外部对象信息的接受依赖于自身内部的相应的生理性和认识性活动的重组和建构，主体内部主观呈现的感知模式，不仅与感知对象的某些特性相对应，还与人的神经生理的生物特性和内在主观认知方式相一致。按照当代信息哲学阐释的理论，人所感知的主观呈现的印象是客体信息和人的相应生理结构信息及认识结构信息的多重内容的复合、匹配、重构、建构和虚拟的结果。就这一意义而言，不仅是人通过思维的信息加工所产生的复杂观念具有主体建构创新的性质，而且就连人通过感官所获得的简单观念同样具有主体建构创新的性质。

在复杂观念形成的方式上，洛克并没有把他的主体能动创新的观点贯彻到底。因为他关于复杂观念形成方式的讨论还只是局限于机械复合、比较的

① 洛克：《人类理解论》（上册），关文运，译，北京：商务印书馆，2009 年版，第 90，139-140 页。

层面。

在复杂观念形成的方式上，洛克强调了三个方面：

> 人心在把自己的能力施用于简单的观念时，其作用约可分为三种：第一，它可以把几个简单观念合成一个复合观念，因而造成一切复杂观念。第二，它可以把两个观念（不论是简单的或复杂的）并列起来，同时观察，可是并不把它们结合为一；这样，它就得到它的一切关系观念。第三，它可以把连带的其他观念排斥于主观观念的真正存在之外；这便叫做抽象作用，这样就造成一切概括的观念。①

洛克在对这三种形成复杂观念的方式进行概括时写道：

> 人类的能力同其作用方式，在物质世界方面同理性世界方面，都是一样的。因为在两种世界方面，所有的物质，人都没有能力来支配，亦不能造作，亦不能毁灭；人所能为力的，只能把它们加以联合，或加以并列，或完全分开。①

在这里，洛克没有看到物质活动和人的认识活动的区别，物质是守恒的，但是，人的认识活动不同于物质活动，它是主观信息活动的形式，而信息却并不守恒。就此而言，人的认识并不像物质活动那样只是已有成分的分解和组合，并且，在这种分解和组合的过程中总量还会保持不变。如果把人的创造性思维活动也看作是一种感知信息要素的简单加合和分离，那么就在事实上扼杀了人类思维的能动性和创造性。在这里，洛克的观点又具有机械论的特征。

16.5 三种性质论中的辩证法和机械论因素

不仅洛克关于简单观念与复杂观念的理论具有辩证法和机械论兼而有之的杂糅的性质，而且他关于物体具有三种性质的质的理论同样具有辩证法和机械论杂糅的性质。因为在这一理论中，他一方面看到了事物本身和人的观

① 洛克：《人类理解论》（上册），关文运，译，北京：商务印书馆，2009年版，第139页。

念形成的某些系统质的情景；另一方面又把这种相应观念的生成看作是一个被动的反映过程。洛克写道：

物体的性质可以分为三类。

第一就是物体中各凝固部分的体积、形相、数目、位置、运动和静止。这些性质不论我们知觉它们与否，总是在物体中存在的。

这些性质我叫它们做第一性质。

第二就是任何物体中一种特殊的能力，它可以借不可觉察的第一性质，在某种特殊形式下，在我们的感官上生起作用来，并且由此使我们生起不同的各种颜色、声音、气味、滋味等等观念。人们常叫这些性质为可感的性质。

第三亦是任何物体中一种特殊的能力，它可以借第一性质的特殊组织，使别的物体的体积、形相、组织和运动，发生了变化，以异乎先前的另一个方式来影响我们的感官。就如太阳就有能力来使蜡变成白的，火就有能力来使铅变成流动的。这些性质，人都叫做能力。①

对于这三种性质的关系，洛克是这样说的：

这些性质中第一种性质……可以叫做真实的、原始的、第一的性质，因为不论我们看到它们与否，它们总是在物体中存在的、而且第二性质亦是依靠于它们的各种变化的。

至于其他两种性质，则是在其他物体上能发生各异作用的两种能力……都只是同其他一些物体相关的两种能力……而且这两种能力亦是由那些第一性质的各种变状来的。②

在谈论第二和第三性质产生的原因时，洛克强调了第一性质的本原性地位，他把第二性质、第三性质的产生，归结为在不同对象相互作用的过程中所导致的事物第一性质的变化的某种结果。他写道：

我在受日所照所热时，所得到的光和热的知觉，亦并不是日中所含的性质，正如蜡在被漂被溶后所生的变化亦不存在于日中一样，它们都一样是太阳中的能力，都是依靠于第一性质的，因为日在手

① 洛克：《人类理解论》（上册），关文运，译，北京：商务印书馆，2009 年版，第 113-114 页。
② 洛克：《人类理解论》（上册），关文运，译，北京：商务印书馆，2009 年版，第 114 页。

和眼方面，可以借其第一性质，变化了手眼的一些微妙部分的体积、形相、组织和运动，因而产生出光和热的观念来。而在蜡方面，它亦可以借其第一性质，变化了蜡的微妙部分的体积、形相、组织和运动，因而产生出清晰的“白”的观念和“流动”的观念来。①

由于区分了物体自身的质和物体在相互作用中所产生的系统质，所以，在洛克那里，人在感觉中所获得的观念也便具有了不同的类型。一是关于物体第一性质的观念，这种观念与对象的实在的性质直接符合，其内容可以存在于物体本身之中；二是关于物体在发挥其能力作用时所产生出来的结果的观念，这种观念虽然也是由对象的活动引起的，但是它不可能在对象中存在，而只在观念中存在。第二种观念又可以区分为关于客观物相互作用的结果的观念（与第三性质相对应）和关于主客体相互作用的结果的观念（与第二性质相对应）两类。由于洛克认为只有第一性质才是事物本身所具有的真实的不变的性质，所以，他强调，人们关于“第一性质的观念是肖像”，“是真正的肖像”；而人们关于第二性质、第三性质的观念则不是肖像②，并且，事物的第二性质的观念更是只能存在于人的观念中。

洛克写道：

第一性质的观念是与原型相似的，第二性质的观念则不如此：——由此我们可以断言，物体给我们的第一性质的观念是同它们相似的，而且这些性质的原型切实存在于那些物体中。至于由这些第二性质在我们心中所产生的观念，则完全同它们不相似；在这方面，物体本身中并没含有与观点相似的东西。它们只是物体中能产生感觉的一种能力（不过我们在形容物体时，亦以它们为标准）。在观念中所谓甜、蓝或暖，只是所谓甜、蓝或暖的物体中微妙分子的一种体积、形相和运动。

火或雪的各部分的特殊体积、数目、形相和运动，不论任何人的感官知觉它们与否，它们仍是在火同雪中的。因此，它们可以叫做真正的性质，因为它们是真正存在于那些物体中的。不过光、热、白、冷并不在它们里面，亦正如疾病或痛苦不存在于天粮里边似的。

① 洛克：《人类理解论》（上册），关文运，译，北京：商务印书馆，2009年版，第115页。
② 洛克：《人类理解论》（上册），关文运，译，北京：商务印书馆，2009年版，第112，114页。

> 那些感觉如果一去掉，眼如果看不到光或色，耳如果听不到声，上颚如果不尝味，鼻官如果不嗅香，则一切颜色、滋味、香气、声音等等特殊的观念便都消散停止，而复返于它们的原因，复返于各部分的体积、形相和运动。①

由于洛克把第二性质、第三性质看成是在主客体相互作用和客观事物相互作用中产生出来的某种规定性，并且他认为人们对这两种性质的认识所产生的观念形式只能在主体认识状态中存在，而并不可能在对象本身中存在，所以，洛克关于人的认识发生的感觉经验论，以及与之相应的三个不同性质的理论便具有了系统论、整体论和涌现论的复杂性特征。在洛克那里，人的观念的产生既不单独由外在对象的性质所决定，也不单独由认识主体的性质所决定，而是由二者所构成的整体系统的性质所决定，其相关观念的形式和内容也只能从这种整体系统的规定性中产生出来，而不可能单独从割裂状态下的对象或主体自身中孤立地形成。这样，洛克的相关学说便具有了某种程度的认识发生的主客体相互作用的能动创新的复杂性韵味。

然而，洛克关于物体的三种性质的理论中的机械论特征也是比较明显的。

在洛克的学说中，人们关于物体的第一性质的观念是和对象的性质完全相似或符合的，这些观念本身也仅仅是外部刺激在我们心灵中造成的直接映像。这就是洛克所说的“肖像”。其实，人们关于物体的第一性质的观念的生成过程和机制与关于物体的第二性质、第三性质的观念的生成过程和机制是相同的，它们同样是一种主客体相互作用中的系统质的涌现，因而同样具有能动创新的复杂性韵味。

事实上，洛克所说的标志物体第一性质的质的那些形式，如体积、形相、数目、位置、运动和静止等，作为物体本身实在存在的形式和作为主观呈现着的相对应的形式并不可能像照镜子（肖像）那样完全一一对应，二者无论在形式上还是在内容上都不可能完全相似或符合，也不可能是什么镜像式的“直接映像”。因为从客观对象的实在状态上升为人的认识的观念形式只能是一个主客体复杂相互作用的过程，这一过程无论是针对哪一种性质的观念的生成都是一种系统质的涌现。既然是一种系统质的涌现，那么，它便不可能是一种被动反映的“肖像”式的机械性符合。

① 洛克：《人类理解论》（上册），关文运，译，北京：商务印书馆，2009 年版，第 109-111 页。

按照当代信息哲学所揭示的人的认识过程和机制的理论，人的认识的生成是被多级中介的，相应的中介起码有四个：客体信息场、主体生理结构、主体认识结构、物化工具。在每一个中介环节上，客体实在的存在形式和内容都会经历一个信息选择、重构、再造性建构的转换，在这一系列信息变换的过程中，必然会发生某种形式或内容的变形、失真、耗损、增殖、虚拟或创新。

我们前面曾经分析说，洛克关于第二性质、第三性质的理论及其相应观念的学说具有系统涌现的辩证法性质，这样的分析是我们就其理论应有的性质而导出的。然而，就洛克本人的相关论述而言，其中的机械论因素还是相当明显的。

首先，洛克本人并没有意识到第二性质、第三性质的系统质的特征，因为在洛克那里，无论是第一性质、第二性质，还是第三性质，他都仅仅从物体自身的方面去理解，仅仅把它们或者看作是物体本身所具有的实在的性质，或者看作是物体实在性质的某种变形或能力。问题的关键在于，事物的系统质的生成，不应当只从孤立的物自身去理解，而应当从物和物、主体和客体相互作用的层面去理解，这种理解既要考虑到相互作用中的诸多物体自身的性质，又要考虑到这些物及其相互作用的中介综合构成的整体系统的性质。在观念认识的层面上，既要考虑到对象自身的性质，又要考虑到主体自身的性质和活动方式，既要考虑到各中介环节的性质和转换的过程及方式，又要考虑到由主客体和中介所构成的整体系统的性质，以及相互关联、过渡和转化的过程和方式。

其次，在洛克那里，人们所获得的关于物体的第一性质、第二性质和第三性质的观念都还只是通过感觉或反省而获得的简单观念，而在他的描述中任何简单观念的获得都是通过外物的机械性作用而被动地实现的。他写道："第二性质的观念所以能够产生，亦是由于不可觉察的部分在我们感官上起了作用，这和第一性质的观念产生时所由的途径一样。"①这样，在洛克那里，无论是第一性质的观念，还是第二性质或第三性质的观念的形成都毫无例外地具有了被动反映的性质。

这样，在洛克关于物体的三种性质，以及与之相对应的不同形式的认识观念的理论中呈现出了系统辩证观和机械反映论的双重性质。

① 洛克：《人类理解论》（上册），关文运，译，北京：商务印书馆，2009年版，第109页。

16.6 洛克的其他一些哲学观点的杂糅性质

在上述比较系统化的理论中，洛克哲学体现出了唯物论和唯心论、辩证法和机械论相互杂糅的性质。除此之外，在其他的某些多少有些零散的观念中，同样体现出了洛克哲学的杂糅性质。

1. 洛克时空观的唯物论和唯心论相互杂糅的性质

在空间观上，洛克割裂了物质和空间的关系，承认没有物质的虚空的存在。他说："在物体的极限以外，定有虚空。"[①]

他还从多个方面来证明他的这一观点，其中有两个证明讲得最为清楚明白。一是他说："毁灭的能力可以证明有个虚空。"二是他说："运动可以证明虚空。"因为"被毁灭的那个物体的各部分以前所占的空间，仍然可以存留，仍然可以是一段无物体的空间""我们纵然假设，运动所必需的虚空，同所分的凝固物质的最小部分不相等，而只等于它的十分之一或千分之一，我们仍会得到相同的结果，仍会有一个无物质的虚空"[②]。

显然，与古希腊原子论的相关学说相比，洛克的相关观点和他的证明方式是大大地退步了。

在时间观上，洛克承认时间与物质及其运动的统一性关系。他说："一般的时间就是指宇宙中巨大物体（就我们所知道它们的情形而言）的存在和运动在无限绵延中所标志出来的那一部分而言，而且那段时间同那些存在及运动是共存的。在这种意义下，时间同这个可感世界的结构是同始同终的。"[③]

在承认时间的客观性的同时，他还辩证地看到了主观时间的可能存在。他说："时间不只可以表示真正的绵延部分，而且亦可以表示想象的绵延部分。"他还举例说，人们可以想象"天使的创造比世界的创造早着 764 年。而且我们在说这话时，人们一定易于了解"[④]。

他还强调了可以用"物体的运动来计算时间"，而当"以时间为计算运动的尺度"时，还必须同时计算运动的事物空间大小的变化[⑤]。这一观点，无

① 洛克：《人类理解论》（上册），关文运，译，北京：商务印书馆，2009 年版，第 153 页。
② 洛克：《人类理解论》（上册），关文运，译，北京：商务印书馆，2009 年版，第 154-156 页。
③ 洛克：《人类理解论》（上册），关文运，译，北京：商务印书馆，2009 年版，第 180 页。
④ 洛克：《人类理解论》（上册），关文运，译，北京：商务印书馆，2009 年版，第 181 页。
⑤ 洛克：《人类理解论》（上册），关文运，译，北京：商务印书馆，2009 年版，第 170-171 页。

疑具有辩证法的性质。

2. 洛克关于必然和自由关系的观点的形而上学性质

在必然和自由的关系上，洛克明显缺乏辩证性的思考，他关于必然和自由的性质和区别的论述还仅仅停留在有无个人思想选择的层面，因而具有简单性和机械性的特征。

洛克认为：

> 任何事物如果完全缺乏思想、没有能力按思想的指导，来实现或阻止任何运动，那就叫做必然。
>
> 凡无思想、无意欲的主体，在任何事情方面，都是受必然所支配的。
>
> 我们如果有能力，来按照自己心理的选择，把任何一种思想提起来，或放下去，则我们便有自由。
>
> 任何一个人如果可以借其心理的选择或指导，愿意使一种动作实现，就能使它实现，愿意使它不实现，就能使它不实现：则他可以说是自由的。
>
> 所谓自由就是说，我们可以按照自己的选择或意志，有执行或不执行的能力①。

从上引的论述中，我们可以看到，洛克仅仅把必然看作是一种缺乏思想引导的盲目的运动，而未能从事物运动的客观规律和本质规定的层面去把握。他对自由的看法也具有同样的简单性和机械性，因为他仅仅把自由看成是人的心理（思想、意志）的一种选择能力，而未能从自由形成的认识机制和实践效果的层面去把握。与此缺陷相一致，他也未能看到必然和自由之间的相互转化和互为前提与基础的统一性关系。

3. 洛克对意志自由问题的辩证思考及其片面化特征

虽然洛克认为自由和必然的区别仅仅在于有无思想（心理、意志）的选择和导引，但是，他并未把这种选择和导引归结为意志的自由；相反，他认为意志是不自由的，是受到多重因素所支配的。他说："自由不属于意志"，

① 洛克：《人类理解论》（上册），关文运，译，北京：商务印书馆，2009年版，第226，227，231，235页。

"自由是属于主体或人的"，"意志是否自由的问题是不适当的，只有人是否自由的问题才是适当的"①。

为了论证意志不是自由的，洛克进行了多方面的思考，并且相应的思考极富辩证性韵味。

洛克认为，"意志乃是人心的一种动作"，而自由则"是一种动作的能力或不动作的能力，因此，如果有一种人的能力所能实现的动作提示在他的思想中，要他立刻实现，则他在意志作用方面……便不能说是自由的"，这样，作为一种动作的意志便是被能力所支配的，便"是受必然所支配的，是不自由的"②。

洛克还区分了欲望和意志。他指出："欲望作用和意志作用是完全独立的两种心理作用"，"在同一动作中，欲望所有的倾向是可以同意志所促动的倾向，完全相反的"③。

洛克还从多个角度论证了欲望可以支配意志的情景。他说："欲望中的不快能决定意志""最逼迫人的不快可以自然地决定意志""那些无数的自然的需要和养成的习惯，便不断地供给一些不快，来轮流着决定我们的意志"④。

虽然洛克强调意志具有受动性和被支配性的特征是合理的，但是，这只是问题的一个方面，从另一个方面来看，意志具有某种程度的自由性仍然是不能否定的。人的有意志的活动区别于一般物的活动、区别于一般动物的本能活动的性质恰恰在于它的自由。但是，意志的自由并不是一种超越于必然规律之上的绝对的自由，而只能是一种建立在必然规律的基础上的一种认识上的和实践上的相对的自由，这种自由规定了人类可以认识必然，并可以按照必然规律对自然进行改造。另外，当人在必然的基础上获得自由之后，这个自由在某种意义上也便获得了必然的性质。这就是必然和自由的相互规定和相互转化的统一性关系。

4. 洛克学说的还原论性质

在事物的存在方式和性质规定的理论方面，洛克的学说明显具有还原论

① 洛克：《人类理解论》（上册），关文运，译，北京：商务印书馆，2009 年版，第 227，231 页。
② 洛克：《人类理解论》（上册），关文运，译，北京：商务印书馆，2009 年版，第 232-233，235 页。
③ 洛克：《人类理解论》（上册），关文运，译，北京：商务印书馆，2009 年版，第 237 页。
④ 洛克：《人类理解论》（上册），关文运，译，北京：商务印书馆，2009 年版，第 239，245，249 页。

的性质。这一性质可以从他关于物体的三种性质的关系的论述，以及物质的系统不能产生精神活动能力的论述中清晰地体现出来。

洛克虽然提出了第一性质、第二性质的理论，但是，他又试图用第一性质来消解第二性质。他写道：

> 我们如果能发现出物体中渺小部分的原始性质，则现在的第二性质亦就会消灭了——我们如果有足够敏锐的感官，足以把物体的渺小分子分辨出来，而且足以发现出可感性质所依靠的那种真正组织来，则我相信，它们所产生的观念一定同现在完全不一样，现在的金黄色一定会消灭了，我们将会看到某种形状，某种体积的各部分的精妙组织。①

我们在前面已经介绍过，洛克把世界上的事物分为两类，一类是有精神活动能力的，另一类是没有精神活动能力的，并且，他还进一步认为，精神活动能力是不可能从没有精神活动能力的物质所构成的系统中产生出来的。他写道：

> 一个无知性的物质系统不能成为有知性的；要假设那位悠久的、能思的存在者，只是无知性的物质分子的一套组织，就无异于把那个永久神明的一切智慧和知识都归于各部分的并列关系了，这是多么荒谬的一种说法呢？因为不能思想的物质分子，不论如何排列，所发生的只能有一种新的位置关系，并无其他东西加于其上，而这种关系是不能产生思想和知识的。②

这样，在洛克那里，世界上的存在的性质永远是如一的，精神性的存在和物质性的存在是相互割据而不可能转化和统一的。事物的本性只能来自其最小构成单元的性质，由这些最小构成单元组合起来的整体系统不可能产生出更多的新的性质。由此我们也可以看到，洛克的哲学，虽然在认识论领域具有某些唯物论、系统观和辩证法的因素，但是，在其本体论的根基上，他的哲学不仅是客观唯心主义基础上的二元论的，还是还原论和机械论的。

---

① 洛克：《人类理解论》（上册），关文运，译，北京：商务印书馆，2009年版，第293页。
② 洛克：《人类理解论》（下册），关文运，译，北京：商务印书馆，2009年版，第671-672页。

第17章

斯宾诺莎的多面孔杂糅的哲学

在相关哲学史的评价中，荷兰哲学家斯宾诺莎被看成是西方近代唯物论和唯理论哲学的重要代表人物。然而，如果细加研读，我们将会发现，斯宾诺莎的哲学并不那么纯粹，在他的哲学中各种性质的观点和学说被杂糅在一起，既有唯物主义的因素，又有唯心主义的方面，既有形而上学观念，又有辩证法的内容。他的哲学试图把神（上帝）、实体、物质、精神在自然整体的框架内统一起来，并试图予以某种自然化的、必然性的解读。

他的一些重要的思想包括：神即自然，是唯一的实体，实体统一不可分；实体具有无限属性，其中包括思想和广袤[①]；一切必然，没有偶然；心灵和肉体没有直接联系；感性认识不可靠，只有心灵主宰的理性认识才能获得具有可靠知识的“天赋真观念”。

他的学说的基本倾向虽然具有自然一元论的特色，但是又杂糅着神和心物二元论的泛灵论的观念，还交织着某些形而上学和辩证法的思想。

① 英文 extensive 一词在中译中，有不同的译法，有的译为“广延”，有的译为“广袤”，特予说明。

17.1 把神自然化的自然一元论学说

斯宾诺莎的自然主义不是建立在直接排斥和否定神（上帝）的观念的基础之上的。他的做法是把神做自然化、实体化和实在化的解释，从而消解人们强加于神的“神性”。他强调，神是具有绝对无限性、圆满性、实在性，并具有无限多属性的唯一的自然实体，即存在本身。

他写道：

神，我理解为绝对无限的东西，亦即具有无限多的属性的实体，其中每一个属性都各自表现永恒无限的本质。

除了绝对无限、绝对圆满的东西——即神——以外，没有别的东西了。

实在性和圆满性我理解为同一的。

除了神以外，不能有任何实体，也不能设想任何实体。

神是唯一的……宇宙间只有一个实体。

一切存在的东西，都存在于神之内，没有神就不能有任何东西存在，也不能有任何东西被认识。

存在属于实体的本性。①

在给友人的信中，他还更为明确地写道：

我主张只能有一个其存在属于其本性的存在，这就是说，只能有这样一个自身具有一切圆满性的存在，我把这个存在称之为神。

神之外无物存在，只有唯一的神才包含必然存在。②

他否定神具有自由意志，也否定神具有预定的目的，更否定神之外的力量的作用。他强调，神只能按照自身本性所具有的无限力量的必然性来行动。

他写道：

单是由神的本质的必然性，就可以推出：神是自因，又是万物

---

① 北京大学哲学系外国哲学史教研室：《西方哲学原著选辑：十六—十八世纪西欧各国哲学》，北京：生活·读书·新知三联书店，1958年版，第165，168，171-173，196页。

② 斯宾诺莎：《斯宾诺莎书信集》，洪汉鼎，译，北京：商务印书馆，2009年版，第171页。

的原因。所以神的力量，即神自身与万物借以存在和动作的力量，就是神的本质本身。

神只是由他的本性的必然性而存在和动作；神是万物的自由原因，以及神在什么方式下是万物的自由原因；一切都在神之内，都依靠神……一切都为神预先决定——并不是为神的意志自由和绝对任性所决定，而是为神的绝对本性或无限力量所决定。

实体所具有的圆满性则不是依靠外因而得来的，所以它的存在只是基于它自己的本性；因此它的存在无非是它的本质。①

表面上看，他讲的是“神”，但实际上，他是在讲自在的“自然”，讲宇宙的存在。在这里，斯宾诺莎所使用的概念，即神、实体、自然、宇宙、存在、无限、圆满等，都是同一个层次的概念。

其实，在那样一个宗教神学不容置疑的时代，斯宾诺莎的学说体现了他的机智和聪明。“神”是一个伪装，是一个保护伞，自然才是实体和本质。尽管如此，他的反宗教思想和行为还是受到了教会的严厉惩罚。1656 年，他被犹太教教会作为“异端”分子“予以谴责和诅咒”，并被永远“逐出教门”，同时他被阿姆斯特丹市政当局驱逐出城。

17.2 可分不可分、整体和部分关系的复杂辩证观

根据斯宾诺莎的相关论证，既然整个宇宙（神或自然）乃是一个具有无限性和圆满性的实体，那么在这个实体之外就不可能有其他的实体存在。这就是他所说的“宇宙间只有一个实体”。如果实体可分，并且分出的每一部分仍将保持实体的本性，那么就可能存在多个实体，这样，就不符合他所说的“只有一个实体”的结论，另外，如果有多个实体，那么宇宙实体也便不再具有无限性和圆满性。所以“绝对无限的实体是不可分的”②。

斯宾诺莎强调实体不可分并不意味着他不承认整体中包含部分，他所强调的仅仅是宇宙是一个整体性的存在，宇宙中所有的事物都是相互关联而统

① 北京大学哲学系外国哲学史教研室：《西方哲学原著选辑：十六—十八世纪西欧各国哲学》，北京：生活·读书·新知三联书店，1958 年版，第 171，188 页。

② 北京大学哲学系外国哲学史教研室：《西方哲学原著选辑：十六—十八世纪西欧各国哲学》，北京：生活·读书·新知三联书店，1958 年版，第 172 页。

一在一起的。由于这种相互关联，宇宙中的所有事物便都只能是一种被整体关系所限定了的、有限性的、非圆满性的存在。关于这一点，他在给友人的信中写得十分清楚：

> 自然中的所有的物体都被其他的物体所围绕，它们相互间被规定以一种确定的方式存在和动作，而在它们的全部总和中，也就是在整个宇宙中，却保持同一种运动和静止的比例。因此我们可以推知，每一个物体，就他们以某种限定的方式存在而言，必定被认为是整个宇宙的一部分，与宇宙的整体相一致，并且与其他的部分相联系。因为宇宙的本性……是绝对无限的，所以宇宙的各个部分，被这种无限力量的本性以无限多的方式所控制，而不得不发生无限多的变化。但就实体而言，我认为其每一部分与整体有更紧密地结合……既然实体的本性是无限的，所以推知，每一部分皆属于有形实体的本性，没有实体，它们既不能存在，又不能被设想。
>
> 人的身体是自然的一部分……关于人的心灵，我认为同样也是自然的一部分。①

斯宾诺莎所讲的整体和部分的关系，并不仅仅是针对宇宙整体和宇宙中的具体事物之间的关系的，还是针对不同层次之间事物的关系的。相对于不同层次的事物，某些具体事物既可以被看作整体，又可被看作部分。他的这一思想既具有合理性和深刻性，又卓越地体现了辩证法的特色。

斯宾诺莎在同一封信中写道：

> 我所谓部分相联系，无非只是指一部分的规律和本性与另一部分的规律和本性相适应……至于整体和部分，我是把事物看作为某个整体的部分，这是就它们的本性是这样相互适应，以至它们彼此之间尽可能一致而言。但是就事物彼此之间的差别而言，每一事物在我们心灵中产生一个不同于得自其他事物的观念，因而它们又被认为是整体，而不是部分。例如淋巴、乳糜等等微粒的运

① 斯宾诺莎：《斯宾诺莎书信集》，洪汉鼎，译，北京：商务印书馆，2009年版，第159-160页。

动，在大小和形式方面彼此之间非常适应，因而它们完全相互一致，共同形成一种液体，仅就这方面而言，淋巴、乳糜等等就被认为是血液的各个部分。但当我们考虑到淋巴微粒在形式和运动方面不同于乳糜微粒时，就这方面来说，我们就认为它们是整体，而不是部分。①

显然，斯宾诺莎把整体性看作是事物的个性、特殊性和差异性，而把部分性看作是事物之间的相互关联性、共同性和统一性。因为宇宙是无限性的存在，在它之外不可能再有其他的事物，所以它便不可能与外物相关联，宇宙便只能以整体的方式存在，而不可能以部分的方式存在。至于宇宙内的具体事物，只要是可区分的，便具有了个性、特殊性和差异性，就这一方面而言它便可以以整体的方式而存在。但是，这些事物同时又只能存在于宇宙整体之内，并与宇宙中的其他事物相互关联，被宇宙中的其他事物和宇宙整体的关系所限定，就这一方面而言它便又可以以部分的方式而存在。

另外，斯宾诺莎关于可分和不可分的观念还包含了这样一个更为本质的方面，这就是，宇宙作为无限性的实体性存在，它不可能由它自身之外的事物和力量所产生或消灭，而它之内的所有的事物都是它的本性的体现，就其是宇宙（实体）的本性的体现而言，这一本性是不可分割的，而具体事物的样式则具有多样性，就这一点而言，事物的样式又是可分的。这样，斯宾诺莎又在事物的本性和事物表现的样式两个层面上阐释了整体和部分、可分和不可分的辩证关系。事物的本质和本性与宇宙的本质和本性是同一的，所以，就此而言它们便是不可分割的整体，由此呈现出的是事物与事物之间、事物与宇宙整体之间的相互关联性、统一性和共同性，在这样的意义上，所有的具体事物都只能是宇宙整体的部分，而不可能与宇宙整体相割裂；就事物的具体样式的存在方式而言，它们又是普遍差异的和多样的，在这样的意义上，这些具体的事物又可以相对地被看作是可分的、具有自身个性的整体性的存在。

斯宾诺莎写道：

① 斯宾诺莎：《斯宾诺莎书信集》，洪汉鼎，译，北京：商务印书馆，2009年版，第158页。

实体不是别的东西所能产生和创造的。

物质就样式而言，各个部分是可分的，但是就实在而言，则是不可分的。例如水，就它是水而言，我们便认为它是可分的，它的各个部分是彼此分离的。但是就水是有形体的实体而言，就不然了，因为这样它就是既不可分离，又不可分割的。再者，就水是水而言，是有生有灭的；但是就水是实体而言，是不生不灭的。①

另外，在斯宾诺莎看来，事物的不可分性还在于它的各部分之间、部分和整体之间在本性上的相互蕴涵和相互体现的全息性。他说："凡是存在的事物，都以某种一定的方式表现神的本性或本质，换言之，凡是存在的事物，都以某种一定的方式表现神的力量，而神的力量是万物的原因。"②既然具体事物是神的本性和本质力量的体现，而神又是具体事物的原因，这样便在神的整体和具体事物之间，以及不同的具体事物之间建立了某种本性和本质的相互映射的统一性关系，这就必然会呈现出整体和部分之间的全息性特征。虽然斯宾诺莎没有采用"全息"这一概念，但是，他的学说无疑具有全息论的特征。

从斯宾诺莎关于可分和不可分、整体和部分的关系的相关论述中，我们可以分析出如下一些基本的观点：宇宙实在的整体不可分，因为所有宇宙中的事物，都具有共同的本性和本质；但宇宙中的每个具体的事物又具有其个性的差异，所以它们在作为宇宙整体的部分的同时又有自己的独立的整体性特征，这就使它们具有相对的可分的整体性；就事物与整体相互关联并具有共同的本性和本质而言，整体中的部分包含整体的性质和本质；具体事物有生有灭，但作为整体性质和本质的规定性是永恒而不生不灭的。

这样的一种可分和不可分、整体和部分的关系的论述体现的正是当代复杂信息系统理论的某些思想：事物以整体的方式存在；整体的性质既在整体层面产生，又在部分的层面得到相应的规定和体现；由此又产生了整体包含部分，部分也包含整体的全息性关系；部分在受到整体性质的规定

① 北京大学哲学系外国哲学史教研室：《西方哲学原著选辑：十六—十八世纪西欧各国哲学》，北京：生活·读书·新知三联书店，1958年版，第174-175页。

② 北京大学哲学系外国哲学史教研室：《西方哲学原著选辑：十六—十八世纪西欧各国哲学》，北京：生活·读书·新知三联书店，1958年版，第188页。

并体现整体的性质的同时，也具有自己的某些独立的个性；物质实在具有不能创造也不能消灭的永恒性和守恒性，物质实在的具体存在形式则并不守恒，可以被创生也可以被消灭。这样的一些思想体现的正是复杂辩证法的逻辑。

洪汉鼎在他为《斯宾诺莎书信集》所做的“译序”中对斯宾诺莎整体与部分关系的思想写下了一段评价：

> 实体在斯宾诺莎看来就是无限的宇宙整体，而个别事物（他称之为样态）乃是这整体的部分，部分的性质是由整体的一般性质决定的，离开了整体，部分既不能存在也不能被理解。由此可见，斯宾诺莎哲学的根本出发点是一种我们现在可以称之为系统论的认识论观点，它不是以个别对象或个别现象作为研究的中心，而是以个别对象或现象所隶属的整体和系统作为认识的中心，它否认那种以个别事物或个别现象本身来进行孤立研究和认识的实物中心论观点，而是主张把个别事物和个别现象当成它们所隶属的整体的体现者来认识、把事物当作它们所隶属的那个系统的一个部分来加以揭示的系统中心论观点，他认为只有把一种现象和所有其他与之相关的现象的共同性质弄清楚，把该现象所隶属的那一系统的根本规定弄清楚，我们才能真正认识这一现象的个别性和特殊性。正因为如此，所以斯宾诺莎主张最完善的认识方法乃是那种从能够表示自然全局的根源和源泉的观点（即他所谓神、实体或自然）进行推导的方法，也就是他所谓从实体到样态，从神到万物的理性演绎方法。这样，我们……就有了一盏明灯，使我们在那些抽象晦涩的词句里把握了作者内心真正的思想。①

17.3 对宇宙无限性的辩证理解

从古至今，哲学家和科学家所阐释的宇宙的无限性更多地是从一种量和数的相关规定的视角出发的。关于宇宙无限的量和数的规定可以区分为宏观

① 斯宾诺莎：《斯宾诺莎书信集》，洪汉鼎，译，北京：商务印书馆，2009 年版，译序第 5-6 页。

无限和微观无限两类。宏观无限强调了宇宙在空间和时间上的无限性，微观无限则强调了事物的无限可分性。例如，古希腊哲学家卢克莱修就曾试图用理想化的"飞矛试验"（如果宇宙是有限的，假设有人在宇宙的边缘向外猛掷一支飞矛，那么试问：飞矛将飞向哪里呢？）来证明空间的宏观无限性；中国古代文献中所说的"一尺之棰，日取其半，万世不竭"（《庄子·天下篇》）则试图去证明空间的微观无限性；而时间的无限性则被看作是无始无终的流变。

斯宾诺莎对于这样一种仅仅从量和数的方面来阐明宇宙无限性的学说提出了批评，他对宇宙无限性思考的方式是从质的多样性和永恒性的方面（无限多的属性、永恒无限的本质）来阐明的。

他写道：

> 如果某人试图去规定物质迄今所出现的一切运动，即把运动和它们的绵延归到一个确定的时间和数上去，那么他所试图的不是别的，只是使我们仅能设想为存在着的有形实体丧失了其状态，并且作出这个实体并不应具有它所有的性质这样的结论来……有些事物能够称为无限的，或您宁愿说，是无定限的，乃是因为我们不能用任何数来比较它们。
>
> 永恒性是一种属性，我们把这种属性理解为神的无限存在。①
>
> 绝对无限的存在物必然应当规定为具有无限属性的存在物，它的每一个属性都各自表现它的某种永恒无限的本质。
>
> 凡是从神的任何属性的绝对本性推出的东西，都必定永远地、无限地存在，或者凭借这个属性而成为永恒的和无限的。②

对于斯宾诺莎的无限性的观点，黑格尔曾经给了极高的评价。他把那种仅仅从量或数的无穷系列的意义上所规定的无限性称为"恶无限"。他强调："哲学上的无限性，即现实的无限者，是对自身的肯定；斯宾诺莎把理智的无限者称为绝对的肯定。完全正确！不过可以更好地表述为：'这是否定的否定。'"③ 当然，斯宾诺莎所说的无限者并不直接就是"理智"，而是自然

① 斯宾诺莎：《斯宾诺莎书信集》，洪汉鼎，译，北京：商务印书馆，2009 年版，第 59-61 页。

② 北京大学哲学系外国哲学史教研室：《西方哲学原著选辑：十六—十八世纪西欧各国哲学》，北京：生活·读书·新知三联书店，1958 年版，第 169，178 页。

③ 黑格尔：《哲学史讲演录》（第四卷），贺麟，王太庆，译，北京：商务印书馆，1978 年版，第 107 页。

实体化了的丧失了通常意义的“神性”的“神”，虽然在斯宾诺莎那里“理智”“思想”也是神的一个属性。

恩格斯也曾表示过与斯宾诺莎相类似的思想。恩格斯说：“运动的不可灭性不能仅仅从量上，而且还必须从质上去理解。”[①]

现代科学的相关成果对于那种仅仅在量上来阐释宇宙无限性的观点也提出了挑战。

宇宙大爆炸理论揭示了我们所处的宇宙的时空尺度在量上的有限性。当然，如果按照闭宇宙的模式来分析，宇宙的演化将会是在总体膨胀和收缩的循环中运动，大爆炸宇宙的时间起点，将会是上一个演化循环的终点，这样，大爆炸宇宙所揭示的时间起点仅仅具有相对性的意义，而在绝对意义上时间仍然是没有起点的。另外，空间尺度的有限性也只是相对于大爆炸以来所形成的“内宇宙”而言的，超出了这个范围，我们完全可以假定还存在着另外一些由其他质量或能量团构成的宇宙，我们有理由把它们称为“外宇宙”。这样，宇宙在时间和空间上的量上的宏观有限性和无限性的问题的阐释便都分别具有了各自的相对性意义和绝对性意义。

在宇宙微观层面上，现代科学所揭示的无限性并不是量的无穷机械性分割的无限性，而只是可能表现出相关粒子、场、波或弦的组构方式、震荡模式、相互湮灭、转化和生成方式的多样性和不可穷尽性。这就超越了简单的量的无限的观念，而更多地体现了事物在质上的运动、变化的模式和方式的无限性的本质。

17.4 对自因和外因关系的割裂

按照斯宾诺莎的观点，由于实体具有唯一、无限、圆满的性质，实体就大而无外，在实体之外就没有其他的存在，所以斯宾诺莎说：

> 实体不能为任何别的东西所产生；所以它必定是自因；
> 神是自因，又是万物的原因；
> 神是万物的内因，而不是万物的外因；
> 神是万物的“存在因”；

① 恩格斯：《自然辩证法》，于光远 等，译，北京：人民出版社，1984 年版，第 21 页。

神不但是万物的存在的动力因，而且是万物本质的动力因。①

这样，在斯宾诺莎看来，由于神是唯一的实在，所以世界上所有的事物都必然在神之内，而不在神之外，这样，神便不仅仅是自己存在的原因，而且是其之内的所有事物存在的原因。由此观念出发，他得出了神是自因，而其他所有的事物都不可能有自因，它们都完全由神的必然性的本性所支配，因而都只能由外因所决定，就是讲自因，具体的事物也只能是神的自因的体现，而其本身则不可能是自因的。

他说："被创造物全都是为外在原因所决定，以某种确定的和限定的方式存在和行动的。"② "特殊事物，我理解为有限的而且具有一种被决定的存在的事物。"③为了说明这一观点，他还举了石头运动、人的行为活动的例子，并强调这些运动和活动都是由外部必然性所强迫和规定的。④

割裂事物内因和外因的关系，把自因单向地归于那个大而无外的神，而把外因单向地归于神内之物，这是一种典型的形而上学。他没有看到部分和整体之间的相互规定性，事实上，整体的性质并不是由它自身决定，而是由构成它的部分之间的关系所规定的，是由部分在关系中创生出来的，而部分的活动方式又是由自身内部的运动和来自外部的整体环境的关系的相互作用而决定的。在这里，整体和部分是一个双向规定和双向建构的活动。

本来，正如我们在前面已经谈到的那样，斯宾诺莎在谈到整体和部分的关系时，已经注意到了具体事物所具有的个性和差异性，并且他还在这样一个意义上强调了具体事物既是整体又是部分的性质，据此完全可以顺理成章地推出任何具体事物都有它的内因和外因规定的结论。令人遗憾的是，在谈论内因和外因的关系时，斯宾诺莎背离了他关于整体和部分关系的学说中所体现出来的辩证法。

① 北京大学哲学系外国哲学史教研室：《西方哲学原著选辑：十六—十八世纪西欧各国哲学》，北京：生活·读书·新知三联书店，1958年版，第168，178，181，188页。
② 斯宾诺莎：《斯宾诺莎书信集》，洪汉鼎，译，北京：商务印书馆，2009年版，第257页。
③ 北京大学哲学系外国哲学史教研室：《西方哲学原著选辑：十六—十八世纪西欧各国哲学》，北京：生活·读书·新知三联书店，1958年版，第196页。
④ 斯宾诺莎：《斯宾诺莎书信集》，洪汉鼎，译，北京：商务印书馆，2009年版，第257-259页。

17.5 对自由的否定和对偶然性的排斥

虽然斯宾诺莎认为神是自因，又是万物的原因，但是，他并不认为神是靠自由意志来行动的。斯宾诺莎虽然承认神是有意志和思想的，但是他同时又认为这个意志和思想并不是神的本性，而只是神的本性的一种表现形式，或者说是神的一种属性，正因为是一种属性，所以它必然受到神的本性的支配，它便不再是自由的。他说：

意志并不属于神的本性。

意志和理智一样，乃是思想的一种样式。

思想是表现神的永恒无限的本质的无限多属性之一。

意志不能称为自由原因。

神并不是依据意志的自由而活动……因为意志和其他一切事物一样，也要有一个原因决定它在一定的方式下存在和动作。

无论怎样理解意志，有限的也好，无限的也好，都要有一个原因来决定它的存在与动作。①

这样，斯宾诺莎就给出了一个意志之外、之上的另一个更为本质的原因，这就是他所说的“必然”。他写道：

神只是由他的本性的必然性而存在和动作。

一切都出于神的本性的必然性，都是受到神的决定而在一定的方式下存在和动作的。

万物都是必然地出于神的一定的本性，并且受到神的本性的必然性的决定而在一定的方式下存在与动作。

一切都为神预先决定——并不是为神的意志自由或绝对任性所决定，而是为神的绝对本性或无限力量所决定。

一切自然物都以永恒的必然性和最高的圆满性而产生。

神认识自己，是出于神的本性的必然性，神产生无限多具有无

① 北京大学哲学系外国哲学史教研室：《西方哲学原著选辑：十六—十八世纪西欧各国哲学》，北京：生活·读书·新知三联书店，1958 年版，第 186，197 页。

限多样式的事物，也是出于同样的必然性[①]。

所以说，在必然和自由的关系上，斯宾诺莎试图用必然性去解释和限定自由性，他否定了随心所欲的自由意志的存在，把自由限定在必然之中，使其受必然性的支配，只在服从必然性、体现必然性，以及按照必然性规定的方式存在和行动的意义上承认自由的存在。在他那里，自由并不是随心所欲，而只是必然性本身，或只是必然性的表现。这样，他是把自由统一到必然性之中而简单地消解掉了。

他写道：

一个事物，如果只按照其自己的本性的必然性而存在和行动，就是自由的，但是如果被其他事物所决定，以某种确定的和限定的方式存在和行动，这个事物则是受制的。例如，神虽然是必然地存在，然而却是自由地存在，因为它是只按照其自身本性的必然性而存在。同样，神也是自由地认识其自身和绝对地认识一切事物，因为它认识一切，只是根据它自己本性的必然性。

我并没有把自由放在自由的决定上，而是置于自由的必然性上。[②]

在谈到个别事物和人的自由的时候，他同样主张一种受严格必然性支配的观点，他认为石头也有思想，虽然石头可能自己认为自己是按照自由的方式在努力运动，恰如人自己也认为自己是按照自己的自由意志确定的方式来进行活动一样，然而，它们并不明白决定它们行为的必然性的原因，这只能表现出它们的“无知”。[③]

他还特别强调：

一般人把神的力量了解为自由意志和管辖一切存在物的权柄，因而存在物通常被认为是偶然的。因为他们说神有权力毁坏一切，使一切化为乌有。他们又常常把神的力量拿来与国王的力量相比。

神的力量不是别的，就是神的主动的本质……普通人虚构出来归给神的那种力量，不但是一种人的力量（这一点表明普通人是把

---

① 北京大学哲学系外国哲学史教研室：《西方哲学原著选辑：十六—十八世纪西欧各国哲学》，北京：生活·读书·新知三联书店，1958年版，第186-188，191，198页。

② 斯宾诺莎：《斯宾诺莎书信集》，洪汉鼎，译，北京：商务印书馆，2009年版，第257页。

③ 斯宾诺莎：《斯宾诺莎书信集》，洪汉鼎，译，北京：商务印书馆，2009年版，第257-259页。

神设想成人或者与人相似），而且包含着软弱无力……不能把神的力量与人的力量或国王的权力混淆起来。[①]

斯宾诺莎把绝对的必然性看作是神的本性，由此出发他坚持一种严格决定论的因果关系的原则。他不仅用必然性消解了自由性，而且用必然性否定了目的性，排斥了偶然性。他说：

自然并没有预定的目的，一切目的因都只不过是人心的虚构。

如果有确定的原因，则必定有结果相随，反之，如果无确定的原因，则决无结果相随。

自然中没有任何偶然的东西，一切事物都受到神的本性的必然性的决定而以一定的方式存在和动作。

说一件东西是偶然的，实在没有别的原因，只不过是由于我们的知识有缺陷。

理性的本性不在于认为事物是偶然的，而在于认为事物是必然的。

无论就过去或就未来而言，只有凭借想象的力量，我们才把事物认为是偶然的。[②]

虽然把自然看作是一个无目的的、靠自身的原因能动运动的整体的思想是合理的，但是，由此而排除了一切具体事物（包括人）行为的可能的自由性和偶然性则显然是一种形而上学。当代科学所揭示的复杂事物未来演化的方向的不确定性、分叉性，以及构成事物整体的部分同样具有行为方式的多重选择性的特征充分揭示了自由性和必然性、必然性和偶然性之间的相互制约、规定，以及分层活动的不同意义和性质，从而揭示了自由与必然、必然与偶然的复杂性关系。

把自由看作是对必然的认识，以及按照这种认识所指导的行动是一种合理的观念，但是，由于受必然性支配的未来发展方式具有不确定性、多样性和分叉性，这就导致了复杂系统演化的内随机性发生的可能，这就使那些具有能动活动能力的事物可以根据有条件的或创造条件的选择来达到自己的目

---

① 北京大学哲学系外国哲学史教研室：《西方哲学原著选辑：十六—十八世纪西欧各国哲学》，北京：生活·读书·新知三联书店，1958 年版，第 198 页。

② 北京大学哲学系外国哲学史教研室：《西方哲学原著选辑：十六—十八世纪西欧各国哲学》，北京：生活·读书·新知三联书店，1958 年版，第 164，184，187，191，207 页。

的，就此而言，一定程度的目的性、自由性和偶然性是无法排除的，尤其在人的实践活动的世界里更是如此。

总的看来，斯宾诺莎关于内因和外因、自由和必然、必然和偶然关系的论述是机械决定论的，他没有注意到事物存在的个性、差异性和特殊性，以及事物运动的相对自由性和可能偶然性在事物存在和发展过程中的应有地位和作用，所以，他未能看到事物运动、变化和发展的不确定性和非决定论的方面。就此而论，斯宾诺莎的观点与古希腊原子论学派关于原子偶然偏离标准运动轨线而运动的学说相比不能不是一个明显的退步。

17.6 泛灵论和二元论的世界观

虽然斯宾诺莎的哲学具有自然一元论的框架，但是，我们不能因此而把他的哲学称为唯物主义的哲学。因为他所说的自然（或神）并不是一个统一于物质世界的存在，用他的话来说，自然（或神）具有无限多的属性，而这些属性都分别体现着自然（或神）的必然性的本质。在斯宾诺莎那里，自然（或神）并不和物质等同，他仅仅把物质看成是神的无限属性中的一种。他虽然反对笛卡儿用广延来给物质下定义的做法，但他仍然认为："物质必须要以表现永恒的、无限的本质的一种属性来下定义。"他还明确地反对那种把神等同于"某种质或有形物质"的观点。①

斯宾诺莎认为，在神所具有的无限多的属性中，最主要的两个属性便是思想和广延，并且，这两个属性又是所有的自然事物共同拥有的，在同一实体中二者具有相互对应的同一性。他强调：

> 在思想方面是绝对无限的理智，但在广延方面则是运动和静止。
>
> 在自然界中存在有一个无限的思想力，这思想力就其是无限的而言，本身就观念地包含有自然的全体，其思想的进程与作为其对象的自然的进程是一样的。②

由此我们便看到了他的神或自然一元论的整体性框架只是他的哲学的形式，而其哲学的真实内容则具有明显的泛灵论和二元论的性质。

① 斯宾诺莎：《斯宾诺莎书信集》，洪汉鼎，译，北京：商务印书馆，2009年版，第313，340页。
② 斯宾诺莎：《斯宾诺莎书信集》，洪汉鼎，译，北京：商务印书馆，2009年版，第160，275页。

斯宾诺莎写道：

思想是神的一个属性，换言之，神是思想的东西。

思想是表现神的永恒无限的本质的无限多属性之一。

在神之内，必然有神的本质的观念，以及一切从神的本质必然得出的事物的观念。

广袤是神的一个属性，换言之，神是有广袤的东西。

思想实体与广袤实体，乃是同一实体有时从这个属性去了解，有时从那个属性去了解的。同样地，广袤的一个样式和这个样式的观点，也是同一件东西，不过以两种方式表示出来……神、神的理智、神的理智的对象乃是同一的东西。[①]

斯宾诺莎还把观念看作是神的思想的一个样式，并且，这个样式仅与神的本性相关，而与其所表征的对象和事物没有直接的关系。他写道：

观念的形式的存在，只就神被看成是思维物而言，不就神为别的属性所说明而言，承认神是它的原因。也就是说，神的各种属性的观念，以及特殊事物的观念，都不承认观念的对象或被知的事物是它们的动力因，而承认作为思想者的神本身是它们的动力因。

观念的形式的存在，是思想的一个样式，也就是说，是一种就神之为思想者而在一定的方式下表现神的本性的样式。[②]

谈到人的本质、人的心灵与观念时，斯宾诺莎只把它们看作神的本性或属性的某种特殊状态、样式或部分。他说：

人的本质是在某种一定的方式下表现神的本性的一个特殊状态或样式。

人的本质由神的属性的某些样式构成，亦即由思想的样式构成。

构成人类心灵的现实存在的第一件东西，不外是某些现实存在

---

① 北京大学哲学系外国哲学史教研室：《西方哲学原著选辑：十六—十八世纪西欧各国哲学》，北京：生活·读书·新知三联书店，1958 年版，第 197-198，200-201 页。

② 北京大学哲学系外国哲学史教研室：《西方哲学原著选辑：十六—十八世纪西欧各国哲学》，北京：生活·读书·新知三联书店，1958 年版，第 199 页。

的个别事物的观念，这些观念在本性上是在先的。

人类心灵是神的无限理智的一部分。①

正是基于这样的认识，他提出了“天赋真观念”的学说，认为人的最初的观念是天赋的，这就是“真观念”，以这个“真观念”为基础，人们凭借自身的理智进一步制造出其他的观念。他写道：

必须首先有一个真观念作为天赋的工具存在于我们心中。

知性凭借天赋的力量，自己制造理智的工具，再凭借这种工具以获得新的力量来从事别的新的理智的作品，再由这种理智的作品又获得新的工具或新的力量向前探究，如此一步一步地进展，直至达到智慧的顶峰为止。②

斯宾诺莎进而认为，既然人的本质、人的心灵与观念只是神的本性或属性的某种特殊状态、样式或部分，那么，这也就限定了人的认识的能力和方式。虽然神的属性是无限多样的，但是，人只能认识其中的两种，即思想和广延。他说：“心灵的本质只在于：它是实际存在的一个身体的观念，因此心灵的理解能力仅限于这个身体的观念自身所包含的那些事物，或从这一观点而推知的东西。但是这个身体的观念，除了广延和思想外，既不包含又不表现神的任何其他属性。”③他还强调：“人类心灵是部分地和不恰当地认识事物。”④

虽然斯宾诺莎强调“心灵的理解能力仅限于这个身体的观念”，但是，他并不认为心灵的认识与这个身体状态有什么直接的关联。因为“真观念”是天赋的，人类心灵是神的无限理智的一部分，所以，人的观念只能来自神，而不能来自人的身体。为此，他还曾对笛卡儿“认为灵魂或心灵与脑髓的某一部分，即所谓松果腺的部分，有特别密切的联系”的观点进行了批判，他认为笛卡儿提出了“一个比任何神奇的性质还更加神奇的假设”。他在提出了一系列相关质疑的基础上写道，“其实意志与运动之

① 北京大学哲学系外国哲学史教研室：《西方哲学原著选辑：十六—十八世纪西欧各国哲学》，北京：生活·读书·新知三联书店，1958年版，第202-203页。

② 斯宾诺莎：《知性改进论》，贺麟，译，北京：商务印书馆，2009年版，第32，35页。

③ 斯宾诺莎：《斯宾诺莎书信集》，洪汉鼎，译，北京：商务印书馆，2009年版，第274页。

④ 北京大学哲学系外国哲学史教研室：《西方哲学原著选辑：十六—十八世纪西欧各国哲学》，北京：生活·读书·新知三联书店，1958年版，第203页。

间既然并没有什么关系，心灵的力量与形体的力量之间，当然也就没有什么可比较处，因此，形体的力量绝不能为心灵的力量所决定”，而“心灵的力量……只是为理智所决定，所以我们将只从心灵的知识去决定医治感情的药剂……我们将单从心灵的知识里推出一切和心灵的幸福有关的东西”。[①]

① 北京大学哲学系外国哲学史教研室：《西方哲学原著选辑：十六—十八世纪西欧各国哲学》，北京：生活·读书·新知三联书店，1958 年版，第 213-215 页。

第18章

狄德罗的唯物辩证法哲学

法国启蒙思想家、哲学家、“百科全书派”的领袖人物狄德罗是一位战斗的唯物主义者，他的哲学具有鲜明的无神论的唯物论的性质，并更多具有辩证性，而更少有机械性的特征。

18.1 没有上帝，物质是唯一的实体

狄德罗的哲学具有旗帜鲜明地反对宗教神学的性质，同时明确地把物质看成是统一世界的基础。

狄德罗公然宣称：“上帝是没有的；上帝创造世界是一种妄想”“世界……不再是一个神”“自然并不是上帝”“一切宗教都三倍地被证明是假的”[①]。

在西方哲学的传统中，很多哲学家都承认世界上存在三种实体：上帝、物质和心灵。而在狄德罗看来，实体只有一个，那就是物质世界本身。他说：

> 在宇宙中，在人身上，在动物身上，只有一个实体。教黄雀用

① 狄德罗：《狄德罗哲学选集》，江天骥，陈修斋，王太庆，译，北京：商务印书馆，2009年版，第7，9，44，60页。

的手风琴是木头做的，人是肉做的。黄雀是肉做的，音乐家是一种结构不同的肉做的；可是大家都有着同一的来源，同一的构造，同一的机能和同一的目的。

要假定任何一个处在物质宇宙之外的实体，都是不可能的。决不能做出这一类的假定，因为从这一类假定里是推论不出任何东西来的。[①]

18.2 物质以普遍差异的方式而存在

不同于之前的唯物论者的观点，狄德罗并不在简单的量的区别上，而是在质的区别上来看待具体物质存在的普遍差异性，因为他更加强调了具体物质的异质性特征。他写道：

在我看来，说自然界的一切东西都由一种完全同质的物质产生出来，这就和用同一颜色来表现一切东西一样不可能。我甚至认为可以窥测：现象的多种多样不可能是一种不拘什么的异质的结果。因此，我将把为自然现象的一般产生所必需的、各种不同的异质的物质称为元素；并且将把元素的组合的一个现实的一般结果或许多一个接一个的一般结果称为自然。各元素应该有本质上的区别；否则既然一切都可能回到同质，一切就都可能是从同质中产生的了。[②]

在这里，狄德罗不仅强调了元素的异质性和多样性，还强调了自然的过程性，因为他“把元素的组合的一个现实的一般结果或许多一个接一个的一般结果称为自然”。

在强调元素具有异质性的同时，狄德罗还沿袭古希腊辩证法哲学中的“一切皆流，一切皆变”的观点强调了事物与他物、与自身的普遍差异性。他说：“在这个物质的大洋里，没有一个分子和另一个分子类似，也没有一个分子有一刹那和自己类似。”[③]

正是这种异质存在、普遍差异的理论为狄德罗哲学中的其他一些更为深

① 狄德罗：《狄德罗哲学选集》，江天骥，陈修斋，王太庆，译，北京：商务印书馆，2009 年版，第 130，144 页。

② 狄德罗：《狄德罗哲学选集》，江天骥，陈修斋，王太庆，译，北京：商务印书馆，2009 年版，第 117 页。

③ 狄德罗：《狄德罗哲学选集》，江天骥，陈修斋，王太庆，译，北京：商务印书馆，2009 年版，第 158 页。

刻的辩证法思想奠定了理论前提和基础。

18.3 物自身运动的绝对运动观

狄德罗哲学的辩证性还深刻地体现在他关于物质和运动的关系的论述之中。他不仅批判了物质运动的外力说，而且批判了物质的运动仅仅是位移的观点。

狄德罗写道：

> 根据有些哲学家们的说法，物体就其本身说来，是没有活动也没有力的；这是一个可怕的错误，完全违反全部正确的物理学，全部正确的化学：物体就其本身说来，就其固有性质的本身说来，不管就它的一些分子看，还是就它的全体看，都是充满着活动和力的。
>
> 那秉有一种适合其本性的性质的分子，本身就是一种活动力。
>
> 自然中的一切都有它的不同的活动，就像你们称之为火的这一团东西一样。在你们称之为火的这一团东西中，每一个分子就有它的本性，它的活动。
>
> 一个原子推动世界；没有更真实的了；其真实的程度和原子为世界所推动是相等的：因为原子有它本身的力，这个力不能不产生结果。[①]

为了清晰地描述物体运动的性质，狄德罗把表现着的各种活动力区分为三种。他说：

> 每一个分子都应当看成实际上为三种活动所鼓动：重力或引力的活动；其本性所固有的内部的力的活动……以及一切其他分子对它的活动：这三种活动可以是集合的，也可以是分散的。如果是集合的，那么分子便具有它所能禀赋的最强的活动。
>
> 作用于分子的力是会消耗的；分子内部的力是决不会消耗的。这种力是不变的、永恒的。这两种力可以产生出两种激动；第一种是会停止的激动，第二种是从不停止的激动。因此说物体和运动有

① 狄德罗：《狄德罗哲学选集》，江天骥，陈修斋，王太庆，译，北京：商务印书馆，2009 年版，第 126-127 页。

一种实在的对立，乃是荒谬的。①

然而，在狄德罗那里，在这三种活动的力中最本质、最基础的活动力乃是每一分子内部所具有的活动的能力，因为他“认为其中的每一个元素都因其不同之点而有其天赋的、不变的、永恒的、不可毁灭的特殊的力；并且认为物体内部的这些力对物体以外有作用”②。这样，引力或外部作用的力便都成了物体本性所固有的内部的力的表现形式。基于同样的理由，狄德罗并不把位移看作是运动本身，而只是把它看作是物体本身固有的内在运动所产生的结果。他写道：“一个物体从一个地方移到另一个地方并不是运动，这只是运动的结果。在移动的物体和不动的物体中间是同样有运动的。”③

这样，狄德罗借助于“力的活动”的术语把运动看成是物质自身的内在本性所决定的与物质具有不可分割的统一性的物质自身的一种能力。

在此论述的基础上，狄德罗进一步强调了静止的相对性和运动的绝对性。他说：“静止与运动的真正区别，就在于绝对的静止是一个抽象概念，根本不存在于自然中，而运动则是一种与长度、宽度和高度同样实在的性质。”他还针对那些承认绝对静止的哲学家的观点评论说：“或许他们讲的是一块物质对另一块物质的相对静止。在一只被风浪袭击的船里面，一切都是相对静止的。船里面没有一样是绝对静止的，连组成船和组成船中物体的那些分子也不是绝对静止的。”④显然，由于赋予了物质以自身运动的本性，所以，在狄德罗那里，绝对静止便被彻底清除了。

狄德罗还对静止和运动的统一性关系进行了辩证分析。他写道：

> 纯粹抵抗作用的概念，既可应用在静止上，也可以应用在运动上：当物体运动时，静止便是抵抗作用；当物体静止时，运动便是抵抗作用。如果没有这个抵抗作用，在运动之前便不能有冲击，在冲击之后便不能有停止了。⑤

狄德罗对他关于物质的性质和运动的必然性的学说有如下两段概括性的表述：

---

① 狄德罗：《狄德罗哲学选集》，江天骥，陈修斋，王太庆，译，北京：商务印书馆，2009 年版，第 127-128 页。
② 狄德罗：《狄德罗哲学选集》，江天骥，陈修斋，王太庆，译，北京：商务印书馆，2009 年版，第 129 页。
③ 狄德罗：《狄德罗哲学选集》，江天骥，陈修斋，王太庆，译，北京：商务印书馆，2009 年版，第 133 页。
④ 狄德罗：《狄德罗哲学选集》，江天骥，陈修斋，王太庆，译，北京：商务印书馆，2009 年版，第 125-126 页。
⑤ 狄德罗：《狄德罗哲学选集》，江天骥，陈修斋，王太庆，译，北京：商务印书馆，2009 年版，第 131 页。

我看见一切物体都在作用与反作用中，都在一种形式之下破坏；都在另一种形式之下重新组合；我看见各种各类的升华、分解、化合，各种与物质的同质性不相容的现象；我由此得出结论：认为物质是异质的；认为自然中有无数不同的元素存在；认为其中的每一个元素都因其不同之点而有其天赋的、不变的、永恒的、不可毁灭的特殊的力；并且认为物体内部的这些力对物体以外有作用：从这里便产生出宇宙中的运动或普遍的骚动。

如果不坚持在自己的头脑中考察事物，而在宇宙中考察事物，就会信服现象的多样性，基本物质的多样性，力的多样性，作用与反作用的多样性，运动的必然性。①

如果说当代科学所揭示的质量和能量相统一，并且能量是这种统一的基础的理论清晰阐明了物质和运动的内在统一性关系，那么，狄德罗则是用他那个时代所可能采用的术语（物体“本性所固有的内部的力的活动”）同样清晰地阐明了物质和运动的这种内在统一性关系。

18.4 普遍中介的整体系统观

狄德罗特别强调了自然事物的普遍联系性、联系的普遍中介性和整体的不可分割性。他的哲学在实质上阐明了一种整体性的系统观念。

在《达朗贝的梦》中，狄德罗借达朗贝之口说道：

你不同意自然中一切事物都是互相关联的吗？你不承认链条中不可能有一个空档吗？那么你们要拿这些个体来说明什么呢？根本就没有个体，没有，根本就没有……只有一个唯一的大个体，就是全体……如果你把全体中的这个部分称之为个体的话，那是由于一个错误的概念的缘故，这个概念是非常之错的，其错误就跟你把一只鸟的一只翅膀、翅膀上的一根羽毛称之为个体一样。②

既然一切事物都是普遍联系的，并且在这个相互联系的链条中不存在空

① 狄德罗：《狄德罗哲学选集》，江天骥，陈修斋，王太庆，译，北京：商务印书馆，2009 年版，第 129-130 页。
② 狄德罗：《狄德罗哲学选集》，江天骥，陈修斋，王太庆，译，北京：商务印书馆，2009 年版，第 165-166 页。

档，那么，不同的事物又是通过怎样的一种方式或环节相互联系呢？在解释这一问题时，狄德罗提出了一个事物通过普遍中介而相互关联的理论。他写道：

有多少中介的现象须待发现，以便形成联系，填满空隙及证明同一呢？这是不能完结的。也许有一个中心的现象将放射出光芒，不仅照在我们已有的那些现象上，而且还将照在久后使人发现的一切现象上，它把这些现象都联系起来，并将形成一个系统。但由于缺乏这一共同交往的中心，它们将仍旧彼此孤立；一切实验物理学上的发现将都只是插入其间而使它们接近，而从不能把它们连接起来；而当这些发现达到了把这些现象连接起来时，它们将形成诸现象的一个连续不断的环，其中我们将不能区分哪一个是头，哪一个是尾。实验物理学将用它的工作形成一个迷宫，理性物理学迷失了方向，将在这迷宫中转个不停；这一奇怪的情形，在自然中不是不可能的，正如在数学中已经是这样一样。我们在数学中，或用综合或用分析，经常发现一些把一条曲线的根本性质和它的最远的性质分开的介乎中间的命题。①

显然，在狄德罗看来，事物之间的中介不仅是普遍的（“填满空隙”），还可能是无穷的（“不能完结”）。科学的任务恰恰在于通过实验揭示这些中介，将自然事物连接为一个整体系统，从而克服理性的迷茫。另外，既然事物是通过中介而普遍联系的，那么，事物在最基础的本质上便应当是同一的。这就是那个作为中心现象的普照之光。这也是狄德罗所说的：

正如在数学中，在考察一条曲线的所有性质时，我们发现那只不过是表现在不同面貌下的同一性质；所以在自然界中，当实验物理学更加进步时，我们也将遇到一切现象，不论是关于重力的，弹性的，引力的，磁的，或电的，都只是同一作用的不同面貌。①

如果我们说，狄德罗已经用他的方式提出了当代物理学试图统一四种相互作用的超大统一场理论，那么，也许这也没有什么言过其实之处。

另外，狄德罗还看到了事物整体性质的创新性，它不仅强调了一种一切

① 狄德罗：《狄德罗哲学选集》，江天骥，陈修斋，王太庆，译，北京：商务印书馆，2009 年版，第 100 页。

皆流、万象更新的演化观，还提出了整体的性质不同于其组成元素的性质的观点，因为他说："生命属于集合体的性质，感受性属于元素的性质。"①

18.5 万物皆流、随机生成的循环演化观

狄德罗的演化观是这样的：宇宙是一个流变的整体，宇宙中的事物不断运动、变化、转化和更新，其中充满了具体事物的生成、演化、消亡和转化的循环，并且，在这一循环中有机物和无机物、生物和非生物之间没有严格的界限，可以相互转化。各类事物的整体模式在微观分子的随机探索中生成，在整体和个体不断的相协变化中"万象日新月异"。

狄德罗写道：

> 你改变了全体，就必然改变了我；不过全体是不停地在改变的……所有的东西都在彼此循环，因此一切物种也都如此……全体是一个不断的流……一切动物都是或多或少的人；一切矿物都是或多或少的植物；一切植物都是或多或少的动物。在自然之中，根本没有严格的分别。
>
> 无论什么东西都不死……诞生，生活，死去，乃是形式的变换。
>
> 在这个物质的大洋里，没有一个分子和另一个分子类似，也没有一个分子有一刹那和自己类似；"Rerum novus nascitur"（"万象日新月异"）这就是它的永恒铭文。
>
> "天下无新事"之说，则只是一种由于我们器官的软弱无力，我们仪器的不完善，和我们生命的短促而成的偏见。②

由于事物的生灭是一种循环式的转化，所以，在狄德罗那里，无论是多么高级形态的事物都可以从低级形态的事物中产生出来，同理，任何低级形态的事物也都可以由高级形态的事物转化生成。这样，演化便具有了向上或向下的两个分支，并且在这两个分支之间又可以相互过渡和转化。狄德罗是这样阐释的：

---

① 狄德罗：《狄德罗哲学选集》，江天骥，陈修斋，王太庆，译，北京：商务印书馆，2009 年版，第 203 页。

② 狄德罗：《狄德罗哲学选集》，江天骥，陈修斋，王太庆，译，北京：商务印书馆，2009 年版，第 116，158，165-166 页。

如果是先有蛋后有鸡还是先有鸡后有蛋这个问题使你感到困难，那是因为你假定了动物原来就是它现在这个样子。这多傻啊！人们不知道动物将来的样子，也同样不知道动物过去的样子。在污泥中活动的小到看不出的蛆虫，也许在走向大动物的状态；大得使我们吃惊的巨大动物，也许在走向蛆虫的状态，也许是这座行星上的一种特殊的暂时产物。

吃，消化，吸收养料，长大成人。谁要想向科学院提供一个人或一个动物逐渐形成的情况，就只有用一些物质的因素来说明，这些物质因素逐步产生的结果便是一个迟钝的生物，一个有感觉的生物，一个有思想的生物，一个解决岁差问题的生物，一个卓越的生物，一个奇妙的生物，一个衰老、萎弱、死去、消解而化为腐土的生物。①

另外，狄德罗还看到了生物个体发育的发生学意义。他写道：

起初根本就没有你。你一开头是一个看不出的点子……这个点子变成一根细丝，然后再变成一束细丝……丝束的每一个尖儿，都仅仅靠着营养作用和形成作用，转化成一个特殊的器官；此外亦有一些器官，是由一些丝束尖儿变化而成，由一些丝束尖儿所产生出来的。丝束是一个纯粹的感觉系统；如果它在这个形态之下继续存在的话，它会感觉到一切与纯粹感受性有关的刺激，像冷、热、软、硬之类。这一些一个接着一个的、彼此不同的、各自的强度也不同的刺激，也许会在丝束中产生出记忆、自我意识，产生出一个极有限的理性来。②

更为难能可贵的是，狄德罗还看到了进化模式生成过程的随机性机制，而这样的一种机制还只是在人类最新的复杂性科学的相关理论中才得到了重点关注。狄德罗的这一思想可以从他的如下一些论述中深刻地揭示出来：

动物性在全部永恒时间中有它的那些特殊的元素，散布并且混合在物质大块中；曾经发生过这些元素自行结合起来的情形，因为

① 狄德罗：《狄德罗哲学选集》，江天骥，陈修斋，王太庆，译，北京：商务印书馆，2009 年版，第 137 页。
② 狄德罗：《狄德罗哲学选集》，江天骥，陈修斋，王太庆，译，北京：商务印书馆，2009 年版，第 170-171 页。

> 这种情形的发生是可能的；由这些元素形成的胚胎曾经过无数的组织和发展；它由于继承而有运动、感觉、观念、思想、反省、意识、情感、情欲、记号、手势、声音、有节音、一种语言、法律、科学及技术；在这些发展的每一阶段都经过了几百万年。
>
> 应该满足于只假定一种感受性，这种感受性比那全能上帝给与最接近死物质的动物的感受性还小一千倍。由于这种迟钝的感受性和形状的不同，对于任何一个有机分子都将只有一种一切情况中最适合的情况，有机分子将以一种自发的不安不断地寻找这种情况，就像有时候，那些动物在昏睡中，几乎他们所有的机能的作用都停止了时，就乱动着直到找到最适于休息的状态为止。只要这一原理，就许可能以一种相当简单而没有任何危险后果的方式，满足他所要解释的那些现象，以及那些使我们所有的昆虫观察者都如此惊愕的无数奇事；并且他还可以一般地给动物下个定义：一个各种不同的有机分子的系统，这些分子，由于一种和那曾创造一般的物质者所给与它们的一种迟钝而微弱的触觉相似的感觉的冲动，自行组合起来，直到每一分子都已遇到最适合它的形状和它的休息的地方为止。①

这里所说的“元素自行结合”“自行组合起来”“由于继承而有运动”“组织和发展”“自发的不安不断地寻找”“乱动着直到找到最适于休息的状态”等，所揭示的基本原理都指向了自然演化（包括进化式的发展）的无目的性、自发性、自组织性、随机性的方式。这样的一些思想不仅是唯物的、辩证的，还具有深刻的复杂性韵味。

18.6 迟钝的感受性和活跃的感受性

狄德罗使用感受性的概念揭示了物质世界普遍存在的相互联系和相互反映的特征。他的这一思想不仅杰出，而且超前。他用他的方式表述了与当代信息科学和信息哲学所阐释的信息世界相接近的理论，并在某种程度上探讨了这个世界发生的具体过程和机制，以及其存在的意义和价值。

---

① 狄德罗：《狄德罗哲学选集》，江天骥，陈修斋，王太庆，译，北京：商务印书馆，2009年版，第109页。

狄德罗将感受性分为两类：一类是物质世界普遍具有的低级的感受性，即迟钝的感受性；另一类是只有高等生物才具有的高级的感受性，即活跃的感受性。同时，他还认为在这两种感受性之间是可以相互过渡和转化的。他在《达朗贝和狄德罗的谈话》中肯定了达朗贝与其讨论的这样一种思想："一种活跃的感受性表现在动物的某些显著的活动上，这些活动也许植物也是有的；而一种迟钝的感受性，则可以由向活跃感受性的过渡而得到肯定。"①

在相关的讨论中，狄德罗还通过对"人们用肉来造大理石，也用大理石来造肉"的具体设计，探讨了具有迟钝感受性的事物和具有活跃感受性的事物之间相互过渡和转化的情景，并由此进一步揭示感受性是所有"物质的一种普遍的和基本的性质"②。

在狄德罗那里，感受性指的是事物对外部作用进行接受和反应的能力。而这种能力的体现则在于进行接受和反应的物的被改变，并且，他还认为这种被改变的状态可以在时间的保持中留有记忆（他虽然没有直接把这种记忆的能力说成是一般物的普遍性质，但是我们可以从他的讨论中推出，他已经承认在一般事物的感受性中存在某种类记忆的现象）。他曾经把人的感觉与振动的弦的震荡的回响相类比，并以此来说明感受性的性质。他写道："我把我们器官的纤维比作一些有感觉的振动的弦子。有感觉的振动的弦子在我们弹它以后还震荡、回响好久。就是这些震荡，这种必然的回响，在保持对象的继续呈现，同时理智正在注意适合这个对象的性质。但是振动的弦还有另一种特性，就是使别的弦也振动起来；就是像这个样子，第一个观念唤起第二个观念，这两个观念又唤起第三个，这三个合起来又唤起第四个，这样一直下去，没有人能划定哲学家静静地暗中沉思默想时心中所唤起、所联想到的那些观念的限度。"③

狄德罗提出感受性原理是要排除上帝实体的真实存在和精神实体的独立存在④。他要用感受性原理来跨越从无机物到有机物，从无生命现象到有生命现象，从低级生命现象到高级生命现象，从物的一般反应特性到生命的感觉、思维现象之间的鸿沟，并将其具体而现实地统一起来。正因为如此，他

① 狄德罗：《狄德罗哲学选集》，江天骥，陈修斋，王太庆，译，北京：商务印书馆，2009年版，第133页。
② 狄德罗：《狄德罗哲学选集》，江天骥，陈修斋，王太庆，译，北京：商务印书馆，2009年版，第132-137页。
③ 狄德罗：《狄德罗哲学选集》，江天骥，陈修斋，王太庆，译，北京：商务印书馆，2009年版，第140页。
④ 狄德罗：《狄德罗哲学选集》，江天骥，陈修斋，王太庆，译，北京：商务印书馆，2009年版，第139，141页。

才说："要想不接受一个可以说明一切的简单假定，不接受感受性这一物质的一般特性或机体组织的产物，你就是抛弃常识，就是投入神秘、矛盾和荒谬的深渊。"①

列宁曾经在《唯物主义和经验批判主义》一文中，对狄德罗的感受性是一切物质所固有的属性的观点给予了充分肯定和高度评价。在相关讨论的基础上，列宁写下了与狄德罗相关思想十分一致的三段文字：

> 明显的感觉只和物质的高级形式（有机物质）有联系，而"在物质大厦本身的基础中"只能假定有一种和感觉相似的能力。
>
> 对于那种看来完全没有感觉的物质如何跟那种由同样原子（或电子）构成但却具有明显的感觉能力的物质发生联系的问题，我们还需要研究再研究。
>
> 假定一切物质，具有在本质上跟感觉相近的特性、反映的特性，这是合乎逻辑的。②

当代信息科学和信息哲学把世界看成是物质和信息双重存在的世界，并在物质自身显示的间接存在的意义上规定了信息世界的本质，同时，这一理论还把从客观信息到主观信息（精神）描述为一个内在统一的由低到高的发展过程。这样，我们便可以清晰地看到，在现代科学提供的更为丰富而深刻的相关理论的基础之上，当代信息科学和信息哲学是怎样进一步发展了狄德罗和列宁的相关理论。

18.7 基于试验和理性思考的自然主义

在科学认识和科学研究的方法上，狄德罗采取了某种自然主义的态度。他强调：我"是在自然中而不是在我的头脑中把握物体的""我们并不作出结论：结论都是自然作出来的。我们所做的只是给予那些相连的现象一个表述"③。

---

① 狄德罗：《狄德罗哲学选集》，江天骥，陈修斋，王太庆，译，北京：商务印书馆，2009年版，第143页。

② 列宁：《列宁选集》（第2卷），中共中央马克思恩格斯列宁斯大林著作编译局，译，北京：人民出版社，1972年版，第40-41，89页。

③ 狄德罗：《狄德罗哲学选集》，江天骥，陈修斋，王太庆，译，北京：商务印书馆，2009年版，第127，145页。

虽然狄德罗持有某种自然主义的态度，但是，他并不轻视理性思维在科学认识和科学研究中的重要作用，他强调的仅仅是理性思维的结果是否合理必须接受实验的检验，必须符合自然对象的本性。他具体讨论了科学研究中的三种主要方法，以及这三种方法之间的关系和各自在科学研究中所处的地位。他写道：

> 我们有三种主要的方法：对自然的观察、思考和实验。观察搜集事实；思考把它们组合起来；实验则来证实组合的结果。对自然的观察应该是专注的，思考应该是深刻的，实验则应该是精确的。
>
> 研究哲学的真正的方式，过去和将来都是应用理智于理智；应用理智及实验于感觉；应用感觉于自然；应用自然于工具的探求；应用工具于技术的研究及完善化。①

从自然主义的态度出发，狄德罗坚持了一条从感觉到思维的唯物主义的认识论路线，他强调："感觉是我们一切知识的来源。"②然而，狄德罗在强调感觉是一切知识的源泉的同时又并不忽视理性的作用，而是强调了感觉和理性思维之间的互动与统一。他说："搜求真理的法则是多么严格……一切都归结到从感觉回到思考，又从思考回到感觉：不停地重新进入自己里面去，又从里面出来，这是一种蜜蜂的工作。如果你不重新进入装着蜡的蜂房里面去，你就白白地跑了许多地方。如果你不知道把这些蜡做成蜂巢，你就白白聚集了许多无用的蜡。"③显然，狄德罗看到了人类认识发展的过程性、渐近性及阶段性的特征，这是对人的认识过程和机制的一种既唯物又辩证的合理概括。

狄德罗之所以要强调感性和理性的互动和统一，是因为他看到了感性和理性各自的局限，而克服这些局限的方法和途径便只能是将二者辩证地结合起来。他写道：

> 理智有它的偏见；感觉有它的不定性；记忆有它的限制；想象有它的朦胧处；工具有它的不完善处。现象是无限的；原因是隐蔽的；形式也许是变化无常的。我们只是处在这样许多障碍的前面，

---

① 狄德罗：《狄德罗哲学选集》，江天骥，陈修斋，王太庆，译，北京：商务印书馆，2009年版，第71，73页。
② 狄德罗：《狄德罗哲学选集》，江天骥，陈修斋，王太庆，译，北京：商务印书馆，2009年版，第109页。
③ 狄德罗：《狄德罗哲学选集》，江天骥，陈修斋，王太庆，译，北京：商务印书馆，2009年版，第67页。

并且自然又从外面来和我们对立，一种实验又很迟缓，一种思考又很受限制。哲学想用来推动世界的就是这样一些杠杆。

既然心灵不能了解一切，想像力不能预见到一切，感官不能观察到一切，而记忆不能牢记着一切；既然伟大人物要隔这样远的时间才产生一个，而科学的进步又是这样经常为那些革命所中断，以至若干世纪的研究都只是耗费在恢复过去几世纪的知识上，——因此，模糊地观察一切，乃是人类的失误。①

不知道有多少哲学家和科学家都认为人的认识能力是无限的，在他们看来，人类最终可以把握自然的所有奥妙，并凭借自己的能力驾驭和改造自然，让自然成为人类的奴仆。虽然他们也意识到个别人或某一代人的认识能力是有限的，但他们坚信人类整体、人类的世世代代的发展是无限的，人类的认识能力终将会达到无限。

其实，关于人的认识能力是否无限的问题的评判并不应当简单地在个人和人类、一代人和多代人认识能力的相对比较中来进行，而更应当在人类存在的有限性和宇宙存在的无限性的相对比较中来进行。因为人类认识的对象是宇宙及宇宙中的事物，谈人类认识的有限或无限理应在人类的认识能力与其所研究的对象之间进行相对比较，而不应当仅仅在人类和个人的认识能力之间进行相对比较。如果把人类的认识和其认识的宇宙及宇宙事物进行相对比较，我们将会发现，由于人类的存在与发展在时间和空间上具有有限性，而宇宙及宇宙事物的存在与发展在时间和空间上具有无限性，所以人类认识能力的无限性和宇宙及宇宙事物的无限性相比并不处于同一个数量级上。这就好比数学中的低阶无穷大和高阶无穷大一样，两相比较，前者只是一个无限小量。就此而言，狄德罗看到了人类认识的局限，并强调人类认识发展的过程性、渐近性和阶段性的观点是十分合理的。

自然主义的态度乃是唯物论哲学的前提和基础。马克思主义的辩证哲学是否遵循了这一原则？关于这一问题学术界是存有争议的。然而，如果我们考察一下马克思和恩格斯的相关论述，那么，我们将会看到马克思主义哲学同样具有某种自然主义的态度。恩格斯就曾强调："事情不在于把辩证

---

① 狄德罗：《狄德罗哲学选集》，江天骥，陈修斋，王太庆，译，北京：商务印书馆，2009年版，第74-75，110-111页。

规律硬塞进自然界，而在于从自然界中找出这些规律并从自然界出发加以阐发。”[①] 马克思也曾说过：“只有从自然界出发，才是现实的科学。”[②]

当然，坚持自然主义的态度并不意味着否定人的认识的能动性和创造性。就此而言，狄德罗在承认感觉是一切知识的来源的前提下，又强调人的认识是在感性和理性相互作用的循环中，以及在实践检验中不断发展的观点无疑是合理的和辩证的。

---

① 马克思，恩格斯：《马克思恩格斯选集》（第 3 卷），中共中央马克思恩格斯列宁斯大林著作编译局，译，北京：人民出版社，1995 年版，第 351 页。

② 马克思：《1844 年经济学哲学手稿》，刘丕坤，译，中共中央马克思恩格斯列宁斯大林著作编译局，校，北京：人民出版社，1985 年版，第 85 页。

第 19 章 拉美特利、爱尔维修、霍尔巴赫的某些辩证思想

拉美特利、爱尔维修、霍尔巴赫都是 18 世纪法国资产阶级启蒙运动中的百科全书派的重要代表人物。百科全书派是以 35 卷本的《科学、艺术和工艺百科全书》（简称《百科全书》）（1751 年开始编辑，1757 ～ 1771 年出齐全书）的编写而组成的一个哲学家群体。这一群体宣传唯物主义，彻底地反对宗教和封建专制，在历史上被称为战斗的无神论者。拉美特利虽然没有参加《百科全书》的撰写，但是从其思想特征上，人们也往往把他列入百科全书派。①

本章中我们仅对拉美特利、爱尔维修和霍尔巴赫的某些有重要个性的思想和论点加以讨论。

19.1 拉美特利关于物有感觉、人是机器的论断

法国学者拉美特利是笛卡儿之后的一位杰出思想家，他继承和发展了唯物主义的经验论和笛卡儿物理学中的机械唯物主义思想。他认为物质是自然

① 赵敦华：《西方哲学简史》，北京：北京大学出版社，2012 年版，第 285 页。

界的唯一实体，并提出了潜在性感觉是物质的第三种属性和著名的“人是机器”的学说。

1. 潜在性感觉是物质的第三种属性

虽然拉美特利与其同时代的唯物主义哲学家们一样，也认为物质具有广延和运动两种本质属性，并把物质的运动归结为物质自身具有的某种能力，但是，为了反对笛卡儿哲学的物质和灵魂的二元分立，他又提出了物质具有第三种属性的论断，并试图要给其以证明。他写道：

> 我们已经谈到过物质的两种本质属性，即广延和运动力，它的大部分特性都是依靠这两种本质属性的。我们现在需要的只是为第三种属性作出证明；我的意思是指感觉能力，这种能力存在于这种实体之中，是各个时代的哲学家都承认的。
>
> 还有一种新的能力，也和我们提到过的其他一切能力一样，只是潜在于物质之中。①

我们看到拉美特利强调了在物质世界之中自然存在着某种潜在感觉的能力，而这种能力发展到了人类这里则是我们的感觉和思想。这样，拉美特利就通过他的方式把物质和感觉、思想（所谓的灵魂）在物质自身的本质中，在物质自身的运动和发展中统一了起来。这样的一种理论思维的向度，也正如狄德罗所说的感受性是所有“物质的一种普遍的和基本的性质”②，以及列宁所说的“假定一切物质，具有在本质上跟感觉相近的特性、反映的特性，这是合乎逻辑的”③一样，都具有唯物主义一元论的辩证哲学的韵味。而当代信息科学和信息哲学的发展则进一步用所揭示的信息世界的性质为这种感觉、感受性的类比做出了现代科学和哲学的论证。

2. 人是机器

拉美特利的另一个著名论断则是那个被评价为机械唯物论的代表性观点

---

① 北京大学哲学系外国哲学史教研室：《西方哲学原著选读》（下卷），北京：商务印书馆，1982 年版，第 99，101 页。

② 狄德罗：《狄德罗哲学选集》，江天骥，陈修斋，王太庆，译，北京：商务印书馆，2009 年版，第 132 页。

③ 列宁：《列宁选集》（第 2 卷），中共中央马克思恩格斯列宁斯大林著作编译局，译，北京：人民出版社，1972 年版，第 89 页。

的“人是机器”。他的一部代表性著作的书名就是“人是机器”。他利用他那个时代的医学和解剖生理学的成果从人的生理特征、身体状态、人脑构造的性质的层面对人的感觉、思维等心灵方面的活动进行解释。他写道：

> 有多少种体质，便有多少种不同的精神、不同的性格和不同的风俗……是黑胆、苦胆、痰汁和血液这些体液按照其性质、多寡和不同方式的配合，使每一个人不同于另一个人。
>
> 各式各样的心灵状态，是和各种身体状态永远密切地关联着的。
>
> 心灵的一切作用既然是这样的依赖着脑子和整个身体的组织，那就很显然，这些作用不是别的，就是这个组织本身：这是一架多么聪明的机器！[①]

他用人在生病时身体生理的变化所导致的“心灵隐而不见”、“心灵加倍”、“非常兴奋”、白痴变聪明、天才变愚蠢的现象来说明生理和心理的统一性关系；用人脑和其他动物脑的结构差异来说明人和动物在精神活动能力上的差异[②]。通过对生理和心理相互统一性关系的研究，拉美利特得出了这样的结论：

> 心灵只是一个毫无意义的空洞的名词，一个思想谨严的人使用这个名词时，只是指我们身体里那个思维的部分。只要假定一点运动的始基，生命体便会具有它所必需的一切，来运动、感觉、思维和羞恶悔痛，总之，来做一切身体活动以及以身体为依据的道德行动。[③]

他甚至主张“通过从人体的器官把心灵解剖分析出来”，并借助于医学“改变躯体而改变精神、风俗和习惯”[④]。

把人的生理结构看作是人的一切活动，包括精神活动的基础显然是正确的，但是，仅仅将后者直接归结为这个基础则又不能不带有机械性、片面性和简单性的庸俗。然而，无论如何，拉美利特的学说代表了他那个时代从科学的角度来解释人的认识发生机制的一种主导倾向，代表了他那个时

---

① 拉美特利：《人是机器》，顾寿观，译，北京：商务印书馆，2009 年版，第 18，26，54 页。
② 拉美特利：《人是机器》，顾寿观，译，北京：商务印书馆，2009 年版，第 18，26-28 页。
③ 拉美特利：《人是机器》，顾寿观，译，北京：商务印书馆，2009 年版，第 55 页。
④ 拉美特利：《人是机器》，顾寿观，译，北京：商务印书馆，2009 年版，第 17-18 页。

代科学与哲学相容、相通的统一性关系，也是他那个时代哲学的科学化的一种表现。

19.2 爱尔维修的机械认识论中的辩证中介论思想

爱尔维修的认识论在整体上具有机械唯物认识论的性质，因为他把人的一切层次的认识都归结为感觉，从而抹杀了人的思维的能动性和创造性的方面。但是，在整体机械论的背景中，他的认识论也具有某些辩证的因素，因为他看到了人的活动方式、生理模式和认识模式的结构，在人的认识发生过程中所起的中介作用。他具体强调了身体的外部组织（如手等感知和行动的器官）、内部器官、情感和已有的认识状态对人的认识所起的中介性作用。

1. 人的全部精神活动和灵魂都可以归结为被动的感觉

首先，爱尔维修把感受性和记忆看成是产生人的一切观念的原因；其次，他又把记忆、思维的判断、灵魂，乃至整个人的精神活动都归结为被动的感觉。

爱尔维修写道：

> 我们身上有两种能力……两种被动的力量。
>
> 一种是接受外界对象在我们身上造成的各种印象的能力；大家称之为肉体的感受性。
>
> 另一种是保存这些对象在我们身上造成的印象的能力；大家称之为记忆。[①]

他又进一步强调说：

> 产生我们的一切观念的，是肉体的感受性和记忆，或者说得更确切一点，仅仅是感受性。实际上，记忆只能是肉体感受性的器官之一；那个在我们身上感觉到本原，应当必然就是回忆的本原……真正说来，回忆无非就是感觉。

① 北京大学哲学系外国哲学史教研室：《西方哲学原著选读》（下卷），北京：商务印书馆，1982 年版，第 167-168 页。

记忆无非是一种延续的、然而减弱的感觉。[①]

爱尔维修把人的全部精神活动归结为自然对象为我们所提供的种种关系，应将其归结为感觉的能力，并由此设定的人的精神活动的“不能逾越的界限”。他写道：

自然提供给我们各种对象；这些对象与我们之间有一些关系，它们彼此之间也有一些关系；对于这些关系的认识，构成了所谓精神。我们的这一类认识的范围大一点或小一点，精神也就大一点或小一点。人的精神一直上升到认识这些关系；但是这些关系也是精神绝对不能逾越的界限……精神的全部活动就在于我们具有一种能力，可以觉察到不同的对象之间的相似之处或相异之处，相合之处或相违之处。然而，这种能力无非就是肉体的感受性本身：因此一切都归结到感觉。[②]

由于把全部精神活动都归结到了感觉，所以爱尔维修也把人的思维的判断能力归结为感觉，甚至认为单独提出判断能力的说法是荒谬无用的。他写道：

既然全部精神就在于比较我们的各种感觉和观念，亦即观看它们彼此之间的相似之处和相异之处，相合之处和相违之处……既然判断无非就是这种察看本身，或者最低限度只不过是这种察看的宣布，由此可见，精神的一切活动归结起来就是判断。

而我们所下的判断，真正说来无非是一些感觉；人身上一切都归结为感觉。

承认我们身上有一种判断能力，乃是无用甚至荒谬的，因为这种能力只可以解释那种没有它也能解释的东西。[③]

为了把感觉论贯彻到底，爱尔维修不仅把记忆、判断、全部精神归结

---

① 北京大学哲学系外国哲学史教研室：《西方哲学原著选读》（下卷），北京：商务印书馆，1982年版，第168-169页。

② 北京大学哲学系外国哲学史教研室：《西方哲学原著选读》（下卷），北京：商务印书馆，1982年版，第169页。

③ 北京大学哲学系外国哲学史教研室：《西方哲学原著选读》（下卷），北京：商务印书馆，1982年版，第170，172-173页。

为感觉，还把灵魂也归结为感觉，也看作是感觉的结果，他坚持用感觉来解释人的观念、精神和灵魂，而不是用灵魂和精神去解释人的观念和感觉。他写道：

> 没有感觉能力，没有产生我们精神的记忆力，就会没有机能，灵魂就会等于零。我们的观念和精神的存在要以感觉能力的存在为前提。这种能力就是灵魂本身。我由此得出结论：如果灵魂不是精神，精神就是灵魂和感觉能力的结果。①

把人的全部认识活动都归结为感觉的学说的积极意义在于消解了精神和灵魂的独立性和外在性，但其消极意义则是把人的认识看作是一种纯被动的毫无自由性、能动性、创造性和超越性的机械反映式的活动。

2. 关于人的活动、生理和认知结构在认识过程中的中介作用的观点

虽然爱尔维修的感觉论在整体上具有机械唯物反映论的性质，但是在一些相关的具体论述中，他的认识论学说仍然体现出了某些辩证法的因素，这就是他关于人的活动、生理器官和已生成的认知模式在人的认识发生过程中所起的中介作用的某些观点。

爱尔维修写道：

> 感觉和记忆这两种能力，我认为是产生我们各种思想的原因……然而它们如果不在我们身上与一种一定的外部组织相结合，是只会产生数目很少的观念的。
>
> 如果自然没有在我们手腕的末端安上手和伸缩自如的手指，而安上了一个马蹄，可不是毫无疑问人们就没有技术，没有住所，无法防御野兽，要费尽心机才能取得食物和避开猛兽，还不是像漂泊不定的畜群一样，在森林里逡巡吗？
>
> 所以很明显，假定是这种情况，在任何社会里，文明都不会达到它现在所达到的完善程度。任何一个民族，如果从它的语言中删去以使用我们双手为前提的弓、箭、网等词语，那它在精神方面，

① 北京大学哲学系外国哲学史教研室：《西方哲学原著选读》（下卷），北京：商务印书馆，1982 年版，第 173-174 页。

就一定大大地不如某些只有不到二百个观念，只有不到二百个语词表达其观念，因而其语言的与禽兽一样只归结为五六种声音或叫声的野蛮民族。我由此得出结论：如果没有某种外部的组织，感受性和记忆在我们身上就只不过是两种不起作用的能力。①

在这里，爱尔维修虽然还没有看到实践在人的认识中的作用，但是，他已经注意到了人的感知和行为的器官（如手），以及基于这些器官的人的行为活动在人的认识发生过程中所起的重要作用。以至于在他看来，人的整个语言、词汇、精神，乃至文明的发展都无不依赖于建立在这种相应器官基础上的行为活动的中介作用。

在讨论记忆的感觉机理时，爱尔维修揭示了感觉、记忆和人体内部的相应器官的生理状态之间的对应性关系。他写道：

当我凭着我的观念的相续，或者凭着某些声音在我的听觉器官中造成的震动，回忆到一棵橡树的形象时，我的各种内部器官必然应当与原来看见橡树时处在几乎完全相同的位置上。然而，器官所处的这个位置，无可争辩地应当产生出一种感觉：因此显然回忆就是感觉。②

虽然把记忆归结为感觉，在感觉和记忆与内部器官的生理状态之间做出某种一一对应的关系明显地具有机械论和还原论的简单化色彩，但是仅就其已经看到了人的认识发生的生理模式的中介这一点而言，其中已经渗透了某些深刻的辩证法因素。

更为难能可贵的是，爱尔维修已经关注到了人的已形成的认识模式（包括知识、意向、情感等）对之后展开的认识活动所起的模式匹配、再造性建构的中介性作用。显然，他的这一观点是直接违背他所主张的被动感觉论的。然而，正是这一违背使它的学说在这种并不纯粹的矛盾中具有了某些辩证因素。

爱尔维修的这一思想是在他论及感情在认识中所起的作用时表达出来的。他说：

---

① 北京大学哲学系外国哲学史教研室：《西方哲学原著选读》（下卷），北京：商务印书馆，1982年版，第168页。

② 北京大学哲学系外国哲学史教研室：《西方哲学原著选读》（下卷），北京：商务印书馆，1982年版，第169页。

感情不但只让我们考察它们向我们提出的对象的某些方面，而且还欺骗我们，常常在这些对象并不存在的地方向我们指出这些对象。大家都知道那个一位本堂神父和一位多情夫人的故事：他们听到人家说，月亮里有人居住，他们相信这句话；于是这两个人手里拿着望远镜，努力侦察月亮里的居民。夫人首先说："要是我没有弄错的话，我看见了两个影子；他们互相偎倚着：我觉得毫无疑问，这是一对幸福的情人……"神父答道："哎呀！太太，您真是，您瞧见的这两个影子是一座大礼拜堂里的两口钟。"这个故事就是我们的历史；我们经常总是在事物中只看到自己要想发现的东西：在地球上，也和在月亮上一样，一些不同的感情总是会使我们在那里或者看见一对情人，或者看见两口钟。①

这也正是我们所经常说的："仁者见仁，智者见智。"这就是认知结构在认知过程中对认识的方式、内容和结果所起到的选择、匹配、建构，甚至是虚拟的中介性作用。这同样也体现着人的认识的复杂性特征。

19.3 霍尔巴赫的机械唯物主义哲学

在哲学史上，霍尔巴赫被称为 18 世纪法国最彻底的、最激进的唯物主义者和无神论者。他的最大贡献是将 18 世纪法国唯物主义世界观系统化，建立了一个严密的机械唯物主义体系。他的最重要的体系化的思想集中体现在他的《自然的体系》和《健全的思想》等著作中。

霍尔巴赫的学说和学术风格可以用几个彻底性来予以描述：彻底的无神论、彻底的机械唯物主义的物质运动观、彻底的必然决定论。

1. 彻底的无神论

霍尔巴赫的哲学已经摆脱了自然神主义的束缚，他分析了宗教产生的根源，揭露了宗教的目的和危害，直接而明确地对宗教神学进行了比较彻底的揭露。

他认为无知和恐惧是宗教迷信的来源，而宗教迷惑人的手段便是欺骗。

① 北京大学哲学系外国哲学史教研室：《西方哲学原著选读》(下卷)，北京：商务印书馆，1982 年版，第 175 页。

他说：

人之所以迷信，只是由于恐惧；人之所以恐惧，只是由于无知。

我们看到人民传染上了各种迷信，这是他们的恐惧和无知的结果，无知和恐惧则是他们的种种苦难的真正原因。

基督教所依靠的是欺骗、无知和轻信，它在任何时候都只是对一些存心欺骗人类的人有利；它从不间断地为各个民族造成最大的灾难，它根本不能给他们带来它答应给他们的幸福，而只足以使人耽于狂暴，使人流血，使人陷入疯狂的罪行，使人不认识自己真正的利益和最神圣的义务。①

霍尔巴赫强调：

宗教谬误乃是一切谬误中最有害的谬误……因为它们使君主狂妄自大，使臣民卑躬屈节，在各族人民中间激起种种疯狂的行径。

虚构出宗教的唯一目的只是在于奴役人民和使人民处于专制政权的统治下。

自古以来宗教的唯一作用就在于：它束缚了人的理性，使它无法认识人的一切正确的社会关系、真正的义务和实在的利益。只有驱散宗教的烟雾和怪影，我们才会发现真理、理性和道德的泉源和应当促使我们为善的实际动机。②

为了揭露基督教的伪善，对宗教神学进行无情鞭挞，霍尔巴赫还特意写了一本题为“袖珍神学——或简明基督教辞典”的书③，用词条释义的方式对基督教教义进行了最为辛辣的冷嘲热讽。

2. 彻底的机械唯物主义的物质运动观

霍尔巴赫建立了系统的机械唯物主义的物质观和运动观。他把物质和物

① 北京大学哲学系外国哲学史教研室：《西方哲学原著选读》（下卷），北京：商务印书馆，1982年版，第197-198，200页。

② 北京大学哲学系外国哲学史教研室：《西方哲学原著选读》（下卷），北京：商务印书馆，1982年版，第202，233页。

③ 该书最早于1767年匿名出版。参见冯契：《哲学大辞典（下）》，上海：上海辞书出版社，2007年版，第1697页。

质的运动看作世界的本原和本质，强调：

宇宙，这个一切存在物的总汇，到处提供给我们的只是物质和运动。

自然，从它最广泛的意义来讲，就是有不同的物质、不同的组合，以及我们在宇宙中看到的不同的运动的集合而产生的一个大的整体。

人是自然的产物，存在于自然之中，服从自然的法则，不能超越自然。[①]

据说霍尔巴赫是第一个从主客体关系的角度给出比较详尽的物质定义的人。他有两段话可以证明这一点：

物质，一般地就是以任何一种方式刺激我们感官的东西；我们归之于各种不同物质的那些性质，是以物质在我们内心所造成的不同印象或变化为基础的。

一切物质的共同特性是广延、可分性、不可入性，可具形状性、可动性，或为某个物质的运动所引动的性质。[②]

如果我们把霍尔巴赫的这一定义和列宁的物质定义相比较，我们便会发现其中的定义方式和某些内容具有相似或相近的性质。列宁是这样定义物质的：

物质是标志客观实在的哲学范畴，这种客观实在是人通过感觉感知的，它不依赖于我们的感觉而存在，为我们的感觉所复写、摄影、反映。

物质的唯一“特性”就是它的客观实在，它存在于我们的意识之外。[③]

霍尔巴赫看到了物质运动的多样性，并从不同的角度对物质的运动进行了分类，如他曾分别论述了整体的运动和内在的或隐藏的运动；获得性运动

---

① 霍尔巴赫：《自然的体系》（上卷），管士滨，译，北京：商务印书馆，2009 年版，第 3，9-10 页。

② 霍尔巴赫：《自然的体系》（上卷），管士滨，译，北京：商务印书馆，2009 年版，第 28-29 页。

③ 列宁：《列宁选集》（第 2 卷），中共中央马克思恩格斯列宁斯大林著作编译局，译，北京：人民出版社，1972 年版，第 128，266 页。

和自发性运动；单纯的运动和复杂的运动等。他强调说，在这诸多运动形式中，整体的运动和内在的或隐藏的运动是最基本的两种运动形式。所谓整体的运动是指“一个整个物体从一个地方移到另外一个地方”；而内在的或隐藏的运动则指的是“物体特有的能，或者说，有赖于构成物体的物质之不可感觉到的分子的本质、组合、作用与反作用”。他还把人的智能、思维、情感、意志等活动也归入到了物体内在运动的形式。然而，无论讨论了多少种运动的形式，他对运动本质的理解始终是机械的，因为他认为：“运动就是一种努力，由于这种努力，一个物体改变或倾向于改变位置，就是说，继续不断地对应于空间的各个不同部分，或是说相对于其他物体地改变着距离。”①

在运动观上霍尔巴赫有两个深刻的观点：一是运动是物质固有的本质属性；二是运动具有绝对性。

第一个观点可以从他的如下论述中体现出来：

> 运动乃是存在的一种方式，它是从物质的本质中必然产生的；物质由于它自己特有的能而活动；它的运动产生于它所固有的力。
>
> 运动在物质之内是自行产生、自行增长、自行加速，并不需要任何外因的帮助……这个运动就是各种原素以及它们不同组合所固有的本质和特性的不变法则的必然结果。②

第二个观点可以从他的如下论述中体现出来：

> 在自然里，一切都是处在不断的运动之中；自然的各个部分没有一个是真正静止着的；总之，自然就是一个活动着的整体，如果它不活动，或是在自然里没有运动，什么也不能产生，什么也不能保存，什么也不能活动，那么，自然也就不成其为自然了。所以，在自然的观念中必然包含运动的观念。
>
> 在宇宙中，一切都在运动。自然的本质就是活动。
>
> 一切存在物只是继续不断地，或快或慢地在产生、壮大、衰退和消亡。③

① 霍尔巴赫：《自然的体系》（上卷），管士滨，译，北京：商务印书馆，2009年版，第12-15页。
② 霍尔巴赫：《自然的体系》（上卷），管士滨，译，北京：商务印书馆，2009年版，第19，21页。
③ 霍尔巴赫：《自然的体系》（上卷），管士滨，译，北京：商务印书馆，2009年版，第16，18-19页。

霍尔巴赫在谈论物质时始终把运动结合于其中，这也是他的一大特色。在他看来，物质和物质的运动是统一的、不可分的。他写道：

当人家要问，物质是从哪里来的呢？那我们就要回答，它是一向存在的。如果人们问，在物质中，运动是从哪儿来的呢？我们就要回答，正是出于同样原因，它必须无始无终地运动，因为运动乃是物质的存在、它的本质、它的诸如广延、重力、不可入性、形状之类物质原始属性的必然结果。①

然而，由于其对物质特性的理解具有机械性特征，所以，当他用这些特征来说明运动时，他的运动观也便相应具有了机械性的特征。

3. 彻底的必然决定论

霍尔巴赫是一个彻底的决定论者，他把一切都归结为严格的因果关系，又把必然性和因果关系等同起来，因此，他崇尚自然决定论、严格的秩序性和命定的必然性，而把偶然性、自由性和混乱的不确定性绝对地排斥在自然、人的精神和人的社会的全部领域之外。这样，霍尔巴赫最终便从必然决定论的思维方式出发陷入了宿命论的境地。在他的相关著作中，有大量的篇幅涉及这一方面的学说。

首先，霍尔巴赫把宇宙中的一切都归结为一个严格的因果之链，他反复强调：

宇宙，这个一切存在物的总汇……不过是一条原因和结果的无尽而且没有中断的锁链。

自然不过是不断互生的原因和结果结成的一条无限漫长的锁链。②

其次，霍尔巴赫又把这个严格的因果之链简单归结为必然性的联系。他说：

在自然中一切都是必然的，自然中没有任何东西能够以别的方式活动。

① 霍尔巴赫：《自然的体系》（上卷），管士滨，译，北京：商务印书馆，2009 年版，第 23 页。
② 霍尔巴赫：《自然的体系》（上卷），管士滨，译，北京：商务印书馆，2009 年版，第 9，26 页。

自然是一个活动着的或是有生命的整体，它的一切部分都必然地、不自觉地协力来维持活动、存在和生命。自然是必然存在和活动的，它所包容的一切，也都必然地共同协力来使自然这个活动着的东西达于永生。

这个必然性在宇宙中产生的那个由各种原因和结果相连而成的锁链。

永远只是一些以事物本质为根据的必然结果。

如果我们从结果去判断原因的话，那么在宇宙中就没有任何原因是渺小的……没有一粒原子不扮演着重大而必然的角色。[①]

他还是十分欣赏柏拉图的这样一句话的："物质和必然性是一回事，而这个必然性乃是世界的母亲。"[②]

从一切都是必然性的理念出发，霍尔巴赫把人的思维、情感、意志，乃至人的社会的一切活动和文化成果都看成是自然必然性的产物，从而绝对否定了人的自由和自由意志的存在。他写道：

我们的所做所思，以及我们现在怎样和将来如何，都只不过是普遍的自然给我们不断造成的；我们的一切观念、意欲、活动，都是这个自然所赋予我们的本质和特性的必然产物，也是自然强迫我们通过并且加以改善的那些环境的必然结果。一句话，艺术，也只是借助于自然本身所创造的种种工具而行动的那个必然而已。

在一切都是互相联系的、一切原因都是一个个连接起来的这样的世界里，不可能有独立的和孤立的能或力。

人在生存的每一瞬间都是在必然性掌握之中的一个被动的工具。

自然用来推动精神世界的秘密杠杆的，就是一些真实的原子，正是这些目力不能分辨的分子的意外然而必然的遇合，正是它们的聚结、组合、比例和发酵，才渐渐地、时常在人不知不觉之间而且也不管他愿意不愿意，就改变了人，使他思维、愿欲，并以一定的必然的方式活动。

---

① 霍尔巴赫：《自然的体系》（上卷），管士滨，译，北京：商务印书馆，2009年版，第44，46，49，206页。
② 霍尔巴赫：《自然的体系》（上卷），管士滨，译，北京：商务印书馆，2009年版，第46页。

在一切都是彼此连接着的这个自然之中，没有原因的结果是绝不存在的；而且，在物理世界中，一如在精神世界中，所有一切都是不得不按照自己的本质而活动的种种可见的或隐蔽的原因的必然结果。在人而言，自由只不过是包含在人自身之内的必然。

软弱而虚荣的人呵！你以为你是自由的；唉，难道你没有看见那些把你捆绑着的绳子吗？……难道你以为你那薄弱的心愿，就能强迫自然停止它永恒的进程，或是改变它的路径吗？①

人的任何行为举止都是不自由的。

人的自由意志也是一种纯粹的幻想。

人从生到死，没有哪一个瞬间是自由的。②

从一切都是必然性的理念出发，霍尔巴赫把秩序和混乱仅仅看成是人们把握事物的两种方式，而自然本身只能在必然性所支配的秩序中活动。由此，他排除了混乱和偶然性的可能性、意义和价值。他写道：

自然界的秩序和混乱其实是不存在的；我们是在适合于我们生存的一切事物中看到秩序，而在不利于我们生存的一切事物中看到混乱。不过，在自然里面，既然它的任何一部分都不能离开由它固有本质引出的某些确定而必然的规律，那么，自然里的一切便都是在秩序之中。

存在物的一切运动，一切活动方式，都是只能在秩序之中……在一个政治社会里，秩序就是构成整个社会的人们的观念、意志、活动之必然结果的产物。

偶然是一个毫无意义的字眼。

我们是把一切看不出与原因有联系的结果归之于偶然。所以，我们使用偶然这个字，不过是来掩盖我们对于产生所见的那些结果的自然原因的无知罢了。③

物质的任何一个原子都不能任意地或偶然地和其他原子相遇；这种相遇是受永恒不变的规律制约的，因为这些规律必然预先决定

① 霍尔巴赫：《自然的体系》（上卷），管士滨，译，北京：商务印书馆，2009 年版，第 4，63，183，206-207，210 页。

② 霍尔巴赫：《健全的思想》，王荫庭，译，北京：商务印书馆，2009 年版，第 67-68 页。

③ 霍尔巴赫：《自然的体系》（上卷），管士滨，译，北京：商务印书馆，2009 年版，第 50，53，55 页。

着每一个存在物的行为在特定条件下不可能以另一种方式活动。[①]

对严格因果律的认同，把必然性绝对化，对完满的秩序性的崇拜，对混乱、偶然和自由的绝对排斥最终导致霍尔巴赫的哲学走向了宿命论。他说：

> 我们所有的行动都是命定如此的，这种定命就像支配着整个宇宙那样，也支配着我们这个特殊的体系；在我们身上，一如在自然中，没有一个结果产生于偶然。偶然，如我们已证明过的，乃是一个毫无意义的字眼。在我们内心发生的一切，或是通过我们而发生的一切，就像在自然中产生的一切，或我们归之于自然的一切一样，都应该归因于一些必然的原因，这些原因按照若干必然的法则而活动并且产生一些必然的结果，而其他的一些结果又从这些结果中产生。
>
> 定命，就是自然界既定的永恒，不变而必然的秩序，或者说，是起作用的原因与产生的结果之间必不可免的联系。
>
> 人们称为命运或宿命的，就是我们在这世界上所看到的那些未知的原因与结果之必然的联系。[②]

4. 某些零散的辩证法观点

可以把霍尔巴赫的哲学看成是他那个时代的机械唯物论的主要观点的彻底机械化的典范。然而，就是在这样的一种典型的机械唯物论的体系中，仍然会或多或少地夹杂着某些具有辩证法性质的观点。由此我们也可以看到，任何一位哲学家的思想都不可能达到完全纯粹的性质。事物的内在普遍差异性在某一哲学家的学说中体现出来便是哲学家思想的自身差异性，甚至是自身矛盾性。

虽然霍尔巴赫崇尚严格的因果律和绝对的必然性，就此而言他的哲学具有机械论的特色，然而，他由此推出的关于世界上的事物的普遍联系的整体性和系统性的观点却是符合辩证法的。他强调说："由于自然固有本质的必然性，它使一切存在物以不同方式来协力完成它的总计划，而这计划只能是生命、活动、用部分的不断变化来维持整体。"[③]这样的观点不正是当代自组

---

① 霍尔巴赫：《健全的思想》，王荫庭，译，北京：商务印书馆，2009年版，第33页。
② 霍尔巴赫：《自然的体系》（上卷），管士滨，译，北京：商务印书馆，2009年版，第182，301页。
③ 霍尔巴赫：《自然的体系》（上卷），管士滨，译，北京：商务印书馆，2009年版，第45页。

织理论中所阐释的协同学的思想吗？

更为难能可贵的是，霍尔巴赫还从事物的普遍联系中看到了类似于当代复杂性理论所揭示的“蝴蝶效应”的情景。他写道：

> 如果在自然里一切都是联系着的，如果一切运动都是互相派生的，那么，虽然它们的秘密交往常常不为我们所见，我们也应该相信，没有什么微小的或遥远的原因不会在我身上有时产生最大、最直接的结果。说不定一阵暴风雨的一些最初因素就是在利比亚干燥的平原里聚集起来的，这个暴风雨，被风卷着，向我们奔驰而来，加重了我们的大气，影响到一个人的气质和情绪，而这个人的处境又能影响许多其他的人，并且依照着他的意志来决定许多民族的命运。①

另外，霍尔巴赫还似乎看到了事物联系的可能中介性，因为他说：“距离结果最远的原因，无疑是通过一些中介的原因而活动的，由于这些中介的原因，我们就能够追溯到那些最初的原因。”②

霍尔巴赫还强调了事物的多样性和普遍差异性，并且认为这种多样性和普遍差异性乃是物质的本质，乃是物质能够具有运动能力的原因。他还强调，这种事物的多样性和普遍差异性不仅表现在物质的组合方式、特性上，还表现在它们的存在方式、运动和活动方式上。他写道：

> 物质的运动是由于自己的能力，这种能力是物质异类性的必然结果；物质运动的多样性，物质活动表现的多样性乃是自然界的多样性的唯一原因。③
>
> 自然不能不使它的一切作品彼此有别；本质上不同的基本物质，必然由于它们的组合与特性，它们的存在方式与活动方式而形成各种不同的事物。在自然中，绝没有、也不可能有两个事物和两种组合是数学地严格地一样的，既然地点、环境、关系、比例、变动不同，那么，由此产生的东西，彼此就绝不能有完全的类似，即便在这些东西中我们以为发现了最大的一致，但它们的活动方式是必然

---

① 霍尔巴赫：《自然的体系》（上卷），管士滨，译，北京：商务印书馆，2009 年版，第 44 页。
② 霍尔巴赫：《自然的体系》（上卷），管士滨，译，北京：商务印书馆，2009 年版，第 37 页。
③ 霍尔巴赫：《健全的思想》，王荫庭，译，北京：商务印书馆，2009 年版，第 28 页。

有某些不同的。[①]

虽然在大多数场合，霍尔巴赫都否认混乱和偶然性的存在，并对严格的必然性的秩序大加推崇，但是，他有时候也谈到了混乱和偶然性在事物发展中的地位和作用。他曾经说过："混乱，对于一个存在物来说，永远只是意味着向一种新的秩序，一种新的生存方式的过渡。这个新的生存方式，必然会引出一系列有别于这个存在物以前所能具有的新的活动或运动。"[②]

霍尔巴赫还从物质运动的本性中推论出世界及世界上的所有事物都是永恒变化、不断生成和消亡的结论。他写道："呵，人呵！难道你永远不会领悟到你不过是一个朝生暮死的动物吗？宇宙里一切都在变化，自然里并没有永恒不变的形态。"[③]

① 霍尔巴赫：《自然的体系》（上卷），管士滨，译，北京：商务印书馆，2009年版，第99页。
② 霍尔巴赫：《自然的体系》（上卷），管士滨，译，北京：商务印书馆，2009年版，第48页。
③ 霍尔巴赫：《自然的体系》（上卷），管士滨，译，北京：商务印书馆，2009年版，第73页。

第20章 笛卡儿和费尔巴哈的唯物主义

20.1 笛卡儿哲学中的唯物主义因素

按照一般的说法，法国的笛卡儿被看作是西方“近代哲学之父”，西方哲学界认为他的学说是西方哲学从本体论转向认识论的起点。他所提出的“我思想，所以我存在（我思故我在）”①的命题深刻影响了近代以来西方哲学家们的思维方式，以至到了后来，现象学的创始人胡塞尔甚至以此为依据悬置了所有意识之外的存在，包括自然、人的身体等，并由此进一步拒斥和反对自然科学的研究方法。

然而，如果我们能够静下心来对笛卡儿的学说详加考察，那么我们便会发现，对科学的拒斥并不是笛卡儿学说的性质，而坚持科学和哲学的统一则正是笛卡儿研究学问的基本方法。我们知道，笛卡儿不仅是哲学家，还是科学家，他不仅对形而上的“第一哲学”进行了“沉思”，还深入研究了逻辑学、物理学、数学、医学、生理学、地球学、天文学和气象学，并且，他在研究过的多数领域里都取得了很高的成就。例如，在物理学上，他认为在自然中，物质是唯一的实体，世界由物质性的原子微粒构成，没有不包含原子

① 北京大学哲学系外国哲学史教研室：《西方哲学原著选读》（上卷），北京：商务印书馆，1981年版，第369页。

微粒的虚空，原子可以无限分割，整个自然界，包括有生命的动植物在内，都像机器那样在做永不停止的运动；在数学领域，他创立了解析几何，第一次把变量引进数学；在生理学上，他提出松果腺是形体和灵魂相结合的器官，并试图从生理机能上去寻找心理活动的基础。[①] 更为重要的是，在笛卡儿那里，这些不同领域的研究在他看来不是割裂的，而是统一的。他对哲学的看法类似于亚里士多德，他说：

哲学好像一棵树，树根是形而上学，树干是物理学，从树干上生出的树枝是其他一切学问，归结起来主要有三种，即医学、机械学和道德学，道德学我认为是最高的、最完全的学问，它以其他学问的全部知识为前提，是最高等的智慧。

笛卡儿通过"我思"的不可怀疑性引出了灵魂的存在，又以个体的灵魂的不完满性推出了必然有一个完满性的上帝的存在。人们由此便可以得出笛卡儿哲学具有唯理论的排斥经验论的性质的结论。然而，这样的评价并不十分贴切，因为在笛卡儿看来，人们的认识并不能与经验脱离，他只是在强调，经验往往具有不可靠的性质，人们要达到真知，还需要对经验材料进行合乎逻辑的理性审视。笛卡儿自己讲得很清楚，他把哲学比作一棵大树，把形而上学看作是大树的根基，但是，他却认为，人们要认识这个根基不可能从根基本身开始，而必须借助于经验的科学的中介。这就是他所言明的："我们并不是从树根上，也不是从树干上，只是从树枝的末梢上摘取果实的，所以我们认识哲学的主要用途要靠认识它的部分的用途，我们只能学习后者。"[②] 他还明确地指出：

认识越进步越需要经验……我一般地考察世界上所有的一切，以及能够有的一切，设法找出它们的本原或根本原因……根据这些原因可以推出哪些第一步的、最通常的结果……单凭人的思想实在分不清哪是现存的，哪是可能存在过的，所以只有通过结果往上追溯原因，只有进行许多特殊的实验……可是……这些实验非常繁重，数量非常庞大，我只有两只手，只有那么一点收入，纵然再多十倍，

① 冯契：《哲学大辞典（下）》，上海：上海辞书出版社，2007 年版，第 1692 页。
② 笛卡儿：《谈谈方法》王太庆，译，北京：商务印书馆，2009 年版，第 70 页。

> 也无法把它们做完；因此，我在认识自然方面能有多大进展，就看我今后能有条件做多少实验……我要求一切有志为人谋福利的人，也就是那些并非沽名钓誉，亦非徒托虚名的真君子，把他们已经做出的试验告诉我，并且帮助我研究如何进行新的试验。①

注重于经验，注重于实验的结果，并从这些结果推出一般的原则和规律，这正是一种常规的科学研究方法。由此我们也可以看到，笛卡儿的“上帝”“灵魂”与他所研究的科学的统一性关系。在这里，他其实是在为“上帝”“灵魂”之类的存在寻求物理学的、科学的基础。他曾经明确地说过：“我们据以推出心灵不会死的那些前提要由全部物理学来解释。”只不过当他用物理学来解释心灵的时候，他把人的形体和心灵本体截然分割了。② 由此我们也可以看到，笛卡儿的哲学具有内在的矛盾性，一方面他要证明上帝和自我灵魂的存在性和永恒性，另一方面他又要坚持科学研究的有效性和进步性，这就使他的哲学不能不成为一种神学和科学相结合的怪胎。也许在他那个时代，他的学说的这样的一种性质是不可避免的。从他关于担心受到宗教界权威人士的迫害（像伽利略那样）而迟迟不敢出版他的物理学方面的著作的情况来看，我们也可以理解这一点。③

从物理学研究的角度出发，笛卡儿甚至提出了要建立一种唯物主义的实践哲学的任务，他说：

> 等到我在物理方面获得了一些普遍的看法，并且适用于各种难题的时候，我立刻看出这些看法用途很广，跟流行的原理大不相同……这些看法使我见到，我们有可能取得一些对人生非常有益的知识，我们可以撇开经院中讲授的那种思辨哲学，凭着这些看法发现一种实践哲学，把火、水、空气、星辰、天宇以及周围一切物质的力量和作用认识得一清二楚……然后就可以因势利导，充分利用这些力量，成为支配自然界的主人翁了。④

其实，笛卡儿虽然强调了三种实体：上帝、灵魂和物质，但是，详究起

① 笛卡儿：《谈谈方法》王太庆，译，北京：商务印书馆，2009 年版，第 50-51 页。
② 笛卡儿：《谈谈方法》王太庆，译，北京：商务印书馆，2009 年版，第 81 页。
③ 笛卡儿：《谈谈方法》王太庆，译，北京：商务印书馆，2009 年版，第 48 页。
④ 笛卡儿：《谈谈方法》王太庆，译，北京：商务印书馆，2009 年版，第 49 页。

来，在笛卡儿那里，上帝多少具有虚位设定的性质。因为按照笛卡儿的学说，上帝只负责创世和预先规定世界运行的程序和规律，在这之后，上帝便休息了，世界只是自己按照预先规定好的特定程序和规律运动。这样，在真实的自然中，只有物质及其运动，而没有上帝。对于笛卡儿哲学的这一性质，王太庆在其《笛卡儿生平及其哲学》一文中进行了恰当的评论。他写道：

> 笛卡儿先把上帝自然化、理性化。笛卡儿在他的形而上学里已经做好了这件预备工作，所以在物理学里用不着费劲了。他放开手脚大讲那个以广延为属性的相对实体，即形体或物质世界，而把上帝和灵魂抛在一边。马克思和恩格斯在《神圣家族》里说："笛卡儿在其物理学中认为物质具有独立的创造力，并把机械运动看作是物质生命的表现。他把他的物理学和他的形而上学完全分开。在他的物理学的范围内，物质是唯一的实体，是存在和认识的唯一根据。"这话非常精确地概括了笛卡儿物理学的特点，表明它就是机械唯物论。他在这个范围内不再讲上帝和灵魂了。
>
> 上帝创造世界是一句空话，但是笛卡儿说时还是有他的新意。因为他已经对上帝概念做了改造，在他那里上帝已经不是一个专制君主，可以朝令夕改，而是一个讲道理的东西；它并不是胡乱地创造，而是创造一个有规律的世界，创造以后不但不任意篡改，而且永远协助这个世界严格遵循它的规律运动。上帝创造世界之后，就永远是那么多物质，永远是那么多运动，这运动从物质的这一部分传到那一部分，流转不已，总量却不增不减。这就是科学史上著名的"动量守恒定律"。后人又在新的条件下把它发展成为"能量守恒和转化定律"。①

其实，和他同时代和之后的很多学者都已经看到并能够理解笛卡儿在上帝（灵魂）和物质、神学和科学之间的摇摆和矛盾。法国启蒙思想家拉美特利就曾把笛卡儿的做法当成是一种蒙骗神学家们的"狡猾""手法"。拉美特利说："虽然他高唱两种实体，但是显然可见，这是一种手法，一种狡猾的

① 笛卡儿：《谈谈方法》，王太庆，译，北京：商务印书馆，2009年版，代序第21-24页。

笔法，目的在于使神学家们把隐藏在一种类比下面的毒药吞下肚子去，这种类比任何人都看得清清楚楚，只有神学家们才看不见。”①

20.2　费尔巴哈的人本学唯物论

如果说本编在此之前所讨论的那些近代唯物主义的哲学家的唯物主义观点，也包括笛卡儿哲学中的某些唯物主义因素，基本上都是以近代科学发展的相关成果为阐释之基础的话，那么我们在这里要提到的德国的哲学家、无神论者费尔巴哈则是从人与上帝、人与自然、人与其肉身的关系的解读中建立起他的唯物论学说的。虽然按照一般的评价，他的唯物论是人本主义的唯物论，但是，他却并不把人看作是世界最基础的存在。他的人本主义只是相对于神本主义而言的。而在人与自然的关系上，他却坚持了以自然为本的原则。重新解读费尔巴哈的哲学，不仅有助于我们坚持唯物主义的基本观点，而且也有助于我们对西方意识哲学的基本理论进行批判。

费尔巴哈哲学的基本观点是：上帝是人的本质的理想化的存在形式，不是上帝按照他的样子创造了人，而是人按照自己的本质创造了上帝，而人和人的思维的基础又是第一性的自然。

费尔巴哈写道：

> 宗教——至少是基督教——，就是人对自身的关系……就是人对自己的本质的关系，不过他是把自己的本质当作一个另外的本质来对待的。属神的本质不是别的，正就是属人的本质，或者，说得更好一些，正就是人的本质……属神的本质之一切规定，都是属人的本质之规定。
>
> 上帝之意识，就是人之自我意识；上帝之认识，就是人之自我认识。你可以从人的上帝认识人，反过来，也可以从人认识人的上帝；两者都是一样的。人认为上帝的，其实就是他自己的精神、灵魂，而人的精神，灵魂、心，其实就是他的上帝：上帝是人之公开的内心，是人之坦白的自我；宗教是人的隐秘的宝藏的庄严揭幕，

① 拉美特利：《人是机器》，顾寿观，译，北京：商务印书馆，2009 年版，第 69-70 页。

是人之最内在的思想的自白，是对自己的爱情秘密的公开供认。①

人在宗教中只是和他自身发生关系，他的上帝只是他自己的本质。②

这样，费尔巴哈首先把上帝降低为人，同时又把人提升为上帝。

在人和上帝的关系上，费尔巴哈还强调了这样一个观点：人和上帝的对立乃是人的本质的自我分裂，是人的有限性的存在和人的理想的无限性的追求之间的对立和分裂。他写道：

宗教是人跟自己的分裂：他放一个上帝在自己的对面，当作与自己相对立的存在者。上帝并不就是人所是的，人也并不就是上帝所是的。上帝是无限的存在者，而人是有限的存在者；上帝是完善的，而人是非完善的；上帝是永恒的，而人是暂时的；上帝是全能的，而人是无能的；上帝是神圣的，而人是罪恶的。上帝与人是两个极端：上帝是完全的积极者，是一切实在性之总和，而人是完全的消极者，是一切虚无性之总和。

人在宗教中将他自己的隐秘的本质对象化。这样就必然证明，上帝跟人的这种对立、分裂——这是宗教的起点——，乃是人跟他自己的本质的分裂。

纯粹的、完善的、无缺陷的属神的本质，是理智之自我意识，是理智对自己的完善性的意识……是理智所固有的，客观的本质。③

在这里，费尔巴哈对人、人的理智和上帝的关系的论述不仅是合理的，而且是辩证的。

费尔巴哈在把上帝还原为人的同时，又把自然看作是人存在的基础。所以，他的人本学唯物论是建立在承认自然物质第一性的基础之上的。他强调说："哲学是关于真实的、整个的现实界的科学、而现实的总和就是自然（普遍意义的自然）。最深奥的秘密就在最简单的自然物里面……只有回到自

① 费尔巴哈：《基督教的本质》，荣震华，译，北京：商务印书馆，2009年版，第18-19页。

② 北京大学哲学系外国哲学史教研室：《西方哲学原著选读》（下卷），北京：商务印书馆，1982年版，第475页。

③ 费尔巴哈：《基督教的本质》，荣震华，译，北京：商务印书馆，2009年版，第45-47页。

然，才是幸福的源泉。”①

基于自然的观点，费尔巴哈批判了黑格尔的头脚倒置的哲学，他要把黑格尔以抽象概念的存在为开端的哲学再颠倒过来，并主张建立一种以现实的存在（人和自然）为开端的新哲学。他说：

黑格尔事实上是把仅仅表示主观需要的表象了解为客观真理，信以为真，这是因为它没有追索这些表象的根源，没有追索引起这些表象的需要所致；他把细看起来极度可疑的东西当作真的，把第二性的东西当作第一性的东西，而把真正第一性的东西或者不予理会，或者当作从属的东西抛在一边。

黑格尔是从存在开始，也就是说，自从存在的概念或抽象的存在开始。为什么我就不能从存在本身，亦即从现实的存在开始呢？

新哲学将人连同作为人的基础的自然当作哲学唯一的、普遍的、最高的对象。②

在认识发生的根源上，费尔巴哈坚持了从感觉到思维的唯物主义路线，反对将思维和人的肉体割裂，并强调人的意识和理智是在认识自己的过程中建立起来的。他写道：

旧哲学的出发点是这样一个命题：“我是一个抽象的实体，一个仅仅思维的实体，肉体是不属于我的本质的”；新哲学则以另一个命题为出发点：“我是一个实在的感觉实体：肉体属于我的本质；肉体的总体就是我的自我，我的实体本身”。

经验论认为我们的观点起源于感觉，是正确的，只是经验论忘了人的最主要的、最基本的感觉对象乃是人自己，忘了意识和理智的光辉只在人注视人的视线中才呈现出来。由此可见，唯心论在人里面寻找观念的起源，是正确的，但是唯心论却不正确地要想从孤立的，被固定为独立存在的实体、固定为灵魂的人中引导出观念的起源，总之，要想从那个并无感性对象“你”的“自我”中引导出

① 北京大学哲学系外国哲学史教研室：《西方哲学原著选读》（下卷），北京：商务印书馆，1982 年版，第 457 页。

② 北京大学哲学系外国哲学史教研室：《西方哲学原著选读》（下卷），北京：商务印书馆，1982 年版，第 453，455，491 页。

观念的起源。观念只是通过传达，通过人与人的谈话而产生的。[①]

第一次用人的本质说明上帝的本质，第一次强调黑格尔哲学是头脚倒置的哲学乃是费尔巴哈对唯物论哲学的杰出贡献。主张建立一种基于自然的人本主义哲学，强调人的意识是在类的社会性交往过程中产生出来的观点，则是费尔巴哈哲学的重要特色。其中不仅体现了基本的唯物论立场，而且也具有某种程度的辩证分析韵味。

① 北京大学哲学系外国哲学史教研室：《西方哲学原著选读》（下卷），北京：商务印书馆，1982年版，第501-502页。

第21章

莱布尼茨的客观唯心主义、形而上学和辩证法

在近代哲学发展的历程中，最为丰富和深刻的辩证法思想是在少数客观唯心主义哲学家那里得到具体阐释的。这其中最突出的两位哲学家当属莱布尼茨和黑格尔。

莱布尼茨是德国哲学家、数学家、自然科学家。他是一个全才，在科学和哲学的很多领域都有杰出的贡献。在数学上，他和牛顿并称为微积分的创始人，他改进了帕斯卡的仅能做加减的计算机，设计并创造了一种手摇的能做加、减、乘、除和开方的计算机，提出了他认为是和中国“先天八卦”相一致的二进制；在物理学上，他发展了笛卡儿的动量守恒定律，提出了质量乘以速度的平方（mv^2）的公式，从而更精确地表述了运动的度量；在逻辑学上，最先提出充足理由律，并用数学方法研究逻辑问题，成为数理逻辑的先驱；在哲学上，建立了带有神秘色彩的客观唯心主义的单子论。[①] 在其客观唯心主义的哲学体系中，虽有形而上学的因素，但其中呈现的辩证法思想不仅丰富，而且深刻。

① 冯契：《哲学大辞典（下）》，上海：上海辞书出版社，2007年版，第1701页。

21.1 单子论中的客观唯心主义和形而上学因素

为了克服机械唯物论的缺陷，莱布尼茨提出了他的客观唯心主义的单子论。他把具有精神活动能力的单子看作是构造世界的最小单元，并赋予了单子无结构、不可分、不可入的绝对孤立的性质，并且，单子只能凭借上帝神性的创造而产生，凭借上帝神性的毁灭而消灭。它所赋予单子的这样一些性质，不仅是神创论的、精神实体的，而且是形而上学的。

事实上，莱布尼茨不仅赋予了单子某些形而上学的性质，而且赋予了单子某些辩证运动的性质。我们在本节中只针对莱布尼茨单子的某些形而上学的性质予以讨论，而把他所赋予单子的那些辩证运动的性质放到后面的几节中予以讨论。

接下来，针对莱布尼茨单子的形而上学性质作如下分析。

1）莱布尼茨认为单子是一种没有内在结构的、不可区分为部分的单纯的实体，而由之构成的复合物则仅仅是一种单子“堆积或聚集”。莱布尼茨写道：

> 单子，不是别的东西，只是一种组成复合物的单纯实体，单纯，就是没有部分的意思。
>
> 复合物不是别的东西，只是一些单纯物的一个堆积或聚集。①

2）在莱布尼茨看来，单子既然不可分，便不再是一种物质性的存在，也不再具有通常哲学家们赋予物质的广袤、形状、可分性等性质。并且，只有这样的单子才是构造自然的最基础的不可被分解的“原子”或“元素”。他写道：

> 在没有部分的地方，是不可能有广袤、形状、可分性的。这些单子乃是自然的真正的原子，简言之，也就是事物的元素。
>
> 根本不必怕单子会分解。①

3）按照莱布尼茨的说法，单子既然不可分解，便不可通过由其他事物组合的方式而产生，也不可能通过自身的分解而消灭，这样，它便只能是由

① 北京大学哲学系外国哲学史教研室：《西方哲学原著选辑：十六—十八世纪西欧各国哲学》，北京：生活·读书·新知三联书店，1958年版，第292页。

一种另外的原因而突然被创造或突然被毁灭的，而这个另外的原因便只能是上帝。只有上帝有能力创造或毁灭单子。他写道：

> 根本就不能设想一个单纯的实体可以用什么方式自然地消灭。
>
> 也根本不能设想一个单纯的实体可以用什么方式自然地产生，因为它是不能通过组合而形成的。
>
> 单子只能突然产生，突然消灭，这就是说，它们只能凭借创造而产生，凭借毁灭而消灭，至于复合物，则是凭借部分而产生或消灭的。
>
> 因此只有上帝是原始的统一或最初的单纯实体，一切创造出来的和派生的单子都是它的产物，可以说是凭借神性的一刹那的连续闪耀而产生的。[①]

这似乎是在说，上帝是最初的、永恒的那个万能的单子（单纯实体），凭借它的神性的创造产生出其他的单子（由上帝派生的单子）。这就意味着，那个被称为上帝的单子是创造世界的本原，世界就起源于这样一个具有神性创造力的单子、原子或元素。据此我们便可以理解为什么莱布尼茨把充足理由律赋予上帝。他说："这个实体乃是全部细节的充足理由……只有一个上帝，并且这个上帝是足够的。"[②]

4）由于单子内部无结构，不可分，所以设想单子内部的任何一种相互作用的变化或位移性的运动都是不可能的，同时，设想单子与外部的环境、与其他单子之间的任何一种现实的交换也是不可能的。他的一句名言"单子没有可供事物出入的窗子"所要揭示的就是单子的这样一种性质。他还说：

> 没办法解释一个单子怎样能够由某个别的创造物在它的内部造成变化或改变，因为我们不能在单子中做出任何移动，也不能设想单子中有任何内部的运动可以在其中被激起、引导、增加或减少……不论实体或偶性，都不能从外面进入一个单子。[③]

这样，在莱布尼茨那里，他所设计的由上帝创造的单子便只能是无论是

---

① 北京大学哲学系外国哲学史教研室：《西方哲学原著选辑：十六—十八世纪西欧各国哲学》，北京：生活·读书·新知三联书店，1958 年版，第 292，300 页。

② 北京大学哲学系外国哲学史教研室：《西方哲学原著选辑：十六—十八世纪西欧各国哲学》，北京：生活·读书·新知三联书店，1958 年版，第 298 页。

③ 北京大学哲学系外国哲学史教研室：《西方哲学原著选辑：十六—十八世纪西欧各国哲学》，北京：生活·读书·新知三联书店，1958 年版，第 292-293 页。

对内还是对外都是绝对孤立的。

然而，我们注意到，莱布尼茨所说的单子没有内部相互作用的变化和运动，其实仅仅是针对其物质性的活动而言的，因为单子不是物质体，所以它就不可能有物质性的活动。但是，作为精神性存在的单子，虽然不可能有物质性的活动，它却一定会有知觉性的变化，而这样的变化则正是单子内在活动的方式。关于这一点，我们将在后面予以讨论。

21.2 单子是具有内在精神运动能力的实体

其实，莱布尼茨所讲的单子的孤立性及其内部的无变化和不运动性只是针对物质性的活动而言的。在莱布尼茨的单子论中，他把单子仅仅看作是一种精神性的存在，作为一种精神性的存在，单子的内部便必然会存在某种不依赖于物质的纯粹的精神性的活动，并且，在单子和单子之间也便会存在某种精神性的相互作用、相互影响和相互依赖。这样，在莱布尼茨那里，单子便只能是一种具有内在的知觉或灵魂运动的精神性的实体。他把神创的这样一些单子命名为“隐德来希”，称之为“无形体的自动机”[①]的本意就在这里。在对单子所具有的这种精神性的内在运动能力方面进行阐明时，莱布尼茨赋予了单子辩证运动的性质。

莱布尼茨把单子所具有的精神活动的内在运动能力归结为单子普遍具有的知觉。他写道：“在单纯实体中所能找到的，只有这个，也就是说，只有知觉和知觉的变化。也只有在这里，才能包含各个单纯实体的一切内在活动。”[②]

莱布尼茨又把单子在总类上分为两种：一种是具有模糊知觉能力的普通的单子，另一种是具有清晰知觉能力的特殊的单子——灵魂。他说：“单纯的实体仅仅是有知觉的，而我们只是把那些具有比较清晰的知觉而且有记忆伴随的单纯实体称为灵魂。”[③]

在莱布尼茨看来，虽然“单子没有可供事物出入的窗子”，单子和单子

---

① 北京大学哲学系外国哲学史教研室：《西方哲学原著选辑：十六—十八世纪西欧各国哲学》，北京：生活·读书·新知三联书店，1958 年版，第 295 页。

② 北京大学哲学系外国哲学史教研室：《西方哲学原著选辑：十六—十八世纪西欧各国哲学》，北京：生活·读书·新知三联书店，1958 年版，第 294-295 页。

③ 北京大学哲学系外国哲学史教研室：《西方哲学原著选辑：十六—十八世纪西欧各国哲学》，北京：生活·读书·新知三联书店，1958 年版，第 295 页。

之间不可能有什么物质性的交换，但是，单子和单子之间却可以通过某种理想性的（或精神性的）感悟而相互依赖，不过，他又强调说，这种依赖是通过上帝的中介所施加于单子之中的“预定和谐”而先天实现的。

莱布尼茨写道：

> 在单纯的实体中，只有一个单子对另一个单子所发生的理想的影响，它只是通过上帝为中介，才能产生它的效果，因为在上帝的观念中，一个单子有理由要求上帝在万物发端之际规范其他单子时注意到它。因为一个单子既然不能对另一个单子的内部发生一种物理的影响，那就只有靠这种办法，一个单子才能为另一个单子所依赖。①

这种单子之间的理想性或精神性的交往就在于“上帝的伟大”，它能够建立“这样一种普遍的和谐，使每个实体凭借着它与其他一切实体的关系确切地表示出其他一切实体”②。

这样的一种由上帝规定的、先在的、普遍的、预定和谐的关系，不仅存在于单子和单子之间的精神交往之中，而且也存在于精神与物质、灵魂与肉体的关系之中。莱布尼茨写道：

> 这种预定和谐的关系能够自然地说明灵魂与形体的结合或一致。灵魂遵守它自身的规律，形体也遵守它自身的规律，它们的会合一致，是由于一切实体之间的预定的和谐。
>
> 灵魂依据目的因的规律，凭借欲望、目的和手段而活动。形体依据动力因的规律或运动而活动。这两个界域，动力因的界域与目的因的界域，是互相调谐的。
>
> 这个预定和谐的体系使形体好像（自然这是不可能的）根本没有灵魂式的活动着，使灵魂好像根本没有形体似的活动着，并且使两者好像彼此互相影响似的活动着。③

莱布尼茨还对笛卡儿认为“灵魂可以改变形体的动向”的观点提出了批

---

① 北京大学哲学系外国哲学史教研室：《西方哲学原著选辑：十六—十八世纪西欧各国哲学》，北京：生活·读书·新知三联书店，1958 年版，第 301 页。

② 北京大学哲学系外国哲学史教研室：《西方哲学原著选辑：十六—十八世纪西欧各国哲学》，北京：生活·读书·新知三联书店，1958 年版，第 302 页。

③ 北京大学哲学系外国哲学史教研室：《西方哲学原著选辑：十六—十八世纪西欧各国哲学》，北京：生活·读书·新知三联书店，1958 年版，第 306 页。

评，他批评的依据是“物质中的全部动向本身也是守恒的”，所以精神的力量是不可能改变物质的运动方式的，而那种物质和精神运动之间的协调关系只能用上帝创世之初就规定好了的“预定和谐体系”来解释①。

这样，莱布尼茨虽然赋予了单子内在运动的能力，虽然赋予了单子之间具有相互依赖的关系，虽然也强调了灵魂和肉体、物质和精神之间运动关系的一致性，但是，在他那里，所有的这些运动和关系都不是在现实的物质活动的意义上，而只是在上帝预先设定的先天和谐的意义上被规定的。莱布尼茨所说的这样一些运动和关系都还只是停留在无物质载体中介的，并无现实联系的纯粹精神活动的层面。正因为如此，在莱布尼茨那里，在现实性上，单子和单子之间是绝对割裂的，物质和精神、肉体和灵魂之间也是绝对割裂的。它们之间看似和谐的那样一种关系，那样一种协调的运动方式都只是上帝预先设定的某种神性的“奇迹”。

但是，从辩证哲学的角度来分析，莱布尼茨用他的方式说明了事物运动的绝对性，并且这种运动来自事物自身内部固有的规定性。在莱布尼茨那里，这种绝对的运动不仅是针对单子而言的，同样是针对物质而言的。因为他承认：“物体的真正绝对运动……变化的直接原因是在物体中……没有什么物体是完全地和整个地静止的。”②

21.3 单子通过表象映现万物的全息性观念

单子内部的精神性活动，单子之间的理想性的联系是通过怎样的一种方式实现的呢？莱布尼茨认为，这种方式就是上帝在建立预定和谐时所赋予单子的表象能力。莱布尼茨把世界的运动分为两个部分，一个是物质世界本身的普遍联系的运动，另一个是单子对这些运动的理想性的清晰或不清晰的表象活动。当然，在其之上有一个全智全能的、具有充实性和完满性的创生一切的上帝。

莱布尼茨写道：

> 单子的本性即是表象。

① 北京大学哲学系外国哲学史教研室：《西方哲学原著选辑：十六—十八世纪西欧各国哲学》，北京：生活·读书·新知三联书店，1958年版，第306页。

② 《莱布尼茨与克拉克论战书信集》，陈修斋，译，北京：商务印书馆，2009年版，第76-77页。

> 每个创造出来的单子都表象全宇宙。
>
> 一般的灵魂是反映创造物的宇宙的活的镜子。
>
> 一切事物对每一事物的联系或适应，以及每一事物对一切事物的联系或适应，使每一个单纯实体具有表现其他一切事物的关系，并且使它因而成为宇宙的一面永恒的活的镜子。①

这样，在莱布尼茨那里，单子凭借上帝所赋予的表象能力而与世界上的所有事物建立了某种精神层面的普遍联系的全息映射关系。

莱布尼茨还把这种普遍联系的全息映射关系扩展到一般复合物，乃至整个物质世界的相互关联之中。他写道：

> 复合物在这一方面乃是单纯实体的象征（意即复合物在这一方面情形是与单纯实体相仿的——译者注）。因为既然全体是充实的，因而全部物质是连接的，既然在充实中所有的运动都按距离的比例对远处物体发生影响，因而每一个物体都不仅受到与它相接触的物体的影响，并以某种方式感受到这些物体中所发生的事件的影响，而且还以这些事物为媒介，感受到与它所直接接触到的这些事物相接触的事物的影响。——所以，这种传达一直达到一切遥远的距离。因此一切物体都感受到宇宙中所发生的一切，因而观看全体的人能够在每一个物体中看到各处所发生的事，以致过去或未来所发生的事，在现在中观察到在时间上和空间上甚为遥远的事。②

在莱布尼茨的表述中，这种全息映射不仅是相对于宇宙整体和部分、部分和部分的关系的，而且是相对于过去、现在和未来的关系的。这样，他便在某种程度上看到了事物演化的过程性，以及演化过程的历史关系、现实状态和未来可能的信息程序相关性。他写道：

> 在精子中无疑地已经有某种预存的形构，人们判定不仅有机的形体在受胎之前已经存在于其中，而且还有一个灵魂在这个形体里面。总之，已经有了动物本身，而凭着受胎的方法，这个动物仅仅

---

① 北京大学哲学系外国哲学史教研室：《西方哲学原著选辑：十六—十八世纪西欧各国哲学》，北京：生活·读书·新知三联书店，1958 年版，第 301-303，307 页。

② 北京大学哲学系外国哲学史教研室：《西方哲学原著选辑：十六—十八世纪西欧各国哲学》，北京：生活·读书·新知三联书店，1958 年版，第 308 页。

是被安排来迎接一个巨大的变形作用，以便变成一个完全另一种的动物。人们还在生殖作用之外见到近似的事情，例如当蛆虫化为苍蝇和毛虫化为蝴蝶的时候。①

由于历史、现实和未来具有某种信息程序变形和展开的相关性，所以便有了事物之间相生相灭的转化关系，以及由低级到高级的进化。当用这种生灭转化、从低到高进化的观念来看待事物的生死时也便有了事物生和死的相对性。对于这样一些思想，莱布尼茨是这样阐释的：

动物中有一些凭借着受胎的方法而上升到大动物的等级，这些动物可以称为精子动物，但是其中那些仍然保持原来的种类不变的，亦即其中的大部分，也和大动物一样诞生、繁殖和消灭，只有极少数特选的才走上一个更大的舞台。

由于这个道理，从来没有完全的生，也没有严格意义下的绝对的死存在于与灵魂的分离之中。我们所谓生乃是发展与增大，而我们所谓死乃是隐藏和缩减。②

由这种生死转化的相对观，莱布尼茨进一步提出了一切皆变、一切皆流的观点。他写道：

一切形体都在一个永恒的流之中，好像河流一样，继续不断地有些部分流出和流进。

不仅灵魂（反映一个不可毁灭的宇宙的镜子）是不可毁灭的，动物本身也是不可毁灭的，虽然它的机体常常部分地消毁，常常脱去或取得有机的皮壳。③

更为难能可贵的是，莱布尼茨从这种生死相对观和一切皆流，一切皆变的形体转换观竟然推出了灵魂不灭和灵魂不可轮回的观点。在他看来，灵魂虽然不死，但它所依附的形体却可能随时变形或转换。他写道：“灵魂只是

① 北京大学哲学系外国哲学史教研室：《西方哲学原著选辑：十六—十八世纪西欧各国哲学》，北京：生活·读书·新知三联书店，1958年版，第305页。

② 北京大学哲学系外国哲学史教研室：《西方哲学原著选辑：十六—十八世纪西欧各国哲学》，北京：生活·读书·新知三联书店，1958年版，第305页。

③ 北京大学哲学系外国哲学史教研室：《西方哲学原著选辑：十六—十八世纪西欧各国哲学》，北京：生活·读书·新知三联书店，1958年版，第305-306页。

逐渐地和逐步地更换其形体，在动物中经常有形态的改变，而绝无灵魂的更替，绝无灵魂的轮回；更没有完全与形体分离的灵魂，也没有无形体的精灵，只有上帝才完全没有形体。”[①]显然，莱布尼茨在这里讲的仅仅是灵魂需要一个具体的形体来载负，而并不是说灵魂本身具有什么形体。也恰如我们今天所说的信息一样，它必须依附于载体，但是它又不是载体本身，当载体变换时它仍然是它。然而，他关于“只有上帝才完全没有形体”的说法似乎与他的单子说相矛盾，因为按照他的说法，上帝创造的单子“是不可能有广袤、形状、可分性的”[②]。这说明，在莱布尼茨的学说中，不仅上帝没有形体，而且上帝创造的单子也应当没有形体。也许莱布尼茨要强调的是上帝不需要依附于形体而存在，可是单子却需要依附于形体。因为具有精神性知觉能力的单子和作为一般物的物质性的形体都是由上帝创造的，并且上帝还通过预定和谐的设定先天地安排好了精神性的单子和物质性的形体之间的和谐秩序。

莱布尼茨还在某种程度上看到全息不全的性质，因为他区别了单子表象中的模糊表象和清晰表象，他还认为单子将会按照表象的清晰程度而受到限制并相互区别。他写道：

> 单子都以混乱的方式追求无限，追求全体，但是它们都按照自己的清晰程度而受到限制和区别。
>
> 一个灵魂只能在自身中看到清晰地表象于其中的东西，而不能一下发挥出它的全部奥秘，因为这些奥秘是趋于无穷的。
>
> 虽然每个创造出来的单子都表象全宇宙，它却特别清晰地表象着那个与它关系特别密切的、以它为“隐得来希”的形体。[③]

由于事物在精神映射的层面普遍具有全息性特征，所以，那些高级的理性精神（人性）便可以与上帝沟通，进而成为一个小“神”。莱布尼茨写道：

> 小动物当仅仅是精子时，只是具有普通的灵魂或感性灵魂，

① 北京大学哲学系外国哲学史教研室：《西方哲学原著选辑：十六—十八世纪西欧各国哲学》，北京：生活·读书·新知三联书店，1958 年版，第 305 页。

② 北京大学哲学系外国哲学史教研室：《西方哲学原著选辑：十六—十八世纪西欧各国哲学》，北京：生活·读书·新知三联书店，1958 年版，第 292 页。

③ 北京大学哲学系外国哲学史教研室：《西方哲学原著选辑：十六—十八世纪西欧各国哲学》，北京：生活·读书·新知三联书店，1958 年版，第 302-303 页。

但是当那些可以说特选的小动物凭借实际的受胎作用获得人性时，它们的感情灵魂就上升到了理性的等级，进而取得精神的特权。

一般的灵魂是反映创造物的宇宙的活的镜子，而精神则又是神本身或自然创造主本身的形象，能够认识宇宙的体系，并能凭借建筑模型而模仿宇宙体系的若干点；每一个精神在它自己的范围内颇像一个小小的神。

就是这个道理，使精神能够以一种方式与上帝发生社会关系，上帝对于精神的关系，不仅是一个发明家对于他的机器的关系（如同上帝对其他创造物的关系），而且是一位君主对他的臣民的关系，甚至是一个父亲对他的子女的关系。

一切精神总合起来应当组成上帝的城邦，亦即最完善的君王统治之下的尽可能最完善的国家。

这个上帝的城邦，这个真正普遍的王国，乃是自然世界中的一个道德世界，乃是上帝的作品中最崇高和最神圣的部分。就是在这个王国中真正包含着上帝的荣耀，因为如果上帝的伟大和善不为精神所认识和崇拜，就根本没有上帝的荣耀可言。也正是由于对这个神圣的城邦的关系，上帝才特别具有着善，至于上帝的智慧和权力则是无处不表现的。

我们现在就应当指出另一种和谐，存在于自然的物理界与神恩的道德界之间，亦即存在于建造宇宙机器的上帝与君临精神的神圣城邦的上帝之间。①

在莱布尼茨那里，上帝创造的预定和谐不仅普遍联系和全息映射着宇宙自然事物的关系，而且还普遍联系和全息映射了精神与上帝的关系，以及上帝、精神与君王和臣民的国家、社会和道德的关系。这是一个包罗万象的、无所不及的自然与社会、物质与精神、城邦与国家、人性与道德的集大成的宇宙全息统一图式。只不过这样的一个全息图式并不是在现实宇宙的物质关系中建构出来的，也并不需要任何物质性的中介载体的活动，而仅仅是以上帝先天预定和谐的方式先验创设好了的。由此我们便足以体悟上帝的伟大、

① 北京大学哲学系外国哲学史教研室：《西方哲学原著选辑：十六—十八世纪西欧各国哲学》，北京：生活·读书·新知三联书店，1958年版，第307-308页。

全智、全能、充实和完满。

21.4 事物普遍差异、物质无限可分的辩证法思想

在莱布尼茨那里，因为单子是一种纯粹的精神性存在，所以单子没有量的规定，不同的单子也不具有像物质体那样的量上的区别。然而，如果没有区别，完全相同的单子之间便不可能互相表象，因为表象与自身同一的东西是不可能有任何具体内容可呈现的，能够表象的基础便是差异。为了解释这个矛盾，莱布尼茨认为，虽然单子之间没有量的区别，但它们却应当有质的差异，正是这种质的差异使单子之间可以互相表象，从而也赋予了单子表象宇宙及宇宙中的其他事物的能力。这样，为了说明单子和单子、单子和宇宙、单子和宇宙中的一切事物之间的普遍性的精神性的联系，莱布尼茨又提出了单子普遍差异，以及物质由于自身的普遍差异而无限可分的辩证法学说。

莱布尼茨写道："单纯的实体之间如果没有性质上的差别，就无法觉察事物中的任何变化。"因为如果相同的事物"永远只接受与它原有的东西相等的东西，而各个事物的状态就不能彼此分别开了"。"每个单子必须与任何一个别的单子不同。因为在自然中决没有两个东西完全相似。"①

因为有差异的单子之间可以相互表象，而这种相互表象便一定会引起单子的内在活动。然而，这种内在活动却不可能是物质性的，而只能是精神性的。莱布尼茨称之为"知觉和知觉的变化"，或者说是"一个知觉变化或过渡到另一个知觉"。他还强调说，正是在这一变化中"才能包含各个单纯实体的一切内在活动"。这便足以能够说明"单纯实体中的一种'多'"，亦即单纯实体内部所具有的"特殊性和多样性""许多特殊状态和关系"。② 这样，莱布尼茨在没有物质活动的意义上，赋予了单子无形、无结构、不可分、不可入、不变、不动的形而上学性质，但是，他却在精神活动的意义上，赋予了单子可表象、可变化、可具有特殊性和多样性的内部状态和关系的能动的辩证活动的性质。

相对于物质性的存在，莱布尼茨除了承认物质具有广袤、形状和可入性

① 北京大学哲学系外国哲学史教研室：《西方哲学原著选辑：十六—十八世纪西欧各国哲学》，北京：生活·读书·新知三联书店，1958 年版，第 293 页。

② 北京大学哲学系外国哲学史教研室：《西方哲学原著选辑：十六—十八世纪西欧各国哲学》，北京：生活·读书·新知三联书店，1958 年版，第 293-295 页。

之外，还赋予了物质以普遍差异、无限可分的性质。他反对古希腊原子论者所说的存在不可入、不可分的最小物质微粒的学说。他强调有广袤、有形状的东西都应当具有无限差异、无限可分，以及固有的内在运动的性质。并且，他还认为，在物质的任何部分中都有与之和谐匹配的无形的单子，所以任何物质的部分都能表象宇宙。

他写道：

> 自然的创造主之能够行使这种神圣而且无限神奇的技巧，是因为物质的每一部分不仅如古人所承认的那样无限可分，而且实际上被无限地再分割，部分更分为部分，这些小部分中的每一个都有其固有的运动，否则便不可能说物质的每个部分都能表象宇宙了。
>
> 在物质的最小的部分中，也有一个创造物、生物、动物、“隐得来希”、灵魂的世界。
>
> 物质的每个部分都可以设想成一座充满植物的花园，一个充满着鱼的池塘。可是植物的每个枝桠，动物的每个肢体，它们的每一滴体液，也是一个这样的花园或这样的池塘。①

莱布尼茨还多次强调了他的这样一些基本观点：

> 我不承认在物质中有完全坚实的部分，或者完全是铁板一块，没有任何变异或其各部分的特殊运动的，就像人们对所谓的原子所设想的那样……物质的每一部分都是实际被再分割为不同的运动着的各部分的，并且没有一部分是和另一部分完全相似的。
>
> 人们绝找不到两件无法分辨的东西，并且（例如）人们在一个花园中找不到两片树叶，也找不到两滴水是完全一样的。②

如果我们考虑到莱布尼茨关于上帝创造的单子性质的描述，那么，我们便会看到，莱布尼茨关于事物无限可分的思想是不彻底的，因为他所提出的那个神秘的单子便不具有可分性。他自己曾说过：“没有什么东西是单纯的，只有那些真正的单子除外，它们是既没有部分也没有广延的。”③

---

① 北京大学哲学系外国哲学史教研室：《西方哲学原著选辑：十六—十八世纪西欧各国哲学》，北京：生活·读书·新知三联书店，1958 年版，第 304 页。

② 《莱布尼茨与克拉克论战书信集》，陈修斋，译，北京：商务印书馆，2009 年版，第 63 页。

③ 《莱布尼茨与克拉克论战书信集》，陈修斋，译，北京：商务印书馆，2009 年版，第 64 页。

21.5 时空和物质运动统一性关系的唯物辩证法思想

在时空和物质的关系上，莱布尼茨坚持时间和空间与物质和运动的不可分性和统一性，不承认没有物质的虚空的存在，并批判了牛顿的绝对时空观。莱布尼茨强调没有绝对的真空，宇宙中充满了物质。从时间、空间、物质和运动不可分的观点出发，莱布尼茨把时空看作是依附于物质和运动的现象，进而否定了时间和空间的实在性。他还强调认为，绝对独立的时间和空间、空的空间都是那些肤浅的哲学家想象出来的理想化的东西。

莱布尼茨写道：

> 我把空间看作某种纯粹相对的东西，就像时间一样，看作一种并存的秩序，正如时间是一种接续的秩序一样……空间标志着同时存在的事物的一种秩序。
>
> 空间成为一种事物的秩序，而不是某种绝对的东西。
>
> 设想空间和时间是某种绝对的东西……是事物的某种秩序之外的其他东西……想象空间是实在的……这些都是种族的偶像，纯粹是怪诞的，是肤浅的幻想……这就是矛盾……就是一种不可能的虚构。
>
> 在物质宇宙之外并无实在空间。
>
> 空间就其本身来看和时间一样是理想性的东西，所以世界之外的空间应该是想象的东西。
>
> 世界之内的空的空间……也是想象的。
>
> 时间地点独自就它们本身来看是丝毫没有什么实在的。①

为了否定时间和空间的实在性，莱布尼茨仅仅把时间和空间看作是依附于上帝创造的物体的性质，而不是上帝直接创造的独立性存在。他强调说："空间是事物的地点而不是上帝的观念的地点""如果没有被创造物，空间和时间就只是在上帝的观念中了"②。

莱布尼茨还把他所强调的物质无限可分的原则与没有虚空的观点结合起来予以讨论，并由此批判了古代原子论学说关于宇宙由不可分的最小微粒——原子和虚空构成的理论。他写道：

---

① 《莱布尼茨与克拉克论战书信集》，陈修斋，译，北京：商务印书馆，2009 年版，第 18，33-34，66-67，79 页。
② 《莱布尼茨与克拉克论战书信集》，陈修斋，译，北京：商务印书馆，2009 年版，第 36，38 页。

最小的微粒都是实际上被再分割到无穷的，并且包含着一个新的创造物的世界，而如果这微粒是一个原子，即一个整块的不能再分的物体，则宇宙就会缺少这种新创造物的世界。同样，想要自然中有虚空，是把一种极不完满的产品归之于上帝；这是违反必须有一充足理由这条大原则的。

没有什么完全空的空间；因此全部都是充满的。同样的推理也证明没有什么不再被分割的微粒。①

莱布尼茨还针对当时某些学者所做的证明牛顿力学中的虚空观念的实验结果的有效性提出了批评。他写道：

我不相信有什么没有物质的空间。人们说成有虚空的那些实验，如跟着托里拆利用那水银柱的玻璃管的空隙，以及跟着盖利克用唧筒做的实验，都无非是排除了粗大的物质而已。因为那些光线，也并不是没有某种精细的物质，它们就穿过玻璃透进去了。

托里拆利的实验（他是利用水银把一根玻璃管内的空气排空），在这管子或在这容器内根本就没有虚空，因为那玻璃有许多很细的孔，光线、磁线和其他很细的物质都可以穿过这些细孔进去的。②

把时间和空间看作是运动着的物质的属性，把物质、运动、时间和空间看作是具有不可分割的内在统一性的存在，这些都是辩证唯物论的基本观点。但是，否定时间和空间的实在性则是不合理的，既然物质和它的直接存在方式是不可分割的内在统一着的，那么，物质和它的直接存在的方式，诸如运动、相互作用、时间和空间等也都应当具有客观实在的性质，否则，物质的客观实在性便无所规定和说明了。

21.6 承认自由和偶然性作用的辩证法思想

莱布尼茨的辩证法的深刻之处还在于他已经看到了必然性和偶然性、必然和自由之间的辩证关系。

① 《莱布尼茨与克拉克论战书信集》，陈修斋，译，北京：商务印书馆，2009年版，第39-40页。
② 《莱布尼茨与克拉克论战书信集》，陈修斋，译，北京：商务印书馆，2009年版，第18，33-34，41，67页。

有人根据莱布尼茨关于上帝创造单子、创造万物，以及那神秘的“预定和谐”的相关理论，认为他关于一切都在上帝规划好了的秩序中运行的学说是一种排斥自由和偶然性作用的绝对必然性的学说。可是，莱布尼茨本人却并不同意对他的学说的这样一种指责。他写道：“人家往往把必然性和定命强行归咎于我，虽然也许没有人比我在《神正论》中更好、更深入地解释过自由、偶然性、自发性作为一方，和绝对必然性、命运机遇、强制作为另一方，两者间的真正区别了。”①

虽然莱布尼茨炮制了上帝创世、创造和谐的学说，但是，莱布尼茨却并不认为上帝的行为具有某种绝对的必然性，因为他强调说上帝的行为也只是按照上帝所认定的最好方案进行的选择。既然是一种选择就有某种自由和偶然的因素渗透其中。他说：

> 上帝在产生被创造物时并不是一位必然的能动者，因为他是借选择行事的。
>
> 说上帝只能选择最好的，并且想由此推论说他未选中的就是不可能的，这是把能力和意志、形而上学的必然性和道德的必然性、本质和存在这些名词混淆了。因为必然的东西是由于其本质而成为必然，因其对立面蕴涵着矛盾；而存在着的偶然的东西，是靠事物的最好的充足理由原则而有它的存在。正是因为这一点，我才说动机只是引起倾向而并不迫使必然；偶然的事物中也有一种确定无误性，但没有一种绝对必然性。②

这就是说，必然性以偶然性为其对立面，为其成立的条件；偶然性中包含着某种程度的必然性，但没有绝对的必然性。这样的观点体现的正是辩证思维的特色。另外，说上帝是靠某种选择的动机来创造世界及世界的秩序的，这似乎是要强调上帝的选择中同样有偶然的因素，这或许就意味着上帝也在掷骰子。这不禁使我们想起了爱因斯坦的一句与此相反的名言：“上帝不会掷骰子。”

在一系列相关论述中，莱布尼茨进一步强调说，由上帝在选择中产生的创造物本身同样具有其自由的本性，“因为上帝受最高理性所使，在许多事

① 《莱布尼茨与克拉克论战书信集》，陈修斋，译，北京：商务印书馆，2009 年版，第 56-57 页。
② 《莱布尼茨与克拉克论战书信集》，陈修斋，译，北京：商务印书馆，2009 年版，第 59，84 页。

物的序列或可能的世界中选择了这样的一个，其中那些自由的创造物，虽然不是没有他的协助，却将会采取这样或那样的决定；他借此已一劳永逸地使一切事物都确定了，而并不因此损害这些创造物的自由：这一单纯的选择命令，并不改变而只是实现了上帝在他的观念中所看到的这些创造物的自由本性"①。这就意味着，不仅上帝在选择的时候具有某种偶然性和自由性，而且被上帝选中而创造出来的创造物本身的活动也具有某种程度的偶然性和自由性。因为上帝选择创造的就是那种具有自由本性的东西，或毋宁说，上帝创造事物的标准就是只选择那些具有自由本性的东西，因为只有这样，上帝才能一劳永逸地实现他的创造，然后让这些创造物按照自己的自由本性去活动、去发展。这大概就是莱布尼茨所设想的上帝创世的既简单又经济的方式。

莱布尼茨还强调了道德的必然性和道德自由选择的关系。他写道："道德的必然性，它也同样无损于自由。因为那贤明者，尤其是上帝（至高无上的贤明者），在选择那最好的时，并不因此而较少自由；相反地，不受妨碍去做最好的事，这是最完全的自由。"①

莱布尼茨还讨论了意志自由的问题。他说：

> 我们的意志并不是永远确切地遵循实践的理智，因为它能够有或找到一些理由来悬而不决，等到以后再商量。
>
> 动机包括了心灵为了有意志的行动所能有的一切趋向，因为它们不仅包括理性，而且还包括来自情感或其他先前的印象的种种倾向。因此如果心灵宁可要弱的而不要强的倾向，那它就会是逆着自身行事，并且和自己的行动趋向不一致地行事了。②

莱布尼茨还强调说："的确那偶然性是盲目的，但一种无动机的意志也将同样是盲目的，并且将同样是归之于单纯的偶然碰巧的。"③

在这里，莱布尼茨显然看到了意志和行为的偶然性和自由性的产生是多重因素协同的结果，其中既包括能动的动机和意志的努力与选择，也包括情感和先前形成的认知模式和认识方式的匹配与影响的作用。在这里，他已经看到了人的意志和行为发生的多维综合的复杂性特征。显然，这其中既有必然性的因素，也有偶然性和自由性的因素。

---

① 《莱布尼茨与克拉克论战书信集》，陈修斋，译，北京：商务印书馆，2009 年版，第 58 页。
② 《莱布尼茨与克拉克论战书信集》，陈修斋，译，北京：商务印书馆，2009 年版，第 59，61 页。
③ 《莱布尼茨与克拉克论战书信集》，陈修斋，译，北京：商务印书馆，2009 年版，第 82 页。

第22章 黑格尔的客观唯心主义辩证法

黑格尔是德国古典唯心主义哲学的集大成者。他建立了哲学史上最庞大、最全面的一种体系化的哲学。其后的哲学家们对他的体系化的哲学有多种向度的批评。我们这里暂且抛开其建构体系的概念运演的主观臆断和客观唯心主义的特征不论，仅就其中所体现出的若干方面的辩证法思想予以讨论。

22.1 整体性和体系化的方法

从形式上来看，黑格尔哲学的最大特征就是体系化。在哲学史上，他所建立的体系化哲学不仅最为庞大、全面和系统，还具有整体性的内在统一逻辑。

黑格尔认为真理是一个统一体，要使哲学成为真正的科学就必须把哲学建立成一种体系化的理论，并使这种体系化的理论能够包容一切特殊的原则在自身之中。他明确地表示：

> 理念或绝对的科学，本质上应是一个体系，因为真理作为具体的，它必定是在自身中展开其自身，而且必定是联系在一起和保持在一起的统一体，换言之，真理就是全体。

哲学若没有体系，就不能成为科学……真正的哲学是以包括一切特殊原则于自身之内为原则。①

他还对那种没有体系的哲学提出了批评：

没有体系的哲学理论，只能表示个人主观的特殊心情，它的内容必定是带偶然性的。哲学的内容，只有作为全体中的有机环节，才能得到正确的证明，否则便只能是无根据的假设或个人主观的确信而已。许多哲学著作大都不外是这种表示著者个人的意见与情绪的一些方式。①

黑格尔把他所建立的真正具有整体性和内在逻辑的哲学与那种百科全书式的科学聚合体明确地区分开来。他认为，他的“哲学全书与一般别的百科全书有别，其区别之处，在于一般百科全书只是许多科学的凑合体……这些科学聚合在一起，只是外在的统一，所以只能算是一种外在的集合、外在的次序〔而不是一个体系〕……而哲学全书则不然……哲学全书排斥只是零碎的知识的聚集”②。

在黑格尔那里，不仅真理和哲学本身是一个整体，而且哲学史本身也是一个整体，因为历史上发展着的哲学体系也无非只是整体哲学发展的不同阶段，或者说是整体思想的一些部分或分支。他写道：

哲学史上所表现的种种不同的体系，一方面我们可以说，只是一个体系在发展过程中的不同阶段罢了。另一方面我们也可以说，那些作为各个哲学体系的基础的特殊原则，只不过是同一思想整体的一些分支罢了。那在时间上最晚出的哲学体系，乃是前此一切体系的成果，因而必定包括前此各体系的原则在内；所以一个真正名副其实的哲学体系，必定是最渊博、最丰富和最具体的哲学体系。③

从整体性和体系化的理念与方法出发，黑格尔把他的哲学分为三个部分：

① 黑格尔：《小逻辑》，贺麟，译，北京：商务印书馆，1980年版，第56页。
② 黑格尔：《小逻辑》，贺麟，译，北京：商务印书馆，1980年版，第57页。
③ 北京大学哲学系外国哲学史教研室：《西方哲学原著选读》（下卷），北京：商务印书馆，1982年版，第375页。

1）逻辑学，研究理念自在自为的科学；

2）自然哲学，研究理念的异在或外在化的科学；

3）精神哲学，研究理念由它的异在而返回到它自身的科学。

针对这三个部分的划分，黑格尔具体阐释说：

> 哲学各特殊部门间的区别，只是理念自身的各个规定，而这一理念也只是表现在各个不同的要素里。在自然界中所认识的无非是理念，不过是理念在外在化的形式中。同样，在精神中所认识的，是自为存在着，并正向自在自为发展着的理念。理念这样显现的每一规定，同时是理念显现的一个过渡的或流逝着的环节。[①]

从整体性和体系化的构造原则出发，黑格尔还阐释了哲学理论中的整体和部分的关系。他认为部分是整体的特殊规定，一方面，部分结合而成的体系构成了整体，另一方面，整体又表现在每一部分之中，把部分作为自己的一个环节或因素，并且，部分自身也是一个整体，也有它的特殊规定性。他写道：

> 哲学的每一部分都是一个哲学全体，一个自身完整的圆圈。但哲学的理念在每一部分里只表达出一个特殊的规定性和因素。每个单一的圆圈，因它自身也是整体，就要打破它的特殊因素所给它的限制，从而建立一个较大的圆圈。因此全体便有如许多圆圈所构成的大圆圈。这里面每一圆圈都是一个必然的环节，这些特殊因素的体系构成了整个理念，理念也同样表现在每一个别环节之中。[②]

黑格尔在这里所阐释的整体和部分的关系显然和当代系统科学的相关理论十分吻合。不仅整体中有部分，部分中还有整体。整体的性质由部分的综合涌现出来，而部分的性质又受到整体性质的约束和规定，从而除了具有自身的特殊性质之外，部分也在某种程度上表现出了整体的性质。由此我们也可以看到，对于黑格尔的哲学需要从整体性上去把握，而黑格尔所阐释的相关范畴及其逻辑也只能在这个整体性中才可能获得相应的规定，才可能被我们所理解。

---

① 黑格尔：《小逻辑》，贺麟，译，北京：商务印书馆，1980 年版，第 60 页。

② 黑格尔：《小逻辑》，贺麟，译，北京：商务印书馆，1980 年版，第 56 页。

黑格尔之后的哲学家们，尤其是那些所谓后现代的哲学家们热衷于消解体系。虽然这种消解体系的观点和做法有助于打破传统理论的僵化和束缚，但是，却使他们相应的理论不能不陷入支离破碎的个别意见的境地。问题不在于是否拥有体系，而在于体系本身的科学性和合理性程度。黑格尔哲学的问题并不是发生在是否拥有体系上，而是发生在体系的主观臆造的非现实性上。因为世界上根本不存在一种客观精神性的绝对理念，更谈不上这种绝对理念的自身运动。如果把哲学的体系建立在自然自身的存在、运动和演化的基点之上，那么，这样的哲学体系便具有了科学性和合理性。既然人类所有的科学和哲学理论都是由相应的范畴和概念所结成的体系，那么，这些范畴和概念便只有在这个体系的关系中才能被规定和理解。如果失去体系，就等同于失去了范畴和概念之间的关系，如果是这样，那么，在孤立的状态下，任何一个范畴和概念都是不可规定的，因而也是不可理解的。辩证法的学说、辩证的哲学理论需要采取一种整体性和体系化的建构方法，这也是当代复杂信息系统科学的基本原理所体现出的一般事物存在的方式。

22.2 事物自己运动、展开的过程论哲学

黑格尔的整体性和体系化哲学并不是一种静态的结构，而是一种动态的过程的体系。在黑格尔那里，整体性是一个过程，在这一过程的任何一个阶段都只是展开着的整体的一个环节、一个部分。他的整个哲学揭示的就是绝对精神自我设定、自我运动、自我展开、自我复归的过程。他的三部曲的哲学——逻辑学、自然哲学、精神哲学，阐释的也只是绝对精神自在自为的自我设定、在自然中的外化的异化，以及在人的精神中的自我认识的复归的绝对精神的自我运动、展开和发展的过程。在这一过程中，所有的阶段都只是绝对精神整体运动过程中的具体的环节、动态整体的部分。他特别强调：这三个部分乃是“理念这样显现的每一规定，同时是理念显现的一个过渡的或流逝着的环节”①。在绝对精神自身运动的过程中，绝对精神“先将自己予以异化，然后从这个异化中返回自身”②。

① 黑格尔：《小逻辑》，贺麟，译，北京：商务印书馆，1980年版，第60页。
② 黑格尔：《精神现象学》（上卷），贺麟，王玖兴，译，北京：商务印书馆，1979年版，第23页。

黑格尔特别强调了事物运动的绝对性，以及事物的自身显示和自身认识性。在论及概念思维的过程时，黑格尔写道：

> 概念是对象所本有的自身，而这个自身又呈现为对象的形成运动，所以对象的自身不是一个静止的、不动的、负荷着偶性的主体，而是自己运动着的并且将它自己的规定收回于其自身的那种概念。在这个运动中，那种静止的主体自身趋于崩溃；它深入于各种区别和内容，可以说构成着规定性，即是说，构成着有区别的内容以及这种内容的运动，而不再与运动彼此对立。①

在论及差别的生成和转化的过程时，黑格尔还特别强调了“普遍的流动性”和“无限的运动”乃是自在之物和生命的存在方式与过程。他写道：

> 单纯的普遍的流动性是自在之物，而那有差别的诸多形态则是他在之物。但是这个流动性本身将会通过这种差别成为他在之物，因为它现在是为那差别而存在着，而这差别本身即是自在自为的东西，因而是无限的运动（那个静止的媒介是为这无限的运动所消耗着），——亦即是作为活生生的过程的生命。②

黑格尔还从绝对精神运动的理念出发把世界历史包括哲学史都看作是精神进展中的合理环节和过程。他强调说：“世界历史无非是‘自由’意识的进展”“世界历史因此是一种合理的过程”③。他反对把哲学史仅仅看作是不同意见的堆积，也不认为全部哲学史仅仅是堆满死人骨骼的战场。他写道：

> 哲学系统的分歧，绝不意味着真理与错误是抽象地对立着的。说明这点，就会使我们明了全部哲学史的意义。
>
> 哲学系统的分歧和多样性，不仅对哲学本身和哲学的可能性没有妨碍，而且对于哲学这门科学的存在，在过去和现在都是绝对必要的，并且是本质的。
>
> 哲学史的事实并不是一些冒险的行为，一如世界的历史并不只

① 黑格尔：《精神现象学》（上卷），贺麟，王玖兴，译，北京：商务印书馆，1979 年版，第 41 页。

② 黑格尔：《精神现象学》（上卷），贺麟，王玖兴，译，北京：商务印书馆，1979 年版，第 119 页。

③ 北京大学哲学系外国哲学史教研室：《西方哲学原著选读》（下卷），北京：商务印书馆，1982 年版，第 446-447 页。

是一些浪漫的活动……而是在思维精神的运动里有本质上的联系的。精神的进展是合乎理性的。我们必须本着对于世界精神这样的信心去从事历史，特别是哲学史的研究。①

在黑格尔哲学的三部曲中，无论是三部曲的整体，还是三部曲中的每一部分，都是一个绝对精神的理念或其展开的环节的自我发展的过程体系。他强调，对于哲学的整体或哲学的任一部分都应当从理念自我实现的过程中去考察。以他的精神哲学为例，他描述的便正是精神发展的动态系统综合的过程。他说：

精神的整个发展过程无非是它自己本身提高为真理的过程，而所谓灵魂的种种力除去是这个提高过程的各个阶段以外，没有任何别的意义。通过这种自我区别，通过这种自我改造和通过它的区别回复到它的概念的统一，精神就既是一个真实的东西，又是一个活生生的东西，有机的东西，系统的东西，而且只有通过对精神的本性的这种认识，关于精神的科学才是真实的，活生生的，有机的，系统的。②

黑格尔特别强调了过程整体的自我设定、自我产生和自我派生的性质。在黑格尔那里，存在是通过运动将自身转变为自身的环节，又将这些环节包括于自身之中，从而使自身获得更为丰富的规定性。他写道：

哲学的要素是那种产生其自己的环节并经历这些环节的运动过程。

存在着的东西的运动，一方面，是使它自己成为他物，因而就是使它成为它自己的内在内容的过程，而另一方面，它又把这个展开出去的他物或它自己的这个具体存在收回于其自身，即是说，把它自己变成一个环节并简单化为规定性。在前一种展开运动中，否定性使得实际存在有了区别并建立起来，而在后一种返回自身运动中，否定性是形成被规定了的简单性的功能。就是通过这种方式，内容显示出它的规定性都不是从另外的东西那里接受过来补贴在自

① 黑格尔：《哲学史讲演录》(第1卷)，贺麟等，译，北京：商务印书馆，1959年版，第23-24页。
② 黑格尔：《精神哲学》，杨祖陶，译，北京：人民出版社，2006年版，第8页。

> 己身上的，而是内容给自己建立起规定性来，自己把自己安排为环节，安排到全体里的一个位置上。①

黑格尔把绝对理念的运动看作是自我设定、自我异化、自我认识和复归的自我展开的过程性整体。他把他的哲学看成是对这一过程性整体的表述和认识。这样，他的哲学便成了描述绝对精神从自我设定的自我展开，到自我异化，再到自我复归的“一个自身完整的圆圈”。同时，他还强调，在这个大的圆圈里面还嵌套着众多层级的小的圆圈。他称这种哲学的结构为“全体便有如许多圆圈所构成的大圆圈。这里面每一圆圈都是一个必然的环节，这些特殊因素的体系构成了整个理念，理念也同样表现在每一个别环节之中”②。

黑格尔对他的哲学的这样一种分层的圈套圈结构的描述，不禁使我们联想起了当代复杂性自组织理论所揭示的分形构造的跨层次无穷嵌套的自相似结构，以及超循环构架模式。这是一种真正复杂性自组织的观念，由此看来，黑格尔的哲学已经具有了某种程度的复杂辩证法的韵味，只不过这一韵味还深深禁锢在他的那个主观臆断的、虚构的所谓绝对理念的自身运动的体系之中。

由于绝对精神的运动是一个自我设定、自我展开、自我异化和自我复归的过程，所以，描述绝对精神运动的哲学便也正如绝对精神自身的运动一样，是一个封闭的圆圈。在这样一个圆圈结构上的任何一个点都既是起点又是终点。由此出发，黑格尔又强调了哲学开端的相对性和无起点性。他写道：

> 哲学是独立自为的，因而自己创造自己的对象，自己提供自己的对象。而且哲学开端所采取的直接的观点，必须在哲学体系发挥的过程里，转变成为终点，亦即成为最后的结论。当哲学达到这个终点时，也就是哲学重新达到其起点而回归到它自身之时。这样一来，哲学就俨然是一个自己返回到自己的圆圈，因而哲学便没有与别的科学同样意义的起点。所以哲学上的起点，只是就研究哲学的

① 黑格尔：《精神现象学》（上卷），贺麟，王玖兴，译，北京：商务印书馆，1979 年版，第 30，35 页。
② 黑格尔：《小逻辑》，贺麟，译，北京：商务印书馆，1980 年版，第 56 页。

主体的方便而言，才可以这样说，至于哲学本身却无所谓起点。①

黑格尔设定的这个封闭圆圈的无起点、无终点的性质的本意是要彰显绝对精神的运动，以及他的哲学本身的完满性，但是，他的这样的一个设定同时就为解构绝对精神作为第一存在的合理性，解构他的哲学的合理性埋下了伏笔。因为没有起点便处处是起点。当我们以自然为起点时，绝对精神的先验的第一存在性便不再合理了，而在此基础上则可能建构起某种形式的唯物主义哲学；与此同理，当我们以人类精神为起点时，则可能建构起某种形式的主观唯心主义的哲学，而那个以绝对精神为第一性存在的黑格尔的客观唯心主义哲学便不能不被瓦解了。

22.3 三分法和普遍中介的理论

黑格尔的哲学描述的是绝对理念的自我设定、自我异化和自我复归的自我展示的过程。这样便很自然地形成了过程的三个环节：理念自在自为存在的环节、理念自我异化的环节、理念自我认识的自我复归的环节。这就是正、反、合的“三分法”。这个“三分法”不仅是针对整体哲学的，还是针对整体哲学中的所有层级的具体概念和范畴的结构的。因为在黑格尔那里，哲学是由不同层级的正、反、合的圆圈所结成的大圆圈。所以，这个“三分法”便是黑格尔在所有层级上构造自己哲学的普适原则和方法。

黑格尔哲学体系的基本模式可简略地表示为图 22.1。

对黑格尔体系的这种“三分法”，人们往往仅理解为体系的外在形式而加以忽略，其实，“三分法”在黑格尔体系中具有深刻的内在根据性。他本人就曾反复强调说：“方法并不是外在的形式，而是内容的灵魂和概念”②“方法本身就是对象的内在原则和灵魂”③“方法不是别的，正是全体的结构之展示在它自己的纯粹本质性里”④。

纵观黑格尔哲学，他的“三分法”是在两个方面的意义上获得解释的：其一，对立的两极需要第三者来充当中介，对立是有中介的对立，统一是有

---

① 黑格尔：《小逻辑》，贺麟，译，北京：商务印书馆，1980 年版，第 59 页。
② 黑格尔：《小逻辑》，贺麟，译，北京：商务印书馆，1980 年版，第 427 页。
③ 黑格尔：《逻辑学》（下卷），杨一之，译，北京：商务印书馆，1976 年版，第 537 页。
④ 黑格尔：《精神现象学》（上卷），贺麟，王玖兴，译，北京：商务印书馆，1979 年版，第 31 页。

中介的统一；其二，发展是一而二，二而三，三而多，多而归于统一的无限运动的过程。如此看来，在黑格尔那里“三分法”的实质便是“中介法”，“中介法”是黑格尔描述事物结构的基本方法。

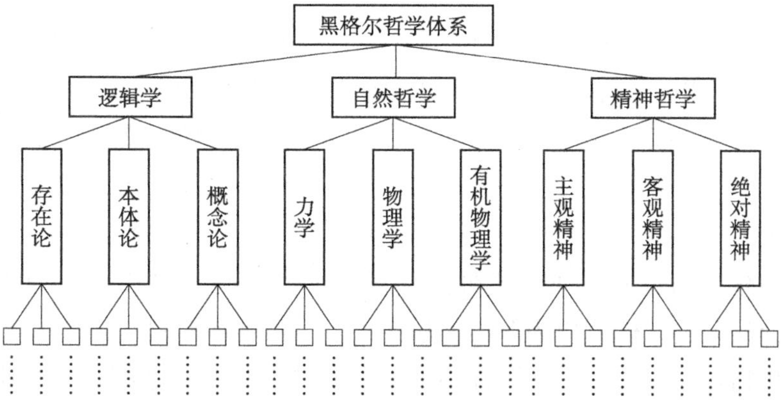

图 22.1 黑格尔哲学体系的简略模式

黑格尔多次对两极对立的矛盾模式表示过不满。他在清晰揭示了因果相互作用上的“自成起结”的二元对立统一的矛盾模式的同时，就指出了仅仅停留在这种两极性因果相互作用上的贫乏和空洞。他写道：

> 如果只从相互作用的观点去考察某一内容，那末这实际上是一种完全没有概念的考察方法。在这种情况下，人们所碰到的只是枯燥的事实，而关于中介的要求（这正巧是应用因果关系时最重要的问题），却仍然得不到满足。……为了要理解相互作用的关系，我们不可仍然把这种关系的两个方面作为直接现存的东西，而是……应当承认它们是那更高的第三规定即概念的环节。

列宁对黑格尔的这一有中介的两极相互作用的思想是极为推崇的，他在评价这段话时明确写下了如下批语：“仅仅‘相互作用’＝空洞无物，需要有中介（联系），这就是在应用因果关系时所涉及的问题。”①

在两极对立模式中加入一个“第三者”的中介是黑格尔哲学的一大特色。这一特色可以从他对个别、特殊、普遍三者的关系的论述中清晰地体现出来。他写道：“个别—特殊和特殊—普遍这两种关系应该有中介。”他进一

① 列宁：《哲学笔记》，中共中央马克思恩格斯列宁斯大林著作编译局，译，北京：人民出版社，1974 年版，第 172-173 页。

步指出，这一有中介的形式并不仅仅是“个别—特殊—普遍”一种，如果仅此一种还是“有缺欠”的。他认为，中介可以是相互的，可以以不同的方式呈现出来，如“就特殊—普遍的中介而言，个别是当前呈现着的，因此中介必须获得特殊—个别—普遍这一形态。要对个别—特殊进行中介，普遍是当前呈现着的，因此，这个中介就变成个别—普遍—特殊的形态”①。

黑格尔利用三分法所描述的并不仅仅是一种静态的三元结构，更是一种概念自身发展的无限的运动。黑格尔的哲学是揭示“绝对理念”自身联系、自身运动、自身发展的过程的哲学，要揭示这种联系和发展，要描述这个过程，仅仅“二”是根本不够的，这就需要强调“三”和“多”。

黑格尔的辩证观的杰出之处并不只在于他扬弃了“二分法”的片面性的“三分法”上，他的更为深刻的思想进一步表现在他对“三分法”的再度扬弃。黑格尔认为“三分法”并不是一个绝对的形式，它只是一个相对的规定，它只是事物无限发展过程中的一个环节，而事物真实发展的过程则是由“三”到“多”。

黑格尔写道：

> 这第二个直接的东西，在整个过程中，假如人们总是愿意计数的话，对第一个直接的东西和对有中介的东西说，就是第三个东西。但是它对第一个或说形式的否定并对绝对的否定性或说第二个否定来说，也是第三个；如果那第一个否定已经是第二项，那末，那被数为第三的，也可以数作第四；抽象的形式也将不用三分法而被当作是一个四分法。……第三个或第四个总是第一个和第二个环节，即直接的东西和有了中介的东西之统一。②

黑格尔哲学的辩证性正在于它并不机械固守某种单一的模式，它论述了“二”，并以“二”扬弃了那原初的“一”；它又论述了“三”，并以“三”扬弃了“二”；它又论述了“四”，并以“四”扬弃了“三”的可能的机械化形式……这就是黑格尔从一到二，从二到三，从三到四，进而到多的辩证法，当然这个“多”同时又是一、二、三、四，因为形式化的表述是相对的。相对于事物整个发展的序列，其中任一发展环节（或阶段）都既是肯定，又是

① 黑格尔：《逻辑学》（下卷），杨一之，译，北京：商务印书馆，1976年版，第352页。
② 黑格尔：《逻辑学》（下卷），杨一之，译，北京：商务印书馆，1976年版，第544页。

否定，还是否定之否定，也是否定之否定之否定……黑格尔强调“三”，只是要用它来说明理念发展的无限过程，而并不是让理念固化在“三”的阶段或形式之中。他强调指出：“第三个是直接性的中介，或者说，它是两者的统一，都不足以把握它，因为它不是一个静止的第三个，而正是以自身为中介的运动和活动那样的统一。”①正是对第三者的这种动态的、非僵化的、发展着的性质的理解，黑格尔才把这个第三者看成是达到无限的必然途径。也正因为这样，他才批判了形式主义的三分法所具有的那种“空洞”“肤浅”“无聊”“空虚”“贫乏”。他写道：“形式主义固然也占据了三分法，并且保持了它的空洞公式，近代哲学所谓构成，无非是把那个没有概念和内在规定的公式到处悬挂，并用之于外在的次序安排，这种构成之肤浅无聊和空虚贫乏，使得这个形式很讨人厌烦，声名狼藉。”①

其实，无论是“二分法”，还是“三分法”“四分法”，或更有什么“五分法”“六分法”“多分法”，都是说明事物发展的形式，只要不机械固守某一形式，并能与发展的现实内容结合起来，不断地扬弃形式自身的片面性，从而使之成为对事物无限发展着的某一或某些环节的表述，那么，这些形式便都会相应获得合理性存在的价值。如果不是这样，而是把某种形式绝对化，以其一排斥其他，那么陷入片面性、僵化性的泥淖则是不可避免的。

黑格尔强调的是一种事物一而二，二而三，三而多的发展过程，强调的是一种有多样性在其中的哲学。他运用“中介”介入的普遍化的方法来具体描述这一多样性的发展过程。他把他的思辨哲学当成过程论，一切都在概念的自身运动的过程中。既然是过程，它就应该有个转化、联系和过渡的环节，这就需要有“中介”。在他的体系中无中介而不立，无中介而不行，它赋予了中介以多层级的、极为普遍、极为广泛的意义。由于中介的引入，黑格尔讲对立就不再是贫乏的、孤立的两级，而这个并非孤立的两极对立的发展，便是运动阶段的更替，便是向“多”的方向前进，由这种“多”再返回总体的“一”的统一。其实，黑格尔的整个体系就是建立在对中介的论述之上的。所谓三段式的体系结构，就是有中介的体系结构。这个有中介的运动，又使两极获得了互为中介的性质，且又使中介在任一极中达到了与自身的统一。如此，无论在每个三段式内部，还是在三段式之间，都是一种有中介联

① 黑格尔：《逻辑学》（下卷），杨一之，译．北京：商务印书馆，1976 年版，第 545 页。

系和互为包含、映射、过渡和转化的有中介的相互作用的关系，也就是包含了三重性、多样性在其中的相互作用关系。如此，黑格尔的整个概念的运动的每一个环节都将自身中介化，也就是三元化、多元化了。正是在这种意义上，列宁才评价说："一切都是经过中介连成一体，通过转化而联系的。"[①]

22.4 对立统一、否定之否定的无限发展观

在传统的马克思主义哲学的教科书体系中，辩证法被定义成关于事物普遍联系和永恒发展的学说，并把对立统一规律、质量互变规律和否定之否定规律看成是普适的辩证法的三大基本规律。相关的理论认为，传统的马克思主义哲学教科书体系所言明的这些辩证法的特征和规律都是来源于黑格尔哲学的。这就使我们有必要对黑格尔的相关理论予以讨论。

黑格尔辩证法的事物普遍联系和永恒发展的特征是不言而喻的，只不过，在他那里，联系和发展都是绝对理念自我运动的自我联系和展开的过程，因为他把整个世界，以及他那个揭示世界真理的哲学都看成是绝对理念自我展开的运动、变化、发展的过程，并且在这一发展过程的所有环节上，都是绝对理念自我设定、自我异化、自我显现、自我复归的"自成起结"的自我联系。

本节主要结合对立统一和否定之否定规律的讨论来阐释黑格尔的无限发展观。

谈到对立统一的问题，无论是西方哲学还是中国哲学都是某种古老的学说。在德国古典哲学中，这一学说又得到了更为深刻的阐释。只不过在黑格尔之前的哲学中的对立统一观念基本上还停留在"二分法"的简单对立模式的层面。只有到了黑格尔才引入了中介的思想，从而把"二分法"改造成了"三分法"。

康德就曾以他著名的"二律背反"原则来说明在两个互相排斥但同样是可论证的命题之间所存在的矛盾性，从而由此呈现出了他那"二分法"哲学的特色。他曾这样写道："出现一种想象不到的矛盾，这种矛盾决不是用普通教条主义的办法所能消除的；因为无论正题或反题都能够通过同样明显、

① 列宁：《哲学笔记》，中共中央马克思恩格斯列宁斯大林著作编译局，译，北京：人民出版社，1974年版，第103页。

清楚和不可抗拒的论证而得到证明——我保证所有这些论证都是正确的。因此理性本身一分为二了。”[①]在康德之后，谢林也曾说过如下一些极为深刻的话：

> 自我进行活动的唯一决定性的原因就是它本身内的一种持续不断的矛盾。[②]
>
> 自我中本来就含有对立物，即主体和客体；两者互相扬弃，然而离开对方任何一方都不可能存在。……假如自我中没有对立，那么它里面一般地就根本不会有运动，不会有创造，因而也不会有什么创造物了。[③]
>
> 在任何变化中都会发生从一种状态向其矛盾对立的状态的转化。[④]
>
> 一切运动的根据也可以在那种对立的因素内去找。……对立在每一时刻都重新产生，又在每一时刻被消除。对立在每一时刻这样一再产生又一再消除，必然是一切运动的最终根据。[⑤]

黑格尔的对立统一的思想是首先在肯定和否定的对立统一中得到具体阐释的。但是，他的对立统一的思想既不局限于“肯定和否定”的对立性关系中，也不局限在简单二元对立的模式中。他曾说过如下一些话：

> 实体作为主体是纯粹的简单的否定性，惟其如此，它是单一的东西的分裂为二的过程和树立对立面的双重化过程，而这种过程则又是这种漠不相干的区别及其对立的否定。所以唯有这种正在重建其自身的同一性或在他物中的自身反映，才是绝对的真理。[⑥]
>
> 实体，由于它具有单纯性或自身同一性，就表现为固定的和持续存在的。但是，这种自身同一性同样又是否定性；由于这样，那样固定的实际存在就过渡到它的瓦解或消溶。[⑦]
>
> 在对立中，有差别之物并不是一般的他物，而是与它正相反对

---

① 康德：《未来形而上学导论》，庞景仁，译，北京：商务印书馆，1978 年版，第 123 页。
② 谢林：《先验唯心论体系》，梁志学，石泉，译，北京：商务印书馆，1976 年版，第 57 页。
③ 谢林：《先验唯心论体系》，梁志学，石泉，译，北京：商务印书馆，1976 年版，第 58-59 页。
④ 谢林：《先验唯心论体系》，梁志学，石泉，译，北京：商务印书馆，1976 年版，第 174 页。
⑤ 谢林：《先验唯心论体系》，梁志学，石泉，译，北京：商务印书馆，1976 年版，第 148 页。
⑥ 黑格尔：《精神现象学》（上卷），贺麟，王玖兴，译，北京：商务印书馆，1979 年版，第 29 页。
⑦ 黑格尔：《精神现象学》（上卷），贺麟，王玖兴，译，北京：商务印书馆，1979 年版，第 38 页。

> 的他物；这就是说，每一方只有在它与另一方的联系中才能获得它自己的［本质的］规定，此一方只有反映另一方，才能反映自己。另一方也是如此，所以，每一方都是它自己的对方的对方。①
>
> 在整个自在自为地存在着的差别中既包含有差别本身，又包含有同一性。作为自我联系的差别，同时也可以说是自我同一。所谓对立面一般就是在自身内即包含有此方与其彼方，自身与其反面之物。②
>
> 同一与对立本身即是对立的，于是，对立的原则在矛盾律的形式下甚至被认为是同一律。③

此外，黑格尔还阐释了许多二元对立的关系，如有与无、排斥与吸引、内容与形式、原因与结果、正与负、相对与绝对、整体与部分、外与内、作用与反作用……

在关于因果关系的相互作用的论述中，黑格尔十分清晰地揭示了二元对立矛盾结构的一般模式。他写道：

> 在相互作用里，因果关系虽说尚未达到它的真实规定，但那种由因到果和由果到因向外伸展直线式的无穷进程，已得到真正的扬弃，而绕回转变为圆圈式的过程，因而返回到自身来了。直线式的无穷进程的圆圈化而绕圆为一自成起结的关系也如一般随处皆有的简单返回一样。④

在这里，黑格尔所说的这种“自成起结的关系”，其实正是现代控制论中所集中阐释的那种反馈性相互作用模式。

虽然在德国古典哲学中，尤其是康德、谢林、黑格尔都对二元对立的矛盾现象做出过大量深刻的论述，但是，却不能因此得出结论：德国古典哲学中所阐释的仅仅是一种二元对立的矛盾观。

就黑格尔来说，他所崇尚的是“三分法”，而不是“二分法”。曾有人认为，对立统一就是二元矛盾结构，黑格尔哲学的核心是对立统一，所以黑格

① 黑格尔：《小逻辑》，贺麟，译，北京：商务印书馆，1980 年版，第 254-255 页。
② 黑格尔：《小逻辑》，贺麟，译，北京：商务印书馆，1980 年版，第 259 页。
③ 黑格尔：《小逻辑》，贺麟，译，北京：商务印书馆，1980 年版，第 256 页。
④ 黑格尔：《小逻辑》，贺麟，译，北京：商务印书馆，1980 年版，第 319 页。

尔的哲学便是建立在“二的观念”的基础之上的关于二的哲学[①]。其实，这种观点是对黑格尔和对立统一规律的误解。黑格尔所阐释的辩证法的对立统一规律与其说是源于“二的观念”，还不如说是源于“三的观念”更贴切些。黑格尔的对立统一规律恰恰是在对二元对立的矛盾结构不满的基础上得以阐发的。关于这一点，我们在前文已经有过讨论，这里不再赘述。

我们要强调的是：要理解黑格尔对立统一思想的并非“二分法”，而是“三分法”或“多分法”的性质，有必要结合他关于否定之否定环节的论述来讨论。其实，在黑格尔那里，对立统一和否定之否定本来就是一回事。

在黑格尔看来，“精神（特别有限精神）的任务即在于使神圣本质得到自觉”[②]，而这一精神的神圣本质达以自觉的过程则正是绝对精神自我设定、自我分裂为二，又自我复归的辩证运动过程。要描述这一辩证运动过程就必须采取肯定、否定、否定之否定（或曰正题、反题、合题）这样的“三项式”，或称“三重性”，或称“三分法”的方法。在黑格尔看来，对立统一和否定之否定是事物的同一个环节。黑格尔区别了事物发展的“第一次否定”和“第二次否定”（否定之否定），他写道：“第一次的否定，即一般的否定，当然要与第二次否定，即否定之否定区别开；后者是具体的、绝对的否定性，而前者则仅仅是抽象否定性。”[③]这个作为“具体的”“绝对的否定性”的“否定之否定”便是那个“第三者”，而“第三者……它却是反思的统一；对立之转回为这种统一，正如它之转回为根据”[④]。这就是说，在黑格尔那里，否定仅仅是绝对精神设定自身的对立面，并因之而自我分裂为二的过程，而对这种分裂为二的对立状态进行扬弃，并重新返回自身统一的否定之否定阶段才是对立的统一。他写道：

> 哲学不能像怀疑主义那样，仅仅停留在辩证法的否定结果方面。怀疑主义没有认清它自己的真结果，它坚持怀疑的结果是单纯抽象的否定。辩证法既然以否定为其结果，那么就否定作为结果来说，至少同时也可说是肯定的。因为肯定中即包含有它所自出的否定，并且扬弃其对方（否定）在自身内，没有对方它就不存在。但这种

① 参见黎鸣：《论信息》（《中国社会科学》1984 年第 4 期，第 2-5 页）及《力的哲学和信息的哲学》（《百科知识》1984 年第 11 期，第 13-26 页）等文中的相关观点。

② 黑格尔：《小逻辑》，贺麟，译，北京：商务印书馆，1980 年版，第 291 页。

③ 黑格尔：《逻辑学》（上卷），杨一之，译，北京：商务印书馆，1976 年版，第 109 页。

④ 黑格尔：《逻辑学》（下卷），杨一之，译，北京：商务印书馆，1976 年版，第 65 页。

扬弃否定、否定中包含肯定的基本特征，就具有逻辑真理的第三形式，即思辨的形式或肯定理性的形式。①

这样，黑格尔对那种坚持肯定与否定二元对立的做法表示了不满，他要寻求将二者的对立予以扬弃，并达到重新统一的一个“第三形式”，即对立统一（否定之否定）。黑格尔对“二分法”“二重性”的不满，强调“三分法”“三重性”的态度是十分明确的。他还写下了这样一些话：

自然意识无疑是以具体的东西为对象的，但是理智却把它二元化、区别开……人们总是把有限与无限，原因与结果，肯定与否定分裂开……这也是旧式形而上学意识所共有的思维方式。但是思辨的思维必须具有这种对立，又要解除这种对立。②

我们必须揭示出有限的东西本身既包含有矛盾在自身内，使自身成为无限的东西。这样我们就有了有限和无限的统一。③这就是对于宇宙的科学构造的普遍理念；这就是一种三重性（或三一性），它表示全体的图式，并且同样在每一个别性里得到复现，从而表明一切事物的统一性。④

黑格尔写道：“辩证法却是一种内在的超越，由于这种内在的超越过程，知性概念的片面性和局限性的本来面目，即知性概念的自身否定性就表述出来了。凡有限之物莫不扬弃其自身。因此，辩证法构成科学进展的推动的灵魂。”⑤黑格尔这里所说的“内在的超越”和“扬弃”，是辩证法的否定之否定对知性的否定性的超越和扬弃；是“三重性”对“二重性”的超越和扬弃；是“三分法”对“二分法”的超越和扬弃；是综合着的“第三者”对分裂为二的“第二者”的超越和扬弃。从某种意义上讲，“三分法”并不绝对排斥“二分法”，前者是在扬弃后者的基础上所实现的综合的发展。通过这种综合的发展，对立统一，亦即事物自身的全面的图式和价值才可能得以更为清晰地描绘和更为充分地展示。

“三分法”强调的是事物的有中介的联系转化的过渡，正因为有了中介，

① 黑格尔：《小逻辑》，贺麟，译，北京：商务印书馆，1980年版，第181页。
② 黑格尔：《哲学史讲演录》（第4卷），贺麟，王太庆，译，北京：商务印书馆，1978年版，第348页。
③ 黑格尔：《哲学史讲演录》（第4卷），贺麟，王太庆，译，北京：商务印书馆，1978年版，第353-354页。
④ 黑格尔：《哲学史讲演录》（第4卷），贺麟，王太庆，译，北京：商务印书馆，1978年版，第364-365页。
⑤ 黑格尔：《小逻辑》，贺麟，译，北京：商务印书馆，1980年版，第176页。

两极对立间才能统一，事物也才能在对立的扬弃和消融中发展。正因为有了中介，“三分法”才克服了“二分法”的孤立性和片面性，从而实现了全面的综合。在这个全面的综合中，“三”已经具有了“多”的意义，或者说，“三”正是通向“多”的桥梁。正是从这个“三”出发，黑格尔才论述了“四”和“多”，并由后者扬弃了前者，并用这样的方法揭示了事物无限发展的过程。关于这一思想，我们在前文已经有所讨论。下面的内容可以看作是对这一讨论的继续。

黑格尔写道：“发展的过程亦即是内容、理念的本身。它是其一，也是其他，二者合一，构成其三。因为其一在其他里面乃是回复其自身，并非外在于其自身。”①但是，任何一个“三”，还不是发展的终点，它还要向“多”过渡。“发展的果实，那第三者，乃是运动的一个结果。就它只是一个阶段的结果而言，它是这个阶段的最后者，但同时它又是另一发展阶段的出发点和最先者”②“这种具体的运动，乃是一系列的发展，并非像一条直线抽象地向着无穷发展，必须认作像一个圆圈那样，乃是回复到自身的发展。这个圆圈又是许多圆圈所构成；而那整个乃是许多自己回复到自己的发展过程所构成的”③“作为自身具体、自身发展的理念，乃是一个有机的系统，一个全体，包含很多的阶段和环节在它自身内”④“哲学的具体理念是揭示出它所包含的区别或多样性之发展的活动”“像这样的包含了多样性、区别于其中的完整思想，就是一种哲学”“内容展开出来成为多，它就有了形式。但这种形式和范畴的多样性却并不是无规定的，而是有必然性的。这些多样的形式结合起来构成一个总的形式”“在扩张为多之后，接着就会紧缩为一，——回复到‘多’最初所自出的‘统一’。而这第三个环节自身又可以仅是另一较高发展的开端。这种进展的步骤似乎可以延至无穷”⑤。

这就是黑格尔描述的那种无限发展的全面图景，这就是黑格尔所揭示的那种永不静止、永不僵化、不断扬弃自身旧有状态和模式的发展着的、既是多样性又是统一性的哲学，这就是黑格尔用他的方式所阐释的一种富有深刻思辨意义的、达到了自觉的辩证性的系统观。

---

① 黑格尔：《哲学史讲演录》（第 1 卷），贺麟等，译，北京：商务印书馆，1959 年版，第 29 页。
② 黑格尔：《哲学史讲演录》（第 1 卷），贺麟等，译，北京：商务印书馆，1959 年版，第 31 页。
③ 黑格尔：《哲学史讲演录》（第 1 卷），贺麟等，译，北京：商务印书馆，1959 年版，第 31-32 页。
④ 黑格尔：《哲学史讲演录》（第 1 卷），贺麟等，译，北京：商务印书馆，1959 年版，第 32 页。
⑤ 黑格尔：《哲学史讲演录》（第 1 卷），贺麟等，译，北京：商务印书馆，1959 年版，第 38 页。

22.5 包含同一和差异的矛盾对立观

在黑格尔的哲学中，对立性和矛盾性的观点处于某种核心理念的地位。从黑格尔关于“自身矛盾的、独立的对立，本身已经是根据”“矛盾则是一切运动和生命力的根源；事物只因为自身具有矛盾，它才会运动，才具有动力和活动”[①]等论述出发，后来的一些哲学家们便直接把对立性的矛盾看作是事物的根据，并以此排斥那些非对立性的一般的差异性关系。然而，我们如果稍加考察便会看到，黑格尔的矛盾对立观并不是排除了差异性的矛盾对立观，而是包容了同一和差异的关系的矛盾对立观，或勿宁说，对立性便是同一和差异的关系本身。

黑格尔认为，绝对的同一和外在的差异都是某种非现实的、理想化的、割裂式的考察方式所得出的结论，而真实事物的存在都既是同一，又是差异，事物自身的同一便是自身的差异，而事物内在的差异便是事物自身的同一，这便是同中之异和异中之同。他写道：

> 不要把同一单纯认作抽象的同一，认作排斥一切差别的同一。
>
> 它们之所以同一，只由于它们同时包含有差别在自身内。
>
> 如果把同一认作不同于差别，那么我们事实上只能有差别，因而无法证明由同一到差别的进展。
>
> 在整个自在自为地存在着的差别中既包含有差别本身，又包含有同一性。作为自我联系的差别，同时也可说是自我同一。所谓对立面一般就是在自身内既包含有此方与其彼方，自身与其反面之物。
>
> 否定性同时就作为联系、差别、设定的存在、中介的存在而出现。[②]

在黑格尔的哲学中，事物本身既是同一又是差异，同一和差异都是事物自身的环节，而这种既同一又差异的关系便是对立，便是矛盾，便是在自身关系的比较中建立起来的对立性和矛盾性，并由此规定了事物自身运动、变化和发展的源泉、动力和根据。他写道：

> 区别是同一与差异的统一；它的环节在一个同一中是有差异的；

---

① 黑格尔：《逻辑学》（下卷），杨一之，译，北京：商务印书馆，1976年版，第60，66页。

② 黑格尔：《小逻辑》，贺麟，译，北京：商务印书馆，1980年版，第249-250，259页。

这样，这些环节便是对立的。

同一过渡为差异，差异又过渡为对立……同一、差异和对立过渡为矛盾，正像它们之过渡为它们的真理一样[①]。

他还特别强调说：

对立物之所以包含矛盾是因为它们在同一观点下，既彼此相关或说互相扬弃而又彼此漠不相关。当表象转到各规定漠不相关的环节时，它忘记了其中否定的统一，因此只记得它们是一般的差异物。

表象固然到处都以矛盾为其内容，但不曾意识到矛盾；它仍旧是外在的反思，这种外在的反思从等同转到不等同，或者说从有区别物的否定关系转到它们的自身反思之有。这种反思使这两种规定外在地彼此对立，它所注意的，只是这两种规定而不是过渡，但这过渡却是本质的东西并包含矛盾。[②]

显然，在这样的相关论述中，黑格尔区分了事物本身的存在方式和人对事物考察方式之间的差别。人对事物的考察把事物本来统一的整体区分为不同的部分或环节，并通过不同的认知方式予以把握，从而得出了不同的结论：外在的反思获得对差异性的认识；内在的反思获得对统一性关系的认识；而综合性的认识又使人看到了同一和差异相统一的对立、矛盾、本质和根据。这样，在对立、矛盾、本质和根据中便不能不包含事物自身规定的所有不同环节和内容，如同一、差异、中介、联系和过程。

22.6 事物质变的突变性质的思想

在论及一般事物的规定性时，黑格尔提出了质、量、度三个范畴，并论证了它们之间的辩证关系。他写道：

在“存在”的范围内，就包含有质、量和尺度三个阶段。质首先就具有与存在相统一的性质……如果某物失掉它的质，则这物便失其所以为这物的存在。反之，量的性质便与存在相外在，量之多

① 黑格尔：《逻辑学》（下卷），杨一之，译，北京：商务印书馆，1976 年版，第 46，64-65 页。
② 黑格尔：《逻辑学》（下卷），杨一之，译，北京：商务印书馆，1976 年版，第 68 页。

少并不影响到存在……尺度……是前两个阶段的统一，是有质的量。一切事物莫不有“尺度”，这就是说，一切事物都是有量的，但量的大小并不影响它们的存在。不过这种“不影响”同时也是有限度的。通过更加增多，或更加减少，就会超出此种限度，从而那些事物就会停止其为那些事物。

尺度是有质的定量……尺度既是质与量的统一，因而也同时是完成了的存在。①

从上一段论述中可以看到，虽然黑格尔认为量的规定与存在相外在，但是，他又不同意把量的规定简单排斥在事物之外，他所寻求的是质和量的统一——度。其实，说量外在于存在只是某种认识的抽象，当涉及具体事物本身时，无不是质和量的统一。这样，那种把量看作是某种纯粹外在性规定的观点，以及那种把质看作是与量无关的规定性的观点也便都失去了合理性。其实，量的差异不仅在事物质变的临界点上，而且同样在事物的质的相对稳定的变化过程中影响着事物本身的状态和性质。因为，就是在事物保持其同质的变化的过程中，也有个质的实现程度的问题，而这个程度的可能状态便是由量来规定的，所以当黑格尔说量的性质与存在相外在，量之多少并不影响到存在时，这样的观点还并不是辩证法的，只有当黑格尔说一切事物都有量的规定，都是质和量的具体的统一时，这样的观点才是辩证法的。

黑格尔关于质、量、度的学说服从于他的发展的观念。他把事物的发展看成是由质到量，再由量到质，不断突破度的界限，从而构成新事物取代旧事物的永恒变化和发展的过程。他写道：

由质过渡到定量，由定量复过渡到质，可以表现为无限进展，表现为尺度扬弃其自身为无尺度，而又恢复其自身为尺度的无限进展过程。

质量统一体〔尺度〕的这种变化的过程，即不断地交替着先由单纯的量变，然后由量变转化为质变的过程。②

在谈及质量互变的具体方式和机制时，黑格尔批评了那种仅仅把质变理

① 黑格尔：《小逻辑》，贺麟，译，北京：商务印书馆，1980年版，第188，234页。
② 黑格尔：《小逻辑》，贺麟，译，北京：商务印书馆，1980年版，第238页。

解为单纯量的增减的渐变过程的观点。他写道：

> 用变化的渐进性来理解发生和消逝，就是同语反复所特有的无聊。把同一和变化当作是量的漠不相关的、外在的变化便是自欺欺人。
>
> 用渐变范畴来想象或说明一种质或某物的消失，是很方便的……但事实上的任何东西都没有由此得到说明；变化本质上同时就是从一种质到另一种质的过渡……这里包含着一种与在渐变中不同的规定；渐变只是增多或减少，是对大小作片面的坚持。[①]

黑格尔在这里把事物的变化看成是与质相关的转换，看成是事物从一种性质到另一种性质的过渡，而不是与旧性质相关联的量的简单的增减的观点是十分深刻的。这其中就包含了突变质变的思想。

但是，在黑格尔的相关论述中，他似乎并不否认渐变质变的方式，因为他说："一种似乎仅仅是量的变化也会转化为一种质的变化。"他还用每次拔掉一根头发，反复操作最终产生秃头，以及每次取一粒谷，最终使谷堆消失的例子来证明这一点。[②] 然而，这些例子都不是针对事物自身发展的过程而言的。如果把质量互变看成是事物自身进化发展的方式，那么，这种渐变质变的过程是否存在便值得讨论了。

也许我们应当对黑格尔批判"自然界中是没有飞跃的"这一观点时所做的论述加以重视。他说：

> "有"的变化从来都不仅是从一个大小到另一个大小的过渡，而且是从质到量和从量到质的过渡，是变为他物，即渐进过程之中断以及与先前实有物有质的不同的他物。水经过冷却并不是逐渐变成坚硬的，并不是先成为胶状，然后再逐渐坚硬到冰的硬度，而是一下子便坚硬。在水已经达到了冰点以后，如果仍旧在静止中，它还能保持液体状态，但是，只要稍微震动一下，就会使它变成固体状态。[③]

在这里，黑格尔不仅看到了"飞跃"式，即突变式的质变方式，还看到

① 黑格尔：《逻辑学》（上卷），杨一之，译，北京：商务印书馆，1976 年版，第 363 页。
② 黑格尔：《逻辑学》（上卷），杨一之，译，北京：商务印书馆，1976 年版，第 364，405 页。
③ 黑格尔：《逻辑学》（上卷），杨一之，译，北京：商务印书馆，1976 年版，第 404 页。

了这种质变方式的具体机制——偶然性的介入，在这里，在水的液态到固态的转化过程中，便是微小的震动所起的选择作用。这样的观点和思想与当代自组织有序演化的分叉理论，与数学突变理论所给出的非平衡相变模式的相关观点和思想是相吻合的。

22.7 事物普遍联系、过程展开的全息境界

黑格尔哲学通过揭示概念间的关系、概念自身的运动阐释了事物普遍联系、过程展开的辩证法，其所采用的方法是普遍中介、内在蕴涵、相互规定和映射的全息方法。简言之，他的哲学是一种达到了全息境界的哲学。

前已述及，黑格尔把世界看成是绝对精神自我设定、自我展开、自我异化和自我复归的过程，所以，他用以描述绝对精神运动的哲学便也正如绝对精神自身的运动一样，是一个封闭的圆圈。在这样一个圆圈结构上的任何一个点都既是起点又是终点。由此出发，黑格尔又强调了哲学开端的相对性和无起点性。既然是一个封闭的圆圈，既然无所谓起点和开端，那么，在这个封闭的圆圈上的任何一点的展开都将是整个圆圈本身，这就意味着圆圈上的任何一点都是整个圆圈构造的一个中介环节，都潜在包含着整个圆圈的内容，亦即圆圈上的任何一点对于整个圆圈而言都是全息蕴涵的，都是一个包含整体的全息元。在此体现的正是部分（点）和整体（整个圆圈）之间的全息映射关系。另外，由于圆圈是一个发展着的环，所以，在发展着的任何一个点上，都是一个包含全过程的内容于自身之中的一个开端，而同时又是一个结果，在这里，无论是在开端的意义上，还是在结果的意义上，它都具有全息存在的韵味。在这一点上，黑格尔的观点也是清晰的。他说："开端的东西仍然是一切后继者的基础，并不因后继者而消失。""在一切后继的发展中，都是当前现在的、自己保持的基础，是完全长留在以后规定的内部的东西。""在这个圆圈中，最初的也将是最后的东西，最后的也将是最初的东西。"①

在对具体概念运演过程的描述中，黑格尔运用了正、反、合，肯定、否定、否定之否定，同一、差异、对立（矛盾），自为中介、互为中介、中介

① 黑格尔：《逻辑学》（上卷），杨一之，译，北京：商务印书馆，1976年版，第56页。

展开和过渡的一系列具体方法，而这些具体方法都体现了概念间的相互联系、相互规定、相互映射的全息蕴涵关系。

黑格尔多次论述了在发展的过程中，在事物转化的过程中，某物不仅反映自身，而且反映他物，并在他物中映射自己、返回自己的情景。他说：

> 真正的无限毋宁是"在别物中即是在自己中"，或者从过程方面来表述，就是："在别物中返回到自己。"
>
> 本质也同样不是抽象的自身反映，而是反映他物。
>
> 实存是自身反映与他物反映的直接统一。实存即是无定限的许多实际存在着的事物，反映在自身内，同时又映现于他物中，所以它们是相对的，它们形成一个根据与后果互相依存、无限联系的世界。①

显然，按照黑格尔的这些论述，发展了的事物本身既是自身当下的存在，又是与他物关系的凝结性存在，还是自身发展的原因和结果的相互联系的存在，并且，自身中的这些诸多方面的映射关系，也同样会在相关的他物中被映射。正因为如此，这个世界才是有因有果的发展的链条，才是一个普遍联系的整体。这就是黑格尔所描述的具有全息蕴涵关系的世界图景。

在论及有限和无限的关系时黑格尔同样采取了全息蕴涵的方法。他说：

> 无限物只是对有限物的超越，无限物依据这一规定，就是有限物的否定……这样，就在每一个中都包含着他物的规定。
>
> 无限物和有限物，就两者相互关系说，那种关系对于它们是外在的，又是本质的，没有那种关系它们便不成其为它们，所以它们都在自己的规定中包含着自己的它物，同样，就每一个自身而论，在它本身那里来观察，每一个也都以它的他物包括在它之内作为自己的环节。②

正是因为看到了有限物和无限物在发展过程中的这种统一性和全息蕴涵性，黑格尔才采用了"有限化的无限物"和"无限化了的有限物"的说法②。

黑格尔并不简单把事物的变化、新旧事物的更替看作是前后毫不相关的

① 黑格尔：《逻辑学》（上卷），杨一之，译，北京：商务印书馆，1976 年版，第 207，259，265-266 页。
② 黑格尔：《逻辑学》（上卷），杨一之，译，北京：商务印书馆，1976 年版，第 142-144 页。

纯粹的否定或抛弃，而是看作某种“含有保持或保存之意”的“扬弃”，并认为这样理解的“扬弃”概念体现了“德国语言富有思辨的精神，它超出了单纯理智的非此即彼的抽象方式”[①]。在这里，这种“保持或保存”便具有信息相互映射和规定的意义，并涉及在事物相互转化的过程中，通过信息映射而实现的普遍联系、相互内在蕴涵或规定的全息化的具体机制。

在论及对立物之间相互蕴涵的辩证关系时，黑格尔批评了形式逻辑中的同一律、排中律和不矛盾律的虚妄性及其相互的矛盾性。他指出：

> 在对立中，有差别之物并不是一般的他物，而是与它正相反对的他物；这就是说，每一方只有在它与另一方的联系中才能获得它自己的〔本质〕规定，此一方只有反映另一方，才能反映自己。另一方面也是如此；所以，每一方都是它自己的对方的对方。
>
> 按照同一律，一物只是自己与自己相联系，但按照‘对立律’，则一物必须与它的对立的别物相联系。这表示抽象思维之特别缺乏识见，把这样两个相反的原则并列起来作为规律，却并未细加比较。排中律是进行规定的知性所提出的原则，意在排除矛盾，殊不知这种办法反使其陷于矛盾。说甲不是正甲必是负甲；但这话事实上已经说出了一个第三者即甲，它既非正的，亦非负的，它即可设定为正的，亦可设定为负的。
>
> 同一与对立本身即是对立的，于是，对立的原则在矛盾律的形式下甚至被认为是同一律。（按照通常的见解，）每一事物都在别的事物之外。与此相反，哲学的目的就在扫除这种各不相涉的〔外在性〕，并进而认识事物的必然性，他物就被看成是与自己正相对立的自己的他物。[②]

正因为把发展了的事物看成是一种全息蕴涵的存在，黑格尔才看到过去的相关关系会在精神的运动中保留和持存。他写道：“过去是被扬弃人的存在，精神是被扬弃了的、过去的存在的自身反映。唯有在精神中，过去还能继续持存，但精神却又能在它之内把这被扬弃了的存在同它自己区别开。”[③]

---

① 黑格尔：《小逻辑》（上卷），贺麟，译，北京：商务印书馆，1980年版，第213页。
② 黑格尔：《小逻辑》（上卷），贺麟，译，北京：商务印书馆，1980年版，第254-257页。
③ 黑格尔：《小逻辑》（上卷），贺麟，译，北京：商务印书馆，1980年版，第269页。

然而，我们要说的是，过去不仅在精神中持存，而且同样会在自然事物的信息关系中持存，并且，这种持存的信息关系并不仅仅是针对过去与现在的关系的，还是针对过去、现在和未来的关系的，因为过去和现在正是通向未来的中介环节，正是发展到未来的根据。这就是我们根据当代信息科学和信息哲学的发展所提出的“演化系列关系全息”的理论。①

由于事物存在具有全息蕴涵性，所以在黑格尔那里，所有的事物便都具有了双重存在的意义和价值，一方面，它是自身的存在，有其独立的个性和特征；另一方面，它又是一种为他物的存在，在自身之中蕴涵着与他物的关系，并同时将自身映现在他物之中。他说：

> 每一个都是它自身，又是它的他物……这就有了双重化的方面；每一个都只是与其非有的关系，作为这个非有的自身扬弃；这样，它的非有便只是在它之中的一个环节……被包含在它之中。
>
> 它们每一个本质上都是在它自己在他物中的映现，并且本身就是它自己作为他物那样的建立。②

如果我们撇开黑格尔关于绝对精神的观念不论，把他所讲的概念的运动看成是自然自身的存在方式和规定，那么，我们便可以在某种程度上把黑格尔的这些思想看成是物质和信息双重存在的观念：一方面，物质有它的实在的存在；另一方面，在这个实在的存在之中又映射着多重丰富而复杂的信息关系和内容。正因为如此，世界及其事物的普遍联系性才可能在现实关系中呈现出来，我们也才可能据此来认识存在及存在的这种普遍联系性。如此看来，全息不仅是事物存在的方式，还是我们认识事物的根据和方法。

① 邬焜：《信息哲学——理论、体系、方法》，北京：商务印书馆，2005 年版，第 270-272 页。
② 黑格尔：《逻辑学》（下卷），杨一之，译，北京：商务印书馆，1976 年版，第 47，61 页。

第四编

马克思主义哲学——辩证唯物主义的第一个历史形态

题记：

辩证哲学推翻了一切关于最终的绝对真理和与之相应的绝对的人类状态的观念。在它面前，不存在任何最终的东西、绝对的东西、神圣的东西；它指出所有一切事物的暂时性；在它面前，除了生成和灭亡的不断过程、无止境地由低级上升到高级的不断过程，什么都不存在。它本身就是这个过程在思维着的头脑中的反映。诚然，它也有保守的方面：它承认认识和社会的一定阶段对它那个时代和那种环境来说都有存在的理由，但也不过如此而已。这种观察方法的保守性是相对的，它的革命性质是绝对的——这就是辩证哲学所承认的唯一绝对的东西。

——恩格斯：《路德维希·费尔巴哈和德国古典哲学的终结》，载《马克思恩格斯选集》(第4卷)，北京：人民出版社，1995年版，第217页

第23章 关于马克思主义哲学基本性质的讨论

23.1 问题的提出

近年来，学术界关于马克思主义哲学基本性质的争论日益激烈化，其焦点集中于把马克思主义哲学看作是辩证唯物主义哲学还是实践唯物主义哲学。

马克思主义哲学是由马克思和恩格斯在19世纪40年代创立的。按照一个标准的传统说法，马克思主义哲学的基本性质是辩证唯物主义，也有人采用辩证唯物主义和历史唯物主义的说法。

在马克思和恩格斯当年的著作中，明确地用了若干种提法来指谓他们所创立的哲学的特征和性质。其中最鲜明的提法包括："实践活动的唯物主义""实践的唯物主义""共产主义的唯物主义""新唯物主义"① "现代唯物主义"②。坚持把马克思主义哲学看作是实践唯物主义哲学的人们正是从马克思和恩格斯当年的这样一些提法中找寻根据的。

虽然马克思和恩格斯当年并未明确地提出自己创立的哲学就是辩证唯物

① 马克思，恩格斯：《马克思恩格斯选集》（第1卷），中共中央马克思恩格斯列宁斯大林著作编译局，译，北京：人民出版社，1995年版，第56-57，75，78页。

② 马克思，恩格斯：《马克思恩格斯选集》（第3卷），中共中央马克思恩格斯列宁斯大林著作编译局，译，北京：人民出版社，1995年版，第364，738页。

主义哲学，但是，从其哲学产生于对黑格尔的唯心辩证法和费尔巴哈的机械唯物论的批判，并吸取了辩证法和唯物论的核心理念的情景来看，其哲学的辩证唯物主义性质是明确的。恩格斯当年也认为："现代唯物主义本质上都是辩证的。"[①]资料显示，德国工人哲学家狄慈根（Joseph Dietzgen，1828—1888）于1886年在其出版的《一个社会主义者在认识领域中的漫游》一书中，最先用"辩证唯物主义"这一术语来指称马克思和恩格斯创立的新唯物主义学说。后来，俄国的马克思主义者普列汉诺夫（Георгий Валентинович Плеханов，1856—1918）、列宁等也曾多次使用这一术语来指谓马克思和恩格斯创立的新哲学。[②]再后来，苏联和我国的马克思主义哲学教科书都采用了"辩证唯物主义"或"辩证唯物主义和历史唯物主义"的书名。

23.2 实践唯物主义的提法揭示了马克思主义哲学的本质特征

革命性、批判性、阶级性和实践性是马克思主义哲学的最本质的特征。从这些最本质的特征出发，我们把马克思主义哲学看作是革命的哲学、批判的哲学、无产阶级的（或共产主义的）哲学、实践的哲学。这多种提法之间并不是一种相互割裂的关系，而是相互有机蕴涵的。因为革命的就是批判的和实践的，批判的就是革命的和实践的，实践的同样就具有革命性和批判性。至于无产阶级的哲学则直接揭示着马克思主义哲学为无产阶级革命、为实现共产主义的理想社会而服务的阶级性，因为在马克思和恩格斯看来，赢得无产阶级的解放、消灭私有制，进而解放全人类，实现共产主义，正是人类社会发展的必然，这一发展的必然恰与无产阶级自身的利益相符合。所以，无产阶级的哲学本身就是革命的、批判的和实践的。这样，无产阶级的实践理应具有阶级性的特征。

既然实践性是马克思主义哲学的一个本质特征，既然从实践的维度又能很好地全息映射马克思主义哲学的革命性、批判性和阶级性的特征，那

① 马克思，恩格斯：《马克思恩格斯选集》（第3卷），中共中央马克思恩格斯列宁斯大林著作编译局，译，北京：人民出版社，1995年版，第364，738页。

② 冯契：《哲学大辞典（上）》，上海：上海辞书出版社，2007年版，第21页。

么，把马克思主义哲学看成是实践唯物主义的哲学便是顺理成章的事情了。

把马克思主义哲学看作是实践唯物主义哲学集中凸显了马克思主义哲学的实践哲学的性质。实践哲学的本性集中体现了人类实践活动的性质。人类的实践活动并不仅仅是改造世界的活动，同时还是认识世界的活动，因为人们正是在改造世界的过程中认识世界的，而人们认识世界的目的也能够深刻地指向对世界的改造。

虽然马克思说："哲学家们只是用不同的方式解释世界，问题在于改变世界。"① 但是，这并不意味着马克思主义哲学只是改造世界的哲学，而不是解释世界的哲学。任何割裂对世界的认识和改造的哲学都是片面的，都是不符合实践之本性的。人类的社会实践具有双重活动的品格，它既是能动地改造世界的活动，又是能动地认识世界的活动，并且，这两种活动正是同一实践过程所实现的双重效应，这是一个双向的信息活动过程，既是实践对象的信息在主体中实现的过程，又是主体目的性信息在实践对象中实现的过程，在这里集中体现着实践活动认识世界和改造世界的二重化特征。

因为人们主要是通过实践活动对世界进行认识和改造的，所以，人的实践活动便具有了复杂而能动的性质，它只能是多重关系的综合建构的活动过程。在最一般的意义上，实践具有多维综合统一的活动特性，它既是人和环境统一的形式，又是人和人统一的形式；它既是自然力量和社会力量统一的形式，又是物质力量和精神力量统一的形式；它既是主观和客观统一的形式，又是主体和客体统一的形式；它既是理性和非理性统一的形式，又是可知和不可知、可说和不可说统一的形式。正由于实践具有这样的多维综合统一的活动性，它才能够集中体现辩证法的普遍联系性、结构关系性、中介过程性、历史发展性、开放包容性、异质建构和融合性等基本特征。也正是在这样的一种分析中，我们便可以得到一个初步的结论：实践唯物主义和辩证唯物主义并不是相互排斥的两种不同的哲学，二者在本质上是统一的。

---

① 马克思，恩格斯：《马克思恩格斯选集》（第 1 卷），中共中央马克思恩格斯列宁斯大林著作编译局，译，北京：人民出版社，1995 年版，第 57 页。

23.3 辩证唯物主义是一种更具普适性的哲学形态

我们说实践唯物主义和辩证唯物主义在本质上是统一的，但这并不意味着，当用这两种不同的术语来分别称谓马克思主义哲学时，将会是完全同一的、无差异的。

毕竟，实践唯物主义的说法还只是从某种特定角度切入的一种特称。实践这一概念虽然可以体现辩证法的诸多基本特征，但它毕竟只是一种“全息蕴涵”式的“映射”，且有赖于运用辩证法的原则对其进行具体解读。如此看来，实践唯物主义这一术语并不能完全包容和覆盖辩证唯物主义的全部内容。

辩证唯物主义这一术语与实践唯物主义这一术语并不在同一个层次，二者相比，辩证唯物主义所能涵盖的内容具有更为广泛的普适性。具体说来，在人类哲学发展的历史上，呈现出了多种类型的哲学形态：从唯物主义的发展来看，它先后经历了朴素唯物主义、机械唯物主义、辩证唯物主义的三大发展阶段；从辩证法的发展来看，它先后经历了朴素辩证法、唯心辩证法和唯物辩证法的三大发展阶段。而辩证唯物主义和唯物辩证法则正是马克思和恩格斯创立的哲学。如此看来，用辩证唯物主义（其中自然包括了唯物辩证法）这一术语来称谓马克思主义哲学，彰显的是一种具有普适性的全新哲学形态。这正是马克思主义哲学在人类哲学史上应有之地位的体现。

其实，马克思和恩格斯关于自己哲学性质的多种提法，诸如“实践的唯物主义”“共产主义的唯物主义”“新唯物主义”“现代唯物主义”等，都只是从某一特定的或相对的角度对自己哲学的某一或某些重要特征的特殊强调。虽然这些相关的术语能够集中体现马克思主义哲学的某一或某些方面的重要特征，并且，通过辩证分析的关系揭示，它们也都可以从各自的角度对马克思主义哲学的其他的重要特征加以全息性映射，但是，就这些术语本身的含义而言，都不能完全地包容辩证唯物主义这一术语所能包容的全部内容。在特定的场合，为了强调马克思主义哲学的某一方面的特征，采用上述那些提法中的某一个提法都应当是合理的。然而，如果在一般称谓的意义上，将马克思主义哲学归结为上述任意一种术语则都将会具有某种程度的片面性，因为它们都不具有辩证唯物主义这一术语所标明的哲学形态的层次，其所可能指谓的内容也未曾达到辩证唯物主义这一术语所包容的普适性和一般性。并且，上述那些术语的辩证性还有赖于运用辩证法的相应方法才能具体而明晰地得以阐释。与此情景相反，由于辩证唯物主义这一术语具有普适性和一般性，所以这一术语能够很好地包容和解释，并揭示上述其他术语所可能阐释和展示的内容。

如此看来，辩证唯物主义和实践唯物主义这两种提法虽然是相关、相容的，但是，二者在标示哲学的层次上、在原理的普适性上却存在着具体的差异。所以，在一般的意义上（区别于特称的意义），辩证唯物主义这一术语比起实践唯物主义这一术语更具有普适性和一般性，更能揭示马克思主义哲学的人类哲学形态的新变革的本质。如此看来，把马克思主义哲学简单归结为实践唯物主义，虽然能揭示马克思主义哲学的重要特征，但是，与此同时，却降低了马克思主义哲学的哲学层次。

虽然在不同的历史时期、在不同的文献中，马克思主义哲学的经典作家及其之后的阐释者们采用了很多不同的说法来称谓马克思主义哲学的特征和性质，其中包括“实践活动的唯物主义”“实践的唯物主义”“实践唯物主义”“共产主义的唯物主义”“新唯物主义”“现代唯物主义”“辩证唯物主义”“辩证唯物主义和历史唯物主义”，但是，在这样一些称谓中也应该有一个层次高低的问题。

辩证唯物主义是描述马克思主义哲学性质的最高层次的提法，而其他种种提法都还只是从某种特定的角度或层面对马克思主义哲学的某些具体特征和性质的揭示。如果在总体概括的层面上，用其他一些提法来取代“辩证唯物主义”这个提法，显然是以偏概全了。并且，所有其他种种提法如果不加限定地规范和解释，都可能会存在种种歧义性的方面。如果这些提法不以辩证唯物主义为其具体解读和阐释的基础，那么所得出的相应的解释便不可能是马克思主义的，甚至是与马克思主义哲学的基本观点相反的。

值得一提的是，马克思主义哲学也是分层次的，其不同层次的理论的普适性程度也有所差别。在马克思主义哲学中，辩证唯物主义是其最高层次的理论，也可以说，辩证唯物主义是马克思主义哲学的元理论。因为辩证唯物主义具有哲学一般世界观和方法论的地位，其所阐释的理论在自然、社会和思维领域都具有普适性。人们运用辩证唯物主义的基本方法和理论分别对自然、社会和思维领域进行研究，并揭示这些领域的具体特性和规律，则会派生出马克思主义哲学的自然哲学、社会哲学和精神哲学，并由此构成第二层次的马克思主义哲学的三大分支哲学，这就是我们通常所说的马克思主义的自然辩证法、历史唯物主义和辩证思维（认识）逻辑。

在西方马克思主义者那里（亦在近年来中国的某些哲学家中），热衷于割裂马克思和恩格斯的学说，并由此形成否定自然辩证法，进而否定辩证思维逻辑的倾向。然而，辩证法和唯物论的原则如果不是普适的，那么，辩证唯物主义就不可能是一种哲学的元理论。如果承认了辩证唯物主义的哲学元理论的性质，那么，就必须承认自然唯物辩证法、社会唯物辩证法和精神唯物辩证法的必然成立。当然，我们这样说并不意味着，马克思和恩格斯所阐释的辩证唯物主义哲学，以及其具体领域中的分支哲学中的一切原理都是绝对真理，都是不容改变的。实际的情景恰恰相反，马克思主义哲学同样是历史的产物，同样应当服从辩证法的规律，同样必须接受其之后的现实和理性的审视与批判，这也正是马克思主义哲学作为辩证唯物主义哲学的自身本性所要求和规定的。诚如恩格斯所说，辩证“哲学的真实意义和革命性质，正是在于它彻底否定了关于人的思维和行动的一切结果具有最终性质的看法”①。“辩证哲学推翻了一切关于最终的绝对真理和与之相应的绝对的人类状态的观念。在它面前，不存在任何最终的东西、绝对的东西、神圣的东西；它指出所有一切事物的暂时性；在它面前，除了生成和灭亡的不断过程、无止境地由低级上升到高级的不断过程，什么都不存在。它本身就是这个过程在思维着的头脑中的反映而已。诚然，它也有保守的方面：它承认认识和社会的一定阶段对它那个时代和它那种环境来说都有存在的理由，但也不过如此而已。这种观察方法的保守性是相对的，它的革命性质是绝对的——这就是辩证哲学所承认的唯一绝对的东西。”② “凡是现存的，都一定要灭亡。”①

在相关的经典理论中，有把辩证唯物主义和历史唯物主义并列相论的倾向。这其实是混淆了两个不同的哲学层次。如上所说，辩证唯物主义是马克思主义哲学的元理论，而历史唯物主义则应当是马克思主义哲学第二层次的学说之一。当然，这并不意味着历史唯物主义不是马克思主义哲学的重要组成部分，恰恰相反，正是马克思和恩格斯将辩证法和唯物论的观点引入对人类社会历史的考察，才创造性地创立了区别于以往的机械论和唯心主义的人

① 马克思，恩格斯：《马克思恩格斯选集》（第4卷），中共中央马克思恩格斯列宁斯大林著作编译局，译，北京：人民出版社，1995年版，第216页。

② 马克思，恩格斯：《马克思恩格斯选集》（第4卷），中共中央马克思恩格斯列宁斯大林著作编译局，译，北京：人民出版社，1995年版，第217页。

类历史观的辩证唯物主义的历史观，也正是在这一意义上，把马克思主义哲学看成是辩证唯物主义的实践哲学便具有了一定的合理性。

23.4 对“实践唯物主义”术语局限性的再讨论

还有一点需要提及的是，作为元理论的辩证唯物主义是一种高层次的哲学，位于其下层次的分支哲学如果不能很好地体现其基本理论，则有可能背离辩证唯物主义的基本要义。例如，实践唯物主义的基本观点就有一个是否符合辩证唯物主义基本要义的问题。这里的关键是对“实践”概念的具体解读方式。

一个基本的事实是，马克思主义哲学的某些当代阐释者热衷于把马克思主义哲学归结为实践哲学或实践唯物主义哲学，但是，由于他们脱离了辩证唯物主义的基础，他们对马克思主义哲学基本观点的阐释便不再具有马克思主义哲学的性质。例如，他们往往把实践看作是世界存在的本体，对实践做人本主义的解释，把全部世界都仅仅看作是“可感性的存在”，并认为在人的可感性的世界之外的世界只能是“无”。从这样的认识基点出发，他们甚至把哲学上的物质概念也从“可感性”的意义上加以规定，并把实践活动也完全归结为“可感性的物质”。在这里，相关的阐释不仅把实践完全归结为人的认识活动，还把整个物质世界都归结为人的感性直观的领域。在相关的解释中存在着这样一个逻辑：用人的主体性解释实践，再用实践解释物质，进而用这样的方式解释整个世界和宇宙。在这里，他们不是把实践论建立在唯物论的基础之上，而是相反，把唯物论建立在实践论的基础之上，而他们对实践论的解释又采取了主体性、人本化的单向度的规定。与其说这样的哲学是马克思主义哲学，还不如说它更接近于当代西方意识哲学的现象学理论。所谓西方马克思主义的研究路径，以及近些年来，中国的某些哲学家所采取的研究态度和研究方式，坚持的正是这样一种试图将马克思主义哲学主体化、人本化和意识哲学化的立场。

有理论认为，实践是纯粹物质性的活动，实践也是“客观实在”。在我国学者编写的一本有代表性的马克思主义教科书中，就曾经写过这样的话：马克思主义哲学经典作家关于物质概念的基本思想是，物质是标志客观实在的哲学范畴，是对一切可以从感觉上感知的事物的共同本质的抽象，因而它既包括一切可以从感觉上感知的自然事物，也包括可以从感觉上感知的人的感性活动即实践活动。[①] 在这段话中，人的认识的“可感性”成了物质（客观实在）本质规定的前提和基础，而人的实践活动也相应地在这个前提和基础上被归结成了物质（客观实在）。表面看来，在这个定义中强调了实践活动的物质性，但是，因为物质的本质是由人的认识的“可感性”所限定的，所以，在这里，对实践活动的物质性的规定也只是在人的认识的“可感性”的尺度上被理解的。这样的观点根本不可能恰当地揭示实践活动的唯物论基础，以及主体和客体、主观和客观相互作用之中介的辩证法基础。另外，由此段话所可能推出的另一个观点仍然是站不住脚的，这一观点便是：人类的感觉尚无法感知的那些自然事物不一定是客观实在的。例如，暗物质（包括暗质量和暗能量）、不可视物质及其区域（如黑洞）、超弦理论所预设的超微观普朗克尺度（10^{-33}厘米）的“一维弦”，以及人的感知能力尚未达到的自然世界的事物和层次。而在事实上，与宇宙事物的无限性的存在相比，人的可感性的世界的范围、尺度和层次都是极为有限的，如果仅仅以这种人的有限的感性世界来取代全部宇宙事物的无限性的存在，那么，这样的观点便从根本上否定了自然的先在性和它的自在存在和运动的无限性。由此我们也可以看到，那种把马克思主义哲学归结为实践哲学的观点，以及仅仅从人本主义、从人的主体性的层面来理解实践，进而解释物质，阐释整个世界的存在的观点离真正的马克思主义哲学的距离有多远。

其实，只要承认了自然的先在性、人类由自然产生的派生性，只要承认了自然的无限性，人类存在范围和认识能力的受限性，就必须承认并非“一切”“自然事物”都是“可以从感觉上感知的”。最初人类可感的事物只是宏观层面的，之后随着科学理论和科学认识工具的发展，人类可感的事物逐步向微观和宇观两极延伸，但无论如何，就人类的有限性存在而言，永远都不可能把一切自然事物全然纳入人的可感世界，这就意味着总有一些客观实在的自然事物是我们无法感知的。况且，我们对微观和宇观事物的感知，又只能借助于相应的观测仪器将其信息转换到宏观尺度才成为可能。就这一情景看，即使是我们逐步扩大了的可感世界，也只能是被观测理论和观测仪器所

① 肖前：《马克思主义哲学原理》（上册），北京：中国人民大学出版社，1994年版，第88页。

中介了的间接化了的可感世界。严格说来，宏观世界之外的客观实在的世界对我们来说或者是根本无法去感知的，或者是无法直接去感知的。如果仅仅用"一切可以从感觉上感知的事物"来说明客观实在的物质世界，显然不妥。

值得一提的是，上面提到的那段关于物质的定义显然受到了马克思这样一段话的启示，这段话是："从前的一切唯物主义——包括费尔巴哈的唯物主义——的主要缺点是：对对象、现实、感性，只是从客体的或者直观的形式去理解，而不是把它们当作人的感性活动，当作实践去理解，不是从主体方面去理解。"[①]然而，从马克思这段话中并不能得出唯物主义不能从客观的方面去理解世界的结论，也不能得出只有"可以从感觉上感知的事物"才是物质的结论，更不能推出人的实践活动是纯粹的物质的客观实在的活动的结论。如果不带偏见地去理解马克思的这段话，我们只能得出这样的结论：区别于旧唯物主义的辩证唯物主义，不仅应当从客观的维度上去理解世界，还应当从主观能动的维度上去理解世界，并且，人们对世界的认识又总是在具有主体能动性的人的实践活动的中介下实现的。马克思在这里要强调的是，人们对世界的认识不可能在纯粹客观的尺度上实现，它必然受到人的主观活动、人的实践活动的能力和性质的制约，并以后者为中介，从而具有了后者活动的某些性质。由此可以看到，人的实践活动本身所具有的特征并非纯客观的、纯物质性的特征。

人的实践活动并不是纯粹"独立于我们的精神而存在"的过程，实践在本质上具有主体和客体、主观和客观、物质和精神双重维度的统一性特征。仅仅从"客观实在"的物质性这一单一维度上对实践活动进行解读，显然不能揭示人的实践活动的主观目的和计划的能动性，这样的解释方式更多具有直观的、机械的特征。如此看来，仅仅强调"实践唯物主义"这个术语，还不能保证它就具有马克思主义哲学的性质，因为"实践唯物主义"这个提法并不能保证其相关的理论一定具有辩证性。它还可能是机械唯物论的，甚至是庸俗唯物论的。须知，对实践概念作单纯物质维度的理解就是把人的活动降低为一般动物的活动，甚至是一般物的活动。马克思主义的哲学绝不可能具有这样的性质。

---

① 马克思，恩格斯：《马克思恩格斯选集》（第 1 卷），中共中央马克思恩格斯列宁斯大林著作编译局，译，北京：人民出版社，1995 年版，第 58 页。

23.5 建立辩证唯物主义的第二个历史形态

早在 1886 年，恩格斯就写道："像唯心主义一样，唯物主义也经历了一系列的发展阶段。甚至随着自然科学领域中每一个划时代的发现，唯物主义也必然要改变自己的形式。"①

马克思和恩格斯创立的辩证唯物主义哲学是科学的世界观和方法论。因为科学本身就是不断变化和发展的，所以，立足于科学和社会发展基础之上的辩证唯物主义哲学也必然会随着科学和社会的变化和发展而不断变化和发展。

事实上，辩证唯物主义哲学自创立以来，就不断面临各种形式的挑战，并经历了一系列发展和变革。其中最引人关注的是，19 世纪末到 20 世纪初，随着第二次科学革命的爆发，场能实在论的观念代替了传统的实体实在论学说，以实体观念为基础的传统唯物论学说遭到了灭顶之灾，一些哲学家和科学家宣称"物质消失了"。在这一科学背景下，马克思主义的辩证唯物主义哲学也遇到了空前的挑战。作为辩证唯物论者，列宁及时洞察了科学的变革，并针对当时某些科学家利用科学发展的成果否定唯物论的倾向，对古代、近代的传统物质观念和物质思维方式进行了合理的扬弃和批判，用可以同时兼容实体和场能的"客观实在"范畴来定义物质，相应建立了全新的辩证唯物主义的物质观，及时而有效地捍卫和发展了马克思主义的辩证唯物主义学说。

在西方的哲学传统中，始终存在着经验论和唯理论两条发展路径，西方传统经验论学说集中体现着机械唯物论的色彩，而西方的唯理论学说则集中体现为客观唯心论和主观唯心论两大支脉。随着近现代科学革命的崛起，机械唯物论的市场越来越小，而支撑客观唯心论的上帝和绝对精神的观念也逐渐被科学与哲学所抛弃。这样，在西方主流哲学的发展过程中，主观唯心论的学说得到了单极化的张扬。这样一种发展路径集中体现在西方哲学界所宣称的认识论、语言学、现象学的所谓多次哲学转向之中。这样的哲学转向的实质是要在拒斥哲学本体论、拒斥形而上学问题，悬置客观自然和物质观念的背景下，发展一种绝对纯粹意义上的主观唯心论的意识哲学，其理论旨趣

---

① 马克思，恩格斯：《马克思恩格斯选集》（第 4 卷），中共中央马克思恩格斯列宁斯大林著作编译局，译，北京：人民出版社，1995 年版，第 228 页。

的要害在于反对或消解任何形式的唯物论学说，并诋毁自然辩证法的学说。

与西方意识哲学相反，现代科学的发展开拓了另外一条全新的自然哲学之路。从 20 世纪初的相对论、量子力学和现代宇宙学的创立，到后来的超弦理论和 M 理论的假说，以及 20 世纪中叶以来爆发的第三次科学革命所形成的复杂信息系统科学学科群的崛起，尤其是第三次科学革命所涉及的大量学科，其中包括分子生物学、信息论、控制论、系统论，耗散结构论、协同学、超循环理论、突变论，分形几何学、混沌理论、全息论、虚拟现实科学、纳米科学、量子信息科学、认知科学，以及专门针对复杂信息系统进行研究的理论等，这一切不仅极大地开拓了人类对自然认识的广度和深度，还极大地改变了人类对自然认识的一般方式。这些学科的发展已经形成了诸多全新的科学研究纲领，其中最具影响力的有四种：系统科学（整体主义）研究纲领；信息科学研究纲领；自组织科学研究纲领；复杂性理论研究纲领。①

上述四大研究纲领的相互交叉和综合正在形成一种全新的世界图景（信息系统复杂综合的世界图景）和全新的思维方式（信息思维方式）②。这一世界图景和思维方式不仅具有自然哲学的性质，还具有一般世界观和方法论的性质。现代科学和第三次科学革命的发展所引起的更为深刻的变化还在于相应的技术革命和工程革命的爆发，由此又进一步引发了相应的经济革命和社会革命，最终导致了信息经济和信息社会文明的崛起。

在概括和吸收现代科学和第三次科技革命，以及由此引发的技术与工程、经济与社会领域的全方位变革的积极成果的基础上，通过对已有传统哲学的反思与批判，一种全新的时代哲学——信息哲学于 20 世纪 80 年代首先在中国创立，并且在 21 世纪的头十年日益走向成熟。随着 21 世纪初西方学者的信息哲学纲领的提出，以及中国创立的信息哲学被西方学者日益了解，有迹象表明，信息哲学的研究热潮即将兴起。

科学、技术、社会的变革必然引起哲学的相应变革。毫无疑问，现代科学、技术和社会的发展为辩证唯物主义哲学的发展提供了前所未有的崭新研究课题和方向，要求辩证唯物主义哲学与时俱进地变革和发展自身。如果说马克思和恩格斯当年创立的哲学是辩证唯物主义的第一个历史形态的话，那

① 邬焜：《建构统一复杂信息系统理论的几个问题》，《自然辩证法研究》，2006 年，第 12 期，第 96-99 页。

② 邬焜：《物质思维・能量思维・信息思维——人类科学思维方式的三次大飞跃》，《学术界》，2002 年，第 2 期，第 60-91 页。

么，建立在现代科学、技术和社会发展基础之上的辩证唯物主义哲学则能够成为辩证唯物主义的第二个历史形态。这一新的历史形态，一方面是第一个历史形态的继承和发展，另一方面又必然具有它自身的全新范畴、体系和内容。在信息化时代的今天，在现代科学和第三次科学革命、信息哲学所提供的相应成果和问题域的背景下，对现代科学的积极成果，以及对信息哲学问题进行辩证唯物主义的阐释，对形形色色的利用现代科学的某些成果，以及关于信息问题的片面解读来诋毁唯物论和辩证法的倾向予以有效的批判，无疑会成为建立辩证唯物主义第二个历史形态的最重要、最基本和最切近的途径。今天的辩证唯物主义学说所面临的挑战，比当年列宁所处的时代所面临的挑战更为严峻，今天的辩证唯物论者所面对的情景比当年列宁所面对的情景更为复杂。这就不能不给我们带来更强的紧迫感，并要求我们必须具有更为强烈的自觉寻求变革的意识。

第24章

马克思、恩格斯对自然概念多维综合的唯物辩证认识

历史上的唯物主义哲学有一个基本的倾向，这就是它们都从对自然的唯物主义阐释出发，以自然本体的名义来建构某种哲学的理论和体系。然而，在不同的唯物主义哲学体系之间却存在着某种具体的差异，这就是当他们从自然本体出发来阐释自然、人和社会的关系时往往会采取不同的思考路径。一是把人和社会简单归结为纯自然的方面，抹杀其相对独立于自在自然的特性，由此产生了机械的、形而上学的和庸俗的唯物主义哲学；二是夸大人和社会的独立性特征，把人和社会与自在自然绝对割裂开来加以认识，由此产生了学说内部的矛盾，唯物的自然观和唯心的历史观与社会观，以及唯心的人的学说。马克思主义哲学的性质与这两条思考路径截然不同。一方面，他们承认自在自然的基础性和优先性地位；另一方面，在承认人和社会的自然本性的基础之上又重视人和社会的相对独立性特征。同时，他们又在复杂多维综合的尺度上，按照自然自身发展的逻辑，区分出不同的自然形态，从而把自在自然、人自身的自然和人化的社会自然在一个更高发展的层面上辩证地统一起来。这样的一种自然主义的哲学，不仅是唯物的，而且是辩证的，由此又体现出了唯物主义和辩证法学说的综合与统一。

24.1 马克思、恩格斯强调了三种自然形态

马克思早在《1844年经济学哲学手稿》中，就用不同的方式表述了三种形态的自然及其关系。这三种形态的自然就是：天然自然、人自身的自然和人化的社会自然。

对于天然自然，马克思在《1844年经济学哲学手稿》中的相关表述是：人“之外的自然界”“不依赖于人的自然存在”①。在《德意志意识形态》中，马克思和恩格斯的相关表述是：社会之外的“外部自然界”、“先于人类历史而存在的那个自然界”②。

对于人自身的自然，马克思在《1844年经济学哲学手稿》中的相关表述是：“人是自然界的一部分”“人直接的是自然存在物”；人是“有生命的自然存在物”；人“是能动的自然存在物”“人不仅仅是自然存在物，而且是人的自然存在物”③。

马克思在《1844年经济学哲学手稿》中，明确地把人的社会和社会的人称为“人化的自然界”。他还强调指出：“在人类历史中即在人类社会的产生过程中形成的自然界是人的现实的自然界……是真正的、人本学的自然界。”④

24.2 马克思论述了三种自然形态间的全息统一关系

马克思在《1844年经济学哲学手稿》中，以统一综合的“自然”概念，集中阐释了三种自然相互映射、互为前提和规定的全息统一性关系。

他首先强调了事物的普遍联系性，并认为通过普遍联系事物便能够建立起对象性关系。他说：因为“一个存在物如果不是另一个存在物的对象，那么就要以不存在任何一个对象性的存在物为前提”，“这样的存在物首先将是一个唯一的存在物，在它之外没有任何东西存在着，它孤零零地独自存在

① 马克思：《1844年经济学哲学手稿》，刘丕坤，译，中共中央马克思恩格斯列宁斯大林著作编译局，校，北京：人民出版社，1985年版，第54，71，125页。

② 马克思，恩格斯：《马克思恩格斯选集》（第1卷），中共中央马克思恩格斯列宁斯大林著作编译局，译，北京：人民出版社，1995年版，第77页。

③ 马克思：《1844年经济学哲学手稿》，刘丕坤，译，中共中央马克思恩格斯列宁斯大林著作编译局，校，北京：人民出版社，1985年版，第52，124，126页。

④ 马克思：《1844年经济学哲学手稿》，刘丕坤，译，中共中央马克思恩格斯列宁斯大林著作编译局，校，北京：人民出版社，1985年版，第83，85页。

着”。如此，“非对象性的存在物，是一种非现实的、非感性的、只是思想上的即只是虚构出来的存在物”。“非对象性的存在物是非存在物。”[①]

既然“非对象性的存在物是非存在物”，那么，在三种自然之间就一定能够通过普遍的相互联系建立起相互之间的对象性关系，正是这种对象性关系的建立确证了三种自然的存在，同时也规定了三种自然的相互映射、互为前提和规定的全息统一性关系。

马克思认为在一般自然物之间存在着普遍的对象性关系，“太阳是植物的对象，是植物所不可缺少的、确证它的生命的对象，正像植物是太阳的对象，是太阳的唤醒生命的力量的表现，是太阳的对象性的本质力量的表现一样”。这样的一种对象性关系同样存在于人与自然界之间。人“为了使自己得到满足，得到温饱，他需要在他之外的自然界，在他之外的对象。饥饿是我的身体对某一对象的公认的需要，这个对象存在于我的身体之外，是我的身体为了充实自己、表现自己的本质所不可缺少的”[①]。

既然人需要他之外的自然界，既然人与他之外的自然界存在着某种对象性关系，那么，首先人就应当是一种自然的存在。

> 人直接地是自然存在物。人作为自然存在物，而且作为有生命的自然存在物，一方面具有自然力、生命力，是能动的自然存在物；这些力量作为天赋和才能，作为欲望存在于人身上；另一方面，人作为自然的、肉体的、感性的、对象性的存在物，和动植物一样，是受动的、受制约的和受限制的存在物。[②]

人与自然之间的这种既能动又受动的关系规定了人和他之外的与人发生了对象性关系的自然都不能离开对方而各自纯粹孤立地存在。正是在这种意义上，马克思强调了“人是自然界的一部分”，而与人发生了对象性关系的自然界也具有了属人的特性。“没有自然界，没有感性的外部世界，工人就什么也不能创造”，自然界一方面为工人提供其“生产出和借以生产出自己的产品的材料”，另一方面也“提供工人本身的肉体生存所需的资料”。“人的普遍性正表现在把整个自然界——首先作为人的直接的生活资料，其次作

① 马克思：《1844 年经济学哲学手稿》，刘丕坤，译，中共中央马克思恩格斯列宁斯大林著作编译局，校，北京：人民出版社，1985 年版，第 125 页。

② 马克思：《1844 年经济学哲学手稿》，刘丕坤，译，中共中央马克思恩格斯列宁斯大林著作编译局，校，北京：人民出版社，1985 年版，第 124 页。

为人的生命活动的材料、对象和工具——变成人的无机的身体。自然界，就它本身不是人的身体而言，是人的无机的身体。人靠自然界生活。这就是说，自然界是人为了不致死亡而必须与之不断交往的人的身体。所谓人的肉体生活和精神生活同自然界相联系，也就等于说自然界同自身相联系，因为人是自然界的一部分。”[①]

由于通过生产活动人与自然建立了某种相互规定的统一性关系，人的生产便成了“劳动借以外化的手段”，人所创造的产品、人所积累的财产便成了“外化劳动的产物”，劳动“外化的实现”，亦即“财产是外化劳动即工人同自然界和自身的外在关系的产物、结果和必然后果”[②]。

在生产活动中，人不仅生产出人与自然的相互规定的统一性关系，同时生产出人与人之间的相互规定的统一性关系。因为“通过异化的、外化的劳动，工人生产出一个跟劳动格格不入的、站在劳动之外的人同这个劳动的关系。工人同劳动的关系，生产出资本家……同这个劳动的关系”[②]。

这样，在人的劳动实践中，人同自然的关系和人同人的关系便统一了起来。而达到这种统一的存在形式便是人的社会，便是自然的全新形态——人化自然。并且，这个自然界不仅是由人在与自然界的相互作用中生产出来的自然界，还是人生活、活动于其中的现实的自然界。正是在这样的意义上，马克思才写下了如下论断：

> 工业是自然界同人之间，因而也是自然科学同人之间的现实的历史关系。因此，如果把工业看成是人的本质力量的公开的展示，那么，自然界的人的本质，或者人的自然的本质，也就可以理解了。
>
> 在人类历史中即在人类社会的产生过程中形成的自然界是人的现实的自然界；因此，通过工业……形成的自然界，是真正的、人本学的自然界。[③]

对人的存在来说，既然社会是人的“现实的自然界”的存在形式，那么人和自然便在这一形式中内在地统一起来了，社会便成了人与自然相互统一

① 马克思：《1844年经济学哲学手稿》，刘丕坤，译，中共中央马克思恩格斯列宁斯大林著作编译局，校，北京：人民出版社，1985年版，第49，52页。

② 马克思：《1844年经济学哲学手稿》，刘丕坤，译，中共中央马克思恩格斯列宁斯大林著作编译局，校，北京：人民出版社，1985年版，第57页。

③ 马克思：《1844年经济学哲学手稿》，刘丕坤，译，中共中央马克思恩格斯列宁斯大林著作编译局，校，北京：人民出版社，1985年版，第85页。

的存在形式。这就是马克思所说的“只有在社会中，人的自然的存在对他说来才是他的人的存在，而自然界对他说来才成为人。因此，社会是人同自然界的完成了的本质的统一，是自然界的真正复活，是人的实现了的自然主义和自然界的实现了的人道主义”①。

同理，由于人的自然存在是寓于社会形式之中的，所以人又是一种社会的存在，并且，这两种存在又只能是有机地统一在一起的。这样，我们便可以理解马克思所说的一些话：“应当避免重新把‘社会’当作抽象的东西同个人对立起来。个人是社会存在物”①“人的本质不是单个人所固有的抽象物，在其现实性上，它是一切社会关系的总和”②。通过这些关系的梳理，我们也可以探明某些学者企图用我们在这里引述的马克思的这样一些话来否定人的自然本质的观点的虚妄之处。因为在马克思那里，社会和自然不是割裂的，社会是自然的一部分，是自然发展了的形式，它不仅是自然的，而且是人之外的自然和人的自然相统一的形式。这样，在人的自然本质中就综合和体现着人的社会本质，在人的社会本质中同样也综合和体现着人的自然本质，尤其是马克思在谈论人的本质是一切社会关系的总和的时候，附加了一种限定“在其现实性上”，这就意味着，人的自然关系只有在人的社会关系的综合中才能成为人的自然关系。从另一个角度来看，人的社会关系也只有在人的自然关系的基础之上才能成为人的社会关系。“现实性上”的人只能是适宜的自然关系和社会关系的综合体。如此看来，人的自然关系同时就是人的社会关系，而人的社会关系同时也就是人的自然关系。在人这里自然是属于社会的，而社会又是属于自然的。如果将二者割裂，纯粹的自然关系并不构成现实意义上的人，而纯粹的社会关系同样也不能构成现实意义上的人，只有当二者恰到好处地结合在一起时，现实的人才可能生成。这样，属人的自然必然是社会中的自然，而属人的社会也必然是自然中的社会。

这种人和自然的相互作用和相互生成的对象化关系，这种人和自然本质、自然和社会本质的相互综合和体现着的统一性关系必然会以某种方式呈现出来，这就是全息现象。从人自身活动的角度来看，人的历史中就包含了某些与人相关的自然的历史，而在人化自然的领域，整个自然界同样会包含

① 马克思：《1844 年经济学哲学手稿》，刘丕坤，译，中共中央马克思恩格斯列宁斯大林著作编译局，校，北京：人民出版社，1985 年版，第 79 页。

② 马克思，恩格斯：《马克思恩格斯选集》（第 1 卷），中共中央马克思恩格斯列宁斯大林著作编译局，译，北京：人民出版社，1995 年版，第 56 页。

人在其中的历史。这样，在人的现实活动的领域，也包括人的精神活动的领域，人们关于自然的知识和人们关于社会的知识便是同一门知识。自然的现实、人的社会的现实、人的科学和精神发展的现实便具有了某种相互映射、相互规定的全息统一性。

在这一方面，马克思的如下相关论述是极为深刻的：

> 工业的历史和工业的已经产生的对象性的存在，是一本打开了的关于人的本质力量的书，是感性地摆在我们面前的人的心理学。
>
> 历史本身是自然史的即自然界成为人这一过程的一个现实部分。自然科学往后将包括关于人的科学，正像关于人的科学包括自然科学一样，这将是一门科学。
>
> 自然界是关于人的科学的直接对象。人的第一个对象——人——就是自然界。
>
> 自然界的社会的现实，和人的自然科学或关于人的自然科学，是同一个说法。①

只有在如上讨论的多重全息综合的层次上，我们才可能合理而全面地把握马克思所说的“社会是人同自然界的完成了的本质的统一”这一深刻命题。

24.3 马克思、恩格斯坚持了天然自然在本体论上的优先地位

马克思和恩格斯在强调了三种自然形态的全息统一性关系的同时，又坚持了天然自然在本体论上的优先地位。

在《德意志意识形态》中，马克思和恩格斯写道：人们“周围的感性世界决不是某种开天辟地以来就直接存在的、始终如一的东西，而是工业和社会状况的产物，是历史的产物，是世世代代活动的结果”；虽然商业和工业“这种活动、这种连续不断的感性劳动和创造、这种生产，正是整个现存的感情世界的基础”，但是，“在这种情况下，外部自然界的优先地位仍然会保持着”，只不过“先于人类历史而存在的那个自然界，不是费尔巴哈生活其

① 马克思：《1844年经济学哲学手稿》，刘丕坤，译，中共中央马克思恩格斯列宁斯大林著作编译局，校，北京：人民出版社，1985年版，第84-86页。

中的自然界”①。

在《哥达纲领批判》中，马克思进一步强调了天然自然对于人的劳动生产和社会活动所起的“第一源泉”的基础性地位。对于当时《德国工人党纲领》中“劳动是一切财富和一切文化的源泉”这样的论断，马克思批判说：

> 这是要硬给劳动加上一种超自然的创造力。
>
> 劳动不是一切财富的源泉。自然界同劳动一样也是使用价值（而物质财富就是由使用价值构成的！）的源泉，劳动本身不过是一种自然力即人的劳动力的表现……只有一个人一开始就以所有者的身份来对待自然界这个一切劳动资料和劳动对象的第一源泉，把自然界当作属于他的东西来处置，他的劳动才成为使用价值的源泉，因而也成为财富的源泉。②

后来，恩格斯在他撰写的《劳动在从猿到人的转变中的作用》的手稿中也表述了同样的观点。他写道：“政治经济学家说：劳动是一切财富的源泉。其实，劳动和自然界在一起它才是一切财富的源泉，自然界为劳动提供材料，劳动把材料转变为财富。”③

恩格斯在批判黑格尔的哲学时，强调了自然界不同形态相继发展的“先后”性。他写道：“旧的自然哲学，特别是在黑格尔的形式中，具有这样的缺陷：它不承认自然界有时间上的发展，不承认‘先后’，只承认‘并列’。这种观点……是由黑格尔体系本身造成的，这个体系把历史的不断发展仅仅归给‘精神’。”④

诚然，马克思曾经说过：“被抽象地理解的，孤立的，被认为与人分离的自然界，对人说来也是无。”⑤有人基于马克思这样的论述，从西方意识哲学的立场出发，否定天然自然的客观存在性。然而，他们没有注意到马克思

① 马克思，恩格斯：《马克思恩格斯选集》（第 1 卷），中共中央马克思恩格斯列宁斯大林著作编译局，译，北京：人民出版社，1995 年版，第 76-77 页。

② 马克思，恩格斯：《马克思恩格斯选集》（第 3 卷），中共中央马克思恩格斯列宁斯大林著作编译局，译，北京：人民出版社，1995 年版，第 298 页。

③ 马克思，恩格斯：《马克思恩格斯选集》（第 4 卷），中共中央马克思恩格斯列宁斯大林著作编译局，译，北京：人民出版社，1995 年版，第 373 页。

④ 马克思，恩格斯：《马克思恩格斯选集》（第 3 卷），中共中央马克思恩格斯列宁斯大林著作编译局，译，北京：人民出版社，1995 年版，第 350-351 页。

⑤ 马克思：《1844 年经济学哲学手稿》，刘丕坤，译，中共中央马克思恩格斯列宁斯大林著作编译局，校，北京：人民出版社，1985 年版，第 135 页。

的用语“对人说来也是无”，也正如前面我们所引的马克思所说的“先于人类历史而存在的那个自然界，不是费尔巴哈生活其中的自然界”一样，是一个相对的说法。因为人只能生活在当下的与人发生着具体的相互作用关系的现实的自然界中，所以与这样的自然相外在的和人类未产生之前的自然界，以及被黑格尔抽象化理解的那个由绝对精神所创造的自然界，对于人来说当然就是“无”。但这并不意味着，那些外在于人的、在人类未产生之前的自然界本身就是“无”。马克思讲得很清楚：“如果你设想人和自然界是不存在的，那么你就要设想你自己也是不存在的，因为你自己也是自然界和人。”[①]

其实，马克思上面所说的那些话是对黑格尔的绝对精神的由抽象概念创造自然界的观点的批判。在马克思那里，“自然界是思想的异在”；是自然先于观念，而不是观念先于自然；不是观念创造了自然，而是自然创造了观念（观念是对自然的抽象的认识）。马克思写道：

> 正像自然界曾经被思维者禁锢在他的绝对观念、思想物这种对他本身说来也是隐秘的和不可思议的形式中一样，现在，当他把自然界从自身释放出来时，他实际上从自身释放出去的只是这个抽象的自然界，只是自然界的思想物，不过现在具有这样一种意义，即这个自然界是思想的异在，是现实的、可以被直观的、有别于抽象思维的自然界。或者，如果用人的语言来说，抽象思维者在他直观自然界时了解到，他在神性的辩证法中以为是从无、从纯抽象中创造出来的那些本质——在自身中转动的并且在任何地方都不向现实看一看的思维劳动的纯粹产物——无非就是自然界诸规定的抽象。[②]

马克思的哲学并不具有意识哲学的特征，因为在他看来，纯粹意识的抽象并不是现实的有，而同样是一种“无”，只有自然界才是真正的存在之物。马克思写道：

> 把自我理解为抽象的抽象，知道自己是无；它必须放弃自身即抽象，从而达到恰恰是它的对立面的本质，达到了自然界。因此，

① 马克思：《1844年经济学哲学手稿》，刘丕坤，译，中共中央马克思恩格斯列宁斯大林著作编译局，校，北京：人民出版社，1985年版，第87页。

② 马克思：《1844年经济学哲学手稿》，刘丕坤，译，中共中央马克思恩格斯列宁斯大林著作编译局，校，北京：人民出版社，1985年版，第135页。

全部逻辑学都证明，抽象思维本身是无，绝对观念本身是无，只有自然界才是某物。①

在对黑格尔学说的批判中，马克思明确地对那种否定自然、否定人自身的自然的观念进行了批判："同自身相异化的人，也是同自己的本质即同自己的自然的和人的本质相异化的思维者。因此，他的思想是居于自然界和人之外的僵化的精灵。"②

24.4 以自然的名义表述自然

马克思和恩格斯的辩证唯物主义阐释哲学的方法采用的是一种自然主义的态度。这种态度要求我们必须"以自然的名义"来表述自然。

在对自然自身的相关规律和逻辑进行表述时，我们显然处于一种两难境地：一方面，自然的逻辑是纯粹自在的、客观的；另一方面，对自然逻辑的表述却只能以人的主观认识为中介。主观认识对自然逻辑表述的这种中介性，使自然逻辑的表述所能达到的水平和样态对这个中介具有了某种依赖性，使它不能和这个中介发展的水平与程度相脱离。就这一情景来看，表述着的自然逻辑必须以表述者的认识结构和认识方式为自身规定的参照系，这就必然给表述着的自然逻辑带来了某种认识论的特征。在这里，客观的规律是不可能在纯粹客观的程度和水平上被揭示出来的。从人类对自然的认识来看，自然逻辑的表述程度对人类认识水平的这种依赖性相当明显，随着人类认识水平的不断发展，也同时带来了人类认识的自然模式的不断变化。

虽然自然模式的具体样态的表述对人类认识水平具有依赖性，但是，我们还是可以把自然逻辑和人类认识本身加以区别。在这里，逻辑是关于自然的，而不是关于人类认识本身的（主观逻辑和客观逻辑具有某种统一性关系则是另一个问题）。例如，我们对天体运行规律的描述，就不是谈人的认识本身的。虽然这种描述通过了人的认识的中介，并在被中介的时候加入了人的生理结构、认识方式和认识模式的匹配和规范，发生了某种变态、

① 马克思：《1844 年经济学哲学手稿》，刘丕坤，译，中共中央马克思恩格斯列宁斯大林著作编译局，校，北京：人民出版社，1985 年版，第 133-134 页。

② 马克思：《1844 年经济学哲学手稿》，刘丕坤，译，中共中央马克思恩格斯列宁斯大林著作编译局，校，北京：人民出版社，1985 年版，第 134 页。

扭曲、选择、建构，甚或是虚拟，但是这种描述最终还是被反思到了自然本身。在这里，自然通过认识的中介规定的是自身，而不是认识。这就给了我们一种启示：对自然逻辑的表述必须采取一种相对外在于人的认识的方法。

对自然逻辑的揭示虽然要以人的认识为中介，但对于自然逻辑的表述却不应该采取认识论的方法，因为这里揭示的客观规律，是关于自然自身存在、运动、变化和发展的逻辑。客观逻辑和主观逻辑是从两个相反的角度和方向被认识考察的。表述客观规律时必须要借助于哲学的反思，将其借以呈现出来的认知结构这一参照系的规范予以扬弃，而认定为是由自然自身而出的关于自然自身的种种规定。

马克思和恩格斯曾经明确地强调说：

> 事情不在于把辩证规律硬塞进自然界，而在于从自然界中找出这些规律并从自然界出发加以阐发。①
>
> 只有从自然界出发，才是现实的科学。
>
> 历史本身是自然史的即自然界成为人这一过程的一个现实部分。
>
> 自然科学……将成为人的科学的基础。
>
> 只有自然主义能够理解世界历史的行动。②

在这里，马克思和恩格斯所强调的自然界的规律必须“从自然界出发”，必须“从自然界中找”，必须“从自然界出发加以阐发”等，揭示的正是一种“以自然的名义”表述自然的建构唯物主义哲学的方法。

恩格斯还曾阐释过一个重要的思想，这就是“思维永远不能从自身中，而只能从外部世界中汲取和引出”的认识的原则：

> 原则不是研究的出发点，而是它的最终结果；这些原则不是被应用于自然界和人类历史，而是从它们中抽象出来的；不是自然界和人类去适应原则，而是原则只有在符合自然界和历史的情况下才是正确的。
>
> 人本身是自然界的产物，是在自己所处的环境中并且和这个环

---

① 马克思，恩格斯：《马克思恩格斯选集》（第3卷），中共中央马克思恩格斯列宁斯大林著作编译局，译，北京：人民出版社，1995年版，第351页。

② 马克思：《1844年经济学哲学手稿》，刘丕坤，译，中共中央马克思恩格斯列宁斯大林著作编译局，校，北京：人民出版社，1985年版，第85，124页。

境一起发展起来的；这里不言而喻，归根到底也是自然界产物的人脑的产物，并不同自然界的其他联系相矛盾，而是相适应的。①

从马克思和恩格斯如上的相关论述中我们可以看到，那种企图迎合当代西方意识哲学的立场，从人的角度、从人的认识活动的角度出发，把马克思主义哲学人学化、主体化、意识化，并以此来阐释和重建马克思主义哲学的主张与马克思和恩格斯的相关思想的距离是那样的遥远。

当然，“以自然的名义”也必须通过人的认识的中介，也必须受这个中介的制约和规定。所谓“从自然界出发加以阐发”“从外部世界中汲取和引出”，并不是指它可以脱离人的认识而自然地进行。这里主要是指，人类凭借着自己的认识，要探寻的是关于人的认识之外的自然本身存在、运动、变化、发展的真谛，在这一探寻中，人的认识被认定为只是这个自然进化的特定历史阶段上呈现出来的现象，并且，对人的认识本身的考察，也包括对人的认识发生和发展的自然史方面的考察，也包括对人的认识现实发生的自然基础、自然过程和自然机制方面的考察。只有基于这样的理解，我们才可能深刻体悟我们在前面已经转述过的马克思和恩格斯所说的那些话的真谛。

24.5 恩格斯的自然生态学观念

在谈及人对自然的改造和支配作用时，恩格斯根据当时发生的某些现象，清醒地看到了人与自然关系的既能动又受动的状态。相关论述体现出了极为深刻的自然主义的生态学观念。

一方面，恩格斯把人对自然的改造看成是人与动物相区别的最本质的方面。他写道：“动物仅仅利用外部自然界，简单地通过自身的存在在自然界中引起变化；而人则通过他所作出的改变来使自然界为自己的目的服务，来支配自然界。这便是人同其他动物的最终的本质的差别”②。

另一方面，恩格斯又深刻地看到了在人对自然盲目改造的过程中，自然反过来对人所实施的报复，从而消除了人对自然改造所获得的积极的成果，

① 马克思，恩格斯：《马克思恩格斯选集》（第 3 卷），中共中央马克思恩格斯列宁斯大林著作编译局，译，北京：人民出版社，1995 年版，第 374-375 页。

② 马克思，恩格斯：《马克思恩格斯选集》（第 4 卷），中共中央马克思恩格斯列宁斯大林著作编译局，译，北京：人民出版社，1995 年版，第 383 页。

甚至使人的目的走向他所预期的反面。恩格斯写道：

> 我们不要过分陶醉于我们人类对自然界的胜利。对于每一次这样的胜利，自然界都对我们进行报复。每一次胜利，起初确实取得了我们预期的结果，但是往后和再往后却发生完全不同的、出乎预料的影响，常常把最初的结果又消除了。美索不达米亚、希腊、小亚细亚以及其他各地的居民，为了得到耕地，毁灭了森林，但是他们做梦也想不到，这些地方今天竟因此而成为不毛之地，因为他们使这些地方失去了森林，也就失去了水分的积聚中心和贮藏库。阿尔卑斯山的意大利人，当他们在山南坡把在山北坡得到精心保护的那同一种枞树林砍光用尽时，没有预料到，这样一来，他们就把本地区的高山畜牧业的根基毁掉了；他们更没有预料到，他们这样做，竟使山泉在一年中的大部分时间内枯竭了，同时在雨季又使更加凶猛的洪水倾泻到平原上。在欧洲传播栽种马铃薯的人，并不知道他们随同这种含粉的块茎一起把瘰疬症也传播进来了。因此我们每走一步都要记住：我们统治自然界，决不像征服者统治异族人那样，决不是像站在自然界之外的人似的，——相反地，我们连同我们的肉、血和头脑都是属于自然界和存在于自然之中的；我们对自然界的全部统治力量，就在于我们比其他一切生物都强，能够认识和正确运用自然规律。
>
> 认识到自身和自然界的一体性，而那种关于精神和物质、人类和自然、灵魂和肉体之间的对立的荒谬的、反自然的观点，也就越不可能成立了，这种观点自古典古代衰落以后出现在欧洲并在基督教中取得最高度的发展。①

基于自然生态主义的立场，恩格斯对他那个时代的工业文明所发展起来的生产方式提出了尖锐的批评：

> 在今天的生产方式中，面对自然界以及社会，人们注意的主要只是最初的最明显的成果，可是后来人们又感到惊讶的是，人们为取得上述成果而作出的行为所产生的较远的影响，竟完全是另外一

① 马克思，恩格斯：《马克思恩格斯选集》（第4卷），中共中央马克思恩格斯列宁斯大林著作编译局，译，北京：人民出版社，1995年版，第383-384页。

回事，在大多数情况下甚至是完全相反的。[①]

24.6 马克思的实践观和恩格斯的自然主义的一致性

我们注意到，有些学者试图根据马克思在《关于费尔巴哈的提纲》中的相关论述否定马克思主义哲学的自然主义的立场，同时又企图把马克思的观点和恩格斯的观点对立起来。这些学者重点关注的是马克思这样的一些论述：

> 从前的一切唯物主义（包括费尔巴哈的唯物主义）的主要缺点是：对对象、现实、感性，只是从客体的或者直观的形式去理解，而不是把它们当作感性的人的活动，当作实践去理解，不是从主体方面去理解。因此，和唯物主义相反，能动的方面却被唯心主义抽象地发展了……他不了解“革命的”、“实践批判的”活动的意义。
>
> 直观的唯物主义，即不是把感性理解为实践活动的唯物主义至多也只能达到对单个人和市民社会的直观。
>
> 哲学家们只是用不同的方式解释世界，问题在于改变世界。[②]

诚然，马克思主义哲学具有社会实践的革命性特征，他强调了人的行为的社会性、实践性及人的实践活动对世界的改造作用。正是这样一些学说导致了马克思把唯物主义的原则引入到了对人类历史和人的社会活动领域的解释，从而创立了历史唯物主义学说。但是，这并不意味着马克思的学说在自然观上排斥了客观自然界的优先地位，更不意味着马克思主义哲学是一种否定或悬置了自然的客观性的学说。其实，马克思强调社会实践性直接针对的是，他之前的种种唯心史观学说从人的意识、人的主观活动的层面来阐释人的历史、人的社会的相关观点和理论。突出社会实践性消解的是主观意识的独断性，同时又弥补了庸俗唯物主义否定人的活动的能动性方面的相关学说的缺陷。因为人的社会实践具有主观见之于客观、主体见之于客体的性质。

---

① 马克思，恩格斯：《马克思恩格斯选集》（第 4 卷），中共中央马克思恩格斯列宁斯大林著作编译局，译，北京：人民出版社，1995 年版，第 386 页。

② 马克思，恩格斯：《马克思恩格斯选集》（第 1 卷），中共中央马克思恩格斯列宁斯大林著作编译局，译，北京：人民出版社，1995 年版，第 54，56-57 页。

在实践中人的活动既不是纯粹的主观、主体的活动，也不是纯粹的自在的客观自然世界的活动。因为正是主观和客观的结合，正是主体和客体相互对象化的建构性映射，导致了主观和客观的统一、主体和客体的统一。所谓“当作实践去理解”，所谓“从主体方面去理解”讲的并不是对自然本身的排斥，也不是对客体性质本身的否定，而是强调了在人的实践活动领域，无论是作为人所认识的客体，还是作为人所改造的客体都已经是被人的主体的活动对象化了的客体。这样的客体，一方面有其自然规定的成分、内容和存在的方式；另一方面又有来自主体认识和实践方式的规范与约制。这样，人类活动的世界是一种自然物的因素和人自身的因素相互契合与统一，是一种主观和客观的统一，是一种认识和改造的统一。无论是单纯从纯自在物的方面、纯客观或客体的方面，还是单纯从纯意识的方面、纯主观或主体的方面去把握人类世界和人类的活动都是片面的。

马克思说“哲学家们只是用不同的方式解释世界，问题在于改变世界”，这并不意味着哲学家们不要去解释世界，也并不意味着对世界的改造不必建立在对世界的认识的基础之上。恰恰相反，马克思在这里强调的是我们认识世界的目的是更好地改变世界，以便使人类更能健康而持续地发展。这样的思想和恩格斯所阐明的人“通过他所做出的改变来使自然界为自己的目的服务，来支配自然界”这样的观点完全一致。

另外，我们还应该注意到，马克思的相关思想和恩格斯的自然生态主义观念同样具有深刻的一致性关系。因为马克思在《关于费尔巴哈的提纲》中，在强调人的社会性和实践性，以及强调人对世界的改造作用的同时，还写下了这样的话：

> 人的思维是否具有客观的真理性，这不是一个理论的问题，而是一个实践的问题。人应该在实践中证明自己思维的真理性，即自己思维的现实性和力量，自己思维的此岸性。关于思维——离开实践的思维——的现实性或非现实性的争论，是一个纯粹经院哲学的问题。[①]

这就意味着，思维的真理性不能在思维内部自行得以确证，它必须通过

① 马克思，恩格斯：《马克思恩格斯选集》（第1卷），中共中央马克思恩格斯列宁斯大林著作编译局，译，北京：人民出版社，1995年版，第55页。

实践，必须在客观现实中以是否成功为判据。这样，在马克思那里，他的哲学并不是从思维、从意识或从主体出发的哲学。他之所以强调实践，是因为脱离实践的思维只能停留在意识或主体的“此岸”，问题的关键在于怎样使思维从意识的“此岸”通达自然的“彼岸”。马克思认为实现这一通达的途径便是实践。一方面，实践能确证思维是否具有与客观事物之本性相一致的真理性；另一方面，实践又是将符合客观事物之本性的思维在自然中实现的途径和方式。由此看来，马克思的实践哲学强调的是，人的意识成果只有在与客观自然的本性相一致的时候才可能通过人的主体实践的活动在自然中取得相应的成功，否则，意识的“此岸”便根本无法通达自然的“彼岸”。就此而言，马克思的哲学仍然是以自然为基础、从自然出发的自然主义的哲学。在这里，马克思和恩格斯的观念是相通和一致的。

第25章

恩格斯和列宁的唯物论学说

在马克思主义哲学的经典作家们关于唯物论学说的阐释中，恩格斯和列宁的相关学说最具代表性。并且，这两位经典作家的学说还代表着马克思主义哲学的唯物论学说发展的两个不同阶段。

对于唯物论哲学的发展，恩格斯曾经阐释过一个十分杰出的思想：

> 像唯心主义一样，唯物主义也经历了一系列的发展阶段。甚至随着自然科学领域中每一个划时代的发现，唯物主义也必然要改变自己的形式。[①]
>
> 每一时代的理论思维，从而我们时代的理论思维，都是一种历史的产物，它在不同的时代具有非常不同的形式，并同时具有非常不同的内容。[②]

马克思主义唯物论学说的发展过程本身就证明了恩格斯上述论断所具有的深刻性和合理性。

---

① 马克思，恩格斯：《马克思恩格斯选集》（第4卷），中共中央马克思恩格斯列宁斯大林著作编译局，译，北京：人民出版社，1995年版，第228页。

② 恩格斯：《自然辩证法》，于光远，等，译，北京：人民出版社，1984年版，第45-46页。

25.1 恩格斯表述的哲学基本问题的层次

1886年，恩格斯在其撰写的著名著作《路德维希·费尔巴哈和德国古典哲学的终结》中谈及哲学的基本问题或最高问题时，有过三种不同的表述：

> 1. 全部哲学，特别是近代哲学的重大的基本问题，是思维和存在的关系问题。
>
> 2. 思维对存在、精神对自然界的关系问题，全部哲学的最高问题。
>
> 3. 唯物主义这种建立在对物质和精神关系的特定理解上的一般世界观。①

对于恩格斯上述不同表述的异同，学术界有不同的看法，归纳起来主要是两类：一类是认为三种表述在实质上是同一的；另一类是认为“思维和存在的关系”的表述蕴涵着更为“错综复杂的矛盾关系”，而“精神对自然界的关系”“物质和精神的关系”的表述则只是一种对前一表述的“简单化、经验化的理解”。造成这两类看法分歧的根源在于对恩格斯相关表述中的“存在”范畴作广义还是狭义的理解。

传统的马克思主义哲学原理教科书是在狭义上理解恩格斯在这里所说的“存在”范畴的。在相关的教科书中有这样的讨论：

> 严格说来，存在和物质并不完全是同一级范畴。从哲学范畴的逻辑序列来看，存在才是具有最高普遍性的范畴。……但是，当我们提出思维和存在、精神和物质的关系问题的时候，存在同物质范畴一样，已具有在同思维或精神的对立中被规定的规定性，它也就被当作和物质是同一层次或同等程度的范畴来使用了。②

正是在这一对“存在”范畴作狭义化理解的基础上，在传统的教科书中总是把“思维和存在的关系问题”和“精神（或意识）和物质的关系问题”作同等尺度的理解，并将其都看作是哲学基本问题的标准表述方式。有时甚

① 马克思，恩格斯：《马克思恩格斯选集》(第4卷)，中共中央马克思恩格斯列宁斯大林著作编译局，译. 北京：人民出版社，1995年版，第223、224、227页。

② 肖前：《马克思主义哲学原理》(上册)，北京：中国人民大学出版社，1994年版，第10-11页。

至干脆将哲学基本问题表述为“思维和存在或精神（意识）和物质的关系问题”或“思维（意识）和存在（物质）的关系问题”[①]。

孙正聿先生主张对恩格斯表述的作为哲学基本问题的“思维和存在的关系问题”中的“存在”范畴作广义化的理解，并对把“精神和物质的关系问题”也当作标准的哲学基本问题的表述的做法提出了批评。他写道：

> “存在”这个范畴不等同于“物质”这个范畴，它不仅包括“物质”的存在，也包括“精神”的存在。
>
> 如果把作为哲学基本问题的“思维和存在的关系问题”简单地、直接地归结为和等同于“精神和物质的关系问题”，就会忽视甚至无视“思维和存在”之间的极其错综复杂的矛盾关系，因而也就会忽视甚至是丢弃哲学自身的极其丰富多彩的理论内容。[②]

对上述两种意见的是是非非的评判，并不能简单或直接地从对“存在”范畴的广义或狭义的抽象理解中获得。因为我们讨论的是恩格斯提出的哲学基本问题，所以，我们必须将这一问题的评判还原到恩格斯当年的具体思路和具体情节之中。

其实，恩格斯当年对哲学基本问题的三种表述在实质上是统一的，其区别仅在于表述的抽象性和具体性。在上述三种表述中，第一种表述是抽象层面的，第二种、第三种表述则是具体层面的。

第一种表述显然是受到了黑格尔表述方式的影响。因为黑格尔就说过：“思维与存在的对立是哲学的起点，这个起点构成哲学的全部意义。对立的一面是存在，对立的另一面是思维。”[③]

恩格斯的第二种表述在黑格尔那里也已经出现了，并且是作为和第一种表述相一致的表述提出来的。黑格尔写道：

> 哲学的真正出现，在于在思维中自由地把握自己和自然，从而思维和理解那合理的现实，即本质，亦即普遍规律本身。
>
> 近代哲学的原则并不是淳朴的思维，而是面对着思维与自然的

① 参见肖前：《马克思主义哲学原理》（上册），北京：中国人民大学出版社，1994年版，第10-11页；肖前，李秀林，汪永祥：《辩证唯物主义原理》，北京：人民出版社，1981年版，第8页。
② 孙正聿：《哲学通论》，沈阳：辽宁人民出版社，1998年版，第138页。
③ 黑格尔：《哲学史讲演录》（第3卷），贺麟，等，译，北京：商务印书馆，1959年版，第292页。

> 对立。精神与自然，思维与存在，乃是理念的两个无限的方面。……近代哲学……意识到了思维与存在的对立。必须通过思维去克服这一对立，这就意味着把握住统一。①

在黑格尔那里，思维和存在最初是以某种对立的关系呈现出来的，思维代表着人的主观认识状态，而存在则是人的意识之外的客观世界（当然，在黑格尔那里客观的也是精神的——绝对精神）。但黑格尔的认识并不停留于此，他还认为思维可以把握存在，这就是思维和存在从“抽象的对立”走向具体的统一，这就是“思维与存在的和解”，而哲学的任务就是要寻求这种统一。黑格尔写道：

> 自为思维的出现……主要是随同着人们对自在存在的反思，是一种主观的东西，因此它一般地与存在有一种对立。所以全部兴趣仅仅在于和解这一对立，把握住最高度的和解，也就是说，把握住最抽象的两极之间的和解。这种最高的分裂，就是思维与存在的对立，一种最抽象的对立；要掌握的就是思维与存在的和解。从这时起，一切哲学都对这个统一发生兴趣。②

显然，哲学的基本问题可以从一般抽象的层面予以表述，也可以从具体解释的层面予以表述。恩格斯在一般抽象的层面将哲学基本问题表述为“思维与存在的关系问题”的同时，结合哲学史的发展又在具体解释的层面对哲学基本问题做了多重方式的表述：“灵魂对外部世界的关系”问题③；“精神对自然界的关系”问题；“物质和精神关系”问题。

25.2 存在领域的分割与哲学的最高范式

为什么会有两个不同层次的表述？两个不同层次表述的异同又何在？要回答诸如此类的问题有必要从恩格斯对“存在”概念的理解谈起。其实，基于唯物论的基本立场，恩格斯并不把“存在”范畴当作哲学的最高范畴，他

① 黑格尔：《哲学史讲演录》（第 4 卷），贺麟，王太庆，译，北京：商务印书馆，1978 年版，第 7 页。
② 黑格尔：《哲学史讲演录》（第 4 卷），贺麟，王太庆，译，北京：商务印书馆，1978 年版，第 6 页。
③ 马克思，恩格斯：《马克思恩格斯选集》（第 4 卷），中共中央马克思恩格斯列宁斯大林著作编译局，译，北京：人民出版社，1995 年版，第 224 页。

不只一次地对“存在”范畴含义的模糊性和不确定性予以强调。他在《反杜林论》中针对杜林企图用“存在的唯一性”来论证世界的统一性的观点写下了如下话语：

> 当我们说到存在，并且仅仅说到存在的时候，统一性只能在于：我们所说的一切对象是存在的、实有的。……说它们都是存在的这个一般性论断，不仅不能赋予它们其他共同的或非共同的特性，而且暂时排除了对所有这些特性的考虑。因为只要我们离开存在是所有这些事物的共同点这一简单的基本事实，哪怕离开一毫米，这些事物的差别就开始出现在我们眼前。
>
> 世界的统一性并不在于它的存在，尽管世界的存在是它的统一性的前提，因为世界必须先存在，然后才能是统一的。在我们的视野的范围之外，存在甚至完全是一个悬而未决的问题。世界的真正的统一性在于它的物质性，而这种物质性不是由魔术师的三两句话所证明的，而是由哲学和自然科学的长期的和持续的发展所证明的。[①]

在这里，恩格斯显然强调了两层基本意思：一是要用对存在内在领域的差异性的把握去超越或扬弃对存在的一般抽象的泛泛而论；二是要通过对存在的不同领域间的差异关系的揭示去探明世界的统一性问题。正因为这样，恩格斯才说：“世界的真正的统一性在于它的物质性。”也正因为这样，才有了他关于哲学基本问题的第三种表述：“唯物主义这种建立在对物质和精神关系的特定理解上的一般世界观。”

讨论到这里，我们便可以理解，为什么在哲学基本问题的表述上能够存在两种不同的标准性表述方法：“思维和存在的关系”“精神和物质的关系”。后一种表述方法其实是前一种表述方法中的“存在”领域的内在差异关系的具体解释。由此我们看到，对哲学基本问题的讨论，如果仅仅停留在“思维和存在的关系”的抽象表述的层面，那么，我们还不可能得到对这一问题的深入而具体的认识，只有当我们对“存在”领域的内在差异关系进行了具体解析之后，这一问题才可能明晰起来。

---

① 马克思，恩格斯：《马克思恩格斯选集》（第3卷），中共中央马克思恩格斯列宁斯大林著作编译局，译，北京：人民出版社，1995年版，第383页。

既然“存在甚至完全是一个悬而未决的问题”，那么，对“存在与思维的关系”问题的解读便只能以对存在着的“事物的差别”的具体揭示，亦即对存在领域的具体分割为前提。由于不同时代的人、不同的哲学派别对存在领域的具体理解和分割方式不同，所以，在具体解释的层面上，哲学基本问题的表述将可能多样化。这才有了恩格斯所说的“灵魂对外部世界的关系”问题、“精神对自然界的关系”问题、“物质和精神关系”问题三种不同的表述。

其实，针对不同的历史时代、不同的文明形式、不同的哲学派别，哲学基本问题的可能表述方式远不止恩格斯所提到的这三种。例如，中国古代哲学中的心物、心身关系，理气关系；古代印度哲学中的大梵与万有和人的关系；古希腊哲学家柏拉图的理念和自然与人的关系；西方宗教神学那里的上帝（或神）与自然和人的关系；黑格尔那里的绝对精神与自然和人的关系等。这些都可以看作是哲学基本问题的某种具体表述方式，只不过这些不同的表述方式对哲学基本问题描述的深入程度和精确性有所不同罢了。

虽然基于对存在领域范围的不同理解，人类哲学史上对哲学基本问题的具体表述方式多种多样，但是，不同时代的不同哲学对存在领域范围的理解却始终具有一个共同的倾向，这就是对物质和精神二元分割的基本认同。只不过，有的哲学流派赋予自然事物或自然事物之外、之上的某种理想性存在以精神的属性，而有的哲学流派则只是把精神看作是人所独具的能力或特性。由于科学昌明地发展，上帝、客观理念和绝对精神逐渐退出了一般科学和哲学的领地，这样，哲学家们讨论的基本问题便集中在了精神和物质的关系领域。

正如我国权威性教材所表述的那样：“现实世界是统一的物质世界，它的表现形式纷繁复杂，但自有人类以来，无非是归结为两类现象：一是物质；一是精神。无论认识世界和改造世界，都不可避免地要遇到主观和客观、精神和物质的关系问题；人的一切活动，都是以不同的方式处理着这个问题。”[①]正因为这样，传统的教科书理论才把物质和精神的关系问题与存在和思维的关系问题看作是同等尺度的问题。也正因为这样，才有了上述恩格

① 肖前，李秀林，汪永祥：《辩证唯物主义原理》，北京：人民出版社，1981 年版，第 2 页。

斯关于哲学基本问题的第三种表述方式。

把哲学基本问题表述为“物质和精神的关系问题”的依据在于把存在的范围确定为物质和精神两大领域，这是有史以来传统哲学对存在领域进行分割的一种基本模式。这一基本模式确定了传统哲学的基本论域和一般性质。也正是依据由这一存在领域的分割方式所确定的哲学基本问题的具体表述方式，恩格斯把哲学家们分为两大阵营：

> 凡是断定精神对自然界说来是本原的，从而归根到底承认某种创世说的人（而创世说在哲学家那里，例如，在黑格尔那里，往往比在基督教那里还要繁杂和荒唐得多），组成唯心主义阵营。凡是认为自然界是本原的，则属于唯物主义的各种学派。①

既然把哲学基本问题“存在与思维的关系问题”具体表述为“物质和精神的关系问题”的依据在于把存在的范围确定为物质和精神两大领域，那么，这其中就隐含了另外一个比“存在与思维的关系问题”更为基本，或者说更高的问题，这就是“存在领域的分割”。因为要具体阐明“存在与思维的关系问题”必须首先解决一个前提性问题：存在包括的领域范围。

随着上帝（绝对理念或绝对精神）的消解，我们完全可以在一个简化而一般概括的层面把传统哲学坚持的存在领域分割方式归结为物质和意识的二分原则，即存在＝物质＋精神。这就是传统哲学的一个基本信条，即传统哲学的最基本的本体论原则。在这一本体论原则之下，才有了关于对物质和精神关系进行解读的唯物主义和唯心主义学说。据此看来，哲学本体论的范式是分层次的。关于存在领域的分割方式是最高范式，而关于各存在领域之间的具体关系的解读则是次一级的范式。就传统哲学的一般范式而言，“存在＝物质＋精神”是传统哲学的最高范式，而物质派生精神的传统唯物主义学说和精神派生物质的传统唯心主义学说都不是传统哲学的最高范式，而只能是传统哲学的第二层级的理论范式。

---

① 马克思，恩格斯：《马克思恩格斯选集》（第4卷），中共中央马克思恩格斯列宁斯大林著作编译局，译，北京：人民出版社，1995年版，第224页。

25.3 传统唯物论的立论之基及恩格斯的相应观点

古希腊的唯物论传统是以有重量的、不可入的哲学思辨猜测的最小微粒——原子，为其立论之根基的。这样的一种唯物论传统在近代科学中被直接承继了下来，以牛顿力学的有质量的“永久粒子”和道尔顿的有质量的“化学原子”的形式直接肯定了下来。这一近代科学所得到的关于物质形态特征的成果直接成了支撑旧唯物论哲学立论的基础。

马克思和恩格斯在当年创立的辩证唯物主义学说，其唯物论部分同样是以当时的自然科学的相应成果为其学说的基本依据的。就这一点而言，当年马克思和恩格斯所坚持的唯物论学说同样具有某些旧唯物论的性质。关于这一点，从恩格斯的相关论述中我们也可以十分清晰地看到。

恩格斯首先把物质看作是各种物料的总和，并认为哲学的物质概念就是从各种物料的总和中抽象出来的。他写道：“作为物质的物质和作为运动的运动还没有人看到或体验到；只有各种不同的、现实地存在的物料和运动形式才能看到或体验到。物料，物质无非是各种物料的总和，而物料这个概念就是从这一总和中抽取出来的。”①

恩格斯不仅把物质归结为有形的可以“看到或体验到”的“物料”，还把“质量”看作是物质的基本量纲。他写道：

> 不论人们关于物质构造可能采取什么观点，下面这一点是非常肯定的：物质是按质量的相对的大小分成一系列较大的、界限分明的组，使每一组的成员互相间在质量方面都具有确定的、有限的比值……可见的恒星系，太阳系，地球上的物体，分子和原子，最后是以态粒子，都各自形成这样的一组。事情并不会因为我们在各个组之间找到中间性的成员而有所改变。②

当然，恩格斯在把质量当作物质的基本量纲的时候，并不是没有保留的。因为他在另一个场合还指出：“通常都把有重看作物质性的最一般的规定。”那么，“以太是否是物质的呢？如果它毕竟存在着，那么它就必定是物

① 恩格斯：《自然辩证法》，于光远，等，译，北京：人民出版社，1984 年版，第 108 页。
② 恩格斯：《自然辩证法》，于光远，等，译，北京：人民出版社，1984 年版，第 162 页。

质的。就必定归于物质的概念之下。但是它不是有重的”①。

其实，恩格斯关于物质性质的论述，以及他关于以太无重的论述都是当时自然科学所取得的成果。由此我们也可以看到，无论是哲学家的研究还是科学家的探索，都无法远离他们所处的那个时代，都会受到他们那个时代的哲学思维和科学观念的羁绊。当然，他也可以提出各种各样的质疑和猜想，就像当时的人们对“以太”性质的讨论那样。然而，无论如何，关于以太及其性质的讨论直到今天仍然是一个未曾证实的假说。虽然之后的相关研究倾向于否定以太的存在，但是，物理场论的出现，尤其是暗物质、暗能量的学说及超弦理论关于宇宙弦假说的提出，又激发了人们对寻求以太是否真实存在的兴趣。

25.4 唯能论的兴起及列宁对传统唯物论的改造

如果说建立在古希腊原子论、牛顿力学、道尔顿原子论基础上的以“有质量（有重物质）的微粒构造世界”的学说是传统唯物论立论之根基的话，那么，现代唯物论则是以现代科学所揭示的没有质量的能量场为其立论之根基的。

19 世纪 30 年代，为了解释电磁感应现象，英国物理学家法拉第提出“力线”和“场”的概念，认为空间不是空虚的，而是布满磁力线的“场”。因此，空间也就具有同物质一样的性质。继法拉第之后，麦克斯韦在大量实验的基础上，证明和重新概括、阐释了法拉第的思想，并建立了电磁场的基本方程，即麦克斯韦方程组。

法拉第和麦克斯韦的电磁场理论揭示了一种区别于实体实在的另外一种实在——场。场不再可以用大小、质量等描述“实体”特征的量来进行描述。这一新的实在形式的揭示，标志着第二次科学革命的爆发。

爱因斯坦于 20 世纪初创立的相对论是建立在他所提出的相对论场论的基础之上的，相对论场论将法拉第和麦克斯韦的电磁场理论做了更一般化的拓展。按照相对论场论的观点，场是一种在本质上不同于实体的实在形式。场具有能量和动量，却没有静止质量，它不再可以被看成是由牛顿力学所描

① 恩格斯：《自然辩证法》，于光远，等，译，北京：人民出版社，1984 年版，第 142-143 页。

述的只能做机械运动的质点所组成的实在，也不再可以被看成是德谟克利特或道尔顿意义上的原子，或更为微观的具有静止质量的粒子。在相对论场论看来，实在的场的形态比实在的实体的形态更为基本，因为所有具有静止质量的实体都可以在一定条件和关系中转化为不具有静止质量的场。在狭义相对论中，爱因斯坦将时空尺度的变换与物体运动中的质量和能量的转化关系联系起来，从而揭示了质量和能量的统一，而其统一的基础则是能量。按照狭义相对论提出的质速关系式，可以将质量看作是速度的函数，物体运动得越快，其质量转化为能量的比例越大，而当物体按光速运动时，全部质量都将转化为能量。爱因斯坦给出的质能关系式，即 $E=mc^2$ 描述的就是这一质量和能量相互转化的关系，其狭义相对论揭示的是当物体运动的速度增加，其质量向能量转化的比例增大时所导致的物体的时空结构的相应变化，而其广义相对论所揭示的则是在能量场中时空的结构。

爱因斯坦写道：

> 我们有两种实在：实物和场。
>
> 我们能够把实物和场认为是两种不同的实在吗？
>
> 其实，实物便是能量密度特大的地方，场便是能量密度小的地方。……实物和场之间的区别，与其说是定性的问题，倒不如说是定量的问题。把实物和场看作是彼此完全不同性质的两种东西是毫无意义的。我们不能想象有一个明确的界面把场和实物截然分开。
>
> 我们不能把物理学只建立在纯粹是实物的概念基础上。但是在认识了质能相当性以后，实物和场的截然划分就有些牵强和不明确了。我们是否能够放弃纯实物的概念而建立起纯粹是场的物理学呢？我们的感觉器官作为实物来感受的东西，事实上只不过是大量的能集中在比较小的空间而已。我们可以把实物看作是空间中场特别强的一些区域。用这种方法就可以建立起一种新的哲学背景……在我们这种新的物理学中，不容许有场和实物两种实在，因而场是唯一的实在。①

① 爱因斯坦，英费尔德：《物理学的进化》，上海：上海科学技术出版社，1962 年版，第 178-180 页。

显然，在这里，爱因斯坦以科学的名义提出了一种区别于传统的实体实在论的科学和哲学的新范式——场能实在论。

创立于20世纪20年代的量子力学及之后逐步发展和完善起来的现代宇宙学为场能实在论世界图景提供了有力的佐证。相应的科学事实和理论包括：电子、基本粒子和放射性现象的发现；电磁场及一般物理场论的建立；反粒子及正反粒子湮灭现象的发现；形形色色的无静止质量的粒子的发现；虚粒子①和超弦论假说②的建立，以及大爆炸宇宙论所提供的宇宙由最初的时空量纲极小的统一规范场演化而来的宇宙模式等。在这一系列成果中，最重要和最关键的成果当属反粒子及正反粒子湮灭现象的发现。正是这一成果揭示了存在正负质量及正负质量湮灭后转化为能量的现象，这就以科学的方式证明了能量具有比质量更为基本的性质。

早在1891年前后，德国的物理化学家弗里德里希·威廉·奥斯特瓦尔德（Friedrich Wilhelm Ostwald，1853—1932）就基于当时电子和放射性现象的发现开始发展出一种唯能论的“能量学”，他认为能量是唯一真实的实在，物质并不是能量的负载者，而只是能量的表现形式。他随即将这一理论推广到了化学领域，主张物质和原子、分子的概念都是多余的，各种现象能够用能量及其转化来令人满意地加以解释。1895年，他在德国吕贝克自然科学家会议上发表了题为“克服科学的唯物论”的讲演，这一讲演可以看作是他公开反对原子论所代表的传统唯物论的宣言。

奥斯特瓦尔德在其1902年出版的《自然哲学讲演录》（第2版）中明确宣称物质“消失了”，世界上一切事物都可以归结为“能”，物质仅仅是不同的“能”的空间群。他还试图用能量概念消解物质和精神的对立，把精神活动也看作是纯粹的能量活动过程。他写道：“如果把物质和精神这两个概念包含在能量概念之中，就会简单地自然而然地排除掉那种使这两个概念结合在一起的旧困难。”奥斯特瓦尔德还写道：“一切外界现象都可以说是能量之间的过程，其原因非常简单：我们意识的过程本身就是能量的过程，它把自

① 量子力学的相关理论认为，存在某种虚粒子。虚粒子可以在实粒子之间实现力的交换，我们虽然可以测到由这种力的交换所引发的效应，却不能直接探测到虚粒子本身。

② 20世纪80年代中叶以来，一种产生于20世纪60年代后期的超弦理论得到了理论物理学界更为积极的关注。在这一理论中，构成世界的基本元件不再是只占空间点的粒子，而是在超微观尺度（普朗克尺度：10^{-33}厘米）上存在的无限细的一维弦。在超弦理论中，原先以为是粒子的东西，现在被描绘成弦里的振荡波，由于弦的振动模式相当多，所以基本粒子的数量将可能是成千上万的。

己的这种特性传给一切外界现象。”①

对于奥斯特瓦尔德用能量消解物质，并试图用唯能论来消解物质和精神对立的观点，列宁明确地加以了批判。列宁写道：

> 这是纯粹的唯心主义：不是我们的思想反映外部世界中的能量的转化，而是外部世界反映我们的意识的“特性”！
>
> 按照唯物主义的方向还是按照唯心主义的方向进行认识论的研究……这个问题，不会由于滥用“能量”一词而得到解决，反而会混乱起来。当然，如果把物质和精神“包含”在能量概念之中，对立无疑会从字面上消除，但是鬼神之说的荒谬却不会由于我们称它为“唯能论的”而就消失了。

列宁还进一步强调指出：问题的关键在于“能量是不是物质”①。

事实上，科学中的唯能论的兴起对于以质量（有重之物）为立论之根基的传统唯物论的挑战是致命的。当时在科学界发展起来的主要倾向是：“唯物论的名声很臭！”许多仍然坚持唯物论立场的有影响的科学家，乃至哲学家，都尽量回避“唯物论”这个名词，他们宁愿称自己为实在论者，也不愿意承认自己是唯物论者。

唯能论的兴起使传统唯物论面临着灭顶之灾。要改变这一困境有两条道路可供选择：一条是向奥斯特瓦尔德那样彻底抛弃唯物论，而以唯能论取而代之；另一条则是改变唯物主义的形式，用物质解释能量，建立一种能够包容能量范畴的新的唯物论哲学。

作为辩证唯物论者，列宁及时洞察了19世纪末20世纪初物理科学界所发生的全新变革，并针对当时某些科学家利用科学发展的成果否定唯物论的倾向，对古代、近代的传统物质观念和物质思维方式进行了合理的扬弃和批判，给出了更具一般性、普遍性和抽象性的物质范畴的全新阐释。列宁指出：“物质是标志客观实在的哲学范畴”②“物质的唯一‘特性’就是它的客观

① 列宁：《列宁选集》（第2卷），中共中央马克思恩格斯列宁斯大林著作编译局，译，北京：人民出版社，1972年版，第277-278页。

② 列宁：《列宁选集》（第2卷），中共中央马克思恩格斯列宁斯大林著作编译局，译，北京：人民出版社，1972年版，第128页。

实在，它存在于我们的意识之外”[①]。

列宁指出：

辩证唯物主义坚决认为：任何关于物质构造及其特性的科学原理都具有近似的、相对的性质；自然界中没有绝对的界限；运动着的物质会从一种状态转化为在我们看来似乎和它不可调和的另一种状态；等等。不管没有重量的以太变成有重量的物质和有重量的物质变成没有重量的以太，从“常识”看来是多么稀奇；不管电子除了电磁的质量外再没有任何其它的质量，是多么“奇怪”；不管力学的运动规律只适用于自然现象的一个领域并且服从于更深刻的电磁现象规律，是多么奇异，等等，——这一切不过是再一次证实了辩证唯物主义。新物理学陷入唯心主义，主要就是因为物理学家不懂得辩证法。他们反对形而上学（是恩格斯所说的形而上学，不是实证论者即休谟主义者所说的形而上学）的唯物主义，反对它的片面的“机械性”，可是同时把小孩子和水一起从浴盆里泼出去了。他们在否定迄今已知的元素和物质特性的不变性时，竟否定了物质，即否定了物理世界的客观实在性。他们在否定一些最重要的和基本的规律的绝对性质时，竟否定了自然界中的一切客观规律性。[②]

列宁还写道：

从恩格斯的观点看来，不变的只有一点，那就是：人的意识（在有人的意识的时候）反映着离开它而存在和发展的外部世界。而空洞的教授哲学所描述的任何其他的“不变性”、任何其他的“实质”、任何“绝对的实体”，在马克思和恩格斯看来，都是不存在的。物的“实质”或“实体”也是相对的，它们只表现人对客体的认识的深化。既然这种深化昨天还没有超过原子，今天还没有超过电子和以太，所以辩证唯物主义坚决认为，日益发展的人类科学在认识自然界上的这一切里程碑都具有暂时的、相对的、近似的性质。电子和原子一样，也是不可穷尽的；自然界是无限的，而且它无限地存在着。正是绝对

① 列宁：《列宁选集》（第2卷），中共中央马克思恩格斯列宁斯大林著作编译局，译，北京：人民出版社，1972年版，第266页。

② 列宁：《列宁选集》（第2卷），中共中央马克思恩格斯列宁斯大林著作编译局，译，北京：人民出版社，1972年版，第267-268页。

地无条件地承认自然界存在于人的意识和感觉之外这一点，才把辩证唯物主义同相对主义的不可知论和唯心主义区别开来。①

“物质正在消失”这句话的意思是说：迄今我们认识物质所达到的那个界限正在消失，我们的知识正在深化；那些从前以为是绝对的、不变的、原本的物质特性（不可入性、惯性、质量等等）正在消失，现在它们显现出是相对的、仅为物质的某些状态所特有的。②

原子的可破坏性和不可穷尽性，物质及其运动的一切形式的可变性，一向是辩证唯物主义的支柱。自然界中的一切界限，都是有条件的、相对的、可变动的。③

显然，从上述列宁的相关论述中我们可以清晰地看到，列宁之所以用“客观实在”，而不是用“客观实体”来阐释辩证唯物主义的物质观，就是要试图克服传统唯物论所坚持的“实体实在论”所具有的历史局限，就是试图用“客观实在”来概括当时自然科学所揭示的不具有静止质量的、非“实体”化的新的物质存在形式。显然，“客观实在”范畴既可以击退当时唯心主义对唯物主义的攻击，又可以为唯物主义在新的科学背景下的发展提供一条合理的解释纲领。

其实，唯能论并不就等于唯心论。唯物和唯心的对立仅仅在于承认世界的本质是客观实在还是主观的心灵或上帝。对于能量，既可以作唯心主义的解释，又可以作唯物主义的解释。列宁对唯心主义唯能论进行批判的同时又指出，完全可以从唯物的方面去理解能量过程，也完全可以用“唯能论”这一术语“来表达唯物主义”。列宁写道：“自然科学把能量的转化看作是不依赖于人的意识和人类经验的客观过程，即唯物地看能量的转化。就是奥斯特瓦尔德本人在许多场合下，甚至可能在绝大多数场合下，也把能量理解为物质的运动”④“如同‘经验’等术语一样，‘唯能论’这一术语也可以用来表达

① 列宁：《列宁选集》（第 2 卷），中共中央马克思恩格斯列宁斯大林著作编译局，译，北京：人民出版社，1972 年版，第 268 页。

② 列宁：《列宁选集》（第 2 卷），中共中央马克思恩格斯列宁斯大林著作编译局，译，北京：人民出版社，1972 年版，第 266 页。

③ 列宁：《列宁选集》（第 2 卷），中共中央马克思恩格斯列宁斯大林著作编译局，译，北京：人民出版社，1972 年版，第 288 页。

④ 列宁：《列宁选集》（第 2 卷），中共中央马克思恩格斯列宁斯大林著作编译局，译，北京：人民出版社，1972 年版，第 278 页。

唯物主义和唯心主义”[①]；而唯物主义和唯心主义在能量问题上的区别仅仅在于：“能量的转化是在我的意识之外、不依赖于人和人类而发生的呢，或者这只是观念、象征、符号等等？”[②]

而事实上，许多持唯能论观点的自然科学家和哲学家也都能坚持从唯物主义角度去理解能量过程。在对场态物质、能量过程作“客观实在”解释的基础之上，当代唯物论者大多都采取了对传统的机械唯物论予以辩证扬弃的方法，即摒弃机械唯物论中机械化、绝对化的方面，而保留其合理的根基。对物质范畴重新阐释乃是当代唯物论者的一个重大课题，也是唯物主义面对现代科学的发展提出的挑战寻求新的出路的基本方式。这一方式所遵循的基本思路是：将传统物质观念中的物质必备的质量特性、最小物质微粒的不可入性等予以剔除，而将场态存在、能量存在都看作是客观实在的存在形式，并且把它们都包容到新的物质概念所指谓的范围之中，并由此建立起与当代科学相适应的新的唯物主义的物质观。

25.5 列宁的物质定义的意义、方法及缺陷

从列宁的相关论述中可以看到，列宁关于物质即客观实在的规定不仅彻底克服了以实体（有质量的微粒）范畴所阐释的传统物质观念和物质思维方式的历史局限，而且能很好地包容和解释当时自然科学所取得的相关成果和结论，并且也能很好地包容和解释之后涌现出的一系列崭新的自然科学成果，如相对论场论、量子力学的量子波动论、正反粒子论、正负能量论、量子引力论，以及其他一些相关的虚粒子、波和弦的理论，甚至就连现代宇宙学所极端推论的宇宙初开之前的“原始混沌”状态的存在，仍然可以用客观实在加以表述。客观实在所具有的一般性、普遍性、全面性和抽象性特征，使它拥有了极为深刻的内涵和极为广泛的外延。无论怎样的存在，只要它既是客观的，又是实在的，它就是物质，这就使上升到哲学层面的物质范畴超越了形形色色具体感性的物的形态的多样性特征，除了客观和实在这两个特征之外，其他的所有特征，不再是绝对依附于物质而固定不变的必然特

① 列宁：《列宁选集》（第2卷），中共中央马克思恩格斯列宁斯大林著作编译局，译，北京：人民出版社，1972年版，第280页。

② 列宁：《列宁选集》（第2卷），中共中央马克思恩格斯列宁斯大林著作编译局，译，北京：人民出版社，1972年版，第277页。

征了。实体既是客观的又是实在的；能量既是客观的又是实在的；时间、空间、运动、直接性的相互作用和转化关系、直接性的结构组合和功能表现等等，都既是客观的又是实在的，所以，它们便统统可以纳入到物质范畴所囊括的领域之中。

正是物质即客观实在的规定，将传统二分的实体和力，将自然科学中的实物和场、物和能等，在辩证唯物论的基础上统一起来了，一句话，将传统二分的物质观念、物质思维方式和能量观念、能量思维方式在辩证唯物论的基础上统一起来了。

有必要强调指出的是，“客观实在”即“实在”。因为主观世界是对客观世界的反映，它并不具有实在存在的性质，所以只有在客观世界中才有实在的存在。在实在之前冠以“客观”二字，其本意仅仅是要强调物质现象与精神现象相区别的特点。正是基于这样一种认识，著名物理学家玻恩才断言：以列宁的物质概念为基础的辩证唯物主义，与其归入唯物主义，还不如归入实在主义。他还认为，这种实在主义“是每一个理智的自然科学家对他的工作所持有的一种观点……因此，我们大家，包括普朗克和爱因斯坦在内，在许多问题上是和我们东方的朋友们一致的，就毫不奇怪了”。玻恩的看法在西方科学家中是有代表性的。不少科学家和科学哲学家把“唯物主义”视为“实在论”的同义语，而且不少持物理实在论或科学实在论观点的西方科学家和哲学家，实际上也的确就是唯物论者，是不用“物质”这个术语来表示“客观实在”或“实在”的唯物论者。例如，有人问爱因斯坦：“是否有我们之外的实在？”爱因斯坦回答说：“是，我相信这一点”。这里的“实在”显然就是“外在世界”，就是“客观实在”，因而也就是“物质”。[①]

但是，在列宁对物质定义的表述中也明显呈现出诸多方面的缺陷。这些缺陷反映了当时哲学的基本范式和人们对物质与精神关系理解的时代局限。

列宁关于物质定义的标准表述是这样的：“物质是标志客观实在的哲学范畴，这种客观实在是人通过感觉感知的，它不依赖于我们的感觉而存在，为我们的感觉所复写、摄影、反映。”[②]“物质的唯一‘特性’就是它的客观实

---

① 罗嘉昌：《从物质实体到关系实在》，北京：中国社会科学出版社，1996 年版，第 62-63 页。

② 列宁：《列宁选集》（第 2 卷），中共中央马克思恩格斯列宁斯大林著作编译局，译，北京：人民出版社，1972 年版，第 128 页。

在，它存在于我们的意识之外。”①

当代许多学者对列宁的物质定义提出了种种责难，其中最多的是关于此定义的机械反映论性质。因为列宁用“复写、摄影”这样的用语来描述我们对对象的感知活动。可是，人们对事物的感知并不像照平面镜一样只是一种简单而直接的“复写、摄影”，这其中通过了复杂的主体生理结构、认识结构、认识工具的多重中介的选择、规范、整合、匹配、重构的建构和虚拟。

除了上述缺陷外，我们还注意到列宁定义物质的方法及此方法所隐含的存在领域分割方式方面的历史局限。

列宁的物质定义显然是通过物质和意识的相对关系给出的。这个定义隐含着首先必须承认这样一个存在论前提：整个存在领域是由物质和意识这两大领域分割着的，意识本身就是我们的感知、思想等活动，而意识之外的便是客观实在的物质世界②。这一存在论前提集中体现着传统哲学中未经证明但已被公认的一个基本信条：存在 = 物质 + 精神。

由此前提又可以得出一个推论：“客观实在”和“客观存在”这两个范畴所具有的内涵和外延是完全相同的，亦即客观实在 = 客观存在 = 物质。

然而，整个存在由物质和精神两大领域组成的信条，以及客观实在＝客观存在的推论，在今天看来都是难以成立的。因为当代信息科学和信息哲学的相关理论已经揭示了一个全新的存在领域——客观信息的世界，这个世界并不属于客观实在的物质世界，也不能放到主观意识的领域。由此，人类科学和哲学关于存在领域分割的传统范式就有必要加以改变。

25.6 列宁提出了一切物质都具有类反映特性的观点

在列宁的物质定义中，虽然隐含了“客观存在 = 客观实在”这样的传统哲学的基本信条。但是，在列宁的其他一些相关论述中却又提出了一个与这一信条不相容的观点。这就是：一切物质都可能具有与感觉相近的反映特性。并且，我们还注意到，列宁表述这一观点的文献和他关于物质定义的文

① 列宁：《列宁选集》（第2卷），中共中央马克思恩格斯列宁斯大林著作编译局，译，北京：人民出版社，1972年版，第266页。

② 有必要提及的是，由我国辞海编辑委员会、上海辞书出版社编辑出版的《辞海》中，对“客观实在”词条的注释为：“指独立于人的意识之外、能为人的意识所反映的客观存在，即物质。”参见《辞海·哲学分册》，上海：上海辞书出版社，1980年版，第56页。

献是同一个文献，这个文献便是《唯物主义和经验批判主义》。

在这一文献中，列宁写过三段思想相近的文字：

> 明显的感觉只和物质的高级形式（有机物质）有联系，而“在物资大厦本身的基础中”只能假定有一种和感觉相似的能力。
>
> 对于那种看来完全没有感觉的物质如何跟那种由同样原子（或电子）构成但却具有明显的感觉能力的物质发生联系的问题，我们还需要研究再研究。
>
> 假定一切物质，具有在本质上跟感觉相近的特性、反映的特性，这是合乎逻辑的。①

既然一切物质间都具有与感觉相似的类似于反映的能力，那么，这种在物质之间所产生的相互反映着的内容便不可能再是物质的，即不可能再是客观实在的。虽然这类现象显然不是主观的，而是客观的，但是，它们却不可能与它们反映着的对象物一样具有实在的性质。这样，我们在列宁的相关论述中便能够十分清晰地体悟到，列宁其实是用他的方法揭示了“一个客观不实在”的信息世界，只不过当时的科学还不能为这样的思想提供“信息世界”的概念，列宁只好用了与人的感觉能力进行类比的方法予以表述。这不仅体现了列宁思想的深刻性，还体现了列宁思想的开放性和他为超越传统哲学的基本范式而做出的相应思考和努力。

从《唯物主义和经验批判主义》的相关内容来看，列宁上述思想的提出显然受到了狄德罗相关观点的影响。因为他引用了狄德罗讨论相关问题的大段文字，尤其是引用了狄德罗这样的话：“一个能说明一切的简单假定，就是：感觉能力是物质的普遍特性或者是物质机体组织的产物。”②

值得一提的是，在后来，苏联、东欧和中国的某些科学家和哲学家就受列宁相关思想的启示，把信息的本质和列宁关于反映是一切物质的共同属性的观点结合起来加以讨论，并试图由此揭示信息是一切物质的共同属性的客观性③。

---

① 列宁：《列宁选集》（第 2 卷），中共中央马克思恩格斯列宁斯大林著作编译局，译，北京：人民出版社，1972 年版，第 40-41，89 页。

② 列宁：《列宁选集》（第 2 卷），中共中央马克思恩格斯列宁斯大林著作编译局，译，北京：人民出版社，1972 年版，第 31 页。

③ 刘伸：《苏联哲学界关于信息概念的争论》，《国外社会科学》，1980 年，第 7 期，第 73-76 页；李佛生：《关于信息问题讨论的综述》，《南充师院学报》（哲学社会科学版），1981 年，第 4 期，第 79-81 页。

第26章

马克思、恩格斯“全面生产”理论的复杂性特征①

马克思主义哲学把辩证唯物主义的观点融入对人类历史和社会关系的解释之中，从而创立了历史唯物主义学说。这一学说建立在人的实践性和社会性的基础之上。而最能体现人的实践性和社会性本质的方面便是人的生产活动。在马克思和恩格斯那里，人类的生产并不是某种单一形式的活动，而是多种生产形式的内在融合的统一，是一种人类创造世界的活动的“全面生产”，它包括人的一切创造性的活动及其产物。在马克思和恩格斯那里，人类创造的一切，包括物质资料产品、精神产品，乃至人本身、人和人的关系、人的社会、社会的制度、秩序等，全都是人类生产的产物。传统的马克思主义哲学教科书对人类生产形式的范围采取狭义化处理，对生产力和生产关系这两个范畴进行割裂化的理解和规定，导致在此基础上所建构的整个唯物史观理论具有机械论的色彩。通过对马克思和恩格斯相关著作的研读，我们发现，马克思、恩格斯曾经具体阐释了物质资料生产、精神生产、人自身生产、交往关系的生产四种生产形式，并在此基础上提出了“全面生产”的

---

① 本章内容曾以“论马克思和恩格斯“全面生产”理论的复杂性特征——对机械唯物史观的批判”为题发表于《中国人民大学学报》2006年第6期，第86-92页。

理论。对这一理论重新解读和挖掘，我们将会看到人类社会生产形式及人类社会基本矛盾运动的复杂性特征。

26.1 传统的马克思主义哲学教科书中的生产理论具有简单性、机械论特征

新中国成立伊始，国内马克思主义哲学教科书基本沿袭了当年苏联马克思主义哲学教科书的体系和观点。其中，关于人类生产、人类生产力，以及生产力和生产关系的关系的学说具有明显的简单性、机械论特征。在此相关理论的基础上所建构的整个唯物史观理论也便不可避免地带有机械唯物史观的色彩。

传统的马克思主义哲学教科书中关于人类生产和生产力、关于生产力和生产关系的关系的学说的基本观点及其相应缺陷可以归结为以下五个方面。

1）最早的教科书对人类生产形式的范围采取了狭义化处理，只归结为物质资料生产一种形式。

2）之后，教科书对人类生产形式的范围加以扩充，除了强调物质资料生产形式之外，还增加了精神生产和人本身生产等形式。但是，在这三种生产形式之间往往采取相互割裂的论述方式，即仅仅看到了三者的相对独立性关系，而未能看到三种形式之间的内在融合的统一性过程。

3）对生产力和生产关系这两个范畴进行简单性、割裂化的理解和规定：仅仅把生产力看作是人与自然的关系，把生产关系看作是人与人之间的关系。这一理论并不明白：“人同自然的关系直接就是人和人之间的关系，而人和人之间的关系直接就是人同自然的关系，就是他自己的自然的规定。”①其实，在人类的生产活动过程中，不仅要处理人与自然的关系，还要处理人与人的关系，不仅会从改造自然的过程中获得物质资料产品，还会在改造人与人的关系中获得新的交往关系的产品。这样，讲生产力就必须同时顾及改造人与自然关系的生产力和改造人与人关系的生产力两个方面。

4）只从内容和形式的关系的方面来理解生产力和生产关系的关系，而不能看到生产关系本身也可以成为生产力活动的内容。

① 马克思：《1844 年经济学哲学手稿》，刘丕坤，译，中共中央马克思恩格斯列宁斯大林著作编译局，校，北京：人民出版社，1985 年版，第 76 页。

5）历史唯物主义将社会基本矛盾确定为生产力与生产关系的矛盾、经济基础与上层建筑的矛盾。由于经济基础是与特定社会制度相统一的生产关系各方面的总和，所以，在社会基本矛盾中生产关系和经济基础便是同一个环节。据此，在传统的马克思主义哲学教科书中总是将社会基本矛盾描述为两对矛盾三个环节，并认为生产力和生产关系、经济基础和上层建筑可以发生直接的相互作用，而生产力和上层建筑则只能通过生产关系（经济基础）的中介发生间接的相互作用。其实，生产力和上层建筑仍然可以发生直接的相互作用，并且，上层建筑也具有人类生产活动产品的性质，因为作为政治上层建筑的相应制度与设施，即“社会结构和国家总是从一定个人的生活过程中产生的”①，而作为思想上层建筑的具体内容则只能是通过特定的精神生产活动生产出来。马克思和恩格斯就曾说过：“人们的想象、思维、精神交往在这里还是人们物质行动的直接产物。表现在某一民族的政治、法律、道德、宗教、形而上学等的语言中的精神生产也是这样。”②

囿于上述五个方面的基本观点中所呈现出的缺陷，我们有必要重温马克思和恩格斯的相关理论，并应用复杂性研究方法重新予以解读，从而将马克思和恩格斯创立的历史唯物主义的辩证性和活的灵魂揭示出来。

26.2 马克思、恩格斯关于四种生产和“全面生产”的理论

在马克思和恩格斯的相关著作中，曾经提出许多不同意义的生产活动：生活资料的生产；物质生活本身的生产；直接生活的物质生产；生活资料和生活本身的现实生产；工具的生产；物质生产；思想、观念、意识的生产；精神生产；生命的生产（自己生命的生产或他人生命的生产）；人类自身的生产；交往形式本身的生产；整个世界的生产；全面生产（人们所创造的一切）③。上述不同意义的生产活动的提法，除了“整个世界的生产”和“全面生产”这两种提法属于马克思和恩格斯关于生产概念的整体性意义的表述之

---

① 马克思，恩格斯：《马克思恩格斯选集》（第1卷），中共中央马克思恩格斯列宁斯大林著作编译局，译，北京：人民出版社，1995年版，第71页。

② 马克思，恩格斯：《马克思恩格斯选集》（第1卷），中共中央马克思恩格斯列宁斯大林著作编译局，译，北京：人民出版社，1995年版，第72页。

③ 关于上述不同意义的生产活动的提法都可以在马克思和恩格斯的《德意志意识形态》第1卷第1章“费尔巴哈。唯物主义观点和唯心主义观点的对立”和恩格斯的《家庭、私有制和国家的起源・第一版序言》中找到。

外，其他提法在总括上可以归结为四种基本生产活动形式：物质资料生产、精神生产、人类自身生产、交往关系生产。对于这四种生产形式，马克思和恩格斯都曾进行过较为详尽的论述。要全面理解马克思和恩格斯关于生产和生产力的理论，就必须对这四种形式的生产活动进行相应的考察和解读，而生产和生产力概念也理应是对这四种意义上的生产和生产力活动过程的综合概括。

物质资料生产是指人类创造物质资料产品的活动与过程。人与动物的区别就在于，动物只是与自然界提供的生存条件保持直接的适应性，而人却能够通过自己的行为来改造自然界，从而使自然界与人的需要相适应。物质资料生产便是人类社会与自然界相互联系的一种特有方式。在自然物不能以现成形态满足人的需要的时候，人们便会通过某种创造性的活动去改变自然物的存在形态，使之成为能够满足人类生存需要的物质生活资料，从而达到对自然物的利用、控制和占有，这就构成了人类的物质资料生产过程，而在这一过程中所体现出的人类改造自然、创造物质生活资料的能力便是物质资料生产力。

精神生产在一般意义上是指“思想、观念、意识的生产”[①]，它是人类创造观念形态产品的活动与过程，又称意识生产。从严格的意义上说，精神生产主要指精神生产者有意识、有目的地创造各种社会意识形式（如科学、艺术、道德、宗教、政治、法律、哲学等）和创造实践性观念（如方针、政策、规划、设计、模型、目的、计划方案等）的生产活动，以及精神产品的分配、交换、消费，即精神交往关系与过程。马克思曾按照产品和消费之间的相互联系，把精神生产区分为两种基本形式：一是“具有离开生产者和消费者而独立的形式，因而能够在生产和消费之间一段时间内存在”，如书籍、绘画、图纸、拷贝、录音、录像、计算机软件等；二是“产品和生产行为不能分离，如一切表演艺术家、演说家、教员、医生、牧师等情况”，以及某些个体劳动中的仅供自己当时劳作所用的，在自己头脑中所设计的目的、计划、方案的生产和消费的情况，这时产品在精神生产者主体的运动状态中即被他人或自己直接用来消费掉了。[②]我们有理由把这两种形式的精神生产分

① 马克思，恩格斯：《马克思恩格斯选集》（第 1 卷），中共中央马克思恩格斯列宁斯大林著作编译局，译，北京：人民出版社，1995 年版，第 72 页。

② 马克思，恩格斯：《马克思恩格斯全集》（第 48 卷），中共中央马克思恩格斯列宁斯大林著作编译局，译，北京：人民出版社，1985 年版，第 61-62 页。

别称为延迟性间接消费的精神生产形式和即时性直接消费的精神生产形式。精神生产为人类提供理论观点、科学知识、价值取向、行为规范、目的、决策、行动计划和未来预见等，在这一生产过程中所体现出的人类创造观念形态的产品的自由、自觉的能动性能力便是精神生产力。

人类自身生产是指人类自身世世代代的繁衍，是人本身的肉体和智能的双重生产与建构的过程，包括繁殖后代、人的培养和教育等活动，所以又称人口生产、人的生产、人的生命的生产。人类在进行物质资料生产和精神生产的同时，也必须进行人自身的生产。恩格斯指出："根据唯物主义观点，历史中的决定性因素，归根结底是直接生活的生产和再生产。但是，生产本身又有两种。一方面是生活资料即食物、衣服、住房以及为此所必需的工具的生产；另一方面是人自身的生产，即种的繁衍。"①人自身的生产是社会存在和发展的基本前提与必要条件。社会是由人组成的。"全部人类历史的第一个前提无疑是有生命的个人的存在。"②没有人的种系繁衍，没有一定数量和质量的人口，就不可能有人类社会的存在，也不可能有人类社会的发展。人类对人口的数量和质量优化控制的方式与能力便是人类自身生产力。

马克思在提出"交往形式本身的生产"③的同时又强调指出交往形式的生产就是社会、国家、制度的生产，因为市民社会是在"过去一切历史阶段上受生产力制约同时又制约生产力的交往形式"，"国家不外是资产者为了在国内外相互保障各自的财产和利益所必然要采取的一种组织形式"，而社会组织则是"直接从生产和交往中发展起来的"④。就交往乃是人与人之间的关系，制度乃是这种关系的习惯的、政治的、法的形式而言，任何社会的制度形式都可以看成是交往形式生产的产物。在人的生产活动中所发生的交往关系就是生产关系。生产关系首先必须是存在于人的生产活动之中的关系，同时又由这种生产活动本身生产出来，从而构成相应的交往关系（生产关系）生产活动形式。

马克思和恩格斯写道："个人相互交往的条件……是个人的自主活动的

① 马克思，恩格斯：《马克思恩格斯选集》（第4卷），中共中央马克思恩格斯列宁斯大林著作编译局，译，北京：人民出版社，1995年版，第2页。

② 马克思，恩格斯：《马克思恩格斯选集》（第1卷），中共中央马克思恩格斯列宁斯大林著作编译局，译，北京：人民出版社，1995年版，第67页。

③ 马克思，恩格斯：《马克思恩格斯选集》（第1卷），中共中央马克思恩格斯列宁斯大林著作编译局，译，北京：人民出版社，1995年版，第123页。

④ 马克思，恩格斯：《马克思恩格斯选集》（第1卷），中共中央马克思恩格斯列宁斯大林著作编译局，译，北京：人民出版社，1995年版，第87-88，131-132页。

条件，并且是由这种自主活动产生出来的。”[①]如此看来，在生产发生的条件的尺度上，交往关系（生产关系）是生产发展的形式，与作为生产活动的内容的生产力构成一对矛盾，但是，在交往关系（生产关系）自身的产生和发展过程的尺度上，交往关系（生产关系）又只能是生产发展的内容，又只能是某种意义的生产活动过程本身。而人类生产和发展自身交往关系（生产关系）的方式与能力便是人类交往关系（生产关系）的生产力。在谈及人类交往关系的生产和交往关系的生产力问题时，马克思和恩格斯如下的一些论述应当引起我们的关注：

共产主义……第一次自觉地把一切自发形成的前提看做是前人的创造，消除这些前提的自发性，使它们受联合起来的个人的支配。[②]

经济学家蒲鲁东先生非常明白，人们是在一定的生产关系中制造呢绒、麻布和丝织品的。但是他不明白，这些一定的社会关系同麻布、亚麻等一样，也是人们生产出来的。[③]

从上述四种生产和四种生产力形式的讨论中，我们可以看到，马克思和恩格斯对于人类生产和人类生产力的理解采取了某种十分全面的整体性的论述。他们并未把它狭隘地归结为物质资料生产这样一种单一形式。在马克思和恩格斯看来，人类自主创造活动的一切过程和产物全然是人类生产的过程和产物，而在这所有自主创造活动的领域中所呈现出来的人类生产的创造力都是人类生产力的具体方面。马克思和恩格斯写道：“个人的真正的精神财富完全取决于他的现实关系的财富……只有这样，单个人才能摆脱种种民族局限和地域局限而同整个世界的生产（也同精神的生产）发生实际联系，才能获得利用全球的这种全面的生产（人们的创造）的能力。”[④]其实，早在《1844 年经济学哲学手稿》中，马克思就写下了这样的话：“私有财产的运动——生产和消费——是以往全部生产的运动的感性表现，也就是说，是人

① 马克思，恩格斯：《马克思恩格斯选集》（第 1 卷），中共中央马克思恩格斯列宁斯大林著作编译局，译，北京：人民出版社，1995 年版，第 123 页。
② 马克思，恩格斯：《马克思恩格斯选集》（第 1 卷），中共中央马克思恩格斯列宁斯大林著作编译局，译，北京：人民出版社，1995 年版，第 122 页。
③ 马克思，恩格斯：《马克思恩格斯选集》（第 1 卷），中共中央马克思恩格斯列宁斯大林著作编译局，译，北京：人民出版社，1995 年版，第 141 页。
④ 马克思，恩格斯：《马克思恩格斯选集》（第 1 卷），中共中央马克思恩格斯列宁斯大林著作编译局，译，北京：人民出版社，1995 年版，第 89 页。

的实现和现实。宗教、家庭、国家、法、道德、科学、艺术等等，都不过是生产的一些特殊的方式，并且受生产的普遍规律的支配。”“正像社会本身生产作为人的人一样，人也生产社会。”①

认真研读上述论述，再结合马克思和恩格斯关于人类生产与生产力形式的多样性的理论，我们可以看到，这是一种“全面生产”的理论。它把整个人类社会，人的物质的和精神的活动过程及其产品，人的生命、人的生活、人的需求和欲望，人类的科学和文化，人类的交往关系和社会制度的体制，人类的意识形态和政治、国家与社会都看作是人类生产活动的过程和产物，并在生产力、生产关系与上层建筑的矛盾运动中揭示出所有生产活动形式、社会基本矛盾诸环节之间互为前提和基础、相互生成转化的互为因果、相互为己为他的内在融合关系。这是一种对人类生产理论和社会基本矛盾运动的复杂性解读方式，由此更能清晰而准确、深刻而合理地揭示出人类生产与社会基本矛盾运动的全面性、整体性和历史发展性的本质特征。

26.3 四种生产活动的内在融合的复杂统一性关系

物质资料生产、精神生产、人类自身生产、交往关系的生产，这四种具体生产活动在社会生产的整体运行过程中不是孤立存在和分别展开的，而是处于互为基础和前提、相互渗透和映射、相互交织和贯通、相互制约和转化、相互为己为他的内在融合的普遍相互作用之中，正是在这种普遍相互作用的有机关联中呈现出了人类社会生产和生产力的统一性、整体性、全面性与复杂性特征。

对于上述四种生产活动的内在融合的复杂统一性关系，马克思和恩格斯曾经有过极为详尽和清晰的论述。他们写道：

> 思想、观念、意识的生产最初是直接与人们的物质活动，与人们的物质交往，与现实生活的语言交织在一起的。人们的想象、思维、精神交往在这里还是人们物质行动的直接产物。表现在某一民族的政治、法律、道德、宗教、形而上学等的语言中的精神生产也

① 马克思：《1844年经济学哲学手稿》，刘丕坤，译，中共中央马克思恩格斯列宁斯大林著作编译局，校，北京：人民出版社，1985年版，第78页。

是这样。[①]

为了生活，首先就需要吃喝住穿以及其他一些东西。因此第一个历史活动就是生产满足这些需要的资料，即生产物质生活本身。

第二个事实是，已经得到满足的第一个需要……又引起新的需要。这种新的需要的产生是第一个历史活动。

一开始就进入历史发展过程的第三种关系是：每日都在重新生产自己生命的人们开始生产另外一些人，即繁殖。

不应把社会活动的这三个方面看作是三个不同的阶段，而只应该看作是三个方面，或者……把它们看作是三个“因素”。从历史的最初时期起，从第一批人出现时，这三个方面就同时存在着，而且现在也还在历史上起着作用。

这样，生命的生产……就立即表现为双重关系：一方面是自然关系，另一方面是社会关系……由此可见，一定的生产方式或一定的工业阶段始终是与一定的共同活动的方式或一定的社会阶段联系着的，而这种共同活动方式本身就是“生产力”。[②]

正是多种生产和生产力的普遍交织、渗透与贯通，正是不应当把多种生产和生产力看作发展的“不同的阶段”，而应当看作是一个统一过程中的“三个方面”和“三个因素”的思想，道出了人类生产和生产力活动的内在融合的复杂性和统一性关系的秘密。

按照马克思和恩格斯的观点，历史唯物主义的学说只是坚持从直接生活的物质资料生产活动出发来解释人类的全部生产活动、过程及其产物。但是，这并不意味着只承认物质资料生产一种生产活动或形式，排斥或否定其他形式的生产活动或形式；这也并不意味着否定在物质资料生产的活动中同时就交织、贯穿和实现着其他形式的生产活动。恰恰相反，在马克思和恩格斯看来，人类诸多方面的生产活动是一个相互关联的整体，一方面，人类社会中所有层面的创造性成果都必须从人类具体的生产活动过程中生产出来；另一方面，这些被生产出来的全部创造性成果又会成为后续人类生产活动的

① 马克思，恩格斯：《马克思恩格斯选集》（第 1 卷），中共中央马克思恩格斯列宁斯大林著作编译局，译，北京：人民出版社，1995 年版，第 72 页。

② 马克思，恩格斯：《马克思恩格斯选集》（第 1 卷），中共中央马克思恩格斯列宁斯大林著作编译局，译，北京：人民出版社，1995 年版，第 79-80 页。

现实基础，从而制约着人类生产活动和生产力能力的发展。马克思和恩格斯写道："这种历史观就在于：从直接生活的物质生产出发阐述现实的生产过程，把同这种生产方式相联系的、它所产生的交往形式即各个不同阶段上的市民社会理解为整个历史的基础，从市民社会作为国家的活动描述市民社会，同时从市民社会出发阐明意识的所有各种不同理论的产物和形式，如宗教、哲学、道德等等，而且追溯它们产生的过程。这样当然也就能够完整地描述事物（因而也能够描述事物的这些不同方面之间的相互作用）。"①

其实，前述四种不同生产形式的划分仅仅着眼的是其产品载体表现形式的区别，如果从人类生产活动的现实过程及其产品的具体结构来看，前述四种生产活动形式也总是内在融合地统一在一起的。

马克思曾通过对比蜘蛛和织工、蜜蜂和建筑师的活动，十分精辟地论述了物质生产和精神生产内在融合的统一性关系，并把精神生产作为物质生产的前提，作为贯穿于物质生产全过程的内在环节。马克思写道：

> 蜘蛛的活动与织工的活动相似，蜜蜂建筑蜂房的本领使人间许多建筑师感到惭愧。但是最蹩脚的建筑师从一开始就比最灵巧的蜜蜂高明的地方，是他在用蜂蜡建筑蜂房以前，已经在自己的头脑中把它建成了。劳动过程结束时得到的结果，在这个过程开始时就已经在劳动者的表象中存在着，即已经观念地存在着。他不仅使自然物发生形式变化，同时他还在自然物中实现自己的目的，这个目的是他所知道的，是作为规律决定着他的活动的方式和方法的，他必须使他的意志服从这个目的。但是这种服从不是孤立的行为。除了从事劳动的那些器官紧张之外，在整个劳动时间内还需要有作为注意力表现出来的有目的的意志。②

生产者的目的、在生产者的观念中已建构出来的关于生产结果的表象、关于生产过程的规划，以及始终决定和控制着生产过程的注意力和意志、方式和方法等都是在精神生产过程中所获得的观念性产品。这样，在人的所有物质资料生产活动之中，就必然同时相伴着精神生产的活动，并且，精神生

① 马克思，恩格斯：《马克思恩格斯选集》（第1卷），中共中央马克思恩格斯列宁斯大林著作编译局，译，北京：人民出版社，1995年版，第92页。

② 马克思，恩格斯：《资本论》（第1卷），中共中央马克思恩格斯列宁斯大林著作编译局，译，北京：人民出版社，1975年版，第202页。

产始终为物质资料生产活动提供目的性、计划性前提，以及操作指引、过程监控、结果评价和检验等实质性生产活动的内容和环节。

不仅物质资料生产活动中交织和贯通着精神生产活动，而且精神生产活动中也交织和贯通着物质资料生产活动；不仅物质资料生产活动以精神生产活动为基础、前提和条件，而且精神生产活动也以物质资料生产活动为基础、前提和条件。我们知道，人类精神的产物可以处于两种不同的状态：第一种是主观呈现或储存的状态，它具体存在于从事精神活动的人脑之中；第二种是客观储存的状态，它具体存在于认识主体之外的客体结构的相应编码结构之中。问题的要害在于，从精神产物的第一种状态过渡到第二种状态不是一个自然发生的过程，它必须借助于人类物质资料生产活动的中介，并作为物质资料生产活动的某种结果（产品）而具体呈现出来。一个最简单的知识输出活动，也必须依赖于书写、绘制、语声等相应的活动，并借助于笔墨、人体器官的中介，且在纸张、图版、空气的波形等物质基质的相应编码结构中实现。当代的科学认识活动已经进化为借助于庞大的中介工具和设施来实现的复杂工程性生产活动。例如，人类借助射电望远镜、卫星、宇宙飞船对宇观世界的探索；借助高速粒子加速器对微观世界的探索；借助各种复杂的仪表、仪器对相应层次认识对象的定性定量分析。正在发展中的智能性电脑则更是着眼于替代人脑的部分认识加工和储存活动，并试图将人的思维过程和思维结果的储存过程作为某种客观工程性生产活动来实现。如果考虑到现代文化中知识的创造、储存和传播方式的日趋复杂化的情景，这不仅是指电脑排制、大型机械印刷、光盘刻制、数码拍录，还指电视、网络传播、虚拟现实系统的营造，另外还指作为精神产品的载体的日趋精美的艺术化设计与造型等，这一切都表明“精神产品”同样是物质资料生产活动的产物。

不仅物质资料生产和精神生产具有内在融合的统一性关系，而且物质资料生产、精神生产和人自身生产同样具有内在融合的统一性关系。任何生产者要从事生产活动首先必须以维持和发展自身生命的生产为前提。这里不仅是指处于生产活动中的个人必须通过呼吸、饮食、休息来保持和恢复自己的生命和必要的体力，还指一般自然人只有通过相应的知识和技能的教育与培训才能转化为具有生产能力的现实的生产者，另外，个人生命的有限性和人类生产活动的持续性之间的矛盾又需要通过他人生命的生产来解决。按照恩格斯的观点，人类的生活资料的生产和人类自身的生产都是历史发展的决定性因素，并且，在这两种生产之间存在着相互制约的关系。恩格斯写道："一定历史时代和一定地区内的人们生活于其下的社会制度，受着两种生产的制约：一方面受劳动的发展阶段的制约；另一方面受家庭的发展阶段的制约。劳动越不发展，劳动产品的数量、从而社会的财富越受限制，社会制度就越在较大程度上受血族关系的支配。"①

其实，不仅在人类社会中物质资料生产、精神生产和人本身的生产是互为前提、基础和相互制约的，而且，在从猿到人的转化过程中，这诸多生产形式从最初的萌生开始就是互为前提、基础和相互制约着产生和进化的。这种相互制约的产生和进化指的是，任何一种生活物质资料的获取方式的改变，都会导致精神生产活动方式，以及种的繁衍的生命延续方式（两性交配方式和育子方式）的改变，而后者的改变又会促进前者的再变化，并且，前者的改变又须以后者的相应改变为其变化的前提和基础。作为人类的祖先的古猿的群体结构从原来的林栖型过渡到地栖型的同时，一方面改变了原有生活物质资料的获取方式，从原有的分散为小群觅食的素食者，转化为结成大群统一狩猎、采集的杂食者；另一方面也改变了群体中成员的精神性心理活动的内容和方式，产生了对个体与群体关系的新认识，以及由此导致的团结互助精神的强化；此外，还改变了种的繁衍的生命延续方式，这主要是指与雌性交配过程中的雄性间的相互容忍和幼仔的集中照管。男性外出狩猎和女性滞留居住地采集的物质资料生产方式的变化，直接导致了女性固定发情期消失的性生理状态的变化，以及维系两性关系的新的精神性因素——爱情的心理活动的发生和发展，由此导致的便是人的精神生产和人自身生产方式的变化；氏族禁忌规范和图腾的精神生产活动的成果导致了氏族的自我封闭和氏族间的相互隔绝，由此又导致氏族人自身生产的遗传基础的贫弱化和保守性倾向，同时也制约了物质资料生产的发展；氏族和两合氏族婚姻联盟的建立既是形成新的禁忌规范和图腾模式的精神生产活动的结果，又是打破氏族间性交往封闭性的克服人自身生产危机的新的婚姻方式的建立，同时还是进行物质资料生产的前提、基础和条件。②

根据马克思和恩格斯的论述，人们的交往关系并不仅仅是外在于生产活

① 马克思，恩格斯：《马克思恩格斯选集》（第4卷），中共中央马克思恩格斯列宁斯大林著作编译局，译，北京：人民出版社，1995年版，第2页。

② 此段内容的详尽考察请参见邬焜：《信息哲学——理论、体系、方法》，北京：商务印书馆，2005年版，第290-297页。

动的形式，其本身同时就是生产活动的内容。在与其他形式的生产活动普遍交织、贯通和融合的现实运作过程中，人的交往关系既是人的生产活动的前提和基础，又是人的生产活动的内容、过程和产物。与交往关系的生产相伴，人们通过物质资料生产、精神生产、人本身生产和交往关系的生产的内在统一融合的“全面生产”的发展，不仅生产出物质产品、精神产品、个人与他人的生命与生活的产品，同时生产出人与人的关系，进而生产出整个市民社会、经济的、政治的、国家的关系、结构和体制，以及创造性地生产出人类赖以生存和发展的全部属人的“整个世界”。

也许马克思和恩格斯的如下论述有助于加深我们对上述观点和理论的理解：

> 各民族之间的相互关系取决于每一个民族的生产力、分工和内部交往的发展程度……不仅一个民族与其他民族的关系，而且这个民族本身的整个内部结构也取决于自己的生产以及自己内部和外部的交往的发展程度。①
>
> 以一定的方式进行生产活动的一定的个人，发生一定的社会关系和政治关系……社会结构和国家总是从一定个人的生活过程中产生的。②
>
> 共产主义所造成的存在状况……只不过是各个人之间迄今为止的交往的产物。③

26.4 人类生产、社会基本矛盾运动的复杂性结构

按照传统的马克思主义哲学教科书中的相关观点，社会基本矛盾包括生产力和生产关系、经济基础和上层建筑两对矛盾，因为经济基础是与特定社会制度相统一的生产关系各方面的总和，所以，在社会基本矛盾中生产关系和经济基础便是同一个环节。这就是两对矛盾三个环节的学说。相关观点还

---

① 马克思，恩格斯：《马克思恩格斯选集》（第 1 卷），中共中央马克思恩格斯列宁斯大林著作编译局，译，北京：人民出版社，1995 年版，第 68 页。

② 马克思，恩格斯：《马克思恩格斯选集》（第 1 卷），中共中央马克思恩格斯列宁斯大林著作编译局，译，北京：人民出版社，1995 年版，第 71 页。

③ 马克思，恩格斯：《马克思恩格斯选集》（第 1 卷），中共中央马克思恩格斯列宁斯大林著作编译局，译，北京：人民出版社，1995 年版，第 122 页。

认为生产力和生产关系、经济基础和上层建筑可以发生直接的相互作用，而生产力和上层建筑则只能通过生产关系（经济基础）的中介发生间接的相互作用。根据上述观点，可以将其结构模式表示为图 26.1。

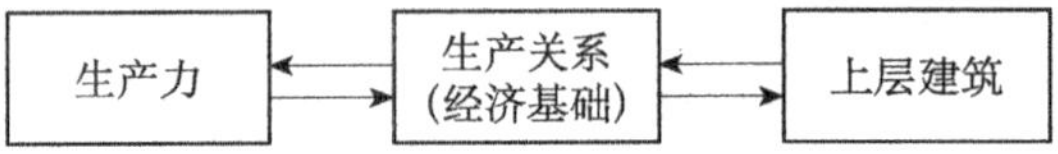

图 26.1　传统的马克思主义哲学教科书中社会基本矛盾关系图示

图 26.1 所表明的社会基本矛盾三个环节关系的缺陷是明显的：

1）只看到三者相互独立的特征，未能看到三者相互交织、贯通的内在融合的统一性关系；

2）未能看到作为精神生产产品的上层建筑和作为生产关系（交往关系）生产的制度化凝结的上层建筑的生产力属性，以及其与现实的生产力过程所发生的直接相互作用的情景；

3）显然，图 26.1 还只是某种缺乏历史动态关系的考察方式所得出的结论，其中体现出两个方面的简单性原则的特征：一是对生产和生产力形式与内容理解的单一性；二是对三个环节的相互关系缺乏历史演进的生成性视角的考察。

马克思在批判蒲鲁东只看到生产关系对生产力的制约作用而未看到生产关系也是从生产力中生产出来的观点的时候，马克思在批判蒲鲁东试图通过某些简单关系的构造来解释所有经济关系和社会关系，试图“用唯一的公式来解决自己的全部问题”[①]的时候，马克思批判了资产阶级经济学和社会学家们在对待经济关系和社会关系上的非历史主义的方法。马克思写道：

> 假定被当做不变规律、永恒原理、观念范畴的经济关系先于生动活跃的人而存在；再假定这些规律、这些原理、这些范畴自古以来就睡在“无人身的人类理性”的怀抱里。我们已经看到，在这一切一成不变的、停滞不动的永恒下面没有历史可言，即使有，至多也只是观念中的历史，即反映在纯理性的辩证运动中的历史。既然蒲鲁东先生认为各种观点在辩证运动中不能互相“区分”，那么他就一笔勾销了运动的影子和影子的运动。

① 马克思，恩格斯：《马克思恩格斯选集》（第 1 卷），中共中央马克思恩格斯列宁斯大林著作编译局，译，北京：人民出版社，1995 年版，第 149 页。

自身起作用并且使蒲鲁东先生本人也起作用的矛盾的创造力竟大到这样的程度，以至他本想说明历史，但却不得不否定历史；本想说明社会关系的顺次出现，但却根本否定某种东西可以出现；本想说明生产及其一切阶段，但却否定某种东西可以生产出来。[①]

在马克思看来，资产阶级经济学家之所以要否定资产阶级的生产关系是在以往的生产活动中历史地被生产出来的，是因为他们试图将这种生产关系神圣化，并以绝对合理的名义天然、自然地强加于现存社会的生产力之上。马克思写道：

经济学家所以说现存的关系（资产阶级生产关系）是天然的，是想以此说明，这些关系正是使生产财富和发展生产力得以按照自然规律进行的那些关系。因此，这些关系是不受时间影响的自然规律。这是应当永远支配社会的永恒规律。于是，以前是有历史的，现在再也没有历史了。以前所以有历史，是由于有过封建制度，由于在这些封建制度中有一种和经济学家称为自然的，因而是永恒的资产阶级社会生产关系完全不同的生产关系。[②]

正因为采取了历史演进和生成的考察方法，马克思和恩格斯才看到了生产和生产力形式与内容的多样性，以及诸多生产和生产力形式与内容之间普遍交织、贯通的内在融合的复杂性关系；正因为采取了历史演进和生成的考察方法，马克思和恩格斯才看到了人们的交往关系（生产关系），以及建立在其上的观念的、思想的、政治的、法律的、国家与社会的上层建筑等都是在相应的生产活动中生产出来的，并随着生产的运动和发展而不断地改变自己。由此，任何一种生产关系和上层建筑都不可能是先天具有的和永恒存在的东西，因此，人们不可能超越现实生产力发展的水平和状况，通过什么主观的臆断和匹配来任意地消灭或制造某种生产关系、上层建筑，并将其强行施加于现存的生产力、经济关系与社会关系之上。当然，在特定经济与社会发展的水平之上，在相应的生产和生产力发展的过程之中所创造出来的物质

---

① 马克思，恩格斯：《马克思恩格斯选集》（第 1 卷），中共中央马克思恩格斯列宁斯大林著作编译局，译，北京：人民出版社，1995 年版，第 147-148 页。

② 马克思，恩格斯：《马克思恩格斯选集》（第 1 卷），中共中央马克思恩格斯列宁斯大林著作编译局，译，北京：人民出版社，1995 年版，第 151 页。

产品、精神产品，所创造出来的生产关系、上层建筑又会成为后续生产和生产力发展的前提和基础，并与现实发展的生产和生产力过程构成相互作用的矛盾性关系，这是一种在历史演化和生成过程中前后相继的、不断生成、转化和多层级反馈环链相互作用的、复杂交织的、多元综合统一的矛盾运动关系。这一关系集中体现着人类社会基本矛盾运动的诸多形式、成分、因素，诸多矛盾环节和内容之间的复杂综合的统一性关系：普遍相互作用、相互生成转化；普遍相互交织贯通、内在渗透融合、相互为己为他；普遍互为因果、前提、基础与条件；历史、现实与未来关系的多重全息映射等。

图 26.2 是在某种简化和一般抽象概括的层面上对这一复杂性关系的形象表达。

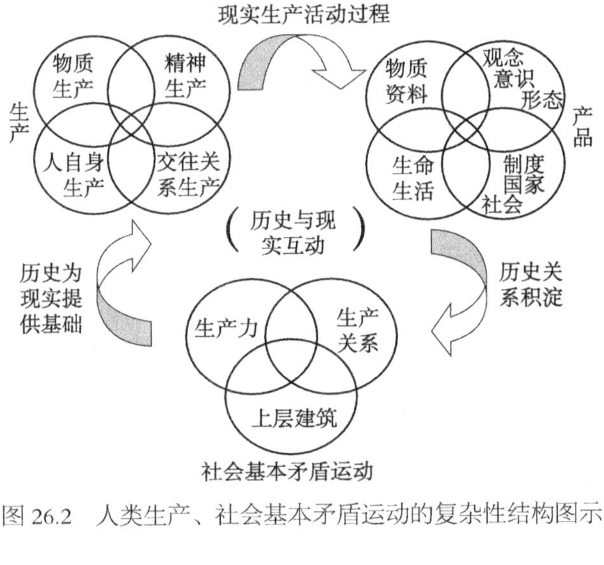

图 26.2　人类生产、社会基本矛盾运动的复杂性结构图示

第27章 马克思主义的辩证法

与黑格尔的客观唯心主义辩证法不同，马克思主义的辩证法是唯物的辩证法。但是，马克思主义的辩证法的来源却是黑格尔的辩证法。恩格斯曾经对黑格尔的辩证法给予了极高的评价。他写道："同18世纪的法国哲学并列和继它之后，近代德国哲学产生了，并且在黑格尔那里完成了。它的最大的功绩，就是恢复了辩证法这一最高的思维形式。"①

27.1 恩格斯关于辩证法性质的论述

对于辩证法的性质，恩格斯有过很多明确而清晰的表述。他认为"辩证法不过是关于自然、人类社会和思维的运动和发展的普遍规律的科学"②。"辩证法被看作关于一切运动各个最普遍的规律的科学。这就是说，辩证法的规律无论对自然界中和人类历史中的运动，或者对思维的运动，都必定是同样适用的。"③

① 马克思，恩格斯：《马克思恩格斯选集》（第3卷），中共中央马克思恩格斯列宁斯大林著作编译局，译，北京：人民出版社，1995年版，第358页。

② 马克思，恩格斯：《马克思恩格斯选集》（第3卷），中共中央马克思恩格斯列宁斯大林著作编译局，译，北京：人民出版社，1995年版，第484页。

③ 马克思，恩格斯：《马克思恩格斯选集》（第4卷），中共中央马克思恩格斯列宁斯大林著作编译局，译，北京：人民出版社，1995年版，第365页。

在恩格斯的观念中，辩证法并不仅仅是一种认识的方法，还具有客观自然的性质。因为他认为，自然界本身就是辩证运动的，而人们认识中的主观辩证法只是对自然界自身中的客观辩证法的抽象认识。他写道："辩证法的规律是自然界的实在的发展规律"，"辩证法的规律是从自然界和人类社会的历史中抽象出来的。辩证法的规律无非是历史发展的这两个阶段和思维本身的最一般的规律"[①]。

恩格斯对黑格尔仅仅把辩证法"当作纯粹的思维规律"的做法提出了批评。他认为黑格尔的错误在于：黑格尔认为"这些规律是作为思维规律强加于自然界和历史的，而不是从中推导出来的"[②]。

在对黑格尔辩证法的性质进行批判的基础上，恩格斯提出了他的"自然界的辩证法"的学说。在恩格斯那里，自然界本身就有它存在和运动的法则，而这一法则不是别的，正是"辩证法"。他说："对我来说，事情不在于把辩证规律硬塞进自然界，而在于从自然界中找出这些规律并从自然界出发加以阐发。"[③]

恩格斯还进一步地概括说：

> 我们重新唯物地把我们头脑中的概念看作现实事物的反映，而不是把现实事物看作绝对概念的某一阶段的反映。这样，辩证法就归结为关于外部世界和人类思维的运动的一般规律的科学，这两个系列的规定在本质上是同一的，但是在表现上是不同的，这是因为人的头脑可以自觉地应用这些规律，而在自然界中这些规律是不自觉地、以外部必然性的形式、在无穷无尽的表面的偶然性中实现的，而且到现在为止在人类历史上多半也是如此。这样，概念的辩证法本身就变成只是现实世界的辩证运动的自觉的反映，从而黑格尔的辩证法就被倒转过来了，或者宁可说，不是用头立地而是重新用脚立地了。[④]

---

① 马克思，恩格斯：《马克思恩格斯选集》（第4卷），中共中央马克思恩格斯列宁斯大林著作编译局，译，北京：人民出版社，1995年版，第310，311页。

② 马克思，恩格斯：《马克思恩格斯选集》（第4卷），中共中央马克思恩格斯列宁斯大林著作编译局，译，北京：人民出版社，1995年版，第311页。

③ 马克思，恩格斯：《马克思恩格斯选集》（第3卷），中共中央马克思恩格斯列宁斯大林著作编译局，译，北京：人民出版社，1995年版，第351页。

④ 马克思，恩格斯：《马克思恩格斯选集》（第4卷），中共中央马克思恩格斯列宁斯大林著作编译局，译，北京：人民出版社，1995年版，第243页。

关于自然界中是否存在辩证法的问题，许多现代西方哲学家包括一些科学哲学家，从意识哲学的视角出发，直截了当地做出了否定的回答。他们断言：自然界不存在辩证法，只有在历史和社会的世界中才有辩证理性问题；恩格斯虚构了自然辩证法，并将它强加到自然界中；谈论自然界中的辩证法属于本体论或形而上学问题，是无意义的不可言说的问题。据此，在现代西方哲学和科学哲学中掀起了一股拒斥本体论、形而上学和自然哲学的思潮。与之相呼应，我国哲学界也产生了一种占主导地位的意见：马克思主义哲学主要关注主体性，关注“有人在场”“以人为中介”的世界，而无人在场的世界“不可言说”“对于人说来也是无”。

恩格斯在其《自然辩证法》手稿中明确地反对了两种倾向：一种是脱离自然科学的现实基础只凭主观臆断来炮制自然哲学体系的做法，如黑格尔那样；另一种是蔑视一切自然哲学的经验主义、实证主义态度。恩格斯写道：

> 随着唯心主义出发点的垮台，在这个出发点上构成的体系，从而特别是黑格尔的自然哲学，也就垮台了。但是在这里要记住：自然科学的反对黑格尔的论战，在它们正确理解黑格尔的范围之内而言，它们所反对的目标只有两点，即唯心主义的出发点和不符合事实的任意的体系结构。①
>
> 这里我们已经清楚地表明了，什么是从自然科学到神秘主义的最可靠的途径了。这并不是过分滋长的自然哲学的理论，而是蔑视一切理论、不相信一切思维的最肤浅的经验论。证明神灵存在的不是先验的必然性，而是华莱士先生、克鲁克思先生之流的经验的观察。②
>
> 我们只想表明辩证法的规律是自然界的实在的发展规律，因而对于理论自然科学也是有效的……辩证法的规律就是从自然界以及人类社会的历史中被概括出来的……黑格尔理论的错误在于这些规律是作为思维规律强加在自然界和历史上面的，而不是从它们推导出来的。③

当代的某些科学家和哲学家总是企图割裂哲学思维和科学思维的关系，

① 恩格斯：《自然辩证法》，于光远等，译，北京：人民出版社，1984年版，第50页。
② 恩格斯：《自然辩证法》，于光远等，译，北京：人民出版社，1984年版，第61页。
③ 恩格斯：《自然辩证法》，于光远等，译，北京：人民出版社，1984年版，第75-76页。

有些科学家排斥哲学在科学中的作用，而有些哲学家则总是要和科学划清界限，并明确地具有某种程度的反科学意识。其实，恩格斯在当时就看清了这样一些倾向的荒谬之处，他写道：

> 人们蔑视辩证法事实上是不能不受惩罚的。人们可以对一切理论思维随便怎么样轻视，可是没有理论思维，人们就是两件自然界的事实也不能联系起来，或者对二者之间所存在的联系都不能了解。①
>
> 经验的自然研究已经积累了庞大数量的实证的知识材料，因而在每一研究领域中系统地和依据其内在联系来整理这些材料，简直成为不可推卸的工作。同样，在各个知识领域之间确立正确的关系，这也是不可推卸的。于是，自然科学便走上理论领域，而在这里经验的方法不中用了，在这里理论思维才管用。②
>
> 对于现今的自然科学来说，辩证法恰好是最重要的思维形式，因为只有辩证法才为自然界中出现的发展过程，为各种普遍的联系，为从一个研究领域向另一个研究领域过渡，提供了模式，从而提供了说明方法。②

27.2 一切事物都是在相互作用中普遍联系着的变化过程

恩格斯旗帜鲜明地指出：黑格尔的辩证法有“一个伟大的基本思想，即认为世界不是既成事物的集合体，而是过程的集合体，其中各个似乎稳定的事物同它们在我们头脑中的思想映象即概念一样都处在生成和灭亡的不断变化中”③。“黑格尔第一次——这是他的伟大功绩——把整个自然的、历史的和精神的世界描写为一个过程，即把它描写为处在不断的运动、变化、转变和发展中，并企图揭示这种运动和发展的内在联系。”④

---

① 恩格斯：《自然辩证法》，于光远等，译，北京：人民出版社，1984年版，第62页。

② 马克思，恩格斯：《马克思恩格斯选集》(第4卷)，中共中央马克思恩格斯列宁斯大林著作编译局，译，北京：人民出版社，1995年版，第284页。

③ 马克思，恩格斯：《马克思恩格斯选集》(第4卷)，中共中央马克思恩格斯列宁斯大林著作编译局，译，北京：人民出版社，1995年版，第244页。

④ 马克思，恩格斯：《马克思恩格斯选集》(第3卷)，中共中央马克思恩格斯列宁斯大林著作编译局，译，北京：人民出版社，1995年版，第362页。

恩格斯还强调说：

辩证法在考察事物及其在观念上的反映时，本质上是从它们的联系、它们的联结、它们的运动、它们的产生和消逝方面去考察的。

当我们深思熟虑地考察自然界和人类历史或我们自己的精神活动的时候，首先呈现在我们眼前的，是一幅由种种联系和相互作用无穷无尽地交织起来的画面，其中没有任何东西是不动的和不变的，而是一切都在运动、变化、生成和消逝。①

这样，在恩格斯那里，事物在相互作用中普遍联系及永恒变化、运动的过程性便成了辩证法的基本观点。与之相对应，形而上学的方法则“是孤立的、应当逐个地和分别地加以考察的、固定的、僵硬的、一成不变的研究对象”②。

既然任何事物都只是一个永恒变化的过程，那么，便有了“转化过程是一个伟大的基本过程”，一切事物“每一瞬间都是它本身，又不是它本身”，“一切都存在而又不存在”③这样的论断。

我们知道，黑格尔有句名言：“凡是现实的都是合乎理性的，凡是合乎理性的都是现实的。”恩格斯对此评价说：“这显然是把现存的一切神圣化。”根据辩证法的本质，恩格斯进一步推论说：“按照黑格尔的思维方法的一切规则，凡是现实的都是合乎理性的这个命题，就变为另一个命题：凡是现存的，都一定要灭亡。”④

据此，恩格斯对他之前的机械唯物论学说“不能把世界理解为一种过程”的历史局限性进行了批判。他说：

这种唯物主义的……特有的局限性在于：它不能把世界理解为一种过程，理解为一种处在不断的历史发展中的物质。这是同当时的自然科学状况以及与此相联系的形而上学的即反辩证法的哲学思

① 马克思，恩格斯：《马克思恩格斯选集》（第 3 卷），中共中央马克思恩格斯列宁斯大林著作编译局，译，北京：人民出版社，1995 年版，第 359，361 页。

② 马克思，恩格斯：《马克思恩格斯选集》（第 3 卷），中共中央马克思恩格斯列宁斯大林著作编译局，译，北京：人民出版社，1995 年版，第 360 页。

③ 马克思，恩格斯：《马克思恩格斯选集》（第 3 卷），中共中央马克思恩格斯列宁斯大林著作编译局，译，北京：人民出版社，1995 年版，第 352，359 页。

④ 马克思，恩格斯：《马克思恩格斯选集》（第 4 卷），中共中央马克思恩格斯列宁斯大林著作编译局，译，北京：人民出版社，1995 年版，第 215-216 页。

维方法相适应的。[①]

根据辩证法的“一切皆变，一切皆流”的过程论思想，恩格斯进一步阐释说：

> 黑格尔哲学的真实意义和革命性质，正是在于他彻底否定了关于人的思维和行动的一切结果具有最终性质的看法。
>
> 辩证哲学推翻了一切关于最终的绝对真理和与之相应的绝对的人类状态的观念。在它面前，不存在任何最终的东西、绝对的东西、神圣的东西；它指出所有一切事物的暂时性；在它面前，除了生成和灭亡的不断过程、无止境地从低级上升到高级的不断过程，什么都不存在。它本身就是这个过程在思维着的头脑中的反映。诚然，它也有保守的方面：它承认认识和社会的一定阶段对它那个时代和那种环境来说都有存在的理由，但也不过如此而已。这种观察方法的保守性是相对的，它的革命性质是绝对的——这就是辩证哲学所承认的唯一绝对的东西。[②]

恩格斯还从人类科学发展的不同阶段的思维方式的变革强调了辩证法在科学研究中的重要价值。他写道：

> 旧的研究方法和思维方法，黑格尔称之为“形而上学的”方法，主要是把事物当成一成不变的东西去研究，它的残余还牢牢地盘踞在人们的头脑中，这种方法在当时是有重大的历史根据的。必须先研究事物，而后才能研究过程。必须先知道一个事物是什么，而后才能觉察这个事物中所发生的变化。自然科学中的情形正是这样，认为事物是既成的东西的旧形而上学，是从那种把非生物和生物当作既成事物来研究的自然科学中产生的。而当这种研究已经进展到可以向前迈出决定性的一步，即可以过渡到系统地研究这些事物在自然界本身中所发生的变化的时候，在哲学领域内也就响起了旧形而上学的丧钟。事实上，直到上世纪末，自然科学主要是搜集材料

---

① 马克思，恩格斯：《马克思恩格斯选集》（第4卷），中共中央马克思恩格斯列宁斯大林著作编译局，译，北京：人民出版社，1995年版，第228页。

② 马克思，恩格斯：《马克思恩格斯选集》（第4卷），中共中央马克思恩格斯列宁斯大林著作编译局，译，北京：人民出版社，1995年版，第216-217页。

的科学，关于既成事物的科学，但是在本世纪，自然科学本质上是整理材料的科学，是关于过程、关于这些事物的发生和发展以及关于联系——把这些自然过程结合为一个大的整体——的科学。①

显然，恩格斯对由自然科学的发展所导致的辩证法思维方式的进步持有某种乐观主义的态度。在当时，他特别推崇自然科学中的三大发现：细胞学说、能量守恒和转化定律、生物进化论。他说：

由于这三大发现和自然科学的其他巨大进步，我们现在不仅能够说明自然界中各个领域内的过程之间的联系，而且总的说来也能说明各个领域之间的联系了，这样，我们就能够依靠经验自然科学本身所提供的事实，以近乎系统的形式描绘出一幅自然界联系的清晰图画。②

然而，恩格斯的这种乐观主义的态度是有限度的，因为在他看来，既然辩证法把一切都看作是既不断生成又不断消亡的过程，那么，就不可能存在任何一种绝对不变的东西，也包括科学所可能描绘的自然图景。一方面，自然界本身是一个不断变化的过程，“自然界不是存在着，而是生成着和消逝着”③；另一方面，人的“认识在本质上是相对的”，不可能穷尽认识一切事物的关系和联系，更何况事物的关系和联系又是只能处于一个永恒的变化之中。

恩格斯写道：

认识就基本性而言，或者对漫长的世代系列来说是相对的而且必然是逐步趋于完善的，或者就像在天气演化学、地质学和人类历史中一样，由于历史材料不足，甚至永远是有缺陷的和不完善的，而谁要以真正的、不变的、最后的终极的真理的标准来衡量它，那么，他只是证明他自己的无知和荒谬。

如果人类在某个时候达到了只运用永恒真理，只运用具有至上意义和无条件真理权的思维成果的地步，那么人类或许就到达了这

① 马克思，恩格斯：《马克思恩格斯选集》（第 4 卷），中共中央马克思恩格斯列宁斯大林著作编译局，译，北京：人民出版社，1995 年版，第 244-245 页。

② 马克思，恩格斯：《马克思恩格斯选集》（第 4 卷），中共中央马克思恩格斯列宁斯大林著作编译局，译，北京：人民出版社，1995 年版，第 246 页。

③ 马克思，恩格斯：《马克思恩格斯选集》（第 4 卷），中共中央马克思恩格斯列宁斯大林著作编译局，译，北京：人民出版社，1995 年版，第 267 页。

样的一点，在那里，知识世界的无限性就现实和可能而言都穷尽了，从而就实现了可以计数的数不尽的数这一著名的奇迹。①

在恩格斯那里，辩证法的过程论是一种普遍的原则，它同时应当合理地符合自然、社会和思维的全部领域的基本规律。但是，与此同时，恩格斯又强调了社会历史过程和自然过程之间的某种区别。他说：

社会发展史却有一点是和自然发展史根本不相同的。在自然界中（如果我们把人对自然界的反作用撇开不谈）全是没有意识的、盲目的动力，这些动力彼此发生作用……相反，在社会历史领域内进行活动的，是具有意识的、经过思虑的或凭激情行动的、追求某种目的的人；任何事情的发生都不是没有自觉的意图，没有预期的目的的。

虽然如此，恩格斯却并不认为社会历史过程是由单个人的意志或行为所决定的，他更注重强调的是在个人意志或行为的背后潜藏着某种支配历史过程的内在的一般规律。他说：

历史进程是受内在的一般规律支配的。因为在这一领域内，尽管各个人都有自觉预期的目的，总的说来在表面上好像也是偶然性在支配着。人们所预期的东西很少如愿以偿，许多预期的目的在大多数场合都互相干扰，彼此冲突，或者是这些目的本身一开始就是实现不了的，或者是缺乏实现的手段的。这样，无数的单个愿望和单个行动的冲突，在历史领域内造成的一种同没有意识的自然界中占统治地位的状况完全相似的状况。行动的目的是预期的，但是行动实际产生的结果并不是预期的，或者这种结果起初似乎还和预期的目的相符合，而到了最后却完全不是预期的结果。这样，历史事件似乎总的说来同样是由偶然性支配着的。但是，在表面上是偶然性在起作用的地方，这种偶然性始终是受内部的隐藏着的规律支配的，而问题只是在于发现这些规律。②

① 马克思，恩格斯：《马克思恩格斯选集》（第3卷），中共中央马克思恩格斯列宁斯大林著作编译局，译，北京：人民出版社，1995年版，第427，431页。

② 马克思，恩格斯：《马克思恩格斯选集》（第4卷），中共中央马克思恩格斯列宁斯大林著作编译局，译，北京：人民出版社，1995年版，第247页。

27.3 普遍差异、相互作用与中介

辩证法关于事物普遍联系的学说是和事物普遍差异的学说相一致的，或毋宁说，普遍差异正是普遍联系的基础和条件。差异既包含事物自身内部的或与他物之间的差异，又包括动态变化所形成的自身状态的差异。

恩格斯曾对那种不包含差异的、抽象的、绝对的同一性的观念进行过深刻的批判。他写道：

> 只是在数学中，即在一种研究思想事物（不管它们是不是现实的摹本）的抽象的科学中，才有抽象的同一性及其与差异的对立，而且甚至在这里也不断地被扬弃。同一性自身中包含着差异，这一事实在每一个命题中都表现出来，因为在命题中谓词必须不同于主词。百合花是一种植物，玫瑰花是红的。这里不论是在主词中还是在谓词中，总有点什么东西是谓词或主词所涵盖不了的。与自身的同一，从一开始就必须有与一切他物的差异作为补充，这是不言而喻的。[①]

恩格斯不仅强调了事物关系中的静态的无限差异的方面，还特别强调了事物关系的动态变化的无限差异的方面。他写道：

> 同一性——抽象的，a=a，以及否定的：a 不能等于 a 同时又不等于 a——这在有机的自然界中同样是不适用的。植物，动物，每一个细胞，在其生存的每一瞬间，都和自身同一而又和自身相区别，这是由于各种物质的吸收和排泄，由于呼吸，由于细胞的形成和死亡，由于循环过程的进行，一句话，由于全部无休止的分子变化，而这种分子变化便形成生命，其积累的结果一目了然地显现在各个生命阶段上……生理学越向前发展，这种无休止的、无限小的变化对于它就越加重要，因而对同一性内部的差异的考察也越加重要，而旧的、抽象的、形式上的同一性观点，即把有机物看作只和自身简单地同一的东西、看作固定不变的东西的观点，便过时了。
>
> 就是在无机的自然界中，同一性本身实际上也是不存在的。每

---

① 马克思，恩格斯：《马克思恩格斯选集》（第 4 卷），中共中央马克思恩格斯列宁斯大林著作编译局，译，北京：人民出版社，1995 年版，第 322-323 页。

一个物体都不断地感受力学的、物理的、化学的作用，这些作用不断使它发生变化，使它的同一性变形。

不断的变化，即与自身的抽象的同一性的扬弃。

真实的具体的同一性自身包含着差异、变化。①

普遍差异的学说，直接通向普遍联系和永恒运动与变化的学说，因为有差异才可能形成差异间的关系和联系，才可能在差异的相互关联、过渡和转化中形成事物运动、变化的过程。而这种差异间的关系和联系、过渡和转化便是相互作用。

正是按照这样一种逻辑，恩格斯把事物的普遍联系及永恒运动的最基本的原因归结为事物普遍差异间的相互作用。恩格斯强调说：

相互作用是我们从现今自然科学的观点出发来在整体上考察运动着的物质时首先遇到的东西。

相互作用是事物的真正的终极原因。我们不能比对这种相互作用的认识追溯得更远了，因为在这之后没有什么要认识的东西了。

只有从这种普遍的相互作用出发，我们才能达到现实的因果关系。②

然而，仅仅停留于相互作用我们还不可能获得关于事物普遍联系和永恒运动、变化的一般过程与机制的真知。这是因为，如果没有中介，任何相互作用过程都不可能真实地发生。设想两个完全没有中介环节的差异着的事物，它们只能处于各自孤立的状态，根本无法实现现实的相互关联，亦便是无法产生现实的相互作用。

黑格尔就曾对那种仅仅强调相互作用而忽略了相互作用的中介的观点进行过尖锐的批评。他写道："如果只从相互作用的观点去考察某一内容，那么这实际上是一种完全没有概念的考查方法。在这种情况下，人们所碰到的只是枯燥的事实，而关于中介的要求（这正巧是应用因果关系时最首要的问题），却仍然得不到满足。"③当然，我们要强调的是，事物之间相互作用的中

① 马克思，恩格斯：《马克思恩格斯选集》（第4卷），中共中央马克思恩格斯列宁斯大林著作编译局，译，北京：人民出版社，1995年版，第321-323页。

② 马克思，恩格斯：《马克思恩格斯选集》（第4卷），中共中央马克思恩格斯列宁斯大林著作编译局，译，北京：人民出版社，1995年版，第327-328页。

③ 转引自列宁：《哲学笔记》，中共中央马克思恩格斯列宁斯大林著作编译局，译，北京：人民出版社，1974年版，第172页。

介并不是什么“概念”，而是真实意义的事物自身的现实的运动和过程。

对于上段黑格尔的那些话，列宁曾经写下了这样的批语：“仅仅‘相互作用’= 空洞无物，需要有中介（联系），这就是在应用因果关系时所涉及的问题。”在另外一个场合，列宁还写下了这样的话：“一切都是经过中介连成一体，通过转化而联系的。”[①]这就是说，只有通过中介才可能发生相互作用，只有通过中介有差异的事物才可能相互关联、相互过渡和相互转化，这才可能有实质性的普遍联系，也才可能有现实的永恒的运动、变化和演化。

我们注意到，恩格斯曾经在批判“非此即彼”的两极对立的观点时，引入了中介论的思想。他曾经写道：

> 严格的界限是和进化论不相容的……“非此即彼！”是越来越不够用了。
>
> 一切差异都在中间阶段融合，一切对立都经过中间环节而互相转移，对自然观的这样的发展阶段来说，旧的形而上学的思维方法不再够用了。辩证的思维方法同样不知道什么严格的界线，不知道什么普遍绝对有效的“非此即彼！”，它使固定的形而上学的差异互相转移，除了“非此即彼！”，又在恰当的地方承认“亦此亦彼！”，并使对立通过中介相联系；这样的辩证思维方法是唯一在最高程度上适合于自然观的这一发展阶段的思维方法。[②]

然而，在马克思、恩格斯和列宁的时代，科学和哲学的发展还不可能为他们提供现实相互作用的一种普遍中介的存在形式——信息。而如果没有信息，仅仅从质量和能量的运动的尺度上来解释相互作用的过程及其原因和结果的关系，那么，关于现实中的历史、现实中的未来发展的可能程序等，便都无法明确而清晰地得到相应的揭示。

27.4 是永恒发展还是有进有退的永恒的循环？

长期以来，苏联和我国传统的马克思主义哲学的标准教科书，把普遍联

① 列宁：《哲学笔记》，中共中央马克思恩格斯列宁斯大林著作编译局，译，北京：人民出版社，1974 年版，第 103，172 页。

② 马克思，恩格斯：《马克思恩格斯选集》（第 4 卷），中共中央马克思恩格斯列宁斯大林著作编译局，译，北京：人民出版社，1995 年版，第 318 页。

系和永恒发展看作是辩证法的两大基本特征或总特征。并且，在对永恒发展特征进行解释时总是把它描述成由“比较地高级和复杂”的新事物代替旧事物的过程，即“事物由低级到高级、由简单到复杂的发展过程”[①]。

其实，这样的一种永恒发展观并不完全符合恩格斯曾经表述过的相关观点。虽然在恩格斯的相关论述中也提到辩证哲学把事物的运动和变化看作是一个“无止境地由低级上升到高级的不断过程”[②]，但是，在更多的时候，他却阐释了一种整体大循环的演化观，即事物的演化可能包含向上的进化和向下的退化两个分支，并且，事物整体演化又是在这两个分支的相互转换的永恒的大循环中展开的。恩格斯写道：

> 新的自然观就其基本点来说已经完备：一切僵硬的东西溶解了，一切固定的东西消散了，一切被当作永恒存在的特殊的东西变成了转瞬即逝的东西，整个自然界被证明是在永恒的流动和循环中运动着。
>
> 整个自然界，从最小的东西到最大的东西，从沙粒到太阳，从原生生物到人，都处于永恒的产生和消失中，处于不断的流动中，处于不息的运动和变化中。[③]

恩格斯还进一步提出了这样一个问题：“这个过程是同一个过程——在大循环中——的某种永恒的重复呢，还是这个循环有向下的和向上的分枝。”[④]

恩格斯还结合当时科学的成果，强调了地球和人类都有其向上的生存发展和向下的末日消失的两个演化分支：“自然科学预言了地球本身存在的可能的末日和它适合居住状况的相当肯定的末日，从而承认，人类历史不仅有上升的过程，而且有下降的过程。”[①]

恩格斯还用运动不灭的思想和不同运动形式之间存在相互转化的循环运动的观点对当时盛行的运动可灭（宇宙热寂论）的思想提出了质疑和批判。他说：“放射到宇宙空间中去的热一定有可能通过某种途径（指明这一途径，将是以后某个时候自然研究的课题）转变为另一种运动形式，在这种运动形

① 肖前，李秀林，汪永祥：《辩证唯物主义原理》，北京：人民出版社，1981 年版，第 157 页。

② 马克思，恩格斯：《马克思恩格斯选集》（第 4 卷），中共中央马克思恩格斯列宁斯大林著作编译局，译，北京：人民出版社，1995 年版，第 217 页。

③ 马克思，恩格斯：《马克思恩格斯选集》（第 4 卷），中共中央马克思恩格斯列宁斯大林著作编译局，译，北京：人民出版社，1995 年版，第 270-271 页。

④ 马克思，恩格斯：《马克思恩格斯选集》（第 4 卷），中共中央马克思恩格斯列宁斯大林著作编译局，译，北京：人民出版社，1995 年版，第 344 页。

式中，它能够重新集结和活动起来。”[①]

在宇宙演化的大循环的尺度上，恩格斯甚至提出了类似于现代宇宙学所设想的某些类型的平行宇宙论的假说。并且，他还提出了在宇宙大循环演化的过程中一切高级形式的物质运动都将可能被湮灭，但尽管如此，宇宙的大循环演化又会在其他的另外一些演化阶段上把这些高级形式的物质运动再度创生出来。下面我们转引恩格斯的相关论述：

> 诸宇宙在无限时间内永恒重复的先后相继，不过是无数宇宙在无限空间内同时并存的逻辑补充。
>
> 这是物质赖以运动的一个永恒的循环，这个循环完成其轨道所经历的时间用我们的地球年是无法度量的，在这个循环中，最高发展的时间，有机生命的时间，尤其是具有自我意识和自然界意识的人的生命的时间，如同生命和自我意识赖以发生作用的空间一样，是极为有限的；在这个循环中，物质的每一有限的存在方式，不论是太阳或星云，个别动物或动物种属，化学的化合和分解，都同样是暂时的，而且除了永恒变化着的、永恒运动着的物质及其运动和变化的规律以外，再没有什么永恒的东西了。但是，不论这个循环在时间和空间中如何经常地和如何无情地完成着，不论有多少亿个太阳和地球产生和灭亡，不论要经历多长时间才能在一个太阳系内而且只在一个行星上形成有机生命的条件，不论有多么多的数也数不尽的有机物必定先产生和灭亡，然后具有能思维的脑子的动物才从它们中间发展出来，并在一个很短的时间内找到适于生存的条件，然后又被残酷地消灭，——尽管如此，我们还是确信：物质在其一切变化中仍永远是物质，它的任何一个属性任何时候都不会丧失，因此，物质虽然必将以铁的必然性在地球再次毁灭物质的最高的精华——思维着的精神，但在另外的地方和另一个时候又一定会以同样的铁的必然性把它重新产生出来。[②]

从当代宇宙学的发展来看，恩格斯的宇宙永恒大循环演化的思想，不仅

---

① 马克思，恩格斯：《马克思恩格斯选集》（第 4 卷），中共中央马克思恩格斯列宁斯大林著作编译局，译，北京：人民出版社，1995 年版，第 278 页。

② 马克思，恩格斯：《马克思恩格斯选集》（第 4 卷），中共中央马克思恩格斯列宁斯大林著作编译局，译，北京：人民出版社，1995 年版，第 278-279 页。

是深刻而合理的，而且是超前的。

其实，无论是单向退化演化（宇宙热寂论）的理论，还是单向进化演化（永恒发展论）的理论，都具有单极化思维的简单性和形而上学性特征。我们的结论只能是这样：辩证法的演化观是宇宙和事物的演化具有向上和向下的两个分支，在整体上呈现出循环演化的特征，并且，在向上演化的整体进化分支中总会兼容向下演化的某些局部退化的方面，而在向下演化的整体退化分支中同样会兼容向上演化的某些局部进化的方面。无论是向上还是向下的演化都会有其极限，单极性的运动只能走向死亡，而只有循环才可能永生。辩证法承认事物的永恒运动、变化和相互转化的性质，并认为这是绝对的、无条件的。而其中呈现出的进化或退化的现象则可能是阶段性的、暂时的、相对的和有条件的。但无论是进化还是退化都是事物永恒运动、变化和相互转化的过程，这一过程在整体上呈现出有进有退的大循环特征。

27.5 关于辩证法的三大规律

恩格斯在概括黑格尔辩证法的基础上，把辩证法的规律归结为三大规律："量转化为质和质转化为量的规律；对立的相互渗透的规律；否定的否定的规律。"[①] 这也是传统的马克思主义哲学教科书所具体阐释的三大规律：质量互变规律、对立统一规律、否定之否定规律。

恩格斯指出："所有这三个规律都曾经被黑格尔按照其唯心主义的方式当作纯粹的思维规律而加以阐明。"黑格尔的错误在于："这些规律是作为思维规律强加于自然界和历史的，而不是从中推导出来的。"[②]

1. 质量互变规律

对于"量转化为质和质转化为量的规律"，恩格斯做了这样的表述：

> 在自然界中，质的变化——在每一个别场合都是按照各自的严

① 马克思，恩格斯：《马克思恩格斯选集》（第4卷），中共中央马克思恩格斯列宁斯大林著作编译局，译，北京：人民出版社，1995年版，第310页。

② 马克思，恩格斯：《马克思恩格斯选集》（第4卷），中共中央马克思恩格斯列宁斯大林著作编译局，译，北京：人民出版社，1995年版，第311页。

格确定的方式进行——只有通过物质和运动（所谓能）的量的增加或减少才能发生。

纯粹的量的分割是有一个极限的，到了这个极限它就转化为质的差别。①

纯粹量的增多或减少在一定的关节点上引起质的飞跃。②

然而，我们需要进一步讨论的问题是，通常，在进化演化的关节点上事物未来发展的可能路径是分叉的、多可能性的，到底是什么因素决定了事物演化关节点上的分叉路径的选择？在这里，仅仅是与旧质一致的量的简单增加是不够的，还需要有其他因素的介入，这就是当代自组织理论所说的“偶然的涨落”。于是，辩证法的质量互变规律就应当由偶然涨落的选择机制予以补充。

2. 对立统一规律

对立统一规律被看作是马克思主义辩证法的核心规律，因为它揭示的是事物自身运动、变化和发展的内在根据和原因。

在马克思和恩格斯的学说中，任何一个事物都是一个包含着对立因素的矛盾体。在这一意义上，对立即是矛盾，对立和矛盾即是事物本身，世界上不存在无差别和对立的绝对同一的无矛盾的统一体，任何统一体都包含着对立和矛盾，对立和矛盾又只能在统一体中呈现出来。正是事物内部包含的对立和矛盾的自身运动推动了事物的变化和发展。这样，对立统一规律，就有理由被看作是关于事物矛盾运动的规律。

马克思说：“两个相互矛盾方面的共存、斗争以及融合成一个新范畴，就是辩证运动。”事物“是由于自己的矛盾本性而设定自己并把自己与自己相对立”。③恩格斯讲：

当我们从事物的运动、变化、生命和彼此相互作用方面去考察事物时，情形就完全不同了。在这里我们立刻陷入了矛盾。运动

① 马克思，恩格斯：《马克思恩格斯选集》（第 4 卷），中共中央马克思恩格斯列宁斯大林著作编译局，译，北京：人民出版社，1995 年版，第 311，313 页。

② 马克思，恩格斯：《马克思恩格斯选集》（第 3 卷），中共中央马克思恩格斯列宁斯大林著作编译局，译，北京：人民出版社，1995 年版，第 385 页。

③ 马克思，恩格斯：《马克思恩格斯选集》（第 1 卷），中共中央马克思恩格斯列宁斯大林著作编译局，译，北京：人民出版社，1995 年版，第 144 页。

本身就是矛盾；甚至简单的机械的位移之所以能够实现，也只是因为物体在同一瞬间既在一个地方又在另一个地方，既在同一个地方又不在同一个地方。这种矛盾的连续产生和同时解决正好就是运动。既然简单的机械的位移本身已经包含着矛盾，那么物质的更高级的运动形式，特别是有机生命及其发展，就更加包含着矛盾。

生命也是存在于物体和过程本身中的不断地自行产生并自行解决的矛盾。[①]

恩格斯还深刻强调了两极对立的不可绝对分离性，亦即两极对立与两极相互依存、联结互为条件的性质。恩格斯写道：

所有的两极对立，都以对立的两极的相互作用为条件，这两极的分离和对立，只存在于它们的相互依存和联结之中，反过来说，它们的联结，只存在于它们的分离之中，它们的相互依存，只存在于它们的对立之中。[②]

他还用事物运动的吸引和排斥之间的关系说明了对立和统一之间的这种互为条件的性质：

一切运动都在于吸引和排斥的相互作用。然而运动只有在每一个吸引被另一处的相应的排斥所抵偿时，才有可能发生。否则一方会逐渐胜过另一方，运动最后就会停止。所以，宇宙中的一切吸引和一切排斥，一定是互相平衡的。

一切运动总有一天会停止的两种可能性：这或者是由于排斥和吸引有一天在事实上终于互相抵消，或者是由于全部排斥最终占有物质的一个部分，而全部吸引则占有另一个部分。从辩证法的观点来看，这两种可能性自始就可以不存在。[②]

---

① 马克思，恩格斯：《马克思恩格斯选集》(第3卷)，中共中央马克思恩格斯列宁斯大林著作编译局，译，北京：人民出版社，1995年版，第462-463页。

② 马克思，恩格斯：《马克思恩格斯选集》(第4卷)，中共中央马克思恩格斯列宁斯大林著作编译局，译，北京：人民出版社，1995年版，第348-349页。

显然，在恩格斯的观念中，对立统一是事物存在和运动的方式，不存在对立面一方简单战胜或绝对取代另一方的情景。这样的一种思想是与反辩证法的单极性思维相对立的。事实上，一个矛盾的解决，并不意味着一方战胜或取代另一方，而是对立面双方的同时消亡，从而转化为一种新质的矛盾状态的生成，这也对应于一事物转化为另一事物的演化过程。

后来，列宁更为清晰地强调了对立统一规律在辩证法中的核心地位。他说："统一物之分为两个部分以及对它的矛盾着的部分的认识，是辩证法的实质。"①

同时，列宁更多强调了对立面的对立性和斗争性的方面。他强调说：

> 自然界的（也包括精神的和社会的）一切现象和过程具有矛盾着的、相互排斥的、对立的倾向。
>
> 发展是对立面的"斗争"。对立面的统一（一致、同一、均势）是有条件的、暂时的、易逝的、相对的。相互排斥的对立面的斗争则是绝对的。②

列宁还强调说：

> "他物"是自己的他物，是向自己的对立面的发展。③

列宁的这样一些观点在后来逐步发展成了苏联和中国的马克思主义哲学标准教科书中的这样一种理论：发展是事物内在矛盾着的两个对立面一方战胜另一方的过程，马克思的辩证哲学就是斗争哲学。

其实，这样一种把斗争性绝对化的学说并不符合马克思主义哲学早期经典作家的观念。我们注意到，恩格斯就曾经批判过两种片面和狭隘的倾向：一种倾向是只强调和谐和合作的观点；另一种倾向则是只强调斗争性的观点。在恩格斯看来，事物的关系、事物发展的方式是丰富、多样和复杂的，其中既有和谐又有冲突，既有合作又有斗争。在对达尔文主义"生存斗争"理论进行评价时，恩格斯这样写道：

---

① 列宁：《列宁选集》（第 2 卷），中共中央马克思恩格斯列宁斯大林著作编译局，译，北京：人民出版社，1972 年版，第 711 页。

② 列宁：《列宁选集》（第 2 卷），中共中央马克思恩格斯列宁斯大林著作编译局，译，北京：人民出版社，1972 年版，第 712 页。

③ 列宁：《哲学笔记》，中共中央马克思恩格斯列宁斯大林著作编译局，译，北京：人民出版社，1974 年版，第 288 页。

在达尔文以前，他的今天的信徒们所强调的恰好是有机界的和谐的合作，植物王国怎样给动物提供食物和氧，而动物怎样给植物提供肥料、氨和碳酸。达尔文的学说刚刚得到承认，这同一些人便立刻到处只看到斗争。这两种见解在狭小的界限内都是有道理的，然而两者也都同样是片面的和褊狭的。自然界中无生命的物体的相互作用既有和谐也有冲突；有生命的物体的相互作用则既有有意识的和无意识的合作，也有有意识的和无意识的斗争。因此，在自然界中决不允许单单把片面的“斗争”写在旗帜上。但是，想把历史的发展和复杂情况的全部多样性的丰富内容一律概括在“生存斗争”这一干瘪而片面的说法中，是极其幼稚的。①

在相关论述的基础上，恩格斯还对霍布斯关于一切人反对一切人的战争的学说、西方经济学中流行的经济竞争学说，以及马尔萨斯的人口论中体现出来的生存斗争的学说进行了批判。恩格斯认为这样一类学说无论是“从社会搬到生物界”，还是“从自然界的历史中再搬回到社会的历史中”，都是“过于天真”的做法，这些做法的结果并不能“证明这些论断是社会的永恒的自然规律”①。

当代科学中发展起来的复杂信息系统自组织理论支持了恩格斯的相关观点。事物有序模式的生成和发展是由事物内部要素之间的既合作又竞争的过程自发地组织起来的。并且，相关的理论还提出了多元协同、竞争或对立的更为复杂的系统构成模式。这一切都有助于我们重新阐释和发展辩证法的对立统一规律的学说。在这里，相互协同、竞争或对立的方面或关系都不可能是仅仅具有两极关系的性质，也并不仅仅是一方战胜或吃掉另一方那样的简单化模式。

3. 否定之否定规律

恩格斯强调说：

辩证法按本性说是对抗的、包含着矛盾的过程，一个极端向它

① 马克思，恩格斯：《马克思恩格斯选集》（第4卷），中共中央马克思恩格斯列宁斯大林著作编译局，译，北京：人民出版社，1995年版，第371-372页。

的反面的转化，最后，作为整个过程的核心的否定的否定。

> 我不仅应当否定，而且还应当重新扬弃这个否定。因此，我第一次否定的时候，就必须使第二次否定可能发生或者将有可能发生。……每一种事物都有它的特殊的否定方式，经过这样的否定，它同时就获得发展，每一种观念和概念也是如此。①

恩格斯强调了否定之否定规律的普遍性。他说：“否定的否定究竟是什么呢？它是自然、历史和思维的一个极其普遍的、因而极其广泛地起作用的、重要的发展规律；这一规律，正如我们已经看到的，在动物界和植物界中，在地质学、数学、历史和哲学中起着作用。”②但是，如果我们从恩格斯的相关用语“极其普遍”“极其广泛”来看，恩格斯对这一规律的普遍性的适用程度显然是有所保留的。

从辩证法关于事物自身运动、变化和演化的过程论的相关理论中，可以直接推导出辩证法的否定观，这就是任何事物都是一个不断自我否定的过程。既然是一个过程，否定便不可能是一次性的活动，而是一个多次否定的过程，并且，每一次的否定，却只是这一过程中的一个环节。这样，便可以区分出不同的否定阶段，而在这些不同阶段中可能呈现出某些带有规律性的阶段相关性特征，而揭示这一相关性特征的规律便是否定之否定。否定之否定在这里强调的是第二次的否定，因为第二次的否定是对否定的再否定，所以，在这一阶段便可能呈现出与原初肯定之物的某些特征的相关性。这就是恩格斯所说的“否定的否定，不是单纯地恢复”，而是“扬弃”，是“既被克服又被保存”③，是“重新达到了原来的出发点，但这是在更高阶段上达到的”④。

列宁似乎区分了两种不同的运动，一种是“不重复，不回到出发点”的运动，另一种是“回到出发点的运动”。他还认为，前者不是辩证的运动，后者才是辩证的运动。他说：

> 一般说来，运动和生成可以不重复，不回到出发点，在这样的

① 马克思，恩格斯：《马克思恩格斯选集》（第 3 卷），中共中央马克思恩格斯列宁斯大林著作编译局，译，北京：人民出版社，1995 年版，第 483，485 页。

② 马克思，恩格斯：《马克思恩格斯选集》（第 3 卷），中共中央马克思恩格斯列宁斯大林著作编译局，译，北京：人民出版社，1995 年版，第 484 页。

③ 马克思，恩格斯：《马克思恩格斯选集》（第 3 卷），中共中央马克思恩格斯列宁斯大林著作编译局，译，北京：人民出版社，1995 年版，第 481 页。

④ 马克思，恩格斯：《马克思恩格斯全集》（第 20 卷），中共中央马克思恩格斯列宁斯大林著作编译局，译，北京：人民出版社，1971 年版，第 673 页。

情况下，这种运动就不是“对立面的同一”。但是，无论天体运动，或机械运动（地球上的），或动植物和人的生命——它们都不仅把运动的观念，而且正是把回到出发点的运动即辩证运动的观念灌输到人类的头脑中。①

根据这段话，我们有理由认为列宁并不把“回到出发点的运动”看作是一种普遍的运动方式，这样，否定之否定规律便不具有最大的普遍性。另外，在这里，列宁也没有强调回到出发点的运动是否必然会高于出发点。

在之后发展起来的教科书体系把否定之否定规律具体描述为螺旋式上升和波浪式发展的过程，在这一过程中虽然有暂时的和局部的倒退和回复，但是在总体趋势上却只能是“由低级到高级，由简单到复杂”的前进性和上升性的运动，也就是“仿佛回到出发点，又高于出发点”的运动。显然，这样的阐释也与永恒发展的学说相一致。

长期以来，关于否定之否定规律的普适性问题始终存在争议。其中涉及的主要方面有：是否所有事物的运动都会回到出发点？回到出发点的运动结果是否必然会高于出发点？在这里，也和永恒发展的学说所面临的困境一样。发展有没有极限？发展到极限是个什么状态？恩格斯所曾经阐释过的“大循环”思想应当处于怎样的地位？

如果说对于诸如此类的问题以前的科学还不能给予明晰判定的话，那么，在今天，在现代物理学和宇宙学的相关演化模式中，在复杂信息系统理论的相关学说，尤其是自组织和混沌学的理论中，我们将有可能对这些问题给出一种全新的解释。或许，由此我们也可能对否定之否定规律的适用范围加以限定，并从某些全新的维度上对其具体内容予以重新解释。其实，只有在事物进化演化的分支上才可能出现“仿佛回到出发点又高于出发点”的特征，在退化演化的分支上，在周期运动的“大循环”演化模式中，这样的特征则可能并不明显。周期性的大循环运动可能会基本地或完全地回到出发点，甚至可能会出现低于出发点的情况。现代宇宙学所揭示的宇宙膨胀和宇宙收缩的周期性循环运动过程就是一个极好的例子——宇宙自身演化的大循环。

辩证法不是一种单极思维的学说，走向热寂、永恒发展，或仅仅是高于

① 列宁：《哲学笔记》，中共中央马克思恩格斯列宁斯大林著作编译局，译，北京：人民出版社，1974年版，第389-390页。

出发点的前进性和上升性运动的学说都是一种单极性、简单性的学说，只有那种能够兼容进化和退化，兼容高于、低于或等于出发点的运动模式的学说才可能真正体现辩证法学说的普遍性、合理性和复杂性特征。

27.6 恩格斯的全息论思想

在马克思和恩格斯的时代，人类的科学和哲学的发展还未能清晰揭示信息世界的存在，但是，这并不意味着富有辩证思维的哲学家不可能以其他一些方式在某种程度上对世界的信息性存在给出相近或相似的描述。

其实，与信息世界相类似的一些思想和观念在人类古代哲学，无论是古希腊、古代中国还是古代印度哲学中，都有不同程度的表述。在马克思主义哲学中一些相近或相似的思想和观念也不同程度地得到了体现。

列宁关于一切物质间都具有与感觉相似的类似于反映的能力的观点就是一例[①]。另一例便是恩格斯的全息论思想。恩格斯曾经从康德-拉普拉斯的星云假说中，从当时地质学的发展中看到了在现实的时空结构中包含着自身历史状态的某些“痕迹”的时空关系的内容。这样的一种思想揭示的正是事物自身进化演化过程中所必然形成的演化历史关系全息现象。恩格斯写道：

> 康德的发现中包含着一切继续进步的起点。如果地球是某种生成的东西，那么它现在的地质的、地理的和气候的状况，它的植物和动物，也一定是某种生成的东西，它不仅在空间中必然有并存的历史，而且在时间上也必然有前后相继的历史。
>
> 自然不是存在着，而是生成着和消逝着。
>
> 地质学……不仅揭示了相继形成的和逐次重叠起来的地层，而且指出了这些地层中保存着已经灭绝的动物的甲壳和骨骼，以及已经不再出现的植物的茎、叶和果实。必须下决心承认：不仅整个地球，而且地球现今的表面以及在这一表面上生存的植物和动物，也都有时间上的历史。[②]

---

① 列宁：《列宁选集》（第 2 卷），中共中央马克思恩格斯列宁斯大林著作编译局，译，北京：人民出版社，1972 年版，第 40-41，89 页。

② 马克思，恩格斯：《马克思恩格斯选集》（第 4 卷），中共中央马克思恩格斯列宁斯大林著作编译局，译，北京：人民出版社，1995 年版，第 267-268 页。

正是这种空间中并存着的历史，正是这种时间上的历史在现实存在中的“保存”，具体呈现出了表征事物历史关系的信息的存在方式。

恩格斯的杰出之处并不仅仅在于它发现了我们在上面提到的事物自身的历史关系全息现象，还在于他还利用当时自然科学的成果，揭示了事物演化历史关系全息和演化未来关系全息的统一性关系。他写道：

> 正如母体内的人的胚胎发展史，仅仅是我们的动物祖先以蠕虫为开端的几百万年的躯体发展史的一个缩影一样，孩童的精神发展则是我们的动物祖先，至少是比较晚些时候的动物祖先的智力发展的一个缩影，只不过更加压缩了。①

另外，在关于整体和部分关系的论述中，恩格斯还似乎看到了事物的演化内在关系全息。恩格斯写道：

> 部分和整体在有机的自然界中已经是不够用的范畴了。种子的萌发——胚胎和生出来的动物，不能看作是从“整体”中分出来的“部分”，这是错误的解释。只有在尸体中才有部分。②

既然辩证法讲事物的普遍联系，又讲事物的永恒运动的生成性、消亡性和转化性，那么，是什么样的存在使我们能够判明这种普遍联系和永恒运动的生成、消亡及转化呢？如果事物本身不以某种方式呈现它自身的联系性、生成性、消亡性和转化性，我们又如何能够知道事物的普遍联系、生成、消亡和转化呢？这样，事物全息性的存在便是一个必然的、合理的结论。并且，辩证的思维就应当对这种事物自身的全息性存在予以揭示。

马克思主义的辩证唯物主义学说是一个开放的体系，它理应在对科学、社会和哲学发展的积极成果的吸收、概括和批判性地审视中发展自己，并将自身上升为更新的哲学形态。

---

① 马克思，恩格斯：《马克思恩格斯选集》（第4卷），中共中央马克思恩格斯列宁斯大林著作编译局，译，北京：人民出版社，1995年版，第383页。

② 马克思，恩格斯：《马克思恩格斯选集》（第4卷），中共中央马克思恩格斯列宁斯大林著作编译局，译，北京：人民出版社，1995年版，第320页。

第五编
辩证唯物主义的第二个历史形态

题记：

按照黑格尔的思维方法的一切规则，“凡是现实的都是合乎理性的”这个命题就变为另一个命题：凡是现存的，都一定要灭亡。

黑格尔哲学的真实意义和革命性质，正是在于它彻底否定了关于人的思维和行动的一切结果具有最终性质的看法。

——恩格斯：《路德维希·费尔巴哈和德国古典哲学的终结》，载《马克思恩格斯选集》（第4卷），北京：人民出版社，1995年，第216页

现代物理学处于临产中。它正在生产辩证唯物主义。分娩是痛苦的。除了生下一个活生生的、有生命力的生物，它必然会产出一些死东西，一些应当扔到垃圾堆里去的废物。

——列宁：《唯物主义和经验批判主义》，载《列宁选集》（第2卷），北京：人民出版社，1972年，第319页

第28章

物质和信息：统一而双重的世界

“存在＝物质＋精神”是传统哲学关于存在领域分割的哲学最高范式的基本信条，也是传统哲学的立论之基。这样一个基本信条也是马克思主义的辩证唯物主义学说的本体论（存在论）基础。马克思主义哲学与形形色色的唯心主义哲学的区别就在于对物质和精神的关系作出了唯物论的解释。这就是恩格斯所说的“唯物主义这种建立在对物质和精神关系的特定理解上的一般世界观”[①]。

在当代信息哲学、现代科学技术、经济、社会发展的最新成果的基础上所建立的辩证唯物主义的第二个历史形态的哲学所实现的根本性变革首先是在哲学的最高范式“存在领域的分割”的层面上呈现出来的。

28.1 存在领域的分割

1. 存在领域的传统分割方式：存在＝物质＋精神

传统辩证唯物主义哲学对物质有一个标准的定义，这个定义是列宁给出

① 马克思，恩格斯：《马克思恩格斯选集》（第4卷），中共中央马克思恩格斯列宁斯大林著作编译局，译，北京：人民出版社，1995年版，第227页。

的。这个定义的核心是强调物质是客观实在的标志，它存在于意识之外，并能够为意识所反映。①

列宁的物质定义有一个存在论前提：存在 = 物质 + 精神。

由此前提又可以得出一个推论：客观实在 = 客观存在 = 物质。

然而，整个存在由物质和精神两大领域组成的信条，以及客观实在 = 客观存在的推论，在今天看来都是难以成立的。

要证明这一点，我们首先应当探讨存在领域的新的分割方式。

2. 存在领域的新分割方式：存在 = 物质 + 信息

列宁用“客观实在”定义物质时采用的是“客观”和“实在”两个概念的合取，其具体含义是：有一种现象，它既是客观的，又是实在的，它就是物质。

其实，我们由“客观”和“实在”两个概念可以获得另外两个概念，即客观的反题“主观”、实在的反题“不实在”。

如果我们假设：客观 =P；实在 =Q，那么客观的反题“主观”就是¬P（读“非 P”），实在的反题“不实在”就是¬Q（读“非 Q”）。

现在我们在这四个命题中建立两两组合的合取式，便可以得到如下六个逻辑公式：

$P \wedge Q$；$P \wedge \neg Q$；$\neg P \wedge Q$；$\neg P \wedge \neg Q$；$P \wedge \neg P$；$Q \wedge \neg Q$

除去后面两个违反形式逻辑的“不矛盾律”的“永假公式”，其余四个公式所对应的字面含义如下：

$P \wedge Q$ 表示客观实在；

$P \wedge \neg Q$ 表示客观不实在；

$\neg P \wedge Q$ 表示主观实在；

$\neg P \wedge \neg Q$ 表示主观不实在。

这四种意义在宇宙世界中是否都确有所指呢？下面我们分别予以分析。

“客观实在”是确有所指的，列宁说它就是物质。

“客观不实在”是否也确有所指呢？按照前所述及的传统哲学对存在领域的分割方式，“客观不实在”是不可能存在的，因为“客观实在 = 客观存

① 列宁：《列宁选集》（第 2 卷），中共中央马克思恩格斯列宁斯大林著作编译局，译，北京：人民出版社，1972 年版，第 128，266 页。

在”，所以，只要是“客观的”东西就是“实在的”，就不可能是“不实在的”。然而，这样一种传统信条真的是不容置疑的吗？

其实，在客观事物之间总是存在着相互表征或映射的一种相互蕴涵的关系，而在这种相互蕴涵的关系中映现出来的关于某物的内容、特性显然并不等同于某物本身，也并不等同于映现这些内容、特性的另一物。我们注意到，列宁本人就曾经表达过这样一种思想：一切事物间都具有类似于反映的特性[①]。

反映的实质就是将某物的内容、特性等在另一物中映现出来，这种映现着的某物的内容、特性显然也并不等同于某物本身，也并不等同于映现着这些内容、特性的另一物。绝不可以说水中的月亮和天上的月亮是同一回事。天上的月亮是客观的、实在的月亮，它是一个直接以物质体的方式而存在着的月亮；水中的月亮也是客观的，它在人的意识之外，不以人的意志为转移，但是水中的月亮却并不具有实在的特性，它只是实在月亮的一个影子，而映现或载负这个月影的水却又不是实在的月亮本身，虽然水本身是实在的水，但水中却没有实在的月。“水中捞月”之所以荒唐，就在于把水中的月亮也看成实在的月亮了。“水中月、镜中花”一类现象中的“月”与“花”，既是客观的又是不实在的。

其实，“水中月、镜中花”只是一个十分通俗而表面化的例子，相关的更为深刻的例子我们可以举出很多，例如，树木的年轮中凝结着的树木所经历的多年寒暑状况及其他相关关系的内容，DNA 中编码的生命种系发生的历史关系及个体发育的一般程序的关系的内容，地层结构中凝结的地质演化的历史关系的内容，现存宇宙结构状态中凝结的宇宙起源与演化至今的相关关系的内容等，都具有客观不实在的性质。这样我们找到了一个“客观不实在”的存在领域。“客观不实在”正是对客观事物间相互表征、映射、反应着的内容的指谓。在客观世界中普遍映射、建构的种种自然关系的“痕迹”正是储存物物间的种种反应内容的特定编码结构。正是在这一特定的意义上，我们说“客观不实在”与标志物质世界的“客观实在”的存在方式具有本质的区别。

---

① 列宁曾经在《唯物主义和经验批判主义》一文中写过三段讨论该议题的文字：“明显的感觉只和物质的高级形式（有机物质）有联系，而‘在物资大厦本身的基础中’只能假定有一种和感觉相似的能力。”“对于那种看来完全没有感觉的物质如何跟那种由同样原子（或电子）构成但却具有明显的感觉能力的物质发生联系的问题，我们还需要研究再研究。”“假定一切物质，具有在本质上跟感觉相近的特性、反映的特性，这是合乎逻辑的。”此三段文字请分别参见《列宁选集》（第 2 卷），北京：人民出版社，1972 年版，第 40-41，89 页。

另外，我们还应当看到，物物之间相互映射关系的发生是基于物自身通过自身的运动派生一个表征自身差异关系的中介物的活动来实现的，这样，某物的信息首先必然是由自身派生出来的，其后才有了物物间的相互映射、表征或反应的关系。如此看来，信息在最初的发端上总是以物自身显示自身的方式表现出来的，其后才有了信息活动的其他形态：物物间信息的同化和异化，认识主体对信息的识辨、记忆，思维的加工创造，目的的形成和通过实践活动的实现，等等。关于这一点，我们后面还要详细讨论。

“主观实在”指的是什么呢？唯物反映论认为，主观的东西归根到底是主体对客体的一种反映。既然是一种反映，那么反映着的内容就不是被反映的客体本身，它也就不可能是实在的，这也类同于我们对一般事物间普遍存在的类反映现象的内容的分析。如此，“主观实在”其实是没有什么东西和现象可指谓的。

“主观不实在”显然指的就是意识、精神之类的现象。它们是主体对客体的主观反应，是主观的、不实在的。

依据上述分析，我们可以得出结论：整个宇宙（世界、自然）中的一切“存在”都可以划归客观实在、客观不实在、主观不实在这样三大领域。

客观存在的范围大于客观实在（物质）的范围。物质范畴并不能囊括精神之外的全部世界，在物质和精神之间还有一个传统科学和哲学未曾予以足够重视的“客观不实在”的领域。

精神（主观存在）和“客观不实在”具有共同的“不实在”的本质。整个存在领域既可由客观存在和主观存在来划分，也可由实在和不实在来划分。

因为只有客观实在是实在的，所以实在范畴便和物质范畴具有完全一致的内涵和外延。如果我们从实在和不实在的相关性出发进行分析，那么我们便有可能得到关于物质范畴和它之外的世界领域的更为具体的规定性。

我们说，天上有一个月亮，水中有一个月亮。天上的月亮是实在的，水中的月亮是不实在的。水中的月亮的存在是因为天上的月亮的存在，前者是后者的“影子”。这样，我们便在实在的月亮和不实在的月亮之间建立起了一种相关对应的关系。我们完全可以从这种相关对应的关系出发，把实在的月亮叫作直接存在的月亮，而把不实在的月亮叫作间接存在的月亮。这样，我们便把实在和直接存在看成是同等程度的概念，把不实在和间接存在看成是同等程度的概念。从间接存在的角度来看，间接存在是直接存在的反应

（广义的）；从直接存在的角度来看，间接存在是直接存在的显示。意识是一种反映，在意识之外有一个直接存在的对象，在意识中有一种关于这个对象的模写、知识。因此，主观存在归根到底是反映直接存在的一种间接存在。

直接存在就是我们对物质范畴的一个具体规定，而间接存在则可以用现代科学中的“信息”概念来规定（关于这一点 28.2 节将予以详论）。

根据上面的论述，我们可以列出以下四个新的表达式：

物质 = 客观实在 = 实在 = 直接存在；

不实在 = 客观不实在 + 主观不实在（精神）= 间接存在 = 信息；

客观不实在 = 客观间接存在 = 客观信息；

主观不实在 = 主观间接存在 = 主观信息

根据这四个表达式，我们可以做出如下一个存在领域分割图（图28.1）①。

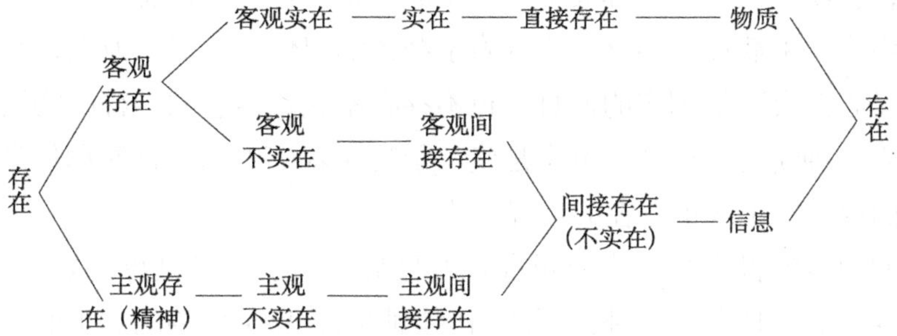

图 28.1　存在领域的重新分割图

3. 存在领域重新分割的重大意义

从图 28.1 中，我们可以清晰地看到信息是怎样迫使已经由物质和精神分割完毕的存在领域给它让出一块地盘的，以及信息是怎样在自身本性的意义上来规定精神现象的。

在客观世界中，我们可以清晰地区分出某物的两种存在方式：物自身的存在方式；显示着该物的某种关系内容的存在方式。这两种存在方式分别对应着该物的物质性存在和它的客观信息（自在信息）的存在。如果有人的认识的介入，那么便会产生该物的第三种存在方式，即该物的主观形态的信息存在（被认识主体把握或再造的信息性存在）。例如，天上月、水中月（场

① 此图最先发表于拙文：《存在领域的分割》，该文载《科学·辩证法·现代化》，1986 年，第 2 期，第 32-33 页。

中月）、脑中月就分别代表了这三种存在。显然，第一种存在构成了直接存在的物质世界，而第二种和第三种存在则构成了间接存在的信息世界。另外，这个间接存在的世界又不可能脱离直接存在的世界而孤立地存在，它必须以直接存在的物质世界（质量和能量）为其载体，水中月必须以物质性的水为载体，脑中月必须以物质性的脑为载体。反过来，我们还会看到另外一个层面的关系，不仅信息需要物质来载负，而且在物质的相关结构中也必然会凝结信息。因为任何物的结构都是在物的相互作用关系中被相互改变后而生成的，所以，经过这种相互改变必然会凝结某些历史关系的内容，也就是说，通过这些关系内容的凝结，所有的物质体，都同时被转化成了信息体。并且，由于物质相互作用的普遍性，以及时间的无开端性，世界整体结构及世界上现存的所有物体的结构都只能是在漫长的演化过程中被改变、被创生出来的，也就是说，它们都成了演化生成之物，都成了信息体。一方面，信息必须由物质来载负，不存在不依附于载体的裸信息；另一方面，在物质的结构中又必然会凝结相应的信息，也不存在不包含信息的纯粹的物质。据此可以确立一种新的存在观：世界是统一于物质基础上的，物质和信息（直接存在和间接存在）双重存在的世界。[①]

我们面对的世界是一个双重存在的世界。由于信息世界的发现，世界，以及世界上的一切存在物都再不能简单地归结为那种单纯的、干瘪的、混沌未开的、未曾展示自身丰富性、复杂性的直接存在的物质世界了。在这个物质世界中载负着另一个显示着这个物质世界多重规定性的信息世界。整个世界，以及世界上的存在物的这种双重存在性，意味着一切存在物都只能是直接存在和间接存在的统一体，都既是物质体，又是信息体。

与此新的存在领域分割理论、与此双重存在世界的理论相一致，恩格斯当年提出的“存在和思维的关系”这一哲学基本问题的具体解读方式也相应发生了一个根本性的转换。哲学对存在领域的划分方式不再是物质和精神的二元分割方式了，在物质和精神之间增加了一个客观信息的世界，并且，传统存在领域分割中的精神世界也只能是信息世界的一部分（是高级形态的信息世界）。这样，对哲学基本问题的回答方式便不仅要说明物质与精神的关系，还要说明物质与信息、信息与精神的关系问题。所谓哲学的根本转向，

---

① 邬焜：《物质和信息：统一而双重的世界》，《西北大学学报》（哲学社会科学版），1991 年，第 2 期，第 88-93 页。

正是以打破传统哲学关于物质和精神二分世界的基本理念为基础的。因为在存在领域的分割方式这一哲学最高范式的层面上实现了从“存在＝物质＋精神”到“存在＝物质＋信息”的转换，所以，辩证唯物主义的第一个历史形态中所认定的“存在和思维的关系”与“物质和精神的关系”这两个问题的等价性便失去了历史的合理性。

信息世界的发现从根本上改变了我们关于存在的观念，正是在这种物质和信息双重存在的世界图景中，信息哲学确立了它作为元哲学或第一哲学的基点，同时也为辩证唯物主义哲学重新阐释它的唯物主义原则提出了新课题。对这一新课题的合理解决便构成了辩证唯物主义哲学第二个历史形态创立的基础。

28.2 信息的本质

关于信息本质的问题，一直是信息科学、系统科学乃至哲学中的一个重大的基础理论问题。

信息概念的含义极为广泛和深刻，可以从不同的角度和层次上对之进行探讨。可作通信技术上的考察；可作经济学、社会学、语言学方面的考察；可作神经学、心理学、遗传学方面的考察；可作系统科学和哲学方面的考察。

分析已有的众多解释，至少可以区分出三个不同层次的对信息概念的规定：一是人们日常经验理解的层次；二是实用信息科学的层次；三是哲学的层次。

1. 日常经验理解的信息概念

在人们的日常生活中，在一般的资料文献中，信息指的就是具有新内容、新知识的消息、新闻、情报、资料、数据、图像、密码，以及语言、文字等所揭示或反映着的内容。

这种对信息概念的日常经验性理解赋予了信息概念极为宽泛的外延。但是，这种理解与实用信息科学或哲学中对信息概念的界定尚有很大距离。

2. 实用信息科学中的信息概念

在一般的实用信息科学中，关于信息的定义是五花八门的。虽然目前的各种定义还并未得到统一或普遍公认，但是，有两种说法是最具影响力的，其他一些定义或多或少都可以由这两种说法通过演绎而获得。下面对这两种说法分别予以介绍。

1）信息是消除了的不确定性。这是根据通信信息论的创立者申农的理论对信息所做的一个规定。其含义是说，通信前收信者对发送的信息存有不确定性了解，收信后，收信者原有的不确定性就被部分或全部消除了。所以，信息就是消除了的不确定性。在这里，消除了的不确定性是一个相对意外程度的量，所以有人也说“信息是两次不确定性之差”。同一消息对不同的接收者将起不同作用，消除的不确定性的量也不同。新知识越多消除的不确定性越大，信息量也便越大；不带有新知识的消息则不能消除任何不确定性，信息量为零。

2）信息即负熵。控制论的创始人维纳曾集中对信息的负熵含义进行了阐释。在物理学中（与热力学第二定律有关）熵值是标志系统的不确定性程度或混乱度的概念。不确定性的消除就意味着熵值的减小，所以信息就可以被称为负熵。由此又派生出了“信息是系统组织程度（或有序性、秩序性）的标志”等说法。

从上述两个对信息本质的界定中，我们可以看到实用信息论中对信息进行规定的相对性、功能性和量化性特征。

3. 哲学中的信息概念

为克服实用信息论中对信息概念所做规定的狭隘性，许多科学家和哲学家又试图从哲学上对信息的本质加以概括。

维纳在从实用信息论的角度把信息比作负熵的同时，又试图从哲学上谈论信息的本质。他有两个很有影响的提法：一是“信息就是信息，不是物质也不是能量”①；二是“信息是我们适应外部世界，并且使这种适应为外部世界所感到的过程中，同外部世界进行交换的内容的名称”②。维纳虽然没能恰切地从正面规定出信息的本质到底是什么，但是，他却十分正确地强调了信息与物质、能量相比所具有的独立性价值和意义，同时，他还看到了应该从“交换的内容”上（而不是从载体的形式上）来把握信息。

更多的关于信息本质问题的哲学解释还只是停留在与已有的实用信息科

---

① 维纳：《控制论》，郝季仁，译，北京：科学出版社，1963 年版，第 133 页。

② 维纳：《维纳著作选》，钟韧，译，上海：上海译文出版社，1978 年版，第 4 页。

学的解释或哲学的已有范畴简单比附上。例如，把信息解释为“变异度”“差异量”“差异的差异”等，这是与实用信息论中对信息进行统计度量的方式上的特征的简单比附；而把信息解释为“时空序列”“状态”等，则是把信息与其载体物的分布特性相比附。又如，把信息解释为“信息是物质的普遍属性”“信息是物质的存在方式”“信息是精神实体的特征”“信息是既非物质也非精神的第三态”“信息是物质成分和精神成分的特殊融合物”“信息是运动的外化”“信息属于物质的相互作用范畴”等，则是把信息与已有的传统哲学概念的界说进行简单的比附。

在信息本质问题的讨论中，无论是采取与实用信息科学解释的简单比附，还是采取与传统哲学范畴的简单比附的做法都是没有出路的。在信息本质的问题上应该采取某种哲学批判的态度。这种批判是双重的：一方面是哲学对具体科学的批判，这一批判是要剔除具体科学给信息解释所带来的种种狭隘性的局限，由此使哲学对信息的把握从具体科学的局限中超越出来；另一方面是哲学对自身的批判，这一批判是要克服传统哲学的旧有框架和理论对信息本质解释的局限，由此使哲学对信息的把握从传统哲学的旧有体系的局限中超越出来。在这里，进行的正是一种双重的批判和双重的超越。

笔者在《哲学信息论要略》①一文中就信息的本质进行了专门讨论，现将其基本点扼要转述如下。

从信息的存在方式来看，信息并不是一个直接、具体的物质存在形式，信息是在表征、表现、外化、显示事物及其特征的意义上构成自身的存在价值的。信息是它所表现的事物特征的间接存在形式。

物质的相互作用，必然引起作用双方的内在结构、运动状态和性质的某种改变，这种改变的“痕迹”就是对作用物信息的接收和储存。在这一过程中，双方都同时是信源（输出自身信息），又同时是信宿（输入对方传来的信息），还同时是载体（将输入的对方信息以自身的某种改变了的“痕迹”储存起来，也便是载负起来）。由于物质相互作用的普遍性，又由于物质和时间的无开端性，宇宙间任何物质系统都不可能还处于一个未曾与他物发生过相互作用的原始的初态，所以，任何物体都已经将自身演化成了具有特定结构和状态的凝结着种种信息的信息体了。正是物质的这种信息体性，规定着任何物体都是一个直接存在和间接存在的统一体。这个统一体自身就同时具有信源、载体、信宿

① 邬焜：《哲学信息论要略》，《人文杂志》，1985 年，第 1 期，第 37-43 页。

的三重属性。由此，我们可以看到信息的存在范围：信息与物质同在。

唯物论者必须承认，信息的内容从总括的意义上完全可以归结为物质本身的存在方式和状态。

物体由于内部和外部的客观的相互作用，不断地向外辐射或反射粒子，这样就将自身的存在方式和状态的信息由这个具有特定性能和分布的粒子场传送了出来。这就揭示了产生反映着物质存在方式和状态的信息的根源就存在于物质世界本身之中，就存在于物质的自身运动之中。正是物质的这种自身显示的属性，才使这个世界成为可知的世界。

依据上述分析，我们起码可以对信息概念划出如下四个基本层次：

1）信息是物质的存在方式，是物质的属性。这是在哲学唯物本体论的总括的意义上对信息概念的规定。但这还不能揭示信息与其他物质存在方式和物质属性的区别。

2）信息是显示物质的存在方式、状态的物质的属性。这是就信息内容及其存在方式对信息概念的规定。这已经揭示了信息独具的质，但还停留在信息表现的现象描述上。

3）信息是物质自身显示自身的属性。这一规定虽然仍停留在对信息现象的描述上，但已考虑了信息产生的动力。

4）信息是间接存在的标志。这一规定已经从对信息的现象描述上升到了对信息的抽象概括。

信息概念的上述四个层次的划分，为我们从哲学的高度给信息下一个本质性的定义提供了路径。这个定义可以精确地表述为：信息是标志间接存在的哲学范畴，它是物质（直接存在）存在方式和状态的自身显示。

28.3 信息的分类

在信息概念广义化的基础上，依据不同的分类标准。学术界从不同的视角和层次对信息进行了多种方式的分类。

例如，依据不同的标准可把信息的形态分为：物质信息与观念信息；直接信息与间接信息；内储信息与外化信息；动态信息与静态信息；有记录信息与无记录信息；语言信息与非语言信息；自然信息与文化信息；有害信息与无害信息；等等。

笔者曾依据自己对信息本质的理解，写过一篇专门从哲学层次上谈信息分类的文章[①]，后来根据那篇文章，绘制了一个关于信息分类的图（图28.2）。

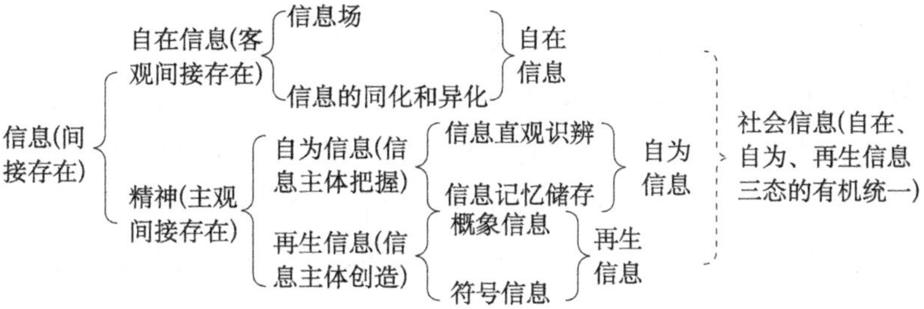

图 28.2 信息的哲学分类

下面对图 28.2 做几点简释。

自在信息是客观间接存在的标志，是信息还未被主体认识的原始形态。信息场、信息的同化和异化是信息自在的两种基本形式。场，本来是物体自身辐射或反射的粒子或波动（物质）场，但是任何物质场都以它的特定结构和状态显示着产生这个场的物体（信源）本身的特质，正是在这一确定的意义上，场被规定为信息场。在这里，场具有双重存在的意义和价值，它本身就是一个直接存在和间接存在的统一。必须指出的是，“场”的概念在信息场理论中具有广义化的解释，它并不仅仅局限于量子场的微观水平，在宏观上，场粒子还可以采取更为宏观的形式，如分子、气团，甚至某些特定的物体。这些场粒子只是相对于产生这些粒子的物体而言的。当信息场作用于他物（信宿）时，就将场中所载有的信源信息传给了信宿。这就是信息的同化（对信宿而言）和异化（对信源而言）的过程。在相互作用中，参与相互作用之物总是既同化外界信息又向外界异化自身信息。物体通过这种信息的同化和异化将自身普遍信息体化。由于现存的任何物体都是在历史和现实的普遍相互作用中后继生成和不断生成着的物体，所以任何物体都既是物质体又是信息体。在这里，如场一样，任何物体也都具有双重存在的意义和价值，也都是直接存在和间接存在的统一体。自在信息的活动是最基本的信息活动形态，它是所有其他信息活动产生和展开的基础。

自为信息是主观间接存在的初级形态，是自在信息的主体直观把握。它包括信息的被识辨（感知）和可回忆的储存（有感记忆）两种基本形式。自

① 邬焜：《哲学信息的态》，《潜科学杂志》，1984 年，第 3 期，第 33-35 页；在邬焜、李琦所著《哲学信息论导论》（西安：陕西人民出版社，1987 年版）“第一编”中有关于信息的哲学分类和分类图的更详细讨论。

为信息已进入动物心理活动的范围，它是在自在信息活动的基础上产生出来的某种信息“内部主观呈现”的效应。显然，自为信息的活动必须以某种具有感知、记忆能力的信息控制系统为载体。

再生信息是主观间接存在的高级形态，是信息的主体创造。它的基本形式是概象信息和符号信息。概象信息是形象思维创造的新的形象，符号信息则是一种对自为信息和概象信息的符号代示。人类的抽象思维正是一种对符号信息进行逻辑推演、加工改造的高级分析综合过程。再生信息的活动必须以某种具有思维能力的信息控制系统为载体。而思维的本质恰恰在于，它是一种在思维主体内部通过信息加工的操作、运演步骤而实现的信息的主观创造活动。这种信息的主观创造活动乃是以自为信息的加工改造为基础的信息活动的高级形态。我们通常所说的精神，其实正是信息的自为、再生的形态，是主观间接存在。

社会信息不是一个独立的信息形态，它是在自在、自为、再生三种信息基本形态的关系中呈现出的一种综合性的、三种形态具体有机统一着的信息形态。存在着三个社会信息世界：一是人所认识和改造了的那部分自在信息（以自在信息体的形式存在着）的世界；二是人所认识了的自为、再生信息本身的活动；三是再生信息的可感性外在储存（人所创造的文化世界）。所谓社会信息，就是已被人类认识把握，以及创造出来的那部分信息世界的总称。社会信息被人类主体认识和改造了的性质，规定着社会信息中自在、自为、再生三种信息形态的不可分割的统一。图 28.2 中的虚线表示，只有部分自在、自为、再生信息能够达到有机统一，从而进入社会信息的范围。如果考虑到社会信息的形态，在前文提到的月的三种存在方式（天上月、水中月、脑中月）之外还应该再加上一个“文中月”。这个“文中月”就是人们在社会文化中所创造的具有象征性意义的月的各种形式。

如此多样的信息形态和形式并不都具有永恒存在的意义和价值。这也正如如此多样的物质形态和形式并不都具有永恒存在的意义和价值一样。具体讲来，自在信息的活动是与物质活动同在的，它具有客观性、普遍性和存在的永恒性；自为信息的活动构成了一般动物界心理活动的主要方式；一般认为，再生信息是人所特有的意识活动，在某些高等动物中只存在一些能够称作是“萌芽状态”的再生信息的活动；社会信息则指的是人类社会主体的精神文化活动本身。

恰如自然的物质形态经历了不同阶段的进化历程一样，自然的信息形态也经历了不同阶段的进化历程。自然信息在自身活动的不断“造化”中，经历了自在、自为、再生的漫长发生、进化过程，在社会信息中达到了自身完成的、本质的统一，这就是信息形态运动的辩证法。

存在一个物质世界和三个信息世界：物质世界（以实体和场的物质体的方式存在）、自在信息世界（以客观信息体的方式存在）、自为和再生信息世界（以主观精神活动的方式存在）、文化信息世界（以人类创造的再生信息的可感性外在储存的方式存在）。显然，在这四个世界之间存在着复杂交织的相互作用（图 28.3）。

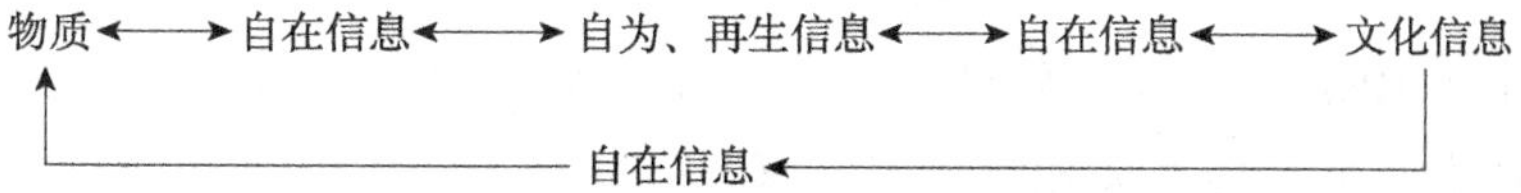

图 28.3　包括一个物质世界和三个信息世界的复杂综合的世界图景

显然，这样一个包括一个物质世界和三个信息世界在内的双重而多维的复杂综合的世界图景与传统的以物质和精神二分原则所构建的世界图景，以及波普尔所提出的三个世界的世界图景相比，更具有复杂性的韵味。

28.4　物质、信息和精神的关系

由于在哲学的最高范式“存在领域分割方式”上发生了变革，所以，恩格斯当年所提出的哲学基本问题“存在与思维的关系”的具体解读方式便发生了转换。这样，我们要探讨的便不仅仅是“物质和精神的关系”，而是“物质、信息和精神的关系”了。

当然，在对信息世界进行具体认识时，不同的哲学流派对信息的存在论地位的解读则可能是不一样的。在一般存在论的哲学层面上，可以区分出三种对信息进行解读的方式：第一种是把信息简单地归属到物质现象之中，认为它已经是物质现象自身内含的客观实在的领域；第二种是把信息简单地归属到精神现象之中，认为信息仅仅是精神活动的某种形式，或者仅仅是对精神现象进行描述的另一种说法，在客观世界中不存在信息现象；第三种是把信息看作是与传统哲学所揭示的物质现象、精神现象相区别的第三种现象。在这三种解读方式中，前两种解读方式并不构成对传统哲学所坚持的存在领域的分割方式的改变，只有第三种解读方式才构成了对传统哲学所坚持的存在领域的分割方式的变革，也正是由此变革导致了哲学根本范式的转换，从而引发哲学的根本性变革，或者说是“全新的哲学革命”。

在上述第三种解读方式的基础上，哲学家们才可能去谈论物质、信息和精神的关系。在这三者的关系的具体解释中有可能产生多种解读方式：一种是仍然认定物质是世界的本原，把信息和精神现象都看作是由物质世界派生出来的依附于物质世界的现象；第二种是仍然认定精神是世界的本原，把物质和信息现象都看作是由精神世界派生并依附于精神世界的现象；第三种是认为信息是比物质和精神更为基本的现象，物质和精神现象都由信息现象派生，并且都依附于信息现象而存在。这样，便构成了三种不同意义的哲学：新唯物主义、新唯心主义和唯信息主义。

由于在存在领域分割方式上发生了变革，在新的存在领域关系的具体解读中产生的新唯物主义、新唯心主义或唯信息主义都将构成全新意义的哲学革命，因为这三个主义都是次一级的哲学学说，这些学说对于哲学的全新意义的变革并不简单来自这些学说对世界本原的认定方式，而是来自导出这些学说的更为一般的哲学存在论前提，这就是关于存在领域的新的分割方式，正是这一新的分割方式才构成了哲学意义的存在论或本体论的最高范式的变革。

辩证唯物主义哲学的第二个历史形态是对第一个历史形态的发展，这样一种发展必然会建立在对物质、信息和精神关系的唯物主义解释的基础之上。在这里，对于人类哲学的发展来说，新的辩证唯物主义哲学具有多重革命性的意义和价值：一是辩证唯物主义哲学的革命性变革；二是人类唯物主义哲学的革命性变革；三是人类哲学的第一次根本转向。

前面我们已经定义：“信息是标志间接存在的哲学范畴，它是物质（直接存在）存在方式和状态的自身显示。”这个定义首先就坚持了唯物主义的立场。既然信息是物质自身的相互作用派生出来的对物质的存在方式和状态的显示，那么，无论是从产生的过程、存在的形式还是显示的内容等方面来看，信息都是第二性的。在这里，直接存在的物质世界仍然是世界的本原，它决定了世界的最深层级的本体和本性，是世界的第一性的存在。就是从逻辑上讲，直接存在与间接存在相比，前者也是第一性的，后者也是第二性的。因为间接存在是对直接存在的显示，它便只能以直接存在为其基础和根据。一个明显的事实是，无论是水中月（场中月），还是脑中月，或是文中月，都是以天上月为其存在之基础和根据的。另外，间接存在并不能脱离直接存在而独在，它必须以直接存在为载体，就这一点而言，间接存在对直接存在仍然具有依附性。根据这样的考察和分析，我们便必然会得出一个唯物主义的结论：虽然世界是一个多样性的存在，但是归根到底世界统一于物质。

但是，如果我们不是从信息发生的逻辑开端，以及间接存在对直接存在显示的对应性关系来考察，而是从世界和事物的现实存在方式来考察的话，那么我们将会看到事情的另外一个层面。这就是物质和信息在现实存在中的内在镶嵌性和统一性。前面我们已经提到：由于物质相互作用的普遍性，又由于物质和时间的无开端性，宇宙间任何物质系统都不可能还处于一个未曾与他物发生过相互作用的原始的初态，所以，任何物体都已经将自身演化成了具有特定结构和状态的凝结着种种信息的信息体了。由此，在现实性上我们又可以得出这样的结论：世界整体及世界上的所有物体都既是物质体又是信息体，都是直接存在和间接存在的统一体。这样，世界整体及世界上的所有物体都是一种二重化的存在，都是物质和信息镶嵌在一起的双重存在。

这样，我们的结论只能是：世界整体及世界上的所有物体都只能是统一在物质基础上的物质和信息的双重存在体。这就是本章题目“物质和信息：统一而双重的世界”的基本含义。在这里，“世界统一于物质”的结论坚持了唯物主义的性质，而“物质和信息双重存在”的结论又体现了辩证法的原则。从而，这样的结论可以成为辩证唯物主义新形态哲学的本体论（存在论）基础。

如果我们进一步去探讨物质、信息和精神的关系，那么，我们便可以作出更进一步的区分：物质是第一性的，自在信息（客观信息）是第二性的，而精神（自为、再生信息，即主观信息）则是第三性的。因为物质和精神相互作用必须通过自在信息的中介，一个明显的事实是，精神并不是宇宙中始终存在和发生的初始信息现象，作为信息活动的高级形态，精神是在客体信息、主体信息（包括生理性和认知性信息），以及认识工具的信息等多重而复杂的信息的相互作用、匹配、整合、重组的建构和虚拟活动中产生出来的。关于这一点我们将在第 29 章详加讨论。

第29章 认识发生的过程和机制

29.1 西方认识论危机的本体论根源

在西方哲学传统中，有一个主导性的倾向，这就是物质世界和人的精神的相互割裂。最初是关于存在领域包括上帝（绝对理念、客观精神）、物质和个体精神的三元设定，就是要跨过物质的作用，直接从上帝的精神过渡到人的精神。按照一个一般的性质描述，上帝是一种完满的精神性存在，人只有通过上帝的启示才可能分有完满精神中的某些真理的内容。这既是柏拉图的灵魂不死的回忆说的性质，又是笛卡儿、斯宾诺莎和莱布尼茨的"天赋观念"说的性质，还是黑格尔关于绝对精神和人的个体意识之间的关系的性质。到后来，随着西方近代科学的昌明性发展，上帝在一般科学中退场，这就导致从上帝精神到人的精神这个过渡环节的缺失。由于这一环节的缺失，再加上对物质和意识绝对割裂的观念的认同，人的精神由何而来的问题便遇到了解释性危机。既然物质和意识是割裂的两极，对于意识过程和机制的解释便不可能从其与物质的相关性中得到阐明，那么，这就剩下了一条唯一的解释路径，向孤立的意识内部去寻求关于意识的性质、过程和机制的解释。

这就是当代西方专门性哲学所面临的情景。康德的在主客体之间存在一条无法跨越的鸿沟的理论，和他的关于先天综合判断形式的理论，以及胡塞尔关于纯粹意识的意向活动和意向构造的理论，语言哲学关于意识的语言分析的理论，等等，都具有这样的性质。

物质和意识二元对立且相互割裂的哲学本体论学说，直接导致了客体与主体二元对立且相互割裂的哲学认识论学说。西方意识哲学宣称的可以通过意向活动和意向构造来消除主体和客体二元对立性质的观点，是试图简单用意识中主观呈现的内容来代替认识的客体。这样的一种解释方式无法说明我们认识的主观内容与我们之外的某些对象的对应关系，也无法说明我们通过实践活动对外物作用的成功或失败的原因。所以，这样一种仅从意识活动的内部来设定主客体关系的做法并不是真正消解了主客体的二元对立，而仅仅是回避了相关问题本身。

表面看来，上帝退场后的哲学所面临的危机是哲学认识论的危机，即关于人的认识机制的解读方式的危机，但在实质上，这一危机的根却扎在了哲学本体论之中，由于物质和精神二元对立状态的无法排除，上帝的退场使人类精神无法找到它外在的原因，于是，持有极端观点的哲学家们便只能向意识内部去寻求解释意识的原因，而对哲学本体论则只能采取某种拒斥或悬置的态度。

由此看来，解决哲学危机的关键并不在于放弃或排斥哲学本体论的研究，而恰恰在于重建哲学本体论的学说。这一新的哲学本体论学说要完成的任务是，在上帝退场之后，怎样重新找回人的意识发生的哲学本体论的根基。在这里，一个最切实的路径便是，怎样把物质和意识的关系描述为一个相互作用、相互转化的发展着的过程，从而按照宇宙事物进化的方向，按照认识发生的实际情景，合理地解释意识发生的一般过程和机制。

根据信息本体论学说，意识也是信息（间接存在），只不过它是信息的主观形态，即笔者所提出的自为、再生信息的世界，在客观世界中还存在着一个客观信息的世界，这就是笔者所说的自在信息的世界。这样，按照信息本体论的理论，世界（存在）是由物质和信息两大领域构成的，物质和意识之间通过自在信息的中介相互过渡和转化。这样，物质和意识的关系便不再是简单的纯粹对立的两极，而是通过自在信息的中介关联起来了，从物质到精神、从精神到物质也便可以描述为一个有中介的相互作用和相互转化的过程。

信息世界的发现，弥补了上帝退场后的物质和精神关联关系的空缺，只不过这一空缺的弥补并不是通过引入一种神秘的客观精神的力量实现的，而仅仅是由客观物质世界自身的活动所派生的另一个非物质的客观信息的世界而实现的。

当代信息哲学的创立首先在哲学本体论的哲学的最高范式“存在领域的分割”问题上实现了根本性的革命，这就为变革哲学的所有其他领域提供了一个统一的基础，也为哲学认识论的变革提供了一个统一的基础。这就有必要相应建立一门全新的信息认识论学说。

29.2 人的信息活动的层次和层次间的相互作用[①]

1. 人的信息活动的层次

通常，人是以三重身份与环境进行相互作用的。首先，人以一般物的存在性在自在的水平上与外界不断地交换着信息；其次，人又以认识主体的身份在自为、再生的水平上把握和加工处理着环境的和体外的信息；最后，人还通过自身的社会实践改造环境，并在这一改造过程中实现着自己的目的性信息。这样，人的信息活动便具有了多层级的高度复杂综合性的特征。

具体来讲，人的信息活动可以分为五个基本层次：一是信息的自在活动；二是信息直观识辨；三是信息记忆储存；四是信息主体创造；五是主体信息的社会实现。

图 29.1 形象地表明了人的信息活动的等级层次。

人的信息活动的不同层次之间（包括各子层次之间）存在着复杂的相互作用，通过复杂的相互作用，不同层次的信息相互过渡、转化、规定和控制。

在总括的意义上，我们可以把人的信息活动的层次间的复杂相互作用区分为四种相互关联的关系：一是由低到高的层次递进建构关系；二是高层次对低层次的全息制控关系；三是人的信息活动的层次综合参与关系；四是人的信息活动层次的相互转化关系。

---

① 本节中所论述的基本思想最初发表于拙文：《主体信息活动的层次和层次间的相互作用》[《西北大学学报》（哲学社会科学版），1993 年，第 5 期，第 43-49 页]。

层次	内容
主体信息的社会实现	客体结构信息改变
	行为指令信息的调控与行为运行
	目的计划信息
信息主体创造	逻辑推演
	符号信息
	概象信息
信息记忆储存	长时记忆
	短时记忆
	感觉记忆
信息直观识辨	知觉识辨
	感觉识辨
自在信息	信息的同化和异化
	各类信息场

图 29.1　人的信息活动层次图

2. 人的信息活动的层次递进建构关系

人的不同层次的信息活动是在动物智能活动的种系进化过程中，由低到高逐次发展起来的。人的信息活动的层次递进建构关系集中体现着这种动物智能活动进化的历史渊源。这一关系的内容包括两个方面：一是人的个体信息活动能力的产生是一个不断由低到高的递进建构过程，即对任一人的个体来说，他的不同层次的信息活动能力是在其个体发育的过程中依次建构和产生出来的；二是人的高层次的信息活动对低层次的信息活动具有依赖性，即低层次的信息活动为高层次的信息活动的产生和展开提供基础性的条件。

人的信息活动的层次递进是通过某些信息加工的操作步骤来实现的。在这里，特定的信息加工操作能力便成了实现相应信息层次递进建构的必要中介。与不同层次的信息活动的种系进化过程相一致，人的不同的信息加工操作能力同样是在动物种系进化的过程中逐步发展起来的。

具体来讲，从信息自在活动的层次向信息直观识辨的层次的递进是以向内部主观呈现转化的操作为中介的，其中包括个别信息的主观选择、感觉信息的综合、模式匹配的建构等；从信息直观识辨的层次向信息记忆储存的层次的递进是以建构联系痕迹的操作为中介的，其中包括建立种种暂时联系和稳定联系痕迹的各类信息编码过程；从信息记亿储存的层次向信息主体创造的层次的递进是以主观改造信息的操作为中介的，其中包括对记忆表象信息要素的重新分解组合、主观约定信息关系的建立，以及判断、推理的符号信息的逻辑推演等过程；从信息主体创造的层次向主体信息的社会实现的层次的递进是以向外部客体转化的操作为中介的，其中包括目的、计划性信息产生中的需求、价值、条件等因素的诱导，行为指令信息发放的意念控制，以及整个实践行为活动展开的主体器官活动、操作工具、作用于客体的一系列过程。

3. 人的信息活动的层次由上到下的全息制控关系

人的信息活动的层次递进建构关系更多地具有原始发生学的意义。要全面、准确地把握主体信息活动的复杂性还有必要从另外一个相反的方面，即从主体信息活动的高层次对低层次作用的方面来考察。体现这一方面关系的便是高层次对低层次的全息制控关系。

人的信息活动的层次递进建构关系指出，人的高层信息活动是在低层信息活动的基础上，通过某些特定的信息加工步骤的中介而产生、建构出来的。这种高层次的信息活动方式一旦产生出来，便对人的整个信息活动系统具有了两个方面的意义和价值：一方面，新的高层信息活动方式以它自身的已经存在给人的整个信息活动系统增加了一个新的要素；另一方面，这个新要素不可避免地要和系统中原有的要素发生种种相应的相互作用关系，通过这种相互作用关系，系统将获得某种整体意义上的改变。由于这个新的信息活动方式是从原有信息活动方式的进化过程中产生出来的系统的要素，所以，它与系统原有的要素相比便不能不处于系统中更高层级的地位。这种更高层级的地位使这个新要素对原有要素的作用带有居高临下，赋予原有要素以某种全新改造（赋予新质和新内容）的特点。这种居高临下赋予下层活动以新质、新内容的作用过程，便构成了人的高层信息活动对低层信息活动的全息制控关系。

具体来讲，人的高层信息活动对低层信息活动的这种全息制控关系表现在如下两个相反相成的方面：一是导向；二是抑制。

所谓导向，是指人的高层信息活动总是从自身活动的目的、要求、性质和特点出发对低层信息活动加以规范、评价和引导，以便把低层信息活动纳入为自身活动服务的轨道。导向的内容包括：规定低层信息活动的方向和强度，监控低层信息活动的过程，评价和支配低层信息活动的结果，例如，主体总是从自身思维（信息主体创造）活动的目的、需求出发，对感知、记忆的信息加工操作过程进行目的定向，调节、选择感知或记忆的内容，强化特定感知、记忆的过程，并为感知、记忆的信息提供模式匹配，进行评价、解释。人们还总是从其实现信息的实践活动的需求出发，有目的地去收集、识辨、储存相关信息，并对之进行相应的加工处理的思考、设计。另外，实践活动还对这些思考、设计所产生的主体的创造性信息成果进行真值性程度的检验。

所谓抑制，是指高层信息活动在对低层信息活动进行“导向”时，总是要求低层信息活动的方向、强度、过程和结果与自身活动的目的、需求、性质和特点相一致，对那些不一致的方面总是尽量地予以限制和纠正。抑制就是迫使低层信息活动减少盲目性、降低自由度，从而保证更为积极自觉地服从高层信息活动对之进行的“导向”。

导向和抑制是同一制控过程中的两个相反相成的方面，任何一种导向作用都必须以相应的抑制作用为保证条件，而任何一种抑制作用都必然会带来一定程度的导向效应。

通过导向和抑制的双重作用，高层信息活动对低层信息活动实施着某种全息意义上的制控。因为有了这种来自高层的制控关系，人的低层信息活动得到了某种全息意义上的改造。在人这里，低层信息活动已经在其生物进化的原始发端水平上实现了某种超越和升华。

高层信息活动对低层信息活动的全息制控，使人的任何一个层次上的信息活动都不再是纯动物性的信息活动，人的所有层级的信息活动都具有了属人的、社会的活动的新质。

4. 人的信息活动的层次综合参与关系

人的信息活动本身是高度综合的。前所述及的人的信息活动层次间由下到上的递进建构关系和由上到下的全息制控关系都是某种意义上的综合，只不过这两种关系更注重强调了两个相反的单线条的综合过程。其实，这两个相反的单线条的综合过程还只是一种理论上的抽象，人的信息活动的真实过程本身并不是这样两向分割着的，而是两向的综合，即前述的两种关系是同时起作用的。如果我们面对的不是一个处在智能发生的某一初级阶段上的个体，而是一个已完整具备五种信息活动层次的成熟的认识主体，那么，我们将会更为清晰地看到人的信息活动的这种高度综合的性质。人的信息活动的层次综合参与关系恰恰是在这种更为高度综合的意义上来对人的信息活动的复杂性和系统整体性予以解释的。

人的信息活动的层次综合参与关系具体体现在两个方面：一是人的所有层次的信息活动都为任一层次的信息活动提供活动的参照背景；二是人的所有层次的信息活动都直接或间接地普遍渗透或交织到任一层次的信息活动之中。

对于一个具体处于信息加工操作过程中的认识主体来说，他的任何一种心理活动都是一个现实产生着的信息生成过程。这种处于生成过程中的信息的可能样态取决于两方面因素的综合，一方面取决于体外或体内（包括神经系统内部）特定信息的刺激；另一方面取决于主体内部的已建构起来的信息认识结构的背景参照。由于人的信息活动的不同层次之间是普遍相互联系、内在统一的，所以，当主体信息认识结构发挥其背景参照作用时，总是在不同层次的综合的水平上，以某种整体相关的方式来起作用。这种综合的、整体相关的作用方式所导致的便是人的所有层次的信息活动都为任一层次的信息活动提供活动的参照背景；同时，这种综合的、整体相关的参照背景作用，又是通过不同层次的信息活动普遍渗透或交织到某一层次的信息活动之中来实现的。

5. 人的信息活动层次的相互转化关系

人的信息活动自下而上的层次递进建构、自上而下的全息制控，以及人的信息活动的层次综合参与等相互作用的过程，最终导致了一种新的综合性关系的发生，这便是人的信息活动层次的相互转化关系。可以把人的信息活动层次的相互转化关系看成是前述三种关系引出的一个必然结果，这个结果具体而现实地体现着人的信息活动的综合性、整体性、全息性。

人的信息活动层次的相互转化指的是人的信息活动层次间的复杂相互作用造成的一种相辅相成的双重效应：一是低层信息活动方式的高层化；二是高层信息活动成果的低层化。所谓低层信息活动方式的高层化，指的是低层信息活动总是通过某些高层信息活动来完成，所谓高层信息活动成果的低层化，指的是某些高层信息活动的结果直接转化成了低层信息活动的内容。

人的感知能力已经进化到了这样的程度，它已远远超越了一般动物的感知活动的水平。这不仅是指感知的内容方面，而且是指感知活动的一般机理方面。在内容方面，人不仅能像动物那样感知外界的客观信息，而且还以人所独有的方式来感知语言、文字、图符等人类创造出来的文化信息，当然也包括对人自身进行着的思维过程、实践过程的感知和把握。在感知活动的一般机理方面，人的感知已不仅仅是通过感知的感知，而且还是通过思维、通过实践的感知。人的知觉是对被知觉的材料进行加工编码的过程，在这一过程中知觉同时就是对对象的认知。这种对材料进行加工编码的认知过程，既有模式匹配中的概象信息的选择和建构，也有符号信息逻辑的密切参与，并且，认知过程总是被纳入到概象的或符号的一定的“类”的形象归属或范畴归属的系统之中。这样，我们便有理由说，人的感知被思维化了。另外，我们还应该注意到，人的发展了的感知还需借助于特定的工具：从望远镜、显微镜到各种仪表、仪器；从电话、收音机、电视机到卫星、飞船、粒子加速器……这样，我们又有理由说，人的感知变成了一种真实意义上的社会实践活动。

人的储存信息的记忆活动也呈现出了类似于感知活动的情景。从记忆内容方面来看，人的记忆不再只是对感知直观识辨的由自在信息转化而来的表象信息而言的，而且是对思维创造的概象信息、符号信息而言的，同时也是对思维的过程、实践的过程和结果而言的。从记忆方式来看，人的记忆也被思维化、实践化了。在一般学习活动的记忆过程中，学习者总是更多地通过思维逻辑的理解性编码来力求更长时间地将某些特定学习内容储存于记忆之中。在回忆某些事件信息时，人们也往往借助于逻辑联想的导引。更为发展了的人类记忆活动，则并不仅仅依赖于人的自然脑力。从文字记载、图画描绘到录音、录像，直到电脑储存，在这里，记忆也成了一种社会实践工程。

思维是主体创造信息的过程。从思维最初起源的时候开始，它就和社会实践活动连在了一起。最初是在古猿中萌生了思维和劳动的雏形，后来则是人的思维和劳动活动的生成和进化。在今天的人类思维活动中，最能体现思维活动的高层化发展水平的就是人工智能工业的产生和发展。人工智能使主体信息创造的部分过程可以在一个客体机械中间接地进行，最新发展着的计算机技术正是要试图把思维当作一种实践工程来设计。

就是在人的自在信息活动的层次上，这种层次相互转化的关系也在一定程度上存在。人的自在信息的活动是人的信息活动的最深层级的基础。虽然人的自在信息的活动大部分还是以纯粹自在的方式来运行，但是，有那么一部分属于人的自在信息活动的过程却失去了那种原始的、纯粹的自在性，因为这部分自在信息的活动是伴随着人的感知、记忆、思维和实践过程而进行的。在这里，自在信息的活动直接受到了高层信息活动的调控和支配，这时，人的自在信息活动的类型、样态和内容已经和相应的人的高层信息活动相协调、相一致起来，并且只能在相应的高层信息活动的过程中来完成自己活动的过程。另外，我们还应注意到，某些自为、再生信息的活动过程或结果将会从意识层潜入到自在层，这时，这部分信息的活动将不再采取“内部呈现”的状态，而是在一种类似于自在调节的层次上活动，并且这种活动的过程和结果还具有某种不能被明确追忆的性质。在另外一种情况下，则存在着某些信息从自在层向自为、再生层的可能突现，这种突现则可能造成通常所说的灵感、直觉之类的现象，或许弗洛伊德所集中探讨的那种潜意识和梦的活动，也可以在这里找到一定程度的说明。人的自在信息的活动已经脱离了一般无机界中所普遍发生着的那种自在信息活动的纯粹自在性，并且，与人的自为、再生信息的活动，以及人的实践活动构成了一个有机的不可分割的整体。

人的信息活动层次间的四种相互作用关系是人的信息活动层次间发生着的统一的相互作用过程的四个侧面。在具体的过程中，这四个侧面是不能割裂的，它们总是在统一的、综合的水平和层次上发挥作用的。

主体信息活动的层次和层次间的统一而多重的相互作用关系，充分体现着主体信息活动的复杂性、整体性、综合性和全息性。

29.3 认识发生的信息中介说①

1. 构成认识过程的基本要素或环节

传统的唯心主义哲学在物质和精神、主体和客体之间采取一种相互割裂的态度，传统的唯物主义哲学则往往用物质和精神、主体和客体的直接性相互作用来解释认识的发生。然而，仅仅立足于两极对立之上的相互作用模式

① 本节中所论述的基本思想最初发表于拙文（属曾用笔名方元）：《哲学认识论的信息中介论探讨》（《兰州学刊》，1984年，第5期，第57-63页）。

是肤浅的。在关于认识问题的理论中，如果我们的理解还仅仅停留在主体和客体的单纯相互作用的层次上，那么，这仍然是十分空洞和贫乏的。认识既然是一个主客体相互作用的过程，就不应当仅仅是主客体这样简单的两极对立。既然是过程，是相互作用，就应有它的过渡的、联系的环节，即中介。认识论要科学地再现认识的实际过程，就必须用概念的联系、转化和运动来描述这个过程，就必须有一个恰当规定这个过渡的环节，即中介的东西。

当代信息哲学提出的“哲学认识论的信息中介论”认为在主客体之间充当中介联系环节的不是别的，正是信息。正是信息在多重意义、层次和尺度上构成了人的认识发生和过程展开的中介环节。这样，我们就引出了构成一个认识过程的三个基本要素（或称环节）：客体、信息、主体。同时，我们也得到了一个被信息所中介的主客体相互作用的崭新模式：客体—信息—主体。

哲学认识论的信息中介论具体分为两个方面：一是认识发生的信息中介说；二是认识过程和机制的信息建构与虚拟说。我们将用两个小节对这两个方面分别简述。

2. 信息场是主客体联系的中介环节

首先，我们应当正视一个起码的事实，即在我们感知的过程中，认识对象本身并不曾进入我们的感知系统（以主体内部呈现的信息为认识对象的现象除外）。这就向我们提出了一个问题：到底是什么东西进入了我们的感知系统，从而引起了感知现象的发生？

其次，在感知过程中，我们的感官也并不与认识对象直接接触。我们可以看见天上的日月星辰，听到户外的鸡鸣狗吠，闻到远处的花香屎臭……而这些日月星辰、鸡狗花屎则全都远离我们的躯体而存在。我们的触觉，从宏观上看，似乎是由我们的肌体与对象的直接接触而引起的，但是，在微观量子的水平上，它仍然是一种间接接触的过程。这就又向我们提出了一个问题：到底是什么东西刺激了我们的感官，从而给我们带来了关于对象的模式？

现代物理学揭示：物体（粒子）之间广泛存在着各种形式的场的普遍联系，这个场的联系是通过中介物质（粒子、波场）的传递来实现的。这就告诉我们，在感知时，主客体虽然没有直接接触，但必然存在着中介场传递的间接联系。其实，在感知过程中，直接刺激我们感官的并不是客体本身，而是客体反射或辐射出来的中介场。由于不同质的物体（粒子）辐射或反射的中介场不同，所以，任何物体辐射或反射的中介场都是特异化了的，也就是说，都是与其他物体辐射或反射的中介场相区别的。正是这种场的普遍差异性，才使任一物体产生出来的中介场能够将该物的特质显示出来。这样，这个场便成了产生它的那个物的信息的载体。就是在这一特定的意义上，我们把这个场叫作“信息场”。

由此，我们起码可以得出这样一个结论：主客体的相互作用首先被各种不同的信息场所中介。视觉的中介是客体辐射或反射出来的光子场；听觉的中介是客体振动产生出的机械振动波场；嗅觉、味觉的中介是客体辐射出来的各类分子场；触觉则是以各类热温场、机械力场、化学递质场为中介的。这些不同的场只是客体某些方面的信息的载体，而绝不是客体本身。主客体之间没有直接的接触，而那些直接接触的刺激物却并不能成为这一过程中的客体，它只能扮演向主体传递另一物的信息的载体角色。换句话说，我们永远只能借助于第三者来把握我们的对象。由此我们可以得出结论：在认识过程中，主客体之间没有直接的接触，而信息场构成了主客体联系的中介环节。

3. 认识主体的产生必须以信息凝结为中介

从元素到有机分子、生物大分子、多分子体系，直到原始细胞的合成，从低等生物到高等生物，再到人类社会，这就是传统的生物史学说为我们提供的一条地球生物起源和进化的基本线索。这一线索所揭示的显然是一个物质形态由低级到较高级，由简单到较复杂的综合建构和层次跃迁的过程。就直接存在的物质性活动的角度来讲，这一综合建构的层次跃迁过程是在一系列质量流和能量流的复杂相互作用中所形成的质—能凝聚过程中实现的。

但是，仅仅用这样一种物质性的质—能凝聚的过程来解释生命的起源和进化还是十分片面的，因为生命现象乃至主体认识能力的产生，并不简单取决于构成生命体和认识主体的物质性活动的方面，如元素种类的特异，元素数量的多少、质量的大小、能量的多少等。依据当代信息科学和信息哲学的相关理论，生命的本质、认识能力的发生，只能从其是一种特殊信息体的角度来加以解释。

物体的结构决定其性质和功能，从信息科学的角度来看，任何物体的结构和它所凝结的信息都是相互统一和规定着的。具体讲来就是：任何物的结构、状态都映射与规定着关于自身的历史、现状、未来的信息，任何物的直接存在的结构和状态都是由它所凝结的间接存在（信息）所规定的。这就意味着结构决定性质和功能，信息又决定结构，所以，物所凝结的信息便最终决定着物的性质和功能。

人作为一个自然存在物，是一个特殊信息体，一个人的感知、思维现象的发生，并不在于构成人体的元素的种类、质量有什么特异，而仅仅在于这些元素的组构方式与众不同，也就是在于人体（集中讲是神经系统、人脑）的结构和状态的特异性。而这种结构和状态的特异性，究其根源是在长期的信息同化和异化的特定过程中产生的，正因为人类在其种系发生的起源过程中凝结了特定的复杂信息，人体的相应结构和状态才得以产生。如果从信息活动的角度来考察，完全可以将人体看成是自然信息活动的产物，它是适宜信息不断同化和异化、不断凝结积累、不断选择自构，不适宜信息不断淘汰、不断耗散而引发的一个必然结果。正是人体中同化凝结着的这些特定的质和量的信息，规定了人体的认识主体的特性。

其实，人类的产生归根到底也只是一个以信息凝结为中介的种系进化过程。这一种系进化过程凝结了宇宙大爆炸以来的宇宙进化演化的最一般的积极性成果的信息，如果讲得再切近一些，起码也凝结了地球生物起源和进化的最一般的积极性成果的信息。就人类所凝结的地球生物起源和进化的信息而言，它应该包括三个相互协同着的方面：一是生物生理遗传信息模式进化的信息；二是生物心理信息活动模式进化的信息；三是生物行为结构的信息模式进化的信息。正因为人类的产生凝结了这诸多方面的生物起源和进化的信息，所以，在人的个体发育的过程中才呈现出了重演生物种系进化过程的生物发生率（亦称生物重演率），并且，这种生物重演率的具体表现也是多重的，既包括体质形态结构方面的重演，也包括生理机能方面的重演，既包括生活习性、某些行为模式方面的重演，也包括心理、意识活动形式方面的重演①。

---

① 关于人类产生遵循生理、心理、行为协同进化的原则的详细讨论，请参见拙著《信息世界的进化》（西安：西北大学出版社，1994 年版）第 9 章；而关于生物个体的发育过程将重演其种系进化过程的生物重演律，以及这一规律具体表现的多重性的详论则请参阅该书第 11 章。

值得一提的是，在生物起源和进化的过程中，伴随着生物进化的每一次质的大飞跃的是地球自然环境的剧烈变化。这一变化，实质是改变了生物起源和进化的环境信息。正是这个环境信息的改变，迫使生物体不得不改变它选择、同化、凝结信息的质和量。对这个新质的环境信息不适应者退化了、灭绝了，而适应者则发展了、进化了。在这里，环境信息的改变直接成了生物进化的契机。

物质的普遍相互作用的活动，乃是自然物的信息结构由一种模式转变为另一种模式，由低级模式转变为高级模式的演化和进化的终极原因。如果说在前生命的物态那里，信息的同化凝结是遵循着化学、物理的途径转化为物的内在结构的话，那么，到了生物形态，尤其到了动物和人这里，信息的同化凝结就又具有了生物体对信息的主动自我调控的性质了。在这个意义上，生物就成了自然产生的信息控制系统，而人体恰恰是一个最高级的、特殊的自然信息控制系统。它一经在信息活动中产生，就以新的、更高层级的姿态出现，甚至凌驾于自然信息之上来识辨、把握、加工、改造、创造信息，从信息的产物变为信息的主人，从一般的自在之物变为对自在之物进行认识和改造的能动性主体。

4. 个体认识结构的建构仍然以信息凝结为中介

个人作为认识主体的特征，只是在其发育成熟的一定阶段上才呈现出来的。

个体首先是通过遗传承受了人类种系进化中凝结着的信息，这就是通常意义上的遗传信息。这种遗传信息具体凝缩在母腹中的一个受精细胞中，正是这个细胞的内在信息结构，规定着人的个体发育的一般趋势。因为这个遗传信息凝结的是人类种系进化的信息，所以，由这个细胞所规定的人的个体发育的一般趋势，也只能是人类种系进化过程在时空上大大压缩了的一种重演。这里包含着人的体力和智力结构的双重建构过程。正是这个“受之父母”的第一个细胞中，凝结着人类产生的历史渊源的信息，这个信息直接规定着人的个体活动、人的发展的种种可能性。对于个体来说，遗传信息就是它的主体认识结构建构的第一个先天中介。

但是，这个“先天中介”还仅仅提供着认识结构建构的可能性，要使这种可能性变为现实，还必须不断同化适宜的环境信息，这就是“发之天地”。

这种遗传信息和环境信息的相互作用，不断改变着个体的认识结构，从一种“格局”（皮亚杰语）过渡到另一种“格局”，这样就形成了个体认识结构自身的发展。这个认识结构的发展首先经过了一个无意识同化环境信息的阶段，只有在这种信息同化过程达到了一定阶段的时候，个体才呈现出认识主体的特性，而只有在这时，环境信息才被主体所意识，产生这个环境信息的信源物才被主体规定为它所认识的客体。随着对环境信息的不断同化、意识，人的认识结构也不断地改变、进化，这样便使人的认识从初级形式逐步过渡到高级形式。主体认识结构的不断改变、进化，必将不断丰富和深化主体所把握的客体信息的种类、范围和程度，同时也必将不断增加和改变主体对客体信息进行加工、改造的深度、广度和具体方式。产生这一变化的根源恰恰在于主体内凝结的信息更丰富了。客体信息和主体已凝结的信息的整合，使主体在自身凝结的信息关系中发现了客体的更为丰富的内在关系方面和更为深刻的本质特征。这样，对适宜环境（客体）信息的不断同化，是主体认识结构建构的第二个中介，即后天中介。

如此，无论是人类认识主体的产生，还是人的个体认识结构的建构，都是以对信息的凝结、同化为中介的。并且，人的个体认识结构建构的“先天中介”（遗传信息）和“后天中介”（适宜环境信息）又是互为中介的。首先，特定遗传信息程序的表达需要以相应适宜的环境信息为中介；其次，个体对适宜的环境信息的同化则须以遗传信息所编码的可能性程序为中介。

5. 认识是一个以信息为中介的信息活动过程

我们在关于信息形态的分类理论中已经明确指出了人的认识活动是信息活动的高级形式，是一个信息活动的过程。如果我们再联系本章已得出的结论，那么，我们便可以进一步得出结论：人的认识是一个以信息（自在信息、主客体信息的相互作用、主体认识结构中凝结着的信息）为中介的信息活动（对信息识辨、储存、加工改造、再生性创造）的过程。

也许有人会问：为什么要以信息活动的过程，而不是以物质活动的过程来规定认识过程呢？诚然，从感知到思维的信息传递过程是一个物质化过程（神经细胞膜内的电传导和神经细胞突触间的化学传导）。但是，这一物质化过程仅仅是作为信息的载体形式存在着。在感知思维活动对外界客体信息和主体认识结构中凝结着的信息进行识辨、加工、改造的时候，神经系统内部的载体的物质性活动并不在感知、思维中被明确地意识到。人们要认识这些载体的物质性活动，不得不通过另外的途径，把载体的运动作为客体，通过捕捉载体运动所生发出来的信息，才能认识载体运动本身。所以，要揭示认识的本质特征，便只能用信息活动的过程，而不能用物质活动的过程来规定人的认识。

29.4 人的认识过程和机制的信息建构与虚拟说①

1. 信息在差异关系中被识辨

一般而论，事物总是处在复杂的相互关系和相互作用之中，然而，任何相互关系究其本质也便是相互差异。因为只有差异的事物之间才能谈得上关系。事物普遍差异性的存在，也就构成了事物的普遍关系性，从而构成了显现着这些事物的信息的普遍差异性和普遍关系性。正是事物和信息的这种普遍差异关系，构成了人对信息把握的一般性机制，这就是信息只有在特定差异关系中才能被我们所识辨、所认识。下面我们举一个例子来进行分析。

一张红纸上写着一行白字，在一定距离上的一个人表示他通过视觉获得了白字所显示的信息。如果我们不改变白字本身的形状、色度，而仅将红底换成浅淡黄色，那么，同样是这个距离上的这个人，他将可能会表示他根本没看到什么字迹。这就告诉我们，观察者对白字所显示的信息获得与否，并不仅仅取决于白字本身的绝对信息状态（即由白字本身的形状、色度所规定的状态），还取决于白字所处的环境（即它的底色）的绝对信息状态。只有当白字的信息状态和底色的信息状态的差异度达到视见的阈值时，白字才能为我们所观察到。对于观察者来说，观察不到时，他就可以断言没有关于字的信息，观察到之后，他就可以断言获得了关于字的信息。这一观察过程要受两个方面信息差异度的限制：一是所观察的对象和它所处环境的信息差异度；二是这个差异度和观察者的感受能力（感受器阈值）之间的信息差异度。如果第一个差异度的量超过或不及观察者的感受器阈值范围，那么，观

① 本节所论述的基本思想最初发表于拙文：《认识：在多级中介中相对运动着的信息建构活动》（《长沙水电师院学报》1989 年第 3 期，第 17-22 页）；《凭差异而识辨 依中介而建构 借建构而虚拟——信息认识的一般过程和机制》（载李平，等：《科学·认知·意识——哲学与认知科学国际研讨会文集》，南昌：江西人民出版社，2004 年版，第 348-371 页）。

察者同样有理由说他并未获得关于对象的信息。从这一情景来看，我们通常所感知的外界信息，仅仅是一定量的信息的差异度而已。这就引出了信息只有在差异关系中才能被识辨、被认识的相对性命题。

这种对信息的相对认识带有极为普遍的意义。同一功率的照明设备，在白天和黑夜给人以不同的亮度感觉；由于内外压强的一致，人们通常并不感到有大气给人施加的压力；由于人与地面参照物的相对静止状态，人感觉不到地球的转动；由于触觉阈值的限制，人们感觉不到衣服表面的毛细纤维对皮肤的细微刺激；白天看不见星星，黑夜看不清不发光的物体。这一切都说明着人们对信息的相对认识性。事物的规定性只有在差异关系中才能获得，这就是没有差异就没有信息，没有信息之间的差异就没有对信息进行识辨性认识的信息显示、信息把握的相对性命题。

信息只有在差异关系中才能被识辨、被认识的一般性原则，充分昭示着所认识对象的环境信息，以及认识主体的神经生理和认知心理的结构对认识产生所具有的关键性作用。

2. 主客体间没有直接的接触

29.3 节已经指出，信息场是主客体相互作用的中介。这就清晰地揭示：主客体之间没有直接的接触，而那些直接接触的刺激物并不能成为这一过程中的客体，它只能扮演向主体传递另一物的信息的载体角色。换句话说，我们永远只能借助于第三者来把握我们的对象。

根据现代科学的相关理论，在感觉发生时，主客体之间存在着某种能量场的中介联系是一个基本的事实。现代科学已经揭示，维系宇宙秩序的基本相互作用有四种，而每一种相互作用都是通过中介能量场的传递而实现的。从认识发生的过程来说，主客体之间的相互作用不可能超越这四种基本相互作用的类型，也便不可能出现不通过中介能量场便发生相互作用的情景。从另一个角度来说，我们的身体感官所能产生的感觉是一种宏观感觉现象，而我们主司感觉的神经系统的活动方式却只能通过神经电脉冲的微观活动过程实现，无论外部刺激的性质如何，我们的感觉神经系统都必须将其转换为相应电脉冲的频率、波长，这就是一种信息编码过程。这样，在我们对宏观事物的感知和神经系统的微观电脉冲活动之间便应当有一个从宏观到微观的转换过程，而这个转换过程只能由宏观事物生发出来的微观能量场来做中介，否则，就不能实现从外部能量活动到神经系统内部能量活动的转换。然而，由于人们通过感官的感知是对宏观事物的感知，所以，如果不借助于其他的工具或途径，那么，仅凭我们的肉体感官是不可能感知到这些中介能量场的活动方式和性质的。这就是说，我们的宏观感知必须通过微观能量中介活动的转换来实现，而这个中介物本身又不是当下我们要认识的对象，它只能充当向主体传递对象信息的角色，这也就是“主客体之间没有直接的接触”，我们的认识模式只能是“客体⟵⟶信息⟵⟶主体”，“我们永远只能借助于第三者来把握我们的对象”的道理。

3. 被多级中介的认识

事物的相互作用往往并不是简单地采取一级中介的形式，还可以采取二级、多级中介的形式。主客体的相互作用正是一个复杂的多级中介的过程。

上面我们所讨论的客体信息场还仅仅是主体认识客体的第一个中介环节。

主体认识客体的第二个中介环节是主体自身的神经系统的生理结构。一般而论，神经生理结构的差异是造成一般精神活动上的差异的最为本质的基础。眼、耳、鼻、舌、身等部位的感受器的神经生理结构的不同，造成了视、听、嗅、味、触各类感知的分化；由于人体神经系统的生理结构和一般动物的神经生理结构具有较大的差异，所以，人与动物的感知能力是不一样的，并且，一般动物也不具有人的那种高级精神活动的能力。其实，我们每个人的神经系统，从感受器、神经通路，直到脑皮质，都与所有其他人的神经系统在生理结构上具有某种具体的差异。由于存在着这种具体的差异，所以，我们每个人在对同一对象的同一方面的信息进行感知和处理时的具体感受在实际上是并不完全相同的。当然，我们不能把神经生理结构理解成静态的。神经生理结构的动态性，一方面表现为随着认识过程的不断发生，随着人体不断地发育，神经生理结构也会有某些具体的变化；另一方面则是神经生理结构有其自身的活动方式。人的感知、思维过程并不是在一个静态的神经生理结构中发生的，人的认识必须凭借神经生理结构本身的某种活动才能展开。

主体认识客体的第三个中介环节是主体已建构起来的认识结构。这个认识结构既包括经验的认知图式、框架，也包括理论的思维模式、方法等，还渗透着情感、意志、价值、审美等因素。显然，无论是潜意识的活动结构，还是意识的活动结构，都已融会在这个认识结构之中了。从发生学的角度来看，这个主体已建构起来的认识结构是以往感性经验的信息、理性创造的信息的凝结，它虽然也曾是经过相应的感知、思维的认识过程达到的，但是，在之后的认识过程中，它却是作为一个已经完成的主体内部条件而先已构成了。被接收的客体信息正是在这个认识结构的参照背景的中介下被主体明晰感知或加工处理的。个体认识结构上的差异，以及处于不同发展阶段上的同一个体的认识结构发展状态上的差异，都将使这个感知的具体图式、加工处理的具体过程有所不同。当然，这后续的认识过程本身也可能引起原有认识结构的某些变化，从而使下一步的认识过程在一个新的认识结构的中介下进行，这就构成了主体认识模式的不断变化和发展。在这里，中介本身仍然是进化着的。

主体认识客体的第四个中介环节是主体认识的物化手段（工具、仪器、设施等）。事物并不是随随便便就向我们呈现它自身存在的真谛的。要认识特定的事物，要认识特定事物的特定层次、特定方面的特性，就必须运用与之相适应的认识工具、方法和途径。这就是说，特定的事物只有在特定的主体面前才能呈现它的客体性。事物之成为客体就在于，它要求主体认识能力的内在结构（神经生理结构、信息认识结构）和外在手段（物化工具、仪器、设施）与之相一致。不具备高深认识结构、不拥有特殊认识工具的人，只能凭借他的可怜的自然感官、自然脑力，在很狭窄的范围和很肤浅的层次上来了解事物。要探究宇观及其以上或微观及其以下层次的事物，就要拥有相应的、极为复杂的，甚至是庞大的工具（仪器、设施）系统，而认识主体也必须在自己神经生理的内在结构中同时凝结着相应水平和程度的认识结构。因为客体要求主体的生理结构、认识结构、认识工具和它保持一致性，所以，在不同的主体生理结构、认识结构和认识工具面前，客体将会呈现不同的特性方面。具有某一特定生理结构、认识结构和掌握特定认识工具的主体，只能在某些具体样态上，只能从一定深度上，把握某些事物的某些层次上的特征，而其他一些事物，以及这些事物的其他一些层次上的特性对这一特定的主体将是封闭的。

上述关于主体认识客体的四个中介的讨论还只是针对已经在生理和心理层面都得到了一定发育，并具有相对成熟的认识能力的个体的当下意识生成的层面进行的。然而，人的认识发生的复杂性还并不仅仅在于当下意识活动的多中介的性质，还在于其具有自然进化的、社会生成的历史过程的性质。这样，我们便还有必要再增加一个关于意识生成的自然史和社会史的历史性中介的维度。这一维度考察的内容既包括主体生理结构产生的自然史和社会史的进化与建构的渊源，也包括主体认识结构建构的遗传能力和后天自然的、社会的与文化的信息环境的作用，还包括与人的社会实践能力的进化相一致的物化工具产生和发展的历史。显然，对第五个中介的考察是要对认识发生的前四个中介作历史生成性的考察。而这样一种考察我们已经在本章29.3节“认识发生的信息中介说”中讨论过了。

认识过程的这种被多级中介的性质充分显示了主客体相互作用的间接性，以及认识过程产生的复杂性。

4. 在中介中建构的认识

既然主客体的相互作用是被多级中介的，那么，这诸多中介环节本身的变化和发展便成了认识本身变化和发展的原因。同时，主体对客体认识的规模、程度和样态就不能不依赖于这诸多中介环节本身。

认识对它所赖以产生的中介环节具有必然的依赖性的问题，最初是在人们对微观粒子行为的观测中受到较大重视的。我们知道，主体通过特定的物化手段可以有效地按照自己的理性指导来使客体的运动和整个人的认识过程在一定的规模、程度和方向上展开。随着物化手段的日益发展，人们不断地扩大着自己的认识领域，与此同时，主客体的相互作用也日益变得复杂化，以致在量子力学中，人们不得不惊呼：在原子客体和测量仪器之间发生着一种原则上不可控制的相互作用，这一相互作用构成了现象的一个不可分割的部分，使我们不能明确地区分原子客体的行为及其和测量仪器之间的相互作用。

其实，不可控制的相互作用岂止仅仅在仪器观察中存在，在人的所有水平的认识过程中都存在着某种复杂交织的不可控制的相互作用过程。这个不可控制的相互作用过程意味着人们无法超越认识的诸多中介环节去直接认识客体，这诸多中介环节在实质上构成了认识产生的参照系背景。客体信息在这个参照系背景中被选择、变换、改造和建构。这样，人们通常所把握了的客体信息都总是不可避免地、在不同程度上受到扭曲、变态，这其中必然渗透着来自这些中介环节本身的某些规定性。在这一意义上，我们宁可说认识是一个不断地在中介中建构自身的过程，也就是说，我们所认识的信息虽然与客体本身存在着某种对象性关系，但是，到达于我们主体的，被我们的认识把握着的客体信息本身则只能是通过多级中介的多级建构而产生出来的。信息的建构虽然借助于对信息的某种选择，但是，它又具有不能归结为这种选择的特性。建构更多的是一种改造和创造，它在诸多信息方面（客体信息、诸中介环节中的信息、客体环境的信息、主体神经系统之外的体内环境信息等）的相互作用的分析综合中产生出一种新的信息样态，这个新的信息样态是它赖以分析综合的诸多信息方面所不简单具有的。

考虑到主客体相互作用中多级中介的情况，我们可以说，认识的产生是在一系列相互作用的中介环节中完成的。中介环节似乎是一个信息的转运和加工站，它们对客体生发出来的信息进行了某种适应自身特性的选择、匹配、变换和建构，然后又逐级传递到后续的中介环节，由此构成了一个逐级信息变换、匹配、选择和建构的链条。在这一链条的每一环节上，客体信息都将是一种相对重建后的再现。这个相对重建就发生在每一前后相继的环节的相互作用之中，而每一个这样的相互作用都必将使它输出给下一环节的信息带有这两个环节相互作用过的色彩，或叫相互规定性。通过了诸多相互作用的相互规定，这个发生着的认识便在主体中被建构了出来。由于这个相互作用链条的起点是由客体开始的，所以，这个在主体中被建构出来的信息样态便仍然保持着与客体特性的某种对应性。

5. 在建构中虚拟的认识

耐人寻味的是，通过了如此多中介环节的相互作用之链才呈现在意识中的、关于对象特性的信息，与那个远在这一中介相互作用之链的彼岸的“对象”究竟还能保持怎样的一种同一性或相似性呢？其实，每一中介环节中的信息选择、变换与建构都是一种信息匹配、重组与综合意义上的再造，其中必然会发生种种不可遏制的信息扭曲、变态、畸变、失真、丢失或彰显，在这里，建构也就是改变或重塑、生成或创新。意识中主观呈现的对象的模式、特性等，虽然仍然保持着与对象的对应性关系，但是，这个主观呈现的模式、特性的具体样态却不可能与对象本身完全同一或相似。主观呈现的模式、特性与对象的同一或相似仅仅在某些差异结构、差异关系对应的层面上才具有较大的意义和价值，至于这些差异结构、差异关系在主观中呈现的具体形式和样态，则可能与对象物大相径庭。另外，通过特定精密或庞大工具、仪器或设备之中介所呈现着的宇观事物、微观粒子的情景，其实只能是某种将人的感官不可直接识辨的宇观或微观对象之信息重塑或再造为适宜于人的感官把握的宏观样态，然后才可能被人的意识所描述，在此类情景中，处于宇观或微观层面的对象的实在存在方式也许与呈现在我们主观中的样态相去甚远。正因为如此，才有了微观对象是波还是粒子的旷日持久的争论，也才有了超弦理论关于11维时空（10维空间加1维时间），以及在超微观尺度（普朗克尺度：10^{-33}厘米）上存在着构成宇宙的最小构件——“一维弦”的假说。基于这一认识，我们宁可说：在中介中建构的认识乃是依中介之性质被中介所虚拟的认识。颜色、声音、触感、气味等，都是以物之信息场，人之感官、神经、大脑为中介，并依这些中介的性质所虚拟出的与对象之差异关系相对应的主体认识的形式或方式。如果说在人直接凭借其感官对宏观对象的感知活动中虚拟的还仅仅是认识的形式和方式的话，那么，在人通过复杂工具对宇观或微观对象进行感知的活动中，以及通过思维的信息加工创造再生信息的活动的过程中所虚拟的，则不仅是认识的形式和方式，还将涉及认识的内容本身，当然，此类关于认识内容的虚拟，仍然是基于信息差异关系之对应显示或感知经验信息所提供的相关信息材料的再加工、再创造的。

通过这样一些相关讨论，我们有理由把认识看成是一个在多级中介中相对运动着的信息建构或虚拟的活动。主体神经生理结构、主体认识结构，以及主体认识的物化手段对认识产生的中介建构或虚拟作用，充分显示着认识发生的主体能动性和创造性，而客体信息场的中介建构或虚拟作用，以及认识与客体特性的某种对应性，则又显示着认识发生的客观性的一面。

6. 虚拟现实对认识的虚拟

由于认识是在中介中被建构的，由于主客体之间没有直接的接触，所以就可能造成这样一些情景：如果我们通过某种方式仅仅建构出显示假定对象的中介信息，而不是去构建假定对象本身，并且让此类建构出来的中介信息作用于我们的感官，便可能给我们带来关于假定对象真实存在的感受体验；我们也可以直接模拟假定对象信息作用的感受体验，而不必假定对象信息的直接作用，也能使感受者获得关于假定对象真实存在的感受体验；我们甚至还可以设计某种装置，让它作用于人的感官，当人的感官与某类对象信息发生作用时，这种被设计出来的装置则可能引导感受者获得接受了另外一类对象信息的真实体验，此类装置便可能成为以假乱真的感受体验转换器。这样一些情景恰恰是一种被称为“虚拟现实”的现代技术所部分实现或将要在更大程度上实现的设计。针对这一情景，我们可以得出结论：虚拟现实是建立在对假定对象信息的模拟、对特定感受体验的模拟、对特定感受体验的模拟转换基础上的对人的认识的虚拟。

虚拟现实的实质是通过直接模拟信息环境、感受体验，直接操纵感受体验的转换，进而实现对人的认识的虚拟。可以预见的是，虚拟现实不仅为人的认识的可能方式开辟了极为广阔的前景，还有助于从根本上阐明作为信息活动的人的认识活动的一般过程和机制。

正是在信息显示的差异关系对应的意义上，我们强调说，我们是“凭差异而识辨”的；正是在多级中介的信息变换、匹配、选择与建构的过程的意义上，我们强调说，认识是“依中介而建构”的，而在中介建构的过程中所发生的认识形式或内容的变态、扭曲，思维加工中的主观设计与创新，以及虚拟现实对信息中介与感知体验的模拟等，则又充分展示着人的认识活动“借建构而虚拟”的情景。正是“凭差异而识辨”“依中介而建构”“借建构而虚拟”的相关活动构成了人的信息认识活动的一般过程和机制。

第30章 演化、信息、时空融合与全息境界[①]

人类时空观念的进化经历了一个从静态时空观、时间和空间相互割裂观到时空互化的内在统一观，以及分维、多维时空观的变化，这一变化集中体现着人类时空观念从简单性到复杂性的发展历程。由于信息观念的引入，人类时空观念的变化进一步导致了人类对时空内在融合关系中所呈现出的全息现象的深刻认识。

30.1 时空转化与演化的信息

1. 静态的、相互割裂的时空观

人类对时间和空间关系的早期研究，更多地是在一种静态的、相互割裂的状态下进行的。

牛顿提出的“绝对时间”和“绝对空间”，是对时间和空间关系的绝对割裂。在那里，时间是和事物演化、空间状态绝对无关的均匀流逝的纯粹的

① 本章的基本思想最初发表于拙文：《相互作用、演化与信息》（《西北大学学报》1991年版，增刊，第8-15页）；《演化和全息现象》（《自然信息》，1988年版，第5-6期，第12-16，26页）。

持续性，空间是和事物存在、时间流逝绝对无关的一个永恒不变不动的虚空框架。

爱因斯坦创立的相对论，否定了牛顿力学中的绝对时空的观念。他的“四维时－空连续统”指明了时间、空间同运动着的物质不可分割的联系。但是，在爱因斯坦那里，时间和空间的关系还只是一种外在的统一。无论是狭义相对论中的“不同时性原理”和“钟慢尺缩效应”，还是广义相对论中的“时空弯曲”理论，揭示的还都只是时空在不同参照系中、在不同的质能运动系统中的相对差异性。至于时间和空间在演化过程中的内在统一性关系，在相对论那里并未得到清晰的揭示。这样，爱因斯坦的相对论还是在一个没有自身演化的、静止的宇宙背景条件下，来谈论时间和空间与物质的质—能运动间的统一性关系的。在这样一种静态背景面前，时间和空间的关系只能是外在的。

只有当人们把时间的流逝、空间的结构和事物的演化、演化的历史统一起来考察之后，时间和空间所具有的内在统一性关系才逐步被揭示了出来。

2. 历史演化信息的时空观

首先以科学的方式把演化的、历史的观念引入时间流逝和空间变化的过程之中的是德国的哲学家康德。1775 年，康德出版了他的《宇宙发展史概论》。在这部著作中他提出了关于天体起源的“星云假说”，把太阳系及一般天体的形成描述为自然本身按照自己所固有的规则“在永恒的流逝中”的展现，“在整个无限空间和时间范围中的造化”，并且，这种展现和造化具有生灭不已、循环往复的无穷发展系列的特征。正是通过这种时间和空间相互作用的过程，在历史的“痕迹”中时间和空间内在地统一起来了。这就使世界上的所有事物都有了关于自身运动、变化、发展的时间上的历史。

正是这种“时间上的历史”在现实存在中的“保存”，实现着时间在空间中的停留，也就是说，时间转化成了空间的结构，消失的时间在后续的空间结构中被储存了，也就是并未消失。由这种空间中储存着的消失了的时间才印证出时间流逝和空间变幻的演化历史性。这就是消失了的时间的直接存在以某种间接存在的方式在后续的空间结构中保留了下来。这就是时间流逝的信息，当然也同时便是空间变幻的信息，因为这种时间流逝的信息直接便标明现存空间结构的后续生成的性质。

严格地来讲，一切关于演化的理论，一切种类的进化学说，都是关于时空转换的内在统一性的演化信息学说。因为只有在现存空间结构中解译了储存的时间历史、空间历史的信息码后，演化才是可理解的，才是可被证明的，同时，在此基础上建立的理论也才能成为令人信服的科学。

热力学第二定律的发现，以及与之相关的熵概念的引入，是物理学上的一场带有根本性质的革命。因为正是由此，演化的观念、历史的观念、时间不可逆的观念进入了物理学的视野。可惜的是，以热力学第二定律为代表的经典物理学所研究的还只是系统沿着无序化退化方向不可逆演化的规律。在这样一个演化方向上，时间的历史具有不可追忆的特征。

当代自组织理论揭示，在事物进化演化的方向上，事物自身运动的时间的历史被储存了。在这一进化的方向上，"时间就是构造"，并且，时间和空间是可以相互转化的，"科学把时间空间化了"，而"空间得到了一个时间维"，而且，因为空间结构形成的时间上的相继性，我们有必要去研究"空间的计时"性。

3. 时空互化的全息统一

从最为一般的意义上来讲，演化是通过事物的相互作用实现的，而事物的相互作用过程同时就是事物间进行信息的同化和异化的过程。在这一普遍相互作用的信息同化和异化的过程中，处于演化过程中的事物必然被普遍信息体化。事物的普遍信息体化的性质，决定了在其内部的特定结构"痕迹"中必然凝结了关于自身演化历史的多重关系的信息。这样，演化之时间流逝的信息，以及事物演进由来的旧有空间结构状态的信息都会以某种被扭曲、变态或部分耗散扬弃的形式，在演进之事物的现存结构中得到不同程度的保留。如此，在历史的东西直接存在的过程消失了之后，这种直接存在还可以转化为某种间接存在的形式继续存在着。这种关于历史的间接存在就以后续演化阶段上所建构出来的直接存在为载体而遗传下来了。这样，时间的空间化、空间的时间化便都是可以理解的了，并且也都是必然的了。

时空转化凝结信息。宇宙大爆炸所产生的宇宙背景辐射的"遗迹"在现存宇宙空间中的游荡，给宇宙学家们"报道"了关于宇宙膨胀演化开端状态的信息，而各类天体远离我们而去的现存宇宙的时空运动，则向我们提供了我们所处的内宇宙自膨胀演化以来所经历过的时间的信息，以及我们这个内宇宙具有怎样的规模和尺度的空间的信息；太阳系现存的空时结构及其元素组成方式直接凝结着太阳系起源及演化至今的种种时空样态的信息；地球地质的层叠结构的现存空间样态，一页页地记录着地球地层的时空演化史，其中不仅包括地质时空样态的变迁，还包括生活在不同地质年代的生物，以及与之相应的地球环境条件的具体时空样态的信息；物体以它的运动状态、外观形状，以及内在结构方式和元素组构成分间的现实关系编码着自身产生历史的时间表（如据此而来的关于物体产生年代的同位素测定法）；空中飘落的每一片雪花都是有具体差异的，这种具体差异的构型，详尽记录着它在高空结晶和落下历程中所经历的变化多端的天气条件的历史信息，在这里，雪花以它自己的特定构型全息着自身产生、运动和变化的历史；DNA 的空间排列结构编码着生物种系进化历史的相关信息，这种信息依其进化顺序按特定时间序展开的表达便是由此 DNA 所规定的生物个体发育的过程，这种历史的时空样态以某种大大压缩了的方式在个体发育的现存时空样态中的具体展示，便构成了生物个体发育过程重演其种系进化过程的生物重演律现象。中国学者所揭示的生物全息律，以及混沌理论所揭示的那种有规则的无限嵌套的自相似结构，则可能是事物在普遍相互作用中所达到的时间与时间的互化、空间与空间的互化、时间与空间的互化的一种全息境界。在此境界中，时空转化是全方位的，由此转化而凝结的演化信息也是全方位的。

时空转化中的演化信息的凝结并不仅仅是针对历史而言的，还指向未来。事物现存的时空结构本身就规定着事物未来演化的路径。当然，这种未来演化的路径绝不是完全决定论式的，它是一个可能性的集合。对于这个集合中的某一可能性方向的选择还依赖于一些其他相关的条件。

事物的现存结构同时具有三重存在的价值和意义：一是它自身规定它自身的是之所是；二是它自身承接它自身的历史；三是它自身指示它自身的未来。这样，事物以它自身的现存性，凝结着关于自身历史、现状、未来的三重信息，也可以说，由于演化的“造化”，事物总是对它的过去、现在和未来全息的。当然，我们没有必要把这一全息绝对化，因为这里全息的并不是所有过程的具体细节，而只能是某种扬弃了琐碎具体细节的一般性的“程序”，并且，随着演化过程的继续，这些一般性的“程序”也有可能会不断地被部分地“耗散”，同时，某些新的内容的“程序”又会被不断地创生出来。在这里，非完全决定论的，以及全息不全的原则仍然是适用的。

30.2 相互作用、双重演化与时空的复杂性

1. 相互作用与双重演化

事物现存结构的这种对历史、现状和未来的全息性，是在事物自身演化的时间和空间的全方位的互化中建构出来的。这种演化过程的建构依赖于事物内部和事物之间的普遍的相互作用。正是通过这种内部和外部的相互作用事物才可能变化，由此变化又会呈现出时间的流逝和空间的变幻，也才有时空互化，信息凝结、耗散，以及事物结构的不断更新建构。

事物在其复杂的内、外相互作用中同时实现着双重演化效应：一是物质形态的演化效应（物自身的一种直接存在的样态向另一种直接存在的样态的转化，中介物的产生和运动，物物间的联系、过渡和转化）；二是信息形态的演化效应（物自身的直接存在向间接存在的过渡、相互作用物的间接存在的相互凝结、新的间接存在样态的建构）。

正是在相互作用中所实现的双重演化效应，将事物的存在方式二重化了，即所有的事物都是直接存在和间接存在的统一，都既是物质体又是信息体，任何物都以其演化生成的结构编码着关于自身历史、现状和未来的多重关系的信息。正是在结构生成的信息凝结的意义上，我们才可以理解时间和空间的复杂性问题：相互作用中的时空转化、时空转化中的信息凝结，以及由此导致的时间的空间化和空间的时间化。

哲学中的演化范畴应当具有双重维度的规定：从物质活动的层面来看，演化是事物秩序展开中进化和退化相统一的过程；从信息活动的层面来看，演化是信息产生、耗散和积累的过程。这双重维度的规定同样可以合理地解释两种不同的演化方式和方向：向上的有序化演化——物质形态的进化、信息模式的创生和积累；向下的无序化演化——物质形态的退化、信息模式的消解和耗散。

其实，物质形态的演化和信息形态的演化是宇宙、宇宙事物同一个统一演化过程的两个侧面。在宇宙事物演化的层面上，信息形态与物质形态具有同步演化性。与“无机界、有机界—生物界—人类社会”三大物质形态进化

演化阶段相对应，信息形态的进化演化也经历了三个大的阶段，即“自在信息—自为、再生信息—社会信息”。

由相互作用所引出的双重演化的理论，将有可能为我们提供一个全新的时空演化观。

2. 分维时空的复杂性特征

20 世纪 70 年代中期创立的分形几何学，从一个特定的观察视觉进一步深刻揭示了时间和空间的复杂性。

传统的几何学，包括欧氏几何学、非欧几何学等，都是用整数维度来描述空间性质的。例如，点是零维的，线是一维的，面是二维的，体是三维的。爱因斯坦把时间和空间作统一的考察，其建立的四维时空结构仍然是整数维的。控制论提出的状态空间法所描述的高维（n 维）抽象空间的性质仍然是整数维的。

整数维所描述的空间形式的共同特性是规则、连续而光滑的几何图形。例如，线是分段连续而光滑的，面是分片连续而光滑的，体是分块连续而光滑的。遇到不规则图形时，传统几何学总是采取将其化为规则图形的近似手法去处理。

然而，更多的自然物的空间结构都具有明显的不规则性、非连续性和不光滑性。例如，凹凸不平的地面、弯曲的海岸线、枝繁叶茂的树木、具有复杂褶皱的大脑皮层、飘舞的雪花、浮动的云朵……这一切都无法用任何规则的几何图形去描述。经典几何学在这些对象面前失效了。

分形几何学揭示了空间维度的非整数性特征。在分形几何学看来，任何物体的空间结构都是不规则、不连续和不光滑的，空间结构在本质上具有层次性、内部不均匀性和间断性，到处充满了空洞和缝隙。对如此复杂的空间结构不能简单用长度、面积、体积等规则几何对象的特征来予以描述。描述分形空间结构的特征量只能是分数维数（分维）。

其实，量子力学的相关学说已经揭示了微观、超微观世界空间结构的分维特征。按照广义相对论的结论，任何物体的具体时空都有一定的曲率，这一曲率的大小与物体质量所造成的引力的大小，以及该物体运动的方式直接相关。无论物体的具体时空具有多大的曲率，它都应当是光滑的和连续的。然而，按照量子力学的理论，在超微观尺度上点状粒子间的相互作用将可能引起量子涨落的时空跌宕起伏现象，越是在小尺度上，看到的引力场的起伏越大，类似于大海的波涛、浪花飞溅。量子力学称之为量子泡沫的喧嚣。量子力学所预言的超微观尺度上的量子涨落，在显示微观尺度时空结构复杂性的同时，也揭示了量子力学与相对论的矛盾，使广义相对论在微观尺度上失效，进而导致广义相对论不再是一种普适的理论。

分形学家们具体设计了应用数学方法构造分形结构的一般方法和程序：一般说来，只要给定一个原型（如线、面、体等）和生成规则（如生成线、面、体等），并应用生成规则反复作用于原型，就可以构造出特定分形结构来。

如果将演化和信息的观点引入对分形结构产生和发育问题的讨论，我们便可以将时间因素注入分形理论之中，并因而在更为复杂综合的层面上来探讨时间和空间的内在统一性问题。一种可能的情况是：事物在沿着有序化方向进化演化时，其空间结构的具体建构极有可能是按照分形原则展开的。例如，生命体中的各类器官、组织和系统并不是在其最初获得的胚胎结构中就预先存在的。也许，DNA 中的生命遗传信息所规定的仅仅是各类器官、组织、系统按某种特定分形规则进行建构的一般性原则和程序。如果真是这样，DNA 就并不需要拥有规定所有器官、组织、系统形成结构的详尽细节的信息内容。也许正是分形规则的原则，控制着生物形态发育的过程。诸如脑皮层的复杂褶皱的分形结构、神经系统的分叉网络分形结构、支气管系统的分支分形结构、肝脏的胆管系统的分形结构、血液循环系统网络的分形结构、人体经络系统的分形结构等，都是按照特定的分形原则，在不断同化相应的适宜环境信息的过程中一步步生成和建构出来的。由此，我们便可以清晰地看到，在事物进化演化的方向上，时间程序的维度是怎样具体融入或统一到复杂空间结构变换的过程之中的。

3. 超弦理论与时空复杂性问题

在当代物理学面临的诸多难题面前，作为当代物理学的两大支柱的相对论和量子力学陷入了解释力失效的困境。为化解当代物理学所面临的危机和挑战，一个试图要超越相对论和量子力学的新的物理学理论——超弦理论，在 20 世纪 60 年代末提出，并在 20 世纪 80 年代中叶以来，逐渐发展成形和日趋标准化。

按照超弦理论的设计，构成世界的基本元件不再是只占空间位点的点状粒子，而是只有长度而没有其他线度，像是一根无限细的弦（或称超弦）这样的东西。这些弦可以有两端（开弦），或它们可以自身首尾相接成闭合的圈子（闭弦）。开弦和开弦、闭弦和闭弦、开弦和闭弦之间存在着相互分解和组合、相互生成和转化的复杂的相互作用。弦存在于超微观蜷缩状小尺度空间，其最小长度不能小于 10^{-33} 厘米（普朗克尺度）。这种小尺度空间就镶嵌在我们熟悉的三维空间之中。

超弦理论还预设了某种宇宙弦的存在。宇宙弦是早期宇宙生成的超微观凝聚态，没有端点，要么是封闭的，要么是无穷长，随着大爆炸持续至今的冷却效应，逐渐凝聚成一张由贯穿整个宇宙的弦缠结而成的网。这些弦具有巨大的张力，强烈地振动和扭动，并与其他种类的弦相互交缠。宇宙弦的猛烈运动，产生如水波峰一样的引力波效应。

弦本身的运动形式相当复杂，除了前已述及的弦与弦的分解和组合、相互生成和转化的相互作用之外，永不停息的振动就是弦自身的存在方式。迄今为止人类观察到的所有基本粒子都对应于弦的不同振动模式。闭弦的最低阶振动模式对应着引力子，开弦的最低阶振动模式对应着光子。一个基本粒子的性质（质量和力荷）是由其内部的弦产生的精确的共振模式决定的。因为各类弦的振动模式可能有成千上万种，所以，我们可能观察到的基本粒子的数量便远远大于目前发现的三百多种。

按照超弦理论的预设，普朗克尺度（10^{-33} 厘米）是宇宙收缩的极限。宇宙时空的维数也不是我们习见的 4 维时空（3 维空间和 1 维时间），而是 11 维时空（10 维空间和 1 维时间）。超弦理论预言宇宙在任何空间维上都不可能收缩到普朗克尺度以下。当所有的空间维都收缩到普朗克尺度时，宇宙的收缩将会中止。

超弦理论还预言了产生宇宙膨胀的大爆炸之前发生的事情。大爆炸之前高度蜷缩在小尺度时空的 11 维宇宙处于某种高能级的“假真空态”，这一假真空态是不稳定的，在其向低能态跃迁时发生爆炸。11 维宇宙的失稳分裂为两个部分，其中 3 维空间和 1 维时间被展开，构成了我们可以观察到的宇宙时空，而其余 7 维空间仍然高度蜷缩在小尺度上，并在超微观尺度上镶嵌或缠绕在已被展开的 3 维空间之中。这 7 维空间虽然存在于我们周围，但由于其尺度太小，又由于我们本身是以 3 维空间构架建构起来的，所以我们根本无法直接观察到这7维空间中的情景。

超弦理论还用它自己的方式解释了暗物质或暗能量的存在方式。按照超弦理论的说法，暗物质或暗能量就存在于超微观尺度上的7维空间之中，我们认为是丢失了的质-能，其实是以未曾得以延展的弦的方式，高度蜷缩在超微观尺度的其他维空间之中，所以我们无法直接观测到它们的存在，但是，在某些场合，我们却可能感受到他们所引起的某些效应，如在某些观测结果中增加着的引力和排斥力等。

已有的相关理论认为，超弦理论还是科学界探索已久的统一场理论。按照超弦理论的预设，完全可以将现实世界中分列着的四种基本相互作用的力场，在弦的互化和振动的尺度上得到完满而统一的解释。

直到目前，超弦理论还只是一种科学假说，这一理论虽然在超微观尺度上预设了宇宙的终极存在形态及其运动方式，但是，宇宙的这一终极形态却并未被相应的观察、试验所发现，而且，有些学者甚至断言，由于尺度极小，人类也许永远不可能直接观测到这一宇宙的终极形态。另有一些学者则指出，与其说超弦理论是一种科学，还不如说它更像是一种艺术。但是，无论如何，超弦理论比相对论和量子力学更具有科学的解释力，当代物理学所面临的诸多难题大都可能在超弦理论的相关预设中得以化解。

如果说超弦理论所预设的宇宙弦及其网络，以及弦的互化和永恒振动的运动方式等学说在微观、超微观尺度上揭示了宇宙存在和运动的复杂性的话，那么，超弦理论关于11维时空的预设，以及在宏观延展的3维空间中镶嵌或缠绕着微观、超微观尺度的更多维空间的假定，则向我们昭示了微观、超微观尺度上宇宙时空结构的复杂性。显然，这一层面的时空复杂性是不可能用欧氏几何或任何一种传统的非欧几何来测度的，因为如此复杂的时空结构，无论如何也难以用平直的或带曲率的、光滑连续的、整数形的时空维度来准确描述。虽然超弦理论预设了一个11维的时空结构，但是，由于空间结构在宇观、宏观、微观、超微观尺度的不同层级之间的多重镶嵌和缠绕，以及弦自身永恒的振动和弦之间相互作用的互化，便不可避免地导致微观、超微观尺度上的具体时空的多层级性、多曲折性、永恒跌宕起伏的非光滑和非连续性。而诸如此类的时空特性则只能用分形几何予以描述。也许将分维空间的特性引入超弦理论所设计的时空结构要比目前超弦理论所设计的整数型的11维时空结构更具有合理性。

4. 非线性的世界

相互作用所实现的物质形态和信息形态的演化是通过事物的结构变迁、特定“痕迹”的建构来达到的。

是怎样的一种内在机制引起了这种“结构变迁”“痕迹建构”的发生呢？这就涉及了相互作用的一种基本的方式——非线性。

旧的结构的瓦解，新的结构的建构；旧有信息的耗散，新的信息的产生、凝结和积累，无不依赖于这种非线性相互作用的机制。

通常，在理论上，相互作用的方式被区分为线性和非线性两类。这两类不同的相互作用方式对事物的演化所起的作用是截然不同的。

线性相互作用强调了一种单一规则性和严格决定论式的简单性。在线性相互作用的情景下，系统的宏观特性仅仅是其要素特性的简单叠加，这种叠加还只是一种量上的组合，并不会引起系统整体性质的变化，并且，系统的整体性质也不会反过来改变其组成要素在孤立状态下的性质。

以往的经典科学注重研究的基本上都是这类线性相互作用的关系。根据这种关系建立起来的线性方程或线性方程组是可以通过某几个基本的步骤解出来的。在经典科学的视野中，这个世界具有某种简单和谐的规则性；一切都按照某种严格决定论式的、合乎某种目的论的、具有完全可预见性的方式运转。当牛顿用他的力学方式给出了世界运行的决定论公式的时候，当爱因斯坦设计他的宇宙大一统的运行方程式的时候，他们都是以这种对事物关系的线性理解为根本依据的。在科学的经典时代，当科学家们在观察和实验中发现了非线性关系的时候，他们往往让事实服从于他们的理性，他们不是把这种非线性归罪于自己观察或实验的精度不够，就是把这种非线性说成是某种偶然的反常事件。

在科学进入 20 世纪下半叶之后，随着现代信息系统科学自身从简单性到复杂性的发展，尤其是随着耗散结构论、协同学、超循环理论、分形、湍流和混沌理论这些信息系统科学的最新分支的诞生与发展，这个颠倒了的关系才开始被颠倒过来。

那种对事物的性质并不产生整体性影响的纯粹线性的相互作用关系，那种具有简单规则性的、严格决定论式的、可完全预测性的纯线性关系仅仅是一种概念化的理想状态。经典的线性关系仅仅是对事物真实关系的某种抽象性的简化，仅仅是对某些过程进行描述的一种近似方法。

其实，非线性的真正深刻而本质的原因，就来源于现代物理学所揭示的微观世界的本性。在微观世界的尺度上始终存在着某种涨落场，这种涨落场是所有微观尺度空间所固有的一种性质，它直接影响着场中粒子的行为。在微观尺度上，存在着某种空间涨落的泡沫状结构，这一结构表明，存在着某种时时处处都在随机形成又随机消失的空间几何花样。

微观世界本身的这种随机性，从物理世界深层结构的层次上阐明了世界时空结构的非线性和复杂性的本质。可直接观察的宏观世界的时空结构的复杂性恰恰是基于不可直接观察的微观世界的时空结构的复杂性的。

由于系统内部固有的随机涨落因素的始终存在，由于系统内外因素的复杂多样的影响，任何一种简单规则性、严格决定论、可完全预测性的纯线性关系都是不可能的，真实系统的相互作用一般都具有某种不规则的、随机的、不可完全预测的特征，这些特征给系统的相互作用带来了复杂性和整体性，亦即带来了非线性。

一般而论，元素之结成系统就是因为在元素间建立了某种整体相关的联系，这种整体相关的联系，必然导致系统整体行为的发生，同时，也导致系统中元素的某些孤立状态下的功能和特性的被抑制，并且，这些元素的行为也必将与系统整体的行为保持某种一致性关系。如果舍弃了系统关系的多面性和复杂性，仅就系统中的某一个别的性质方面的状况来讨论的话，那种线性的相互作用或许还具有较大近似的意义，但就系统的整体性质和功能来说，仅仅停留在这种纯线性的解释上则是远远不能反映真实了。

非线性相互作用是系统复杂性、整体性特征的体现。在非线性相互作用中，系统中的诸多要素之间是彼此相关的，要素和系统整体之间也是彼此相关的。系统的这种内在彼此相关性，在要素和要素之间，在要素和整体之间建立了某种作用的协同相干。通过这种作用的协同相干，一方面系统产生了自己的整体行为模式；另一方面元素和元素之间、元素和整体之间也具有了某种相互的限制和规定。这种整体的行为，这种相互的限制和规定使元素间的行为不同程度地协调同步化，使元素的行为不同程度地去服从系统的整体行为模式。在这里，要素和要素之间、要素和系统整体之间都不同程度地被全息化了。一方面，要素间相互作用的协同相干构建了系统整体的模式和行为；另一方面，整体的模式和行为又制约了要素的性质和活动方式。

现代信息系统科学的发展，日益注重强调系统的内随机性、内反馈环的信息网络、不规则性、非严格决定论性、非完全可预测性、复杂性、整体性、非平衡性和非线性。在系统的这样一些特性之间存在着某种互补说明的内在一致性关系。这种一致性关系集中显现着世界本身的非线性特征。

非线性给世界带来了无限生机。正是相互作用的非线性机制，正是这种非线性机制所导致的要素和要素、系统整体和要素之间的种种相互制约、规定、协同相干的性质，才使处于种种内外相互作用中的物，在其内部和物物之间普遍建立起了某种特化的“痕迹”。这种“痕迹”构成了一般的物之“结构变迁”“模式建构和转换”的过程，而在这一过程中所实现的便是事物之物质形态和信息形态的双重运动、变化、转化和演化，而能够具体体现这一双重运动、变化、转化和演化特征的便是时间和空间的具体而复杂的内在统一性关系：时间的空间化、空间的时间化，以及时空结构的多层级缠绕、跌宕起伏的不规则、非均匀、非连续、非光滑的分维特征。

30.3 自然演化的全息境界

自然向上演化的进化发展，乃是一个信息不断创生、不断凝结积累的自组织过程，在这一过程中，既有信息形态在量上的扩张，也有信息形态在质上的迁跃。这样的一种信息进化过程，很自然地会给我们提出如下两个问题：一是在自然进化的过程中，新创生的和凝结积累起来的信息是通过怎样的一种方式来表明自己的存在的？二是由这个不断创生、不断凝结积累起来的多重信息结构所规定的物质形态又会具有怎样的一些特性？

与这两个问题紧密相关的便是自然界中普遍存在着的种种演化全息现象。全息的含义是指事物在自身的结构中映射、凝结着自身现存性之外的多重而复杂的信息关系和内容。我们完全可以得出结论说，全息现象乃是复杂性自组织进化所可能达到的一种相关信息凝结积累的结果，凡是在进化过程中所形成的有序结构都必然会呈现相应的全息现象。

1. 演化历史关系全息

从信息形态进化的理论来分析，自然界中必然会普遍存在这样一类现象：处于演化高级阶段上的系统以其特定的内在结构形式积累着演化低级阶段上的系统及其环境的信息，而这个处于演化高级阶段上的系统的新的信息活动方式，又恰恰是在它所积累的种种信息的综合建构中产生出来的。由于这类现象中所凝结和表现出的信息是关于事物演化过程中的时空有序性的历史线索的信息，所以，我们把这类现象称为演化历史关系全息。

自然系统的发展、进化，意味着信息的产生、凝结和积累，而这种信息产生、凝结和积累是在一个全新结构的建构过程中实现的。随着这种建构，系统将它所产生和接受的种种新的信息不断整合重构到旧的信息结构之中，通过这种整合重构，旧有凝结的信息以一种多少发生了变态、扭曲的形式被保留下来，而新的信息则通过这种整合重构被同化和凝结到系统之中。再者，这种全新的建构又会使系统在整体上呈现出全新的信息样态和信息活动方式。所谓演化历史关系全息，则正是这种发展、进化的过程所引出的一个必然结果。

在无机界，由于系统还不曾发展起较高程度的信息自调控的能力，其结构建构的方式主要依赖于一些机械性较强的物理过程，以及一些简单的化学过程。由于信息自调控能力的缺乏，系统的自组织能力就比较低下，这样，系统对外界信息的同化凝结过程，往往会造成原有结构较大程度的耗散。在这一范围里，结构的重构、信息的积累都不是很完全的。相对来说，这一范围内的全息现象具有较小的不全性。

演化进入生物界则大不相同，随着生物进化的信息自调控能力的不断发展，生物系统的自组织能力日趋加强。由于有了较强的自组织能力，系统在同化外界信息的过程中，一般并不会引起原有结构的根本性破坏。与之相对应，生物系统中凝结着的旧有信息将较大幅度地叠加、重构、整合到新结构之中，在这里，信息的积累将是比较完全的，相对来说，这一领域的全息现象将具有比较小的不全性。

由于进化过程中的信息的全息性积累，系统的物质结构中必然凝结了多重的信息结构。这就使该系统具有了信息多质统一的特性。当这个新结构通过自身新属性的表现来展示自身存在的这种丰富性的时候，它便可能将它所拥有的不同层级的多质交织的种种信息呈现出来，这就构成了许多有趣的全息现象。

生物个体的发育过程将要重演其种系进化过程的生物发生律（亦称生物重演律）现象是演化历史关系全息现象存在的最为极端的一个例证。生物重演律的具体表现是多重的，既包括体质形态结构方面的重演，又包括生理机能方面的重演；既包括生活习性的重演，又包括心理活动形式的重演。

2. 演化未来关系全息

事物的演化对于演化开始的初始条件具有极强的依赖性。一般说来，相同的初始状态在相同的条件和环境中会产生相同的演化过程和结果。这种由初始条件的相同所决定的演化过程和结果的相同的现象就是演化未来关系全息。

现代宇宙学揭示，我们所处的宇宙整体演化的一般模式（是开宇宙，还是平宇宙，还是闭宇宙）决定于宇宙的物质密度（宇宙临界密度）。宇宙整体演化模式对其质-能总量的依赖性就是宇宙总体演化过程的全息性。对于闭宇宙来说，宇宙整体演化过程的全息性使整个宇宙的演化呈现出一种总体循环的闭环，这个闭环的任一阶段都是对其演化的过去、现在和未来全息的，并且，这个闭环的任一阶段都既是宇宙演化的初态，又是宇宙演化的过渡态，还是宇宙演化的一个终态。

星系起源、恒星演化的一般过程对其初始条件也是具有极强依赖性的。这些初始条件包括形成星系或恒星的星云物质的总体质量和密度。不同质量和密度的星云团将可能形成不同模式的星系和恒星，并且，也会导致这个星系和恒星演化的不同方式和结果。

生命的起源和进化，生命个体的发育，同样依赖于相应的初始条件。正是原始地球当时的具体环境所提供的初始条件导致了地球生命的诞生，又是地球环境在之后的变化所提供的环境条件产生了生命的分叉进化。生命个体发育的一般过程和结果是由个体发育的初始细胞中所编码的遗传信息结构所决定的。这个初始细胞的内在结构，以及细胞正常发育所必需的环境条件（包括温度、湿度、空气成分等因素），就是生命个体发育的初始条件。

对于那些内在随机性较小、不太复杂的系统来说，只要同类系统所具有的初始条件十分相似，那么，这些系统演化的过程和结果将会呈现大致相似的情景。这类系统的演化对于初始条件的依赖性通常并不具有特别敏感的性质，它只要求一些大致类同的初始条件便会保持某种较为稳定的演化过程和结果，这些系统的演化具有某种刚性决定论的特征，初始条件中的小的差异，只可能导致演化过程和结果的小的偏离。

然而，对于那些内在随机性较大，具有内部复杂的非线性相互作用的系统的演化来说，则并不具有这种刚性决定论的特征。这类系统对于初始条件的依赖性是十分敏感的。从两个非常接近的初始条件出发的两个相似系统，在经过一个足够长的时间演化之后，无论在演化过程、方式，还是在演化结果方面都将出现极大的差异，甚至找不到任何可资比较的相似之点。

当代复杂性理论阐明的“蝴蝶效应”所揭示的事物演化对初始条件的敏感依赖性，集中体现着事物演化的非线性和复杂性的特征。由此我们便会深刻地体会到，演化未来关系全息所呈现的演化过程和结果的全息性，其实是对演化系统的诸多条件、因素在动态展开过程中的某种全息综合，在这一全息综合中，一些偶然的微小因素都有可能对系统整体的运行产生十分重大的贡献。系统的演化对于微小因素的影响并不总是采取简单“抛弃”的态度，而是还可能通过某种“全息综合”的途径将其同化、放大，并与其他微小因素协同整合为一种影响系统全局的行为。

3. 演化系列关系全息

显然，演化历史关系全息和演化未来关系全息在一些事物演化的过程中是相互统一的。比如，生物起源和进化的种系联系的特征就在于：任何一个生物体都是它那个生物种系进化之链上的一个环节，它既凝结着它那个种系进化的全部历史，也体现着它那个种系进化到目前所达到的程度，还潜在规定着它那个种系未来进化的种种趋势。任何一个健全的生物体，都是关于它那个种系的历史、现状、未来的一个全息元。在这里，全息不仅对历史而言，而且也对现在而言，另外还将对未来而言。不过，当面对未来时，事物的演化将出现分叉现象，全息的观点也将只针对一个可能性的集合而言。事物到底沿哪个分叉演进，还将取决于种种外部条件的变化，以及各类内、外随机性的作用。具体讲来，在事物演化的过程中，关于事物演化的历史、现状、未来的信息是具有互逆性说明的全息交织性的。例如，生物个体发育过程，一方面可以看成生物进化的物质、信息结构的双重建构过程的重演；另一方面又可以看成遗传密码中叠加的层层信息的依次展开；一方面可以看成种种演化历史印迹的再现；另一方面又可以看成遗传基因结构对未来发育程序的规定，这可以看成遗传细胞自身特性的表现和展开。这里既体现着物质进化和信息进化的具体的统一，也体现着历史、现状、未来三者的具体的统一。这样，在事物的现存性中便同时凝结了双重的关系：一是关于自身演化历史的关系；二是关于自身未来发展的关系，并且，事物自身的现存性又是由这双重关系所规定的。

在闭宇宙的总体演化过程中，历史、现状、未来的关系也是统一的。宇宙演化总体循环的闭环性，使处于这个闭环上的任一演化环节都同时具有了对宇宙演化全过程的历史、现状、未来的全息性。如果从一个更为一般抽象的层次上来看的话，任何事物都只能是一种在种种历史关系中的生成之物，并且又都必然会向未来演化而去。正是在这种历史生成和向未来演化的双重性质中，事物将自身在这样一个历史—现状—未来的关系系列中全息化了自身。事物并不简单地就是它自身，它的自身既是历史关系的凝结者，又是现实关系的承载者，还是未来关系的启动者。

事物演化的这种历史、现状和未来的具体统一性，将演化历史关系和演化未来关系具体地统一起来了。这样，我们便有理由把演化历史关系全息和演化未来关系全息具体地统一到一类更具普遍性的全息现象之中，这就是演化系列关系全息。

演化系列关系全息体现着事物在演化过程中呈现出的关于自身历史与现状、历史与未来、现状与未来间的相互映照、相互规定、相互重演的多重复杂关系。演化系列关系全息集中反映着事物演化的过程性、复杂性，以及过程的连续性和统一性。在这样一个演化系列关系全息的相关之链中，演化历史关系全息、演化未来关系全息都成了演化系列关系全息总链中的某一片断或侧面。当然，作为片断或侧面的历史关系和未来关系之间又是相通的。历史关系须在未来关系中展示自身，未来关系又必须以历史关系作为自身展开的基础和前提。正因为这样，未来演化中所展示的对历史关系的重演构成了演化历史关系全息现象的发生；历史关系的凝结又构成了未来演化的初始条件，成了演化未来关系全息现象发生的依据。这样，在事物演进的任何一个过程中，都同时呈现着关于历史关系和未来关系的双重全息现象，并且这个双重全息又只能在同一演化过程中表现出来。

事物的演化是对自身历史关系和未来关系的双重展示，事物的现存性则正是在这个双重展示中获得规定性的。在这个双重展示中，时间就是空间，历史时间的演化在现存之物的空间结构中留存，未来时间的可能在现存之物的空间结构中潜存；在这个双重展示中，空间就是时间，历史空间的结构在现存之物的时间结构中重演，未来空间的结构在现存之物的时间结构中得到规定；在这个双重展示中，历史就是未来，历史是未来发展的初始条件，未来是历史秩序的展开；在这个双重展示中，未来就是历史，未来是历史的发展，未来是历史关系的重演。

4. 演化内在关系全息

系统的进化采取的是一种全面进化的方式，这一过程对于系统的整体和部分都是一个全新综合建构的过程，这就造成了另一类全息现象：不仅整体包括着部分，而且部分也包括着整体。一方面，整体信息样态由部分的综合建构而产生；另一方面，部分的信息样态又由整体来规定，部分中也映射着整体的信息，部分即是整体的全息元。由于这类全息现象是从系统自身的内在关系演化的角度来看的，所以，我们有理由把这类全息现象称为演化内在关系全息。

在事物全面进化的全新综合建构中，进化中的事物内部普遍存在着一种非线性相互作用的协同相干现象。这种内部非线性相互作用的协同相干效应的稳定化，一方面把事物的各个部分紧密结合为一个整体；另一方面又在各部分之间、部分和整体之间建立起不可分割的联系，这些联系原则上是通过种种质量、能量、信息的交换和沟通来实现的。通过这样一种普遍的内在相互作用，使事物的部分和整体、部分和部分之间建立起了某些内在统一的相互规定性，这就导致了演化内在关系全息现象的发生。由于内在信息自调控、自组织能力发展水平上的差异，与演化系列关系全息一样，演化内在关系全息在无机界中也具有较大的不全性，而在生物界中则具有较小的不全性。

演化系列关系全息和演化内在关系全息是自然界存在的最为一般、最为基本的两类全息现象。从原则上来讲，所有其他类型的全息现象都可以归结到这两类全息现象之中。只是为了更清晰地展示全息现象的极为丰富的内容，我们才把次一级的、具有较大普遍性的、从属于这两类全息现象的一些全息现象单独挑选出来给予稍多笔墨的阐释。

5. 演化结构全息

演化结构全息是演化内在关系全息在事物组成结构模式方面的某种特殊

表现。它的内容是：某些现存的不同等级的事物之间、事物的整体和部分之间、事物的部分和部分之间的一般结构模式相同或相似。

在宇宙存在的不同尺度的范围里，我们可以看到形形色色的结构全息现象，这就是一些处于不同层级的自然系统的一般结构模式都基本相似。例如，原子结构、行星系结构、恒星系结构，以及银河系，乃至更大星系的结构，都具有一个密度、质量相对集中的核心部分，在这个核心的外围则散布着若干个绕核心旋转着的粒子（广义的）圈层。这类现象一方面可以看成宇宙微观尺度、宏观尺度、宇观尺度，乃至超宇观尺度上的结构模式具有的某种相互性的全息对应性；另一方面又可以看成是事物整体结构模式和其部分结构模式具有的某种相互性的全息对应性。因为原子、行星系、恒星系、银河系、总星系等虽然属于不同层级的事物，但是前者又依次是后者的组成部分。当然，绝不能把这类全息对应性关系绝对化，因为，一方面宇宙不同层级存在的结构模式绝非仅此一类；另一方面就是这些相似结构模式之间仍然存在着极大的具体差异。

20 世纪 70 年代以来，迅速发展起来的分形几何学，在对大量不规则的、复杂形状的事物进行研究的基础上指出，在一些具有内在不均匀的层次结构的事物中，宏观尺度的形状和微观尺度的形状之间具有某种无穷嵌套的自相似的特征。

植物的形态是一种自相似分形结构；动物全身的各类系统，如支气管系统、泌尿系统、胆管系统、神经网络、血液循环系统等，也都是按照分形原则构成的。显然，在 DNA 中编码的信息，并不是详尽规定所有系统的组成结构的细节的，DNA 中的信息所规定的仅仅是这些系统按照某些特定的分形规则进行分叉建构的一般性原则和程序。正是这样一些类似于分形规则的原则，控制着生物形态发育的过程。

法国数学家曼德尔勃罗首先思考了这样一个问题："一个国家的海岸线有多长？"他论证说：任何海岸线在一定意义上都是无限长的，通常，它的测量长度依赖于用于测量的直尺的长度。事实是，所选用的量尺越长，所测得的海岸线长度便越短。在这里，海岸线的形状是分形的，特定长度的尺子只能在特定的分形层次上对海岸线的长度进行测定，不同分形层次上的海岸线长度是不同的。

显然，自然界中的自相似分形的结构全息度是不完全的，这些分形结构具有某种无规分形的随机性特征。尤其是在海岸线、大脑皮质、雪花、浮云、星系等的形态结构上更是如此，这些事物的微观形状和宏观形状的自相似并不是在简单直接的等比例缩小的意义上构成的，而只是在都具有不规则的多层级曲折性的意义上成为自相似的。另外，自然事物的自相似分形结构的层级也不可能达到真正无穷的程度，每一事物的自相似分形层级都有其上限和下限。

数学家们利用一些精确的数学规则构造出了许多理想状态的具有无穷嵌套自相似的几何分形结构。康托尔集、科克雪花曲线、谢尔宾斯基地毯是分别建立在线、面、体的基础上构造出的三种最为著名的无穷嵌套自相似的几何分形结构。这些理想的几何分形结构是演化结构全息的一种抽象化的数学表达。真实自然中的结构全息现象是不可能达到这样纯粹而完全的程度的。

分形的秘密在于事物整体结构和部分结构的自相似，而所谓的自相似则是跨越不同尺度的对称性。演化结构全息作为演化内在关系全息的一个方面的表现，就在于这种跨越不同尺度的结构的自相似的对称性。

美国混沌学家费根鲍姆所揭示的形成混沌的“倍周期分岔”理论就正是一种美妙的分形过程。有理由认为产生混沌的“倍周期分岔”正是一种分形演化的规则，正是通过这一规则的无限操作的运演，在原有的周期运动的无穷盘旋、折叠、缠绕、重构的复杂变换中，呈现出了非周期运动的、起伏涨落的、无穷嵌套的、跨越不同尺度的自相似结构。在这里，我们有理由把混沌现象看作是一种在复杂的分形演化过程中生成的跨越不同尺度的全息境界。当然，混沌全息绝非仅仅是结构全息，在此结构全息中必然还凝聚着其他形式的全息内容。

自然分形与混沌中呈现出来的全息现象充分揭示了自然事物及其演化过程的复杂性。

6. 对演化全息现象的几点说明

1）全息现象仅与演化的进化方向相关，因为在退化演化的方向上信息的耗散具有不可追忆的特征；

2）“全息不全”，就是在进化的方向上也存在大量信息内容的畸变和耗散；

3）全息所全息的信息内容主要是关于程序型信息方面的，绝大多数表现型信息将会被耗散，就是程序性信息也不可能包罗全部特殊细节和偶然因素的信息；

4）不能将全息观点“无限泛化”，全息仍有它的特定层次、范围和内容的限制，并且，某些类型的全息现象只是在个别事物和范围内呈现出的特殊情况，并不具有普遍性，如演化结构全息就是这样。

全息问题是迷人的，但是，如果不小心，它便可能是一个陷阱。对全息问题的研究和阐释同样需要严谨的科学态度。全息不是橡皮图章，但是它确实能够成为揭开世界普遍联系和事物演化的统一性奥秘的一把金钥匙，只不过这把金钥匙也并非由 100％的纯金制作。

第31章 多维存在的人与社会的信息进化[①]

在传统哲学中，对于人的本性的更多的研究者，习惯于将这多维的诸方面加以割裂。或曰人是自然的人，或曰人是社会的人，或曰人是文化的人；或曰人是由肉体决定的，或曰人是由灵魂决定的；或曰人是生物的存在，或曰人是理智的存在；或曰人是符号动物，或曰人是会制造工具的动物；或曰生理遗传决定了人，或曰心理智慧决定了人，或曰劳动行为决定了人。信息哲学从人的遗传信息的编码和表达方式的一般特征中概括出了人的本质的多维综合的性质。

在社会发展的问题上，传统哲学更多从社会物质进化的角度对社会发展的问题进行研究。信息哲学则探讨了社会的信息本质和社会进化的信息尺度等方面的问题。

31.1 多维存在的人

1. 人的存在的多重维度

人是一种在多维的综合中生成、建构和创造着自身本质的存在。人的本

① 本章的主要内容最初发表于拙文：《信息与物质世界的进化》（《求是学刊》1986年，第6期，第31-35页）；《试论人的多维存在性》（《求是学刊》1995年，第5期，第18-22页）。

质并不简单直接地来源或存在于某一独立的单维之中，而是来源或存在于多维之间相互作用的综合建构。

在最为抽象的意义上，人是自然存在和社会（文化）存在的统一。自然的人只有在社会关系之中才能成为真正意义上的人，社会关系只有根植于人的自然遗传的结构之上才是人的社会关系。脱离了人的社会关系的狼孩、豹孩、熊孩，虽然有人的自然遗传结构，但是他们都还不是真正意义上的人；生活于人的社会中的动物，虽然天天与人打交道，但是由于未具备人的自然遗传结构，它们始终还是名副其实的兽，而无论如何也无法成为人。人的自然在人的社会中才能人化，人的社会在人的自然之上才能属人。这种二者统一的内在性、有机性，如此明白地昭示着人的自然存在和社会存在的不可割裂。在割裂状态下，无论是人的自然存在，还是人的社会存在，都将不再是人的。

在具体活动的意义上，人是生理（肉体）、心理（灵魂）和行为活动的统一。存在一种意见，认为人的生理（肉体）是自然赋予的，是人的自然存在，而人的心理和行为则是社会赋予的，是人的社会存在。这种意见是将人的自然存在和社会存在予以割裂的做法的一个具体表现。其实，在人的自然存在和社会存在与人的具体活动的生理、心理、行为形式之间存在着某种全息规定和普遍映射的复杂的统一性关系。具体来讲，无论是人的生理，还是人的心理，或是人的行为，都有其自然生理、自然心理、自然行为的方面，也都有其社会生理、社会心理、社会行为的方面。单纯具有第一个方面，人还不能成为人，只有在第一个方面之上建构出第二个方面之后，人才能成为真实意义上的人。没有第一个方面，只有第二个方面的情景则无论如何也是不可想象的。因为第二个方面只有在第一个方面的基础之上才能被建构出来。

2. 人的遗传信息结构的双维性

在人的遗传基因结构中编码着两种性质截然不同的个体发育信息的程序：一种是决定论式的，它保证着个体最一般的基础性生理、心理和行为活动方式与模式的形式；另一种是非决定论式的，它只规定了某些可能的生理、心理和行为活动方式与模式的建构方向，而某一建构方向的实现则依赖于个体后天所处的环境条件。遗传基因中编码的个体发育的决定论式的程序是个体初级生成的最基础性的第一维的结构，而遗传基因中编码的个体发育的非决定论式的程序则是在第一维结构之上特化建构着的第二维的结构。第二维的结构虽然必须根植于第一维的结构之上，并且是第一维结构中所编码的信息按照特定程序的展开，但是，在第一维的结构之上可能形成的第二维结构的模式却不是唯一的，即不是单一决定论的。在这里，第二维结构的建构遵循着分叉演化的规律，而分叉演化方向的选择则依赖于个体所处的具体环境。

具体地讲，人与兽的区别主要并不表现在按照决定论方式所建构的人的个体的第一维的结构之中，而是主要表现在按照非决定论方式，在第一维的结构之上建构出来的第二维的结构之中。对于一个具体的人的个体结构的建构来说，在其第一维的结构之上，可以建构出人的第二维的结构，也可以建构出兽的第二维的结构。在人的遗传基因中同时编码着或形成一般的动物，或形成真正意义的人的这样两套截然不同的信息程序。如果后天的环境选择了形成一般动物的信息程序，那么，个体中关于形成人的信息程序便不再能得以表达，个体便建构为动物；如果后天的环境选择了形成人的信息程序，那么个体中关于形成一般性动物的信息程序便不再能得以表达，个体便建构成人。在这里，建构成人还是建构成兽的遗传信息的表达是以环境信息为中介的。如果环境是兽的氛围，那么个体便建构为兽的一员；如果环境是人的社会文化的熏陶，那么个体便建构成人的个体。

在人的遗传基因中编码的个体发育的信息结构中，还可以区分出三个不同的结构层面，这就是生理结构的层面、心理结构的层面和行为结构的层面。在这三个不同的结构层面上都分别具有各自的第一维结构和第二维结构。

3. 人的生理的二维结构

就生理结构的层面而言，个体发育的信息程序的表达主要表现为不同维的体质形态的建构。按照决定论方式表达的人的个体的第一维的生理结构仅仅保证之后形成人的最一般性的基础性的方面，包括身体应有的部分、系统、组织和器官。至于这些身体的成分可能形成的某些整体组构形式，以及某些重要系统、组织和器官的进一步的特化发育，则由第二维的生理结构的建构过程来完成。诸如直立行走、喉部发音器官的发育成熟，以及脑皮质中语言中枢的特化发育等一些属人的重要的生理性结构则基本上属于第二维的生理结构方面。这些方面的生理性结构的最终形成虽然也根据个体遗传基因中的信息发育程序，但是却必须以人的社会文化为中介。人生下来并不是采取直立姿态的，直立行走的能力显然是在成人榜样的作用下由后天习得的，由野兽（狼、熊、豹等）养大的小孩没有一个是直立行走的，他（她）们都以其“养父”“养母”为榜样四肢爬行，并且，长期的爬行生活，也使他（她）们的发音器官——喉头和声带的运动受到阻碍，发生结构性特化变化。虽然一些被野兽养大的小孩后来获得了重返人类社会的机会，但他们仍无法像常人一样灵活驾驭语言。与此相关的显然还有脑部结构的发育。一个明显的事实是，由于不会说话，脑皮质中的语言中枢显然不可能分化出来。属人的一些重要的生理性结构并非是先天预成的，而是在先天预成的第一维结构之上通过后天的相应的活动建构出来的。

4. 人的心理的二维结构

就心理结构的层面而言，个体发育的信息程序的表达主要表现为不同维的心理活动能力的建构。按照决定论方式表达的个体的第一维心理结构显然是与第一维的神经生理结构所能具有的心理活动能力相一致的。这里包括第一维的感官、神经、脑的一般性基础结构所具有的一般性的各类感知觉、记忆及初级的想象等心理活动能力。这些能力与一般的高等动物的能力并无很大差别。至于属人的通过语言符号的抽象思维能力，在抽象思维的全息制控下的高超的认知、记忆和创造概象信息的形象思维的能力，以及在人的实践活动中延伸的感知、记忆、思维的能力，则是按照非决定论方式在后天活动的人的社会文化背景的中介中建构出来的第二维的人的心理活动能力。与此第二维的心理活动能力的建构相一致的显然是，感官、神经、脑结构的更为成熟的定向化发育，这就是作为第二维心理活动结构的生理性基础的第二维的神经生理结构。相关资料表明，从幼年就完全脱离了人的社会文化背景的儿童，其成人后的心理活动能力与一般动物无异：不会说话，智力低下；没有自我意识，不能区分镜象和自己的关系；也没有完整连贯的长时记忆。重返社会后，经过有计划的社会教育的培养之后，虽然他们的智力有所发展，但是都不能恢复到常人的水平，对于他们脱离社会环境的那段生活也不能保持记忆。这一切都深刻地表明，人不同于动物的心理活动能力（包括语言、智慧、自我意识，以及高超的认知、记忆和思维的能力）并不是直接天生的，而是在人们的社会生活和实践中逐步产生、发展和完善起来的。不仅从幼年时期（3岁前）就离开人类社会的“野孩”不可能发展起人的心理活动能力，就是在早年受过一段文明教育、年龄稍大几岁（3 ~ 5岁）的儿童，长期被遗弃而脱离人类社会，也会发生人的心理特征的蜕变现象。

5. 人的行为的二维结构

就行为结构的层面而言，个体发育的信息程序的表达主要表现为不同维的行为活动能力的建构。按照决定论方式表达的人的个体的第一维的行为结构显然是与第一维的生理结构、心理结构的水平相一致的。这一方面的行为主要是一些维持生命的简单的初级本能性行为活动，如吃、喝、爬行、睡眠等。至于那些属人的能够把人和兽区分开来的使用和制造工具的劳动的行为能力，则是第二维的行为结构。这个第二维的行为结构在遗传基因中是以非决定论的方式编码的，这一行为结构方面的信息程序是否能得以表达，以及表达的可能方式和程度取决于在后天环境中的培养。狼孩能习得狼的行为，豹孩能习得豹的行为……而要习得属人的行为则只能在人的社会环境中接受人的教养。

6. 非决定的、开放着的人

从一些描述熊孩、豹孩和狼孩的生理、心理和行为特征的相关资料中，我们可以清晰地看到，这些在脱离人类社会的环境中成长起来的孩童基本上属于动物，而不是人。虽然他们的遗传基因结构中储有属人的因素的信息编码程序，但是，这一程序却未能得以表达。因为他们失去了表达这些信息程序的中介信息——人类社会的文化背景。当这些孩童重返人类社会之后，在人类社会的文化背景中介下，他们的属人的因素虽然也能有所恢复，但是，却很难达到正常人的水平。因为属人的因素的信息编码程序的表达，不仅需要特定背景的社会文化环境的中介，而且，还是一个时间有序的表达过程。特定的属人的因素只有在特定的年龄段上才能在特定的社会文化的中介下生成，如果错过了这个年龄段，相应的属人的因素则不可能生成，最起码也是不可能完善地生成的。这一点在语言的培养方面，以及与语言的培养相关的意识能力的发展方面都表现得特别明显。

一般说来，动物的遗传基因的表达基本是决定论式的，它们降生不久便会很快获得某种较为固定的体质形态模式，并且，按照一个一般的稳定的程序展示出它们的心理和行为活动的方式。而人则完全不同。他降生之时还不能保证他就一定能成为人。遗传基因的决定论式的表达，仅仅实现着人之为人的一半的路程，并且，这一半的路程为之后向真正的人的发展只提供着某种可能。这可能的后半段的路程则需要人自己在后天的努力中去建构。只有通过以社会为中介的新的建构，在形成的第二维结构中才能达到社会与自然的统一，从而那原本自然发生的第一维结构也才会相应被改造或升华为人的结构，与所建构的第二维结构相统一而构成一个真实意义的人的个体。如果第二维结构的建构不是以人的社会为中介，而是以兽的群体为中介，那么，在这个形成的第二维结构中所能实现的也只能是兽群与自然的统一，从而，那原本自然发生的第一维结构也便相应会蜕变为兽的结构，与所建构的第二维结构相统一而构成一个兽的个体。

如果从人的第二维结构的建构需要社会文化的教养的角度出发，我们便可以说，人较动物而言，在本质上是非决定的，事实上自然只是使人走完了一半，另外的一半尚待人自身去完成。人在创造文化的同时，也创造了自己。人是什么，不取决于本体论的决定。

不仅人类文化的内容和形式是非决定的、开放的、被人所创造的属人的第二维度的结构，而且就连人的个体的某些一般的生理性结构（如直立行走、喉部发育、脑区的细微分化等）、人的认识和行动的特殊方式（无论是个体的还是集体的或社会的），也都具有非决定的、开放的、被人所创造的属人的“第二维度”的性质。在这里，人与兽的区别既是本体论性质的（就其遗传基因结构的深层可能性基础而言），又是超本体论性质的（就其必须以后天的社会文化环境为中介的性质而言）。正是这种既是本体论又是超本体论的双重决定性，才使人的本性具有了双重维度的多维性的结构，也才使人的本性具有了自然性与社会性的有机统一的性质。这种自然性和社会性的统一显然不仅是针对人的类的总体、人的社会文化的物化的形态而言，而且是针对人的个体而言的。因为正是在人的个体形成的发育历程中，无论是在个体生理结构方面、个体心理结构方面，还是个体行为结构方面，都已经被社会、文化所中介了。这样，个人也成了社会的存在物，也成了社会关系的凝结物，当然，是在自然遗传的基质上实现的社会的存在物、社会关系的凝结物。

31.2 个人与社会本质的内在统一性

人和人的类，以及由人的类所构成的人的社会是内在统一的，从这个内在统一性出发，人、人的类、人的社会三者便获得了统一的本质规定。人的进化、人的类的进化、人的社会的进化便是这个内在统一的本质的进化。如果从信息活动的角度来探讨，我们便会清晰地看到人、人的类、人的社会的统一本质的信息规定，以及人、人的类、人的社会的统一本质的进化的信息尺度。

人之所以展示为人是因为人通过了以社会为中介的生理、心理和行为的二维结构的建构。二维结构建构的这种以社会为中介的性质充分说明人的本质只能是一种类本质，而不可能是脱离了人的类的纯粹的单个人的存在。纯粹单个人的存在不是人的存在，脱离了人的类的人的存在只能是兽的存在。在这里，人的个体和人的类是内在统一的。作为人的个体是内化了的类的存在，这就是人的个体的生理、心理、行为结构的建构必须以人的类的存在形式——社会为中介的原因。以社会为中介的过程就是内化社会的因素、社会的本质的过程。这样，人的个体的存在、个体的本质就与人的类的存在和本质，以及人的社会的存在和本质统一起来了。

显然，这个社会与个人的统一是双向的作用过程。一方面，人的个体集合形成的类构成了人的社会；另一方面，人的类的存在形式——社会，又规定和影响着人的个体的存在。一方面，社会的活动必须以人的个体的活动为基础，并且，社会的活动又只能存在于一个个的个体的活动之中；另一方面，个体的活动又必然会自觉或不自觉地以与社会整体的活动模式相一致的方式来塑造自身，并且，个体的活动又一定会被整合到社会整体的活动模式之中。从起源上来讲，人的个体和人的社会是同时萌生、同步发展的，但是，具体到某一个历史阶段上的某一个个人来说，社会则是先于个人而存在的，而个人又一定是这个先于他而存在的社会的产物。

人的个体的本质与人的类的本质、人的社会的本质的统一性，使我们能够从人的个体本质的方面来推论出人的类的本质、人的社会的本质方面。在这里，人的个体的本质是内化了的人的类的本质、人的社会的本质；而人的类的本质、人的社会的本质则是外化了的人的个体的本质、实现了的人的个体的本质。这样，社会的本质就可以在人的本质中得到解释。

社会的本质是外化了的人的本质，从外化的层面来看，人的心理和行为的方面是直接表现出来的人的本质的方面，而人的生理方面则是人的心理和行为活动能力的生理性基础。在人的心理和行为活动之中便潜在体现和外化着人的生理活动。这样，单从外在表现型的角度来看，从人的心理和行为本质的方面我们便可以集中地推论出人类社会的本质。

人类所独具的心理和行为活动，集中起来讲无非是意识、语言和劳动三个方面。作为人的个体来说，只有当他具有了这三个方面的能力时，他才能成为一个完整意义上的人。前所述及的作为社会本质的具体而集中的体现者的文化，正是和这些人所独具的意识、语言及有意识的心理和行为的活动相一致的。在这里，文化一方面指的是社会成员共有的意识、语言和劳动的具体活动模式与过程；另一方面还指意识、语言和劳动活动的结果，这就是人所创造的精神产品和物质产品。这样，无论从人的活动的角度看，还是从文化的角度看，人的意识、语言和劳动都能够具体体现出人类社会的本质，正是意识、语言和劳动使人类、人类社会具有了对自然进行能动的认识和改造的功能，从而把人类、人类社会从动物界、从纯粹自在的自然界中提升出来、超越出来，成为一种具有新质的存在。

31.3 社会本质的信息规定

要对社会的存在和进化做出信息化的解释。这里首先遇到的便是人类社会本质的信息规定的问题。具体来说，就是要从信息活动的角度，对人类、人类社会所独具的能动地认识和改造自然的能力，以及对具体凸显此能力的人类独具的意识、语言和劳动这三个不可分割的、相辅相成的方面做出解释。

从信息形态的哲学划分中我们可以看到，意识是主观间接存在的标志，是信息的自为、再生的态，它包括感知、记忆和思维。感知是主体对信息的直观识辨，记忆是对信息的主观储存，感知和记忆都是主体对信息把握的过程。思维则是对感知和记忆中的信息的加工改造，是信息的主体创造。思维创造的信息可以是概象的，也可以是符号的。感知、记忆及形象思维，从其起源来看，还只是一个没有抽象符号参与的纯感性的过程。人类抽象思维能力的发展，使人的感性认识过程不再能与抽象认识过程相脱离。人的感知记忆也包括着对抽象思维的理性成果的识辨和储存，人的形象思维也可以通过符号信息和概象信息的相互转换来完成。主体认识中的不同层次的信息在本质上是相互作用和转化着的。由抽象理性主导的人的感性和理性统一的主体认识结构框架，使人的感知、记忆和思维过程具有了主体能动的全新性质。如此，人的意识在本质上是对信息的能力的把握和改造，以及在此基础上的信息的主体创造。

人类的复杂的语言系统（包括各种专业理论的符号体系）是符号信息的最为成熟的形式。符号信息既是思维的创造，又是思维的代码。说它是思维的创造，是因为只有通过思维的抽象才能产生语言、符号等形式；说它是思维的代码，是因为同一思维过程可以通过不同的语言、符号系统来表达，而如果你对某一语言、符号系统不通，那么也就不可能理解由这一语言、符号系统所表达的思想内容。如果我们说思维的本质是创造主观信息，那么，语言便是思维创造出来的主观信息赖以存在的形式。

劳动在广义上被理解为人们的生产实践，它是人们对自然客体有目的的改造活动。人们的生产实践过程首先是从人的主体目的性开始的，在实践的物质运动过程未曾展开之前，人们要制造产品形象，人们为制造此产品而选择的手段和计划都已作为概象的、符号的信息在人的意识中被设定好了，这就是主体在实践之前所拟定好了的目的性和计划性信息。而这个目的性、计划性信息却恰恰是思维创造的信息形式。这种认识中的概象的、符号的信息转化为主体行为启动的指令信息，通过人的神经激发人的运动器官行动起来，操作工具，作用于客观对象，从而完成实践的全过程。从这一过程中我们可以看到，劳动的实质是按照人的意志改变客体的某种结构和状态，使之成为对人、对社会有用的产品（物质的、精神的）。这就意味着，劳动是一个主体目的性信息通过主体计划性信息的实施在客体中达到实现的过程。这里创造的不是物质，而是信息。是主观信息的客观实现改变了对象的性质，使它能够满足人类的需要。主体创造的一种信息（目的性）通过主体创造的另一种信息（计划性）实施的中介潜入客体，化为客体的特定结构和状态被生产出来。所以，劳动在本质上是主体的目的性信息转化为客体的结构信息的过程，是主体能动地利用和实现信息的过程。

另外，劳动和意识的相互作用，也在实质上改变了人类把握信息的方式，人们可以在客体信息未曾展开，或未曾达到人的感知阈值的情况下，通过劳动（利用工具、仪器、设备）改变客体的状态，将其信息激发到可被人们感知、把握的程度。这便是对信息的能动的利用和开发。

正是在对自然的能动的认识和改造的信息活动的意义上，我们说：能动地把握、利用、开发、创造和实现信息是人类社会的本质。

31.4 社会进化的信息尺度

社会是一个不断进化着自身的具体的、历史的存在。社会的历史具体性，规定着人类把握、利用、开发、创造和实现信息的方式的不断发展和进步，这正是人类社会本质的自身的进化。社会的进化即社会本质的自身的进化。

对于人类社会的进化。很多学者都发表了许多很有价值的意见。其中，最有影响的是关于社会的“双轨进化”和“体外进化”的理论。

文化人类学家已经区别出了两种不同的进化：一是生物进化；二是文化进化。生物进化是遗传基因的进化，是体内进化；文化进化则是文化传统和模式的进化，是体外进化。文化人类学家们强调的是，人类的进化主要不是生物进化，而是文化进化。

然而，文化的进化并不仅仅表现为体外进化，还表现为体内进化。并且，在文化范围中的体外进化和体内进化又总是相协并进的。在这里，体外文化进化主要表现为物化工具系统的进化，体内文化进化主要表现为心理活动方式的进化，而沟通这一体外文化进化和体内文化进化的则正是人的行为的进化。通过行为进化的中介，一方面，人的体内文化进化外化为体外文化进化；另一方面，人的体外文化进化则内化为体内文化进化。前一个方面是人通过劳动在客体世界中达到自己的目的，将自身对象化的过程；后一个方面则是人通过学习将社会的文化传统、模式转化为自己的心理活动方式的过程。在文化进化的这种体内和体外进化的相协并进中，存在着一种明显的趋向，这就是人的心理活动方式的进化也日渐从体内进化向体外进化过渡，即最初还是纯粹在体内进行的心理活动过程，随着科学技术的发展，便日益更多地借助于体外的活动来完成。这不仅是指人类的感知、记忆的体外工具的发展，而且是指人的思维的体外工具的发展。人的心理活动方式对体外工具的依赖性的加强，标志着人的心理进化的新方式。

文化的进化不应仅仅被看作是文化产品（包括精神产品和物质产品）在量上的积累，如图书、文献的日益增多，物质财富的日渐丰富，而更应被看成是文化活动方式上的质的进步。

文化是一种信息现象，就文化是心理活动和行为活动的模式与过程的方面来看，它是把握、创造和实现信息的过程，就文化是精神产品和物质产品的方面来看，它是人所创造的信息的实现了的形态。在文化中，创造和实现信息的过程和这一过程所达到的结果直接地统一着，人的心理和行为的过程和这一过程的产物直接统一着。并且，由于进化着的人的心理活动越来越依赖于进化着的体外的物化工具的中介而展开，由于进化着的人的行为活动也越来越依赖于进化着的体外的物化工具的中介来完成，所以，文化中的这种心理和行为的活动过程与活动结果的统一性便更清晰地呈现出来了。在新的心理和行为活动的方式的进化中集中体现着新的物化工具的进化水平，在新的物化工具水平上也直接凝结着新的心理和行为活动方式的进化。这样，从人的心理和行为的活动方式的进化中，便可直接地说明文化的进化、社会的进化，而与此相一致，在说明人的心理和行为活动方式的进化中，也必须同时说明其赖以展开和完成的物化工具的进化。在这里物化工具的进化直接就是心理和行为活动方式的进化，而心理和行为活动方式的进化又必然直接就是物化工具的进化。文化的两个方面就是这样直接地全息统一、相协进化的。

社会的进化是文化的进化，而文化的进化又是人的心理和行为活动方式的进化，而人的心理和行为活动方式的进化又是人类把握、利用、开发、创造和实现信息的方式的进化。此进化就是人类对信息处理的方式的进化，就是人类社会本质的进化，就是人类社会的进化。

社会进化的尺度不应简单地从社会产品的多寡的量的方面来寻求，而应从制造产品的方式的质的进化中来获得。这就是社会的进化是人类把握、利用、开发、创造和实现信息的方式的不断发展和进步，而这种发展和进步的总规律就是间接化程度的不断提高。因为信息是间接存在的标志，所以，任何间接化程度的提高，都同时是信息化程度的提高。

人类对信息的把握是通过感知和记忆的环节来完成的。人类感知能力的发展大致经历了这样几个阶段：①感官直接对外界在人体自然尺度范围内的信息的识辨；②将外界微信息放大到人体自然尺度然后通过感官加以识辨，如利用望远镜、显微镜；③利用工具对外界信息进行定性、定量的分析，如利用各种仪表、仪器等自动感测系统；④感知信息的超空间传递，如利用电话、电报、收音机、电视、信息网络；⑤利用一定工具、设施，改变或激发客体信息，以便对客体进行识辨。这是对客观信息的一种能动的开发，如人们对微观粒子领域的探索就是这样。人类感知能力的发展的实质是在感官和对象之间不断增加一些必需的中介因素，或称环节，使人们的感知领域不断向宏观和微观两极发展，向远程高速感知方向发展，向对信息的定质、定量精细感知方向发展。这些中介环节的加入便不能不使人的感知越来越具有间接性的意义。这些中介环节的作用实际上是对客体信息进行必要的放大、整理、传递、转换、改变和激发。这些中介环节的意义正是在对客体信息的处理上。这些中介环节本身并不是感知的对象，它们只是在信息活动的意义上构成自身存在的价值。对象信息是经过一系列的信息处理环节才达以主体感知的。这种感知的日趋间接化的过程实质上也便是信息日趋高阶间接化的过程。

人类记忆能力的发展也经历了一个不断间接化的过程：①人脑记忆；②图画描绘、文字记载；③录音、录像；④电脑储存。

思维是主体创造信息的过程，思维的进化在人脑中表现为越来越多地利用更为抽象的符号信息，在更为抽象的水平和层次上把握事物，或者是越来越多地利用已有的种种公式系统进行逻辑推导。思维的真正高度间接化在于智能电脑的出现和发展，它使主体信息创造的部分过程可以借助于脑外的一个客体机械来完成。科学家们相信，未来的高智能电脑终将可以把思维当作一种工程来设计。

人类创造的信息可以被人们的感知记忆再行识辨和储存（包括可感性的脑外储存，如文字记录、图画描绘）。但是，并非人类创造的所有信息都是可以通过劳动来客观实现的。人类思维创造的种种神话故事之类的虚幻图景就只能服务于人们的精神生活，而那种脱离现实条件的目的、计划也是不能进入现实实践过程的。只有当人类创造的信息不仅与客观事物的本性及其运动、发展的规律相一致，而且具有实现的现实可能性时，它才有可能通过劳动转化为客观现实。

劳动，就其起源来看，是由于在动物和自然相互作用的关系中增加了一个中介环节——工具而开始的。劳动的目的性和借助于工具与自然对象发生作用的性质，不仅规定着人之所以为人的本质，还规定着劳动中人与对象发生作用的间接性。由于原始工具的简单性，原始劳动的间接化程度还是十分低下的，随着劳动工具的不断发展，劳动的间接化程度也在不断地得到提高，劳动不断间接化的过程也就是劳动过程的诸环节从对人的直接依赖中逐步解放出来，变成一种形式上的（仅仅是形式上的）没有主体参与的客观化的运动过程。劳动的这种间接化是在多方面的意义上实现的。这些方面主要有：人的体力、脑力在劳动中支出的间接化；个人在劳动中的作用的间接化；劳动过程的间接性环节的强化；劳动者间接性（智力信息）凝结的质和量的提高。

劳动中人的体力、脑力支出的间接化大致经历了如下阶段：①体力、脑力劳动的统一——原始劳动；②体力、脑力劳动的分离——脑力劳动者的出现；③体力劳动的间接化——机械工业的发展；④脑力劳动的间接化——智能工业的发展。

个人在劳动中的作用的间接化大致经历了如下阶段：①个人可完成决策、计划、操作、成品、消费的全过程；②劳动中的决策、计划、操作、成品、消费诸环节的渐次分离，分配、交换、储存、管理、科研等环节的产生；③“②”中诸环节中每一环节上的再分工；④个人决策、计划、管理、科研向集体决策、计划、管理、科研的进化；⑤决策、计划的无选择的单方案向有选择的多方案的进化；⑥决策、计划、管理、操作的计算机化及计算机网络化的加强。

劳动过程的间接性环节的强化在于：科研、管理、情报、通信、决策、计划，以及市场、运输、能源等非直接生产产品的劳动环节越来越处于重要地位；短期计划向长期计划的转变；注重过去经验、眼前利益向注重未来发展的转变（这便是从对历史、现状间接性信息的注重转向对未来间接性信息的注重，而关于事物未来的信息是比关于事物的历史、现状的信息更具间接性的信息方面）。

劳动的间接化对于劳动的主体——劳动者个人的知识结构提出了更高的要求：不仅要拥有足够的知识量，而且在知识的质上也要求达到现代科学技术的水平；“知识爆炸”要求个人有正确选择、不断创造、适时更新知识的能力；同时也对社会教育提出了全新的要求，必须有与之适应的教育内容和形式：创造型人才的培养、计算机化、网络化教育的普及、终身教育的施行等。因为人的知识结构正是人的主观信息的系统化的形式，正是人脑中凝结的主观间接存在，所以，劳动者知识结构在质和量上的强化就意味着劳动者间接性（智力信息）凝结程度的全新变化。如此，劳动者的间接化的发展也同时意味着劳动的主体——人本身的间接化的发展，也便是人的特殊信息体化的加强。

从上述分析中我们可以看到，人类把握、利用、开发、创造和实现信息的间接化程度的提高，也还就是社会化程度的提高。因为无论是把握、创造信息的间接化过程，还是实现信息的间接化过程，都是通过个人作用的间接化和社会、集体作用的直接化来实现的。

间接化的过程同时也就是把握、利用、开发、创造、实现信息的社会化的过程。正因为这样，我们才可以说：把握、利用、开发、创造和实现信息的间接化（社会化）的程度是社会进化的尺度。这样，我们就不难明了所谓信息社会的实质了。

所谓信息社会，就是人类把握、利用、开发、创造和实现信息的高度信息化（间接化、社会化）的社会。信息社会并不像流行说法所说的那样，好像人类只是到了现在才进入以创造信息和分配信息为主的时代。问题不在于创造和实现信息与否，而在于创造和实现信息的方式。人类社会进化的信息意义也并不仅仅停留在信息选择上，更重要的还在于信息的主体（个人、社会）的创造，以及通过人类的社会实践将这些创造出来的信息转变为社会的、自然的现实（直接存在）。

那么，今后人类创造和实现信息的间接化的方向箭头又将指向何处？许多科学家已经预言说生物工程的突破将会掀起一场更为广泛的变革社会的浪潮。这将意味着，人类并不会仅仅满足于智能机械的创造，而且要开始动手创造新的智能动物本身。这种新的创造，一方面可以施加给活着的人体（或其他生物体）本身，用间接化的方法（如施加药物、放射处理、特化训练等）改变遗传基因的组构方式，改变或增加人体（或生物体）的某些方面的素质和性能，并在其之后的种系遗传中改变或强化整个人类（或生物种系）的素质、性能结构；另一方面，不必通过传统的自然种系遗传和进化过程，只在人类创造的基因重组和拼接工程中创造出新的生物品种。这个新的生物品种的最高目标，是类似于人的智能动物本身，或竟要生产出“超人”，这便是真正意义上的人类社会所创造出来的“上帝”。只有当人世生产的“上帝”

成为现实的时候，那个原始天国的“上帝”或许才会最终让出他的神圣权力。

这并不是一个专门设计来恐吓胆小鬼的可怕的虚幻图景，这的确是人类社会进化的间接化箭头的方向所指。但是，我们又不必过多地担心，当人类能够制造这个“上帝”的时候，人类也便必然会同时具有控制这个“上帝”的能力，或许人本身也将自身改造（更确切地说是自我创造）上升到“上帝”。

纳米技术的发展将是人类创造和实现信息的间接化发展的另一个前景十分广阔的方向。这一方向的突破性和成熟性进展将会使人类极为便捷和快速地通过微观层面的信息结构的处理来获得人类所需要的任何一种宏观物体（包括无机物体、有机物体、生命体，乃至通过微观信息结构的破译、拼接、重组或排布直接克隆人本身），并由此从根本上改变人类的生产方式，改变传统的农业、工业、医疗卫生业、建筑业等，同时也会从根本上改变人类的行为方式和生活方式，以及对待自然物质的观念。

人类社会信息进化的前景是十分诱人的。虽然人类已在信息处理方式上获得了诸多进步，但是，有许多信息处理方式才刚刚被提出，还并未被全面掌握。另外，还有许多崭新的信息处理方式还未被今天的人类所认识。信息革命、信息经济、信息社会、科学的信息科学化、社会的信息化等，作为一个统一的时代之潮，已经在诸多方面给人类带来了崭新意义的变革。这一统一的时代之潮的进一步挺进将会把人类社会推向一个更为崭新的高度发展的阶段。

信息化、信息社会是地球人的共同事业，它要求地球人同心协力、共同奋斗，要牢固树立全人类的利益高于一切的观念。未来的地球人一定会在共同的奋斗中建立起与信息社会文明相匹配的和平、理解、宽容、融洽、协作的新风尚和新秩序。

第32章 自然价值、信息价值与信息的社会价值[①]

信息哲学所阐释的物质（直接存在）和信息（间接存在）双重存在和双重演化的理论，为哲学的价值论研究提供了某种全新研究视角。这一全新研究视角不仅涉及对价值存在范围和价值本质及价值发生的具体机制的新认识，还涉及对物质价值、信息价值（包括精神价值）的全新理解，另外，还涉及对价值事实、价值反映、价值评价、价值取向、价值实现的诸多领域方面的全新阐释。在此基础上能够建立一种信息价值论学说，这一学说不仅可以合理包容自然价值和信息价值，还能合理包容人的价值和社会的价值，进而为发展当代信息生态文明提供哲学基础。

32.1 价值存在的范围与价值的本质

在现有的种种价值哲学或价值学理论中，一种占主导地位的倾向是，各种理论大都把价值存在的范围限定在以人的世界为参照的主客体关系的领

① 本章的某些基本思想最初发表于如下几篇拙文：《一般价值哲学论纲——以自然本体的名义所阐释的价值哲学》（《人文杂志》，1997年，第2期，第18-21，25页）；《与价值哲学相关的几个问题的探讨》（《社会科学辑刊》，1999年，第5期，第19-23页）；《价值事实、价值反映与价值评价》（《学术界》，2000年，第6期，第183-189页）；《网络文化中的价值冲突》（《深圳大学学报》，2001年，第5期，第45-51页）。

域。此类理论的深层理论根据概源于某种关于人的至上性的观念。然而，种种关于人的至上性的观念则是十分偏狭的。因为宇宙中真正具有至上性的不是人，而是宇宙的自然本体，正是宇宙自然本体在其自发演化的特定阶段创生出了人、人的类、人的社会、人的世界，并且，宇宙自然本体又必将会在其后续自发演化的过程中将它所创生出来的人、人的类、人的社会、人的世界，统统重新湮灭。这就是仅仅从人的主体出发、仅仅在人的世界里无法找寻到解决全部人的问题、社会的问题的答案的原因。

要克服现有的主流价值理论所面临的困难，就必须把对价值存在范围的理解从以人的世界为参照的主客体关系的束缚中拓展出来。从逻辑推论的情况来看，价值关系的范围理应超越以人的世界为参照的主客体关系的范围。我们完全可以这样思考：在人类还未产生之前，地球生物的演化对人类的产生是具有价值作用的，而地球的早期演化对地球生物的产生和进化同样是具有价值作用的；太阳系的演化对地球的形成和演化是具有价值作用的……这样的一个逻辑线索完全可以一直追溯到宇宙从其“原始奇点”爆发之后的一系列相继演化的步骤和阶段上。这样，就宇宙事物的演化来说，其前一阶段的演化对后一阶段的演化具有直接的价值关系，而对再次后一些的阶段则具有间接的价值关系。这样，在事物演化的系列关系上就同时呈现着系列的价值关系。

另外，我们还应该注意到，宇宙、事物演化的系列关系总是通过事物相互作用的横向关系来实现的。一般而论，事物的演化就是其旧有结构的改变和新的结构的创生，这一结构变迁的过程是通过相对于某一事物的内部和外部的相互作用来实现的。正是横向的事物间和事物内部的相互作用导致了纵向的事物的演化。据此，我们完全有理由认为，在事物之间和事物内部的相互作用中存在着最基本的价值关系。

从现代科学的理论来看，事物间的相互作用是通过物质（包括质量和能量）和信息的交换来实现的，而这种交换的直接结果便是暂时地或长久地改变了参与相互作用诸方的质-能分布结构、信息模式结构（信息编码方式）及凝结着的信息内容。就相互作用必然引起参与相互作用之事物的物质和信息结构的改变这一情景来看，凡是相互作用过程都必然会伴有价值关系的发生。由于相互作用是事物存在的方式，无论在即时性还是历时性上都具有普遍性，所以，价值关系存在的范围也便必然会具有普遍性。概而言之，价值关系存在的范围与相互作用存在的范围、与事物（包括物质的和信息的）存在的范围，具有同样的普遍性和广泛性。

从上述关于价值现象存在范围的讨论中我们可以引出关于价值本质的一般规定：从哲学层次来看，价值乃是事物［物质、信息（包括信息的主观形态——精神）］通过内部或外部相互作用所实现的效应。

这一定义起码包含如下一些思想要点：

1）价值现象不仅仅存在于以人的世界为参照的主客体关系中，它乃是一切事物内部或外部相互作用中普遍存在的一种现象。

2）这里的事物指的是广义的存在，它是宇宙间一切现象的指谓，包括所有的物质现象、信息现象，以及作为信息活动高级形态的精神现象。这样，无论是在物质体系、信息体系、精神体系内部的相互作用中所实现的效应，还是在物质和物质、信息和信息、精神和精神之间的相互作用中所实现的效应，或是在物质和信息、物质和精神、信息和精神的相互作用中所实现的效应都全然是价值。

3）价值作用绝不仅仅是单向的，因为事物间的作用是相互的，所以在此相互作用中所实现的价值也必然是双向或多向的。

4）仅仅相互作用还不是价值，只有通过相互作用引起体系自身或作用双方或诸方的改变的效应才是价值。

5）对于某事物的存在和发展来说，相互作用引出的效应可能是有利的，也可能是有害的，可能是正向推动的，也可能是负向促退的。但无论是哪类性质或哪类作用方向上的效应都是价值关系。这样便可以区分出正价值、负价值、中性价值等，而并不像某些学者所认为的那样，只有有利的效应，或对事物存在和发展起推动作用的效应才是价值，否则便不构成价值。

32.2 价值与信息

我们已经定义：价值乃是事物［物质、信息（包括信息的主观形态——精神）］通过内部或外部相互作用所实现的效应。然而，相互作用所实现的效应是多重的。这些多重效应最起码应当包括六个方面：①物自身的一种直接存在的样态向另一种直接存在的样态的转化；②中介物的产生和运动；③物物间的联系、过渡和转化；④物自身的直接存在向间接存在的过渡；⑤相互作用物的间接存在的相互凝结；⑥新的间接存在样态的建构。

上述六重效应中的前三重（①、②、③）属直接存在变化的效应，后三重（④、⑤、⑥）则属间接存在变化的效应。这样，我们便区分出了在一般事物相互作用的过程中所实现的双重性质的效应：物质性效应和信息性效应。我们有理由将这双重性质的效应分别称为物质价值和信息价值。

由于物皆处于普遍的相互作用中，所以，任何物都必然同时发生着四种过程：派生中介物、改变自身的物质性结构（质-能分布方式）、异化自身信息、同化他物信息。正是这四种过程造成了上述六重效应。其实，在一个具体的物物相互作用中，上述四个过程乃是同一个过程，上述六重效应也是在同一个相互作用过程中具体呈现出来的。

任何处于相互作用中之物必然同时兼具三重角色（用通信信息论的语言来表达）：信源——异化信息；信宿——同化信息；载体——以自身变化的“痕迹”载负信息。这就意味着相互作用所实现的物质效应和信息效应、物质价值和信息价值不仅具有同时性，还具有必然性和普遍性。

另外，我们还应注意到，相互作用所实现的物质效应和信息效应、物质价值和信息价值又都总是具有互为基础和表征的内在统一性。因为任何信息效应、信息价值的实现都必须以相应的物质结构（质-能分布）变化所产生的特定编码方式为载体，而任何物质效应、物质价值的实现又都总是通过相关信息内容的凝结、改变和创生呈现出来的。

因为“相互作用是事物的真正的终极原因”，而相互作用的效应便是变化、运动、演化（包括退化和进化两个分支），所以，我们赞同将演化的观念、时间的观念引入价值哲学讨论的视野。其实，横向的（共时性）相互作用的效应便是纵向的变化、运动和演化，而时间正是变化、运动和演化的一个具体量纲。如是，任何变化、运动、演化、时间都可以看作是在事物相互作用中所实现的效应，亦即都可以看作是价值。然而，上述解释并不意味着可以将价值完全归结为变化、运动、演化或时间。因为事物在相互作用中所实现的效应的具体内容是十分广泛、丰富和复杂的，变化、运动、演化或时间仅仅是在某种抽象表述的层面上对效应结果的一种揭示。其实，变化、运动、演化或时间的效应又都只能通过相应的物质结构（质-能分布）的改变和信息结构（凝结特定信息内容的特定编码方式）的建构来具体实现或具体呈现。就时间延续的实在过程而言，时间乃是横向相互作用所实现的某种物质效应；就时间表征着横向相互作用所实现的变化、运动和演化的结果而言，时间乃是表征横向相互作用所实现的结果的信息效应。这样，在一个统一的时间延续过程中，时间便是横向相互作用所实现的物质价值和信息价值的具体而现实的统一。由此而论，在事物的相互作用中所实现的效应存在诸多表述层级，物质效应和信息效应在这诸多表述层级中不能不处于最为具体和最为基础的地位，在此基础之上，才呈现出了诸如变化、运动、演化和时间等其他抽象表述的效应层面。

在物质和信息双重存在和双重演化的理论中必然内含着在事物相互作用中同时实现着物质价值和信息价值的双重效应的理论。这一双重效应的理论构成了信息价值论赖以成立的最深层级的一般基础和根据。

32.3 价值过程与价值哲学的范畴体系

相互作用应该是阐释一般价值哲学的逻辑开端。事物通过相互作用普遍建立起对象性关系，并在这种关系中将自身的特性与品格映现出来，这就是对象化。事物通过内部相互作用在自身内部的各组分之间，在自身与自身的历史形态之间普遍建立起对象性（或对象化）关系，在内部相互作用中，事物以自身为对象；事物通过外部相互作用在事物之间普遍建立起对象性（或对象化）关系，在外部相互作用中，事物以他物为对象。正是这种对象性（或对象化）关系的建立，使任何一种事物都必将在自身内部和在与之发生过或正在发生相互作用的他物之中普遍映现自身。这种映现是通过在自身内部或在他物之中建立相应的物质和信息的特定结构来实现的。

事物的对象性是通过相互作用所建立的特定结构（物质的、信息的）来实现的，而这种特定结构的建构同时意味着对事物的旧有结构的改变，这种结构的改变就是通过相互作用所实现的效应，也就是价值。这样，对于一个价值过程的完整描述就应该采取这样一个三段式：相互作用—对象化—效应（价值）。

通常，价值哲学中也往往提到一般存在物和价值存在物这两个概念。其实，这两个概念对应于我们对事物的两种不同的考察方式或观察角度。

当我们割裂了事物本身所具有的内部或外部的相互作用，对之进行对内或对外的纯粹孤立性考察的时候，该事物则被我们看作是一个一般存在物

（等同于我们规定的自存事实）。虽然此物也具有区别与他物而确证自身的内在规定性，但是，这一规定性却不可能被清晰地揭示出来。

舍弃相互作用，对事物进行孤立性考察，这样的考察不可能引导我们达到对事物的本质性认识，因为相互作用乃是事物的存在方式，世界上并不存在不处于种种内外相互作用之中的事物。

当我们对事物的考察不再采取纯粹孤立的态度，而是注重从相互作用的种种关系和联系中来考察事物时，事物便不再以一般存在物的方式在我们面前呈现，这时，事物将会在内在相互作用中成为为已与受已的效应关系之物，或是在外在相互作用中成为为他与受他的效应关系之物。此时，事物便被看作是价值存在物（等同于我们规定的效应事实、价值事实）。由事物内外相互作用的普遍性可以确定事物作为效应事实、价值事实、价值存在物而存在的普遍性。

作为价值存在物，任何事物都已在普遍的相互作用中转化成了凝结着特定效应关系的生成之物。作为凝结着特定效应关系的生成之物，任何事物都不可能以纯粹的一般存在物的方式存在。正是通过特定效应关系的凝结，事物普遍拥有了双重尺度的价值存在方式，即物质价值和信息价值的双重价值尺度。也正是由此双重尺度的价值存在方式的生成，事物普遍二重化了自身：一方面，任何事物都是具有特定构成成分和组构方式的物质体；另一方面，任何事物又都是通过相互作用的过程凝结着种种特定历史关系、演化程序，并由此关系和程序潜在规定着自身未来演化路径的信息体。由此可见，任何价值过程同时都是相关信息的交换、变换（信息同化与异化中的耗散与重组）、建构（凝结与创生）的过程。于是，从价值过程和信息过程内在统一的尺度上，我们又有理由将上述描述价值过程的三段式具体改写为如下形式：相互作用（信息交换）—对象化（信息变换）—价值效应（信息建构）。

在人的活动的层面不仅存在着与一般事物相一致的自在的价值发生过程，而且还有能力对价值现象进行主观把握和认识。这一过程是通过价值反映、价值标准和价值评价来完成的。价值反映所解决的是对一般价值现象的直观把握。从一般价值现象到价值反映必须通过价值现象所显示出来的价值信息的中介，反映是对信息的反映。价值标准是主体根据以往的经验和认识所确立的价值评价的尺度。价值评价则是对一般价值过程给承受这一价值效应的事物所带来的利害关系的认识。这样，要完整描述一个价值认识的过程就需要这样一个三段式：价值反映—价值标准—价值评价。

人们认识价值现象的目的是更好地趋利避害，更好地利用价值现象来为个人、人类、人类社会的发展服务。这就必然会涉及在多种价值关系中的选择问题，以及理想的价值关系模式的创造问题。与这两类问题相关的范畴表述便是价值取向和价值设计，而价值取向和价值设计又是以主体的价值需求来驱动的。这样，我们便又有了一个描述理想价值关系模式的创生过程的三段式逻辑：价值需求—价值取向—价值设计。

人们所创造的种种理想化的价值关系模式，最初还仅仅是以某种主观信息形态的方式呈现出来的。然而，只要这一模式是符合事物自然发展的本性的，并且又是具备了实现的现实条件的，那么，人们便可以通过特定实践活动的过程来使这种理想的价值关系模式转化为现实的价值关系，这就是主体创造的价值模式的客观实现。从主体创造的新的价值模式，到为实现这一价值模式而展开的实践活动，是以主体创造的相应的实现所创造价值的计划，以及此计划的实施为中介的。如此描述这一通过特定实践活动来实现所创造的价值模式的三段式的逻辑结构便是：实践计划（价值实现计划）—实践过程（价值实现过程）—实践结果（价值实现结果）。

通过价值实现，人们一方面可以对自己创造的社会价值模式的合理性予以检验，另一方面可以深化对种种价值关系的认识。这样，上述价值认识、价值创造、价值实现的三个三段式便又是一种首尾相接的大的三段式结构，并且，这个在人的活动的层面上所展开的大的三段式结构又是以我们已论述过的存在于一般事物中的价值过程的三段式为其展开之深层基础的。如果考虑到所有过程在现实中的复杂交织的相互关联、互为中介和前提的性质，我们还有必要在描述各类过程的三段式内部和三段式之间建立起普遍的相互作用的反馈环链式的联系。

可以将我们已阐释过的诸多三段式的结构统一为一个相互作用的范畴网络体系（图 32.1）。

显然，图 32.1 所标明的所有环节都与相应的信息活动过程具有内在的统一性：相互作用与信息交换过程相统一；对象化与信息的同化和异化的信息变换过程相统一；效应（价值）过程与信息凝结、建构与创生的过程相统一；价值认识、价值创造活动乃是认识主体的感知、思维活动的信息把握和信息加工处理活动的过程，这一过程本身就是人的自为、再生信息的活动；

价值实现过程是通过人的实践活动实现的，而人的实践活动在本质上乃是主体创造的目的性信息通过主体创造的计划性信息的实施在客体中实现的过程，亦即主体信息的客体实现。所以，价值实现的过程也就是主体目的性信息转化为客体的结构信息的过程，也就是主体信息在客体中实现的过程。而图中标明的所有环节之间的普遍相互作用的双向反馈式的网络关系又都是靠相应层面的信息内容的交换、沟通、同化与异化的具体活动过程来维系和实现的。

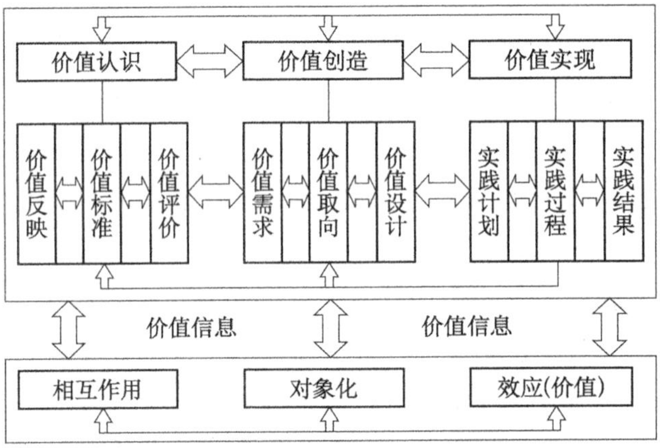

图 32.1 价值哲学的范畴体系图

32.4 价值形态的发展

就宇宙自身的演化，以及事物相互作用的逻辑顺序而言，一般物体的物质性（包括质量、能量）相互作用中所实现的价值乃是最初具有和发生着的价值形态。对于这一价值形态我们称之为物质价值。

然而，在事物的物质性相互作用中所实现的效应并不仅仅是物质性的，而且是信息性的。因为在一般物的结构中都凝聚着关于自身历史、自身特性、自身未来发展趋势，以及与他物之关系的多重信息，也就是说，所有的物体，既可以从其质量、能量结构的角度把它看作是物质体，也可以从其凝结着种种复杂关系的角度把它看成是信息体。如此，在同一个相互作用中所实现的效应便不仅仅是物体物质性结构的改变，而且同时就是物体的信息结构的改变，因为现实的相互作用过程不仅能使参与作用的诸方凝结新的信息，而且还有可能改变参与作用的诸方已凝结着的旧有信息（或使之耗散、模糊，或使之强化、扭曲）。从相互作用中所呈现出的信息性活动的角度上，我们有理由确定价值的另一种形态：信息价值的形态。

实现物质价值和信息价值的过程并不是截然分离的两个不同的过程，而是在同一个相互作用过程中所实现的双重效应。从信息价值的角度来看，物质价值的实现是实现信息价值的载体的活动；从物质价值的角度来看，信息价值的实现是与物质价值的实现相伴发生的另一层面的效应结果。

在一般物的相互作用的层面上所实现的信息价值还仅仅是在自在信息活动的水平上进行的。如果涉及具有感知、思维能力的系统的活动，尤其是在人的活动的层面上，除了自在信息活动的方面之外，还有自为、再生信息的活动，亦即主观信息（精神）的活动。这就有必要来讨论精神价值的问题。正如精神是信息活动的高级形态一样，精神价值也是信息价值的高级形态。精神价值活动的范围既包括认识主体在与客体的相互作用中所实现的对客体信息的感知、认识效应，也包括主体通过内部运作的思维过程对内储知识信息的加工处理，以及在此基础上创造出新的概象和符号信息的活动，还包括主体内部不断形成和变化着的情感、情绪、意志等活动。因为细究起来，这三个方面的活动都是通过主体与客体的相互作用，或者是主体内部的相互作用所实现了的人的精神活动状态、知识结构模式的变化效应。正是这种旧的精神状态的改变、新的精神状态的生成，以及新旧知识结构的更替，构成了精神价值活动的现实过程。

如果我们采取两分法的原则，那么，物质价值和信息价值便构成了两类最为基本的价值形态。在这一原则下，精神价值是作为信息价值的高级形式而从属于信息价值的。

如果我们采取三分法的原则，那么，我们便可以说，物质价值、自在信息价值和精神价值乃是三类最为基本的价值形态。

通常，在价值哲学中，学者们更为注重讨论关于人的价值、社会的价值等方面的问题。其实，人的价值与社会的价值是统一的。因为作为人来行动的人的个体只能是人类社会中的一员，否则，这类个体便不能以人的方式来行动。我们完全有理由用社会价值来统一称谓通常学者们所讨论的人的价值、社会价值等这一领域的问题。

社会价值就其活动的性质，以及其活动展开的层面而言，并不是一个基本的价值形态，而只能是对前述三种基本价值形态的某种综合。因为在社会领域中，既有物质价值活动的方面，又有自在信息价值活动的方面，还有精神价值活动的方面，并且，这三种价值形态的活动在社会领域中又总是内在综合统一的。无论是人们的社会认识活动，还是人们的社会实践活动，无论是人与人的相互作用，还是人与自然、社会与自然的相互作用，都是在三种基本价值形态交织综合、有机统一的过程中进行的。

从上述三种基本价值形态和一个综合着的价值形态的论述中，我们可以看到对价值问题进行讨论的广泛性和复杂性。可以罗列出如下一些领域的价值问题，这些领域的问题都是一般价值哲学所应该详细研讨和阐明的：一般存在物相互作用中的价值问题；物质在相互作用中生成信息的价值问题；价值存在物相互作用中的价值问题；信息相互作用中的价值问题；自在信息向自为信息、自为信息向再生信息转化中的价值问题；精神相互作用中的价值问题；主体进行价值评价、价值选择、价值创造活动中的价值问题；主体实践活动中的价值问题；主客体关系中的价值问题；人与人、个人与社会相互作用中的价值问题；人与自然、社会与自然相互作用中的价值问题……

32.5 文明形态与信息处理方式的变革

20 世纪下半叶以来，在世界范围内兴起的信息革命、知识与信息经济、信息社会，以及信息社会化、社会信息化的浪潮，已经和正在全面刷新人类社会的政治、经济、军事、文化体制，进而全面改变着人们的生活方式、思维方式及观念模式。正是这一伟大变革的社会浪潮，将一个区别于工业文明的新的人类文明时代——信息社会文明时代日益清晰地展示在世人面前。同时，在这一新旧人类文明交替的剧烈变革的时代，人类也必然会面临诸多方面的价值观念和价值体制的震荡、碰撞和冲突，以及修正、扬弃和重建。也正是在这一文明转型的伟大变革时期，也正是在人类面临着诸多复杂交织的理想与现实的价值观念的冲突、震荡与重建中，信息对社会进步和发展所起的巨大价值迅速得以凸显。

其实，当人们论及信息社会文明的基本特征，以及由信息经济发展的比重所标志的社会进步的一般趋势的时候，当人们论及社会进化的信息尺度，以及社会生产的信息本质的时候，当人们论及虚拟现实对人类的认知方式的改变和影响的时候，当人们论及信息的诸多社会功能的时候，人们便已经十分具体地揭示了信息对人类社会的发展与进步所具有的巨大价值。

人类的不同文明时代是以不同的信息处理、创制和传播方式为其技术前提的。在人类的农业文明时代，由于未曾发明远程信息处理、创制和传播的媒体工具，所以在这一时代，人类的信息处理、创制和传播的方式主要是个体内向的信息处理、创制的自我传播，个人与个人之间面对面的信息互动的亲身传播，以及在自我传播和亲身传播基础上展开的团体传播和组织传播。这样的信息处理、创制和传播方式具有短程、分散和对外封闭隔绝的特点，与这一信息处理、创制和传播方式相一致，建立起了农业文明时代的个体或家族或村落的自给自足的经济体制，以及个人或家族集权的君主制度的政治体制。毫无疑问，在这一信息处理、创制和传播方式的基础之上，在这种形式的经济体制和政治体制之下，无论如何也形不成相对于全社会的、大众化的、统一的、一元化的价值观念体系。

在人类的工业文明时代，无论是政治体制还是经济体制，都要求全社会中人应当具有某种高度统一的、一元化倾向的价值观念。我们知道，工业文明时代的政治体制是国家集权的民主共和，而经济体制的特征则是尽量追求统而划一的大规模的、大机械批量化生产。这一政治体制、经济体制要求社会的一切领域、方方面面都要同步化：产品的规格、型号的同步化，各行各业的工作时间的同步化，教育模式的同步化，生活方式的同步化，行为规范、道德准则的同步化，观念模式、思维方式的同步化等。这就是一切都在严格决定论的、既定安排好了的、标准化的程序中统一运行着的集权制、机械化社会的模式。在这一社会模式的规范下，长期以来各国政治领袖们更多期望的是建立这样一个由某种统而划一的意志按照严格决定论的方式所支配的社会：一个主义、一个思想、一个头脑、一个领袖，崇尚完善的秩序性、简单的一致性、严格划一的思想控制、不容变通的经典规范、单一确定的行为模式。这样一种全方位的高度同步化、严格决定论的完善的秩序必然要求和导致社会中人的价值观念的高度一元化。正是这一全方位的高度同步化、严格决定论的完善的秩序、高度一元化的价值观念体制，才可能成为保证国家集权能够得以建立和维持、国家大机械化生产得以巩固和发展的世俗基础。这一时代发展起来的大规模、单向式、自上而下统一制控的信息处理、创制和传播方式，乃是形成和加强高度集权化国家统治和高度同步化、机械化经济秩序的技术前提。由中央集权高度制控下的信息处理、创制和传播的大规模、单向式信息媒体（广播、电视、电影、书报杂志等）都成了保证形成、维护和强化统一舆论、统一思想、统一信仰、统一价值观念、统一行为模式的强有力的有效工具。在这类单向式、自上而下统一制控的大众信息媒体中所传播的信息，是由主宰这类信息工具的统治集团通过认真筛选、严格规范、精心炮制之后的某种单一模式化了的内容，正是这类单一模式化的内容使在相应媒体中所传播的信息具有了单调、刻板、僵化且体现着主宰信息工具的统治集团意志的特征。由于由统治集团所主宰的单向式大众传播媒体是社会信息媒体中的主导成分，所以一般民众通过正常渠道所获得的信息具有基本一致和广泛雷同的性质，在这样一些基本一致的信息内容的规范下，工业文明时代的集权制国家统治下的民众通常都总是具有某种大致雷同的、统一的、一元化的价值观念体系，是很自然的事情。

我们知道，新的信息社会文明是以计算机网络化的发展为其技术前提的，计算机网络化乃是一种信息处理、创制和传播的全新方式，信息处理、创制和传播方式的网络化发展导致了一种新的网络文化的诞生。正是这种网络文化的产生、发展和普及，有可能使人类价值观念模式的变革朝着多元化的方向发展。

网络化的信息处理、创制和传播方式与上述由国家集权控制下的单向式、自上而下的权威主义的信息处理、创制和传播方式截然不同。网络化的信息处理、创制和传播方式在形式上具有交互性、平行性、开放性、全球性、多元性、自由性、共享性、平等性和非权威主义的基本特征。网络化的信息处理、创制和传播方式的交互性、平行性和非权威性特征能够有效地克服单向式、自上而下集权制控的信息处理、创制和传播方式的局限。

交互性的网络信息处理、创制和传播过程在信息发布者与信息接收者之间建立起了某种即时互逆性的反馈联系和沟通的有效渠道，这就使信息活动不再是简单地由信息发出者一方单独主宰的一种行为。在这种情况下，信息发出者有可能随时受到来自信息接收者的提问、质疑、挑战和反对，这时在网络媒体中所传播的信息就不再可能是某种简单划一的单一模式。任何一个信息接收者只要愿意，便可能即时转化为信息发布者，并把他所创制的可能的其他类型的信息模式输入网络，反馈给原有信息模式的信息发出者或更多的介入网络的机构和人员。同理，在网上信息发布者同时又可能成为信息接收者，因为他必须随时准备接收来自网络其他终端的提问、质疑、挑战和反对，他必须与网上已经、同时或将要发布和传输着的其他类型的信息模式进行竞争和较量；无论你是具有怎样等级或权威的机构或个人，都不能简单地用你的意志和所炮制好的信息模式来唯一决定或左右网上的其他机构或个人；无论你是怎样一个微不足道或无名小辈的机构或个人，如果你愿意，都可以将你创制的体现你的意志的信息模式在网上获得同样广泛的传播，并以此同样广泛地去影响其他机构和个人。

网络化信息处理、创制和传播的平行性普遍联系的特征使网络信息活动不再是由某些集权机构制控的自上而下的行为。用户终端的普遍联网导致信息在网络中扩散的自由程度、随机性极大，任何一个政府、一个机构或个人想要有效地对网络中扩散的信息加以较为严格的控制都是不容易做到的，人们总会用各种各样的办法来逃避类似于极权性质的检查和控制。与网络信息扩散的自由度和随机性极大的情景相统一的，便是网络中扩散的信息在量上的极度膨胀和在质上的多元化模式。

值得我们注意的是，信息时代的先进通信网络有能力普遍沟通每一个家庭和个人。各类信息传递的准确、快捷、方便、逼真都是前所未有的，随着信息社会的成熟性发展，通信网络技术为每个人、不同利益集团、各类组织、多层次的政治机构提供了直接性的、普遍交互式、平行性普遍联系的，表达意愿、传递信息、商议、质询、监督、审核、建议、选举、表决的先进技术装备。

另外，信息的传播是没有国界的，信息社会是全人类的事业，成熟的信息社会必然是全球信息社会，信息的全球性共享是信息时代所要达到的目标，这样网络就不再单单是针对某一国家或地区的。就信息的普遍开放性的本质而言，网络只能是针对全人类的、全球化的，在全球化网络中所可能扩散的信息的数量、种类和模式不仅是极大量的，而且必然是多元化的、非权威主义的。

在全球性网络中，不同国度的人都可以迅速而容易地获得过去常常难以得到的世界上其他国家或地区，不同行业、民族、机构，甚至个人的大量信息。如果愿意，世界上的人都可以很方便而及时地在网上发表自己的各种见解、意见或建议，甚至倡议并组织召开网络会议，讨论各种感兴趣的问题；能够在网上加入各类问题的讨论，只要他的意见有价值，便很容易在较为广泛的领域中获得反响。并且，意见相同或相似的人们还可以通过网络很方便地建立网友组织，不同的网友组织将可能会形成截然不同的意见集团。由于网络上扩散的信息在数量上极大且种类和模式众多，可供人们选择的余地是相当大的，有人甚至提出，网上信息将可能拥有无限选择的可能性；由于选择的内容和方式不同，个人拥有的知识结构、利害关系及看问题的角度不同，在网上要形成对某种意见模式的赞成与否的绝对多数的民众集团将是十分困难的。一个极为可能的情况是，持有各类不同意见的集团的数量将会很多，而任何一个意见集团所拥有的人数都不可能达到多数。从这一情况来看，正是网络化信息处理、创制和传播的全球化、交互式、平行性和非权威性方式，为知识的多元化、信息模式的多元化、意见集团的多元化、价值观念的多元化的发展提供了最具基础性的技术前提。

显然，网络是国家集权制体制的消解器。一方面，网络的全球化发展将导致众多全球性机构、跨国集团的产生，一些涉及全球性关系和利益的问题，任何一个国家想要单独进行裁决和处理都是不可能的。这样，工业文明时代国家权力的至上性将会受到来自各类全球性机构的挑战，这就迫使旧有的国家集权政府不得不将他们的部分权力转移到各类超国家机构中去。另一方面，平行性普遍联系的网络的发展，在事实上将会导致国家旧有的某些权力的下移，因为网络中的各类机构和个人将可以越过国家权力的中介而直接进行对话、交易和决定处理许多相互关联的问题。随着旧有国家的部分权力向上转移到各类超国家机构和向下转移到各类下层机构和个人，国家的权力在总体上将会弱化，传统的国家集权体制将有可能得到部分消解；与此相一致的是，旧有的以强大的国家集权体制所维持的一元化的价值观念体系同样会得到极大的弱化和消解。这一发展态势所产生的最终结果便是社会中的价值观念的多模式化、多元化。

网络是知识的解放者、信息的解放者、信息创造和传播方式的解放者、社会权利的解放者、人际关系的解放者、人的思维方式的解放者、人的价值观念的解放者、人的生活方式和行为方式的解放者，极言之是人本身的解放者、人类社会的解放者。也许，正是网络化信息处理、创制和传播方式的发展和普及为马克思和列宁早已憧憬的国家集权的消解和个人与人类的充分解放提供了更为宽广的前景。

信息处理、创制和传播的网络方式的普及性发展所导致的国家集权体制的消解、传统社会的一元化价值观念体系的消解，以及多元化价值观念模式成为现实，必然要求建立某种新的与这一变化趋势相一致的民主体制。在这一新的民主体制中将会有更多的宽容和理解，少数人的权利、利益、价值观念，不同意见集团的权利、利益和价值观念，将会得到更为充分的尊重、实施和满足。

也许，正是网络化信息处理、创制和传播方式的普及和发展，正是人类价值观念体制的多元化发展，为我们昭示着一个崭新的人类文明社会的美好前景。

32.6 网络民主与国家集权、世界霸权之间的价值冲突

信息处理、创制和传播方式的网络化发展导致了一种新的网络文化、网络民主的诞生。正是这一网络文化、网络民主区别于传统文化、传统民主的全新特点，将可能引出一系列基于网络文化、网络民主的，信息时代所独具的相关行为和观念方面的价值矛盾与价值冲突。

网络文化、网络民主将有效地克服单向式、自上而下的集权控制的信息处理、创制和传播方式的诸多局限，同时又不可避免地与工业文明时代形成的国家集权主义和世界霸权主义构成鲜明的对比，进而与后者发生尖锐的对立、矛盾和冲突。

1. 网络民主与国家集权之间的价值冲突

由网络化的交互性、平行性、开放性、全球性、多元性、自由性、共享性、平等性和非权威主义的基本特征所构成的网络民主，从根基上改变了支撑工业时代建立起来的国家集权体制的信息技术前提，所以网络文化、网络民主乃是国家集权体制的挑战者和消解器。

交互性的网络信息处理、创制和传播过程在信息发布者与信息接收者之间建立起了某种即时互逆性的反馈式联系和沟通的有效渠道，这就使信息活动不再是简单地由信息发布者一方单独主宰的一种行为；网络化信息处理、创制和传播的平行性普遍联系的特征使网络信息活动不再是由某些权威机构主宰的自上而下的等级性信息活动的行为；网络的开放性和全球性特征不仅把网络信息的输入、处理、输出的信息权交给了全球的所有入网机构和个

人，而且极大地缩小了人类的时空界限，导致信息交往活动的“全球村”效应的出现；网络信息处理、创制和传播的多元性、自由性、共享性、平等性和非权威主义的特征，为知识的多元化、信息模式的多元化、意见集团的多元化、价值观念的多元化的发展提供了最为基础性的技术前提，同时也打破了工业文明时代创造的单向式、自上而下的，由集权机构制控的权威主义的大众信息媒体的单调、刻板、强制和僵化。另外，信息社会需要有一些人类共同遵守的某种维护全球性网络畅通的秩序，为了保证这些秩序，建立相应的超国家机构就是必要的，并且，保证这一秩序正常运作的各类超国家机构的相应权力也将会是极为重要和具有实质性的。就这一方面的情景来看，全球性网络同样会对国家集权体制提出严峻的挑战。

由于网络化信息处理、创制和传播方式与工业文明时代创建的单向式、自上而下的大众媒体的信息处理、创制和传播方式具有本质性的区别，进而对工业文明占主导地位的国家集权体制提出了严峻的挑战，这就在网络文化、网络民主与国家集权体制之间形成了现实而深刻的矛盾和冲突。一方面，各国政府总是试图通过对网络的强化管理来实现对网络的较为严格的控制；另一方面，网络文化、网络民主的本性又具有超越和抵制国家集权控制的平行性、开放性、全球性、多元性、自由性、共享性、平等性和非权威主义的基本特征。随着网络技术的日益发展，随着网络技术使用范围的日益普及，随着介入网络的用户的日益增加，随着网络文化、网络民主的相关体制和观念被更多的机构或个人所接受、所理解、所认同，上述两个方面的矛盾和对立便不能不越来越具有本质性和鲜明性，由此所引发的行为上和观念上的价值冲突也必将会越来越显得尖锐和激烈。

2. 网络民主与世界霸权之间的价值冲突

应该说，在信息社会的发展还处于初级阶段的时期，由于信息技术发展的不平衡性、社会信息化发展程度的不平衡性，少数发达国家利用其首先建立和控制的全球性网络来达到其经济、政治、军事的目的，广泛推行其文化、制度、信仰、伦理等方面的价值体系和价值观念，并利用网络对世界事务拥有更多的控制权的情况是不可避免的。但是，我们也应该注意到，网络的控制和以往的凭借军事优势而实施的强权控制是有根本性区别的，拥有网络的人要想充分控制网络内流动信息的方向和内容是根本不可能的。当人们普遍进入网络，并在网络中交换信息的时候，将会发生什么情况，是任何人都难以预料和控制的。控制网络是一回事，控制网络内流动的信息又是一回事。极有可能发生的情景是，网络内信息流动的方向和内容恰恰与控制网络的人的意愿相悖，而控制网络的人又对之没有足够的办法。

换一个角度来看，网络有效运行的前提在于取消限制、信息自由交换和全面开放。这些前提性原则，决定了网络一开，便会不可逆转地国际化、全球化、多元化、自由化、平等化，而网络的竞争又势必会导致网络技术的普及化。这样便会形成网络的层次和网络的网络。不同国家、地区，不同行业、跨国公司都将会拥有各自的网络，而不同的网络又会联合成更大的国际性、全球性网络。这样，网络化的最终发展便会自然而然地打破少数人和少数国家企图通过控制网络而称霸的愿望。

一个极有可能的情景便是，网络的初步发展可能会暂时加强少数发达国家的霸主地位，但是，网络的充分发展则又可能会使霸主们的权势和地位逐步削弱。正处于第三世界的发展中国家不必为网络资本主义的发展而过多地担心、忧虑和惊恐，而是要尽量多地介入网络，建立自己的网络，并尽量多地利用网络发展自己。未来将要实现的全球信息社会对于穷国和弱国同样会带来令人兴奋的福祉，不过，这个福祉还需要我们通过不懈的努力去争取。问题的要害是：网络民主不仅仅是针对国家集权体制的，而且是针对世界霸权体制的；网络不仅仅是国家集权主义的挑战者和消解器，而且是世界霸权主义的挑战者和消解器。网络民主与集权、霸权的这种根本性的对立，使它极有可能成为集权和霸权的掘墓者。也许正是网络民主的充分发展最终走向与网络创设者和控制者的意愿相悖的方向，使世界霸主们所创设和控制的网络最终变成挑战、反对、瓦解并埋葬他们自己的强大的、不可控制的力量。

当然，上述情景的最终实现是一个需要较长时间酝酿和发展的过程。因为人类的农业文明、工业文明所经历的时间是那样久，国家至上主义和世界霸权主义的观念积淀是那样深厚，以至于当网络民主出现后，传统的体制和观念仍然强有力地束缚着一般政治家和一般民众的头脑。从这一意义上来看，网络民主并不是自然而然就会到来的现象，在网络民主和传统集权、霸权主义之间必然会展开多方面的、反复的、复杂而激烈的交锋、较量、抗争和冲突。网络民主既是一个不断生成、培育、发育和发展的过程，又是一个与传统体制和观念相互斗争、相互冲突的过程。但是，无论这一过程面临多少困难，需经历多久的时间，网络民主毕竟已经敲响了国家专制主义和世界霸权主义的丧钟，网络民主必然会最终迎来它美好而灿烂的春天，那时，也便自然而然地宣告了国家专制主义和世界霸权主义的末日的来临。

网络的全球开放性、资源共享性、平行性、多元性、自由性、平等性、非权威主义与无限构造与创新性等基本特征，必然导致网络生存中的意见模式、观念模式、文化模式、意见集团、网络虚拟社会组织呈现出多元化的样态。文化霸权主义者们仍然沿用工业文明时代形成的一元化的集权主义的思维模式，他们企图通过控制网络的方式来控制意见模式、观念模式和文化模式，从而在网络中推行其文化占领、文化侵略、文化殖民的霸权主义战略。然而，这种基于一元化思维模式的，企图通过网络推行单一文化模式、单一价值观念的做法是行不通的，最起码不可能在较长时期内行得通。因为一元化、单一模式是与网络的本质、本性不相容的。

传统社会中的文化相对于某一国家、民族而言基本上是一元化的，相对于全人类而言则是多元化的。然而，传统社会中的文化多元性是靠国家、民族文化的相对封闭性来维系的，其间很少或基本不发生不同文化模式间的较为激烈的碰撞和冲突。而网络社会中的文化多元性则是靠网络中传输的文化模式的多样性来维系的，并且，这一新的多元文化格局将有可能普遍交织、渗透于不同的国家、民族文化之中，从而改变传统社会中不同国家、民族文化的相对单一性和封闭性的特色，更多呈现出不同文化的直接面对、直接碰撞和冲突，同时也更多呈现出不同文化间的具体相容性和不同文化价值的具体认同性的情景。这就是全球性的跨文化的碰撞和冲突，以及兼容、互补、认同和融合。随着网络技术的发展、网络使用范围的普及，网络霸权主义、文化殖民主义的市场必将日益萎缩，并会最终被消解。

另外，还有必要强调的是，在信息社会文明时代，人类信息处理、创制和传播的时间方向是指向未来的。过去、现在和未来并不是等价的。崇拜历史、注重现在的信息活动方式所能适应的仅仅是知识更新频率相对缓慢的社会状态。随着信息社会的到来，知识更新、社会发展的速度是如此之快，使过去和现在的距离会如此神速地拉大。如果仅仅停留在对过去的学习上，那么，我们便不可能轻而易举地来弥合这种日趋加速拉大的距离。这样，我们就会像是永远生活在历史中一样。这就要求我们必须对未来的信息给予更多的关注。与此相适应，人类的教育观念、教育内容和教育方法也应该做出相应的改变：从注重既定知识的传授转变为注重创新能力的培养和注重人的全面发展的塑造；从对所谓完整体系和成熟知识的讲解转变为注重介绍不同学派间的争论和前沿问题的探索；从只注重直接接受式的教学方法转变为注重启发式、探索式的教学方法；从只注重科班式教学体制转变为兼而注重短训式、自导式、终身式教学体制。正是这种指向未来的信息活动方式充分彰显着网络化信息处理、创制和传播方式的无限构造和创新的非凡能力，从而为信息社会的高速发展奠定了坚实的信息活动前提。同时，这种指向未来的信息活动方式也充分展示着信息时代人类的价值观念更多具有崇尚创新知识、创新未来的多元化发展的一般倾向和特征。

第33章 信息生产和信息生产力[①]

马克思和恩格斯创立的历史唯物主义学说提出了一种人类创造世界的活动的“全面生产”的理论，这一理论把人类的生产活动分为四种形式：物质资料生产、精神生产、人自身生产、交往关系生产。由于时代的局限，马克思和恩格斯当年更多是从物质活动的维度来揭示这四种生产的实质，以及其综合统一的特征的。

随着信息科学、信息技术、信息经济和信息社会的崛起和社会的信息进化的加速发展，以及信息哲学的日益成熟发展，信息世界的本质、信息与物质和精神的关系日已清晰而透彻地得以揭示，信息在现代社会生产中的重要作用日益显著地凸显出来，这就使我们有必要从信息活动的角度来对人类生产活动本身重新加以审视和规定，并相应对信息生产力的问题进行探讨。

33.1 信息生产——人类生产活动的实质

长期以来，对于人类的生产活动，学术界更多采用的是物质生产、生产

① 本章的某些基本思想最初发表于如下两篇拙文：《信息生产和信息生产力》（《哈尔滨师专学报》，1997年，第3期，第28-39页）；《试论人类生产和生产力的本质及其微观结构》（《教学与研究》，2003年，第4期，第49-54页）。

物质产品的生产、创造物质财富的生产、获取物质生活资料的生产等提法。这类提法给人一种错觉，使人以为人类在生产活动中生产或创造出了物质。

人类科学早已清晰地揭示出一条具有基础性意义和价值的定律：物质（质量和能量）守恒，世界上的物质既不能消灭也不能创造。由此定律出发，人类在生产活动中是根本不可能创造出物质的。那么，人类通过生产活动到底生产或创造了一些什么东西呢？

我们首先考察一下人类获取物质财富的生产活动到底生产或创造了什么。其实，我们通过物质生产所改变的并不是物质的质量或能量，而仅仅是相关质量或能量的结构方式或活动状态。在生产中，人们破坏物质的某种旧有结构和状态，并相应建构某种我们所需要的结构或状态。我们通过对某种物质存在形式的改变来获取另外一种我们所需要的物质存在形式。这样，在获取物质财富的生产活动中，我们创造的仅仅是物质的特定结构或秩序。从最一般的意义上来讲，这种结构和秩序乃是一种信息的编码方式，而在此编码活动中所利用的物质（质量或能量）材料则具有信息载体的意义和价值。由此看来，在这一生产活动中，人类所创造的并不是物质，而只能是信息（物的序的结构信息）。从这一特定的角度和意义上来看，物质生产、物质生产力这类提法并不是很确切。囿于习惯上的成见，我们仍会沿用这些概念，但是，我们有必要在思想上明确，这类概念的含义并不意味着我们在生产中创造了一丝一毫的物质。据测，我们将会更多地采用“物质资料生产”这一提法。

对于物质资料生产活动，我们还可以换一个角度来分析。通常，物质产品的结构在生产过程未曾展开之前，可能处于两种不同的情况。一是我们已经拥有了这类产品的样品，这时后续展开的生产活动便是按照样品的模式来生产。在这种情况下，生产活动便仅仅是对特定物的信息结构的复制；二是我们还不具有要生产的产品的样品，这一产品的结构模式需要我们先行予以设计。例如，一座新式大楼的图纸设计、一套新颖服饰的构想和纸样设计，在这种情况下，模式设计本身首先是一种信息结构的创造，而按此模式设计所展开的生产活动，便成了使这一创造性的信息结构模式转化为实物对象的产品的过程，或者说是主观创造的信息在客观产品中实现的过程。

综合上述分析，我们可以得出一个一般性的结论，人类的物质资料生产是人类复制、创造特定物的结构信息，以及人所设计的目的信息在实物产品中实现的过程，简言之，就是人类改变和建构物的结构信息的信息生产过程。

精神生产是观念、知识的生产，而观念、知识是人类创造的主观信息（再生信息）的形态，所以，精神生产能够集中体现出人类生产活动的信息生产的本质特性。值得一提的是，人类的物质资料生产是以精神生产为前提和展开之环节的。马克思曾通过对比蜘蛛和织工、蜜蜂和建筑师的活动，十分精辟地论述了精神生产作为物质资料生产的前提、作为贯穿于物质资料生产全过程的本质性环节的意义。劳动者的目的、在劳动者的观念中已建构出来的关于劳动结果的表象、关于劳动过程的规划，以及始终决定和控制着劳动过程的注意力和意志、方式与方法等都是在精神生产过程中所获得的观念性产品。由此我们又可以进一步加深我们对人类的物质资料生产乃是人的目的信息在实物产品中实现的过程，乃是人类改变和建构物的结构信息的信息生产过程的规定的认识。

精神生产除了指观念信息（再生信息）的创造活动之外，同样也有一个观念信息复制的方面。当一种新颖的思想、观念在劳动者头脑中形成的时候，当一种新的设计、方案、构想、情景被劳动者构想出来的时候，这便是观念信息（再生信息）的创造活动。而当劳动者将这些创造出来的信息转变为语言、文字、图画、图纸、剧目情节而予以表达的时候，便构成了观念信息的复制，至于相关文本、图像、语言的印刷、录制，以及表演等活动，以及他人对这些文本、图像、语言、表演的再行认知、解读等活动统统属于观念信息的复制。

通过上述分析，我们可以得出如下结论：创造和复制观念信息是精神生产的实质。

人类自身生产是指人类自身世世代代的繁衍，这一生产领域的活动包括两个相互衔接的环节：一是通过对人类遗传信息的复制产生出人的个体生命；二是通过对人类社会文化信息的同化将具有个体生命的人培养教育成社会化的人类社会的一员。笔者曾把人的个体对人类遗传信息的承接称为个体结构建构的“先天中介”，而将人的个体对人类社会文化信息的同化称为人体结构建构的“后天中介”[①]。正是这两个相互衔接的过程构成了人类自身生产的活动本身。从这两个过程来看，人类自身生产主要是对人类的遗传信息和人类的社会文化信息的复制（信息同化也是一种信息复制过程），当然，在此复制过程中也会出现复制中的错误，即信息变异，正是这种变异导致了

① 邬焜，李琦：《哲学信息论导论》，西安：陕西人民出版社，1987年版，第10章。

人的遗传信息结构的进化，以及人类的社会文化的进化。

交往关系生产就是生产关系、社会制度、社会体制乃至国家形态的生产。这一切生产领域的活动可以从两个方面体现出来：一是人们在具体的生产活动中每时每刻都要延续和重复着既定的交往关系；二是人们在具体的生产活动中每时每刻都在改变和创新既定的交往关系。前者对应着交往关系的复制，后者对应着交往关系的创新。通常，在人类社会中表现出来的生产方式的延续、国家形态的保持，以及社会文明体制和制度的相对稳定等主要体现的是既定交往关系的复制（延续和重复），当然，其间必然存在着大量而频繁的小的、局域性的或阶段性的创新；而在人类社会中表现出来的生产方式的更替、国家形态的变更，以及社会文明体制和制度的变革与发展，则主要体现的是交往关系的改变和创新，当然，其间也必然存在着某些交往关系内容的复制（延续和重复）。另外，从交往关系的性质和实质来看，现实的交往关系活动本身乃是维系人和人之间关系的信息活动纽带，而制度化、体制化的交往关系则是这种信息活动纽带的习惯的、政治的、法的存在形式。所以，从上述分析中我们可以得出结论：人们的交往关系生产的实质在于对现实的人和人之间的信息活动纽带关系，以及这种信息活动纽带关系的习惯的、政治的、法的形式的复制、改变和创新。如果进一步加以讨论，我们还会看到，无论是人的现实的交往关系的信息活动纽带，还是以习惯的、政治的、法的形式表现出来的人的交往关系的信息活动纽带，都具有社会文化信息活动的性质。

讨论到这里，我们便能够对人类的四种生产活动的实质进行统一的概括，这一概括可以精确地表述如下：复制、改变和创造观念信息、人的遗传信息、人的交往关系信息、社会文化信息、物的结构信息，以及将劳动主体的目的信息转化为实物产品的结构信息是人类生产活动的实质。

世界上的物质（质量和能量）是守恒的，人类生产不可能创造物质，只可能改变物质存在的形式，但是，信息却不具有守恒性，人类在生产中创造的只能是信息，并且，物质存在的形式的改变又只能通过相应的结构信息的改变来实现。在严格的意义上，人类的生产不可能是物质生产，而只能是信息生产。

从我们关于信息生产概念的规定中，可以直接引申出信息生产力的概念，这一概念同样可以清晰地揭示出人类社会生产力的实质：人类社会生产力是指人类复制、改变和创造观念信息、人的遗传信息、人的交往关系信息、社会文化信息、物的结构信息，以及将劳动主体的目的信息转化为实物产品的结构信息的能力。与人类的生产不可能是物质生产，而只能是信息生产的理由相一致，人类的社会生产力也不可能是物质生产力，而只能是信息生产力。

33.2 对实践活动的信息活动维度的分析

人类的实践和人类的生产活动是统一的，前面对人类生产所做的分析也同样适用于对人类实践的分析。

实践是人们有目的地改造世界的活动。这种改造无非是要改变客体的某种结构和状态，使之成为对人、对社会有用的产品。诚然，实践的过程是通过某种物质性的手段（主体器官的运动、主体对工具的操作、对被改造客体对象的加工等）来完成的。如果仅就这一物质性手段的过程来分析，我们可以说实践的物质性运动过程是主体作用于客体的中介环节。然而，仅仅分析到此，问题还不能算彻底解决，因为人的实践活动和其他的物质运动过程有着质的差别。实践过程首先是从人的主体目的性开始的，在实践的物质运动过程未曾展开之前，人们要制造的产品形象，人们为制造此产品而选择的手段的计划，都已作为再生信息在人的意识中被设定好了，这就是主体在实践之前所拟定好了的目的性、计划性信息。这种认识中的再生信息转化为主体行为启动的指令信息，通过人的神经激发人的运动器官行动起来，操作工具，作用于客体对象。在这一实践的系列过程中，主体信息一直起着规定实践的方向、设计实践的程序和方式、控制实践的进度和程度的作用。主体外化出来的信息是贯穿这一全过程的主线，通过这一过程，主体的目的性信息最终在客体中得以实现，改变了客体的结构和状态，使之成为符合人的目的设计的产品。实践只能是主体信息对客体积极作用的一个过程。在这里，无论从实践的开始（目的性、计划性）、实践的过程（主体器官的运动、对工具的操作、对客体的加工改造），还是从实践的结果（客体的被改造）来看，都具有信息活动的意义。而实践活动本身要完成的也只不过是把主体认识中的目的性信息转化为客体的结构信息，这一过程的完成又直接依赖于主体认识中为完成这一过程所设计的计划性信息的实施。

此外，实践过程进行得怎样、客体被改造的程度如何、主体的目的性能否如期达到等方面问题的判定，又需要主体把实践过程和被改造着的客体当作他所认识的对象来把握。在这一过程中，实践过程和客体本身生发出来的信息便是主体捕捉的对象。主体通过对这一信息的捕捉，不断地向自己的运动器官发出新的信息指令，或者使实践活动按原有计划继续进行，或者使原有计划得到某些适当的修正。就这样不断进行着的“主体输出信息—客体（实践过程、被改造对象）信息对主体的反馈—主体输出调控信息”的一个信息循环运动过程，构成了实践活动本身的信息活动过程。

实践活动是一个主体信息向客体运动的过程，同时也是客体信息向主体运动的过程；是主体信息在客体中实现的过程，也是客体信息在主体中实现的过程。在这一过程中起中介作用的是主体为完成这一过程而设计的计划信息的实施，以及客体在此过程中生发出来的信息对主体的反馈。如果没有这几方面信息的活动，就不能产生、展开、完成实践活动本身。只有进行这样的分析，我们才有可能揭示实践的主体有目的地改造世界的深刻本质。

基于上述论述，我们看到，实践不仅是一个物质性运动的过程，还是一个信息运动的过程。就主体认识结构的建构、认识产生的过程、认识格局的变化等方面来说，实践的信息运动的意义是更为重要的。正是在这一信息运动的意义上，实践才真正成了主客体相互作用、主体认识发生的现实中介。那种仅仅把实践看成是能动的物质性活动的观点，是远远不能把握实践的深刻本质的。

然而，我们还必须看到，实践虽然在信息活动的意义上成了认识产生的中介，但是这个中介对于认识的产生来说却不是唯一的，因为还有实践活动所不能包括的使认识产生的信息活动方面。例如，人类认识的起源的信息凝结过程、个体从无意识到有意识的认识结构最初建构的信息凝结过程，都是实践所无法解释的。又如，主体的某些内在意识中的信息自调、重组活动也是实践所无法包括的。

要真正科学、全面地揭示认识的起源、变化和发展，不仅需要从信息运动的意义上对人类的生产和实践过程予以重新认识，还需要去探寻在人类的生产和实践中不曾包括着的另外一些对认识发生作用的信息运动过程。

33.3 生产力的微观结构

从我们对四种生产、四种生产力，以及我们对信息生产、信息生产力的具体讨论中，已经可以清晰地看到人类社会生产和社会生产力的复杂综合性。从这一复杂综合性的特征出发，我们有理由把人类社会生产力看成是一个复杂综合的大系统，它一方面是物质生产力、精神生产力、人类自身生产力、交往关系生产力的综合，另一方面又是自然力量、社会力量的多重效应的综合，此外，还是物质因素（包括材料和能源）和信息因素的有机综合。在这里，生产力范畴理应是一个综合范畴、全息范畴。如此，对生产力结构的讨论也理应在全面、系统而综合的水平上进行。

通常，学术界习惯于把生产力的要素分为两大类：一类是硬要素（实体性要素）；另一类是软要素（非实体性要素）。对于硬要素的构成，有一个“三要素”论，即劳动者、劳动工具和劳动对象三要素；对于软要素，则一般认为由科技、教育、管理、信息等构成。如果说仅从人类认识抽象把握的角度上来看，这种软、硬要素分列的做法还具有某些合理性（显然并不全面），那么要从现实生产活动过程的角度来看，这种合理性便丧失了。因为在现实的生产活动中，软要素和硬要素是相互交织、贯通、融为一体、无法分割的。由此也体现着生产力过程的高度综合统一的特性。

下面，我们首先以“三要素”论为参照，以物质因素和信息因素为硬要素和软要素的区别标准，并从软、硬要素内在统一的原理出发，对生产力的微观结构予以具体的讨论。所谓生产力的微观结构，主要指的是作为生产力基本内核的“三要素”的每一要素的内部结构。

1. 劳动者的内在结构

在生产活动中，劳动者并不仅仅指从事劳动的人的血和肉、骨头和器官、神经和脑等“硬件”，更是指从事劳动的人所具有的劳动知识和技能，认知和思考的方式，控制注意力和意志力的能力，形成的目的和计划，选择与操作工具、选择与作用于对象的方法和能力等“软件”。而劳动者区别于一般人、一般动物的方面恰恰并不简单在其硬件部分，而主要在其软件部分。缺乏软功夫的人不能成为劳动者，不具有相关的某一方面的软功夫的人也不能介入到相应的劳动过程之中。从这一角度出发，我们可以将劳动者的内在结构具体描述为图 33.1。

- 劳动者
  - 硬件（物质）构成
    - 血、肉、骨等躯体基质
    - 感官、运动器官、神经、脑的基质
  - 软件（信息）构成
    - 劳动知识和技能
    - 认知和思考的方式
    - 控制注意力和意志力的能力
    - 形成的目的和计划
    - 选择与操作工具、选择与作用于对象的方法和能力

图 33.1　作为生产力要素的劳动者的内在结构模式

2. 劳动工具的内在结构

通常，理论界仅仅在认识、改造劳动对象的物质实体工具的意义上来规定劳动工具的概念。其实，在人类生产活动中起作用的劳动工具有两类：一类是主观工具；另一类是客观工具。主观工具即认识、改造对象的主观方式和方法。这类工具是潜存于劳动者主体之内的，作为劳动者的软件（信息）构成而被具体规定的。主观工具的作用在精神生产中表现得最为明显，许多精神生产活动都是劳动者通过操作相应的主观工具而展开并获得其产品的。客观工具就是通常理解意义上的物质实体工具。这类工具是劳动者为了认识和改造劳动对象而制作和使用的人工制造物。客观工具虽然以客观实体物的形式存在，但是，却不再是原初意义上的纯粹的自然实体物。由于它是被劳动者制作出来的，它便已经作为一种劳动的产品，以其新颖的结构和性能而凝结了被人加工制作过的信息，并与制造者的目的、意志相统一。在这里，劳动者的主观信息已经贯注到了客观工具的结构和性能之中，客观工具已经成了劳动者的相关知识、技能、方法的物化信息凝结体。作为主观信息的物化凝结体，客观工具的本质便不能简单由其物质承担的因素方面来规定，而只能由其所凝结的主观信息的因素方面来规定。

在最为一般的功能性意义上，劳动的物化工具乃是人的肢体、感官、大脑的延伸，是劳动者和劳动对象之间信息沟通、相互作用的中介。就作为人的肢体的延伸而言，劳动的物化工具乃是将劳动者探测、改造劳动对象的目的性信息表达于劳动对象之上的中介；就作为人的感官的延伸而言，劳动的物化工具乃是劳动者获取劳动对象的信息的中介；就作为人的大脑的延伸而言，劳动的物化工具乃是劳动者储存、分析、加工改造劳动对象的信息，以

及创造新的知识性信息的体外机器。从这三个延伸方面的意义来看，劳动的物化工具的作用恰恰是在信息活动的意义上成立的，它既是劳动者的主体信息到达劳动对象的中介，又是劳动对象的信息到达劳动者主体的中介；既是对劳动者主体的信息进行储存、处理、创新的工具，又是对劳动对象的信息进行收集、储存、处理、创新的工具。

综合上述分析和讨论，我们可以将劳动工具的内在结构具体描述为图 33.2。

- 劳动工具
  - 主观工具
    - 硬件（物质）构成：脑的基质
    - 软件（信息）构成：认识、改造对象的主观方式、方法
  - 客观工具
    - 硬件（物质）构成：工具的物质基质
    - 软件（信息）构成：
      - 以特定结构凝结的知识、技能、方法
      - 在主客体间进行相互信息表达、通信和沟通
      - 收集、储存、处理、创新主体与对象的信息

图 33.2　作为生产力要素的劳动工具的内在结构模式

3. 劳动对象的内在结构

劳动对象是劳动者在生产过程中所加工的对象。通常，学术界往往仅从物质生产和物质生产力的角度出发，把劳动对象理解为某种实体性的存在物。这种观点的狭隘性与前所述及的仅仅注重物质生产和物质生产力过程，而排斥其他形式的生产和生产力过程的观点的狭隘性相一致，并且是由后者直接导出的。如果从我们前所提及的三种生产和三种生产力的理论出发，那么，我们便有理由在更为宽泛的意义上来讨论作为人类社会生产力要素的劳动对象的规定和范围。事实上，在人类社会生产过程中存在着三种类型的劳动对象：一是外在于人的被加工的实体物（包括无生命体和有生命的动植物体）；二是被加工的观念和知识（包括心理现象、概念、符号、理论等）；三是被养育、教化、培训的人本身。在生产过程中，这三类劳动对象都始终处于动态的变化之中，即都始终处于从被加工状态向产品转化的过程之中。因此，我们对于劳动对象的内在结构构成的讨论便理应采取动态的观点，在这里，劳动对象的构成内容不仅应包括被劳动者选择的加工对象，还应包括处于加工过程中向产品转化的东西及转化完成时的产品本身。

作为劳动对象的被加工的实体物，在未被劳动者选择为劳动对象时，还只是一个一般的自然物或原料，这时，确立其结构的是两方面的因素：一是

其作为物质体而存在的物质基质；二是其作为信息体而存在的内在凝结的信息结构。对于自然物，其信息结构是由纯自然的原因形成的，而对于原料的信息结构的形成，则还要加上对人类加工过的信息的凝结方面的原因。对于人类训养和培育的动植物来说，则还应该加上生命的遗传信息结构方面的内容。自然物、原料、动物和植物，一旦被劳动者选择为劳动对象，并进入被劳动所加工、改造的过程之时，这些劳动对象则会逐步将劳动者的目的性信息凝结到自己旧有的信息结构之中，这一过程可能会改变甚至破坏其旧有信息，也可能会仅仅将新的信息叠加或整合到旧有的信息结构之中，而并不破坏旧有的信息。对一般动植物驯养和培育的生产过程而言，则应基本视为遗传信息的复制或表达；而对于品种的改良、创新的生产过程来说，则应视为遗传信息的优化或新的遗传信息结构的创造。从一般物到劳动产品的过程，就是将劳动者的目的性信息转化为产品的结构信息的过程。这其中必然存在着各类计划信息的实施，劳动者、劳动工具、劳动对象诸要素间的物质（包括质量和能量）流和信息流的传递、变换、储存、加工、改造等复杂的相互作用。

作为劳动对象的观念、知识等，它们本身就是信息活动的高级形态，通过对它们的进一步加工改造所获得的产品，便是劳动者创造的新的观念和知识信息。当然，在创造新知识、新观念的生产活动中，也会伴有各类物质流的运动，如人的神经和脑中的电的和化学的活动，神经细胞的活动，产品输出时人的器官和肢体的运动（如在语言表达和书写时所发生的情景），声波和纸笔的运动，甚至还要借助于某些机械，如计算机等的活动。然而，这一切都只是作为观念、知识信息活动的物质载体而存在。生产要达到的目的是获得新的观念和知识，而不是简单地获得那些物质载体。这样，我们有理由把观念信息的活动看作是精神生产中的劳动对象的主导性构成方面，而将其物质载体的活动仅仅看成是某种附带的、伴生的构成方面。

在人本身的生产过程中，劳动对象是被养育、教化的人本身。在这一生产活动中，劳动对象构成的关键环节有两个方面：一是通过选择、复制、优化和控制所获得的先天遗传信息，二是后天建构的体力、智力结构。遗传信息和建构的智力结构，除与之相应的物质载体的活动之外，其构成基本是属于信息内容的。建构的体力结构，就其表现型来看，似乎是物质性结构的，然而，它却首先由遗传信息所决定，其次又由后天的营养、训练、教化所决定。这样，造成体力结构建构的原因中，除了营养一项主要具有物质性活动的意义之外，其他诸项都基本属于信息性活动。其实，就营养一项而论，其信息活动的意义仍然是不容忽视的。按照著名科学家薛定谔的见解，“生命赖负熵（信息）为食”，生命为维持发育，自身所需要的并不是质量、能量等物质性的东西，因为构成一个人的物质量是有限的，且在一定年龄段上基本保持恒定。生命摄取营养所需维持和发展的仅仅是它的结构、秩序、组织性等，而这些内容都是由其所凝结的信息决定的。

在交往关系的生产过程中，交往关系本身成了劳动的对象。就交往关系活动本身而言，其结构构成应当包括两个方面：一方面是处于交往活动中的人的血肉之躯、为完成交往活动所必须借助的交往工具，以及体现制度化交往关系的相应组织机构、建筑设施、文本的物质基质等，这些构成了交往关系劳动对象的硬件（物质构成）方面；另一方面是体现或凝结于人脑、人与人现实交往活动关系中，以及相应工具、组织机构、建筑设施、文本之中的个体的或社会文化的交往关系信息，这些构成了交往关系劳动对象的软件（信息构成）方面。

综合上述分析和讨论，我们可以将劳动对象的内在结构具体描述为图 33.3。

- 劳动对象
  - 被加工的实体物
    - 硬件（物质）构成
      - 无生命体的物质基质
      - 生命体的细胞、组织、器官
    - 软件（信息）构成
      - 无生命体凝结的自然、人工信息
      - 通过选择复制、改良重组获得的生命体的遗传信息
      - 产品中凝结的劳动者的目的信息
  - 被加工的观念知识
    - 硬件（物质）构成：信息载体的物质基质
    - 软件（信息）构成
      - 处于加工过程中的观念、知识
      - 作为产品的新的观念、知识
  - 被养育教化的人
    - 硬件（物质）构成：人的物质基质
    - 软件（信息）构成
      - 通过选择复制、优化控制获得的遗传信息
      - 保证生命持存与发展的结构信息
      - 通过社会化教化获得的智能信息
  - 被加工的交往关系
    - 硬件（物质）构成
      - 人体、工具的物质基质
      - 组织机构、建筑设施、文本的物质基质
    - 软件（信息）构成
      - 人脑中凝结的关于交往关系的知识
      - 人与人现实交往活动中的信息流
      - 工具中凝结或体现的交往关系信息
      - 组织机构、建筑设施、文本中凝结或体现的交往关系信息

图 33.3　作为生产力要素的劳动对象的内在结构模式

33.4 生产力的宏观结构

我们关于劳动者、劳动工具、劳动对象的内在结构模式的讨论，还仅仅是在生产力的微观结构的层次上进行的。如果要从宏观上把握生产力的结构，那么便会涉及更多的因素、更为广泛的领域。

所谓生产力的宏观结构，主要指的是构成和影响生产力的各类因素之间的相互作用关系。

1. 生产力的内核结构

通常，学者们总是在“三要素”论的基础上建立生产力的宏观结构。这一结构一般被表述为图 33.4。必须强调的是，按照通常的理解，图 33.4 中的劳动工具仅指以体外物质实体的方式存在的客观工具，而不包括认识、改造对象的主观方式和方法，即主观工具。

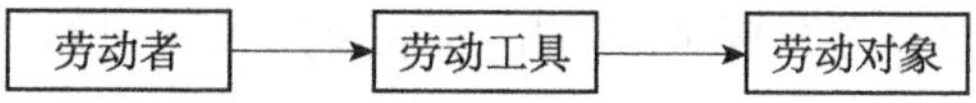

图 33.4 一个常见的生产力结构模型

其实，由图 33.4 所描述的生产力结构模型还存在三个方面的缺陷：一是这一模型反映的仅仅是生产力的最内层的要素结构（我们称之为内核结构），而另外一些更为广泛的生产力要素和影响因素则未能在这一模型中表达；二是此模型所描述的三要素间的关系是单向非反馈式的，这意味着劳动者不可能对劳动工具的运行状况和劳动对象的被加工过程实施有效的监控，因为要进行监控，就必须有来自劳动工具或劳动对象的反馈信息；三是此模型所表述的劳动者与劳动对象的关系只能是间接性的，即只能是通过实物型劳动工具的中介才能发生关系。其实，在现实的劳动过程中，劳动者和劳动对象不仅有直接的信息沟通的联系，有时也有直接的物质性的操作关系。就劳动者和劳动对象之间直接的信息沟通而言，在四种生产过程中它都是极为普遍和关键的环节；就劳动者和劳动对象之间的直接的物质性操作关系而言，它不仅在原始手工劳作的过程中经常存在，而且在现代化大生产的过程中也往往不可避免，在人本身生产、交往关系生产中，这种直接性的物质性操作关系也是经常而普遍的一种关系。

为克服上述三大缺陷，我们有必要在内核结构的意义上对图 33.4 的模型予以改进（图 33.5）。图 33.5 中的劳动工具应当包括主观工具，用箭头标出的三要素间的联系，既有信息性的，也有物质操作性的。

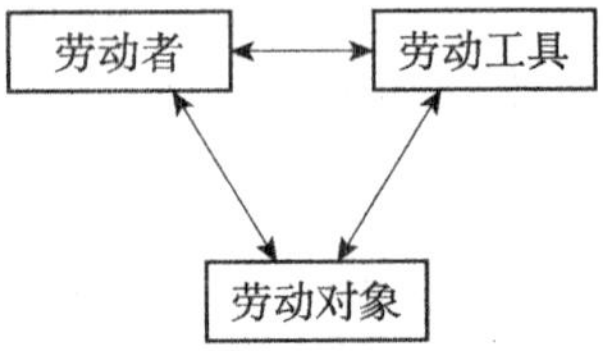

图 33.5　双向循环反馈式的生产力内核结构模型

2. 影响生产力的宏观因素

我们前已述及，人类的社会生产力是一个复杂综合的大系统，它一方面是物质生产力、精神生产力、人类自身生产力、交往关系生产力的综合；另一方面又是自然力量、社会力量多重效应的综合；再一方面还是物质因素、信息因素的有机综合。我们要全面讨论生产力的宏观结构，就要在系统而综合的水平上，对这诸多方面复杂综合的因素及其关系进行统一的形式化描述。

除了已经讨论过的生产力的内核结构的三要素（劳动者、劳动工具、劳动对象），我们还可以罗列出如下一些在生产力运行过程中起作用的因素：科学技术、管理、教育、自然环境、经济体制、政治体制、文化传统、人口状况等。

科学技术就其产生过程而言，是精神生产的产品；就其不断发展的过程而言，又是精神生产加工的原料；就其与其他影响生产力的因素的关系而言，又普遍渗透、映射、贯通于所有其他影响生产力的因素之中，并从根本上决定着这些因素发展的水平、状况，以及对生产力影响的方式和程度。科学技术在生产力系统中所处的这样一种关键而重要的地位，在现代社会的生产过程中日益突出地呈现出来，以至人们已经清醒地意识到，“科学技术是第一生产力”。

管理也是一个普遍作用于各项影响生产力运行的因素的环节，它的作用主要在于合理选择、调动、匹配、处理其他因素内部和各类因素之间的质的和量的比例关系，从而恰当地确定不同层次上的生产要素的结构组合、规模布局、时序进程等。社会化大生产活动是一个复杂的系统工程，只有通过科学管理的运筹作用才能保证生产的高质量和高效率。由于管理并不直接改变生产力体系中的物质成分，而只是针对生产力要素内部和要素之间的时空结构的调节、匹配，所以，它应该属于生产力宏观结构中的信息构成方面。

教育是生产力宏观结构中的重要信息构成方面，它是使一般意义的人转化为劳动者的必要途径。越是建立在先进的科学技术发展水平之上的生产过程，对教育的要求越为迫切，对教育的质和量的要求也越高。在现代社会大生产体系中，教育和科学技术、科学管理等因素处于同等重要的地位，并且，从一个特定的角度来看，教育又是科学技术、科学管理转化为现实生产力的一个重要的、不可替代的环节或桥梁。因为只有通过教育，科学技术的内容、科学管理的方法和程序，才可能有效地转化为劳动者的知识、技能，以及劳动者制定、遵守和操作的规章、制度、方法、程序等管理内容。教育还是人类自身生产中的一个关键性的中介性环节，教育者正是通过教育的途径使受教育者社会化、知识化、专业化，从而将其培养成对人类社会有用的劳动者。教育的本质在于将社会的科技、文化、知识、技能、道德、法律规范等社会化的信息同化到受教育者的知识结构和行为方式之中，从而使受教育者达到与他所处的那个时代的要求，或是与他所要从事的生产活动的要求相一致的知识结构和能力水平。正因为教育在社会生产力中的地位如此重要，所以才有了“教育奠基、科技兴国”及“科教兴国”等一类说法。

自然环境是社会生产能够展开的前提和条件。因为人、人的社会都是在特定自然环境所提供的特定条件下存在和发展的。自然资源状况、气候变化条件等因素不仅会影响，而且在特定情况下还可能会决定生产什么，或以什么方式来生产。这就是在当代社会发展理论中特别关注生态环境问题的原因。

从产生过程来看，人类的经济体制、政治体制都是在人类的生产活动中生产出来的，但是，任何具体的经济体制、政治体制一旦被生产出来，就会反过来对后续的人类生产活动施加十分巨大的影响。这种影响可以从两个角度体现出来：一是作为经济基础的最基本方面的生产力要求经济体制、政治体制和它自身的发展状况相适应；二是经济体制、政治体制又会反过来作用于生产力，或对之起阻碍、破坏的作用（在不相适应时），或对之起促进作用（在相适应时）。如此，在生产力发展状况之中便潜在凝结或包含了经济体制、政治体制的制约影响因素，由此也可以体现出生产力系统合理映射各类社会力量和因素的全息特性。

文化传统、人口状况也会在一定程度上影响生产力的某些方面的发展状况和具体面貌。例如，不同民族、宗教、国家和地区的服饰、饮食、信仰等传统可能对其生产什么、不生产什么造成影响，而人口数量的多寡和质量的优劣等情况也会对人自身的生产和劳动者的状况产生直接性影响，从而对社会生产力的发展起到延缓或促进的作用。

3. 生产力的宏观等级结构

综合我们已经讨论过的相关内容，我们有理由把社会生产力的宏观结构确定为三个圈层：一级圈层，即内核要素圈层，它是由劳动者、劳动工具、劳动对象的内在相互作用所构成的一个系统，由此系统的运作构成了生产力的实在运行过程；二级圈层，即外围要素圈层，这一圈层主要由科学技术、管理、教育等要素构成，在生产力的实际运行过程中，这类要素是通过广泛渗透、贯穿于三个内核要素之中而发挥作用的；三级圈层，即边缘影响因素圈层，这一圈层主要由自然环境、经济体制、政治体制、文化传统、人口状况等因素构成。在一般情况下，这类因素并不直接作为生产力的要素而参与到生产力的实际运行过程之中，它们的作用仅仅在于对生产力的内核要素或外围要素施加作用，从而间接地影响生产力的发展状况。

我们可以用图 33.6 来对这个由三个圈层所构成的生产力的宏观结构予以形象的描述。

4. 生产力的宏观网络结构

如果考虑到所列生产力的各类要素、各类影响因素之间的普遍相互作用，那么，我们还可以用各类要素、因素间的普遍相互作用的关系图（图 33.7）来描述生产力的宏观结构模式。这一模式虽然能够较好地体现出各类要素、因素间的普遍映射、渗透、影响的相互作用关系，却存在不能有效区分不同要素、因素在生产力体系中所处的不同地位的缺陷。如果能将图 33.6 和图 33.7 联系起来考察则可能得到关于生产力宏观结构的互补性的、较为全面的认识。

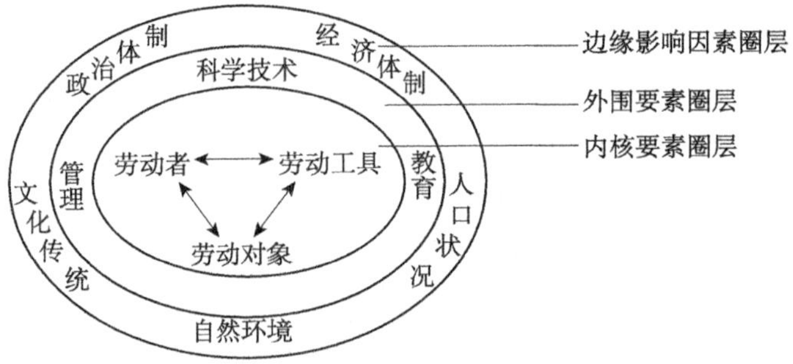

图 33.6　包括三个圈层的生产力的宏观等级结构体系

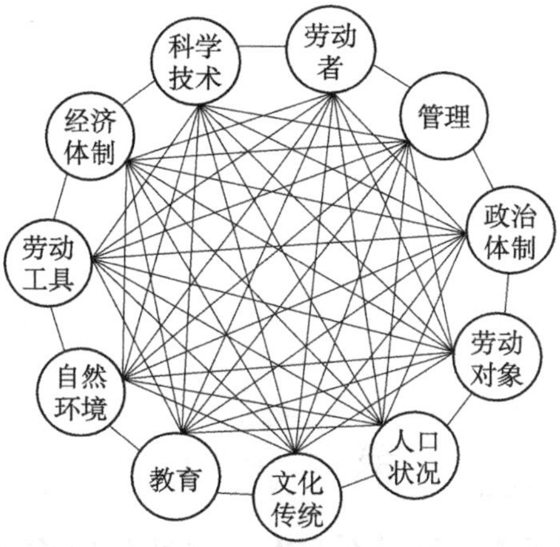

图 33.7　各类要素、因素普遍相互作用的生产力宏观网络结构体系

第34章 关于辩证法的原则、规律的新认识①

当年恩格斯更为集中地阐释了辩证法的某些基本的原则和规律。在本书第四编的相关讨论中，我们主要提到了如下几个方面：普遍联系、进退循环的永恒变化、对立统一、质量互变、否定之否定、普遍中介、全息蕴涵。

后来发展起来的马克思主义哲学的标准教科书体系对当年恩格斯丰富的辩证法思想做了更为简单化、机械化的解释，把进退循环的永恒变化的思想变成了单向运动的永恒发展的思想，并且对于普遍中介和全息蕴涵的思想采取了回避的态度。

34.1 相互作用、中介、信息、全息与普遍联系

普遍联系是辩证法的核心原则。当代信息哲学所阐释的物质和信息双重存在和双重演化的理论，以及新的以信息凝结为中介的时空内在融合的时空观和相应的关于种种全息现象的理论，为事物的普遍联系提供了过程、机制

① 本章的某些基本思想最初在如下几篇拙文中有所讨论：《试论对立统一模式的多样性（上）》（《人文杂志》，1994年，第6期，第7-11，15页）；《试论对立统一模式的多样性（下）》（《人文杂志》，1995年，第1期，第36-41页）；《当代科学影响哲学的几个重要基础理论问题》（《自然辩证法研究》，2005年，第7期，第10-14页）；《建立辩证唯物主义哲学第二个历史形态的构想》（《江海学刊》，2013年，第6期，第13-19页）。

和结果等诸多方面的证明。沿着这一方向进行深入研究，对进一步深化和发展辩证唯物主义关于普遍联系的学说具有极为重大的意义和价值。

事物的联系是通过相互作用来实现的，但是，任何相互作用都必须通过处于相互作用之中的诸方派生中介才能现实地发生。试想，如果物体不向外派生任何东西，那么它便只能是一个孤立的存在物，而孤立的存在物是根本不可能与任何他物发生相互作用的。在这里，黑格尔、恩格斯和列宁所阐释的“相互作用必然会有中介”的相关观点是极为深刻的。我们这里需要补充的一点是，中介必然是相互作用之物自己派生出来的，而不是什么本来外在于相互作用之物的东西。因为只有由某物自身派生出来的中介才能成为该物与他物相互作用的联结之物，否则，如果以那些本来与某物不相关的物来充当中介，那么，在实质上，某物便根本不可能与这个中介，或通过这个中介与他物发生任何意义的现实的相互作用。

由于相互作用的中介是由相互作用之物自身派生出来的，所以，这个中介便首先与派生它的那个物建立了某种相关性的联系。按照当代量子力学所揭示的相关理论，不同性质的物体向外辐射或反射的能量场的性质也不同。事物普遍差异性的存在导致所有事物向外辐射的能量场都是普遍差异的，这样，某物所派生的中介物的性质便与某物自身的性质相互关联起来了。在这里，中介以它自身的某些差异关系对应着产生这个中介的某物自身的某些差异关系。由于有了这种对应性，这个中介物便不可能是一个与派生它的某物纯粹外在的存在物。在与某物的关系上，被派生出来的这个中介在形式上的外在性，却蕴涵了某些差异关系的内容上的内在性。

正是这些差异关系内容的相互对应性使这个中介载负了派生这个中介物的某物的信息。由于这个相关信息内容的载负，这个中介便不可能是一种简单性的仅仅关于自身的存在，还是一个复杂性的与派生它的某物相互关联着的相关性的存在。于是，这个中介的存在方式便被二重化了：一方面，它是一个为己性的存在，即它是它自身的存在，它有它自身的质-能分布、结构和性质；另一方面，它又是一个为他性的存在，即它又是它之外的另一个物的间接存在的形式，因为它已经以自身特定结构编码的形式蕴涵了它之外的另一个存在物的某些特征、属性和关系的内容。从第一重存在的意义来看，它是一个关于自身的物质体；从第二重存在的意义来看，它又是一个关于他物的信息体。正是在这一意义上，我们说，由某物派生出来的这个中介场乃是一个物质场和信息场、物质体和信息体、直接存在和间接存在相互统一的二重化存在。这个二重化的存在方式，充分展示了这个中介的为己、为他的复杂性存在的意义和价值。

当这个被派生的、具有二重化的存在性的中介和一个与派生这个中介的某物本来异在的他物再发生作用时，它就会把它所携带的关于某物的信息传递给这个本来异在的他物。这一过程是通过改变这个他物的原有结构来实现的。相互作用之物的结构改变的实质是形成了一种新的信息编码构架。在一般自然物的相互作用中，这是一个自然编码的过程。在这种结构改变的信息编码活动中，相互作用之物通过派生中介的相互关联，实现了相互间的信息同化和异化。这样，通过相互作用，相互作用之物便必然会产生相互的改变，并由这样的一种改变把自己的信息异化传递给对方，并同时又同化凝结了对方的信息。通过这样的过程，相互作用之物便会在自身内部建立起与他物相互关联的某些对象性关系，由于建立了这种对象性关系，相互作用之物便同样会被改变为一种为己为他、受己受他的二重化存在，亦即被改变为物质体和信息体、直接存在和间接存在的统一体。

由于宇宙物质和时间的无开端性，又由于相互作用的普遍性，所以，在现实性上，世界上的所有物体都不可能还保持着某种未曾经过相互作用所改变了的初态。这样，世界上所有物体都已经是在漫长的相互作用的演化过程中产生出来的生成之物，都已经具有了为己为他、受己受他的性质。这样，世界上所有物体的结构都具有了物质体和信息体、直接存在和间接存在相互统一的二重化存在的意义和价值。由此我们也可以看到信息存在的普遍性：有物质就有结构，有结构就有信息，信息与物质同在。

由于所有的物体都是一种二重化的存在，所以，在所有的物体中都已经凝结了它自身之外的多重关系的信息内容，其中既有关于自身和环境的历史关系的信息，也有关于自身当下性质和特征的种种规定的信息，还有关于事物未来发展的种种可能性的程序型信息。正是这样的一种多重信息的复杂性关系的建立，呈现出了处于进化的不同阶段的事物之间的全息性的蕴涵关系。我们已经讨论过的演化历史关系全息、演化未来关系全息、演化系列关系全息、演化内在关系全息、演化结构全息等现象，都是这种全息蕴涵关系的具体表现形式。[①]

① 邬焜：《演化和全息现象》，《自然信息》，1988年，第5-6期，第12-16，26页。

当代复杂信息系统理论揭示了系统与要素性质的双向建构（双重凸显、双重涌现）性。按照这一理论，系统的整体性是通过系统和要素间的相互规定的相互作用实现的。在这一过程中，系统和要素都获得了整体意义上的全新规定。这种全新规定实现的是“双向的建构性”和“双重的质的超越”。用提出复杂范式理论的法国著名学者埃德加·莫兰（Edgar Morin）的话来说就是“双重涌现”，即整体层面的“宏观涌现”和要素层面的“微观涌现”。

所谓“宏观涌现”指的是：要素在一系列关系的综合中建构出系统，使系统凸显出整体新质，实现系统对要素的质的超越。例如，无机分子合成了生命，凸显出生命的活力，乃至意识的活动。后者都是一种作为生命的整体意义的新质，而不是无机分子在孤立状态下所具有的性质。

所谓“微观涌现”指的是：要素在系统中获得自身的全新改造意义的重建，要素具有了系统赋予的新质，实现了对自身的质的超越。例如，人体器官脱离了人体便不再具有生命活力的功能，其生命活力的功能是由人体系统赋予的新质；同一个人，在不同角色扮演（成为不同系统的要素）中会表现出不同的行为；社会的进步不简单依赖于个人行为的改变，而主要依赖于社会经济结构、政治结构的改变，在不同的社会结构中社会中人具有不同的行为模式。

这样的一种双重涌现，正是某种内在关系全息产生的具体机制。此内在关系全息现象的存在，又使我们对因果关系有了一个全新的认识。不仅有以往已经认识到了的前后相继的因果关系，还有互为因果的反馈环链式的关系，以及跨层次的上向因果和下向因果关系。

已有的唯物辩证法原则已经指明：事物是通过相互作用而相互联系的，相互作用乃是事物的存在方式，这样，我们便可以通过相互作用的普遍性来说明事物联系的普遍性。但是，要清晰地阐明事物联系的普遍性，还有必要去具体揭示事物相互作用的过程、机制及其所可能产生的结果。只有在这样一些相关问题得到明晰回答的基础上，事物普遍联系的辩证法原则才是可证明的和可令人信服的。

在本节的讨论中，我们立足于当代科学、当代复杂信息系统科学和信息哲学的相关理论得出了如下结论：事物的相互作用是通过相互作用的事物自身派生中介来实现的；由于中介是由事物自身派生出来的，所以这个中介便必然会携带派生它的事物的某些信息；通过载负着相互作用诸方事物的信息的中介所实现的诸方事物之间的相互作用，必然会在相互作用的诸方事物之间建立某种信息交换、改变、凝结、积累的相互同化和异化信息的效应；通过这一效应，相互作用之物普遍二重化自身，使自身成为物质体和信息体、直接存在和间接存在的统一体；作为信息体存在的事物必然会以自身结构编码的方式来凝结关于自身历史、现状和未来的多重信息，所以，这样的事物定会在展示自身存在和发展的运动变化过程中呈现出多重意义的全息现象。这样，事物的普遍联系的辩证法原则便在事物自身运动、自身派生中介，以及通过中介而相互信息关联、全息呈现的具体过程、机制和效应的展示中得到了清晰、科学而合理的说明。

34.2 多元对立统一模式的讨论

以往的辩证法关于事物对立统一关系的讨论往往具有两极化、两方面的简单性特征，有必要利用当代复杂信息系统理论所提供的相关成果予以补充和深化，这些相关成果包括多元协同、普遍差异、多级中介、多元对立等诸多方面的理论。与此相应，应该对黑格尔关于差异与对立的关系的讨论，以及恩格斯和列宁关于普遍中介的思想重新予以挖掘，从而丰富和深化辩证唯物论关于事物内在关系和运动、变化、转化机制的学说。

本节我们先来讨论多元对立统一模式的问题。

自20世纪60年代以来，“对立统一”这一哲学命题，被中国哲学界以“一分为二”或“合二而一”的命题所简单替代。这样的一种极端化，使原本具有更为深刻和宽泛的内涵与外延的哲学规定受到了狭隘化的限定，以致丧失了自身的丰富性和多样性。由此又引出了对辩证法的一系列浮浅而粗俗的理解。这就是现在辩证哲学中的某些简单性的教义式的原则与现实世界的真实、与现代科学的发展之所以相去甚远乃至互相抵牾的一个重要原因。

其实，“对立统一”命题仅仅强调了某种具有二重特色的关系，“对立”讲的是事物间或事物内部要素间所具有的互相反对、排斥、对抗的关系倾向，而“统一”则强调了事物间或事物内部要素间相互影响、制约、吸引和转化的关系倾向。至于说处于这种双重关系中的作用方面（对立面）有几个，则并不是“对立统一”命题所必然能做出限定的。也就是说，处于这种双重关系中的作用方面的数目可因现实情况的不同而不同，或是两个，或是三个，或是多个（大于三个）。这样，对立统一的具体模式便不能只是“一分为二”或“合二而一”一种，还可能是“一分为三”“一分为多”，或“合三而一”“合多而一”。

康德就曾明确地揭示了一种多元对立统一的思想，他曾这样写道：

> 欲保证相互性范畴实际与抉择的判断相合，则吾人必须注意，在一切抉择的判断中，其范围（即包含在任何一判断中之全量）表现为“分成各部分（从属的概念）之一全体”，且因其中并无一概念能包摄于其他概念之下，故此等概念皆视为相互同等对立，而非相互从属，因而彼此非在一方向中规定，如在一系列中者然，乃交互规定，如在一集体中者然——如抉择中之一分支设定为知识，则其余分支尽皆摈除，其他分支被设定，亦如是。
>
> 在由种种事物所组成之全体中，亦见其有与此类似之联结；盖一事物不从属于其它事物，如一为结果而一为其存在之原因者然，乃同时的交互彼此同等对立，各为其他事物所有规定之原因（例如在一物体中，其各部分互相吸引、反拨）……各分支互相排除，而又联结于一范围中，悟性表现可分的事物之各部分，各为独立存在（视为实体）而又联结在一全体中也。①

应该说，这样的一种关于各部分相互同等对立而组成一全体的说法正是多元对立统一模式的一种形式化的表达。当然，这里也包括二元化、三元化的可能结构模式，因为这里的“各部分”中的“部分”的数目是可能等于或大于二的。由此一形式化的表达也可以看出二元化、三元化、多元化的对立统一模式的不相排斥的相容性。

中国古代哲学中的“五行说”就是一种典型的五元对立统一学说。五行说把自然界中的五种物质性的东西——金、木、水、火、土看成是世界的本源，并认为这五种基本元素按照相生相克的对立统一规律变化，从而制约着自然现象和社会运动的过程。具体地讲，五行相生是指五行间具有相互促进转化的统一性关系：木生火、火生土、土生金、金生水、水生木；五行相克

① 康德：《纯粹理性批判》，蓝公武，译，北京：商务印书馆，1960 年版，第 90 页。

（或相胜）是指五行间相互排斥、反对的对立性关系：水克火、火克金、金克木、木克土、土克水。在这里，相克就是对立，相生就是统一，相克相生就是对立统一。五行相生相克的理论具体勾画出了一种单向循环中的单交叉映射式的多元对立统一模式（图 34.1）。

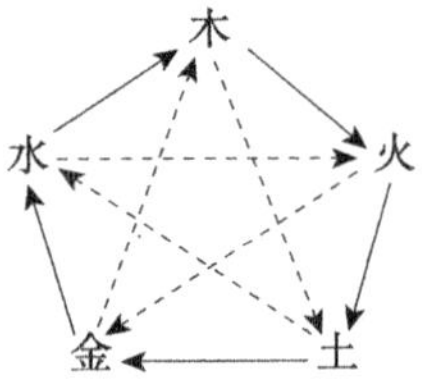

图 34.1　单向循环中的单交叉映射式的多元对立统一模式
图中实线箭头为相生关系，虚线箭头为相克关系

20 世纪 40 年代以来发展起来的现代系统科学是由众多新兴学科组成的学科群，对多要素、非线性、复杂性系统的综合性研究是这些学科所具有的共同特点和面临的统一性课题。现代系统科学的一个中心思想就是：在一个多元竞争和协同的系统中，通过内外质量流、能量流、信息流的调控来影响系统的整体行为。在现代系统科学所集中阐释的多元竞争和协同的系统模式中，一类最基本的模式就是多元（包括三元）对立统一模式。

按照一般系统论的创始人贝塔朗菲的解释，系统的考察方式就是把系统看成是要素与关系的综合，并且，组成系统的要素至少要有两个，一般都在两个以上，而复杂系统则往往包含有极大量的组成要素。在系统中，不仅关系是要素间的中介，而且要素和要素之间、整体和要素之间也将普遍中介化，因为只有在这多重性的普遍中介中系统的整体性质才会被凸显出来，同时，要素也才能以整体之部分的方式来行动。这样的一种系统建构的原则首先就为复杂性、多元化的结构模式提供了必然性的前提。而当系统中的诸多要素处于某种如康德所说的“相互同等对立”的状态时，这便是某种多元（包括二元）对立统一的模式。

现代系统科学中的一个典型的三元对立统一模式是耗散结构论的创始人普里戈金所描述的耗散结构系统的一般模式。普里戈金认为，耗散结构通常由三个要素构成：化学方程显示的功能、不稳定性获得的时空结构和激发不稳定性的涨落。三要素间相互联系、相互作用、互为中介，形成了两个互逆的三连环。普里戈金将此三连环具体表示为图 34.2。

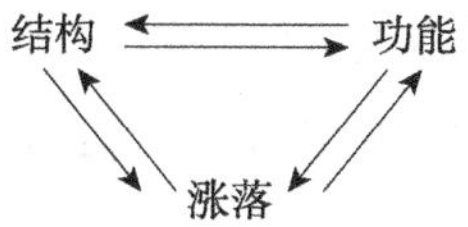

图 34.2 耗散结构三个要素相互作用图示

图 34.2 中的左旋环表示通过涨落产生结构有序，通过结构有序导致功能有序，通过功能的作用又会引发新涨落，由新涨落又会产生新的有序结构……图 34.2 中的右旋环表示通过涨落可以引发某些新的功能表现，新的功能表现又可以导致新的有序结构的生成，新的有序结构的生成又会引出新性质的涨落，新涨落又可引发某种更新的功能表现……普里戈金曾用图 34.2 表示这样一个原理：通过涨落达到功能和结构的有序。

在支持现代系统科学的自组织理论的贝纳德试验中所产生的六角形的贝纳德花样，也是一种三元对立统一的结构模式。用协同学的原理来解释，这一结构是靠三个序参量间的竞争与合作（对立与统一）来维持的。可将这一六角形花样结构状态描述如图 34.3。

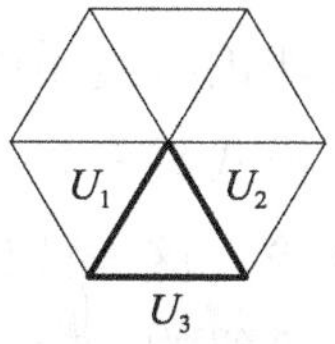

图 34.3 贝纳德花样

图 34.3 表明一个由三个序参量（U_1、U_2、U_3）支配的六角形结构，其中每一个序参量代表一种平面波的振幅，支配一个平面波。

前已述及，现代系统科学集中阐释的是多元系统的一般行为，而这种系统中的一类最基本的模式便是多元对立统一模式。笔者在这里不打算对现代系统科学中的多元对立统一模式进行一般性的讨论。我们更感兴趣的是其中的那些具有多层级的更为复杂的系统类型。

其实，多元对立统一的模式不仅表现在并列要素的相互关系中，还表现在跨层次的相互作用的关系中。现代系统科学的自组织理论就揭示了某些具有多层级相互作用的更为复杂的系统类型，在这类系统中就存在着某些类型的多层级的多元对立统一的结构模式。

现代系统科学的自组织理论表明，存在着不同类型的吸引系统的运动轨线的吸引子。其中有一种叫作极限环面的吸引子，受这类吸引子作用的系统的运动将会围绕着一个环状圈作螺旋式绕环运动（图 34.4）。

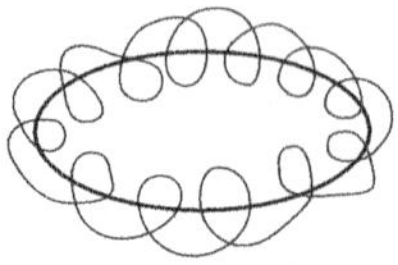

图 34.4　极限环面

极限环面是包含两个层次的一种结构模式，每一绕环的圈上的不同运行阶段之间构成某种对立统一关系，每一个小圈又构成绕大环运动的不同阶段，在这些不同阶段之间同样是某种对立统一的关系，这一模式正是前已提到的黑格尔和列宁所指出的那种“圆圈的圆圈”的结构。图 34.4 还只是在两个层面上展示出来的最简单的极限环面类型，还存在着更复杂的包括三个层面、四个层面或更多个层面的高维极限环面，这将构成“圆圈的圆圈的圆圈”“圆圈的圆圈的圆圈的圆圈”等更为复杂的多层级的多元对立统一结构模式。

现代自组织理论中的超循环理论所揭示的系统结构模式同样是多层级的多元对立统一模式，只不过这类模式具有多层级的单向多元循环的特征。超循环理论是一种巨系统高阶环理论，这一理论是由德国物理学家兼化学家艾根提出的。艾根认为循环是分有等级的，有反应循环、催化循环、催化超循环，乃至超循环的循环，这些不同等级的循环构成了现实的循环反应网络谱系。在艾根看来，所谓超循环就是通过循环联系把自催化或自复制单元联结起来的系统。显然，这同样是一种多层级的“圆圈的圆圈”的结构模式。图 34.5 表明了一个最简单的包括四个复制单元的二级超循环的现实模型。

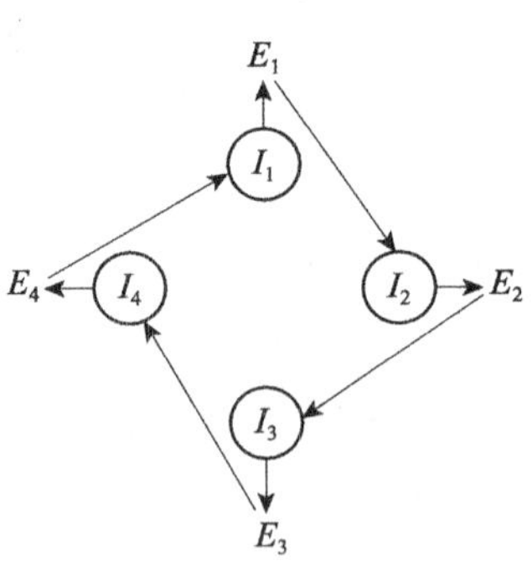

图 34.5　包括四个复制单元的二级超循环模型

图 34.5 中的信息载体 I_i 本身就是一个自催化循环，它表现出了两类指导作用，一类是对自身复制的指导，另一类是对生成中间产物 E_i（催化剂酶）的指导，每个中间产物 E_i 又对下一步的信息载体 I_{i+1} 的复制提供催化帮助，并且，E_4 又反过来对 E_1 提供催化帮助。在这类最简单的基本超循环之上还存在着更为复杂的复合超循环（超循环的循环）。根据艾根的看法，正是这类更为复杂的超循环结构的产生，导致了生命现象的发生，而这类更为复杂的超循环结构的进化则又是生命进化的契机。在这类更为复杂的模式中，每一 I_i 本身就是一个对立统一的体系，而在 I_i 之间又结成了一个更高层级的对立统一体系。这正是一类典型的多层级的多元对立统一结构模式。

事物的复杂性决定了事物内部要素之间的对立统一关系，并不仅仅是采取那种单向循环中的单交叉映射式的结构模式，它还可能建构起某种全息映射的双向循环式多元对立统一的结构模式（图 34.6）。

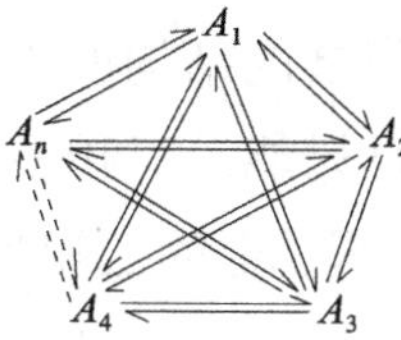

图 34.6　全息映射的双向循环式多元对立统一结构模式

如果图 34.6 中的 A_i 本身就是一个对立统一的综合体，那么便可能构成多层级的多元对立统一结构模式。当然，这一模式本身又会具有十分多样的具体形式。

分形几何学所描述的各类分形结构就具有多层级的多元对立统一模式的性质，这类结构呈现出了跨越不同尺度的无穷嵌套自相似的复杂性模式。而这样的一种复杂的分形结构恰恰是当代复杂信息系统理论所揭示的有序演化所可能达到的一种结果——混沌现象的典型结构模式。图 34.7 仅在三个层级的五元对立统一的形式化意义上绘出了这一结构模式的形象图示。

二元、三元、多元对立统一结构，以及一个层级、两个层级、多个层级的对立统一结构是并不相互排斥的，它们分别对应着不同复杂程度、不同水平和层次的事物，以及这些事物的不同程度和阶段的运动发展过程。显然，一个中央、南北政府、三国鼎立、七国争雄等，就不能用同一个结构模式来描述。正确地研究、描述和评价各类对立统一结构，能够使我们得到开启不同具体事物的奥秘的具体途径和方式。

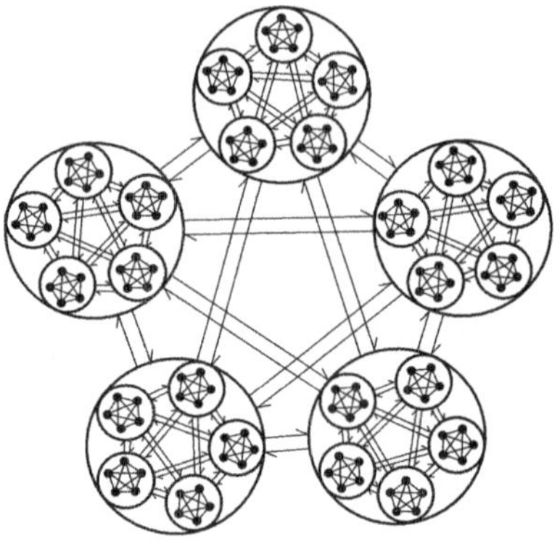

图 34.7　多层级的多元对立统一结构模式

在哲学史上，大致存在着这样一条一般性的原则：当人们从静态角度来描述事物的结构模式时，它可以是二元的、三元的或多元的；但是，当人们从动态的角度来描述事物演化发展的结构模式时，谈论二元的结构问题就不再是有效的了，这时就必须并且只能是三和多。黑格尔就正是在对绝对精神自身运动的概念运演的描述中来揭示他的三和多的哲学的，而现代系统科学的自组织理论关于多元竞争与合作的思想也正是在对系统有序化发展进程的考察中揭示出来的。我们似乎有理由说，二元对立统一的哲学还仅仅是一种关于存在的哲学，而三元、多元对立统一的哲学则可能是一种关于演化的哲学。

另一个值得注意的情况是，当人们用分析的方法去考察事物时，他们所见到的往往只是事物的某一或某些个别、简单的方面，某一单一层级的内容，而当人们用综合的方法去考察事物时，他们则可能会发现事物那多样性和多层级性的本质。这也许正是产生“二分法”、单一层级结构理论与“三分法”、“多分法”、多层级的结构理论之差别的认识论上的根源。而我们当今的时代则正是以综合性为其主要特征的，因而有了关于我们这个时代是“综合的时代”的提法。

辩证法自身的发展意味着辩证哲学自身范式的转换。这一范式转换体现在对立统一的结构模式的理论上便是：从对简单性统一体问题的研究向对复杂性统一体问题的研究过渡；从对只包含两个对立面的统一体的研究向对包含多个对立面的统一体的研究过渡；从对单一层级的统一体的研究向对多层级的统一体的研究过渡。在这一范式转换的过程中，现代系统科学所起的巨大促动作用是不容忽视的。这一范式转换也正是哲学作为“时代精神的精华”的一个具体而深刻的体现。从某种意义和角度来看，这一发展了的辩证法的对立统一模式的多样性的理论，也是我们这个研究复杂性问题的时代，在人类理性思维的层次上所呈现出来的一个缩影。

34.3 差异、中介、对立与多元协同

事实上，事物之间或事物内部要素之间的关系并不总是采取某种纯粹对立的性质。世界的复杂性、事物存在方式的复杂性规定了事物之间和事物内部关系的复杂性。既然事物的关系是复杂的，那么，除了对立性的关系之外，还应当有其他性质的关系，如差异关系、中介关系及多元协同关系等。这样，仅仅是对立统一关系仍然不能很好地说明事物存在方式和存在关系的复杂性。就是讲事物演化、发展的根据，也应当考虑到更多方面的发展关系、情景和内容，否则，理论的简单性必然导致认识的绝对化和简单化，而真正合理的辩证法理论则应当具有多样性、全面性和复杂性的特征。

我们知道，黑格尔的对立统一观是包含同一和差异的对立统一观。在他的学说中，既承认了差异的存在和作用，同时又看到了由差异走向对立和同一的发展过程。后来的一些哲学家所阐释的排斥差异的对立统一观是和黑格尔的学说相悖的。

黑格尔认为，绝对的同一和外在的差异都是某种非现实的、理想化的、割裂式的考察方式所得出的结论，而真实事物的存在都既是同一，又是差异，同一和差异都是事物自身的环节，而这种既同一又差异的关系便是对立，便是矛盾，便是在自身关系的比较中建立起来的对立性和矛盾性。并由此规定了事物自身运动、变化和发展的源泉、动力和根据。他写道：“区别是同一与差异的统一；它的环节在一个同一中是有差异的；这样，这些环节便是对立的。”“同一过渡为差异，差异又过渡为对立”，“同一、差异和对立过渡为矛盾，正像它们之过渡为它们的真理一样”[①]。

恩格斯也曾对那种不包含差异的、抽象的、绝对的同一性的观念进行过深刻的批判。他写道：“同一性自身中包含着差异……与自身的同一，从一

① 黑格尔：《逻辑学》(下卷)，杨一之，译，北京：商务印书馆，1976年版，第46，64-65页。

开始就必须有与一切他物的差异作为补充，这是不言而喻的。”[①]

恩格斯不仅强调了事物关系中的静态的无限差异的方面，还特别强调了事物关系的动态变化的无限差异的方面。他写道：“植物，动物，每一个细胞，在其生存的每一瞬间，都和自身同一而又和自身相区别……生理学越向前发展，这种无休止的、无限小的变化对于它就越加重要，因而对同一性内部的差异的考察也越加重要”“真实的具体的同一性自身包含着差异、变化”[②]。

辩证法关于事物普遍联系的学说是和事物普遍差异的学说相一致的，或毋宁说普遍差异正是普遍联系的基础和条件。差异既包含事物自身内部的或与他物之间的差异，又包括动态变化所形成的自身状态的差异。

普遍差异的学说，直接通向普遍联系和永恒运动和变化的学说，因为有差异才可能形成差异间的关系和联系，才可能在差异的相互关联、过渡和转化中形成事物运动、变化的过程。而这种差异间的关系和联系、过渡和转化便是相互作用。

从黑格尔和恩格斯的相关论述中我们可以清晰地看到，对立性是同时包含了差异和同一的一种关系，是差异和同一的关系，而并不是像后来的某些学者所说的那样对立便是排斥差异、排斥中间状态的那样一种事物内部两个对立项之间的一种极端性关系。

辩证法的同时包含有差异和同一的对立统一观是一种允许多样性和多元性、差异性和中介性、竞争性和协同性、过渡性和转化性的描述事物存在、运动、变化和发展的复杂性学说。

从亚里士多德阐释的对立允许中介的思想，到后来黑格尔的中介法哲学，再到后来恩格斯和列宁对相互作用中的普遍中介化思想的重视，都无不深刻地体现了上述辩证法思想的复杂性特征。

我们在 34.2 节所讨论的多元对立统一模式，无论是古代的，还是现代科学的，都具有普遍中介、多元竞争与协同的性质。就是在一般自然、社会活动的系统中，允许过渡性和中间性环节的存在，同时具有竞争性和协同性的关系，也是一种普遍而一般的情景。

---

① 马克思，恩格斯：《马克思恩格斯选集》（第 4 卷），中共中央马克思恩格斯列宁斯大林著作编译局，译，北京：人民出版社，1995 年版，第 322-323 页。

② 马克思，恩格斯：《马克思恩格斯选集》（第 4 卷），中共中央马克思恩格斯列宁斯大林著作编译局，译，北京：人民出版社，1995 年版，第 321-323 页。

这样，科学而合理的，既能体现事物的存在方式，又能体现事物演化的根据、过程和机制的辩证法的对立统一规律，就应当是一种能够同时包容差异性和中介性、允许多元性和多样性、兼具竞争性与协同性的复杂性理论。

34.4 渐变、突变与事物进化的涌现性机制

1. 进化质变形式问题的提出

按照传统辩证法的质量互变规律的描述，事物的量变是渐变的过程，而事物的质变可以有渐变质变和突变质变两种形式。根据当代自组织系统理论的观点，有必要把退化演化和进化演化的质变形式分别予以讨论。一般说来，事物的退化演化的质变可以有渐变质变的方式，而事物的进化演化的质变则只能是突变的，因为在事物进化演化质变的临界点上，事物质变的路径面临多种选择，这就是非线性质变的分叉现象。在进化质变的分叉点上，演化路径的选择并不简单取决于原有量的增加，还需要有某种新的偶然因素的介入，正是相应偶然因素的介入成了选择某一演化路径的决定性条件，这就使事物的进化质变呈现出了事物性质上的非连续性、间断性的突变性。显然，吸取当代复杂信息系统自组织理论的相关成果能够进一步地深化、完善和发展辩证法的质量互变规律的研究。

在当代复杂信息系统自组织理论的相关成果中，非线性物理学所建立的非平衡相变的突变理论模型，能够为有效地描述进化过程中的质变形式提供某种建设性的说明。

突变理论是法国数学家勒内·托姆（René Thom,1923—2002）于 20 世纪 60 年代末至 70 年代初创立的一种拓扑数学理论。该理论与系统自组织演化的分岔理论相结合，用系统的观点阐述什么是突变、突变发生的条件、突变的类型，以及突变的系统学意义等问题，被认为是当代系统自组织理论的数学基础。

2. 渐变与突变

渐变与突变是事物演化的两种基本形式。

渐变通常指的是连续的、渐进的、光滑的变化过程，如行星围绕太阳运

行、儿童身高的变化、植物的日常生长等。

突变通常指的是不连续的、突发的、非光滑的、跳跃式的变化过程，如火山爆发、地震洪涝、水沸冰融、弹性结构的塌陷、冲击波的形成、心脏的跳动、神经波动的传播、旧物种的灭绝、新物种的突现，以及舟覆机坠、工厂倒闭、经济危机、改革维新、囚犯暴动、政权更迭、战争爆发、股市暴涨与暴跌等。

三百年来，人们运用微积分、微分方程成功地建立了各种描述事物演化的数学模型。例如，牛顿的运动学与动力学模型、麦克斯韦的电磁场模型、爱因斯坦的狭义和广义相对论的场方程等。但这些分析数学只能描述那种连续的和光滑变化的渐变现象，而对自然界和人类社会中充满的不连续的突变现象却束手无策。

按照传统理论的划分，事物的量变是渐变的过程，而事物的质变可以有渐变质变和突变质变两种形式。

然而，突变理论则证明，无论构成系统的基质特性和引起结构与形态变化的“力”的性质如何，只要控制参量变化到分岔点上，就会出现从一种定态向另一种定态的突变。突变不是某个对象领域特有的罕见现象，而是动力学系统的普遍属性，突变是非线性系统的一般行为，只要满足一定条件，突变就会由系统的内在因素产生出来。

在已有的理论分析中存在着两种含义的渐变与突变的评判标准：一种是用变化的速率来评判，即把缓慢的变化称为渐变，而把瞬时性的急促变化称为突变，这一评判标准具有经验性和模糊性的特点，不能成为科学的评判标准；另一种是突变论所强调的评判标准，就是指在事物演化的临界点附近有无不连续性质的出现，突变是原有演化性质变化的间断（渐进性的中断、连续性的断裂），渐变则是原有演化性质变化的延续。正是在这一特定的意义上，突变论所强调的突变乃是事物性质变化的非连续性特征。这就决定了突变论意义上的突变不仅强调演变过程的不连续性和跳跃性，而且更加强调演变结果的不连续性和跳跃性。正因为如此，突变论意义上的突变才可能成为事物进化发展质变过程的一般途径和形式。

传统观点把突变视为灾难性现象，力求避免系统出现突变。突变理论反对这种价值判断，主张把突变当作一种客观现象加以研究。从工程实践看，突变多半是灾难性的，如桥梁突然断裂、锅炉突然爆炸，应力求避免。但从系统演化观点看，突变往往具有非常积极的作用。托姆指出："这种'突变'是系统得以'生存的手段'，可以用来帮助系统脱离通常的特征状态。因此，出现（突变论意义下的）突变显然是件好事。"①

按照某种传统的习见：缓慢（渐进）变化的原因只能产生缓慢（渐进）变化的结果，突发性的结果必定来自突发性的原因。然而，突变理论认为突发性原因导致突变性的结果是一种平庸的情形，而渐变的原因导致突变的结果则是一种非平庸的情形，其中蕴涵着丰富的动力学内容。突变理论明确规定它不研究一切突变现象，只研究在控制参量的缓慢（渐进）变化中可能出现的系统定性性质的突变。

从系统学看，渐变导致突变对应着结构稳定与结构不稳定的相互转化。处处结构稳定的系统不可能发生突变，处处结构不稳定的系统事实上不可能存在，没有必要考虑它的突变问题，即存在结构稳定的区域，又存在结构不稳定的区域，此类系统才可能出现从渐变到突变的转化。在结构稳定的区域系统只有渐变，一旦走出结构稳定区域，就会出现从此一稳定态向彼一稳定态的突变。

3. 初等突变的基本类型及对尖拐突变的分析

突变论把事物变化的因素分为两类：一类叫作控制因子（外部条件变量），一类叫作反应因子（内部状态变量），并认为内部状态变量的变化是受外部条件变量的变化所控制的。根据这两类变量间的变化关系可以绘出相应的变化相图，并建立变化方程。有趣的是，在各类变化相图上出现了一个反映变化不连续的折叠区。突变论着重研究表示这种不连续变化的各种折叠区的结构，分析条件变量和状态变量间的关系，找出其中的规律，从而说明事物质变的方式。

托姆证明，只要控制变量不多于 4 个，系统突变的基本类型就只有 7 种，如果控制变量不多于 5 个，系统突变的基本类型也只有 11 种，托姆称之为初等突变。

尖拐突变是初等突变中比较简单的突变，又是最典型的突变，初等突变的一些基本特征在尖拐突变中都能体现出来。所以，我们有必要对尖拐突变予以重点分析。

---

① 勒内·托姆：《突变论》，周仲良，译，上海：上海译文出版社，1989 年版，第 106 页。

尖拐突变是由2个控制参量和1个状态参量构成的变化类型。根据其势函数所绘制的变化曲线图是一个类似于S形的三叶折叠曲面，见图34.8。该曲面的上（A）下（B）两叶分别代表系统变化的两个极小点，此时势函数稳定；中叶（C）代表系统变化的极大点，此时势函数不稳定。折叠曲面的两条棱（Ⅰ和Ⅱ），即上叶（A）与中叶（C）、中叶（C）与下叶（B）的分界线是系统演变的分岔曲线，其上的每个点都是系统的分岔点（临界点），分岔曲线是参量平面中结构不稳定点的集合。当控制参量的变化没有到达该曲线时，系统只有量的改变；一旦跨越分岔曲线，系统就会出现定性性质的突变。具体来讲，系统出现的定性性质的突变可以有两种方式：一种是非跳跃式的性质突变（沿线段5过临界顶点的突变）；另一种是跳跃式的性质突变，即或者沿箭头2从上叶跳到下叶（A→B），或者沿箭头4从下叶跳到上叶（B→A），因为这一变化跳过了中叶（C）所代表的不稳定区域，这就是渐进的中断，突变论中称之为“突跳”。突跳意味着系统的性质发生了跳跃式突变。当然，还存在另一条非突变性的质变路径，这就是沿着曲面的光滑部分，绕过临界顶点（Ⅰ和Ⅱ的交点），按线段6所指示的路径所实现的演变过程。然而，此类现象只可能发生在某些平衡相变的过程中，而在非平衡、自组织相变过程中是不可能发生的。因为任何质的进化行为都只能在非平衡态的自组织演化过程中才可能实现，所以，非平衡、自组织相变过程的突变性质，便具体揭示了进化质变的突变性。

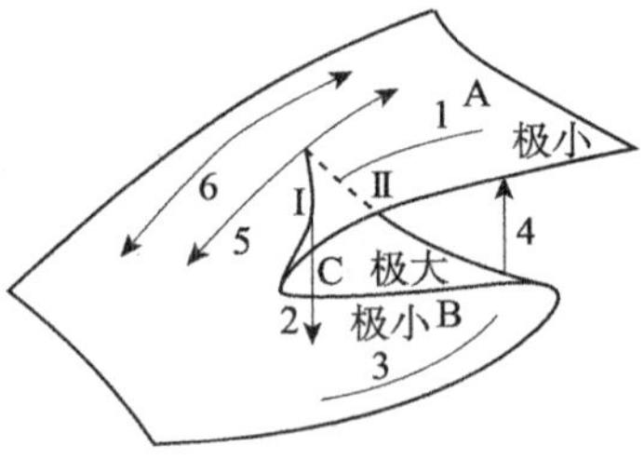

图34.8 尖拐突变模型

水的汽液相变就可用尖拐突变模型来描述。水的汽液相变实质上是在温度和压力控制下造成的水的密度的变化。在这里温度和压力就是两个控制参量，而密度则是状态参量。如果图中的A、B两个平面分别对应于水的密度稳定区——液、汽两相，而C平面则对应于水的密度不稳定区。沿方向1→2或3→4的变化，都出现了水的密度的非连续性变化，这两种变化都跳过了代表密度不稳定区的C平面，水的密度似乎是一下子就跳到另一相区的。这两种变化分别对应于水的沸腾和冷凝现象。

在工程技术中经常遇到弹性梁弯曲现象，这也是一种尖拐型突变。它的两个控制参量是水平方向的压力和垂直方向的载荷，状态参量是强性梁的弯曲程度。如果水平压力不变，逐渐增加垂直载荷，那么向上弯的弹性梁到了一定程度就会突然向下弯。

狗的情绪变化也可以用尖拐型突变来描述。狗的行为受两个互相矛盾的倾向制约，即发怒和恐惧。发怒程度用张嘴、露齿程度表示，恐惧程度用他的耳朵向后拉平的程度表示。以这两种倾向作控制因子，以狗的行为（攻击或逃跑）作状态因子，就可以建立一个尖拐型突变模型。这时穿过折叠区的反应曲线的不连续性表示狗的情绪的突变。比如，一只狂怒的狗逐渐恐惧起来，可能突然中止进攻而逃走；一只逃跑的狗如果置于怒气渐渐增大的状态下，可能突然发动攻击。

属于尖拐型突变的例子还可以举出很多。比如，地质学上的地表的三角形断裂、医学上人的神经在各种刺激下正常和错乱状态的交替出现等。无论是在自然领域、社会领域，还是在思维领域，性质上完全不同的突变现象，其突变模型在结构上都是一样的。我们都可以用统一的模型来进行研究。

4. 突变现象的基本特征

1）多稳态。突变系统一般具有两个或两个以上的稳定定态（折叠突变除外），即对应于同一组控制参量，势函数有不同的极小点，因而可以出现从一种稳态向另一种稳态的跳跃。尖拐突变是双稳态，更复杂的系统可能出现三个以上的稳态。

2）不可达性。在不同稳定定态之间存在不稳定定态（极大点），它们是实际上不可能实现（达到）的定态。在尖拐突变中，三叶折叠曲面中叶上的点就是不可达的。

3）突跳。在分岔曲线上，系统从一个极小点到另一个极小点的转变是突然完成的。在尖拐突变中，从上（下）叶到下（上）叶的过渡都是突然发生的。

4）滞后。在尖拐突变中，当控制参量沿路径1向左变化时，首先碰到的是分岔曲线的右支（Ⅱ），但不出现突跳，须到分岔曲线左支（Ⅰ）上的相应点位时系统才会发生突跳；沿路径3向右变化时，首先碰到的是分岔曲线的左支（Ⅰ），但不发生突跳，须到分岔曲线右支（Ⅱ）的相应点位时才出现突跳。这种现象称为滞后，反应突变的发生与控制参量变化的方向有关。

5）发散。从参量平面看，系统的最终走向对控制参量变化路径一般都不敏感，但在分岔曲线附近，控制参量变化路径的微小不同能够引起系统最终走向的重大差别。在分岔点附近系统终态对控制参量变化路径的敏感依赖性，称为发散。

5. 几点分析

突变论开创了用空间拓扑结构研究时间演变过程的方法。为难以描述的突变现象找到了一条可行的数学途径。

突变论崇尚竞争与冲突导致进化的辩证观念，在事物进化演化的方向上揭示了事物质变方式的分叉性、间断性、飞跃性的突变性。为我们进一步深刻把握事物进化到质变方式提供了新的启迪。

突变论克服了传统辩证法质量互变规律对事物进化质变形式描述的粗糙性、表面性和简单性，并对其所描述的事物进化质变中存在渐变质变方式的观点予以了修正。这就能够更为清晰而深刻地揭示出事物进化质变的新质创生和涌现的复杂性特征。

6. 几点结论

进化是一种有序结构生成和发展的行为，描述此类系统的演化方程具有非线性特征，而任何非线性方程都具有两个或两个以上的稳定定态解，每一解都对应于系统的一个可能的演化模式。所谓进化突变，就是在系统质变的临界点上对某一新的可能演化模式的选择。这是一个系统从旧质到新质跃迁的过程，是一种新质的涌现。从旧质到新质的跃迁过程，对未来可能实现的多个演化分支中的某一个分支路径的选择并不取决于与旧质相对应的量的简单叠加，而是取决于某些偶然因素的介入。在这里，在事物进化的方向上，事物从量到质的变化既取决于量的积累程度，又取决于偶然因素的作用。

基于上述讨论，我们可以对传统辩证法中所阐释的质量互变规律的具体内容予以相应的修正：①在事物有序进化的方向上，事物的质变只能是突变，而不可能是渐变；②由于存在多种可能的演化路径的选择，在事物进化突变的临界点上，突变路径选择并不仅仅取决于与旧质相对应的量的增减，还取决于某种偶然因素的作用，不同性质的偶然因素的作用将可能决定不同演化路径的选择；③进化突变是一种新质的涌现，是事物性质的创新。

34.5 是永恒发展，还是永恒的循环？

长期以来，苏联和我国传统的马克思主义哲学教科书，把普遍联系和永恒发展看作是辩证法的两大基本特征或总特征。并且，在对永恒发展特征进行解释时总是把它描述成由“比较高级和复杂”的新事物代替旧事物的过程，即“事物由低级到高级、由简单到复杂的发展过程”[①]。

我们在本书第四编的相关章节中已经提及，恩格斯当年就阐释了一种整体大循环的演化观，即事物的演化可能包含向上的进化和向下的退化两个分支，并且，事物整体演化又是在这两个分支的相互转换的永恒的大循环中展开的。

当代宇宙学关于宇宙演化整体模式的相关理论，以及当代复杂性理论所阐释的混沌演化模型为恩格斯的演化大循环观点提供了有力的佐证。

1. 闭宇宙周期性大循环演化模型

根据当代宇宙学的相关理论，宇宙的整体演化模式依赖于宇宙总质量的大小，其基本演化方式是由其总质量决定的自引力和自发失稳膨胀的排斥力相互作用的结果。虽然我们所处的宇宙自大爆炸之后，在总体上是沿着排斥力占主导的膨胀路线演化的，但是，许多宇宙学家已经指出，我们所处的宇宙的这种膨胀演化只能持续一个有限时间，在这之后，宇宙将会在自引力作用下再度收缩。宇宙的弗里德曼模型指出，我们这个正在膨胀的宇宙的未来命运，决定于它的物质密度。这个密度被称为宇宙学密度或临界密度，它的计算值约为 10^{-29} 克／厘米 ^{3}。如果宇宙密度小于这个临界值，那么，宇宙向外膨胀的力将会大于宇宙自身向内收缩的引力，它将是一个“开宇宙”，这时宇宙将永远膨胀下去，宇宙所有的质量和能量都将随着这一膨胀而消失在外宇宙之中，我们所处的这个宇宙将会不复存在；如果宇宙密度等于这个临界值，那么，宇宙的自引力恰与膨胀力平衡，它将是一个“平宇宙”，这时宇宙的膨胀速度将在遥远的未来趋近于零，并停止在膨胀的末尾，宇宙的宏观演化将会停止，这将是一个类似于热寂状态的宇宙；如果宇宙密度大于这个临界值，那么，宇宙的自引力将会大于向外的膨胀力，它将是一个

① 肖前，李秀林，汪永祥：《辩证唯物主义原理》，北京：人民出版社，1981 年版，第 157 页。

“闭宇宙”。闭宇宙只能持续膨胀有限时间，然后便会停止下来，并在自引力作用下向原初爆炸的中心收缩。目前人类可观测到的宇宙物质密度大约是 10^{-30} 克／厘米 ^{3}，这个数值小于宇宙临界密度值，但是，种种迹象表明，宇宙中除了人类现在已能观测的可视物质之外，还有大量的人类还不可视的暗物质（甚至有理论认为这种暗物质可能占宇宙总质量的 90％以上）。另外，近年来的有些试验表明，人们一直认为静止质量为零的中微子也具有静止质量，根据计算，加上宇宙中存在的中微子的质量数，我们所处的这个宇宙的密度将会大于临界密度值。这就意味着，我们的宇宙将不可能永远膨胀下去，它将会再度收缩。

另外，还有人提出了一个“振荡宇宙”的模型。这一模型认为，宇宙收缩到某一极限范围后，将会被“弹回”，重新开始膨胀。根据这一理论，可以推论，我们所处的宇宙已在极高密度和极稀薄密度的状态之间振荡了很多次。宇宙很可能是以膨胀—收缩—再膨胀—再收缩—……这样的无限循环展示它的演化过程的。

根据上面的论述，我们可以用图 34.9① 来表明宇宙总体演化的这种循环性特征。

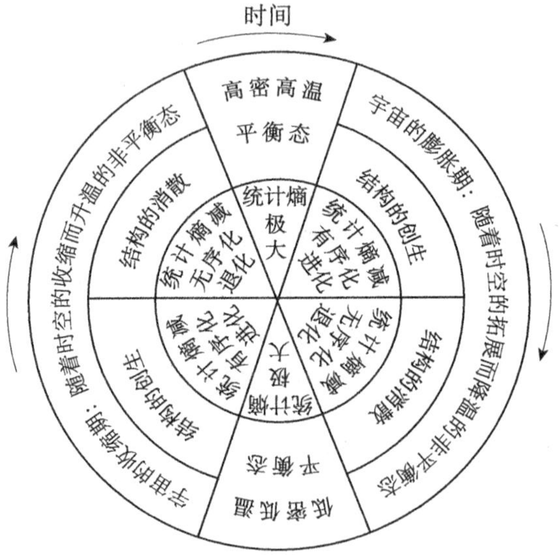

图 34.9　宇宙循环演化的总体模式图

① 此图最初发表于拙文：《在循环中永生—“宇宙热寂论”批判》，《人文杂志》，1991 年，第 2 期，第 27-32，38 页。

显然，宇宙的循环演化是高度自组织的。宇宙无须从它的外部引入模式。宇宙自身的质-能总量、宇宙自身的时空维度，宇宙自身的质量形态、能量形式、信息模式的多样性和复杂性，各类质量形态之间、能量形式之间、信息模式之间的相互过渡和转化，质量形态、能量形式与信息模式之间的复杂交织的相互作用、相互支撑、相互过渡和转化，以及相互协同的同步生成、进化和退化，充分展示了宇宙演化的不同阶段、不同领域和层面上的具体模式的内生性和各类模式间的相互过渡、转化、跃迁的自发建构性。由此也展示了宇宙自组织演化的自身反馈、自身调控、自身结网、自身编码、自身解码、自身同构、自身设定、自身展示的全息性和复杂性。

2. 自组织、混沌与有序进化的极限

自组织理论揭示，事物从无序到有序演化的过程是由支配系统的微观状态模式的数目的减少和各微观状态出现的概率分布的集中化发展所导致的。这就是说，无序化的结构是由支配结构的模式的多样性和各模式出现的概率分布的均衡性所导致的，而有序化的结构则与之相反。但是，从无序到有序的进化发展过程却存在一个极限，这就是当系统的进化演化导致系统的整体模式是由某个单一模式支配的时候，系统便会达到某种极端有序的状态。处于这种状态的系统不可能再进化到比这个状态更有序的状态。系统如果要继续演化便只能再度走向无序化演化的方向。

当代复杂系统理论还揭示：既存在无序到有序、有序到有序的进化演化，又存在有序到无序的退化演化。而远离平衡的自组织系统进化演化的一种可能归宿就是混沌状态。

混沌是非线性系统的控制参量按一定方向不断变化而达到某种极限情形的一种结构状态，是一种非周期运动体制。按照耗散结构论和协同学的描述，从周期运动到非周期性运动的过程是对称性不断破缺。周期性运动的对称性不断破缺到极点，终于转化为非周期运动。非周期运动不是无序运动，但也不是通常意义上的有序运动，而是另一种类型的特殊运动状态，或者我们可以说这是一种有序和无序在极端状态下的兼容态。

显然，当代自组织理论关于有序与无序关系的理论，以及混沌理论所揭示的系统演化可能达到了某种非周期运动状态，都不支持事物永恒发展的理论。事物有序进化的发展存在一个极限，达到这个极限时，事物的状态将会

陷入不可能再度进化的极端有序态或非周期运动的混沌境界，而这一境界根本无法用传统的有序增长的进化模式来描述。也许，在事物运动、变化方向的理论上，我们也应当同时关注进化和退化两个分支，也应当把发展论和循环论辩证地统一起来。

从上一节我们所讨论的宇宙整体演化的模式来看，宇宙整体演化也明显具有循环性的特征，在这一循环中，宇宙的任何一种状态都是暂时的、过渡性的，因而也便无所谓宇宙演化的开端。大爆炸宇宙模型所假定的宇宙初始状态，仅仅具有某种逻辑相对的意义，它仍然是前一演化过程所达到的一个终点。显然，宇宙演化的整体模式具有平衡态和非平衡态相互过渡、转化的特征，它并不服从热力学第二定律所揭示的那种只能从非平衡态过渡到平衡态的单一方向的演化模式。在宇宙演化的过程中，并不像热力学第二定律所指明的那样随着体系温度的降低，必然会带来熵增的无序化。在宇宙膨胀降温演化过程的前期，宇宙事物的各种复杂结构将会被不断创生出来，这就形成了一个系统内部的统计熵减小的有序化进化演化过程，当宇宙膨胀降温演化过程达到了某一临界域之后，随着宇宙的继续膨胀，随着温度的继续下降，便会导致演化方向的逆转，在这一过程中，前期演化中形成的各种复杂结构将会逐步消散，整个系统内部的统计熵将会增大，宇宙演化将经历一个无序化退化的过程。当这种无序化的退化演化达到了一种低温、低密的平衡态之后，它又会逆转过来，在宇宙整体的收缩中重新升温。在这一升温演化的前期同样会出现有序化进化的各类结构创生的过程，这时宇宙系统的熵会随着升温减小。但当这一过程达到某种临界域时，继续收缩升温便会造成演化方向重新逆转，于是又一个熵增的无序化退化演化过程便开始了，直到达到一个新的极限——高密高温的熵极大的平衡态。这就完成了宇宙循环演化的一个周期。在这一演化周期中，我们清晰地看到，无论是宇宙升温演化的过程，还是宇宙降温演化的过程，都存在着各自的熵减期和熵增期。在这里，熵增还是熵减，有序化还是无序化，进化还是退化，并不取决于温度的升高还是下降，而是取决于演化过程是离开平衡态，还是向平衡态接近。离开平衡态时的演化过程，无论是升温还是降温，都必然是熵减的、有序化的、进化的；向平衡态接近的演化过程，无论是升温还是降温，都必然是熵增的、无序化的、退化的。

3. 只适用于进化过程的否定之否定

传统的辩证法教科书体系把否定之否定看作是一个具有普遍性的规律，并把这一规律具体描述为螺旋式上升和波浪式发展的过程，在这一过程中虽然有暂时的和局部的倒退和回复，但是在总体趋势上却只能是“由低级到高级，由简单到复杂”的前进性和上升性的运动，也就是“仿佛回到出发点，又高于出发点”的运动。显然，这样的阐释也与永恒发展的学说相一致，是一种单极性、简单性思维的结果。

长期以来，关于否定之否定规律的普适性问题始终存在争议。其中涉及的主要方面有：是否所有事物的运动都会回到出发点？回到出发点的运动结果是否必然会高于出发点？在这里，也和永恒发展的学说所面临的困境一样。发展有没有极限？发展到极限是个什么状态？

从前面关于宇宙演化的循环模式、有序进化的极限性的讨论中，我们已经可以看到，否定之否定规律并不是一种普适性的规律，它仅仅适用于描述进化过程的某些特征。

一个十分明显的情景是，虽然宇宙的循环演化并不能简单地被看成是一个闭合的圆圈，因为经过一个周期的演化，重新回复到出发点（出发点是任选的，它可以处于循环演化的任一环节点上）时一定会与原出发点状态多少存在一些差异，但是我们又必须指出，这种差异并不是本质性的。在整体规模上我们没有理由不承认这个圆圈的闭合性、重复循环的完满性，除非遭到来自我们所处宇宙之外的其他宇宙物质的强力作用，否则，我们所处宇宙演化的这种循环闭合性一般是不会被打破的，没有任何迹象和理由能够确证，当宇宙演化再度回到“原始火球”时，是整体进化了还是整体退化了。这个新出现的“火球”必然会在整体上呈现它赖以出发的那个“原始火球”所具的一系列基本特征。

我们用在本书第四编的相关章节中所写出的一段话来结束本章的讨论：

> 其实，无论是单向退化演化（宇宙热寂论）的理论，还是单向进化演化（永恒发展论）的理论，都具有单极化思维的简单性和形而上学性特征。我们的结论只能是这样：辩证法的演化观是宇宙和事物的演化具有向上和向下的两个分支，在整体上呈现出循环演化的特征，并且，在向上演化的整体进化分支中总会兼容向下演化的

某些局部退化的方面，而在向下演化的整体退化分枝中同样会兼容向上演化的某些局部进化的方面。无论是向上还是向下的演化都会有其极限，单极性的运动只能走向死亡，而只有循环才可能永生。辩证法承认事物的永恒运动、变化和相互转化的性质，并认为这是绝对的、无条件的。而其中呈现出的进化或退化的现象则可能是阶段性的、暂时的、相对的和有条件的。但无论是进化还是退化都是事物永恒运动、变化和相互转化的过程，这一过程在整体上呈现出有进有退的大循环特征。

辩证法并不是一种僵死的只能描绘某种单一模式的学说，它在本质上是一种能够容纳多样性和整体性在自身之中的哲学。辩证法的这一哲学性质决定了它是一个开放的体系，它能不断从发展着的科学中汲取新思想，并在对这些新思想的合理性批判中实现自我批判，从而不断发展自己。如果一种辩证哲学总是与发展着的科学处于相互排斥的状态，那么，这种哲学一定是迷失了它的辩证本性的哲学。这样的辩证哲学如果不能在自我超越的自我批判中获得再生，那么就一定会走向反面——形而上学。在这里，辩证法和形而上学也是可以相互贯通、相互过渡和相互转化的，在这两者之间同样也不存在万古不变的、绝对分明的界限。

参考文献

阿尔温·托夫勒．1984. 第三次浪潮．朱志焱，潘琪，张焱，译．北京：生活・读书・新知三联书店．

阿尔温・托夫勒．1985. 未来的冲击．秦麟征，等，译．贵阳：贵州人民出版社．

阿尔温・托夫勒．1991. 权力的转移．刘江，等，译．北京：中共中央党校出版社．

爱因斯坦，英费尔德．1962. 物理学的进化．刘佛年，译．上海：上海科学技术出版社．

北京大学哲学系外国哲学史教研室．1957. 古希腊罗马哲学．北京：生活・读书・新知三联书店．

北京大学哲学系外国哲学史教研室．1958. 西方哲学原著选辑：十六—十八世纪西欧各国哲学．北京：生活・读书・新知三联书店．

北京大学哲学系外国哲学史教研室．1981. 西方哲学原著选读（上卷）．北京：商务印书馆．

北京大学哲学系外国哲学史教研室．1982. 西方哲学原著选读（下卷）．北京：商务印书馆．

贝塔朗菲．1987. 一般系统论．秋同，袁嘉新，译．北京：社会科学文献出版社．

陈刃余．1987. 理想在探索中闪光．情报・科研・学报，（4）：60-62.

陈一壮．2007. 埃德加・莫兰复杂性思想述评．长沙：中南大学出版社．

成一丰．1987. 一本勇于探索的哲学新著——《哲学信息论导论》述评．陕西社联通讯，（3）：53.

丛大川．1990. 建立信息哲学的大胆尝试——《哲学信息论导论》评价．情报・科研・学报，（3）：29-31.

大卫・福莱．2004. 从亚里士多德到奥古斯丁．冯俊等，译．北京：中国人民大学出版社．

狄德罗．2009. 狄德罗哲学选集．江天骥，译．北京：商务印书馆．

笛卡儿．2009. 谈谈方法．王太庆，译．北京：商务印书馆．

恩格斯．1984. 自然辩证法．于光远，等，译．北京：人民出版社．

费尔巴哈．2009. 基督教的本质．荣震华，译．北京：商务印书馆．
冯契．2007. 哲学大辞典（分类修订本）（上、下册）．上海：上海辞书出版社．
弗洛里迪．2002. 什么是信息哲学？刘钢，译．世界哲学，（4）：72-80.
弗洛里迪．2010. 计算与信息哲学导论（上、下册）．刘钢等，译．北京：商务印书馆．
高剑平．2007. 信息哲学研究述评．广东社会科学，（6）：84-89.
格莱克．1990. 混沌：开创新科学．张淑誉，译．上海：上海译文出版社．
格林．2002. 宇宙的琴弦．李泳，译．长沙：湖南科学技术出版社．
格林．2013. 隐藏的现实——平行宇宙是什么．李剑龙，权伟龙，田苗，译．北京：人民邮电出版社．
鹤然．1995. 哲学视野中的信息世界——喜读《信息世界的进化》．哲学大视野，（2）：63.
黑格尔．1959. 哲学史讲演录（第 1 卷）．贺麟，王太庆，等，译，北京：商务印书馆．
黑格尔．1959. 哲学史讲演录（第 3 卷）．贺麟，王太庆，等，译，北京：商务印书馆．
黑格尔．1960. 哲学史讲演录（第 2 卷）．贺麟，王太庆，等，译，北京：商务印书馆．
黑格尔．1976. 逻辑学（上卷）．杨一之，译．北京：商务印书馆．
黑格尔．1976. 逻辑学（下卷）．杨一之，译．北京：商务印书馆．
黑格尔．1978. 哲学史讲演录（第 4 卷）．贺麟，王太庆，等，译．北京：商务印书馆．
黑格尔．1979. 精神现象学（上卷）．贺麟，王玖兴，译．北京：商务印书馆．
黑格尔．1980. 小逻辑．贺麟，译．北京：商务印书馆．
黑格尔．2006. 精神哲学．杨祖陶，译．北京：人民出版社．
黄森．1991. 信息同物质与精神的关系的新揭示．中国社会科学，（5）：193-195.
黄顺基．2006. 现代科学技术革命的新形势、新进展与新问题——在“第 11 届理工农医博士生公共课教学研讨会”上的主题报告．辽东学院学报（社会科学版），（5）：3-11.
黄顺基，郭贵春．2007. 现代科学技术革命与马克思主义．北京：中国人民大学出版社．
黄心川．1989. 印度哲学史．北京：商务印书馆．
霍尔巴赫．2009. 健全的思想．王荫庭，译．北京：商务印书馆．
霍尔巴赫．2009. 自然的体系（上卷）．管士滨，译．北京：商务印书馆．
霍金．2001. 时间简史．许明贤，吴忠超，译．长沙：湖南科学技术出版社．
霍兰．2000. 隐秩序——适应性造就复杂性．周晓牧，韩晖，译．上海：上海科技教育出版社．
卡恩．2012. 西方哲学经典（第 2 卷）．刘国明，译．北京：中国商业出版社．
科林．2012. 信息科学中的哲学问题．邬焜，译．北京：中国社会科学出版社．

康德 . 1960. 纯粹理性批判 . 蓝公武，译 . 北京：商务印书馆 .

康德 . 1978. 未来形而上学导论 . 庞景仁，译 . 北京：商务印书馆 .

康兰波 . 2008. 信息哲学与信息时代的哲学——从两个“信息哲学”范式说起 . 天府新论，（3）：19-22.

康兰波 . 2013. 人的实践本性与信息时代人的自由 . 北京：中国社会科学出版社 .

康兰波 . 2014. 对邬焜和肖峰两个信息哲学观的比较研究——读邬焜《信息哲学——理论、体系、方法》和肖峰《信息主义及其哲学探析》. 重庆邮电大学学报（社会科学版），（1）：74-78，104.

康斯坦丁·科林 . 2011. 信息哲学与现代信息科学的基本问题 . 邬天启，译 . 西安交通大学学报（社会科学版），（5）：24-28.

库恩 . 1980. 科学革命的结构 . 李宝恒，纪树立，译 . 上海：上海科学技术出版社 .

拉美特利 . 2009. 人是机器 . 顾寿观，译 . 北京：商务印书馆 .

莱布尼茨 . 2009. 莱布尼茨与克拉克论战书信集 . 陈修斋，译 . 北京：商务印书馆 .

黎鸣 . 1984. 力的哲学和信息的哲学 . 百科知识，（11）：2-5.

黎鸣 . 1984. 论信息 . 中国社会科学，（4）：13-26.

李佛生 . 1981. 关于信息问题讨论的综述 . 西华师范大学学报（哲学社会科学版），（4）：79-81.

李国武 . 2014. 邬焜信息哲学是信息时代的科学的世界观 . 重庆邮电大学学报（社会科学版），（1）：79-85.

李国武 . 2015. 邬焜信息哲学思想研究 . 北京：中国社会科学出版社 .

李文德 . 1987-12-30. 信息哲学的探索者——记陕西机械学院年轻副教授邬焜 . 陕西日报，3 版 .

列宁 . 1972. 列宁选集（第 2 卷）. 中共中央马克思恩格斯列宁斯大林著作编译局，译 . 北京：人民出版社 .

列宁 . 1974. 哲学笔记 . 中共中央马克思恩格斯列宁斯大林著作编译局，译 . 北京：人民出版社 .

刘长林 . 1985. 论信息的哲学本性 . 中国社会科学，（2）：103-118.

刘克选，周桂如 . 1998. 信息高速公路和信息社会 . 北京：北京邮电大学出版社 .

刘琅琅 . 2015. 第十届《哲学分析》论坛——“信息时代的哲学精神”学术研讨会综述 . 哲学分析，（1）：182-189.

刘伸 . 1980. 苏联哲学界关于信息概念的争论 . 国外社会科学，（7）：73-76.

刘啸霆 . 1989-9-4. 简介《哲学信息论导论》. 自然辩证法报，4 版 .

罗嘉昌 . 1996. 从物质实体到关系实在 . 北京：中国社会科学出版社 .

罗先汉 . 2005. 物信论——多层次物质信息系统及其哲学探索 . 北京大学学报（自然科学版），（3）：440-447.

洛克 . 2009. 人类理解论（上、下册）. 关文运，译 . 北京：商务印书馆 .

马蔼乃，姜璐，苗东升，等 . 2007. 信息科学交叉研究 . 杭州：浙江教育出版社 .

马克思 . 1975. 资本论（第 1 卷）. 中共中央马克思恩格斯列宁斯大林著作编译局，译 . 北京：人民出版社 .

马克思 . 1985. 1844 年经济学哲学手稿 . 中共中央马克思恩格斯列宁斯大林著作编译局，译 . 北京：人民出版社 .

马克思，恩格斯 . 1971. 马克思恩格斯全集（第 20 卷）. 中共中央马克思恩格斯列宁斯大林著作编译局，译 . 北京：人民出版社 .

马克思，恩格斯 . 1982. 马克思恩格斯全集（第 40 卷）. 中共中央马克思恩格斯列宁斯大林著作编译局，译 . 北京：人民出版社 .

马克思，恩格斯 . 1985. 马克思恩格斯全集（第 48 卷）. 中共中央马克思恩格斯列宁斯大林著作编译局，译 . 北京：人民出版社 .

马克思，恩格斯 . 1995. 马克思恩格斯全集（第 1 卷）. 中共中央马克思恩格斯列宁斯大林著作编译局，译 . 北京：人民出版社 .

马克思，恩格斯 . 1995. 马克思恩格斯选集（第 3 卷）. 中共中央马克思恩格斯列宁斯大林著作编译局，译 . 北京：人民出版社 .

马克思，恩格斯 . 1995. 马克思恩格斯选集 .（第 4 卷）. 中共中央马克思恩格斯列宁斯大林著作编译局，译 . 北京：人民出版社 .

曼纽尔·卡斯特 . 2003. 千年终结 . 夏铸九，等，译 . 北京：社会科学文献出版社 .

曼纽尔·卡斯特 . 2003. 认同的力量 . 夏铸九，等，译 . 北京：社会科学文献出版社 .

曼纽尔·卡斯特 . 2003. 网络社会的崛起 . 夏铸九，等，译 . 北京：社会科学文献出版社 .

米切奥·卡库 . 2001. 超越爱因斯坦 . 陈一新，陆志成，译 . 长春：吉林人民出版社 .

苗东升 . 1990. 系统科学原理 . 北京：中国人民大学出版社 .

苗东升 . 2006. 系统科学精要 . 北京：中国人民大学出版社 .

苗东升 . 2012. 钱学森系统科学思想研究 . 北京：科学出版社 .

苗东升 . 2015. 信息研究的中国路径在开拓中 . 系统科学通信，（2）：29-47.

苗力田，李毓章 . 1990. 西方哲学史新编 . 北京：人民出版社 .

莫兰．2001. 复杂思想：自觉的科学．陈一壮，译．北京：北京大学出版社．
莫兰．2002. 方法：天然之天性．吴泓缈，冯学俊，译．北京：北京大学出版社．
莫兰．2008. 复杂性思想导论．陈一壮，译．上海：华东师范大学出版社．
欧阳莹之．2002. 复杂系统理论基础．上海：上海科技教育出版社．
庞元正，李建华．1989. 系统论、控制论、信息论经典文献选编．北京：求实出版社．
培根．2009. 新工具．许宝骙，译．北京：商务印书馆．
佩德罗．2014. 统一信息理论和信息哲学研究的历史回顾与前景展望．王健，译．西安交通大学学报（社会科学版），（1）：1-2.
佩德罗·马里胡安，王健．2014. 信息哲学的过去、现在与未来．重庆邮电大学学报（社会科学版），（2）：46-48.
普利高津．1998. 确定性的终结．湛敏，译．上海：上海科技教育出版社．
斯宾诺莎．2009. 斯宾诺莎书信集．洪汉鼎，译．北京：商务印书馆．
斯宾诺莎．2009. 知性改进论．贺麟，译．北京：商务印书馆．
孙正聿．1998. 哲学通论．沈阳：辽宁人民出版社．
孙正聿．2008. 解放思想与变革世界观．中国社会科学，（6）：35-43.
汤用彤．2006. 印度哲学史略．上海：上海古籍出版社．
托姆．1989. 突变论．周仲良，译．上海：上海译文出版社．
王百战，高立勋．1993-11-17. 信息哲学的开拓者——记西北大学教授邬焜．中国科学报，1版．
王宏波．2008. 现代科技与社会人文解析——科学、技术与社会的交互研究．西安：西安交通大学出版社．
王健．2014. 首届国际信息哲学研讨会综述．重庆邮电大学学报（社会科学版），（2）：51-54.
王雨田．1986. 控制论、信息论、系统科学与哲学．北京：中国人民大学出版社．
维纳．1963. 控制论．郝季仁，译．北京：科学出版社．
维纳．1978. 维纳著作选．钟韧，译．上海：上海译文出版社．
巫白慧．2000. 东方著名哲学家评传·印度卷．济南：山东人民出版社．
巫白慧．2000. 印度哲学——吠陀经探义和奥义书解析．北京：东方出版社．
邬焜．1977. 一般价值哲学论纲——以自然本体的名义所阐释的价值哲学．人文杂志，（2）：18-21，25.
邬焜．1981. 思维是物质信息活动的高级形式．兰州大学学生论文辑刊，（1）：1-10.
邬焜．1981. 信息在哲学中的地位和作用．潜科学杂志，（3）：53，60.

邬焜（发表时属笔名方元）. 1984. 哲学认识论的信息中介论探讨 . 兰州学刊，（5）：57-63.
邬焜 . 1984. 哲学信息的态 . 潜科学杂志，（3）：33-35.
邬焜 . 1985. 论再生信息 . 思维科学，（4）：44，73-80.
邬焜 . 1985. 哲学信息论要略 . 人文杂志，（1）：37-43.
邬焜 . 1986. 存在领域的分割 . 科学 • 辩证法 • 现代化，（2）：32-33.
邬焜 . 1986. 论自为信息 . 人文杂志，（6）：55-60.
邬焜 . 1986. 论自在信息 . 学术月刊，（7）：18-22.
邬焜 . 1986. 人的智能是负熵之源吗？中国社会科学，（6）：43-44.
邬焜 . 1987. 论社会信息的三态统一性 . 社会科学，（6）：61-64.
邬焜 . 1989. 认识：在多级中介中相对运动着的信息建构活动 . 长沙理工大学学报，（3）：17-22.
邬焜 . 1989. 信息哲学——一种新的时代精神 . 西安：陕西师范大学出版社 .
邬焜 . 1990. 演化和信息 . 求是学刊，（4）：14，21-25.
邬焜 . 1990. 自然的逻辑 . 西安：西北大学出版社 .
邬焜 . 1991. 物质和信息：统一而双重的世界 . 西北大学学报，（2）：88-93.
邬焜 . 1993. 主体信息活动的层次和层次间的相互作用 . 西北大学学报（哲学社会科学版），（3）：43-49.
邬焜 . 1994. 论自然演化的全息境界 . 西北大学学报（哲学社会科学版），（2）：7-13.
邬焜 . 1994. 信息世界的进化 . 西安：西北大学出版社 .
邬焜 . 1995. 试论人的多维存在性 . 求是学刊，（5）：18-22.
邬焜 . 1995. 哲学的比附与哲学的批判 . 中国社会科学，（4）：117-125.
邬焜 . 1997. 科学的信息科学化 . 青海社会科学，（2）：53-59.
邬焜 . 1997. Philosophical forced analogy and philosophical critique. 中国社会科学（英文版），（4）：74-78.
邬焜 . 2001. 网络文化中的价值冲突 . 深圳大学学报，（5）：45-51.
邬焜 . 2002. 复杂性与科学思维方式的变革 . 自然辩证法研究，（10）：46-49.
邬焜 . 2002. 物质思维 • 能量思维 • 信息思维——人类科学思维方式的三次大飞跃 . 学术界（2）：60-91.
邬焜 . 2002. 信息认识论 . 北京：中国社会科学出版社 .
邬焜 . 2002. 哲学的比附与哲学的批判——现代科技与马克思主义哲学 . 北京：中国社会科学出版社 .
邬焜 . 2003. 试论人类生产和生产力的本质及其微观结构 . 教学与研究，（4）：49-54.

邬焜．2004．“客观实在”“实体唯物论”“唯能论”与唯物论的非实体化——论列宁的“客观实在”物质观的科学价值．西安交通大学学报（社会科学版），（2）：69-75.

邬焜．2005．从信息尺度看人类社会的本质与进化．社会科学研究，（2）：51-55.

邬焜．2005．当代科学影响哲学的几个重要基础理论问题．自然辩证法研究，（7）：10-14.

邬焜．2005．论时空的复杂性．中国人民大学学报，（5）：36-43.

邬焜．2005．试论信息科学研究纲领的复杂性特征．天津社会科学，（6）：32-37.

邬焜．2005．信息哲学——理论、体系、方法．北京：商务印书馆．

邬焜．2006．建构统一复杂信息系统理论的几个问题．自然辩证法研究，（12）：96-99.

邬焜．2006．论马克思和恩格斯“全面生产”理论的复杂性特征——对机械唯物史观的批判．中国人民大学学报，（6）：86-92.

邬焜．2006．信息哲学的基本理论及其对哲学的全新突破．西安交通大学学报（社会科学版），（2）：1-15.

邬焜．2007．古希腊哲学家的信息观念．自然辩证法研究，（9）：11-15.

邬焜．2008．古希腊哲学的信息、系统、复杂性思想论纲．人文杂志，（1）：1-6.

邬焜．2008．科学革命：科学世界图景和科学思维方式的变革．中国人民大学学报，（3）：41-46.

邬焜．2008．信息哲学问题论辩．西安：西安交通大学出版社．

邬焜．2008．中国古代哲学中信息、系统、复杂性思想的十大特点．河北学刊，（3）：38-41.

邬焜．2008．中国医学中的信息、系统和复杂性思想．西安交通大学学报（社会科学版），（4）：70-77.

邬焜．2009．从瑜伽哲学的“心变化”理论看认识发生的信息中介思想．世界哲学，（3）：133-136.

邬焜．2009．古希腊哲学中的复杂性思想．科学技术与辩证法，（2）：65-69.

邬焜．2009．古印度哲学的信息、系统、复杂性思想的基本特质（上）．河北学刊，（3）：49-58.

邬焜．2009．古印度哲学的信息、系统、复杂性思想的基本特质（下）．河北学刊，（4）：63-67.

邬焜．2010．《奥义书》中的信息观念．科学技术哲学研究，（3）：8-13.

邬焜．2010．《奥义书》中以大梵为本体的世界整体统一性理论．西安交通大学学报（社会科学版），（5）：39-45.

邬焜．2010．复杂信息系统理论基础．西安：西安交通大学出版社．

邬焜．2010．古代哲学中的信息、系统、复杂性思想——希腊·中国·印度．北京：商务印书馆.
邬焜.2011.社会信息科学的理论与方法.北京：人民出版社.
邬焜.2011.哲学基本问题与哲学的根本转向.河北学刊，(4)：11-21.
邬焜.2011.中国信息哲学核心理论的五种范式.自然辩证法研究，(4)：48-53.
邬焜.2012.古代佛教理论中的信息、系统、复杂性思想.社会科学战线，(6)：1-11.
邬焜.2012.中国的信息哲学研究.北京：中国社会科学出版社.
邬焜.2013.从古希腊原子论哲学对科学的影响看哲学与科学的内在统一性.自然辩证法研究，(11)：86-90.
邬焜.2013.存在领域的分割和信息哲学的"全新哲学革命"意义.人文杂志，(5)：1-6.
邬焜.2013.建立辩证唯物主义哲学第二个历史形态的构想.江海学刊，(6)：13-19.
邬焜.2013.试论信息范式对科学和哲学的根本变革意义.西安交通大学学报（社会科学版），(2)：69-72，103.
邬焜.2014.从信息世界看哲学的发展及其根本转向.中国人民大学学报，(3)：72-78.
邬焜.2014.认识发生的多维综合"涌现"的复杂性特征——对胡塞尔现象学还原理论的单维度、简单性特征的批判.河北学刊，(4)：25-30.
邬焜.2014.哲学的危机与哲学的信息转向.西安交通大学学报（社会科学版），(1)：2-4.
邬焜.2014.哲学与哲学的转向——兼论科学与哲学内在融合的统一性.北京：人民出版社.
邬焜.2015.恩格斯和列宁的唯物论学说//中国辩证唯物主义研究会，编.马克思主义哲学论丛（第3辑），北京：社会科学文献出版社：39-48.
邬焜.2015.复杂信息系统理论崛起中体现的哲学与科学的内在统一性.西安交通大学学报（社会科学版），(2)：69-74.
邬焜.2015.近代以来认识论的研究趋势.自然辩证法研究，(6)：122-128.
邬焜.2015.信息哲学的独特韵味及其超然品格——对三篇文章的回应和讨论.哲学分析，(1)：43-52.
邬焜.2015.与信息本体论相关的若干重大问题的讨论.哲学分析，(2)：42-54.
邬焜.2016.马克思恩格斯对自然概念的多维综合的全息性认识.自然辩证法研究，(4)：121-126.
邬焜.2016.唯物主义和辩证法的基本观点——基于复杂性和信息思维的新考察.西安交通大学学报（社会科学版），(3)：9-13.
邬焜，成素梅.2016.信息时代的哲学精神——邬焜信息哲学思想研究与讨论.北京：中国社会科学出版社.
邬焜，董涛.2013.是辩证唯物主义还是实践唯物主义——关于马克思主义哲学的本质之

争的讨论 . 社会科学研究，（1）：125-129.
邬焜，霍有光 . 2013. 信息哲学问题争鸣 . 北京：中国社会科学出版社 .
邬焜，靳辉，邬天启 . 2011. 中国信息哲学研究的三个阶段 . 西安交通大学学报（社会科学版），（5）：29-33.
邬焜，李建群 . 2002. 价值哲学问题研究 . 北京：中国社会科学出版社 .
邬焜，李琦 . 1987. 哲学信息论导论 . 西安：陕西人民出版社 .
邬焜，夏群友 . 2012. 再论自在信息 . 科学技术哲学研究，（2）：8-12.
邬焜，肖锋，等 . 2013. 信息哲学的性质、意义论辩 . 北京：中国社会科学出版社 .
邬焜，朱银全 . 1994. 试论对立统一模式的多样性（上）. 人文杂志，（6）：7-11，15.
邬焜，朱银全 . 1995. 试论对立统一模式的多样性（下）. 人文杂志，（1）：36-41.
吴仁平，彭隆辉 . 2012. 欧洲哲学史简明教程 . 北京：中央编译出版社 .
肖峰 . 2010. 重勘信息的哲学含义 . 中国社会科学，（4）：32-43.
肖前 . 1994. 马克思主义哲学原理（上册）. 北京：中国人民大学出版社 .
肖前，李秀林，汪永祥 . 1981. 辩证唯物主义原理 . 北京：人民出版社 .
谢林 . 1976. 先验唯心论体系 . 梁志学，石泉，译 . 北京：商务印书馆 .
徐梵澄 . 1984. 五十奥义书（修订本）. 北京：中国社会科学出版社 .
许国志 . 1994. 系统科学大辞典 . 昆明：云南科技出版社 .
许志国 . 2000. 系统科学 . 上海：上海科技教育出版社 .
薛定谔 . 2003. 生命是什么 . 罗来欧，罗辽复，译 . 长沙：湖南科学技术出版社 .
亚里士多德 . 2005. 形而上学 . 李真，译 . 上海：上海人民出版社 .
扬阳 . 1989. 哲苑奇葩，学林新探——《哲学信息论导论》. 哈尔滨师专学报，（1）：94，98.
姚卫群 . 2005. 古印度六派哲学经典 . 北京：商务印书馆 .
姚卫群 . 2006. 印度宗教哲学概论 . 北京：北京大学出版社 .
袁振辉 . 2006. 信息哲学理论、体系和方法的全面阐释——《信息哲学——理论、体系、方法》评介 . 江南大学学报，（6）：13-15，25.
约翰・L. 卡斯蒂 . 1998. 虚实世界 . 王千祥，权利宁，译 . 上海：上海科技教育出版社 .
约瑟夫・布伦纳 . 2012. 邬焜和信息元哲学 . 王健，刘芳芳，译 . 西安交通大学学报（社会科学版），（3）：6-21.
约瑟夫・布伦纳 . 2015. 作为信息时代精神的哲学——对邬焜信息哲学的评论 . 王健，译 . 哲学分析，（2）：4-17.
张海潮 . 1988. 开拓性的全新探索——《哲学信息论导论》简介 . 博览群书，（6）：8.
张雨 . 2005-7-6. 信息哲学理论的全方位展示——《信息哲学——理论・体系・方法》一

书评价．科技日报，10 版．
赵敦华．2012. 西方哲学简史．北京：北京大学出版社．
钟义信．1979. 信息科学．自然杂志，（3）：155-157.
钟义信．1986. 论信息：它的定义和测度．自然辩证法研究，（5）：19-27.
钟义信．2002. 信息科学原理．北京：北京邮电大学出版社．
钟义信．2015. 从信息科学视角看《信息哲学》．哲学分析，（1）：17-31.
周理乾，索伦・布赫尔．2015. 具有中国特色的信息哲学？——评邬焜教授的信息哲学体系．哲学分析，（1）：4-16.
Brenner J E. 2011. Wu kun and the metaphilosophy of information . International Journal Information Theories and Applications，（2）：103-128.
Luhn G. 2012. The causal-compositional concept of information. Information，（2）：1-34.
Luhn G. 2012. The causal-compositional concept of information—Part II: Information through fairness: How does the relationship between information，fairness and language evolve，stimulate the development of（new）computing devices and help to move towards the information society. Information，（3）：504-545.
Wu K. 2011. Thirty years of research of information philosophy in China. Open Education，（5）：28-49.
Wu K. 2012. The essence，classification and quality of the different grades of information. Information，（3）：403-419.
Wu K. 2015. The development of philosophy and its fundamental informational turn. Information，6（4）：693-703.
Wu K，Brenner J E. 2013. The informational stance: Philosophy and logic. Part Ⅰ : The basic theories. Logic and Logical Philosophy，22（4）：453-493.
Wu K，Brenner J E. 2014. An informational ontology and epistemology of cognition. Foundations of Science，（9）：1-31.
Wu K，Brenner J E. 2014. The informational stance：Philosophy and logic. Part Ⅱ : From physics to society. Logic and Logical Philosophy，23（1）：81-108.
Zhou L Q，Brier S. 2014. Philosophy of information in Chinese style. Cybernetics and Human Knowing，21（4）：83-97.
Zhou L Q，Brier S. 2015. The metaphysics of Chinese information philosophy: A critical analysis of Wu Kun’ s philosophy of information. Cybernetics and Human Knowing，22（1）：35-56.

后记

2005年，我的专著《信息哲学——理论、体系、方法》一书出版之后，我把更多的精力转向对信息哲学的整体意义和价值的研究，以及信息哲学与其他哲学流派和科学研究方式的比较性的拓展研究。在这一方向上，我利用信息科学和哲学的全新范式重新考察了哲学基础理论，具体解读了人类古代哲学（古希腊哲学、中国古代哲学和印度古代哲学）、西方近代哲学、现象学、语言哲学、马克思主义哲学，以及人类哲学和科学发展的协同相关性等领域。在相应的批判性审视和比较性研究的基础上，我先后出版了10部著作，发表了上百篇论文。其中的两本著作《古代哲学中的信息、系统、复杂性思想——希腊·中国·印度》（商务印书馆2010年版）和《哲学与哲学的转向——兼论科学与哲学内在融合的统一性》（人民出版社2014年版）分别反映了我运用信息哲学，以及当代复杂信息系统理论的方法对人类古代哲学和哲学基础理论，以及科学与哲学关系进行解读所获得的新认识。

我在《古代哲学中的信息、系统、复杂性思想——希腊·中国·印度》一书的“自序”中写道：

> 信息、系统、复杂性方法基于对世界的物质性和信息性双重存在模式的规定和认同，更著强调从现存事物的结构组织和关系网络模式、生成演化程序和建构过程模式中去把握和描述事物的本质、特点和属性，更著强调将现存事物（包括人为设定的符号）的结构、关系、程序和过程作为信息的载体或符码，并由此破译出其中蕴涵着的关于事物历史状态、现实关系、未来趋向等间接存在的内容。

另外，信息、系统、复杂性方法还更著强调事物及其发展的差异性、变易性、多元协同性、对立兼容性、全息蕴涵性、动态性、演进性、自生性、整体性、非线性、无目的性、不确定性、偶然性和非决定性的韵味。

人类的信息、系统、复杂性思想并非只从现代科学开始，早在人类古代哲学思想中就已经孕育萌发了朴素的信息、系统、复杂性思想，只不过，当时的这些思想还具有直观性、猜测性、神秘性等特点。回顾人类信息、系统、复杂性思想的发展，大致经历了三个大的历史阶段：古代朴素信息、系统、复杂性思想萌发的发展阶段；近代辩证哲学的信息、系统、复杂性思想的发展阶段和现代复杂信息系统科学发展的阶段。

人类古代浩繁的哲学文献恰如一座全息蕴涵人类古老智慧的思想宝库。其中既有泥土沙石，也有珍珠美玉。当人们从不同的角度、运用不同的方法对其进行挖掘和解读时，人们便可能会得出十分不同的意见和结论。本书所做的工作，仅只是我从一个特定的角度、运用一种特定的方法对人类古代哲学文献中蕴涵的部分思想的再挖掘和再阐释。这恰如一只蜜蜂在浩瀚花丛中采蜜，总有遗漏万千，取其一滴之感。

《哲学与哲学的转向——兼论科学与哲学内在融合的统一性》一书的主题是探索哲学的性质、结构、发展方式，以及哲学与科学的关系。该书从哲学是人类追求普遍理性的活动，以及在人类认识活动中普遍理性和具体感性不可截然分离的基本观点出发，论证了哲学与科学的内在融合的统一性关系。书中指出，普遍理性普遍程度的内在层次差异，规定了科学或哲学自身的层次性，以及哲学与科学划界的相对性。通过对人类历史上的哲学与科学的发展历程的回顾，该书提出了一种人类知识在科学与哲学的相互作用中的相互规定和相互转化的一般发展方式：科学的哲学化和哲学的科学化。该书通过对哲学基本问题内容的层次分析提出了存在领域的分割方式乃是哲学的最高范式的理论，并以此为判据，认为由于未能在存在领域的分割方式上发生根本性的改变，亦即未能改变哲学关于“存在＝物质＋精神”的基本信条，所以，迄今为止，人类哲学的发展从未发生过真正意义上的根本性的理论转换。20 世纪 80 年代以来在中国兴起的信息哲学的相关研究，揭示了世界的物质和信息双重存在和双重演化的性质，这就首先在存在领域分割方式的哲学的最高范式的层面引发了变革，并由此给哲学本体论、哲学认识论、哲学进化论、哲学方法论、语言哲学论、实践哲学论、人的本质与人的生存论、人类生产与人类社会论、价值哲学论等领域带来了全新意义的根本性变革，从而实现了人类哲学发展的第一次根本转向。

现在摆在读者面前的这部书是我进行拓展性研究的又一成果。本成果运用历史考察法、学说比较法、复杂信息系统科学的方法，以及科学哲学化和哲学科学化的方法对人类历史上的唯物论和辩证法学说进行了具体的考察和解读，在此基础上，我结合当代科学、技术、经济、社会和哲学发展的现实，并利用我 30 多年所取得的相关研究成果，提出了建立辩证唯物主义哲学的第二个历史形态的初步构想，并提出了一些相关的观点和理论。

显然，立足于当代科学技术发展的新成果，立足于当代经济与社会发展的新现实，建构辩证唯物主义的第二个历史形态乃是当代马克思主义哲学家的重大历史使命。本书的探讨也只是提出了问题，其中所阐释的许多观点和理论也许还比较幼稚、不很成熟。然而，提出一个新的研究方向总比没有意识到这个新的研究方向要好。

对于学术探讨，仁者见仁，智者见智，各抒己见。我秉持的基本态度一贯是海纳百川、开放胸怀。如能因此而引起更多同仁的共识和批评，我将深感欣慰。

建构辩证唯物主义的第二个历史形态无疑是一个极富学术挑战性的全新开拓的领域，其发展出来的门派、不同的观点和理论将可能很多。打破门派壁垒，兼容百家学说，倡导一种自由讨论和相互批评的哲学态度，鼓励对相关问题进行一种有差异的，甚至是对立的、多维视角的探讨应当是我们遵循的一个重要原则。我认为，只有采取这样的一种开放式研究态度，才能为学者们提供一个自由宽松的研究平台，从而更好地促进人类哲学的发展，以不辜负我们这个全新的时代。

邬 焜

2016 年 5 月 18 日